Die Reichweite der Sonderregelung über Verpflichtungsübernahmen (§§ 4f, 5 Abs. 7 EStG), insbesondere bei Umstrukturierungsvorgängen im Sinne des Umwandlungssteuergesetzes

Studien zum Steuer-, Bilanz- und Gesellschaftsrecht

Herausgegeben von André Meyer

Band 3

PETER LANG

Simon Müllner

Die Reichweite der Sonderregelung über Verpflichtungsübernahmen (§§ 4f, 5 Abs. 7 EStG), insbesondere bei Umstrukturierungsvorgängen im Sinne des Umwandlungssteuergesetzes

PETER LANG

Bibliografische Information der Deutschen Nationalbibliothek
Die Deutsche Nationalbibliothek verzeichnet diese Publikation in der Deutschen Nationalbibliografie; detaillierte bibliografische Daten sind im Internet über http://dnb.d-nb.de abrufbar.

Zugl.: Bayreuth, Univ., Diss., 2019

D 703
ISSN 2566-7122
ISBN 978-3-631-80217-5 (Print)
E-ISBN 978-3-631-80445-2 (E-PDF)
E-ISBN 978-3-631-80446-9 (EPUB)
E-ISBN 978-3-631-80447-6 (MOBI)
DOI 10.3726/b16238

Peter Lang – Berlin · Bern · Bruxelles · New York · Oxford · Warszawa · Wien

Diese Publikation wurde begutachtet.

www.peterlang.com

Meinen Eltern

Vorwort

Die vorliegende Arbeit wurde im Sommersemester 2019 von der Rechts- und Wirtschaftswissenschaftlichen Fakultät der Universität Bayreuth als Dissertation angenommen.

Mein besonderer Dank gilt meinem Doktorvater Herrn *Prof. Dr. André Meyer, LL.M. Taxation*, für die Anregung zum Thema, die ausgezeichnete Betreuung und Unterstützung während der Erstellung dieser Arbeit. Auch für die Aufnahme meiner Dissertation in seine Schriftenreihe möchte ich mich bei meinem Doktorvater bedanken. Herrn *Prof. Dr. Karl-Georg Loritz* gilt mein Dank für die äußerst zügige Erstellung des Zweitgutachtens und Herrn *Prof. Dr. Knut Werner Lange* für die Übernahme des Vorsitzes der Prüfungskommission.

Größter Dank gebührt meinen Eltern, *Martina* und *Wolfgang Müllner*, für ihre bedingungslose Unterstützung, die sie mir zeitlebens in allen Phasen zukommen ließen und lassen. Durch ihren Rückhalt und ihr Vertrauen haben sie in wesentlichem Maße zum Gelingen dieser Arbeit beigetragen. Ihnen widme ich diese Arbeit. Besonderer Dank gilt auch meinem Bruder *Manuel* für seinen fortwährenden Zuspruch während meiner Promotionszeit. Ebenso möchte ich meinen Freunden danken, die mir meine Zeit an der Universität Bayreuth so angenehm gestaltet haben.

Ulm, im Juli 2019
Simon Müllner

Inhaltsverzeichnis

Einleitung

Gegenstand dieser Arbeit bildet die Frage der Reichweite der Sonderregelung über Verpflichtungsübernahmen (§§ 4f, 5 Abs. 7 EStG), insbesondere bei Umstrukturierungsvorgängen im Sinne des Umwandlungssteuergesetzes. Ziel dieser Regelung ist es ausweislich der Gesetzgebungsmaterialien, Steuerausfallrisiken, die vom Gesetzgeber in der Möglichkeit der steuermindernden Realisation stiller Lasten durch Übertragung passivierungsbeschränkter Verpflichtungen gesehen wurde, zu bekämpfen.[1] Auch wenn der Wortlaut der Vorschriften der §§ 4f, 5 Abs. 7 EStG kaum Anhaltspunkte für deren Anwendung auf Umstrukturierungsvorgänge nach Maßgabe des Umwandlungssteuergesetzes bietet,[2] bilden die Gesetzgebungsmaterialien[3] des AIFM-StAnpG den Ausgangspunkt dieser Problematik. Demnach sollen auch Vorgänge im Wege der Sonder- und Gesamtrechtsnachfolge nach dem Umwandlungsgesetz bzw. Umwandlungsvorgänge nach dem Umwandlungssteuergesetz vom Anwendungsbereich der §§ 4f, 5 Abs. 7 EStG erfasst sein.

Die Besonderheit der Fragestellung begründet sich im Spannungsverhältnis zwischen den Vorschriften des Umwandlungssteuergesetzes und den Vorschriften der §§ 4f, 5 Abs. 7 EStG. Das Umwandlungssteuergesetz bestimmt für die einbezogenen Umstrukturierungsvorgänge „einen eigenständigen und sondergesetzlichen Rechtskreis [...], welcher den allgemeinen Gewinnermittlungsvorschriften abschließend vorgeht".[4] Dem Gesetzgeber zufolge sollen die §§ 4f, 5 Abs. 7 EStG hingegen auch auf Umwandlungs- und Einbringungsvorgänge nach dem Umwandlungssteuergesetz Anwendung finden.[5]

Die Komplexität der Untersuchung liegt im Zusammentreffen verschiedener Rechtsgebiete. So treffen im Folgenden Vorschriften des Einkommensteuerrechts auf solche des Umwandlungs- und Umwandlungssteuerrechts. Fragen an Schnittstellen unterschiedlicher Rechtsgebiete führen in Rechtsprechung und Schrifttum häufig ein Schattendasein.[6] Auch wenn diese im Rahmen der praktischen Rechtsanwendung von erheblicher Bedeutung sind, werden Fragestellungen in diesem Bereich meist pragmatisch und ohne vertiefte Überlegungen gelöst.[7] Dieser Eindruck entsteht auch dann, wenn sich der Anwendungsbereich der §§ 4f, 5 Abs. 7 EStG den Ausführungen des Gesetzgebers in den Gesetzgebungsmaterialien zum

1 Siehe hierzu BR-Drs. 740/13 (B), S. 115; BT-Drs. 18/68, S. 73.
2 Vgl. *Schultz/Debnar*, BB 2014, 107, 109.
3 BR-Drs. 740/13, S. 76; BT-Drs. 18/68, S. 73.
4 BFH 21.2.2018 – I R 46/16, BFH/NV 2018, 893, 895; BFH 17.1.2018 – I R 27/16, BStBl. II 2018, 449, 450 f.; BFH 9.1.2013 – I R 24/12, BStBl. II 2018, 509, 511.
5 Vgl. hierzu BR-Drs. 740/13 (B), S. 115; BT-Drs. 18/68, S. 73.
6 *Gelhausen/Heinz*, NZG 2005, 775.
7 *Gelhausen/Heinz*, NZG 2005, 775.

AIFM-StAnpG[8] zufolge ohne vertiefte Begründung über Übertragungsvorgänge im Wege der Einzelrechtsnachfolge hinaus auch auf Übertragungsvorgänge im Wege der Sonder- oder Gesamtrechtsnachfolge nach dem Umwandlungsgesetz erstrecken soll.

Mit Einführung der Vorschriften §§ 4f, 5 Abs. 7 EStG im Wege eines Nichtanwendungsgesetzes haben die Streitigkeiten über die ertragsteuerliche Behandlung der Übertragung passivierungsbeschränkter Verpflichtungen sowohl aufseiten des übertragenden als auch aufseiten des übernehmenden Rechtsträgers grundsätzlich an Bedeutung verloren. Rechtssicherheit hinsichtlich der Handhabung und Anwendung der Vorschriften besteht aufgrund des teilweise lückenhaften Anwendungsschreibens des Bundesministeriums für Finanzen[9] und mangels Rechtsprechungsgrundsätzen zu den neuen Vorschriften allerdings nicht.[10] Dies führt insbesondere im Rahmen von Umstrukturierungsvorgängen im Sinne des Umwandlungssteuergesetzes zu erheblichen Risiken bei der Planung und Durchführung von Umwandlungs- und Einbringungsvorgängen. Wirtschaftspolitischer Hintergrund des Umwandlungssteuerrechts ist jedoch, dass wirtschaftlich sinnvolle Umstrukturierungen von Unternehmen nicht durch eine daran anknüpfende Besteuerung beeinträchtigt werden sollen.[11] Insbesondere im Hinblick auf die Anwendbarkeit der §§ 4f, 5 Abs. 7 EStG auf Umwandlungs- und Einbringungsvorgänge im Sinne des Umwandlungssteuergesetzes fehlt es an belastbaren Untersuchungen. Sowohl die Finanzverwaltung als auch die Literatur lassen bislang tiefgreifende Einlassungen zu dieser Problematik vermissen.[12]

Ziel dieser Untersuchung ist es, Klarheit über die Anwendbarkeit der §§ 4f, 5 Abs. 7 EStG auf Umwandlungs- und Einbringungsvorgänge im Sinne des Umwandlungssteuergesetzes zu erzielen. Zur Erreichung dieses Ziels werden zunächst die bilanz- und steuerrechtlichen Grundlagen geschaffen, um sodann die §§ 4f, 5 Abs. 7 EStG im Lichte dieser Grundlagen einer eingehenden Untersuchung zu unterziehen. Nebenziel der Arbeit ist es einen Beitrag zur allgemeinen Dogmatik der Neuregelung zu leisten. Im Anschluss an diese Ausführungen gilt es sodann im zweiten Kapitel nicht abschließend geklärte Fragestellungen im Kontext des Umwandlungssteuerrechts zu untersuchen, die im Zusammenhang mit der Frage der Anwendung der §§ 4f, 5 Abs. 7 EStG von Bedeutung sind. Zum einen

---

8 BT-Drs. 18/68 (neu), S. 73; BR-Drs. 740/13 (B), S. 115.

9 Vgl. zum BMF-Schreiben 30.11.2017, BStBl. I 2017, 1619; siehe zu den Schwachstellen des BMF-Schreibens auch *Bolik/Selig-Kraft*, NWB 2018, 851, 851 ff.; *U. Prinz/Otto*, GmbHR 2018, 497, 502 ff.

10 Ebenso *A. Meyer*, in: BeckOK, EStG, § 4f Rn. 11.

11 *Lang*, DStJG 4 (1981) 45, 91; *A. Meyer*, in: HdJ, Abt IV/2 Rn. 2; ähnlich *Kredig*, Hebung stiller Lasten, S. 300 ff.; *Orthmann*, Entstrickungsbesteuerung und Niederlassungsfreiheit, S. 193 f.; *Schaumburg*, FS Herzig, S. 711, 716.

12 BMF-Schreiben 30.11.2017, BStBl. I 2017, 1619; *Bolik/Selig-Kraft*, NWB 2018, 851, 863 f.; *A. Meyer*, in: BeckOK, EStG, § 4f Rn. 11; *U. Prinz/Otto*, GmbHR 2018, 497, 503 f.

ist zu untersuchen, ob Umwandlungs- und Einbringungsvorgänge im Sinne des Umwandlungssteuergesetzes als Veräußerungs- und Anschaffungsvorgänge einzuordnen sind. Zum anderen gilt es, die umwandlungssteuerrechtliche Behandlung von Umwandlungs- und Einbringungsvorgängen, insbesondere die bilanzielle Abbildung stiller Lasten, nach der aktuellen Fassung des Umwandlungssteuergesetzes zu umreißen.

Im 3. Kapitel wird sodann die Anwendbarkeit der §§ 4f, 5 Abs. 7 EStG auf Umwandlungs- und Einbringungsvorgänge untersucht. Anknüpfend an die Darstellung der Situationen, in denen die Frage der Anwendbarkeit der §§ 4f, 5 Abs. 7 EStG auf Umstrukturierungsvorgänge im Sinne des Umwandlungssteuergesetzes von Relevanz ist, wird das Verhältnis des Umwandlungssteuergesetzes zum Einkommensteuergesetz bestimmt. Während im Folgenden zunächst die Anwendbarkeit des § 4f EStG auf Umwandlungs- und Einbringungsvorgänge untersucht wird, folgt sodann die entsprechende Untersuchung im Zusammenhang mit § 5 Abs. 7 EStG. Dabei werden zunächst die strittigen Fragen im Einzelnen betrachtet, während die Ergebnisse im Anschluss an einzelnen Grundfällen beispielhaft abgebildet werden, so dass der Leser selbstständig Schlussfolgerungen für die übrigen Umstrukturierungsvorgänge im Sinne des Umwandlungssteuergesetzes ziehen kann.

1. Kapitel: Bilanz- und Einkommensteuerrechtliche Grundlagen

Anknüpfend an die einleitenden Ausführungen werden im Folgenden die bilanz- und einkommensteuerrechtlichen Grundlagen geschaffen, die für das Verständnis der Problematik der Anwendbarkeit der §§ 4f, 5 Abs. 7 EStG auf Umstrukturierungsvorgänge im Sinne des Umwandlungssteuergesetzes bedeutend sind. Hierfür gilt es zunächst, die Grundlagen der Bilanzierung darzustellen, um sodann die Rechtslage vor Einführung des AIFM-StAnpG und die Übertragung passivierungsbeschränkter Verpflichtungen und deren steuerbilanzielle Behandlung zu untersuchen. In Anknüpfung daran werden sodann die steuerbilanzielle Behandlung der Übertragung passivierungsbeschränkter Verpflichtungen nach Einführung der §§ 4f, 5 Abs. 7 EStG und die damit einhergehenden Auswirkungen auf die Aufdeckung stiller Lasten untersucht.

A. Grundlagen der Bilanzierung

Das Bilanzsteuerrecht regelt die steuerliche Gewinnermittlung und ist damit Grundlage der Ertragsbesteuerung. Als Bilanzsteuerrecht werden die Vorschriften bezeichnet, welche die Gewinnermittlung durch Bilanzierung nach § 4 Abs. 1 und § 5 Abs. 1, Abs. 6 EStG normieren.[13] Grundsätzlich erfolgt die Gewinnermittlung nach § 4 Abs. 1 S. 1, § 5 Abs. 1 EStG durch Betriebsvermögensvergleich. Sofern § 5 Abs. 1 EStG einschlägig ist, sind im Rahmen der Gewinnermittlung die Grundsätze ordnungsmäßiger Buchführung zu beachten. Demnach sind im Folgenden der Maßgeblichkeitsgrundsatz, ausgewählte handelsrechtliche Grundsätze ordnungsmäßiger Buchführung und deren Wirkung auf das (Einkommen-)Steuerrecht näher zu betrachten. Um dabei den Blick für das eigentliche Ziel der Untersuchung, die Anwendbarkeit der mit dem AIFM-StAnpG eingeführten Vorschriften der §§ 4f, 5 Abs. 7 EStG auf Umwandlungs- und Einbringungsvorgänge, nicht aus dem Blick zu verlieren, sind verfassungsrechtliche Fragen zum Maßgeblichkeitsgrundsatz und der Durchbrechung des Maßgeblichkeitsgrundsatzes durch steuerbilanzrechtliche Passivierungsbeschränkungen nicht Gegenstand der Arbeit.

13 Vgl. *Krumm*, in: Blümich, EStG, § 5 Rn. 164; *Briese*, DStR 2016, 2126; *Hennrichs*, in: Tipke/Lang, Steuerrecht, § 9 Rn. 1; *Weber-Grellet*, DStR-Beihefter zu Heft 9 2016, 20.

I. Maßgeblichkeitsgrundsatz

Der Grundsatz der Maßgeblichkeit[14] ist in § 5 Abs. 1 S. 1 EStG verankert. Grundsätzlich sind gem. § 5 Abs. 1 S. 1 EStG die handelsrechtlichen Grundsätze ordnungsmäßiger Buchführung maßgebend für die steuerliche Gewinnermittlung im Sinne von § 4 Abs. 1, § 5 EStG. Hinter dem Grundsatz der Maßgeblichkeit verbirgt sich in seiner heutigen Ausprägung,[15] dass grundsätzlich die für die Handelsbilanz geltenden abstrakten Grundsätze ordnungsmäßiger Buchführung gleichermaßen auch für die Ansätze in der Steuerbilanz maßgebend sind.[16] Demnach muss der Ansatz in der Steuerbilanz mit dem Inhalt der Grundsätze ordnungsmäßiger Buchführung vereinbar sein. Der Grundsatz der Maßgeblichkeit bezieht sich zum einen sowohl auf die Aktiv- als auch auf die Passivseite der Bilanz, also auf jede einzelne in der Steuerbilanz enthaltene Position,[17] und zum anderen sowohl auf den Ansatz

---

14 Der Grundsatz der Maßgeblichkeit ist derzeit häufig Kritik ausgesetzt. Die Kritiker sehen erheblichen Reformbedarf. Dabei knüpfen sie vor allem an die Zweckverschiedenheit von Handels- und Steuerbilanz, die Realität der Verwirklichung des Maßgeblichkeitsgrundsatzes, Objektivierung der steuerlichen Gewinnermittlung, einen Verstoß gegen den Grundsatz der die Tatbestandsmäßigkeit, den Bedeutungsverlust der Grundsätze ordnungsmäßiger Buchführung durch internationale Rechnungslegungsstandards und unerwünschte wechselseitige Einflüsse zwischen Handels- und Steuerbilanz an; vgl. *Anzinger*, in: Herrmann/Heuer/Raupach, EStG, § 5 Rn. 166 ff.; *Hiller/Baschnagel/Eichholz*, StuB 2016, 694 ff.

15 Vor der Einführung des BilMoG (Gesetz zur Modernisierung des Bilanzrechts (Bilanzrechtsmodernisierungsgesetz), BGBl. I 2009, 1102) wurde in der Literatur (vgl. *Knobbe-Keuk*, Bilanz- und Unternehmenssteuerrecht, S. 17 ff.) zwischen der materiellen Maßgeblichkeit, der formellen Maßgeblichkeit sowie der umgekehrten Maßgeblichkeit differenziert. Diese Unterscheidung ist jedoch mit Einführung des BilMoG und der damit einhergehenden Neufassung des § 5 Abs. 1 S. 1 EStG, wonach die handelsrechtlichen Grundsätze ordnungsmäßiger Buchführung grundsätzlich weiterhin auch für die Steuerbilanz Geltung finden, jedoch die Möglichkeit eines abweichenden Ansatzes durch die Ausübung eines steuerlichen Wahlrechts besteht, überholt. Diese Gesetzesänderung brachte die Aufgabe des Grundsatzes der „umgekehrten Maßgeblichkeit" mit sich (so auch BT-Drs. 16/10067 S. 99), wodurch auch der Grundsatz der formellen Maßgeblichkeit überholt erscheint. Der Gesetzgeber hat im Wesentlichen am Grundsatz der materiellen Maßgeblichkeit, wonach die abstrakten Grundsätze ordnungsmäßiger Buchführung für die Steuerbilanz maßgeblich sind (*Krumm*, in: Blümich, EStG, § 5 Rn. 180; *Weber-Grellet*, DB 2009, 2402, 2409), festgehalten, jedoch einen Vorrang des Steuerrechts angeordnet (vgl. *Krumm*, in: Blümich, EStG, § 5 Rn. 183).

16 *Krumm*, in: Blümich, EStG, § 5 Rn. 150; *Hiller/Baschnagel/Eichholz*, StuB 2016, 694.

17 *Anzinger*, in: Herrmann/Heuer/Raupach, EStG, § 5 Rn. 257; *Krumm*, in: Blümich, EStG, § 5 Rn. 184; *Höfer*, DB 2012, 2130; *Knobbe-Keuk*, Bilanz- und Unternehmenssteuerrecht, S. 20; *Weber-Grellet*, in: Schmidt, EStG, § 5 Rn. 31.

der Aktiv- oder Passivposten dem Grunde nach als auch auf deren Bewertung,[18] sofern keine Durchbrechung durch besondere steuerliche Vorschriften vorliegt.[19] Der materiellen Maßgeblichkeit zufolge sind für die steuerliche Gewinnermittlung die abstrakten Grundsätze ordnungsmäßiger Buchführung zu übernehmen, wobei es zu beachten gilt, dass in der Steuerbilanz nur die abstrakten handelsrechtlichen Grundsätze ordnungsmäßiger Buchführung, nicht jedoch die konkreten handelsbilanziellen Werte und Ansätze erfasst werden.[20] Der Geltungsbereich des Maßgeblichkeitsprinzips wird durch den steuerlichen Wahlrechtsvorbehalt gem. § 5 Abs. 1 S. 1 EStG a.E. eingeschränkt. Sofern und soweit ein solches Wahlrecht besteht, kann unter Einhaltung der in § 5 Abs. 1 S. 2 EStG geregelten Formalien von dem in der Handelsbilanz gewählten Ansatz abgewichen werden. Die „handelsrechtlichen Grundsätze ordnungsmäßiger Buchführung“[21] sind zentral für die Buchführung und Bilanzierung. Die in § 5 Abs. 1 EStG enthaltene Verweisung erfasst sämtliche Gewinnermittlungsregeln des Handelsrechts, also sowohl die ungeschriebenen als auch die im Handelsgesetzbuch oder anderweitig normierten materiellen Rechnungslegungsvorschriften über Handelsbilanzansätze, sofern diese für Kaufleute allgemeingültig sind.[22] Sowohl dem Begriff „Grundsätze ordnungsmäßiger Buchführung“ als auch dem Willen des Gesetzgebers lassen sich keine Unterscheidung zwischen Prinzipien im Sinne einer „oberen Normschicht“ und „unteren

18 *Anzinger* in: Herrmann/Heuer/Raupach, EStG, § 5 Rn. 259; *Krumm*, in: Blümich, EStG, § 5 Rn. 186; *Knobbe-Keuk*, Bilanz- und Unternehmenssteuerrecht, S. 21; *Thiel*, FS Meilicke, S. 733, 746 f.; *Weber-Grellet*, in: Schmidt, EStG, § 5 Rn. 33.

19 *Krumm*, in: Blümich, EStG, § 5 Rn. 150 f., 201; *Reddig*, in: Kirchhof, EStG, 18. Auflage, § 5 Rn. 31; *Schmidt/Usinger*, in: Beck'scher Bilanz-Kommentar, HGB, § 243 Rn. 119 f.; *Förster/Schmidtmann*, BB 2009, 1342, 1343; *Knobbe-Keuk*, Bilanz- und Unternehmenssteuerrecht, S. 21.

20 BFH 13.2.2008 – I R 44/07, BStBl. II 2008, 673, 675; *Winkeljohann/Buchholz*, in: Beck'scher Bilanz-Kommentar, HGB, § 274 Rn. 121; *Hiller/Baschnagel/Eichholz*, StuB 2016, 694.

21 Im Rahmen der Grundsätze ordnungsmäßiger Buchführung wird zwischen formellen und materiellen Grundsätzen unterschieden. Während die formellen Grundsätze ordnungsmäßiger Buchführung Ordnungsvorschriften der äußeren Form der Buchführung enthalten, ergeben sich aus den materiellen Grundsätzen die inhaltlichen Anforderungen an die Buchführung (*Krumm*, in: Blümich, EStG, § 5 Rn. 180 f.). Die handelsrechtlichen Grundsätze ordnungsmäßiger Buchführung, die vor Einführung des BilMoG bestanden, gelten weiterhin; insbesondere das Vorsichtsprinzip, das Realisationsprinzip und das Stichtagsprinzip behalten weiterhin ihre bisherige Bedeutung (vgl. BR-Drs. 344/08, S. 71).

22 *Anzinger*, in: Herrmann/Heuer/Raupach, EStG, § 5 Rn. 250; *Krumm*, in: Blümich, EStG, § 5 Rn. 204 ff.; *Reddig*, in: Kirchhof, EStG, 18. Auflage, § 5 Rn. 34; *Beisse*, GS Knobbe-Keuk, S. 385, 401; *ders.*, BB 1999, 2180, 2186; *Hennrichs*, in: Tipke/Lang, Steuerrecht, § 9 Rn. 55; *ders.*, StuW 1999, 138, 140, *Mathiak*, FS Beisse, S. 323, 330; *Schön*, StuW 1995, 366, 374; a.A. *Kempermann*, in: Kirchhof/Söhn/Mellinghoff, EStG, § 5 Rn. B 38; *Schulze-Osterloh*, DStR 2011, 534, 535; *ders.*, DStJG 14 (1991), 123, 130 f.

Normschicht" entnehmen, so dass auch konkretisierende und technisch-vollziehende Vorgaben ordnungsmäßiger Rechnungslegung erfasst werden.[23] Der Geltungsbereich des Maßgeblichkeitsprinzips wird durch den steuerlichen Wahlrechtsvorbehalt gem. § 5 Abs. 1 S. 1 EStG a.E. eingeschränkt. Sofern und soweit ein solches Wahlrecht besteht, kann unter Einhaltung der in § 5 Abs. 1 S. 2 EStG geregelten Formalien von dem in der Handelsbilanz gewählten Ansatz abgewichen werden. Sofern keine steuerrechtlichen Wahlrechte bestehen, sind die Grundsätze ordnungsmäßiger Buchführung vorrangig[24] und können nur aufgrund einer teleologischen Reduktion des § 5 Abs. 1 EStG unberücksichtigt bleiben, wenn sie dem Zweck der steuerrechtlichen Gewinnermittlung widersprechen.[25] Im Folgenden werden ausgewählte Grundsätze ordnungsmäßiger Buchführung, insbesondere solche, die für den weiteren Verlauf der Arbeit von Bedeutung sind, dargestellt.

1. Wirtschaftliche Betrachtungsweise

Dabei soll zunächst darauf hingewiesen werden, dass die im Folgenden dargestellten Prinzipien zur Gewinnermittlung von Rahmenprinzipien, die zur Interpretation des Bilanzrechts und zur Würdigung von Sachverhalten Leitlinien formulieren, überlagert werden.[26] So ist die wirtschaftliche Betrachtungsweise im allgemeinen Handels- und Steuerrecht als „Spielart der teleologischen Interpretation"[27] als bedeutender Wertungsgrundsatz zu berücksichtigen.[28] Dabei werden einzelne Vorschriften und Begrifflichkeiten anhand des objektiven Gesetzeszwecks ausgelegt, so dass sie dem wirtschaftlichen Zweck der Bilanzierung gerecht werden.[29] Dem materiellen Bilanzrecht ist eine wirtschaftliche Betrachtungsweise zugrunde zu legen, wonach für die Bilanzierung daher nicht die rechtliche Ausgestaltung der Übertragungsform, sondern die Beurteilung des „faktisch Wirkenden gegenüber der äußeren Form" maßgebend ist.[30]

---

23 *Krumm,* in: Blümich, EStG, § 5 Rn. 205; *Reddig,* in: Kirchhof, EStG, 18. Auflage, § 5 Rn. 34; *Beisse,* GS Knobbe-Keuk, S. 385, 401.

24 *Weber-Grellet,* in: Schmidt, EStG, § 5 Rn. 34; *C. Claussen,* FS Ulmer, S. 801, 809 ff.; *Crezelius,* ZIP 2003, 461; *Hennrichs,* in: Tipke/Lang, Steuerrecht, § 9 Rn. 93; *Hiller/Baschnagel/Eichholz,* StuB 2016, 694, 695; vgl. *Müller,* FS Moxter, S. 75, 77.

25 *Hennrichs,* in: Tipke/Lang, Steuerrecht, § 9 Rn. 55; *ders.,* StuW 1999, 138, 143 ff.

26 *Klein,* Auslagerung von Pensionsverpflichtungen, S. 61; vgl. auch *Moxter,* Rechnungslegung, S. 15.

27 *Beisse,* StuW 1984, 1, 12; *Klein,* Auslagerung von Pensionsverpflichtungen, S. 61; *Lehner,* FS Tipke, S. 237, 238; *Moxter,* StuW 1989, 232.

28 *Klein,* Auslagerung von Pensionsverpflichtungen, S. 62; *Weimer,* Hebung stiller Lasten, S. 63 ff.

29 *Euler,* BB 2007, 772; *Klein,* Auslagerung von Pensionsverpflichtungen, S. 63.

30 *Beisse,* FS Müller, S. 731, 739.

2. *Vorsichtsprinzip*

Das in § 252 Abs. 1 Nr. 4 Hs. 1 HGB niedergeschriebene Vorsichtsprinzip besagt, dass vorsichtig zu bewerten ist. Namentlich sind alle vorhersehbaren Risiken und Verluste, die bis zum Abschlussstichtag entstanden sind, zu berücksichtigen, selbst wenn diese erst zwischen dem Abschlussstichtag und dem Tag der Aufstellung des Jahresabschlusses bekanntgeworden sind. Da eine abstrakte Präzisierung des Vorsichtsprinzips nicht möglich ist, sind beim Wertansatz alle wertbeeinflussenden Risiken und Chancen einer kritischen Würdigung zu unterziehen.[31] Das Vorsichtsprinzip, das insbesondere der Sicherung des Schuldendeckungspotentials, also der Kapitalerhaltung, dem Schutz vor überhöhten Gewinnausschüttungen und dem Gläubigerschutz dienen soll,[32] führt dazu, dass der Bilanzgewinn im Zweifel zu gering als zu hoch ausgewiesen werden soll.[33] Für Passivposten folgt aus dem Vorsichtsprinzip, dass über rechtlich durchsetzbare Schulden hinaus bereits ungewisse Schulden und Belastungen in Form von Rückstellungen zu passivieren sind.[34] Häufig wird das Vorsichtsprinzip aufgrund seiner Wichtigkeit im Handelsrecht als zentraler und übergeordneter Grundsatz ordnungsmäßiger Buchführung bezeichnet.[35] Für den Ansatz von Bilanzposten wird das Vorsichtsprinzip durch das Realisationsprinzip[36] und das Imparitätsprinzip spezifiziert, die überwiegend als Ausprägungen des Vorsichtsprinzips charakterisiert werden.[37] Im Rahmen der steuerrechtlichen Gewinnermittlung wirkt sich das Vorsichtsprinzip nicht in gleicher Weise auf die Gewinnhöhe aus, da das Steuerrecht eine Reihe von Regelungen enthält, die eine Durchbrechung des Vorsichtsprinzips herbeiführen.[38]

---

31 *Winkeljohann/Büssow*, in: Beck'scher Bilanz-Kommentar, § 252 HGB Rn. 32.

32 Vgl. *Kleindiek*, in: Staub, HGB, § 252 Rn. 36; *Tiedchen*, in: MüKoBilanzR, § 252 HGB Rn. 47.

33 *Knobbe-Keuk*, Bilanz- und Unternehmenssteuerrecht, S. 48 f.

34 *Winnefeld*, in: Winnefeld, Bilanz-HB, Kap. E Rn. 75.

35 *Tiedchen*, in: Herrmann/Heuer/Raupach, EStG, § 5 Rn. 376; *dies.*, in: MüKoBilanzR, § 252 HGB Rn. 47; *Knobbe-Keuk*, Bilanz- und Unternehmenssteuerrecht, S. 49; *Naumann/Breker/Siebler/Weiser*, in: HdJ, Abt. I/7 Rn. 181; ähnlich *Fülbier/Kuschel/Selchert*, in: HdR, § 252 HGB Rn. 48 „zentrale Stellung"; *Niehus*, DB 1997, 1421, 1422 „das alles überragende Prinzip"; *Beisse*, FS Beusch, S. 77, 83 „Leitprinzip des GoB-Systems".

36 Siehe 1. Kapitel A I 4.

37 *Ballwieser*, in: MükoHGB, § 243 Rn. 19; *Crezelius* in: Kirchhof, EStG, § 5 Rn. 47; *Tiedchen*, in: Herrmann/Heuer/Raupach, EStG, § 5 Rn. 375; *dies.*, in: MüKoBilanzR, § 242 HGB Rn. 47; *Moxter/Engel-Ciric*, BB 2014, 489, 489; *Knobbe-Keuk*, Bilanz- und Unternehmenssteuerrecht, S. 49; vgl. *Kropff*, FS Baetge, S. 77, 80, 87; *Krumm*, in: Blümich, EStG § 5 Rn. 240; *Moxter*, FS Forster, S. 427, 435.

38 *Tiedchen*, in: Herrmann/Heuer/Raupach, EStG, § 5 Rn. 376; *dies.*, in: MüKoBilanzR, § 252 HGB Rn. 50; *A. Meyer*, in: HdJ, Abt IV/2 Rn. 2; vgl. *Hennrichs*, DStJG 24 (2001), 301, 325; vgl. *ders.*, StuW 1999, 138, 148.

3. *Imparitätsprinzip*

Das Imparitätsprinzip,[39] das in § 252 Abs. 1 Nr. 4 Hs. 1 HGB geregelt ist, ordnet an, dass vorhersehbare Risiken und Verluste, die zwar noch nicht realisiert, aber bis zum Abschlussstichtag bereits entstanden sind, in der Bilanz angesetzt werden müssen. Dies gilt auch dann, wenn diese erst zwischen dem Abschlussstichtag und dem Tag der Aufstellung des Jahresabschlusses bekannt geworden sind. Wie das Realisationsprinzip[40] ist auch das Imparitätsprinzip eine Ausprägung des Vorsichtsprinzips.[41] Nach dem Realisationsprinzip käme man bei der zeitlichen Zuordnung sowohl von Erträgen als auch von Aufwendungen zu gleichen Ergebnissen,[42] so dass das Realisationsprinzip nicht nur das grundlegende Aktivierungsprinzip, sondern auch Passivierungsprinzip wäre.[43] Dies steht jedoch im Widerspruch zum Vorsichtsprinzip, das in Form des Imparitätsprinzips konkretisiert zum Ausdruck bringt, dass alle vorhersehbaren Risiken und Verluste bereits vor ihrer Realisation im Wege einer Verlustantizipation zu berücksichtigen sind.[44] Dabei gilt es zu beachten, dass das Niederstwertprinzip gem. § 253 Abs. 3 S. 3 und Abs. 4 HGB für die Bewertung von Vermögensgegenständen, das Höchstwertprinzip für die Bewertung von Schulden und auch die Pflicht zur Passivierung von Rückstellungen für ungewisse Verbindlichkeiten und drohende Verluste aus schwebenden Geschäften im Sinne von § 249 Abs. 1 S. 1 HGB besondere Ausprägungen des Imparitätsprinzips darstellen.[45] Daher sind Verluste und Risiken im Rahmen der

39 Teilweise auch als Verlustantizipationsprinzip bezeichnet; siehe hierzu *Tiedchen*, in: Herrmann/Heuer/Raupach, EStG, § 5 Rn. 385.

40 Siehe hierzu 1. Kapitel A I 4.

41 *Krumm*, in: Blümich, EStG, § 5 Rn. 253; *Winkeljohann/Büssow*, in: Beck'scher Bilanz-Kommentar, § 252 HGB Rn. 34; *Winnefeld*, in: Winnefeld, Bilanz-HB, Kap. E Rn. 210.

42 *Ballwieser*, in: MüKoHGB, § 252 Rn. 63; *Kempermann*, in: Kirchhof/Söhn/Mellinghoff, EStG, § 5 Rn. B 84; *Merkt*, in: Baumbach/Hopt, HGB, § 252 Rn. 18; *Weber-Grellet*, in: Schmidt, EStG, § 5 Rn. 78; *Herzig*, FS Schmidt, S. 209, 219; *Ley*, DStR 2007, 589, 591; *Moxter*, DStR 2004, 1057, 1058; *ders.*, DStR 2004, 1098, 1099 f.; *ders.*, FS Forster, S. 427, 433 ff.; a.A. BFH 27.6.2001 – I R 45/97, BStBl. II 2003, 121, 123; *Christiansen*, DStR 2009, 2213, 2215; *Knobbe-Keuk*, Bilanz- und Unternehmenssteuerrecht, S. 49; *Kraus*, StuW 1988, 133, 143; *Siegel*, FS Forster, 1992, 585, 595 ff.; im Ergebnis auch *Kupsch*, DB 1989, 53, 54.

43 *Weber-Grellet*, in: Schmidt, EStG, § 5 Rn. 78; *Winnefeld*, in: Winnefeld, Bilanz-HB, Kap. E Rn. 99; *Moxter*, FS Havermann, S. 487, 496; *Herzig*, FS Schmidt, S. 209, 219; a.A. *Knobbe-Keuk*, Bilanz- und Unternehmenssteuerrecht, S. 49.

44 Vgl. *Merkt*, in: Baumbach/Hopt, HGB, § 252 Rn. 11; *Tiedchen*, in: MüKoBilanzR, § 252 HGB Rn. 56; *Winkeljohann/Büssow*, in: Beck'scher Bilanz-Kommentar, § 252 HGB Rn. 34.

45 *Tiedchen*, in: Herrmann/Heuer/Raupach, EStG, § 5 Rn. 385; vgl. im Hinblick auf das Niederstwertprinzip auch *Kempermann*, in: Kirchhof/Söhn/Mellinghoff, EStG, § 5 Rn. B 102; vgl. im Hinblick auf das Höchstwertprinzip auch *Kempermann*, in: Kirchhof/Söhn/Mellinghoff, EStG, § 5 Rn. B 105; im Hinblick auf das Gebot zur Bildung

Bilanzierung bereits dann zu berücksichtigen, wenn sie vorhersehbar sind, wofür wiederum maßgebend ist, ob im Rahmen einer vernünftigen kaufmännischen Beurteilung eine gewisse Wahrscheinlichkeit des Eintritts möglicher zukünftiger Wertminderungen, Verluste oder Schulden besteht.[46] Verluste sind daher häufig auszuweisen, bevor sie realisiert worden sind, und werden bilanziell damit anders als Gewinne behandelt, die erst dann ausgewiesen werden dürfen, wenn sie tatsächlich realisiert worden sind.[47]

4. Realisationsprinzip

a) Realisationsprinzip im Allgemeinen

§ 252 Abs. 1 Nr. 4 Hs. 2 HGB regelt das Realisationsprinzip, das eine besondere Ausprägung des Vorsichtsprinzips ist.[48] § 252 Abs. 1 Nr. 4 Hs. 2 HGB ist zwar im Gesetz unter den Bewertungsvorschriften eingeordnet, findet gleichwohl Anwendung im Hinblick auf den bilanziellen Ansatz von Wirtschaftsgütern. Im Grundsatz ist das Realisationsprinzip sowohl auf die Übertragung positiver als auch negativer Wirtschaftsgüter anwendbar.[49] Hinter dem Begriff des Realisationsprinzips verbirgt sich, dass Gewinne erst dann in der Bilanz ausgewiesen werden dürfen, wenn sie am Abschlussstichtag durch Umsatzakt verwirklicht sind.[50] Solange Gewinne also

---

von Rückstellungen für drohende Verluste auch *Kempermann*, in: Kirchhof/Söhn/Mellinghoff, EStG, § 5 Rn. B 101.

46 *Fülbier/Kuschel/Selchert*, in: HdR, § 252 HGB Rn. 82; *Kleindiek*, in: Staub, HGB, § 252 Rn. 34; *Winkeljohann/Büssow*, in: Beck'scher Bilanz-Kommentar, § 252 HGB Rn. 35.

47 *Tiedchen*, in: MüKoBilanzR, § 252 HGB Rn. 55; *Winkeljohann/Büssow*, in: Beck'scher Bilanz-Kommentar, § 252 HGB Rn. 35; *H. Kessler*, DStR 1994, 1289, 1294.

48 BFH 12.5.1993 – XI R 1/93, BStBl. II 1993, 786, 787; BFH 29.11.1973 – BStBl. II 1974, 202, 204; *Fülbier/Kuschel/Selchert*, in: HdR, § 252 HGB Rn. 75 f.; *Kempermann*, in: Kirchhof/Mellinghoff/Söhn, EStG, § 5 Rn B 83; *Kleindiek*, in: Staub, HGB, § 252 Rn. 27; *Krumm*, in: Blümich, EStG, § 5 Rn. 241; *Weber-Grellet*, in: Schmidt, EStG, § 5 Rn. 78; *Knobbe-Keuk*, Bilanz- und Unternehmenssteuerrecht, S. 244; *Leffson*, Grundsätze ordnungsmäßiger Buchführung, S. 252; *A. Meyer*, in: HdJ, Abt IV/2 Rn. 2; *Moxter*, BB 1984, 1780.

49 *Winnefeld*, in: Winnefeld, Bilanz-HB, Kap. E Rn. 99. Hinzuweisen ist in diesem Zusammenhang allerdings darauf, dass Verluste aufgrund des Imparitätsprinzips als weiterem Ausfluss des Vorsichtsprinzips grundsätzlich bereits vor ihrer Realisation handelsbilanziell abgebildet werden, sofern der Eintritt des Verlustes mit hinreichender Wahrscheinlichkeit zu erwarten ist oder konkret droht; siehe 1. Kapitel A I 3.

50 BFH 31.8.2011 – X R 19/10, BStBl. II 2012, 190, 191 f.; *Fülbier/Kuschel/Selchert*, in: HdR, § 252 HGB Rn. 91; *Kleindiek*, in: Staub, HGB, § 252 Rn. 32; *Krumm*, in: Blümich, EStG, § 5 Rn. 930a; *Merkt*, in: Baumbach/Hopt, HGB, § 252 Rn. 18; *Schülke*, in: Merkt/Probst/Fink, Rechnungslegung, Kap. 6 Rn. 33; *Tiedchen*, in: MüKoBilanzR, § 252 HGB Rn. 62; *Herzig*, FS Baetge, S. 37, 47 ff.; *Knobbe-Keuk*, Bilanz- und Unternehmenssteuerrecht, S. 49, 244; *A. Meyer*, in: HdJ, Abt IV/2 Rn. 2; *Stoll*, DStJG 4 (1981), 207, 212 f.

nicht realisiert sind, unterliegen diese grundsätzlich nicht der Besteuerung.[51] Bis zum Zeitpunkt der Realisation sind die Vermögensgegenstände in der Bilanz mit den um die Abschreibungen geminderten Anschaffungs- oder Herstellungskosten anzusetzen.[52] Damit erfüllt das handelsrechtliche Realisationsprinzip zum einen die Funktion, den Wert zu bestimmen,[53] mit welchem noch nicht realisierte Erzeugnisse oder Dienstleistungen zu bilanzieren sind, und zum anderen wird geregelt, zu welchem Zeitpunkt[54] die aus den Erzeugnissen und Leistungen zu ziehenden Erfolgsbeiträge als realisiert anzusehen sind.[55] Zu beachten ist, dass die Vorschriften des materiellen Bilanzrechts und damit auch der Realisationsgrundsatz dem Prinzip der wirtschaftlichen Betrachtungsweise unterliegen.[56] Neben Realisationssachverhalten werden Gewinne im Falle des Eingreifens eines steuerlichen Ersatzrealisationstatbestands auch dann verwirklicht, wenn Wirtschaftsgüter, Betriebe oder Betriebsteile ohne den hierfür nach allgemeinem Bilanzrecht erforderlichen Umsatzakt ausscheiden.[57] Nach den allgemeinen Grundsätzen des Realisationsprinzips führt die Überschreitung des Realisationszeitpunktes zur Vollrealisation, wodurch es sowohl zur Aufdeckung sämtlicher stiller Reserven als auch zur Aufdeckung stiller Lasten kommt.[58]

b) Realisationsprinzip im Zusammenhang mit Aufwendungen

Insbesondere nach der von der Rechtsprechung und Teilen der Literatur im Zusammenhang mit Verpflichtungsübertragungen vertretenen Auffassung, ist das Realisationsprinzip dabei von besonderer Bedeutung.[59] Daher ist zu untersuchen, ob und inwieweit sich das Realisationsprinzip in diesem Kontext auswirkt. Nicht abschließend geklärt ist die Frage, ob das Realisationsprinzip lediglich auf Erträge oder auch auf Aufwendungen anzuwenden ist.

---

51 *Kempermann*, in: Kirchhof/Mellinghoff/Söhn, EStG, § 5 Rn. B 83; *Tiedchen*, in: MüKo-BilanzR, § 252 HGB Rn. 62; *Beisse*, StuW 1984, 1, 4; *Knobbe-Keuk*, Bilanz- und Unternehmenssteuerrecht, S. 49, 244; *Moxter*, BB 1984, 1780, 1782.

52 *Moxter*, Rechnungslegung, S. 41; vgl. *Knobbe-Keuk*, Bilanz- und Unternehmenssteuerrecht, S. 49 f., 244.

53 Vgl. *Küting/Lam*, DStR 2012, 2348; *Moxter*, BB 1984, 1780, 1783, 1786.

54 *Herzig*, in: FS Schmidt, S. 209, 212; *Küting/Lam*, DStR 2012, 2348; *Moxter*, BB 1984, 1780, 1783 f., 1786.

55 *Kempermann*, in: Kirchhof/Söhn/Mellinghoff, EStG, § 5 Rn. B 81; *Krumm*, in: Blümich, EStG, § 5 Rn. 241; *Moxter*, StuW 1989, 232, 232 ff.

56 *Beisse*, FS Müller, S. 731, 739.

57 *A. Meyer*, in: HdJ, Abt IV/2 Rn. 6; *Reiter*, Besteuerung stiller Reserven nach § 4 Abs. 1 S. 3 EStG, S. 14; vgl. auch *W. Kessler/Huck*, StuW 2005, 193, 198.

58 *Hofmann*, StuB 2009, 165, 166; *Schlotter/Pinkernell*, FR 2011, 689, 694; zur Realisation stiller Lasten zutreffend auch *Bogenschütz*, Ubg 2008, 135, 141; *Schlotter*, Ubg 2010, 635, 636; *U. Prinz/Adrian*, StuB 2011, 171, 175; vgl. auch *Höfer*, DB 2012, 2130.

59 Vgl. zum Realisationszeitpunkt bei Verpflichtungsübertragungen 1. Kapitel A I 4 c.

aa) Alimentationsprinzip

Zunächst stellt sich die Frage der Reichweite des Realisationsprinzips, also ob es auch im Zusammenhang mit Aufwendungen Geltung findet, und welcher Zeitpunkt im Rahmen des Ansatzes maßgebend ist. Teilweise wird in der Literatur vertreten, dass das Realisationsprinzip sowohl für Erträge als auch für Aufwendungen das entscheidende Abgrenzungskriterium sei.[60] Dies bestätige der Gesetzeswortlaut des § 252 Abs. 1 Nr. 4 HGB, wonach auf den Gewinn als Saldo von Aufwendungen und Erträgen abgestellt wird.[61] Dabei gilt es zu beachten, dass sich ein Gewinn in diesem Sinne erst dann realisiert, wenn von den Erträgen sämtliche damit verknüpften Aufwendungen in Abzug gebracht worden sind.[62] Demnach werden Aufwendungen den Erträgen zugeordnet, welche sie alimentiert haben.[63]

Dem widersprechend wird vertreten, dass Aufwendungen nicht vom Realisationsprinzip erfasst werden sollen. Das Realisationsprinzip sei in seinem Anwendungsbereich vielmehr auf Erträge zu begrenzen.[64] Nach den Vertretern dieser Auffassung verstoße ein Ausweis von Aufwendungen durch das Realisationsprinzip zum einen gegen das Imparitätsprinzip, und zum anderen richte sich der Bilanzausweis nach der Bilanz im Rechtssinne, wonach die periodengerechte Ermittlung des Gewinns durch Betriebsvermögensvergleich erreicht werde.[65] Betriebswirtschaftliche Grundsätze seien diesbezüglich nicht zu berücksichtigen.[66] Ein Grundsatz ordnungsmäßiger Buchführung, wonach Ausgaben dem Geschäftsjahr zuzuordnen sind, in dem der Zufluss der Einnahmen erfolgt, aus denen die Ausgaben gedeckt werden sollen, existiere nicht.[67] Im Ergebnis liegt dem Realisationsprinzip nach den Vertretern dieser Auffassung ein Verständnis zugrunde, wonach mit Gewinnen gem. § 252 Abs. 1 Nr. 4 Hs. 2 HGB offensichtlich lediglich Erträge im Sinne von Erlösen, nicht hingegen Aufwendungen gemeint seien.[68]

Im Zusammenhang mit dem Alimentationsprinzip wird insbesondere die Frage diskutiert, wann ein Aufwand einem bestimmten Ertrag wirtschaftlich zuzuordnen ist, wodurch die Frage der zeitlichen Zuordnung eines Aufwands beantwortet

---

60 *Ballwieser*, in: MüKoHGB, § 252 Rn. 63; *Kleindiek*, in: Staub, HGB, § 252, Rn. 31; *Herzig*, FS Schmidt, S. 209, 219; *Hommel/Berndt*, BB 2009, 2190; *Moxter*, DStR 2004, 1098, 1099; *ders.*, DStR 2004, 1057, 1058; *ders.*, FS Forster, S. 427, 433 ff.; *Weimer*, Hebung stiller Lasten, S. 59 f.

61 *Herzig*, FS Schmidt, S. 209, 212.

62 *Moxter*, FS Forster, S. 427, 433; *Weimer*, Hebung stiller Lasten, S. 60.

63 *Ballwieser*, in: MüKoHGB, § 252 Rn. 65; *Kahle*, DStR 2018, 976, 979; *Moxter*, BB 1984, 1780, 1783 f.

64 BFH 27.6.2001 – I R 45/97, BStBl. II 2003, 121, 123; *Baetge/Kirsch/Thiele*, Bilanzen, S. 137; *Christiansen*, DStR 2009, 2213, 2215; *Siegel*, FS Forster, S. 585, 595 ff.

65 BFH 27.6.2001 – I R 45/97, BStBl. II 2003, 121, 124.

66 BFH 27.6.2001 – I R 45/97, BStBl. II 2003, 121, 124.

67 BFH 27.6.2001 – I R 45/97, BStBl. II 2003, 121.

68 BFH 27.6.2001 – I R 45/97, BStBl. II 2003, 121, 123.

wird. Hinsichtlich der Frage, ob eine Verpflichtung durch Übertragung auf einen anderen Rechtsträger realisiert wird, lässt der Problemkreis des Alimentationsprinzips keine Rückschlüsse zu.[69]

bb) Realisation von Aufwendungen

Nachdem das Alimentationsprinzip keine Antwort auf die Frage, ob das Realisationsprinzip auf Aufwendungen Anwendung findet und welcher Zeitpunkt maßgebend für den Ansatz von Aufwendungen ist, bietet, ist im Folgenden weiterhin zu untersuchen, ob das Realisationsprinzip auch für Aufwendungen gilt. Im Zusammenhang mit der Realisation von Aufwendungen könnte zunächst der Wortlaut des § 252 Abs. 1 Nr. 4 Hs. 2 HGB gegen eine Anwendung auf Aufwendungen sprechen, da lediglich Gewinne erfasst werden. Dennoch sind mit „Gewinnen" im Sinne der Vorschrift nicht nur Erträge, sondern Erträge und Aufwendungen gemeint. Dies verdeutlicht auch § 252 Abs. 1 Nr. 5 HGB, wo richtigerweise von Aufwendungen und Erträgen gesprochen wird.[70] Gewinn im Sinne der Vorschrift meint den Gewinn, der den Unterschiedsbetrag zwischen den Erträgen und den Aufwendungen abbildet, so dass die Vorschrift auch die Aufwandsrealisation erfasst.[71]

Im Zusammenhang mit Aufwendungen ist festzustellen, dass die Übertragung eines Wirtschaftsguts als Umsatzakt grundsätzlich einen Realisationsvorgang darstellt, welcher nach dem Realisationsprinzip als Ausfluss des allgemeinen Vorsichtsprinzips als Maßstab für den Ausweis positiver wie auch negativer Wirtschaftsgüter im Falle der Übertragung dient.[72] Vorzugswürdig erscheint es, das Realisationsprinzip insoweit auch auf Aufwendungen anzuwenden, sofern das Imparitätsprinzip keine Verlustantizipation verlangt.[73] Sinn des Realisationsprinzips ist die Bestimmung eines „umsatzbezogenen" Gewinnes und Verlustes.[74] Daher stellt das Imparitätsprinzip, wodurch Verluste grundsätzlich vor dem Umsatzakt zu berücksichtigen sind, lediglich eine Ergänzung des Realisationsprinzips dar.[75] Der

---

69 So auch *Weimer*, Hebung stiller Lasten, S. 60 f.

70 *Kahle*, DStR 2018, 976, 977; vgl. auch *Breidert/Moxter*, WPg 2007, 912, 914; *Euler*, BB 2001, 1897.

71 Vgl. *Ballwieser*, in: MüKoHGB, § 252 Rn. 53; *Euler*, Grundsätze ordnungsmäßiger Gewinnrealisierung, S. 61 f.; *Euler/Hommel*, BB 2014, 2475, 2476; *Kahle*, DStR 2018, 976, 977; *Moxter*, Rechnungslegung, S. 46 f.; *ders.*, FS Havermann, S. 487, 497; *ders.*, BB 1984, 1780, 1783 f.

72 *Ley*, DStR 2007, 589, 591.

73 *Herzig*, FS Schmidt, S. 209, 219; *A. Meyer*, in: HdJ, Abt IV/2 Rn. 2; *Schulze-Osterloh*, FS Forster, S. 653, 655 ff.; siehe ebenso *Meinert*, in: BeckOK, EStG, § 5 Rn. 719 ff.; *Tiedchen*, in: Herrmann/Heuer/Raupach, EStG, § 5 Rn. 342a f.; *Kleindiek*, in: Staub, HGB, § 252 Rn. 31.

74 *Böcking*, Bilanzrechtstheorie, S. 123.

75 *Böcking*, Bilanzrechtstheorie, S. 128.

Anlass für eine vorsichtige Bewertung ist entfallen, wenn ein Wirtschaftsgut am Markt gegen Gegenleistung umgesetzt worden ist.[76] Aus dem Imparitätsprinzip ergibt sich nicht, dass Verluste, die handelsbilanziell bereits in dem Zeitpunkt zu berücksichtigen sind, in dem sie zu erwarten sind oder drohen, nicht zum Gegenstand eines Umsatzaktes gemacht werden können. Demnach realisieren sich passivierungsbeschränkte Verpflichtungen, wenn sie Gegenstand eines Umsatzaktes sind.

c) Realisationszeitpunkt

Gewinne dürfen grundsätzlich erst dann ausgewiesen werden, wenn sie durch einen Umsatzakt verwirklicht wurden.[77] Dabei stellt sich die Frage, in welchem Zeitpunkt der Umsatzakt eintritt.

Maßgebend für die Realisation ist grundsätzlich der Zeitpunkt, in dem die Leistung im Wesentlichen erbracht wird und der Anspruch auf die Gegenleistung daher nicht mehr mit ungewöhnlichen Risiken belastet erscheint.[78] Auswirkungen hat der Realisationszeitpunkt insbesondere im Rahmen der periodengerechten Zuordnung von Aufwendungen und Erträgen. Entscheidend ist dabei die wirtschaftliche Betrachtungsweise.[79] Es muss bei wirtschaftlicher Betrachtungsweise aufgrund der Leistungshandlung des Schuldners eine Lage entstanden sein, in der die Forderung auf die Gegenleistung – von dem mit jeder Forderung verbundenen Risiko abgesehen – „so gut wie sicher ist".[80] Demnach sind die Erträge aus einem Vertragsverhältnis im Sinne der Bilanzierung erst dann realisiert, wenn infolge einer Abwägung der Risiken und Chancen zumindest die Risiken so gut

---

76 Vgl. *A. Meyer*, in: HdJ, Abt IV/2 Rn. 3.

77 BFH 31.8.2011 – X R 19/10, BStBl. II 2012, 190, 191 f.; *Fülbier/Kuschel/Selchert*, in: HdR, § 252 HGB Rn. 91; *Kleindiek*, in: Staub, HGB, § 252 Rn. 32; *Krumm*, in: Blümich, EStG, § 5 Rn. 930a; *Merkt*, in: Baumbach/Hopt, HGB, § 252 Rn. 18; *Schülke*, in: Merkt/Probst/Fink, Rechnungslegung, Kap. 6 Rn. 33; *Tiedchen*, in: MüKoBilanzR, § 252 HGB Rn. 62; *Herzig*, FS Baetge, S. 37, 47 ff.; *Knobbe-Keuk*, Bilanz- und Unternehmenssteuerrecht, S. 49, 244; *A. Meyer*, in: HdJ, Abt IV/2 Rn. 2; *Stoll*, DStJG 4 (1981), 207, 212 f.

78 Vgl. BFH 23.3.2011 – X R 42/08, BStBl. II 2012, 188, 189; BFH 9.8.2006 – I R 11/06, BStBl. II 2006, 762, 763; BFH 2.3.2004 – III B 114/03, BFH/NV 2004, 1109, 1111; BFH 10.9.1998 – IV R 80/96, BStBl. II 1999, 21, 22; BFH 26.4.1989 – I R 147/84, BStBl. II 1991, 213, 215; BFH 12.5.1993 – XI R 1/93, BStBl. II 1993, 786, 787; BFH 11.12.1985 – I B 49/85, BFH/NV 1986, 595, 596; *Weber-Grellet*, in: Schmidt, EStG, § 5 Rn. 79; *Moxter*, Bilanzrechtsprechung, S. 45; *Woerner*, FR 1984, 489, 494.

79 *Gelhausen*, Realisationsprinzip, S. 74 ff.; *Moxter*, Bilanzrechtsprechung, S. 46; *Weimer*, Hebung stiller Lasten, S. 58.

80 BFH 7.11.2018 – IV R 20/16, BFH/NV 2019, 234, 235 f.; BFH 23.3.2011 – X R 42/08, BStBl. II 2012, 188, 189; BFH 11.12.1985 – I B 49/85, BFH/NV 1986, 595, 596; vgl. *Knobbe-Keuk*, Bilanz- und Unternehmenssteuerrecht, S. 58, 244; *Moxter*, Bilanzrechtsprechung, S. 45; *Weimer*, Hebung stiller Lasten, S. 58; *Winnefeld*, in: Winnefeld, Bilanz-HB, Kap. E Rn. 99; *Woerner*, FR 1984, 489, 494.

wie sicher abgebaut sind.[81] Typisierend wird angenommen, dass mit Erfüllung der eigenen Leistung und der Bestätigung der Werthaltigkeit der Leistung am Markt der Ertrag hinreichend sicher und damit der Realisationszeitpunkt überschritten ist.[82] Gewinne aus entgeltlichen Veräußerungsgeschäften sind daher nicht bereits im Zeitpunkt des Abschlusses des schuldrechtlichen Veräußerungsgeschäfts, sondern vielmehr erst im Zeitpunkt der wirtschaftlichen Erfüllung durch eine Vertragspartei realisiert.[83]

Auch im Zusammenhang mit Aufwendungen stellt sich die Frage, nach welchen Kriterien eine Realisation von Verlusten stattfinden kann. Anknüpfend an die Konzeption des Realisationsprinzips muss auch die Realisation von Aufwendungen umsatzorientiert erfolgen. Überträgt man die Kriterien der Gewinnrealisation, dann realisieren sich auch Verluste im Zeitpunkt des Umsatzaktes, also wenn die wirtschaftliche Belastung einer Schuld auf einen anderen Rechtsträger übergeht und das zugrunde liegende Geschäft wirtschaftlich erfüllt ist. Daher realisiert sich ein Verlust im Zweifel ohne Berücksichtigung des handelsrechtlichen Imparitätsprinzips spätestens, wenn die wesentlichen Chancen und Risiken auf einen Dritten übergehen. Der Realisationszeitpunkt wird im Zusammenhang mit der Übertragung von Schulden überschritten, soweit die wirtschaftlichen Belastungen aus der Schuld nicht mehr vom rechtlichen Schuldner zu tragen sind.[84] Überträgt man die Kriterien der Gewinnrealisation auf Verpflichtungsübertragungen kommt es im Zusammenhang mit dem Realisationszeitpunkt von Verlusten auf die Frage an, wann im Rahmen eines Umsatzakts die wirtschaftliche Belastung einer Schuld auf den übernehmenden Rechtsträger übergeht. Dies bestätigt auch die bilanzielle Zurechnung von Schulden. Ist die wirtschaftliche Belastung übergegangen ist die für den bilanziellen Ansatz einer Schuld erforderliche wirtschaftliche Belastung beim übertragenden Rechtsträger nicht mehr vorhanden.[85]

---

81 BFH 23.3.2011 – X R 42/08, BStBl. II 2012, 188, 189; BFH 2.3.2004 – III B 114/03, BFH/NV 2004, 1109, 1111; BFH 10.9.1998 – IV R 80/96, BStBl. II 1999, 21, 22; BFH 15.2.1986 – VIII R 134/80, BStBl. II 1986, 788, 789; vgl. *Euler*, Grundsätze ordnungsmäßiger Gewinnrealisierung, S. 69; *Moxter*, Rechnungslegung, S. 43; *Weber-Grellet*, DStR 1996, 896, 897; *Woerner*, FR 1984, 489,494.

82 *Euler/Hommel*, BB 2014, 2475, 2476; *Hommel*, Grundsätze ordnungsmäßiger Bilanzierung, S. 24; *Klein*, Auslagerung von Pensionsverpflichtungen, S. 59; *Moxter*, FS Goerdeler, S. 361,365.

83 BFH 10.9.1998 – IV R 80/96, BStBl. II 1999, 21, 22; BFH 12.5.1993 – XI R 1/93, BStBl. II 1993, 786, 787; BFH 26.4.1989, I R 147/84, BStBl. II 1991, 213, 215; BFH 29.04.1987 – I R 192/82, BStBl. II 1987, 797, 798; BFH 27.2.1986 – IV R 52/83, BStBl. II 1986, 552, 553; BFH 14.12.1982 – VIII R 53/81, BStBl. II 1983, 303, 304 f.; vgl. auch *Hoffmann/Lüdenbach*, NWB Kommentar Bilanzierung, § 252 HGB Rn. 104; *Winnefeld*, in: Winnefeld, Bilanz-HB, Kap. E Rn. 99.

84 *Hoffmann/Lüdenbach*, NWB Kommentar Bilanzierung, § 246 HGB Rn. 378.

85 *Hoffmann/Lüdenbach*, NWB Kommentar Bilanzierung, § 246 HGB Rn. 378; vgl. auch *Schultz*, DB 2011, 608,614.

Im Hinblick auf die hiesige Untersuchung stellt sich die Frage des Realisationszeitpunktes von Verlusten insbesondere im Zusammenhang mit Verpflichtungsübertragungen im Wege der Erfüllungsübernahme, des freistellenden Schuldbeitritts sowie der Schuld- und Vertragsübernahme.

aa) Befreiende Schuldübernahme oder Vertragsübernahme

Folge der befreienden Schuldübernahme als auch der Vertragsübernahme ist das Erlöschen der Verpflichtung aufseiten des übertragenden Rechtsträgers.[86] Die Verpflichtung „wandert" zum übernehmenden Rechtsträger.[87] Dadurch entfällt beim übertragenden Rechtsträger sowohl die rechtliche als auch die wirtschaftliche Belastung.[88] Demzufolge führt die befreiende Schuldübernahme und die Vertragsübernahme zur Ausbuchung des Passivpostens aus der Bilanz des übertragenden Rechtsträgers.[89] Die mit der Schuld einhergehende wirtschaftliche Belastung geht im Wege der entgeltlichen Übertragung einer passivierungsbeschränkten Verpflichtung spätestens mit der Hingabe des Entgelts auf den anderen Rechtsträger über, so dass im Falle der Vertrags- bzw. Schuldübernahme der Realisationszeitpunkt mit der wirtschaftlichen Erfüllung des entgeltlichen Übertragungsvorgangs überschritten wird.[90]

bb) Schuldbeitritt

Anders als bei der Schuldübernahme erhält der Gläubiger im Falle des Schuldbeitritts einen weiteren Schuldner hinzu. Rechtlich entsteht dadurch eine Gesamtschuld im Sinne der §§ 421 ff. BGB.[91] Dennoch kann ein Schuldbeitritt – je nachdem, ob der Zweck in der Sicherung oder Haftung zu sehen ist – zu unterschiedlichen bilanziellen Folgen führen.[92] § 4f EStG erfasst allerdings nur solche Schuldbeitritte,

86 *Hennrichs*, in: MüKoBilanzR, § 246 HGB Rn. 101; *Weimer*, Hebung stiller Lasten, S. 108.

87 *Hennrichs*, in: MüKoBilanzR, § 246 HGB Rn. 101; *Schülke*, in: Merkt/Probst/Fink, Rechnungslegung, Kap. 5 Rn. 117; *Weimer*, Hebung stiller Lasten, S. 108; vgl. *Kersting*, in: HdJ, Abt III/9 Rn. 105; im Ergebnis auch *Hoffmann/Lüdenbach*, NWB Kommentar Bilanzierung, § 246 HGB Rn. 378.

88 *Hennrichs*, in: MüKoBilanzR, § 246 HGB Rn. 101; *Winnefeld*, in: Winnefeld, Bilanz-HB, Kap. D Rn. 1555; vgl. auch BFH 12.12.2012 – I R 69/11, BStBl. II 2017, 1232, 1235 f.; BFH 14.12.2011 – I R 72/10, BStBl. II 2017, 1226, 1228; BFH 17.10.2007 – I R 61/06, BStBl. II 2008, 555, 556 f.

89 *Hennrichs*, in: MüKoBilanzR, § 246 HGB Rn. 101; *Schülke*, in: Merkt/Probst/Fink, Rechnungslegung, Kap. 5 Rn. 75, 117; *Kersting*, in: HdJ, Abt III/9 Rn. 105; *Weimer*, Hebung stiller Lasten, S. 109.

90 Vgl. BFH 12.12.2012 – I R 69/11, BStBl. II 2017, 1232, 1235 f.; BFH 14.12.2011 – I R 72/10, BStBl. II 2017, 1226, 1228; BFH 17.10.2007 – I R 61/06, BStBl. II 2008, 555, 556 f.

91 *A. Meyer*, in: BeckOK, EStG, § 4f Rn. 44.1.

92 Siehe auch *Hennrichs*, in: MüKoBilanzR, § 246 HGB Rn. 101, 229; *Hoffmann/Lüdenbach*, NWB Kommentar Bilanzierung, § 246 HGB Rn. 379.

mit denen eine Freistellungsvereinbarung zwischen dem Überträger und dem Übernehmer einhergeht.[93] Zwar bleibt der übertragende Rechtsträger infolge des freistellenden Schuldbeitritts im Außenverhältnis weiterhin Verpflichteter.[94] Die Verpflichtung hat jedoch lediglich Sicherungscharakter. Im Innenverhältnis führt die rechtliche Konstruktion hingegen zur Freistellung des übertragenden Rechtsträgers, so dass im Außenverhältnis lediglich der übernehmende Rechtsträger haften soll.[95] Daher führt eine solche Ausgestaltung des Schuldbeitritts dazu, dass die Schuld wirtschaftlich übernommen wird und der übertragende Rechtsträger keine wirtschaftliche Belastung mehr zu tragen hat. Diese liegt aufgrund der Freistellungsvereinbarung vielmehr aufseiten des übernehmenden Rechtsträgers, so dass die Schuld zum Beitretenden „wandert" und beim übertragenden Rechtsträger auszubuchen ist.[96] Die Ausbuchung und Entledigung der Schuld des übertragenden Rechtsträgers folgt im Lichte der wirtschaftlichen Betrachtung aus der Zahlung des Entgelts in Höhe des Erfüllungsbetrages als Gegenleistung für den Schuldbeitritt mit interner Schuldfreistellung.[97] Dadurch werden die wirtschaftliche Belastung und die damit einhergehenden Risiken aus einer Schuld zu einem bestimmten Stichtag durch den nach handelsrechtlichen Vorschriften zu diesem Zeitpunkt ermittelten Erfüllungsbetrag der Schuld im Sinne des § 253 Abs. 1 HGB zutreffend abgebildet. Letztlich hat der übertragende Rechtsträger die übertragene Schuld im Falle eines Schuldbeitritts im besprochenen Sinne aufgrund der Ähnlichkeit zur Bürgschaft im Sinne des § 251 HGB durch einen Bilanzvermerk zu berücksichtigen.[98]

Die mit der Schuld einhergehende wirtschaftliche Belastung geht im Wege der entgeltlichen Übertragung einer passivierungsbeschränkten Verpflichtung spätestens mit der Hingabe des Entgelts auf den übernehmenden Rechtsträger über, so dass im Falle des freistellenden Schuldbeitritts der Realisationszeitpunkt mit der wirtschaftlichen Erfüllung des entgeltlichen Übertragungsvorgangs überschritten wird. Im Ergebnis fehlt es auch im Falle des freistellenden Schuldbeitritts an der wirtschaftlichen Belastung des übertragenden Rechtsträgers, so dass für eine Inanspruchnahme im Rahmen einer wirtschaftlichen Betrachtung keine Grundlage besteht.[99]

---

93 *A. Meyer*, in: BeckOK, EStG, § 4f Rn. 44.1.

94 Siehe auch BFH 26.4.2012 – IV R 43/09, BStBl. II 2017, 1228, 1230.

95 BFH 26.4.2012 – IV R 43/09, BStBl. II 2017, 1228, 1230; *Hennrichs*, in: MüKoBilanzR, § 251 HGB Rn. 31; *Hoffmann/Lüdenbach*, NWB Kommentar Bilanzierung, § 246 HGB Rn. 379; *Schmidt/Ries*, in: Beck'scher Bilanz-Kommentar, § 246 Rn. 111.

96 Siehe auch *Hennrichs*, in: MüKoBilanzR, § 251 HGB Rn. 31; *Hoffmann/Lüdenbach*, NWB Kommentar Bilanzierung, § 246 HGB Rn. 379.

97 *Hoffmann/Lüdenbach*, NWB Kommentar Bilanzierung, § 246 HGB Rn. 379; vgl. auch *Schmidt/Ries*, in: Beck'scher Bilanz-Kommentar, § 246 HGB Rn. 111, die im Ergebnis allerdings eine rechtliche Betrachtung bevorzugen.

98 *Hoffmann/Lüdenbach*, NWB Kommentar Bilanzierung, § 246 HGB Rn. 379.

99 BFH 26.4.2012 – IV R 43/09, BStBl. II 2017, 1228, 1231.

cc) Erfüllungsübernahme

Zwar besteht bei der Erfüllungsübernahme, bei der der übernehmende Rechtsträger regelmäßig nicht im Außenverhältnis, sondern lediglich im Innenverhältnis verpflichtet wird, den Gläubiger von der Schuld freizustellen,[100] kein Anspruch des Gläubigers gegen den übernehmenden Rechtsträger. Dennoch hat dieser die Schuld als eigenes Betriebsvermögen bilanziell zu berücksichtigen, wenn der übertragende Rechtsträger im Innenverhältnis nicht mehr zur Leistung verpflichtet ist.[101] Die Erfüllungsübernahme bezweckt regelmäßig nicht bloß eine Haftungsverstärkung zu Sicherungszwecken, sondern will den Hauptschuldner freistellen.[102] Dabei soll der übernehmende Rechtsträger die Schuld zwar nicht rechtlich übernehmen, wohl aber wirtschaftlich.[103] Die Erfüllungsübernahme im Innenverhältnis führt dazu, dass die ursprünglich beim übertragenden Rechtsträger zu berücksichtigende Schuld ihren bilanzrechtlichen Schuldcharakter verliert.[104] Der übertragende Rechtsträger ist wirtschaftlich nicht mehr belastet, so dass ein Bilanzansatz unzulässig ist, wenn ihm aufgrund dessen keine Inanspruchnahme mehr droht.[105] Ebenso hat bei einer Erfüllungsübernahme (vgl. § 329 BGB) der Übernehmer seine Freistellungsverpflichtung als Verbindlichkeit zu passivieren, wenn im Innenverhältnis der übertragende Rechtsträger nicht mehr zur Leistung verpflichtet ist.[106] Letztlich hat der übertragende Rechtsträger die „wirtschaftlich übertragene" Schuld auch im Falle einer Erfüllungsübernahme durch einen Bilanzvermerk im Sinne des § 251 HGB zu berücksichtigen.[107]

Der abweichenden Auffassung, wonach der übertragende Rechtsträger weiterhin eine Verbindlichkeit zu passivieren hat und einen Rückgriffsanspruch gegen den übernehmenden Rechtsträger aktivieren soll, ist nach hier vertretener Auffassung abzulehnen.[108] Entgegen den Vertretern dieser Auffassung ist bereits die Aktivierbarkeit des Rückgriffsanspruchs zu versagen, da am Bilanzstichtag eine solche Forderung nicht besteht. Insoweit besteht keine wirtschaftliche Belastung,

100 *A. Meyer*, in: BeckOK, EStG, § 4f Rn. 44.2.

101 *Hennrichs*, in: MüKoBilanzR, § 251 HGB Rn. 32; *Hoffmann/Lüdenbach*, NWB Kommentar Bilanzierung, § 246 HGB Rn. 379.

102 *Hennrichs*, in: MüKoBilanzR, § 251 HGB Rn. 32.

103 *Hennrichs*, in: MüKoBilanzR, § 251 HGB Rn. 32.

104 *Hoffmann/Lüdenbach*, NWB Kommentar Bilanzierung, § 246 HGB Rn. 110.

105 *Hoffmann/Lüdenbach*, NWB Kommentar Bilanzierung, § 246 HGB Rn. 379; *Hoffmann*, StuB 2012, 1.

106 *Hoffmann/Lüdenbach*, NWB Kommentar Bilanzierung, § 246 HGB Rn. 379; vgl. auch *Hennrichs*, in: MüKoBilanzR, § 251 HGB Rn. 32; *Schmidt/Ries*, in: Beck'scher Bilanz-Kommentar, § 246 HGB Rn. 52.

107 Vgl. *Hoffmann/Lüdenbach*, NWB Kommentar Bilanzierung, § 251 HGB Rn. 24.

108 So aber *Adler/Düring/Schmaltz*, HGB, § 246 Rn. 418; *Hennrichs*, in: MüKoBilanzR, § 246 HGB Rn. 230; *Weimer*, Hebung stiller Lasten, S. 109; *Winnefeld*, in: Winnefeld, Bilanz-HB, Kap. D Rn. 1556.

so dass ein Bilanzansatz nicht in Betracht kommt. Die Forderung entsteht erst dann, wenn ein Zahlungsausfall beim übernehmenden Rechtsträger höchst wahrscheinlich ist.[109] Eine derart aufschiebend bedingte Forderung ist in der Bilanz nicht anzusetzen. Für den Fall des Bedingungseintritts wäre diese Forderung hingegen wertlos.[110]

Die mit der Schuld einhergehende wirtschaftliche Belastung geht im Wege der entgeltlichen Übertragung einer passivierungsbeschränkten Verpflichtung spätestens mit der Hingabe des Entgelts auf den anderen Rechtsträger über, so dass im Falle einer Erfüllungsübernahme der Realisationszeitpunkt mit der wirtschaftlichen Erfüllung des entgeltlichen Übertragungsvorgangs überschritten wird. Wie auch im Falle des freistellenden Schuldbeitritts fehlt es auch bei der Erfüllungsübernahme an der wirtschaftlichen Belastung des übertragenden Rechtsträgers, so dass für eine Inanspruchnahme im Rahmen einer wirtschaftlichen Betrachtung keine Grundlage besteht.[111]

dd) Fazit

Zusammenfassend kann festgestellt werden, dass Verpflichtungsübertragungen sowohl im Wege der befreienden Vertrags- bzw. Schuldübernahme als auch durch Erfüllungsübernahme und befreienden Schuldbeitritt in den zuvor dargestellten Situationen zur Entledigung der wirtschaftlichen Belastung und zur Ausbuchung der Schuld aufseiten des übertragenden Rechtsträgers führen. Sowohl ein freistellender Schuldbeitritt als auch eine Erfüllungsübernahme haben nicht nur eine Haftungsverstärkung zu Sicherungszwecken zum Zweck, sondern sollen den übertragenden Rechtsträger dauerhaft von der Haftung freistellen. Auch wenn der übernehmende Rechtsträger die Schuld nicht oder nicht alleine rechtlich übernehmen soll, so wird diese zumindest wirtschaftlich übernommen. Insoweit genügt bei dem im Innenverhältnis wirtschaftlich entlasteten, übertragenden Rechtsträger ein Bilanzvermerk einer Verbindlichkeit, die trotz des befreienden Schuldbeitritts oder der Erfüllungsübernahme theoretisch existiert, solange seine Inanspruchnahme nicht ernsthaft droht. Während die Schuld im Falle der Vertrags- und Schuldübernahme sowie beim befreienden Schuldbeitritt zum übernehmenden Rechtsträger „wandert", ist die Schuld auch im Falle der internen Erfüllungsübernahme vom übernehmenden Rechtsträger als eigenes Betriebsvermögen zu passivieren. Die unterschiedlichen zivilrechtlichen Konstruktionen haben gemein, dass dadurch die

---

109 *Hoffmann/Lüdenbach*, NWB Kommentar Bilanzierung, § 246 HGB Rn. 379; vgl. auch *Hoffmann*, StuB 2012, 1.

110 *Hoffmann/Lüdenbach*, NWB Kommentar Bilanzierung, § 246 HGB Rn. 379; *Hoffmann*, StuB 2012, 1.

111 Vgl. zur Schuldübernahme BFH 17.10.2007 – I R 61/06, BStBl. II 2008, 555, 556 f.; BFH 14.12.2011 – I R 72/10, BStBl. II 2017, 1226, 1228; BFH 12.12.2012 – I R 69/11, BStBl. II 2017, 1232, 1235 f.; vgl. zum Schuldbeitritt BFH 26.4.2012 – IV R 43/09, BStBl. II 2017, 1228, 1231.

mit der Schuld einhergehende wirtschaftliche Belastung übergeht und in allen Fällen ein Entgelt für die Übernahme der Schuld geleistet wird, so dass mit Hingabe des Entgelts die wirtschaftliche Erfüllung des entgeltlichen Übertragungsvorgangs und damit auch eine Überschreitung des Realisationszeitpunkts vorliegt.

d) Verpflichtungsübertragungen im Lichte des Realisationsprinzips

Die Übertragung von Wirtschaftsgütern, wovon sowohl positive als auch negative Wirtschaftsgüter erfasst sind, ist ein Realisationsakt, der auf Grundlage des Realisationsprinzips als Ausfluss des allgemeinen Vorsichtsprinzips[112] Maßstab für die Bilanzierung von Erträgen und Aufwendungen ist.[113] Dabei gilt es zu beachten, dass Verluste als Ausdruck des Imparitätsprinzips, welches seine Grundlage auch im allgemeinen Vorsichtsprinzip findet, regelmäßig schon vor ihrer Realisation auszuweisen sind, sobald diese drohen oder zu erwarten sind.[114] Dementsprechend findet das Realisationsprinzip auf Verluste nur insoweit Anwendung, als es nicht durch das Imparitätsprinzip eingeschränkt wird. Es ist festzustellen, dass das Realisationsprinzip für den Fall, dass passivierungsbeschränkte Verpflichtungen zum Gegenstand eines Umsatzaktes gemacht werden, trotz der handelsrechtlichen Verlustantizipation Anwendung findet und sich aufgrund des Maßgeblichkeitsgrundsatzes gem. § 5 Abs. 1 EStG auch in der Steuerbilanz auswirkt.

5. Grundsatz der Erfolgsneutralität des Vermögenszugangs

Nachdem soeben das Realisationsprinzip im Zusammenhang mit der Übertragung passivierungsbeschränkter Verpflichtungen Gegenstand der Untersuchung war, wird im Folgenden die Frage betrachtet, ob und inwieweit sich bei solchen Vorgängen der Grundsatz der Erfolgsneutralität von Anschaffungsvorgängen aufseiten des übernehmenden Rechtsträgers auswirkt. Hierfür wird zunächst der Grundsatz der Erfolgsneutralität im Allgemeinen kursorisch dargestellt und sodann in den Kontext der Übertragung passivierungsbeschränkter Verpflichtungen gesetzt.

a) Grundsatz der Erfolgsneutralität im Allgemeinen

Der Grundsatz der Erfolgsneutralität von Anschaffungs- und Herstellungsvorgängen ist ein von § 5 Abs. 1 EStG erfasster Grundsatz ordnungsmäßiger Buchführung[115] und im Zusammenhang mit dem Realisationsprinzip zu sehen.[116] Als

112 Siehe hierzu 1. Kapitel A I 2.
113 Vgl. hierzu auch 1. Kapitel A I 4.
114 Siehe hierzu 1. Kapitel A I 3.
115 BFH 12.12.2012 – I R 69/11, BStBl. II 2017, 1232, 1235; *Krumm*, in: Blümich, EStG, § 5 Rn. 241c.
116 *Krumm*, in: Blümich, EStG, § 5 Rn. 241c; vgl. *Moxter*, BB 1984, 1780, 1783; vergleiche näher zur Ableitung des Anschaffungskostenprinzips aus dem Realisationsprinzip

Ausfluss[117] des Realisationsprinzips im Sinne des § 252 Abs. 1 Nr. 4 Hs. 2 HGB, das besagt, dass Gewinne nur zu berücksichtigen sind, wenn sie am Abschlussstichtag auch verwirklicht sind, besagt der Grundsatz der erfolgsneutralen Behandlung von Anschaffungsvorgängen, dass der Zugang von Wirtschaftsgütern zum Betriebsvermögen erfolgsneutral zu behandeln ist, also lediglich eine Umschichtung in der Bilanz in Höhe der Anschaffungskosten zur Folge hat.[118] Der Beschaffungsvorgang an sich soll bis zum Zeitpunkt der späteren Realisation der Wertsteigerung zu keiner Erfolgswirkung führen.[119] Ein unterschiedlicher Ansatz von Zu- und Abfluss und damit ein vom Grundsatz der Erfolgsneutralität von Anschaffungs- und Herstellungsvorgängen abweichender Bilanzansatz kann lediglich durch nachfolgende betriebliche Umsatzakte erfolgen.[120] Dies ergibt sich aus dem Realisationsprinzip, wonach nicht bereits die Anschaffung, sondern erst der Umsatz erfolgswirksam sein soll.[121] Zu beachten gilt es allerdings, dass der Grundsatz der Erfolgsneutralität von Anschaffungs- und Herstellungsvorgängen seine Wirkung nicht nur im Zeitpunkt des Anschaffungsgeschäfts entfaltet, sondern folgerichtig über den Anschaffungszeitpunkt hinaus zeitlich uneingeschränkt wirkt.[122]

Hennrichs, DStJG 24 (2001), 301, 315; *Leffson*, Grundsätze ordnungsmäßer Buchführung, S. 251 f.

117 Teilweise wird der Grundsatz der Erfolgsneutralität auch als „Kehrseite" des Realisationsprinzips bezeichnet; siehe hierzu *Schlotter/Pinkernell*, FR 2011, 689,695.

118 BFH 26.4.2006 – I R 49, 50/04, BStBl. II 2006, 656, 657; BFH 16.12.2009 – I R 102/08, BStBl. II 2011, 566; BFH 12.12.2012 – I R 69/11, BStBl. II 2017, 1232, 1235; BFH 12.12.2012 – I R 28/11, BStBl. II 2017, 1265, 1269 f.; *Krumm*, in: Blümich, EStG, § 5 Rn. 241c; *Tiedchen*, in: MüKoBilanzR, § 253 HGB Rn. 13; *Kahle/Hiller*, DStZ 2013, 462, 473; *Ley*, DStR 2007, 589, 591; *Winnefeld*, Winnefeld, Bilanz-HB, Kap. E Rn. 405b.

119 BFH 26.4.2006 – I R 49, 50/04, BStBl. II 2006, 656, 657; BFH 16.12.2009 – I R 102/08, BStBl. II 2011, 566; BFH 12.12.2012 – I R 69/11, BStBl. II 2017, 1232, 1235; BFH 12.12.2012 – I R 28/11, BStBl. II 2017, 1265, 1269 f.; *Ballwieser*, in: MüKoHGB, § 253 Rn. 1; der Rechtsprechung zustimmend auch *Schönherr/Krüger*, DStR 2010, 1709,1712.

120 BFH 26.4.2006 – I R 49, 50/04, BStBl. II 2006, 656, 657; BFH 16.12.2009 – I R 102/08, BStBl. II 2011, 566; BFH 12.12.2012 – I R 69/11, BStBl. II 2017, 1232, 1235; BFH 12.12.2012 – I R 28/11, BStBl. II 2017, 1265, 1269 f.; *Tiedchen*, in: MüKoBilanzR, § 253 HGB Rn. 13; *Ley*, DStR 2007, 589, 591; *Winnefeld*, in: Winnefeld, Bilanz-HB, Kap. E; Rn. 405b; *Pusecker/Schruff*, BB 1996,735.

121 *Moxter*, Bilanzrechtsprechung, S. 184.

122 BFH 16.12.2009 – I R 102/08, BStBl. II 2011, 566, 567; BFH 12.12.2012 – I R 69/11, BStBl. II 2017, 1232, 1235; FG Düsseldorf, DStRE 2009, 513; *Bogenschütz*, Ubg 2008, 135, 140; *Geberth/Höhn*, DB 2013, 1192, 1193; *dies.*, DB 2011, 1775, 1776; *dies.*, DB 2010, 1905, 1907; *Höhn/Geberth*, GmbHR 2012, 405; *Schlotter*, BB 2012, 951, 953; *Schönherr/Krüger*, DStR 2012, 829, 832; *U. Prinz*, FR 2011, 1015, 1020; *U. Prinz/Adrian*, BB 2011, 1646, 1646 f.; vgl. auch *Schlotter/Pinkernell*, FR 2011, 689, 695; vgl. grundsätzlich auch mit Einschränkungen durch § 5 Abs. 7 EStG *Krumm*, in: Blümich, EStG, § 5 Rn. 241c ff.; a.A. *Meurer*, BB 2011, 1259, 1261 die davon ausgeht, dass der

b) *Verpflichtungsübertragungen im Lichte des Grundsatzes der Erfolgsneutralität von Anschaffungsvorgängen*

Nachdem soeben dargestellt wurde, dass Anschaffungsvorgänge grundsätzlich sowohl im Anschaffungszeitpunkt als auch in den Folgeperioden erfolgsneutral zu behandeln sind, stellt sich im Zusammenhang mit § 5 Abs. 7 EStG insbesondere die Frage, ob der Grundsatz der Erfolgsneutralität von Anschaffungsvorgängen auch auf Schulden anwendbar ist. Teilweise wird vertreten, dass das Anschaffungskostenprinzip nicht auf Schulden anwendbar sei, da sich Zugänge an Schulden schon nicht unter die Definition des Anschaffungskostenbegriffs im Sinne des § 255 Abs. 1 HGB subsumieren lassen.[123] Nach den Vertretern dieser Auffassung wird eine Schuld in Abweichung zu einem aktiven Wirtschaftsgut lediglich übernommen, nicht hingegen angeschafft. Schulden bewerte man nicht mit der Gegenleistung für die Übertragung, sondern durch ihren Erfüllungsbetrag.[124] Aus systematischer Perspektive entstehen also keine Anschaffungskosten im Sinne des § 255 Abs. 1 S. 1 HGB. Daher erscheint eine sinngemäße Anwendung des Grundsatzes der Erfolgsneutralität von Anschaffungsvorgängen auf der Passivseite problematisch. Bei der Übertragung von Schulden vom übernehmenden Rechtsträger werden weder Aufwendungen geleistet, noch wird ein Vermögensgegenstand angeschafft.[125] Auch die Möglichkeit eines Analogieschlusses auf komplementäre Bilanzpositionen erscheint fragwürdig.[126]

Dennoch ist der Grundsatz der Erfolgsneutralität sinngemäß auf der Passivseite zu verwirklichen.[127] Auch Schulden kommt ein „Zugangswert" in Form des korrelierten Vermögenszugangs zu, der – dem Grundsatz der Maßgeblichkeit der Gegenleistung folgend[128] – im Zeitpunkt der Anschaffung dem Wert der Schuld entspricht.[129] Die dem Anschaffungskostenprinzip zugrunde liegende Annahme

---

Anschaffungsvorgang mit der Erstellung der Eröffnungsbilanz angeschlossen ist; mit Zweifeln *Siegel*, FR 2011, 781, 787.

123 *Hoffmann/Lüdenbach*, NWB Kommentar Bilanzierung, § 255 HGB Rn. 51d; *Hoffmann*, StuB 2013, 237, 238; *ders.*, StuB 2012, 457; *Weimer*, Hebung stiller Lasten, S. 248.

124 *Weimer*, Hebung stiller Lasten, S. 248.

125 Vgl. *Hoffmann/Lüdenbach*, NWB Kommentar Bilanzierung, § 255 HGB Rn. 51d; *Hoffmann*, StuB 2013, 237, 238; *ders.*, StuB 2012, 457.

126 *Hoffmann/Lüdenbach*, NWB Kommentar Bilanzierung, § 255 HGB Rn. 51d; *Hoffmann*, StuB 2013, 237, 238.

127 BFH 12.12.2012 – I R 69/11, BStBl. II 2017, 1232, 1235; BFH 14.12.2011 – I R 72/10, BStBl. II 2017, 1226, 1227; BFH 16.12.2009 – I R 102/08, BStBl. II 2011, 566; *Krumm*, in: Blümich, EStG, § 5 Rn. 241c; *Wolfersdorff*, Steuerbilanzielle Gewinnermittlung, S. 168.

128 *Wohlgemuth/Radde*, in: Beck HdR, B 162 Rn. 6 f.; vgl. auch *Schülke*, in: Merkt/Probst/Fink, Rechnungslegung, Kap. 6 Rn. 666.

129 *Euler*, Grundsätze ordnungsmäßiger Bilanzierung, S. 31.

ist, dass sich bei Verträgen zwischen fremden Dritten nach allgemeiner Lebenserfahrung Leistung und Gegenleistung ausgeglichen gegenüberstehen.[130] Diese Annahme trifft auch bei der Übertragung von Schulden zu.[131] Schulden, die übertragen werden, sind Gegenstand eines Umsatzaktes am Markt und damit als eine dem Grunde nach objektivierte Last einzuordnen. Daher ist die Anwendung des Anschaffungskostenprinzips und der damit einhergehenden Erfolgsneutralität von Anschaffungskosten sowohl auf der Aktivseite als auch auf der Passivseite sachgerecht.[132] Dies steht im Einklang mit der Rechtsprechung des Bundesfinanzhofs, wonach Erwerbsgewinne und -verluste nicht vereinbar mit den Grundsätzen ordnungsmäßiger Buchführung sind.[133] Die Ermittlung des objektiven Wertes mit Hilfe des Fremdvergleichsgrundsatzes sollte die bestmögliche Schätzung der tatsächlichen Belastung durch die Schuld sein. Ein solches Vorgehen ist auch mit der Bewertungsvorgabe des § 253 Abs. 1 S. 2 HGB vereinbar, wonach ausdrücklich die Bewertung mit dem Erfüllungsbetrag nach vernünftiger kaufmännischer Beurteilung angeordnet wird.[134] Dabei ist zu beachten, dass durch die Realisation beim übertragenden Rechtsträger und die Berücksichtigung aller erworbenen Aktiv- wie auch Passivposten im Rahmen der Ermittlung der Anschaffungskosten aufseiten des übernehmenden Rechtsträgers die zur Anschaffung eines Wirtschaftsgutes getätigten Aufwendungen endgültig verarbeitet werden.[135] Demzufolge sind auch die vom Veräußerer auf den Erwerber übertragenen Verpflichtungen, die beim ursprünglich Verpflichteten einem Ansatz- oder Bewertungsvorbehalt unterlegen haben, in den Anschaffungskosten verarbeitet. Verpflichtungen, welche einem steuerrechtlichen Passivierungsvorbehalt unterliegen, sind auch Teil des vom Erwerber zu entrichtenden Entgelts.[136] Aus dem Umsatzakt perpetuiert sich die

---

130 Vgl. BFH 17.10.2007 – I R 61/06, BStBl. II 2008, 555, 556; BFH 31.1.1980 – IV R 136/76, BStBl. II 1980, 491, 493 f.; *Euler*, Grundsätze ordnungsmäßiger Bilanzierung, S. 31 f.; *Klein*, Auslagerung von Pensionsverpflichtungen, S. 158.

131 *Klein*, Auslagerung von Pensionsverpflichtungen, S. 158.

132 *Böcking*, Bilanzrechtstheorie, S. 137; *Euler*, Grundsätze ordnungsmäßiger Bilanzierung, S. 31; *Klein*, Auslagerung von Pensionsverpflichtungen, S. 158.

133 BFH 12.12.2012 – I R 69/11, BStBl. II 2017, 1232, 1236; BFH 12.12.2012 – I R 28/11, BStBl. II 2017, 1265, 1270; BFH 14.12.2011 – I R 72/10, BStBl. II 2017, 1226, 1227 f.; BFH 16.12.2009 – I R 102/08, BStBl. II 2011, 566, 566 f.; BFH 26.4.2006 – I R 49, 50/04, BStBl. II 2006, 656, 658; BFH 12.12.1996 – IV R 77/93, BStBl. II 1998, 180, 182; BFH 21.4.1994 – IV R 70/92, BStBl. II 1994, 745, 747.

134 *Klein*, Auslagerung von Pensionsverpflichtungen, S. 158 f.; vgl. auch *Höfer*, DB 2012, 2130, 2131.

135 *Schlotter*, BB 2012, 951, 953; *Schlotter/Pinkernell*, FR 2011, 689, 695; vgl. hierzu auch BFH 16.12.2009 – I R 102/08, BStBl. II 2011, 566, 566 f.

136 BFH 12.12.2012 – I R 69/11, BStBl. II 2017, 1232, 1235 f.; BFH 12.12.2012 – I R 28/11, BStBl. II 2017, 1265, 1270; BFH 14.12.2011 – I R 72/10, BStBl. II 2017, 1226, 1227; BFH 16.12.2009 – I R 102/08, BStBl. II 2011, 566, 566 f.; BFH 17.10.2007 – I R 61/06, BStBl. II 2008, 555, 556; BFH 5.7.1990 – GrS 4–6/89, BStBl. II 1990, 847, 853; *Adrian/*

Wertänderung in Höhe des Werts der Gegenleistung derart, dass die Gefahr einer fehlerhaften Bewertung nicht mehr besteht.[137] Demnach führt nicht nur die Erfüllung, sondern beispielsweise auch die Übertragung einer Verpflichtung vor dem Erfüllungszeitraum zur Realisierung stiller Lasten. Mit der Berücksichtigung der übernommenen Verpflichtung im Rahmen der Anschaffungskostenermittlung mit dem Barwert werden auch die Anschaffungskosten des Passivums bestimmt, mit denen die Verpflichtung auch im Rahmen der zukünftigen Bilanzierung zu berücksichtigen ist.[138]

Im Ergebnis erfolgt auch die Abbildung von Passivposten, die Gegenstand eines Anschaffungsvorgangs sind, aufseiten des übernehmenden Rechtsträgers erfolgsneutral. Daher ist in Übereinstimmung mit der herrschenden Meinung[139] aus prinzipienorientierter Sicht der Grundsatz der Erfolgsneutralität von Anschaffungsvorgängen beim übernehmenden Rechtsträger auf der Passivseite der Bilanz entsprechend anzuwenden, so dass auch die Übertragung von Schulden erfolgsneutral abzubilden ist. Erreicht wird dies durch die Bilanzierung der Ablösesumme auf der Aktivseite und der Schuld auf der Passivseite, also im Wege einer Bilanzverlängerung.[140] Auf Grundlage des Grundsatzes der Maßgeblichkeit der Handelsbilanz für die Steuerbilanz im Sinne des § 5 Abs. 1 EStG gilt die bilanzielle Abbildung auch für die Steuerbilanz des übernehmenden Rechtsträgers.[141]

II. Passivierungsgrundsatz

Im Folgenden wird mit Blick auf das Verständnis der §§ 4f, 5 Abs. 7 EStG und der vor Einführung dieser Vorschriften herrschenden Rechtslage auf die Grundsätze

---

Fey, StuB 2013, 404, 406; *Günkel*, BB 2013, 1001, 1003; *Höhn/Geberth*, GmbHR 2012, 405, 406; *Riedel*, FR 2014, 6, 7.

137 *Hennrichs*, in: Tipke/Lang, Steuerrecht, § 9 Rn. 402; *Hey*, in: Tipke/Lang, Steuerrecht, § 7 Rn. 33; *Kredig*, Besteuerung stiller Reserven, S. 65.

138 BFH 16.12.2009 – I R 102/08, BStBl. II 2011, 566, 567; *Schlotter*, BB 2012, 951, 953; *Schlotter/Pinkernell*, FR 2011, 689, 695.

139 BFH 12.12.2012 – I R 28/11, BStBl. II 2017, 1265, 1270; BFH 12.12.2012 – I R 69/11, BStBl. II 2017, 1232, 1235 f.; BFH 14.12.2011 – I R 72/10, BStBl. II 2017, 1226, 1227; BFH 16.12.2009 – I R 102/08, BStBl. II 2011, 566; *Krumm*, in: Bilanzrecht, § 255 HGB Rn. 26; *ders.*, in: Blümich, EStG, § 5 Rn. 241c; *Tiedchen*, in: Herrmann/Heuer/Raupach, EStG, § 5 Rn. 2400; *Bareis*, FR 2012, 385; *Buciek*, FR 2010, 426; *Fuhrmann*, DB 2014, 9, 10; *Geberth/Höhn*, DB 2013, 1192, 1193; *Künkele/Zwirner*, DStR 2011, 1840, 1845; *Ley*, DStR 2008, 589, 591; *Schlotter*, BB 2012, 951, 953; *ders.*, Ubg 2010, 635, 640; *Schönherr/Krüger*, DStR 2012, 829, 832; *Schultz/Debnar*, BB 2014, 107, 108; *Weber-Grellet*, DB 2011, 2875, 2877; *Wolfersdorff*, Steuerbilanzielle Gewinnermittlung, S. 168; vgl. auch *Hahne*, BB 2012, 697, 698; a.A. *Hoffmann/Lüdenbach*, NWB Kommentar Bilanzierung, § 255 HGB Rn. 51d; *Hoffmann*, StuB 2013, 237, 238; *ders.*, StuB 2012, 457; *Weimer*, Hebung stiller Lasten, S. 248.

140 So auch *Klein*, Auslagerung von Pensionsverpflichtungen, S. 160.

141 Ebenso *Klein*, Auslagerung von Pensionsverpflichtungen, S. 160.

der Passivierung eingegangen. Dabei ist insbesondere zu untersuchen, ob eine Verpflichtungsübertragung die Anforderungen des Passivierungsgrundsatzes erfüllt. Hierfür müssten die Verbindlichkeiten und Rückstellungen allerdings passivierungsfähig sein, wobei zwischen abstrakter und konkreter Passivierungsfähigkeit zu differenzieren ist. Während die abstrakte Passivierungsfähigkeit grundsätzlich das Bestehen einer Schuld voraussetzt, erfordert die konkrete Passivierungsfähigkeit, dass abstrakt passivierungsfähigen Bilanzposten keine Passivierungsbeschränkungen entgegenstehen dürfen.[142]

Der handelsrechtliche Jahresabschluss eines Kaufmanns hat nach dem Vollständigkeitsprinzip gem. § 246 Abs. 1 HGB „sämtliche Vermögensgegenstände, Schulden, Rechnungsabgrenzungsposten sowie Aufwendungen und Erträge zu enthalten, soweit gesetzlich nichts anderes bestimmt ist“. Dementsprechend sind grundsätzlich auch sämtliche Schulden anzusetzen. Schulden im bilanzrechtlichen Sinne dienen als Oberbegriff für Verbindlichkeiten und Rückstellungen.[143] Schulden sind zu passivieren, wenn diese abstrakt und konkret passivierungsfähig sind.

Abstrakt passivierungsfähig sind Schulden dann, wenn die zugrunde liegenden Verpflichtungen eine wirtschaftliche Belastung darstellen, bilanziell greifbar und quantifizierbar sind.[144] Eine Verpflichtung in diesem Sinne liegt vor, sofern es dem Verpflichteten nicht mehr möglich ist, sich der Leistung aus rechtlichen oder tatsächlichen Gründen zu entziehen.[145] Über zivilrechtliche Verpflichtungen zu einem bestimmten Verhalten hinaus genügen den Anforderungen einer Schuld im bilanzrechtlichen Sinne auch Verpflichtungen faktischer Natur oder solche, die auf einer öffentlich-rechtlichen Grundlage fußen.[146] Ob eine wirtschaftliche Belastung durch die Verpflichtung vorliegt, ist abhängig von der Wahrscheinlichkeit der Inanspruchnahme durch den Gläubiger.[147] Ist die Inanspruchnahme durch den Gläubiger vorhersehbar oder wahrscheinlich, ist eine wirtschaftliche Belastung zu bejahen.[148] Ob eine Schuld als Verbindlichkeit oder Rückstellung zu bilanzieren

142 *Maier*, in: Beck'sches Steuer- und Bilanzrechtslexikon, Passivierung, Rn. 2; *Winnefeld*, in: Winnefeld, Bilanz-HB, Kap. D Rn. 840, 859.

143 *Böcking/Gros*, in: Ebenroth/Boujong/Joost/Strohn, HGB, § 246 Rn. 4; *Hennrichs*, in: MüKoBilanzR, § 246 HGB Rn. 79; *Kleindiek*, in: Staub, HGB, § 246 Rn. 29; *Schubert*, in: Beck'scher Bilanz-Kommentar, § 247 HGB Rn. 201; *Maier*, in: Beck'sches Steuer- und Bilanzrechtslexikon, Passivierung, Rn. 2.

144 *Baetge/Kirsch/Thiele*, Bilanzen, S. 173; *Winnefeld*, in: Winnefeld, Bilanz-HB, Kap. D Rn. 840.

145 *Hennrichs*, in: MüKoBilanzR, § 249 HGB Rn. 24 ff.; *Schubert*, in: Beck'scher Bilanz-Kommentar, § 247 HGB Rn. 201 ff.; *Weimer*, Hebung stiller Lasten, S. 43; *Winnefeld*, in: Winnefeld, Bilanz-HB, Kap. D Rn. 845.

146 *Hennrichs*, in: MüKoBilanzR, § 249 HGB Rn. 24 ff.; *Schubert*, in, Beck'scher Bilanz-Kommentar, § 247 HGB Rn. 201 ff.; *Winnefeld*, in: Winnefeld, Bilanz-HB, Kap. D Rn. 845.

147 *Hennrichs*, in: MüKoBilanzR, § 249 HGB Rn. 104.

148 BFH 30.3.1993 – IV R 57/91, BStBl. II 1993, 502; BFH 22.11.1988 – VIII R 62/85, BStBl. II 1989, 359, 361; *Hennrichs*, in: MüKoBilanzR, § 249 HGB Rn. 104; *Schubert*,

ist, hängt davon ab, inwieweit die Verpflichtung (un-)sicher ist und/oder ob die aus der Verpflichtung erwachsende wirtschaftliche Belastung exakt oder nur in einer Bandbreite quantifizierbar ist.[149] Dabei ist zu beachten, dass sich die (Un-) Sicherheit im Zusammenhang mit der Verpflichtung sowohl auf das Bestehen dem Grunde nach als auch auf das Bestehen der Höhe beziehen kann.[150] Sofern das Bestehen sowohl dem Grunde nach als auch der Höhe nach sicher ist, liegt eine Verbindlichkeit vor.[151] Ist das Bestehen der Verpflichtung dem Grunde nach und/ oder der Höhe nach unsicher, ist die Verpflichtung als Rückstellung anzusetzen.[152]

Abstrakt passivierungsfähige Schulden sind hingegen nur dann konkret passivierungsfähig, wenn diesen kein gesetzliches Verbot oder Wahlrecht für den Ansatz von Schulden entgegensteht.[153]

III. Besonderheiten der steuerrechtlichen Gewinnermittlung

Anknüpfend an die Ausführungen zum Maßgeblichkeitsgrundsatz ist für das Verständnis der §§ 4f, 5 Abs. 7 EStG die Betrachtung der Besonderheiten der steuerrechtlichen Gewinnermittlung von Bedeutung. Hierfür wird zunächst ein allgemeiner Überblick über die steuerliche Gewinnermittlung gegeben. Sodann wird auf die im Zusammenhang mit der Übertragung passivierungsbeschränkter Verpflichtungen bedeutsame Entstehung und steuerwirksame Aufdeckung stiller Lasten eingegangen.

1. Allgemeines

Mangels Relevanz der Gewinnermittlung durch Einnahmenüberschussrechnung gem. § 4 Abs. 3 EStG im Kontext der §§ 4f, 5 Abs. 7 EStG wird im Rahmen der Grundlagen steuerrechtlicher Gewinnermittlung lediglich auf die Gewinnermittlung durch Betriebsvermögensvergleich nach § 4 Abs. 1, § 5 Abs. 1 EStG eingegangen.[154] Grundlage des Bilanzsteuerrechts bilden insbesondere die §§ 4 ff. EStG. Die Vorschriften § 4 Abs. 1 i.V.m. § 5 Abs. 1 EStG ordnen an, dass in der Steuerbilanz im Rahmen der Gewinnermittlung durch Betriebsvermögensvergleich aufgrund des Grundsatzes der Maßgeblichkeit die handelsrechtlichen Grundsätze ordnungsmäßiger Buchführung zu beachten sind. Demzufolge kann die Steuerbilanz von Bilanzierenden im Sinne der § 4 Abs. 1 i.V.m. § 5 Abs. 1 EStG – soweit

---

in: Beck'scher Bilanz-Kommentar, § 247 HGB Rn. 207; *Winnefeld*, in: Winnefeld, Bilanz-HB, Kap. D Rn. 855.

149 *Baetge/Kirsch/Thiele*, Bilanzen, S. 173.

150 *Baetge/Kirsch/Thiele*, Bilanzen, S. 173 f.

151 *Baetge/Kirsch/Thiele*, Bilanzen, S. 174.

152 *Baetge/Kirsch/Thiele*, Bilanzen, S. 174.

153 *Baetge/Kirsch/Thiele*, Bilanzen, S. 178.

154 Vgl. hierzu auch *Krumm*, in: Blümich, EStG, § 4f Rn. 14; *Adrian/Fey*, StuB 2018, 85, 87; *Förster/Werthebach*, BB 2019, 299.

sie den handelsrechtlichen Vorschriften entspricht – von der Handelsbilanz abgeleitet werden. Zweck der Steuerbilanz ist jedoch die Ermittlung des „wirklichen“ Gewinns[155] und die Zahlungsbemessung der Ertragsbesteuerung.[156] Die Gleichmäßigkeit der Besteuerung gebietet, den Gewinn einer Periode möglichst vollständig zu erfassen.[157]

2. *Steuerliche Gewinnermittlung*

§ 4 Abs. 1, § 5 Abs. 1 EStG bilden die Grundnormen der steuerlichen Gewinnermittlung durch Betriebsvermögensvergleich.[158] Von besonderer Bedeutung ist dabei der Grundsatz der Maßgeblichkeit gem. § 5 Abs. 1 S. 1 EStG, wodurch die Grundsätze ordnungsmäßiger Buchführung regelmäßig auch in der Steuerbilanz zu berücksichtigen sind. Dabei bezieht sich die Maßgeblichkeit nicht auf den konkreten Inhalt der Handelsbilanz, sondern lediglich auf die Grundsätze ordnungsmäßiger Buchführung.[159] Das Steuerrecht enthält eine Reihe von steuerrechtlichen Sondervorschriften zur Bilanzierung, die dem Maßgeblichkeitsgrundsatz des § 5 Abs. 1 S. 1 EStG vorgehen, so dass dieser Grundsatz nicht uneingeschränkt Anwendung findet.[160] Eine Durchbrechung des Maßgeblichkeitsprinzips erfolgt immer dort, wo speziellere Vorschriften des Steuerrechts den Systemgedanken der Grundsätze ordnungsmäßiger Buchführung entgegenstehen.[161] Dies gilt insbesondere für steuerrechtliche Passivierungsbeschränkungen,[162] wodurch das handelsrechtliche Vorsichts- und Imparitätsprinzip für die Steuerbilanz eingeschränkt wird.[163]

a) Entstehung stiller Lasten in der Steuerbilanz

Mit Blick auf die weiteren Untersuchungen gilt es insbesondere, auf die von den Grundsätzen ordnungsmäßiger Buchführung abweichenden, steuerrechtlichen Sondervorschriften des Einkommensteuergesetzes, welche den Grundsatz der Maßgeblichkeit durch steuerrechtliche Passivierungsbeschränkungen durchbrechen, einzugehen. Hierzu zählen Ansatzverbote, -beschränkungen und

---

155 *Weber-Grellet*, in: Schmidt, EStG, § 5 Rn. 27; *Winnefeld*, in: Winnefeld, Bilanz-HB, Einführung Rn. 80.

156 *Bareis*, Maßgeblichkeit der Handels- für die Steuerbilanz de lege lata und de lege ferenda, S. 31, 35; *Beisse*, FS Moxter, S. 3, 24; *Böcking*, Verbindlichkeitsbilanzierung, S. 29.

157 *Lambrecht*, in: Kirchhof/Söhn/Mellinghoff, EStG, § 5 Rn. D 39 ff.

158 *Anzinger*, in: Herrmann/Heuer/Raupach, EStG, § 5 Rn. 30.

159 BFH 13.2.2008 – I R 44/07, BStBl. II 2008, 673, 675; *Reddig*, in: Kirchhof, EStG, 18. Auflage, § 5 Rn. 34; *Weimer*, Hebung stiller Lasten, S. 68.

160 *Hennrichs*, in: Tipke/Lang, Steuerrecht, § 9 Rn. 100.

161 *Hennrichs*, in: Tipke/Lang, Steuerrecht, § 9 Rn. 100.

162 Siehe ausführlich zu den steuerrechtlichen Passivierungsbeschränkungen 1. Kapitel C II 2 b.

163 *Rade/Stobbe*, in: Herrmann/Heuer/Raupach, EStG, § 5 Rn. 2052.

Bewertungsvorbehalte.[164] Grundsätzlich haben solche steuerbilanziellen Passivierungsbeschränkungen zur Folge, dass Belastungen, die handelsbilanziell aufgrund des aus dem Vorsichtsprinzip hervorgehenden Imparitätsprinzips auszuweisen sind, trotz bereits erfolgter Verursachung im Hinblick auf ihre Ergebniswirkung in die Zukunft verwiesen werden.[165] Insoweit kommt es zu einer zeitlichen Verschiebung der Verlustrealisation.[166] Auf die kursorische Darstellung des Maßgeblichkeitsgrundsatzes gem. § 5 Abs. 1 EStG und die Grundlagen der steuerlichen Gewinnermittlung aufbauend, wird im Folgenden der Fokus der Bearbeitung auf stille Lasten gerichtet. Stille Lasten waren lange Zeit in der bilanztheoretischen Diskussion nur ein Schatten der stillen Reserven, die bis heute häufig Gegenstand wissenschaftlicher Publikationen sind. Im Folgenden soll daher die Entstehung stiller Lasten dargestellt werden. Da die Vorschriften §§ 4f, 5 Abs. 7 EStG lediglich auf Verpflichtungen abstellen, die beim ursprünglich Verpflichteten Ansatzverboten, -beschränkungen oder Bewertungsvorbehalten unterlegen haben, wird im Folgenden auch lediglich auf stille Lasten in diesem Zusammenhang eingegangen.

Unter stillen Lasten ist der Unterschiedsbetrag zwischen dem Buchwert und dem tatsächlich höheren gemeinen Wert oder Teilwert eines negativen Wirtschaftsguts zu verstehen.[167] Anknüpfend an die Ausführungen zum Grundsatz der Maßgeblichkeit und die Grundlagen steuerlicher Gewinnermittlung dient als Ausgangspunkt für die Entstehung stiller Lasten – wie auch im Rahmen der stillen Reserven[168] – die Ermittlung unternehmerischer Einkünfte durch Betriebsvermögensvergleich gem. § 4 Abs. 1, § 5 EStG.[169] Basis hierfür ist die Bewertung der zum Betriebsvermögen gehörenden Wirtschaftsgüter.[170] Für die Bewertung einzelner Wirtschaftsgüter gelten aufgrund des in § 5 Abs. 1 EStG geregelten Grundsatzes der Maßgeblichkeit die handelsrechtlichen Grundsätze ordnungsmäßiger Buchführung.[171] Allerdings führen besondere bilanzsteuerrechtliche Ansatz- und Bewertungsvorschriften nicht selten zu Abweichungen bezüglich des Ansatzes und der Bewertung einzelner Bilanzposten zwischen der handelsrechtlichen Bilanzierung und der steuerrechtlichen Bilanzierung.[172] Stille Lasten

164 Vgl. zu den steuerrechtlichen Ansatzverboten, -beschränkungen oder Bewertungsvorbehalten insbesondere § 5 Abs. 2a, Abs. 3 EStG, § 5 Abs. 4 EStG, § 5 Abs. 4a S. 1, Abs. 4b, Abs. 5 S. 1 Nr. 2 EStG, § 6 Abs. 1 Nr. 3 und Nr. 3a, § 6a Abs. 1, Abs. 2 und Abs. 3 bis 5 EStG, siehe ausführlich 1. Kapitel C II 2 b.

165 *Riedel*, FR 2014, 6; *Schultz/Debnar*, BB 2014, 107; *Tiede*, BBK 2013, 870; vgl. *Benz/Placke*, DStR 2013, 2653; *Dannecker/Rudolf*, BB 2014, 2539; *Siegel*, FR 2011, 781.

166 BVerfG 12.5.2009 – 2 BvL 1/00, BVerfGE, 123, 111; *Riedel*, Umwandlungssteuerrecht, S. 17.

167 *Riedel*, FR 2014, 6.

168 Vgl. hierzu *Kredig*, Besteuerung stiller Reserven, S. 62.

169 *Tiedchen*, in: MüKoBilanzR, § 252 HGB Rn. 62; *Wied*, in: Blümich, EStG, § 4 Rn. 42.

170 *Kredig*, Besteuerung stiller Reserven, S. 62.

171 Siehe zu den Grundsätzen ordnungsmäßiger Buchführung 1. Kapitel A I.

172 Siehe zu den steuerbilanziellen Aktivierungs- und Passivierungsbeschränkungen 1. Kapitel C II 2 b.

sind demnach als Abbildungsdifferenz zu beschreiben, die insbesondere durch Passivierungsbeschränkungen des Steuerbilanzrechts entstehen.[173] Sie sind meist Ausfluss einer Durchbrechung[174] des Maßgeblichkeitsgrundsatzes.[175] Es werden also wirtschaftliche Belastungen, die handelsbilanziell aufgrund des aus dem Vorsichtsprinzip hervorgehenden Imparitätsprinzips auszuweisen sind, steuerbilanziell durch Passivierungsbeschränkungen trotz bereits erfolgter Verursachung nicht realitätsgerecht abgebildet und in die Zukunft verlagert.[176] *Ratio legis* solcher steuerrechtlicher Passivierungsbeschränkungen ist allerdings keine dauerhafte Aufwandsstornierung, sondern lediglich eine temporäre Aufschiebung der Passivierung bis zur Realisierung.[177] Folglich wird der Verlust steuerbilanziell erst bei seiner Realisation effektuiert.[178] Diese Durchbrechung des Imparitätsprinzips, wonach unrealisierte Risiken und Verluste regelmäßig bereits mit Eintritt konkreter Anzeichen zu bilanzieren sind, steht im Widerspruch zu den Grundsätzen ordnungsmäßiger Buchführung, wird allerdings vom Gesetzgeber aus fiskalischen Gründen hingenommen.[179] Stille Lasten entstehen jedoch nicht nur, sofern wie im Falle einer Drohverlustrückstellung die Passivierung in der Steuerbilanz gänzlich untersagt wird, sondern beispielsweise auch dann, wenn eine Rückstellung wie im Falle der Verbindlichkeitsrückstellung grundsätzlich angesetzt werden darf, aber mit § 6 Abs. 1 Nr. 3a, § 6a EStG besondere steuerrechtliche Abzinsungsregelungen

173 Vgl. *Riedel*, FR 2014, 6; *Schießl*, in: Kirchhof/Söhn/Mellinghoff, EStG, § 4f Rn. A 6; *Tonner*, SteuerStud 2015, 17; vgl. auch BR-Drs. 740/13, S. 75; BT-Drs. 18/68 (neu), S. 73.

174 Die Frage, ob das Maßgeblichkeitsprinzip systematisch und verfassungsrechtlich sowie die Durchbrechungen des Maßgeblichkeitsprinzips durch steuerbilanzrechtliche Passivierungsbeschränkungen zu rechtfertigen sind, sind nicht Gegenstand dieser Arbeit, die den Fokus im Kern auf die Anwendbarkeit der §§ 4f, 5 Abs. 7 EStG auf Umstrukturierungsvorgänge im Sinne des Umwandlungssteuergesetzes richtet.

175 Vgl. *Schießl*, in: Kirchhof/Söhn/Mellinghoff, EStG, § 4f Rn. A 6; *Riedel*, FR 2014, 6; *Tonner*, SteuerStud 2015, 17; vgl. auch BR-Drs. 740/13, S. 75; BT-Drs. 18/68 (neu), S. 73.

176 BFH 12.12.2012 – I R 28/11, BStBl. II 2017, 1265, 1270; BFH 12.12.2012 – I R 69/11, BStBl. II 2017, 1232, 1235 f.; BFH 14.12.2011 – I R 72/10, BStBl. II 2017, 1226, 1227; BFH 16.12.2009 – I R 102/08, BStBl. II 2011, 566; *Hoffmann*, StuB 2013, 237; *Jahn*, SAW 2013, 58, 61; *Schultz/Debnar*, BB 2014, 107; *Schönherr/Krüger*, DStR 2012, 829, 830; *Tiede*, BBK 2013, 870; vgl. *Dannecker/Rudolf*, BB 2014, 2539; *Hennrichs*, in: Tipke/Lang, Steuerrecht, § 9 Rn. 190; *Riedel*, FR 2014, 6; *Siegel*, FR 2011, 781.

177 *Schlotter*, in: MüKoBilanzR, § 249 HGB, Anhang Steuerliche Besonderheiten Rn. 24; *ders.*, BB 2012, 951, 952; zustimmend *Siegel*, FR 2011, 781, 785; vgl. auch BFH 14.12.2011 – I R 72/10, BStBl. II 2017, 1226, 1227; BFH 16.12.2009, I R 102/08, BStBl. II 2011, 566; BFH 17.10.2007 – I R 61/06, BStBl. II 2008, 555, 556.

178 Siehe zum Realisationsprinzip im Zusammenhang mit Aufwendungen 1. Kapitel A I 4 b.

179 *Schönherr/Krüger*, DStR 2012, 829, 830.

bestehen.[180] Während stille Lasten im Falle eines Ansatzverbotes in Höhe ihres tatsächlichen Werts entstehen, führen Bewertungsbeschränkungen zu stillen Lasten in Höhe des Unterschiedsbetrags zwischen steuerbilanzrechtlich zulässigem Wert und dem tatsächlichen Wert der Verpflichtung.

Zusammenfassend kann daher festgestellt werden, dass stille Lasten insbesondere dadurch entstehen, dass Verpflichtungen in der Steuerbilanz nicht oder nicht vollständig mit dem handelsbilanziellen Wert passiviert werden.[181]

b) *Steuerwirksame Aufdeckung stiller Lasten*

Nachdem soeben der Passivierungsgrundsatz und die Entstehung stiller Lasten kursorisch dargestellt wurden, stellt sich im Folgenden die Frage der Aufdeckung stiller Lasten, also wann stille Lasten in der Steuerbilanz steuerwirksam zu bilanzieren sind. Während nach weit überwiegender Auffassung stille Reserven, die bis zum Realisationszeitpunkt nicht in der Bilanz ausgewiesen werden durften, durch Umsatzakt realisiert werden, so dass die in Erscheinung getretene Wertsteigerung ausgewiesen werden muss,[182] stellt sich die Frage, wann und ob stille Lasten aufgedeckt und damit in der Steuerbilanz erfasst werden dürfen. Grundsätzlich werden vom Realisationsprinzip nicht nur Erträge, sondern auch Aufwendungen erfasst.[183]

Im Zusammenhang mit der Übertragung passivierungsbeschränkter Verpflichtungen im Sinne der §§ 4f, 5 Abs. 7 EStG ist von besonderer Bedeutung, wie sich Verpflichtungsübertragungen auf die ertragsteuerrechtliche Bilanzierung auswirken. Die Übertragung passivierungsbeschränkter Verpflichtungen führt aufgrund der steuerbilanziellen Einschränkungen des Imparitätsprinzips zu verschiedenen handels- und steuerbilanziellen Folgen. Während der Vorgang handelsrechtlich aufgrund der imparitätischen Verlustantizipation regelmäßig erfolgsneutral ist, darf ein solcher Vorgang steuerbilanziell erst zu einem späteren Zeitpunkt berücksichtigt werden. Passivierungsbeschränkungen sollen den Ansatz der betroffenen Verpflichtungen jedoch nicht endgültig versagen, sondern vielmehr lediglich bereits am Stichtag existierende Verpflichtungen in Abweichung vom handelsrechtlichen Imparitätsprinzip auf Veranlagungszeiträume in der Zukunft verlagern.[184] Steuerbilanziellen Passivierungsbeschränkungen lässt sich allerdings nicht die Aussage entnehmen, dass die betreffenden Verluste, also auch die aufgrund der Passivierungsbeschränkungen entstandenen stillen Lasten, nicht im Falle ihrer tatsächlichen Realisierung steuerwirksam werden sollen.[185] Demzufolge greifen die Passivierungsbeschränkungen nicht mehr, wenn die zugrunde liegende

---

180 *Weimer*, Hebung stiller Lasten, S. 53.

181 Vgl. BR-Drs. 740/13, S. 75; BT-Drs. 18/68 (neu), S. 73.

182 *Reiter*, Besteuerung stiller Reserven nach § 4 Abs. 1 S. 3 EStG, S. 9 f.; *Wöhe*, Bilanzierung und Bilanzpolitik, S. 347.

183 *A. Meyer*, in: HdJ, Abt IV/2 Rn. 2; siehe auch 1. Kapitel A I 4 b.

184 Siehe oben Fn. 165.

185 BFH 17.7.2007 – I R 61/06, BStBl. II 2008, 555, 556.

Verpflichtung Gegenstand eines entgeltlichen Übertragungsvorgangs ist.[186] In der Steuerbilanz werden in passivierungsbeschränkten Verpflichtungen enthaltene Verluste daher nicht schon mit deren Entstehung, sondern erst im Zeitpunkt der tatsächlichen Realisation effektuiert.[187] Im Wege der entgeltlichen Übertragung einer passivierungsbeschränkten Verpflichtung geht die wirtschaftliche Belastung einer Schuld spätestens mit der Hingabe des Entgelts auf den anderen Rechtsträger über, so dass mit der wirtschaftlichen Erfüllung des entgeltlichen Übertragungsvorgangs der Realisationszeitpunkt überschritten wird.[188] Dies wirkt sich aufgrund des Maßgeblichkeitsgrundsatzes auch in der Steuerbilanz aus. Eine Aushöhlung der steuerrechtlichen Einschränkung des Imparitätsprinzips geht damit nicht einher, da lediglich die Hingabe des Entgelts als betriebsvermögensmindernder Verlust berücksichtigt wird.[189]

Werden Verpflichtungen gegen Entgelt im Wege einer Vertrags- oder Schuldübernahme sowie im Wege einer Erfüllungsübernahme bzw. eines Schuldbeitritts mit interner Schuldfreistellung zumindest wirtschaftlich derart auf einen anderen Rechtsträger übertragen, dass beim übertragenen Rechtsträger keine wirtschaftliche Belastung mehr besteht, ist das zugrunde liegende Geschäft wirtschaftlich erfüllt. Die passivierungsbeschränkten Verpflichtungen sind daher Gegenstand eines Umsatzakts im Sinne des Realisationsprinzips. Ein solcher Vorgang führt zumindest steuerbilanziell zu einer Realisation in Höhe des geleisteten Entgelts und damit zu einer Minderung des Betriebsvermögens des übertragenden Rechtsträgers. Insoweit findet das Realisationsprinzip dennoch auf Passivposten Anwendung, die aufgrund steuerbilanzieller Einschränkungen des Imparitätsprinzips in der Steuerbilanz bislang unberücksichtigt geblieben sind. Sofern passivierungsbeschränkte Verpflichtungen Gegenstand eines Umsatzakts sind, darf eine damit einhergehende steuerbilanzielle Vermögensminderung nicht unberücksichtigt bleiben, da dies einen Verstoß gegen das Realisationsprinzip darstellen würde. Die steuerbilanzielle Berücksichtigung konfligiert auch nicht mit den einkommensteuerrechtlichen Durchbrechungen des Imparitätsprinzips, da nicht die Verpflichtungsübertragung an sich als Verlust berücksichtigt wird.[190] Ausgelöst wird die bilanzielle Verminderung des Betriebsvermögens vielmehr durch die Hingabe

---

186 BFH 12.12.2012 – I R 28/11, BStBl. II 2017, 1265, 1270; BFH 12.12.2012 – I R 69/11, BStBl. II 2017, 1232, 1235; siehe 1. Kapitel A I 4 d.

187 Vgl. BFH 16.12.2009 – I R 102/08, BStBl. II 2011, 566; *Jahn*, SAW 2013, 58, 61; *U. Prinz/Adrian*, StuB 2011, 171, 172; vgl. zum Aufdeckung stiller Lasten im Wege des Eintritts der Verpflichtung auch *Bachmann/Richter/Risse*, DB 2017, 2301; *Kahle/Braun*, FR 2018, 197, 197 f.

188 Vgl. auch *Schlotter*, in: MüKoBilanzR, § 249 HGB, Anhang Steuerliche Besonderheiten Rn. 24 f.; *Jahn*, SAW 2013, 58, 61; *Ley*, DStR 2007, 589, 591; *Schlotter*, BB 2012, 951, 952, 955; *Schlotter/Pinkernell*, FR 2011, 689, 694; *U. Prinz /Adrian*, StuB 2011, 171, 175.

189 *Ley*, DStR 2007, 589, 591.

190 *Ley*, DStR 2007, 589, 591.

des Entgelts, das für die Übernahme des potentiellen Verlusts an den übernehmenden Rechtsträger entrichtet wurde.[191] Wird eine passivierungsbeschränkte Verpflichtung zum Gegenstand eines entgeltlichen Austauschgeschäfts gemacht, hat die Realisation beim übertragenden Rechtsträger zur Folge, dass aufseiten des übernehmenden Rechtsträgers kein Raum für eine erneute Realisation verbleibt.[192] Darüber hinaus besteht mit Überschreitung des Realisationszeitpunkts auch für die mit den steuerrechtlichen Passivierungsbeschränkungen einhergehende Konservierung stiller Lasten kein Anlass mehr. Daher werden die aufgrund passivierungsbeschränkter Verpflichtungen in der Steuerbilanz unberücksichtigten Verluste nicht schon mit deren Entstehung, sondern erst im Zeitpunkt der tatsächlichen Realisation effektuiert.[193]

B. Rechtslage vor AIFM-StAnpG

Vor Einführung des AIFM-StAnpG[194] bestand über die Frage der Aufdeckung stiller Lasten durch Verpflichtungsübertragungen zwischen Rechtsprechung, Finanzverwaltung und Literatur Uneinigkeit. Ausgangspunkt der Diskussion über die steuerbilanziellen Folgen der Übertragung von passivierungsbeschränkten Verpflichtungen, sowohl aufseiten des übertragenden Rechtsträgers als auch aufseiten des übernehmenden Rechtsträgers, waren die unterschiedlichen Auffassungen der Finanzgerichtsbarkeit und der Finanzverwaltung.[195] Im Zentrum der Diskussion stand vor Einführung des AIFM-StAnpG insbesondere die Frage, ob die Übertragung einer passivierungsbeschränkten Verpflichtung gegen Entgelt zur steuermindernden Realisierung stiller Lasten führen kann oder nicht. Streitgegenständlich waren vor allem Übertragungsvorgänge im Wege der außenwirksamen Vertrags- oder Schuldübernahme und der nicht außenwirksamen Übertragung durch Erfüllungsübernahme oder Schuldbeitritt. Zum Verständnis der §§ 4f, 5 Abs. 7 EStG gilt es zunächst, die Ausgangssituation vor der Einführung des AIFM-StAnpG darzustellen. Während § 4f EStG die steuerrechtliche Behandlung der Übertragung einer passivierungsbeschränkten Verpflichtung aufseiten des übertragenden Rechtsträgers regelt, ist in § 5 Abs. 7 EStG die steuerliche Behandlung eines solchen Vorgangs aufseiten des übernehmenden Rechtsträgers normiert. Daher sollen zunächst die Standpunkte der Rechtsprechung, Finanzverwaltung und der Literatur zur

191 *Ley*, DStR 2007, 589, 591.

192 *Schlotter*, BB 2012, 951, 953.

193 *Jahn*, SAW 2013, 58, 61; *U. Prinz/Adrian*, StuB 2011, 171, 172; vgl. auch *Bachmann/Richter/Risse*, DB 2017, 2301; *Kahle/Braun*, FR 2018, 197, 197 f.

194 Gesetz zur Anpassung des Investitionssteuergesetzes und anderer Gesetze an das AIFM-Umsetzungsgesetz vom 18.12.2013, BGBl. I 2013, 4318.

195 Siehe ausführlich zu den unterschiedlichen Auffassungen zur Übertragung passivierungsbeschränkter Verpflichtungen vor Einführung der §§ 4f, 5 Abs. 7 EStG 1. Kapitel B.

Rechtslage beim übertragenden und sodann beim übernehmenden Rechtsträger dargestellt werden. Im Anschluss wird Stellung zur Rechtslage aufseiten des übertragenden- sowie aufseiten des übernehmenden Rechtsträgers genommen.

I. Rechtsprechung

Vor Einführung des AIFM-StAnpG ist der Bundesfinanzhof in seiner Rechtsprechung[196] zur Übertragung passivierungsbeschränkter Verpflichtungen von der Richtigkeit der steuermindernden Aufdeckung stiller Lasten ausgegangen und hat seine Rechtsprechung mehrfach bestätigt. Den Grundstein dieser Entwicklung legte der Bundesfinanzhof mit dem Urteil vom 17.10.2007 – I R 61/06[197]. Im Folgenden wird zunächst die Entwicklung der Rechtsprechung des Bundesfinanzhofs im Überblick abgebildet.

1. Rechtsprechungsentwicklung zur Übertragung passivierungsbeschränkter Verpflichtungen

a) BFH-Urteil vom 17.10.2007 – I R 61/06 zur Schuldübernahme bei Jubiläumszuwendungen und drohenden Verluste[198]

In dem vom Bundesfinanzhof am 17.10.2007 entschiedenen Streitfall legte der Bundesfinanzhof den Grundstein für die Entwicklung des Konflikts zwischen Rechtsprechung und Finanzverwaltung hinsichtlich der steuerbilanziellen Behandlung der Übertragung passivierungsbeschränkter Verpflichtungen. Im zugrunde liegenden Sachverhalt veräußerte die Veräußerer-GmbH ihren Geschäftsbetrieb gegen Entgelt an die Erwerber-GmbH. Dabei übernahm die Erwerber-GmbH durch eine befreiende Schuldübernahme gem. § 414 BGB alle am Übertragungsstichtag begründeten und dem Geschäftsbetrieb zugehörigen Verpflichtungen. Dementsprechend übernahm die Erwerber-GmbH auch die handelsbilanziell ausgewiesenen Drohverlust- und Jubiläumsrückstellungen, welche aufgrund steuerlicher Ansatz- und Bewertungsvorbehalte nach § 5 Abs. 4, Abs. 4a EStG aufseiten der Veräußerer-GmbH in der Steuerbilanz nicht passiviert werden durften.

Nach der Entscheidung des I. Senats seien die mit den betreffenden Verbindlichkeiten verbundenen Verluste, die aufgrund steuerrechtlicher Passivierungsbeschränkungen in der Steuerbilanz des übertragenden Rechtsträgers nicht passiviert werden durften, mit der kaufpreisreduzierenden Übertragung auf die

196 BFH 17.10.2007 – I R 61/06, BStBl. II 2008, 555; BFH 16.12.2009 – I R 102/08, BStBl. II 2011, 566; BFH 14.12.2011 – I R 72/10, BStBl. II 2017, 1226; BFH 26.4.2012 – IV R 43/09, BStBl. II 2017, 1228; BFH 12.12.2012 – I R 69/11, BStBl. II 2017, 1232; BFH 12.12.2012 – I R 28/11, BStBl. II 2017, 1265.

197 BFH 17.10.2007 – I R 61/06, BStBl. II 2008, 555.

198 BFH 17.10.2007 – I R 61/06, BStBl. II 2008, 555.

Erwerber-GmbH endgültig ergebniswirksam realisiert worden.[199] Diese von der Erwerber-GmbH übernommenen betrieblichen Verbindlichkeiten, die bei der Veräußerer-GmbH gem. § 5 Abs. 4, Abs. 4a EStG einem steuerlichen Rückstellungsverbot unterlagen und aufgrund dessen nicht passiviert werden durften, seien im Rahmen der Ermittlung des Veräußerungsgewinns gem. § 16 Abs. 2 EStG nicht gewinnerhöhend zum Veräußerungspreis hinzuzurechnen, weil nicht passivierte Rückstellungen keine wertmindernden Auswirkungen auf das zu ermittelnde Betriebsvermögen haben.[200] Allerdings weist der Bundesfinanzhof darauf hin, dass steuerliche Rückstellungsverbote nicht zur Folge haben, dass bislang unberücksichtigte Verluste auch im Falle ihrer tatsächlichen Realisierung nicht steuerwirksam werden können.[201] Weiter führt der I. Senat in der Entscheidung aus, dass die Übertragung des Geschäftsbetriebs gegen eine Verminderung des Kaufpreises zu einer endgültigen Verlustrealisierung der bislang aufgrund steuerlicher Ansatzverbote nicht ausgewiesenen Rückstellungen führe.[202]

b) *BFH-Urteil vom 16.12.2009 – I R 102/08 zur Schuldfreistellung für drohende Verluste*[203]

Im Sachverhalt, der dem Urteil vom 16.12.2009 zugrunde liegt, veräußerte die Veräußerer-GmbH der konzernangehörigen Erwerber-GmbH sämtliche Vermögensgegenstände und Schulden (sog. asset deal[204]). Dabei übernahm die Erwerber-GmbH im Zuge des Erwerbs durch interne Freistellungsvereinbarung auch die der Veräußerer-GmbH zugehörigen und im Erwerbszeitpunkt begründeten Verpflichtungen aus Mietverträgen, die inzwischen keinen wirtschaftlichen Nutzen mehr hatten. Für diese Verpflichtungen hatte die Veräußerer-GmbH handelsbilanzielle Rückstellungen für drohende Verluste gebildet, welche steuerbilanziell dem Ansatzverbot § 5 Abs. 4a EStG unterlagen und folglich nicht passiviert werden durften. Mit Übernahme des Geschäftsbereichs durch den übernehmenden Rechtsträger wurden die Verlustrückstellungen im Erwerbszeitpunkt passiviert und zum Bilanzstichtag beibehalten. Das Finanzamt lehnte den Ansatz der übernommenen Verpflichtungen als Rückstellungen in der Bilanz der Erwerber-GmbH ab und verlangte eine gewinnwirksame Auflösung der Verlustrückstellung zum Bilanzstichtag. Dem jedoch widersprachen sowohl das Finanzgericht Düsseldorf[205] als auch der Bundesfinanzhof.[206]

---

199 BFH 17.10.2007 – I R 61/06, BStBl. II 2008, 555, 556.
200 BFH 17.10.2007 – I R 61/06, BStBl. II 2008, 555.
201 BFH 17.10.2007 – I R 61/06, BStBl. II 2008, 555, 556.
202 BFH 17.10.2007 – I R 61/06, BStBl. II 2008, 555, 556.
203 BFH 16.12.2009 – I R 102/08, BStBl. II 2011, 566.
204 *Hopt*, in: Baumbach/Hopt, HGB, Einleitung vor § 1 Rn. 44.
205 FG Düsseldorf 9.9.2008 – 6 K 1161/04 K,F, EFG 2009, 167.
206 BFH 16.12.2009 – I R 102/08, BStBl. II 2011, 566, 567.

Der I. Senat des Bundesfinanzhofs urteilte in dieser Entscheidung[207] darüber, wie die Steuerbilanzierung von übernommenen Drohverlustrückstellungen aufseiten des Erwerbers zu erfolgen hat. Der Bundesfinanzhof betonte, dass zu den wesentlichen Grundsätzen ordnungsmäßiger Buchführung auch das Realisationsprinzip gehört, wonach Gewinne nur zu berücksichtigen seien, wenn diese realisiert sind.[208] Zudem gelte als Ausfluss des Realisationsprinzips auch der Grundsatz der Erfolgsneutralität von Anschaffungsvorgängen. Die Grundsätze finden nach Ansicht des Bundesfinanzhofs nicht nur bei übernommenen Aktivposten, sondern auch bei übernommenen Passivposten Anwendung, so dass auch die im Streitfall übernommene Verpflichtung unabhängig davon anzusetzen sei, ob die Passivposten in der Steuerbilanz einer – von der Handelsbilanz abweichenden – Ansatz- und Bewertungsbeschränkung unterliegen.[209] Darüber hinaus knüpft der I. Senat an die vorausgegangene Entscheidung an und hebt hervor, dass das vom übernehmenden Rechtsträger entrichtete Entgelt auch die Übernahme der steuerrechtlich nicht bilanzierten Verbindlichkeiten umfasse, so dass diese sich erhöhend auf die Anschaffungskosten des übernehmenden Rechtsträgers auswirken.[210] Sinn und Zweck der steuerlichen Passivierungsbeschränkungen sei es, Verluste so lange steuerlich in die Zukunft zu verlagern, bis diese tatsächlich realisiert werden.[211] Folglich entschied das Gericht im skizzierten Streitfall, dass die übernommenen Verpflichtungen, die keinen wirtschaftlichen Nutzen mehr versprachen, als Rückstellungen für ungewisse Verbindlichkeiten zu passivieren seien und die Passivierungspflicht auch an den folgenden Bilanzstichtagen gelte, um dem Grundsatz der Erfolgsneutralität von Anschaffungsvorgängen Rechnung zu tragen.[212]

c) *BFH-Urteil vom 14.12.2011 – I R 72/10 zur Schuldübernahme von Jubiläumszuwendungen und Beiträgen an einen Pensionsversicherungsverein*[213]

An die bisherige Rechtsprechung anknüpfend und aufbauend auf die oben beschriebenen Urteile entschied der Bundesfinanzhof über einen Sachverhalt, in dem der übernehmende Rechtsträger vom übertragenden Rechtsträger im Wege eines Asset-Deals sämtliche Vermögensgegenstände und Schulden erworben hatte. Die im Rahmen des Betriebsübergangs gem. § 613a Abs. 1 BGB vom übernehmenden Rechtsträger übernommenen Verpflichtungen umfassten unter anderem auch Jubiläumsrückstellungen und Rückstellungen für Verpflichtungen gegenüber dem

207 BFH 16.12.2009 – I R 102/08, BStBl. II 2011, 566, 567.
208 BFH 16.12.2009 – I R 102/08, BStBl. II 2011, 566.
209 BFH 16.12.2009 – I R 102/08, BStBl. II 2011, 566, 567.
210 BFH 16.12.2009 – I R 102/08, BStBl. II 2011, 566, 566 f.
211 BFH 16.12.2009 – I R 102/08, BStBl. II 2011, 566, 567.
212 BFH 16.12.2009 – I R 102/08, BStBl. II 2011, 566, 567.
213 BFH 14.12.2011 – I R 72/10, BStBl. II 2017, 1226.

Pensionssicherungsverein des übertragenden Rechtsträgers. Diese wurden bei der Kaufpreisermittlung mindernd berücksichtigt. Aufgrund der steuerlichen Ansatz- und Bewertungsvorbehalte gem. § 5 Abs. 6, § 5 Abs. 4 EStG erfolgte keine Passivierung der Rückstellungen in der Steuerbilanz des veräußernden Rechtsträgers.

In dieser Entscheidung bestätigt der I. Senat des Bundesfinanzhofs seine Rechtsauffassung hinsichtlich der bilanziellen Abbildung von Verpflichtungen aufseiten des Erwerbers, die aufgrund steuerbilanzieller Sondervorschriften beim übertragenden Rechtsträger nicht passivierbar waren. Auf Grundlage der konsequenten Anwendung der Grundsätze ordnungsmäßiger Buchführung führe eine Verpflichtungsübernahme im Wege einer Schuldübernahme gem. § 414 BGB aufseiten des übertragenden Rechtsträgers zur Verlustrealisierung.[214] Beim übernehmenden Rechtsträger führe die Übernahme der Verpflichtungen zu einer Erhöhung der Anschaffungskosten.[215] Zudem erklärte das Gericht, dass auch in diesem Fall der Grundsatz der Erfolgsneutralität von Anschaffungskosten für die übernommenen Verpflichtungen zu berücksichtigen sei.[216] Verbindlichkeiten für Jubiläumszuwendungen und Beiträge an einen Pensionssicherungsverein, die aufgrund steuerlicher Rückstellungsverbote steuerbilanziell beim übertragenden Rechtsträger nicht erfasst wurden, seien jedoch aufseiten des übernehmenden Rechtsträgers, welcher die Verbindlichkeiten im Rahmen des Betriebserwerbs übernommen hat, keiner Passivierungsbeschränkung unterworfen, sondern sowohl im Zugangszeitpunkt als auch an den darauf folgenden Bilanzstichtagen als ungewisse Verbindlichkeiten mit den Anschaffungskosten oder dem höheren Teilwert zu bewerten.[217] Dem Urteil des Bundesfinanzhofs liegt folgende Begründung zugrunde: Der Erwerber übernehme zwar ein (weiterhin) schwebendes Geschäft, wobei jedoch das Einstehen des Erwerbers für die Schuld nicht mehr eine Leistung sei, die im Rahmen eines schwebenden Vertrags als Gegenleistung zu erbringen sei, sondern nur noch einen dinglichen Erfüllungsakt darstelle, da es durch die Schuldübernahme bereits zu einer Realisierung der Verpflichtung beim Überträger gekommen sei.[218] Insofern komme der befriedenden Schuldübernahme eine Abgrenzungswirkung zu.[219] Die steuerbilanzielle Behandlung der Übertragung von Verpflichtungen fuße auf der Realisierung stiller Lasten, die sich aus der Verpflichtung aufseiten des Veräußerers ergeben, und erfordere auf Erwerberseite die Anwendung des Grundsatzes der erfolgsneutralen Behandlung von Anschaffungsvorgängen sowohl im Zugangszeitpunkt als auch an den nachfolgenden Bilanzstichtagen.[220]

---

214 BFH 14.12.2011 – I R 72/10, BStBl. II 2017, 1226, 1227.
215 BFH 14.12.2011 – I R 72/10, BStBl. II 2017, 1226, 1227.
216 BFH 14.12.2011 – I R 72/10, BStBl. II 2017, 1226, 1227.
217 BFH 14.12.2011 – I R 72/10, BStBl. II 2017, 1226.
218 BFH 14.12.2011 – I R 72/10, BStBl. II 2017, 1226, 1228.
219 BFH 14.12.2011 – I R 72/10, BStBl. II 2017, 1226, 1228.
220 BFH 14.12.2011 – I R 72/10, BStBl. II 2017, 1226, 1228.

Somit hat der Bundesfinanzhof seine Rechtsprechung vom 16.12.2009[221] zur Übertragung passivierungsbeschränkter Verpflichtungen im Wege einer befreienden Schuldübernahme bestätigt.

d) *BFH-Urteil vom 26.4.2012 – IV R 43/09 zum Schuldbeitritt zu Pensionsverpflichtungen*[222]

Im Urteil vom 26.4.2012 nimmt der IV. Senats des Bundesfinanzhofs Stellung zur steuerbilanziellen Behandlung eines Schuldbeitritts im Zusammenhang mit Pensionsverpflichtungen. Der Entscheidung liegt folgender Streitfall zugrunde: Der übernehmende Rechtsträger hat von dem mit ihm konzernverbundenen übertragenden Rechtsträger Pensionsverbindlichkeiten im Wege eines Schuldbeitritts gegen Zahlung eines sofort fälligen Entgelts übernommen. Im Außenverhältnis ist daher eine gesamtschuldnerische Haftung beider Rechtsträger entstanden. Im Innenverhältnis verpflichtete sich der übernehmende Rechtsträger gegenüber dem übertragenden Rechtsträger gegen Zahlung eines Entgelts, das den Wert der Pensionsrückstellungen gem. § 6a EStG übertraf, zur Freistellung von der Erfüllung der Pensionsverbindlichkeiten. Im Nachgang setzte der veräußernde, übertragende Rechtsträger, entgegen der Auffassung des Finanzamts, zeitgleich mit der erfolgserhöhenden Auflösung der Pensionsrückstellungen eine Ausgleichszahlung an den übernehmenden Rechtsträger als Aufwand an. Als Begründung hierfür trug der übertragende Rechtsträger vor, dass nach der internen Schuldfreistellung infolge des Schuldbeitritts keine wirtschaftliche Belastung mehr bestehe.

Der IV. Senat nutzte die Gelegenheit, um die bisherige Rechtsprechung – wie sie oben dargestellt ist – zu bestätigen und führte diese im Hinblick auf die Aufdeckung stiller Lasten im Wege einer Verpflichtungsübertragung konsequent fort. Das Gericht urteilte in dem soeben skizzierten Streitfall, dass eine Inanspruchnahme des übertragenden Rechtsträgers am Bilanzstichtag aufgrund der im Innenverhältnis der Gesamtschuldner getroffenen Freistellungsvereinbarung nicht mehr wahrscheinlich sei.[223] Aufgrund dessen komme auch eine Aktivierung des Freistellungsanspruchs gegenüber dem übernehmenden Rechtsträger nicht in Betracht.[224] Das handelsrechtliche Passivierungsverbot, das aufgrund der Maßgeblichkeit der Grundsätze ordnungsmäßiger Buchführung in der Gewinnermittlung auch steuerrechtlich zu beachten sei, gelte nur dann, wenn die Inanspruchnahme unwahrscheinlich sei.[225] Der IV. Senat des Bundesfinanzhofs argumentierte, dass eine Aktivierung des Freistellungsanspruchs des übertragenden Rechtsträgers in Höhe des gezahlten Entgelts gegenüber dem übernehmenden Rechtsträger wegen

---

221 BFH 16.12.2009 – I R 102/08, BStBl. II 2011, 566.
222 BFH 26.4.2012 – IV R 43/09, BStBl. II 2017, 1228.
223 BFH 26.4.2012 – IV R 43/09, BStBl. II 2017, 1228, 1230.
224 BFH 26.4.2012 – IV R 43/09, BStBl. II 2017, 1228, 1230.
225 BFH 26.4.2012 – IV R 43/09, BStBl. II 2017, 1228, 1230.

des Schuldbeitritts nicht in Betracht komme, da die Verpflichtung zur Freistellung von zukünftigen Pensionsverpflichtungen – mangels hinreichender Wahrscheinlichkeit der Passivierung der korrespondierenden Verpflichtung – kein bilanzierungsfähiges Wirtschaftsgut sei.[226] Aufgrund der betrieblichen Veranlassung des Entgelts für den Schuldbeitritt führe dies zu sofort abziehbaren Betriebsausgaben.[227] Dementsprechend fügt sich das Urteil in die bisherige Rechtsprechung ein, nach der angeschaffte Verbindlichkeiten als Rückstellungen für ungewisse Verbindlichkeiten zu passivieren und nach dem Grundsatz der Erfolgsneutralität von Anschaffungsvorgängen mit den Anschaffungskosten zu bewerten sind.

e) *BFH-Urteile vom 12.12.2012 – I R 28/11 zur Ausgliederung von Pensionsverpflichtungen*[228]

In dieser Entscheidung urteilte der I. Senat des Bundesfinanzhofs über die steuerbilanzielle Behandlung von Pensionsverpflichtungen, dem dazugehörigen Deckungsvermögen einer gem. § 123 Abs. 3 Nr. 2 UmwG zur Neugründung ausgegliederten GmbH sowie über die Bewertung an den nachfolgenden Bilanzstichtagen. Dem Urteil liegt folgender Sachverhalt zugrunde: Die Kläger-GmbH, die durch eine Ausgliederung zur Neugründung (§ 123 Abs. 3 Nr. 2 UmwG) entstanden ist, welche sowohl Pensionsverbindlichkeiten als auch die zur Erfüllung dieser Verbindlichkeiten erforderlichen Vermögensgegenstände zum Gegenstand hatte, klagte gegen die steuerliche Gewinnerhöhung, die sich aus der Herabsetzung des gemeinen Wertes der erworbenen Pensionsrückstellungen zum Erwerbszeitpunkt auf den Wert nach § 6a EStG in der auf den Erwerbszeitpunkt folgenden ersten Schlussbilanz durch das Finanzamt ergab.[229]

Da in dem zugrunde liegenden Sachverhalt die Voraussetzungen einer Sacheinlage nicht vorlagen, fand das Umwandlungssteuergesetz (§ 20 UmwStG) – nach Ansicht des Bundesfinanzhofs in Ermangelung eines Teilbetriebs im umwandlungssteuerrechtlichen Sinne – keine Anwendung, so dass eine Buchwertfortführung für ertragssteuerliche Zwecke nicht in Frage kam.[230] Zudem seien im Zuge der Ausgliederung übernommene Pensionsverpflichtungen sowohl in der Eröffnungsbilanz als auch in den Folgebilanzen nicht mit dem Teilwert nach § 6a Abs. 3 EStG a.F., sondern mit den Anschaffungskosten anzusetzen.[231] Die Nichtanwendung dieser Bewertungsregeln resultiere nach der Ansicht des I. Senats des Bundesfinanzhofs aus dem Prinzip der bilanziellen Neutralität von Anschaffungsvorgängen.[232]

226 BFH 26.4.2012 – IV R 43/09, BStBl. II 2017, 1228, 1230.
227 BFH 26.4.2012 – IV R 43/09, BStBl. II 2017, 1228, 1230.
228 BFH 12.12.2012 – I R 28/11, BStBl. II 2017, 1265.
229 BFH 12.12.2012 – I R 28/11, BStBl. II 2017, 1265.
230 BFH 12.12.2012 – I R 28/11, BStBl. II 2017, 1265, 1267.
231 BFH 12.12.2012 – I R 28/11, BStBl. II 2017, 1265.
232 BFH 12.12.2012 – I R 28/11, BStBl. II 2017, 1265, 1269 f.

Das zu den wesentlichen Grundsätzen ordnungsmäßiger Buchführung gehörende Realisationsprinzip besage, dass Gewinne nur im Falle der tatsächlichen Realisierung am Abschlussstichtag zu berücksichtigen seien, woraus sich ergebe, dass Anschaffungsvorgänge bilanziell erfolgsneutral zu behandeln seien, denn der Zugang von Wirtschaftsgütern zum Betriebsvermögen führe zu einer bloßen Vermögensumschichtung in der Bilanz in Höhe der Anschaffungskosten.[233] Daraus ergebe sich, dass eine vom Übernahmezeitpunkt abweichende Bilanzierung der übernommenen Pensionsverpflichtungen an den nachfolgenden Bilanzstichtagen nicht möglich sei.[234] Durch die Realisierung im Wege einer entgeltlichen „Anschaffung“ würden sich die Pensionsrückstellungen in „normale“ Rückstellungen für Verbindlichkeiten wandeln, wodurch eine Bewertung mit ihren Anschaffungskosten bzw. ihrem höheren Teilwert vorzunehmen sei.

f) BFH-Urteil vom 12.12.2012 – I R 69/11 zur Bewertung von Pensionsverpflichtungen im Rahmen eines Betriebserwerbs[235]

Wie im zuvor skizzierten Urteil hatte der I. Senat des Bundesfinanzhofs auch in diesem Urteil sowohl über die Frage zu entscheiden, wie Pensionsverpflichtungen, die im Wege eines Betriebserwerbs übernommen wurden, im Übernahmezeitpunkt als auch an den nachfolgenden Bilanzstichtagen zu bewerten sind. Entscheidungsgegenstand des Urteils I R 69/11 war der Erwerb eines Unternehmens mit Betriebsübergang im Wege des § 613a BGB. Der Erwerber übernahm die bestehenden Pensionsverpflichtungen für laufende Arbeitsverhältnisse durch eine Schuldübernahme im Rahmen eines entgeltlichen Betriebserwerbs, wodurch er in alle Rechte und Pflichten der laufenden Arbeitsverhältnisse eintrat. Dabei wurde der Wert der Verpflichtungen bei der Kaufpreisbildung mindernd berücksichtigt. Ausgewiesen wurde die übernommene Pensionsrückstellung sowohl handels- als auch steuerbilanziell gem. § 6a Abs. 1 Nr. 3 i.V.m. Nr. 2 EStG mit dem Teilwert, der auch in der nachfolgenden Bilanz fortgeführt wurde. Das Finanzamt akzeptierte den Wertansatz im Erwerbszeitpunkt, während es jedoch an den nachfolgenden Bilanzstichtagen den nach § 6a EStG ermittelten Wert ansetzte, was eine steuerliche Gewinnerhöhung mit sich brachte, wogegen die GmbH im Klageweg vorging.

In der Urteilsbegründung wies das Gericht erneut darauf hin, dass die Bewertung von Pensionsverpflichtungen, die beim übertragenden Rechtsträger steuerlichen Passivierungsbeschränkungen unterworfen waren, aufseiten des übernehmenden Rechtsträgers, welcher die Verbindlichkeiten im Rahmen eines Betriebserwerbs übernommen hatte, nicht mit dem Teilwert nach § 6a Abs. 3 EStG, sondern als ungewisse Verbindlichkeiten mit den Anschaffungskosten oder ihrem höheren Teilwert anzusetzen seien.[236] Übernommene Passivposten unterliegen unabhängig

233 BFH 12.12.2012 – I R 28/11, BStBl. II 2017, 1265, 1269 f.
234 BFH 12.12.2012 – I R 28/11, BStBl. II 2017, 1265, 1270.
235 BFH 12.12.2012 – I R 69/11, BStBl. II 2017, 1232.
236 BFH 12.12.2012 – I R 69/11, BStBl. II 2017, 1232.

davon, ob der Ausweis dieser Passivpositionen in der Steuerbilanz von einem von der Handelsbilanz abweichenden Ansatzverbot erfasst war, sowohl im Übernahmezeitpunkt als auch an den nachfolgenden Bilanzstichtagen dem Grundsatz der erfolgsneutralen Behandlung von Anschaffungskosten.[237] Dies gelte jedoch nur, soweit die Verpflichtungen am Stichtag bereits entstanden waren.[238] Für künftige Zuführungen zu Pensionsrückstellungen, die im Übernahmezeitpunkt noch nicht geleistet wurden, gelte hingegen der Teilwertansatz nach § 6a Abs. 3 EStG.[239] Demnach unterscheidet der Bundesfinanzhof hinsichtlich der Bewertung der Pensionsverpflichtungen zwischen dem Zeitpunkt des Anschaffungsvorgangs und der Folgebewertung für den Fall, dass eine tatsächliche Zunahme des Schuldumfangs in der Folgezeit zu verbuchen ist. Diesbezüglich liege eine Realisierung der Verpflichtung nur in einem bestimmten Umfang, nämlich nur bis zum Stichtag des Anschaffungsvorgangs vor, was dazu führe, dass die Ansatz- und Bewertungsvorbehalte zwar nicht auf den bereits realisierten Teil der Verpflichtungen, jedoch auf den hinzukommenden – noch nicht realisierten Teil – des Passivums anzuwenden seien.[240] Zudem hätten die von den handelsbilanziellen Ansätzen abweichenden steuerbilanziellen Ansatzverbote zur Folge, dass bereits am Stichtag vorhandene Verpflichtungen, dem handelsrechtlichen Imparitätsprinzip gem. § 252 Abs. 1 Nr. 4 HGB widersprechend, auf zukünftige Veranlagungszeiträume verlagert werden würden.[241] Eine Verlagerung sei allerdings für Fälle, in denen Verpflichtungen Gegenstand eines entgeltlichen Erwerbs sind, nicht sachgerecht, weil es im Rahmen dessen zu einer Realisation der Verpflichtungen komme.[242] Demnach sei die Verpflichtung aufseiten des übernehmenden Rechtsträgers sowohl handelsbilanziell aus auch steuerbilanziell entsprechend auszuweisen.[243]

Demzufolge bestätigte der I. Senat des Bundesfinanzhofs seine Rechtsprechung, dass Pensionsverpflichtungen, die vom Erwerber übernommen werden, in der Übernahmebilanz und den darauffolgenden Steuerbilanzen nicht mit dem Teilwert des § 6a EStG, sondern mit den tatsächlichen Anschaffungskosten auszuweisen seien.

2. *Zusammenfassung*

Der Bundesfinanzhof hat mit seiner Entscheidung aus dem Jahre 2007[244] den Grundstein für eine konsequente Fortentwicklung bis hin zu den beiden Urteilen

237 BFH 12.12.2012 – I R 69/11, BStBl. II 2017, 1232, 1235 f.
238 BFH 12.12.2012 – I R 69/11, BStBl. II 2017, 1232, 1236.
239 BFH 12.12.2012 – I R 69/11, BStBl. II 2017, 1232, 1236.
240 BFH 12.12.2012 – I R 69/11, BStBl. II 2017, 1232, 1236.
241 BFH 12.12.2012 – I R 69/11, BStBl. II 2017, 1232, 1236.
242 BFH 12.12.2012 – I R 69/11, BStBl. II 2017, 1232, 1236.
243 BFH 12.12.2012 – I R 69/11, BStBl. II 2017, 1232, 1236.
244 BFH 17.10.2007 – I R 61/06, BStBl. II 2008, 555.

aus dem Dezember 2012[245] und eine inzwischen gefestigte Rechtsprechung zur Problematik der angeschafften Rückstellungen gelegt. Gegenstand der zuvor skizzierten Urteile des Bundesfinanzhofs war die steuerbilanzielle Behandlung von Verpflichtungen, die aufseiten des übertragenden Rechtsträgers steuerrechtlichen Ansatzverboten, -beschränkungen und Bewertungsvorbehalten unterlagen und im Wege einer (internen) Schuldfreistellung, einer (befreienden) Schuldübernahme, eines Schuldbeitritts, eines Betriebsübergangs im Sinne des § 613a BGB oder einer Ausgliederung auf einen anderen Rechtsträger übertragen wurden. Zusammenfassend lässt sich feststellen, dass der Bundesfinanzhof im Rahmen der steuerrechtlichen Behandlung der entgeltlichen Übertragung passivierungsbeschränkter Verpflichtungen keine Unterscheidung zwischen den zivilrechtlichen Gestaltungsmöglichkeiten vornimmt. Bei der entgeltlichen Übertragung einer passivierungsbeschränkten Verpflichtung, bei der stille Lasten grundsätzlich im Rahmen der Preisermittlung Berücksichtigung finden, komme es zur Hebung stiller Lasten,[246] so dass stets die aufgrund steuerrechtlicher Passivierungsbeschränkungen bestehenden Verluste realisiert werden.

Aufseiten des übernehmenden Rechtsträgers führt die Rechtsprechung des Bundesfinanzhofs zur erfolgsneutralen Erfassung des Anschaffungsvorgangs sowohl in der Bilanz am Übernahmestichtag als auch in den Folgebilanzen.[247] Folglich führt der Zugang von Wirtschaftsgütern lediglich zu einer Vermögensumschichtung in Höhe der Anschaffungskosten.[248] Der Bundesfinanzhof nimmt aufseiten des übernehmenden Rechtsträgers allerdings eine Differenzierung zwischen dem

245 BFH 12.12.2012 – I R 28/11, BStBl. II 2017, 1265; BFH 12.12.2012 – I R 69/11, BStBl. II 2017, 1232.

246 Vgl. zum (internen) Schuldbeitritt BFH 26.4.2012 – IV R 43/09, BStBl. II 2017, 1228, 1231; vgl. auch BFH 12.12.2012 – I R 69/11, BStBl. II 2017, 1232, 1235; vgl. zur Schuldübernahme BFH 14.12.2011 – I R 72/10, BStBl. II 2017, 1226, 1227. Der Bundesfinanzhof geht auch im Rahmen der internen Erfüllungsübernahme bzw. internen Schuldfreistellung von der Realisierung der stillen Last auf Ebene des Veräußerers aus; vgl. hierzu die mehrfach vom 1. Senat des Bundesfinanzhofs bestätigten Gedanken zur realisierten Schuld auf Ebene des Altschuldners bzw. Veräußerers im Rahmen des Kausalgeschäfts zwischen Veräußerer und Erwerber, sofern die in Rede stehende Verpflichtung entgeltlich erworben wird (vgl. BFH 17.10.2007 – I R 61/06, BStBl. II 2008, 555, 556; BFH 16.12.2009 – I R 102/08, BStBl. II 2011, 566, 566 f.; BFH 14.12.2011 – I R 72/10, BStBl. II 2017, 1226, 1228; BFH 26.4.2012 – IV R 43/09, BStBl. II 2017, 1228, 1231; BFH 12.12.2012 – I R 69/11, BStBl. II 2017, 1232; BFH 12.12.2012 – I R 28/11, BStBl. II 2017, 1265).

247 BFH 16.12.2009 – I R 102/08, BStBl. II 2011, 566; BFH 14.12.2011 – I R 72/10, BStBl. II 2017, 1226, 1227 f.; BFH 12.12.2012 – I R 69/11, BStBl. II 2017, 1232; BFH 12.12.2012 – I R 28/11, BStBl. II 2017, 1265.

248 BFH 16.12.2009 – I R 102/08, BStBl. II 2011, 566; BFH 14.12.2011 – I R 72/10, BStBl. II 2017, 1226, 1227; BFH 12.12.2012 – I R 28/11, BStBl. II 2017, 1265, 1269 f.; BFH 12.12.2012 – I R 69/11, BStBl. II 2017, 1232, 1235.

Zeitpunkt des Anschaffungsvorgangs und der Folgebewertung der Verpflichtungen vor. Dabei unterscheidet er zwischen dem Verpflichtungsteil, der erworben wurde und dem, der nach der Verpflichtungsübernahme aufseiten des Erwerbers neu entstanden ist.[249] Lediglich im Falle der Begründung der Verpflichtungen nach der Übernahme finden die steuerbilanziellen Ansatz- und Bewertungsvorbehalte weiterhin Anwendung, weil diese sich gerade noch nicht realisiert haben.[250]

II. Finanzverwaltung

Im Widerspruch zur Rechtsprechung des Bundesfinanzhofs zielte die Finanzverwaltung darauf ab, die bilanzsteuerrechtlichen Ansatz- und Bewertungsvorbehalte bei der Übertragung von passivierungsbeschränkten Verpflichtungen an den folgenden Bilanzstichtagen wieder anzuwenden.[251] Die Finanzverwaltung sah in der Rechtsprechung des Bundesfinanzhofs einen Verstoß gegen den Grundsatz *lex specialis derogat legi generali*, sofern durch allgemeine Bilanzierungsgrundsätze, wie vorliegend durch den Grundsatz der erfolgsneutralen Behandlung von Anschaffungsvorgängen, spezialgesetzliche Ansatzbeschränkungen umgangen würden.[252] Mit dem BMF-Schreiben vom 24.6.2011[253] nahm die Finanzverwaltung inhaltlich zur Anwendung besonderer steuerrechtlicher Ansatz- und Bewertungsvorbehalte[254] auf Schuldübernahmen gem. §§ 414 ff. BGB und Erfüllungsübernahmen gem. § 329 BGB Stellung.[255] Auch wenn die Finanzverwaltung neben

---

249 Vgl. im Falle von Pensionsverpflichtungen BFH 12.12.2012 – I R 69/11, BStBl. II 2017, 1232, 1236; BFH 12.12.2012 – I R 28/11, BStBl. II 2017, 1265, 1270.

250 BFH 12.12.2012 – I R 69/11, BStBl. II 2017, 1232, 1236; BFH 12.12.2012 – I R 28/11, BStBl. II 2017, 1265, 1270.

251 BMF-Schreiben 24.06.2011, BStBl. I 2011, 627. Dieses BMF-Schreiben ist inzwischen durch das BMF-Schreiben vom 30.11.2017 (BStBl. I 2017, 1619) aufgehoben worden.

252 Vgl. BMF-Schreiben 24.06.2011, BStBl. I 2011, 627 (aufgehoben durch BMF-Schreiben 30.11.2017, BStBl. I 2017, 1619).

253 BMF-Schreiben 24.06.2011, BStBl. I 2011, 627 (aufgehoben durch BMF-Schreiben 30.11.2017, BStBl. I 2017, 1619).

254 Im BMF-Schreiben 24.06.2011, BStBl. I 2011, 627 (aufgehoben durch BMF-Schreiben 30.11.2017, BStBl. I 2017, 1619) wird in Rn. 3 ausdrücklich auf folgende Ansatz- und Bewertungsvorbehalte Bezug genommen: § 5 Abs. 2a bis 4b EStG (u.a. Passivierung gewinnabhängiger Verpflichtungen, Rückstellungen für Schutzrechtsverletzungen, Drohverlustrückstellungen, Rückstellungen für künftige Anschaffungs- und Herstellungskosten), § 5 Abs. 5 Satz 1 Nr. 2 EStG (passive Rechnungsabgrenzungsposten), § 6 Abs. 1 Nr. 3 EStG (Abzinsung unverzinslicher Verbindlichkeiten), § 6 Abs. 1 Nr. 3a EStG (u.a. Gebot der Vorteilssaldierung, Ansammlung und Abzinsung von Rückstellungen) und § 6a EStG.

255 Im BMF-Schreiben 24.06.2011, BStBl. I 2011, 627 (aufgehoben durch BMF-Schreiben 30.11.2017, BStBl. I 2017, 1619) wird in Rn. 1 und Rn. 6 nicht ausdrücklich der Begriff „Erfüllungsübernahmen gem. § 329 BGB“, sondern durchgängig „Schuldfreistellungen“ verwendet, der aus dem Leitsatz des Urteils des BFH 16.12.2009 – I R 102/08,

der Erfüllungsübernahme nur auf die Schuldübernahme Bezug nahm, ergibt sich aus dem Verweis auf das – mittlerweile ebenfalls außer Kraft getretene[256] – BMF-Schreiben vom 16.12.2005,[257] das auf den entgeltlichen Schuldbeitritt bei Pensionsverpflichtungen Bezug nahm, dass auch der Schuldbeitritt vom BMF-Schreiben vom 24.06.2011 erfasst sein sollte.[258] Darüber hinaus fanden die Anordnungen des BMF-Schreibens vom 24.6.2011 neben der Einzelübertragung von Verpflichtungen auch im Rahmen eines entgeltlichen Betriebsübergangs nach § 613a BGB, eines Unternehmenskaufs sowie bei Übertragungen nach § 123 UmwG Anwendung.[259]

Im Folgenden wird die Auffassung der Finanzverwaltung dargestellt. Dabei wird mit Blick auf den zivilrechtlichen Verpflichtungsgrund zwischen Verpflichtungsübernahmen im Wege einer Schuldübernahme nach §§ 414 ff. BGB und einer Schuldfreistellung im Innenverhältnis differenziert.

1. *Schuldübernahme*

Eine Schuldübernahme gem. § 414 ff. BGB bietet die Möglichkeit, passivierungsbeschränkte Verpflichtungen einzeln, im Rahmen einer entgeltlichen Betriebsübertragung gem. § 613a BGB oder durch einen Asset Deal zu übertragen.[260] Dabei gehen gem. § 415 BGB die Rechte und Pflichten mit Zustimmung des Gläubigers auf einen neuen Schuldner über, welcher an die Stelle des bisherigen Schuldners tritt.

Im Rahmen der Schuldübernahme war die wirtschaftliche Last bei der Kaufpreisermittlung zu berücksichtigen.[261] Dies führte nach Auffassung der Finanzverwaltung aufseiten des übertragenden Rechtsträgers zur Realisation stiller Lasten, was einen Verlust oder zumindest einen verringerten Gewinn zur Folge hatte.[262] Dabei schien die Finanzverwaltung davon auszugehen, dass sich die in den Verpflichtungen aufgrund der steuerrechtlich nicht oder nicht vollständig vorgenommenen

---

BStBl. II 2011, 566 stammt, aber nicht der zivilrechtlichen Terminologie entspricht (*Schlotter/Pinkernell*, FR 2011, 689, 691).

256 Das BMF-Schreiben 16.12.2005, BStBl. I 2005, 1052 war in der Fassung vom 16.12.2005 gültig vom 16.12.2005 bis 29.11.2017.

257 BMF-Schreiben 16.12.2005, BStBl. I 2005, 1052 (aufgehoben durch BMF-Schreiben 30.11.2017, BStBl. I 2017, 1619).

258 Vgl. BMF-Schreiben 24.06.2011, BStBl. I 2011, 627, 628 (aufgehoben durch BMF-Schreiben 30.11.2017, BStBl. I 2017, 1619).

259 BMF-Schreiben 24.06.2011, BStBl. I 2011, 627, 629 (aufgehoben durch BMF-Schreiben 30.11.2017, BStBl. I 2017, 1619).

260 BMF-Schreiben 24.06.2011, BStBl. I 2011, 627 (aufgehoben durch BMF-Schreiben 30.11.2017, BStBl. I 2017, 1619).

261 BMF-Schreiben 24.06.2011, BStBl. I 2011, 627 (aufgehoben durch BMF-Schreiben 30.11.2017, BStBl. I 2017, 1619).

262 Vgl. BMF-Schreiben 24.06.2011, BStBl. I 2011, 627, 627 ff. (aufgehoben durch BMF-Schreiben 30.11.2017 BStBl. I 2017, 1619).

Bilanzierung enthaltenen stillen Lasten durch die Übertragung im Zeitpunkt der Schuldübernahme realisierten.[263]

Auf Erwerberseite waren die übernommenen Verpflichtungen nach Auffassung der Finanzverwaltung zunächst im Erwerbszeitpunkt mit dem Teilwert, höchstens jedoch mit den Anschaffungs- oder Herstellungskosten anzusetzen und nach den Grundsätzen ordnungsmäßiger Buchführung erfolgsneutral zu behandeln.[264] Dementsprechend erkannte auch die Finanzverwaltung zunächst die Wirkung der erfolgsneutralen Behandlung von Anschaffungsvorgängen im Übernahme- bzw. Erwerbszeitpunkt an. Allerdings sollte nach der Auffassung der Finanzverwaltung in der darauf folgenden, für die Besteuerung des Erwerbers maßgebenden Schlussbilanz der handelsrechtliche Grundsatz der Erfolgsneutralität von Anschaffungsvorgängen nur angewendet werden, sofern keine steuerrechtlichen Ansatz- und Bewertungsvorbehalte existierten.[265] Folglich war das Realisationsprinzip nur insoweit anzuwenden, als keine steuerlichen Passivierungsbeschränkungen bestanden haben.[266] Demzufolge wäre es in der steuerrechtlich maßgebenden Schussbilanz nach einer Verpflichtungsübernahme regelmäßig zur phasenverschobenen Entstehung eines Erwerbsgewinns gekommen; das handelsrechtliche, in § 252 Abs. 1 Nr. 4 Hs. 2 HGB verankerte Realisationsprinzip wäre wegen der bilanzsteuerrechtlichen Ansatz- und Bewertungsvorbehalte nicht zu berücksichtigen gewesen.[267] Somit wären die übernommenen Verpflichtungen in der der Verpflichtungsübernahme nachfolgenden Schlussbilanz erfolgswirksam aufzulösen gewesen.[268]

Die Differenzierung zwischen dem sog. „eigentlichen Anschaffungsvorgang“[269] und der Folgebewertung in der auf den Übertragungszeitpunkt nachfolgenden Bilanz hätte zur Folge gehabt, dass der aufseiten des Veräußerers entstandene Verlust durch einen zukünftigen Gewinn aufseiten des Erwerbers wieder aufgeholt worden wäre.[270]

---

263 Vgl. BMF-Schreiben 24.06.2011, BStBl. I 2011, 627 (aufgehoben durch BMF-Schreiben 30.11.2017, BStBl. I 2017, 1619).

264 BMF-Schreiben 24.06.2011, BStBl. I 2011, 627 (aufgehoben durch BMF-Schreiben 30.11.2017, BStBl. I 2017, 1619).

265 BMF-Schreiben 24.06.2011, BStBl. I 2011, 627 (aufgehoben durch BMF-Schreiben 30.11.2017, BStBl. I 2017, 1619).

266 BMF-Schreiben 24.06.2011, BStBl. I 2011, 627 (aufgehoben durch BMF-Schreiben 30.11.2017, BStBl. I 2017, 1619).

267 BMF-Schreiben 24.06.2011, BStBl. I 2011, 627 (aufgehoben durch BMF-Schreiben 30.11.2017, BStBl. I 2017, 1619).

268 BMF-Schreiben 24.06.2011, BStBl. I 2011, 627 (aufgehoben durch BMF-Schreiben 30.11.2017, BStBl. I 2017, 1619).

269 *Meurer*, BB 2011, 1714, vgl. auch *Ortmann-Babel/Bolik/Füldner*, StuB 2012, 331, 333.

270 *Jahn*, SAW 2013, 58, 60; *Riedel*, FR 2014, 6, 8.

2. *Schuldfreistellung*

Aufseiten des Veräußerers mussten im Rahmen einer Schuldfreistellung[271] nach Auffassung der Finanzverwaltung ein Freistellungsanspruch gegen den Erwerber in Höhe des geleisteten Entgelts gewinnerhöhend aktiviert werden.[272] Die Verpflichtung war aufgrund des weiterhin bestehenden Rechtsverhältnisses zwischen dem Veräußerer und dem Gläubiger der Verpflichtung in der Bilanz des Veräußerers unter Beachtung der besonderen steuerrechtlichen Passivierungsbeschränkungen weiterhin auszuweisen.[273] In der Folgezeit wäre der Freistellungsanspruch infolge der Geldleistungen des Erwerbers der Verpflichtung (ggf. auch ratierlich) gewinnmindernd aufzulösen gewesen.[274] Der Erwerber der Verpflichtung musste die Freistellungsverbindlichkeit im Rahmen einer Schuldfreistellung als neues Schuldverhältnis zunächst in der Steuerbilanz als Verbindlichkeit passivieren und diese zukünftig gewinnneutral auflösen.[275]

3. *Zusammenfassung*

Zusammenfassend kann festgestellt werden, dass nach Auffassung der Finanzverwaltung die Fälle der Schuldübernahme und der (internen) Schuldfreistellung im Hinblick auf ihre bilanzsteuerlichen Konsequenzen unterschiedlich behandelt wurden.

Während es nach Auffassung der Finanzverwaltung im Falle einer Schuldübernahme aufseiten des Veräußerers zur Aufdeckung stiller Lasten durch Kaufpreisminderung oder Zahlung eines Entgelts durch den Veräußerer kam, musste der Veräußerer im Falle einer Schuldfreistellung trotz beibehaltener Anwendung der Passivierungsbeschränkung einen Freistellungsanspruch aktivieren, der erst künftig gewinnmindernd aufgelöst werden konnte.

---

271 Eine Schuldfreistellung hat zur Folge, dass der Erwerber der Verpflichtung den Veräußerer im Innenverhältnis von einer zukünftigen Leistungspflicht gegenüber einem Gläubiger freizustellen hat. Dabei besteht das ursprüngliche Rechtsverhältnis zwischen dem Gläubiger und dem Veräußerer der Verpflichtung inhaltlich unverändert fort, wobei sich der Übernehmer verpflichtet, den Veräußerer von den zukünftigen Leistungsverpflichtungen freizustellen. Es entsteht neben dem originären Rechtsverhältnis zwischen dem Gläubiger und dem originären Schuldner ein weiteres Schuldverhältnis zwischen dem hinzutretenden Schuldner und dem originären Schuldner.

272 BMF-Schreiben 24.06.2011, BStBl. I 2011, 627, 628 (aufgehoben durch BMF-Schreiben 30.11.2017, BStBl. I 2017, 1619).

273 Vgl. BMF-Schreiben 24.06.2011, BStBl. I 2011, 627, 628 (aufgehoben durch BMF-Schreiben 30.11.2017, BStBl. I 2017, 1619).

274 Vgl. BMF-Schreiben 24.06.2011, BStBl. I 2011, 627, 628 (aufgehoben durch BMF-Schreiben 30.11.2017, BStBl. I 2017, 1619).

275 Vgl. BMF-Schreiben 24.06.2011, BStBl. I 2011, 627, 628 (aufgehoben durch BMF-Schreiben 30.11.2017, BStBl. I 2017, 1619).

Aufseiten des Erwerbers war die übernommene Verpflichtung nach Auffassung der Finanzverwaltung im Falle einer Schuldübernahme bei der Erstbilanzierung mit dem Teilwert, höchstens jedoch mit den Anschaffungs- oder Herstellungskosten anzusetzen, aber im Rahmen der Folgebilanzierung aufgrund der erneuten Anwendung der Passivierungsbeschränkungen erfolgswirksam aufzulösen. Im Falle der Schuldfreistellung hatte der Erwerber nach Auffassung des Finanzamts die zwischen Veräußerer und Erwerber neu begründete Freistellungsverpflichtung zu passivieren.[276] In der Folgezeit war der Passivposten in Höhe der vom Erwerber erbrachten Leistungen ratierlich gewinnneutral aufzulösen.[277]

Letztlich führte die Auffassung der Finanzverwaltung zur Schuldübernahme zu einer phasenverschobenen Kompensation des beim Veräußerer der Verpflichtung durch Realisierung stiller Lasten entstandenen Verlusts durch einen fingierten Erwerbsgewinn beim personenverschiedenen Erwerber, während in den Fällen der Schuldfreistellung von der Finanzverwaltung bereits aufseiten des Veräußerers der passivierungsbeschränkten Verpflichtung der Versuch unternommen wurde, den steuerrechtlichen Verlust aus der Zahlungsverpflichtung zu vermeiden.[278]

III. Literatur

Wie schon die Unterschiedlichkeit der von der Rechtsprechung und Finanzverwaltung vertretenen Auffassungen im Bereich der Verpflichtungsübertragungen vermuten lässt, wurde diese Thematik auch in der Literatur kontrovers diskutiert. In der Literatur bestand Uneinigkeit darüber, wie Verpflichtungsübertragungen sowohl aufseiten des Veräußerers als auch aufseiten des Erwerbers steuerbilanziell zu behandeln waren. Um die Vielzahl zu dieser Thematik in der Literatur damals vertretenen Auffassungen strukturiert darzustellen, wird im Folgenden der Fokus der Bearbeitung zunächst auf die in der Literatur vertretenen Auffassungen zur steuerbilanziellen Abbildung der Übertragung passivierungsbeschränkter Verpflichtungen aufseiten des übertragenden Rechtsträgers und sodann auf die steuerbilanzielle Abbildung aufseiten des übernehmenden Rechtsträgers gelegt.

1. *Steuerbilanzielle Abbildung aufseiten des übertragenden Rechtsträgers*

Bei der Frage, wie die Übertragung einer passivierungsbeschränkten Verpflichtung aufseiten des übertragenden Rechtsträgers steuerbilanziell abzubilden ist, zeichnen sich in den verschiedenen Lagern der Literatur im Wesentlichen die unterschiedlichen Auffassungen der Rechtsprechung und der Finanzverwaltung ab. Daher lassen sich die in der Literatur vertretenen Auffassungen in folgende Kategorien

---

276 Vgl. BMF-Schreiben 24.06.2011, BStBl. I 2011, 627, 628 (aufgehoben durch BMF-Schreiben 30.11.2017, BStBl. I 2017, 1619).

277 Vgl. BMF-Schreiben 24.06.2011, BStBl. I 2011, 627, 629 (aufgehoben durch BMF-Schreiben 30.11.2017, BStBl. I 2017, 1619).

278 So auch *Jahn*, SAW 2013, 58, 60.

aufteilen: 1. Realisation stiller Lasten im Sinne des Bundesfinanzhofs unabhängig von der zivilrechtlichen Ausgestaltung, 2. Literaturstimmen in Übereinstimmung mit der Finanzverwaltung und 3. differenzierende Auffassungen. Abweichend von dieser Einteilung wird in der Literatur teilweise vertreten, dass die stille Last weiterbestehe und lediglich von einer anderen Person übernommen worden sei.

a) Realisation stiller Lasten im Sinne der Rechtsprechung des BFH

Ein gewichtiger Anteil der Literatur vertrat im Kontext der Übertragung passivierungsbeschränkter Verpflichtungen die Auffassung, dass es in Übereinstimmung mit der Rechtsprechung des Bundesfinanzhofs zur Realisation stiller Lasten kommt.[279] Dies gelte unabhängig von der zivilrechtlichen Ausgestaltung des zugrunde liegenden Übertragungsvorgangs,[280] da (interne) Erfüllungsübernahmen und Schuldbeitritte unter Zugrundelegung einer wirtschaftlichen Betrachtungsweise ebenso wie auch zivilrechtlich außenwirksame Schuldübernahmen und Vertragsübernahmen zu wirtschaftlich gleichen Resultaten führten.[281] Sowohl bei zivilrechtlich außenwirksamen Übertragungen als auch im Falle nicht außenwirksamer Übertragungen passivierungsbeschränkter Verpflichtungen sei es aufseiten des übertragenden Rechtsträgers bei der Verpflichtungsübertragung zu Kosten für die Wegschaffung gekommen, sei es durch Kaufpreisminderung oder Zahlung eines Entgelts.[282] Mit Durchführung des Kausalgeschäfts sei der Realisationszeitpunkt überschritten worden, was zur Aufwandsrealisation führte und bei wirtschaftlicher Betrachtung – unabhängig von der Außenwirksamkeit der Verpflichtungsübertragung – einen Verlust entstehen ließ, so dass der Vorgang aufgrund des Realisationsprinzips zu einer zu berücksichtigenden Gewinnminderung geführt habe.[283] Vorgänge, die sich wirtschaftlich nicht unterscheiden, durften nach dieser Auffassung bilanzsteuerlich nicht zu abweichenden Rechtsfolgen führen, so dass Schuldübernahmen bzw. Vertragsübernahmen und (interne)

---

279 *U. Prinz*, FR 2011, 1015, 1021; *Schlotter*, Ubg 2010, 635, 637 ff.; *Schlotter*, BB 2012, 951, 952 ff.; *Schlotter/Pinkernell*, FR 2011, 689, 692 ff.; vgl. *Künkele/Zwirner*, DStR 2011, 1840, 1843; vgl. auch *U. Prinz/Adrian*, StuB 2011, 171, 175.

280 Siehe oben Fn. 279.

281 *Künkele/Zwirner*, SteuK 2012, 197; *dies.*, DStR 2011, 1840, 1841; *U. Prinz*, FR 2011, 1015, 1021; *Schlotter*, BB 2012, 951, 955; *Schultz*, DB 2011, 608, 613; *Weber-Grellet*, DB 2011, 2875, 2877; vgl. *Rätke*, StuB 2011, 650, 651, 653.

282 *Schlotter*, BB 2012, 951, 955; vgl. auch *Gosch*, BFH/PR 2010, 123, 124; *Künkele/Zwirner*, DStR 2011, 1840, 1843; *Ley*, DStR 2007, 589, 591; *U. Prinz/Adrian*, StuB 2011, 171, 175; *dies.*, BB 2011, 1646, 1647.

283 *Schlotter*, BB 2012, 951, 955, vgl. auch *Gosch*, BFH/PR 2010, 123, 124; *Künkele/Zwirner*, SteuK 2012, 197, 200; *Ley*, DStR 2007, 589, 591; *Schönherr/Krüger*, DStR 2012, 829, 831 f.; *U. Prinz/Adrian*, StuB 2011, 171, 175; *dies.*, BB 2011, 1646, 1647; *Künkele/Zwirner*, DStR 2011, 1840, 1843.

Erfüllungsübernahmen bzw. Schuldbeitritte trotz des unterschiedlichen Rechtskleids nicht unterschiedlich behandelt werden durften.[284]

b) Gegenauffassungen zur Realisation stiller Lasten

Entgegen der soeben dargestellten Auffassung wurde nach anderer, damals in der Literatur vertretener Auffassung, angenommen, dass die einer Verpflichtungsübertragung zugrunde liegende rechtliche Konstruktion Einfluss auf die Bilanzierung aufseiten des übertragenden Rechtsträgers habe. Außenwirksame und nicht außenwirksame Verpflichtungsübertragungen effektuierten nach den Vertretern dieser Auffassung die Leistungsfähigkeit des übertragenden Rechtsträgers nicht unabhängig von der zugrunde liegenden rechtlichen Konstruktion in gleicher Weise.[285] Zwar gingen die Vertreter dieser Auffassung im Falle einer außenwirksamen Verpflichtungsübernahme in Übereinstimmung mit der zuvor dargestellten Ansicht davon aus, dass sich die den betreffenden Verbindlichkeiten anhaftenden Verluste mit der kaufpreisreduzierenden Übertragung auf den übernehmenden Rechtsträger endgültig realisiert hätten.[286] Allerdings habe der übertragende Rechtsträger im Falle der Schuldfreistellung im Wege der Erfüllungsübernahme oder des Schuldbeitritts durch den Wegschaffungsaufwand – sei es durch Kaufpreisminderung oder Zahlung eines Entgelts – im Rahmen der Verpflichtungsübertragung zunächst lediglich einen Anspruch auf Freistellung gegen den übernehmenden Rechtsträger erworben.[287] Diese Vorgänge hätten lediglich die Entstehung eines weiteren Schuldverhältnisses zur Folge gehabt, welches zur Abbildung der zivilrechtlichen Verpflichtungslage auch steuerbilanziell entsprechend gesondert auszuweisen gewesen wäre.[288] Daher musste der übertragende Rechtsträger nach dieser Auffassung im Rahmen einer (internen) Erfüllungsübernahme oder eines Schuldbeitritts bei der Bilanzierung der Verpflichtung weiterhin

284 *Künkele/Zwirner*, SteuK 2012, 197; *dies.*, DStR 2011, 1840, 1843; *U. Prinz*, FR 2011, 1015, 1019 f.; *U. Prinz/Adrian*, StuB 2011, 171, 174 f.; *Schlotter*, BB 2012, 951, 955; *Weber-Grellet*, DB 2011, 2875, 2877. Innerhalb dieser Auffassung wird teilweise durch die Trennung des Verpflichtungs- und Verfügungsgeschäfts eine Unterscheidung im Hinblick auf den exakten Realisationszeitpunkt vorgenommen; siehe *Weimer*, Hebung stiller Lasten, S. 127 f.

285 *Geberth/Höhn*, DB 2011, 1775, 1776 f.; *dies.*, DB 2010, 1905, 1906 ff.; *M. Prinz*, FR 2011, 551, 561 f.; *Siegel*, FR 2011, 781, 789.

286 *Geberth/Höhn*, DB 2011, 1775, 1776; *dies.*, DB 2010, 1905, 1906; *M. Prinz*, FR 2011, 445, 449; *Siegel*, FR 2011, 781, 785; vgl. hierzu auch BMF-Schreiben 24.06.2011, BStBl. I 2011, 627, 628.

287 *Geberth/Höhn*, DB 2011, 1775, 1777; *dies.*, DB 2010, 1905, 1908; *M. Prinz*, FR 2011, 551, 553 ff.; *Siegel*, FR 2011, 781, 784 f.; vgl. hierzu auch BMF-Schreiben 24.06.2011, BStBl. I 2011, 627, 628.

288 *Weimer*, Hebung stiller Lasten, S. 130; vgl. auch *Meurer*, BB 2011, 1259, 1260 f.; *Pitzke/Klein*, NWB 2011, 2276, 2280; *Schöneborn*, StBp 2011, 301, 302; *Siegel*, FR 2011, 781, 789.

steuerliche Passivierungsbeschränkungen berücksichtigen, da der Bestand eines Freistellungsanspruchs am drohenden Verlust für den übertragenden Rechtsträger nichts änderte und daher nicht zur Realisation führte.[289] Vielmehr wäre durch nicht außenwirksame Übertragungsvorgänge lediglich ein weiteres Schuldverhältnis entstanden, das gesondert in der Steuerbilanz auszuweisen gewesen wäre.[290]

c) Differenzierende Stimmen

Nach den Vertretern der differenzierenden Auffassungen führte die Schuld- bzw. Vertragsübernahme zur Realisation von stillen Lasten, sofern sich der übertragende Rechtsträger gegen Entgelt endgültig von steuerrechtlich passivierungsbeschränkten Verpflichtungen trennte.[291] Im Falle der (internen) Schuldfreistellung in der Literatur wurde hingegen teilweise zwischen Erfüllungsübernahmen und Schuldbeitritten mit Blick auf die Realisation stiller Lasten unterschieden.[292]

aa) Realisation stiller Lasten durch Erfüllungsübernahme

Durch die Vereinbarung einer Erfüllungsübernahme gem. § 329 BGB entstehe zwischen dem übertragenden und dem übernehmenden Rechtsträger ein zusätzliches, eigenständiges Rechtsverhältnis. Auf das ursprüngliche Rechtsverhältnis habe die Neubegründung des zusätzlichen Rechtsverhältnisses weder inhaltlich noch personell Auswirkungen gehabt, so dass dieses unverändert weiterbestehe.[293] Auf die beim übertragenden Rechtsträger weiterhin zu berücksichtigende Passivierungsbeschränkung habe dies keine Auswirkungen gehabt, so dass diese weiterhin uneingeschränkt anzuwenden gewesen seien.[294] Eine Realisation stiller Lasten konnte nach den Vertretern dieser Auffassung „aufgrund der rechtlichen und bilanziellen ‚Unberührtheit' der zugrunde liegenden Verpflichtung sowohl bei isolierter Betrachtung von Freistellungsverpflichtetem und -gläubiger als auch in der Gesamtschau der Beteiligten grundsätzlich keine steuerwirksame Aufdeckung stiller Lasten"[295] im Wege einer Erfüllungsübernahme bewirkt werden.[296] Aufgrund der zivilrechtlichen Eigenständigkeit des der Erfüllungsübernahme zugrunde liegenden Vertragsverhältnisses habe diese keine Auswirkungen auf die Bilanzierung

---

289 *M. Prinz*, FR 2011, 551, 553 ff.; *ders.*, FR 2010, 426, 428; *Siegel*, FR 2011, 781, 784 f.

290 Vgl. *Meurer*, BB 2011, 1259, 1260 f.; *Pitzke/Klein*, NWB 2011, 2276, 2279; *Schöneborn*, StBp 2011, 301, 302; *Siegel*, FR 2011, 781, 789.

291 *M. Prinz*, FR 2011, 445, 449; *Siegel*, FR 2011, 781, 785 f.

292 *M. Prinz*, FR 2011, 551, 561.

293 *M. Prinz*, FR 2011, 551, 562; *ders.*, FR 2011, 445, 446; *ders.*, FR 2010, 426, 428; vgl. auch *Siegel*, FR 2011, 781, 784; *Geberth/Höhn*, DB 2010, 1905, 1908.

294 *Geberth/Höhn*, DB 2010, 1905, 1908; *M. Prinz*, FR 2011, 551, 555; *Schlotter*, Ubg 2010, 635, 640.

295 *M. Prinz*, FR 2011, 551, 555.

296 *M. Prinz*, FR 2011, 551, 555; *ders.*, FR 2011, 445, 446; vgl. auch schon *ders.*, FR 2010, 426, 427.

der Verpflichtungen, solange lediglich eine interne Freistellung von der gemeinsamen Lastentragung im Außenverhältnis vereinbart worden war.[297] Der übertragende Rechtsträger sei weiterhin im Außenverhältnis aus dem Vertrag gegenüber dem Vertragspartner verpflichtet gewesen.[298]

bb) Realisation stiller Lasten durch Schuldbeitritt

Während bei der Erfüllungsübernahme neben das ursprünglich bestehende Rechtsverhältnis ein weiteres, eigenständiges Rechtsverhältnis zwischen übertragendem und übernehmendem Rechtsträger hinzukomme, handele es sich beim Schuldbeitritt um einen rechtlichen Annex, der den übernehmenden Rechtsträger gegenüber dem Gläubiger des ursprünglichen Rechtsverhältnisses im Außenverhältnis zusätzlich zum übertragenden Rechtsträger rechtlich zur Leistung verpflichte.[299] Intern sei die Letztverpflichtung – von der gesetzlichen Grundregelung der Gesamtschuldnerschaft abweichend – allerdings dem übernehmenden Rechtsträger zugeordnet.[300] Wirtschaftlich sei der übertragende Rechtsträger infolge dessen nicht mehr verpflichtet, wenn der übernehmende Rechtsträger im Wege der Verpflichtungsübertragung derart mit Bonität ausgestattet wurde, dass eine Inanspruchnahme des Überträgers durch den Beitretenden nicht mehr wahrscheinlich sei, weshalb beim übertragenden Rechtsträger weder für eine Passivierung der Verpflichtung noch für eine Aktivierung des Freistellungsanspruchs Raum bleibe.[301] Nach den Vertretern der differenzierenden Auffassung ergebe sich für den übernehmenden Rechtsträger eine Pflicht zur Passivierung übernommener Verpflichtungen, sobald sich aus der tatsächlichen Lastenverteilung im Innenverhältnis eine Lastentragung für den übernehmenden Rechtsträger im Außenverhältnis ergebe.[302]

d) Fortbestand der stillen Lasten beim übernehmenden Rechtsträger

Entgegen den Auffassungen, die sich im Wesentlichen an der Rechtsprechung des Bundesfinanzhofs und der Finanzverwaltung orientieren, wird von *Mylich* gegen eine Realisation der stillen Lasten aufseiten des übertragenden Rechtsträgers ausgeführt, dass zu bedenken sei, dass die stille Last weiterhin bestehe und nur von einer anderen Person übernommen worden sei.[303] Die Realisation von stillen Reserven und stillen Lasten weise fundamentale Unterschiede auf. Während

297 Vgl. *Hennrichs*, in: MüKoBilanzR, § 246 HGB Rn. 230; *M. Prinz*, FR 2011, 551, 554; *ders.*, FR 2010, 426, 428; *Schlotter*, Ubg 2010, 635, 640.

298 Siehe oben Fn. 297.

299 *M. Prinz*, FR 2011, 551, 558.

300 *M. Prinz*, FR 2011, 551, 558.

301 Vgl. *Geberth/Höhn*, DB 2010, 1905, 1909.

302 *M. Prinz*, FR 2011, 551, 561, 562.

303 *Mylich*, in: BeckOK, EStG, § 5 Rn. 2922.

stille Lasten wegen des Imparitätsprinzips grundsätzlich sofort aufgedeckt werden, würden stille Reserven aufgrund des Realisationsprinzips erst zu einem späteren Zeitpunkt gehoben. Bestenfalls werde im Falle der Verpflichtungsübertragung der Betrag aufgewendet, welcher auch passiviert worden ist. Daraus schließt *Mylich*, dass stille Lasten, die auf steuerlichen Passivierungsbeschränkungen fußen, entweder aufseiten des übertragenden Rechtsträgers durch Neutralisierung oder beim übernehmenden Rechtsträger durch Gewinnrealisierung fortbestehen.[304]

2. *Steuerbilanzielle Abbildung aufseiten des übernehmenden Rechtsträgers*

a) *Erfolgsneutrale Behandlung von Anschaffungsvorgängen*

In der Literatur wird teilweise – in Übereinstimmung mit der Rechtsprechung des Bundesfinanzhofs – vertreten, dass der Grundsatz der Erfolgsneutralität von Anschaffungsvorgängen auch auf die Übertragung passivierungsbeschränkter Verpflichtungen aufseiten des übernehmenden Rechtsträgers Anwendung finde. Anknüpfend an den vorausgegangenen Realisationsvorgang bleibt aufseiten des übernehmenden Rechtsträgers zur Wahrung des daraus abgeleiteten Prinzips der Erfolgsneutralität von Anschaffungsvorgängen – wie auch beim übertragenden Rechtsträger unabhängig von der zugrunde liegenden zivilrechtlichen Konstruktion – kein Raum für eine erneute Realisation.[305] Infolge der Anschaffung sei es lediglich zu einer bilanziellen Vermögensumschichtung gekommen, wohingegen Gewinne nur dann der Besteuerung unterliegen sollten, wenn diese tatsächlich realisiert wurden.[306] Da diese Grundsätze auch auf der Passivseite der Bilanz anzuwenden seien, soll das Prinzip der Erfolgsneutralität des Anschaffungsvorgangs gewährleisten, dass auch übernommene passivierungsbeschränkte Verpflichtungen von der Anwendung des Anschaffungskostenprinzips erfasst sind.[307] Der Grundsatz der sofortigen Aufwandswirksamkeit der Wegschaffungskosten führe in Kombination mit dem Prinzip der Erfolgsneutralität von Anschaffungsvorgängen aufseiten des übernehmenden Rechtsträgers – auch in der Folgebewertung – zur Vermeidung eines Erwerbsgewinns.[308]

---

304 *Mylich*, in: BeckOK, EStG, § 5 Rn. 2923.

305 *Schlotter*, BB 2012, 951, 953; *Schlotter/Pinkernell*, FR 2011, 689, 695 f.; vgl. *Geberth/Höhn*, DB 2010, 1905, 1910; *Künkele/Zwirner*, DStR 2011, 1840, 1845; *Oser*, BB 2013, 946; *U. Prinz/Adrian*, StuB 2012, 259, 260; *Schultz*, DB 2011, 608, 614.

306 *Günkel*, BB 2013, 1001, 1003; *Künkele/Zwirner*, DStR 2011, 1840, 1843; *U. Prinz/Adrian*, BB 2011, 1646, 1646; vgl. auch *Bogenschütz*, Ubg 2008, 135, 137; *Geberth/Höhn*, DB 2011, 1775, 1776; *dies.* DB 2010, 1905, 1906; *U. Prinz*, FR 2011, 1015, 1020; *Schlotter*, BB 2012, 951, 953; *Schlotter*, Ubg 2010, 635, 643 f.; *Schlotter/Pinkernell*, FR 2011, 689, 695 f.; *Veit/Jura*, DStZ 2013, 553, 534.

307 *Schlotter*, BB 2012, 951, 953; *Schlotter/Pinkernell*, FR 2011, 689, 695.

308 Vgl. *Schlotter*, BB 2012, 951, 954 f.

b) Gegenauffassung in der Literatur

Zur bilanziellen Abbildung der Übertragung passivierungsbeschränkter Verpflichtungsübertragungen aufseiten des übernehmenden Rechtsträgers wurden in der Literatur unterschiedliche Gegenauffassungen vertreten. Abweichend von denjenigen Vertretern in der Literatur, die der Erfolgsneutralität von Anschaffungsgeschäften zustimmten, wurde von anderen Stimmen in der Literatur vertreten, dass dem die steuerrechtlichen Passivierungsbeschränkungen entgegenstehen.[309] Hierzu wurde in der Literatur ausgeführt, dass ein Steuerneutralitätsgebot für Anschaffungsvorgänge, das unabhängig und autonom vom Handelsrecht gelten solle, nicht existent gewesen sei.[310] Beim Prinzip der erfolgsneutralen Behandlung von Anschaffungsvorgängen handele es sich lediglich um einen auf dem Realisationsprinzip basierenden Grundsatz ordnungsmäßiger Buchführung, der nur insoweit Anwendung finde, als nicht speziellere Steuervorschriften – das Maßgeblichkeitsprinzip durchbrechend – ebendiese Grundsätze für die steuerliche Gewinnermittlung suspendieren.[311] Einer anderen Stimme in der Literatur zufolge verwandele sich eine Drohverlustrückstellung aufgrund der steuerrechtlichen Passivierungsbeschränkung zwingend in einen Gewinn.[312] Wieder andere Vertreter in der Literatur führten aus, dass der Gewinn in der ersten Schlussbilanz nach Betriebserwerb infolge der Berücksichtigung der steuerlichen Ansatz- und Bewertungsvorbehalte entstanden sei.[313] Dies führe weder zu einer Verletzung des Grundsatzes der „Neutralität des Anschaffungsvorgangs" noch zum Ausweis eines noch nicht realisierten Gewinns.[314] *Mylich* begründet Zweifel an der Neutralität des Anschaffungsvorgangs damit, dass sich der Anschaffungsvorgang gerade nicht auf eine in der Steuerbilanz ausweisbare Verbindlichkeit beziehe, sondern auf eine solche mit einer Passivierungsbeschränkung.[315] Dies

---

309 Im Ergebnis übereinstimmend *M. Prinz*, FR 2011, 445, 449 ff.; *Siegel*, FR 2011, 781, 784 ff.; vgl. auch *Meurer*, BB 2011, 1714, 1714.

310 Im Zusammenhang mit der Schuldübernahme *M. Prinz*, FR 2011, 445, 450 f.; im Kontext der Erfüllungsübernahme *M. Prinz*, FR 2011, 551, 554 mit Verweis auf *ders.*, FR 2011, 445, 450 f. Im Kontext des Schuldbeitritts *ders.*, FR 2011, 551, 560 mit Verweis auf *dens.*, FR 2011, 445, 450 f.

311 *M. Prinz*, FR 2011, 445, 450 f.

312 *Siegel*, FR 2011, 781, 786 ff., der meint, dass der Erwerbsgewinn beim übernehmenden Rechtsträger der Preis für die vorzeitig „erkaufte" Verlustrealisation einer steuerbilanziellen Passivierungsbeschränkung beim übertragenden Rechtsträger sei.

313 *Meurer*, BB 2011, 1714, 1714.

314 *Meurer*, BB 2011, 1714, 1714. Steuerliche Bewertungsregelungen, die einen von der Handelsbilanz abweichenden Wertansatz zur Folge haben und zu einem „gesetzlichen Bewertungsgewinn" führen können, sind nach *Meurer* vom Gestaltungsspielraum des Gesetzgebers gedeckt.

315 *Mylich*, in: BeckOK, EStG, § 5 Rn. 2922.

rechtfertige es, die Neutralität des Anschaffungsvorgangs in diesem Fall in Frage zu stellen.[316]

IV. Eigener Lösungsansatz

In Anknüpfung an die vorherigen Ausführungen ist zunächst festzustellen, dass die Auffassung der Rechtsprechung des Bundesfinanzhofs, der Finanzverwaltung sowie der Literatur vor Inkrafttreten des AIFM-StAnpG im Hinblick auf die steuerliche Behandlung der Übertragung passivierungsbeschränkter Verpflichtungen sowohl aufseiten des übertragenden Rechtsträgers als auch aufseiten des übernehmenden Rechtsträgers erheblich voneinander abweichen.

1. Übertragender Rechtsträger

Eine Schuld realisiert sich – ähnlich wie im Falle eines Vermögensgegenstands – in dem Zeitpunkt, in dem die Schuld Gegenstand eines Umsatzakts ist und die wirtschaftliche Belastung derart auf den übernehmenden Rechtsträger übergeht, dass diese nicht mehr vom übertragenden Rechtsträger zu tragen ist.[317] Hinsichtlich der steuerbilanziellen Behandlung der Übertragung einer passivierungsbeschränkten Verpflichtung ist aufseiten des Veräußerers davon auszugehen, dass es mit Überschreitung des Realisationszeitpunkts zur Hebung der stillen Lasten kommt. Anknüpfend an die Ausführungen zum Realisationszeitpunkt bei Verlusten wird dieser überschritten, wenn die wirtschaftliche Belastung bei wirtschaftlicher Betrachtungsweise auf den übernehmenden Rechtsträger übergeht.[318] Sowohl ein freistellender Schuldbeitritt als auch eine Erfüllungsübernahme haben nicht nur eine Haftungsverstärkung zu Sicherungszwecken zum Zweck, sondern sollen den übertragenden Rechtsträger dauerhaft von der Haftung freistellen. Auch wenn der übernehmende Rechtsträger die Schuld nicht oder nicht allein rechtlich übernehmen soll, so wird diese zumindest wirtschaftlich übernommen.[319] Im Falle der entgeltlichen Übertragung von negativen Wirtschaftsgütern im Wege einer Vertrags- oder Schuldübernahme sowie im Wege einer Erfüllungsübernahme bzw. eines Schuldbeitritts mit interner Schuldfreistellung werden sie

---

316 *Mylich*, in: BeckOK, EStG, § 5 Rn. 2922. Zur Lösung der mit den §§ 4f, 5 Abs. 7 EStG einhergehenden Problematik schlägt *Mylich* zum einen vor, die stille Last beim übertragenden Rechtsträger als nicht realisiert anzusehen und den Aufwand solange zu neutralisieren, bis dieser beim übernehmenden Rechtsträger realisiert sei. Zum anderen bestehe die Möglichkeit, das Übertragungsgeschäft aufseiten des übernehmenden Rechtsträgers neutral auszugestalten und in der Folge eine sofortige Gewinnrealisation hinsichtlich des Passivpostens zuzulassen, der einem steuerlichen Ansatzverbot unterliegt (*Mylich*, in: BeckOK, EStG, § 5 Rn. 2924).

317 Siehe hierzu 1. Kapitel A I 4 c.

318 Siehe hierzu 1. Kapitel A I 4 c.

319 Siehe hierzu auch 1. Kapitel A I 4 c.

zumindest wirtschaftlich derart auf einen anderen Rechtsträger übertragen, dass beim übertragenen Rechtsträger keine wirtschaftliche Belastung mehr besteht.[320] Mit Hingabe des Entgelts ist der Vorgang wirtschaftlich erfüllt und damit auch der Realisationszeitpunkt überschritten. Die passivierungsbeschränkten Verpflichtungen sind daher Gegenstand eines Umsatzakts im Sinne des Realisationsprinzips. Ein solcher Vorgang führt zumindest steuerbilanziell zu einer Realisation in Höhe des geleisteten Entgelts und damit zu einer Minderung des Betriebsvermögens des übertragenden Rechtsträgers. Insoweit findet das Realisationsprinzip auch auf Passivposten Anwendung, die aufgrund steuerbilanzieller Einschränkungen des Imparitätsprinzips in der Steuerbilanz bislang unberücksichtigt geblieben sind. Sofern passivierungsbeschränkte Verpflichtungen Gegenstand eines Umsatzakts sind, darf eine damit einhergehende steuerbilanzielle Vermögensminderung nicht unberücksichtigt bleiben, da dies einen Verstoß gegen das Realisationsprinzip darstellen würde. Wird eine passivierungsbeschränkte Verpflichtung zum Gegenstand eines entgeltlichen Austauschgeschäfts gemacht, ist im Ergebnis davon auszugehen, dass stille Lasten im Zeitpunkt der entgeltlichen Übertragung aufseiten des übertragenden Rechtsträgers steuerlich geltend zu machen sind.

2. Übernehmender Rechtsträger

Während Übertragungen passivierungsbeschränkter Verpflichtungen aufseiten des übertragenden Rechtsträgers stille Lasten durch konsequente Anwendung des Realisationsprinzips mit Überschreitung des Realisationszeitpunkts nach zutreffender Auffassung realisieren, stellt sich die Frage nach der steuerbilanziellen Behandlung aufseiten des übernehmenden Rechtsträgers. Teilweise, insbesondere von der Finanzverwaltung[321] sowie von Teilen der Literatur,[322] wurde vertreten, dass das Prinzip der Erfolgsneutralität von Anschaffungsvorgängen zwar im Zeitpunkt der Zugangsbewertung, nicht jedoch im Rahmen der Folgebewertung Anwendung finde. Vielmehr sollte als „Kompensation“ für die Realisation stiller Lasten aufseiten des übernehmenden Rechtsträgers in der Folgebilanzierung durch phasenverschobenes Wiederaufleben der steuerlichen Ansatz- und Bewertungsbeschränkungen ein Erwerbsgewinn zu versteuern sein.[323] Diese Auffassung kann nicht überzeugen. Das auf das Realisationsprinzip zurückgehende Prinzip der Erfolgsneutralität von Anschaffungsvorgängen ist aufseiten des übernehmenden Rechtsträgers – unabhängig davon, ob Aktiv- oder Passivposten

320 Siehe hierzu auch 1. Kapitel A I 4 c.

321 BMF-Schreiben 24.06.2011, BStBl. I 2011, 627 (aufgehoben durch BMF-Schreiben 30.11.2017, BStBl. I 2017, 1619).

322 *Meurer*, BB 2011, 1259, 1260 f.; *dies.*, BB 2011, 1714; *M. Prinz*, FR 2011, 445, 450 f.; *ders.*, FR 2010, 426, 428; *Siegel*, FR 2011, 781, 786.

323 Siehe hierzu 1. Kapitel B II 1.

erworben werden – anzuwenden.[324] Nach zutreffender Auffassung bleibt aufgrund der Vollrealisation der stillen Reserven und stillen Lasten beim übertragenden Rechtsträger aufseiten des übernehmenden Rechtsträgers infolge einer Verpflichtungsübertragung unter fremdüblichen Bedingungen steuerbilanziell kein Raum für eine erneute Realisation passivierungsbeschränkter Verpflichtungen.[325] Durch die Realisation beim übertragenden Rechtsträger und die Berücksichtigung aller erworbenen Aktiv- wie auch Passivposten im Rahmen der Ermittlung der Anschaffungskosten aufseiten des übernehmenden Rechtsträgers werden die zur Anschaffung eines Wirtschaftsguts getätigten Aufwendungen endgültig verarbeitet.[326] Demzufolge sind auch die vom Veräußerer auf den Erwerber übertragenen Verpflichtungen, die beim ursprünglich Verpflichteten einem Ansatz- oder Bewertungsvorbehalt unterlegen haben, in den Anschaffungskosten verarbeitet, denn auch Verpflichtungen, welche einem steuerrechtlichen Passivierungsvorbehalt unterliegen, sind Teil des vom Erwerber zu entrichtenden Entgelts.[327] Mit der Berücksichtigung der übernommenen Verpflichtung im Rahmen der Anschaffungskostenermittlung mit dem Barwert werden auch die Anschaffungskosten des Passivums bestimmt, mit denen die Verpflichtung auch im Rahmen der zukünftigen Bilanzierung zu berücksichtigen ist.[328] Aufbauend auf den Realisationsvorgang und die diesbezüglich aufgewendeten Anschaffungskosten wird die nachfolgende Bilanzierung durchgeführt. Dabei stellt die Wirkung des Anschaffungskostenprinzips die Kehrseite der Realisation[329] dar und bestimmt die Anschaffungskosten des

---

324 Siehe hierzu ausführlich 1. Kapitel A I 5 b; siehe auch BFH 12.12.2012 – I R 69/11, BStBl. II 2017, 1232, 1235 f.; BFH 12.12.2012 – I R 28/11, BStBl. II 2017, 1265, 1270; BFH 14.12.2011 – I R 72/10, BStBl. II 2017, 1226, 1227; *Krumm*, in: Blümich, EStG, § 5 Rn. 241c; *Bareis*, FR 2012, 385, 387; *Geberth/Höhn*, DB 2013, 1192, 1193; *dies.*, DB 2010, 1905, 1907, 1908, 1909; *U. Prinz/Adrian*, StuB 2011, 171, 173; *Schlotter/Pinkernell*, FR 2011, 689, 695; vgl. auch *Bogenschütz*, Ubg 2008, 135, 138; *Ley*, DStR 2007, 589, 591; *Oser*, BB 2013, 946; *Schlotter*, BB 2012, 951, 953; *Schönherr/Krüger*, DStR 2012, 829, 831 f.; *Weber-Grellet*, DB 2011, 2875, 2877.

325 *U. Prinz/Adrian*, BB 2011, 1646, 1647; *Schlotter*, BB 2012, 951, 953.

326 *Schlotter*, BB 2012, 951, 953; *Schlotter/Pinkernell*, FR 2011, 689, 695; vgl. hierzu auch BFH 16.12.2009 – I R 102/08, BStBl. II 2011, 566, 566 f.

327 BFH 12.12.2012 – I R 69/11, BStBl. II 2017, 1232, 1235 f.; BFH 12.12.2012 – I R 28/11, BStBl. II 2017, 1265, 1270; BFH 14.12.2011 – I R 72/10, BStBl. II 2017, 1226, 1227; BFH 16.12.2009 – I R 102/08, BStBl. II 2011, 566, 566 f.; BFH 17.10.2007 – I R 61/06, BStBl. II 2008, 555, 556; BFH 5.7.1990 – GrS 4–6/89, BStBl. II 1990, 847, 853; *Adrian/Fey*, StuB 2013, 404, 406; *Günkel*, BB 2013, 1001, 1003; *Höhn/Geberth*, GmbHR 2012, 405, 406; *Riedel*, FR 2014, 6, 7.

328 BFH 16.12.2009 – I R 102/08, BStBl. II 2011, 566, 567; *Schlotter*, BB 2012, 951, 953; *Schlotter/Pinkernell*, FR 2011, 689, 695.

329 Vgl. hierzu *Hennrichs*, DStJG 24 (2001), 301, 315; *Leffson*, Grundsätze ordnungsmäßiger Buchführung, S. 251 f.

übernehmenden Rechtsträgers final.[330] Wird also – wie es teilweise in der Literatur und der Finanzverwaltung vertreten wird – angenommen, dass es am ersten auf eine außenwirksame Schuld- oder Vertragsübernahme folgenden Bilanzstichtag zu einer nachträglichen Unterschreitung der Wertuntergrenze ohne erneuten Realisationsakt oder ohne Veränderung des wirtschaftlichen Werts der Freistellung und infolgedessen zu einer phasenverschobenen Entstehung eines Erwerbsgewinns kommt, so verkennen die Vertreter dieser Auffassung die genaue Wirkungsweise des Anschaffungskostenprinzips. Durch die realisierte Schuld, die bereits in den Anschaffungskosten des Erwerbers verarbeitet wurde, wird die künftige Wertuntergrenze des Passivpostens gebildet. In dem Realisationsakt der Veräußerung ist die ausschlaggebende Zäsur zu sehen.[331] Demnach ist die Verpflichtung beim übertragenden Rechtsträger in Höhe der hingegebenen Mittel, den „Wegschaffungskosten" realisiert. Die zuvor der Höhe nach ungewissen Rückstellungen sind nunmehr als endgültig realisierte Verpflichtungen einzuordnen, für die der Erwerber einzustehen hat. Dies gilt sowohl für die (außenwirksame) Schuldübernahme bzw. Vertragsübernahme als auch für die (interne) Schuldfreistellung bzw. Erfüllungsübernahme und auch für den Schuldbeitritt, d.h. unabhängig von der zivilrechtlichen Ausgestaltungsform der Verpflichtungsübertragung.[332]

Abschließend kann daher festgehalten werden, dass aus dem Anschaffungskostenprinzip, das sowohl für erworbene Aktiv- als auch für erworbene Passivposten Anwendung findet, folgt, dass auch die Anschaffung negativer Wirtschaftsgüter erfolgsneutral erfolgen muss.[333] Daher ist bei der Übertragung passivierungsbeschränkter Verpflichtungen aufseiten des Erwerbers das aus dem Realisationsprinzip hervorgehende Prinzip der Erfolgsneutralität der Anschaffungskosten sowohl im Übernahmezeitpunkt als auch an den nachfolgenden Bilanzstichtagen zu berücksichtigen. Im Rahmen von Pensionsverpflichtungen ist zu beachten, dass dies nur für den erworbenen Teil der Verpflichtung, nicht jedoch für den erst aufseiten des übernehmenden Rechtsträgers entstandenen Teil der Verpflichtung gelten kann.[334]

Demzufolge ist aufseiten des Erwerbers der Verpflichtung aus dogmatischen Gründen der Rechtsprechung des Bundesfinanzhofs beizupflichten, wonach aufgrund des im Realisationsprinzip wurzelnden Anschaffungskostenprinzips

---

330 Vgl. *Schlotter*, BB 2012, 951, 953; *Schlotter/Pinkernell*, FR 2011, 689, 695; vgl. weitergehend zum Anschaffungskostenprinzip *Hennrichs*, DStJG 24 (2001), 301, 315; *Leffson*, Grundsätze ordnungsmäßiger Buchführung, S. 251 f.

331 BFH 14.12.2011 – I R 72/10, BStBl. II 2017, 1226, 1228.

332 BFH 12.12.2012 – I R 69/11, BStBl. II 2017, 1232, 1235 f.

333 BFH 12.12.2012 – I R 69/11, BStBl. II 2017, 1232; BFH 12.12.2012 – I R 28/11, BStBl. II 2017, 1265; BFH 14.12.2011 – I R 72/10, BStBl. II 2017, 1226, 1227; BFH 16.12.2009 – I R 102/08, BStBl. II 2011, 566; *Höhn/Geberth*, DB 2013, 1192, 1193; *dies.*, GmbHR 2012, 405, 406; *Riedel*, FR 2014, 6, 7.

334 BFH 12.12.2012 – I R 69/11, BStBl. II 2017, 1232, 1236; BFH 12.12.2012 – I R 28/11, BStBl. II 2017, 1265, 1270; ebenso *Riedel*, FR 2014, 6, 7.

Anschaffungsvorgänge erfolgsneutral zu behandeln sind und jeder Erwerb von Wirtschaftsgütern lediglich eine Vermögensumschichtung zur Folge hat.[335]

C. Rechtslage nach Einführung des AIFM-StAnpG

Nachdem soeben als Grundlage für das Verständnis der §§ 4f, 5 Abs. 7 EStG die Rechtslage und der Meinungsstand vor Einführung des AIFM-StAnpG untersucht wurden, liegt der Fokus der Bearbeitung nun auf der Rechtslage nach Einführung des AIFM-StAnpG. Die folgenden Ausführungen zu den §§ 4f, 5 Abs. 7 EStG sollen insbesondere als Grundlage für die Frage der Anwendbarkeit der §§ 4f, 5 Abs. 7 EStG auf Umstrukturierungsvorgänge im Sinne des Umwandlungssteuergesetzes dienen, aber auch Unklarheiten im Kontext ebendieser Vorschriften diskutieren und einer Lösung zuführen. Hierfür wird zunächst die Rechtsentwicklung des AIFM-StAnpG umrissen, bevor im Anschluss die steuerlichen Folgen des § 4f EStG beim übertragenden Rechtsträger und sodann die steuerlichen Folgen des § 5 Abs. 7 EStG beim übernehmenden Rechtsträger untersucht werden.

I. Rechtsentwicklung AIFM-StAnpG

Infolge des soeben Dargestellten kann festgestellt werden, dass die Finanzverwaltung und der Bundesfinanzhof keine gemeinsame Antwort auf die Frage gefunden haben, wie die Übertragung von Verpflichtungen, die beim Veräußerer einem Ansatz- oder Bewertungsvorbehalt unterlegen haben, steuerrechtlich sowohl aufseiten des übertragenden Rechtsträgers als auch aufseiten des übernehmenden Rechtsträgers zu behandeln ist. In der Entscheidung vom 12.12.2012[336] hat der I. Senat des Bundesfinanzhofs ausdrücklich betont, dass er von seiner bisherigen Rechtsprechung nicht abweichen werde und dass es zur Beendigung des Streits zwischen dem Bundesministerium für Finanzen und dem Bundesfinanzhof „eines gegenläufigen – dann aber einmal mehr systemwidrig greifenden – Gesetzesbefehls“[337] bedürfe. Aufgrund dieser anhaltenden und sich festigenden Rechtsprechung, welche im Schrifttum[338] überwiegend als steuersystematisch zutreffend

335 BFH 12.12.2012 – I R 69/11, BStBl. II 2017, 1232, 1235; BFH 12.12.2012 – I R 28/11, BStBl. II 2017, 1265, 1269 f.; BFH 14.12.2011 – I R 72/10, BStBl. II 2017, 1226, 1227; BFH 16.12.2009 – I R 102/08, BStBl. II 2011, 566, 566 f.; ebenso *Riedel*, FR 2014, 6, 7.

336 BFH 12.12.2012 – I R 69/11, BStBl. II 2017, 1232, 1235 f.

337 BFH 12.12.2012 – I R 69/11, BStBl. II 2017, 1232, 1235 f.

338 *Hoffmann/Lüdenbach*, NWB Kommentar Bilanzierung, § 249 HGB Rn. 226; *Schlotter*, in: MüKoBilanzR, § 249 HGB, Anhang Steuerliche Besonderheiten Rn. 24; *Bareis*, FR 2012, 385; *Beckert/Hagen*, NWB 2012, 119, 123; *Forst/Schaaf*, in: NWB Bilanzsteuerrecht Rn. 2233 ff.; *Günkel/Bongaerts*, in: NWB Bilanzsteuerrecht Rn. 5611; *Hahne*, BB 2012, 697, 698; *Höfer*, DB 2012, 2130, 2132; *Höhn/Geberth*, GmbHR 2012, 402, 405; *Kahle/Vogel*, Ubg 2012, 493, 501; *U. Prinz/Adrian*, StuB 2012, 259; *U. Prinz/Adrian*, StuB 2011, 171, 173, 176; *Schlotter*, BB 2012, 951, 953, 954; *Tiede*, BBK 2013, 870, 871,

Zustimmung fand, wurde von der Finanzverwaltung eine rechtsprechungsbrechende Gesetzgebung angestoßen.[339] Nachdem das Unterfangen zunächst zweimal erfolglos gescheitert war, wurde auf Veranlassung mehrerer Bundesländer[340] am 24.10.2013 erneut der Versuch unternommen, ein Gesetzgebungsverfahren für ein AIFM-StAnpG in Gang zu setzen, der letztlich erfolgreich war.[341]

1. *Gesetzesentwürfe vom 14.12.2012 und 22.3.2013*

Der Finanzausschuss des Bundesrats[342] forderte bereits im Dezember 2012 im Rahmen des Gesetzes zur Entbürokratisierung des Gemeinnützigkeitsrechts[343] und erneut wortgleich im März 2013[344] die Verabschiedung von Regelungen zur Beilegung des Streits über die steuerrechtliche Bilanzierung von Verpflichtungsübernahmen zwischen dem Bundesministerium für Finanzen bzw. der Finanzverwaltung und dem Bundesgerichtshof.

Der zugehörige § 4f EStG-E lautete wie folgt:

> *„Gehören in den Fällen des § 5 Absatz 7 der ursprünglich Verpflichtete und der aus diesen Rechtsgeschäften Verpflichtete zu demselben Konzern im Sinne des § 4h Absatz 3 Satz 5 und 6, ist die hieraus resultierende Gewinnminderung beim ursprünglich Verpflichteten oder dessen Rechtsnachfolger nicht zu berücksichtigen. In diesen Fällen bleibt die aus der Anwendung des § 5 Absatz 7 resultierende Gewinnerhöhung außer Ansatz.“*[345]

874; *Schönherr/Krüger*, DStR 2012, 829, 835; a.A. *Siegel*, FR 2011, 781, 789; *ders.*, FR 2012, 388, 393; *M. Prinz*, FR 2010, 426, 427; *ders.*, FR 2011, 445, 455; *ders.*, FR 2012, 407, 409 ff.; *ders.*, FR 2012 776, 780.

339 Siehe zum Entwurf eines Gesetzes zur Entbürokratisierung des Gemeinnützigkeitsrechts vom 14.12.2012, BR-Drs. 663/12 (B), S. 12; zu den Empfehlungen der Ausschüsse vom 8.8.2013, BR-Drs. 95/1/13, S. 11.

340 Gesetzesantrag für ein AIFM-StAnpG der Länder Baden-Württemberg, Bremen, Niedersachsen, Nordrhein-Westfalen, Hamburg, Hessen und Rheinland-Pfalz vom 24.10.2013, BR-Drs. 740/13.

341 Nachdem der Bundestag am 28.11.2013 (vgl. Gesetzesbeschluss des Deutschen Bundestags AIFM-Steuer-Anpassungsgesetz, BR-Drs. 784/13) und der Bundesrat am 29.11.2013 (vgl. BR-Drs. 784/12 (B)) dem Gesetzesentwurf der zuvor genannten Bundesländer zugestimmt haben, wurde das Gesetz vom 18.12.2013 am 23.12.2013 im Bundesgesetzblatt verkündet (vgl. BGBl. I 2013, S. 4318).

342 Stellungnahme des Bundesrats zum Entwurf eines Gesetzes zur Entbürokratisierung des Gemeinnützigkeitsrechts vom 14.12.2012, BR-Drs. 663/12 (B), S. 12.

343 Auch Gemeinnützigkeitsentbürokratisierungsgesetz – GemEntBG genannt.

344 Siehe hierzu in der Stellungnahme des Bundesrats zum Entwurf eines Gesetzes zur Anpassung des Investmentsteuergesetzes und anderer Gesetze an das AIFM-Umsetzungsgesetz BR-Drs. 95/13 (B), S. 11.

345 Stellungnahme des Bundesrates zum Entwurf eines Gesetzes zur Entbürokratisierung des Gemeinnützigkeitsrechts vom 14.12.2012, BR-Drs. 663/12 (B), S. 12; Stellungnahme des Bundesrates zum Entwurf eines Gesetzes zur Anpassung des

§ 5 Abs. 7 EStG-E lautete:

„(7) Übernommene Verpflichtungen, die beim ursprünglich Verpflichteten Ansatzverboten, -beschränkungen oder Bewertungsvorbehalten unterlegen haben, sind zu den auf die Übernahme folgenden Abschlussstichtagen bei dem Übernehmer oder dessen Rechtsnachfolger so zu bilanzieren, wie sie beim ursprünglich Verpflichteten ohne Übernahme zu bilanzieren wären. Dies gilt in Fällen der Erfüllungsübernahme nach § 329 des Bürgerlichen Gesetzbuches und des Schuldbeitritts mit Schuldfreistellung im Innenverhältnis für die sich aus diesem Rechtsgeschäft ergebenden Verpflichtungen sinngemäß. Satz 1 ist für den Erwerb eines Mitunternehmeranteils entsprechend anzuwenden.“[346]

Der im Dezember 2012 vorgeschlagene § 5 Abs. 7 EStG-E stimmt mit dem Wortlaut der 2013 in Kraft getretenen Vorschrift des § 5 Abs. 7 EStG überein.[347]

2. Neuregelungen des § 4f EStG und § 5 Abs. 7 EStG durch das AIFM-StAnpG

Letztlich wurde das AIFM-StAnpG am 23.12.2013 verkündet.[348] Die Änderung der Rechtslage für die Übertragung passivierungsbeschränkter Verpflichtungen hat sowohl aufseiten des übertragenden Rechtsträgers als auch beim übernehmenden Rechtsträger Auswirkungen von erheblichem Ausmaß. Abweichend von der ursprünglich vorgeschlagenen Fassung des § 4f EStG-E lautet die in Kraft getretene Fassung des § 4f EStG[349] wie folgt:

„§ 4f Verpflichtungsübernahmen, Schuldbeitritte und Erfüllungsübernahmen

(1) Werden Verpflichtungen übertragen, die beim ursprünglich Verpflichteten Ansatzverboten, -beschränkungen oder Bewertungsvorbehalten unterlegen haben, ist der sich aus diesem Vorgang ergebende Aufwand im Wirtschaftsjahr der Schuldübernahme und den nachfolgenden 14 Jahren gleichmäßig verteilt als Betriebsausgabe abziehbar. Ist aufgrund der Übertragung einer Verpflichtung ein Passivposten gewinnerhöhend aufzulösen,

---

Investmentsteuergesetzes und anderer Gesetze an das AIFM-Umsetzungsgesetz, BR-Drs. 95/13 (B), S. 11.

346 Stellungnahme des Bundesrates zum Entwurf eines Gesetzes zur Entbürokratisierung des Gemeinnützigkeitsrechts vom 14.12.2012, BR-Drs. 663/12 (B), S. 12; Stellungnahme des Bundesrates zum Entwurf eines Gesetzes zur Anpassung des Investmentsteuergesetzes und anderer Gesetze an das AIFM-Umsetzungsgesetz, BR-Drs. 95/13 (B), S. 11.

347 Vergleiche Stellungnahme des Bundesrates zum Entwurf eines Gesetzes zur Entbürokratisierung des Gemeinnützigkeitsrechts vom 14.12.2012, BR-Drs. 663/12 (B), S. 12 mit Stellungnahme des Bundesrates zum Entwurf eines Gesetzes zur Anpassung des Investmentsteuergesetzes und anderer Gesetze an das AIFM-Umsetzungsgesetz, BR-Drs. 95/13 (B), S. 11.

348 Siehe BGBl. I 2013, 4318, 4331 f.

349 Siehe BGBl. I 2013, 4318, 4331 f.

ist Satz 1 mit der Maßgabe anzuwenden, dass der sich ergebende Aufwand im Wirtschaftsjahr der Schuldübernahme in Höhe des aufgelösten Passivpostens als Betriebsausgabe abzuziehen ist; der den aufgelösten Passivposten übersteigende Betrag ist in dem Wirtschaftsjahr der Schuldübernahme und den nachfolgenden 14 Wirtschaftsjahren gleichmäßig verteilt als Betriebsausgabe abzuziehen. Eine Verteilung des sich ergebenden Aufwands unterbleibt, wenn die Schuldübernahme im Rahmen einer Veräußerung oder Aufgabe des ganzen Betriebes oder des gesamten Mitunternehmeranteils im Sinne der §§ 14, 16 Absatz 1, 3 und 3a sowie des § 18 Absatz 3 erfolgt; dies gilt auch, wenn ein Arbeitnehmer unter Mitnahme seiner erworbenen Pensionsansprüche zu einem neuen Arbeitgeber wechselt oder wenn der Betrieb am Schluss des vorangehenden Wirtschaftsjahres die Größenmerkmale des § 7g Absatz 1 Satz 2 Nummer 1 Buchstabe a bis c nicht überschreitet. Erfolgt die Schuldübernahme in dem Fall einer Teilbetriebsveräußerung oder -aufgabe im Sinne der §§ 14, 16 Absatz 1, 3 und 3a sowie des § 18 Absatz 3, ist ein Veräußerungs- oder Aufgabeverlust um den Aufwand im Sinne des Satzes 1 zu vermindern, soweit dieser den Verlust begründet oder erhöht hat. Entsprechendes gilt für den aufgelösten Passivposten übersteigenden Betrag im Sinne des Satzes 2. Für den hinzugerechneten Aufwand gelten Satz 2 zweiter Halbsatz und Satz 3 entsprechend. Der jeweilige Rechtsnachfolger des ursprünglichen Verpflichteten ist an die Aufwandsverteilung nach den Sätzen 1 bis 6 gebunden.

(2) Wurde für Verpflichtungen im Sinne des Absatzes 1 ein Schuldbeitritt oder eine Erfüllungsübernahme mit ganzer oder teilweiser Schuldfreistellung vereinbart, gilt für die vom Freistellungsberechtigten an den Freistellungsverpflichteten erbrachten Leistungen Absatz 1 Satz 1, 2 und 7 entsprechend.“

Im Vergleich zur ursprünglich im Dezember 2012[350] im Rahmen des AIFM-StAnpG vorgeschlagenen Fassung des § 4f EStG-E weicht die tatsächlich in Kraft getretene Fassung erheblich ab. Anders als noch in § 5 Abs. 7 S. 4 EStG-E findet § 4f EStG unabhängig davon Anwendung, ob § 5 Abs. 7 S. 1 und S. 2 EStG eingreifen oder nicht.

Die neu in Kraft getretene Fassung des § 5 Abs. 7 EStG stimmt in den Sätzen 1–3 mit dem vom Bundesrat 2012[351] vorgeschlagenen Inhalt überein. Darüber hinaus wurde § 5 Abs. 7 EStG um die Sätze 4–6 ergänzt und lautet folgendermaßen:

„(7) Übernommene Verpflichtungen, die beim ursprünglich Verpflichteten Ansatzverboten, -beschränkungen oder Bewertungsvorbehalten unterlegen haben, sind zu den auf die Übernahme folgenden Abschlussstichtagen bei dem Übernehmer und dessen Rechtsnachfolger so zu bilanzieren, wie sie beim ursprünglich Verpflichteten ohne Übernahme zu bilanzieren wären. Dies gilt in Fällen des Schuldbeitritts oder der Erfüllungsübernahme

---

350 Stellungnahme des Bundesrates zum Entwurf eines Gesetzes zur Entbürokratisierung des Gemeinnützigkeitsrechts vom 14.12.2012, BR-Drs. 663/12 (B), S. 12.

351 Stellungnahme des Bundesrates zum Entwurf eines Gesetzes zur Entbürokratisierung des Gemeinnützigkeitsrechts vom 14.12.2012, BR-Drs. 663/12 (B), S. 12.

mit vollständiger oder teilweiser Schuldfreistellung für die sich aus diesem Rechtsgeschäft ergebenden Verpflichtungen sinngemäß. Satz 1 ist für den Erwerb eines Mitunternehmeranteils entsprechend anzuwenden. Wird eine Pensionsverpflichtung unter gleichzeitiger Übernahme von Vermögenswerten gegenüber einem Arbeitnehmer übernommen, der bisher in einem anderen Unternehmen tätig war, ist Satz 1 mit der Maßgabe anzuwenden, dass bei der Ermittlung des Teilwertes der Verpflichtung der Jahresbetrag nach § 6a Absatz 3 Satz 2 Nummer 1 so zu bemessen ist, dass zu Beginn des Wirtschaftsjahres der Übernahme der Barwert der Jahresbeträge zusammen mit den übernommenen Vermögenswerten gleich dem Barwert der künftigen Pensionsleistungen ist; dabei darf sich kein negativer Jahresbetrag ergeben. Für einen Gewinn, der sich aus der Anwendung der Sätze 1 bis 3 ergibt, kann jeweils in Höhe von vierzehn Fünfzehntel eine gewinnmindernde Rücklage gebildet werden, die in den folgenden vierzehn Wirtschaftsjahren jeweils mit mindestens einem Vierzehntel gewinnerhöhend aufzulösen ist (Auflösungszeitraum). Besteht eine Verpflichtung, für die eine Rücklage gebildet wurde, bereits vor Ablauf des maßgebenden Auflösungszeitraums nicht mehr, ist die insoweit verbleibende Rücklage erhöhend aufzulösen."

3. Sinn und Zweck des AIFM-StAnpG

§ 5 Abs. 7 EStG und § 4f EStG, die im Rahmen des AIFM-StAnpG in das Einkommensteuergesetz eingefügt wurden, stellen eine Reaktion des Gesetzgebers auf den sich über Jahre hinweg ziehenden Streit zwischen Rechtsprechung[352] und Finanzverwaltung[353] dar. Der Gesetzgeber befürchtete als Folge der Rechtsprechung des Bundesfinanzhofs ein Steuerausfallrisiko in Milliardenhöhe.[354] Ausdrücklich wurde befürchtet: „Insbesondere verbundenen Unternehmen ermöglicht die Rechtsprechung zudem eine steuergünstige ‚Verschiebung' von Verpflichtungen und damit ein erhebliches Gestaltungspotential. Um Gestaltungen vorzubeugen und die Rechtsprechung in haushaltsverträglicher Weise umzusetzen, ist eine gesetzliche Regelung geboten, die die Aufwandsrealisierung zeitlich streckt."[355] Infolgedessen wurden die Vorschriften §§ 4f, 5 Abs. 7 EStG als Nichtanwendungsgesetz in das Einkommensteuergesetz eingefügt. Sie dienen lediglich dem Zweck, die Möglichkeit der Aufdeckung stiller Lasten zu verhindern, die sich aus der gefestigten Rechtsprechung des Bundesfinanzhofs

352 Vgl. ausführlich zur Auffassung der Rechtsprechung 1. Kapitel B I.

353 Vgl. ausführlich zur Ansicht der Finanzverwaltung 1. Kapitel B II.

354 BR-Drs. 740/13 (B), S. 115; BT-Drs. 18/68 (neu), S. 73; BR-Drs. 376/13 (B), S. 13; BR-Drs. 376/13 (B), S. 13, wonach durch die vom Bundesfinanzhof geforderte Anerkennung von steuerlich bislang nicht oder nicht vollständig passivierter Rückstellungen im Falle der rechtlichen oder wirtschaftlichen Übertragung der Verpflichtung ein „Steuerausfallrisiko in einer Größenordnung von 20–30 Mrd. Euro" entstehe.

355 BR-Drs. 740/13 (B), S. 115; BT-Drs. 18/68 (neu), S. 73; *Neumann-Tomm*, in: Lademann, EStG, § 4f Rn. 8; *Schindler*, GmbHR 2014, 561.

im Bereich der entgeltlichen Übertragung passivierungsbeschränkter Verpflichtungen ergeben hat.[356]

Aus dem Wortlaut des § 4f EStG-E und der zugehörigen Gesetzgebungsmaterialien[357] ergibt sich, dass die Vorschriften §§ 4f, 5 Abs. 7 EStG ursprünglich vor allem der Missbrauchsvermeidung[358] dienen sollten. Verhindert werden sollte, dass die Realisierung stiller Lasten im Wege einer entgeltlichen Verpflichtungsübertragung als Instrument zur frühzeitigen und konzerninternen Verlustverrechnung genutzt wird, obwohl zwischen den am Rechtsgeschäft beteiligten Rechtssubjekten aufgrund der Konzernzugehörigkeit kein Interessengegensatz besteht.[359] In Abweichung zur ursprünglichen Intention des Gesetzgebers, nur konzerninterne Verpflichtungsübertragungen den §§ 4f, 5 Abs. 7 EStG zu unterwerfen, geht der Anwendungsbereich der Vorschriften in ihrer heutigen Fassung, in der auch konzernübergreifende Verpflichtungsübertragungen zu marktüblichen Konditionen erfasst sind, weit über den ursprünglich angedachten Anwendungsbereich hinaus.

4. *Verhältnis § 4f EStG zu § 5 Abs. 7 EStG*

Während § 4f EStG die steuerbilanzielle Behandlung der Übertragung einer passivierungsbeschränkten Verpflichtung aufseiten des übertragenden Rechtsträgers regelt, normiert § 5 Abs. 7 EStG die Rechtsfolgen einer solchen Verpflichtungsübertragung aufseiten des übernehmenden Rechtsträgers. In der aktuellen Fassung handelt es sich bei den Regelungen §§ 4f, 5 Abs. 7 EStG um komplementäre Vorschriften, die nebeneinander Anwendung finden können.[360] Auch wenn die Tatbestandsvoraussetzungen beider Vorschriften ähnlich sind, nehmen die Regelungen inhaltlich nicht aufeinander Bezug und sind nicht aufeinander abgestimmt. Zwischen § 4f EStG und § 5 Abs. 7 EStG besteht systematisch keine Korrespondenz,

---

356 *Hörner*, in: Frotscher/Geurts, EStG, § 4f Rn. 4; *Schießl*, in: Kirchhof/Söhn/Mellinghoff, EStG, § 4f Rn. A 19; *Adrian/Fey*, StuB 2014, 53, 53 f.; *Altendorf*, GmbH-StB 2014, 79; vgl. *Hoffmann*, StuB 2014, 1, 1 f.; *Lüdenbach/Hoffmann*, GmbHR 2014, 123, 123 f.; *Riedel*, FR 2014, 6, 6 ff.; *Schindler*, GmbHR 2014, 561, 561 f.

357 BR-Drs. 663/12 (B), S. 13; BR-Drs. 95/13 (B), S. 12; siehe hierzu auch *Riedel*, DStR 2013, 1047, 1049; *dies.*, FR 2014, 6, 8.

358 Die Rechtsprechung des Bundesfinanzhofs hat jedoch bis zu diesem Zeitpunkt sowohl bei konzerninternen als auch -externen Verpflichtungsübertragungen lediglich der gebotenen Systematik der handels- und steuerbilanziellen Grundsätze Geltung verschafft, so dass in diesem Zusammenhang schon die Wortwahl „Missbrauchsvermeidungsvorschrift" durch den Gesetzgeber fraglich erscheint (zutreffend *Riedel*, DStR 2013, 1047, 1049).

359 BR-Drs. 663/12 (B), S. 13; vgl. auch *Riedel*, FR 2014, 6, 8.

360 *Neumann-Tomm*, in: Lademann, EStG, § 4f Rn. 16; *Weber-Grellet*, in: Schmidt, EStG, § 4f Rn. 1; *Fuhrmann*, DB 2014, 9, 11.

was zur Folge hat, dass beide Vorschriften unabhängig voneinander beurteilt werden können.[361]

II. Steuerliche Folgen beim übertragenden Rechtsträger nach § 4f EStG

1. Überblick und zeitlicher Anwendungsbereich

Mit § 4f EStG wurde vom Gesetzgeber eine rechtsprechungsbrechende Regelung[362] geschaffen, welche die steuerlichen Folgen der Übertragung von mit Ansatzverboten, -beschränkungen oder Bewertungsvorbehalten behafteten Verpflichtungen beim übertragenden Rechtsträger der Verpflichtung normiert.[363] Die Anwendung des § 4f EStG führt aufseiten des übertragenden Rechtsträgers nicht zu einer vollständigen Versagung der Hebung stiller Lasten, sondern lediglich zu einer zeitlichen Streckung. § 4f Abs. 1 EStG regelt die rechtliche Übertragung von Verpflichtungen mit steuerlichen Passivierungsbeschränkungen im Wege der Schuldübernahme gem. § 414 BGB; § 4f Abs. 2 EStG hingegen normiert die wirtschaftliche Übertragung einer Verpflichtung durch Schuldbeitritt oder Erfüllungsübernahme mit ganzer oder teilweiser Schuldfreistellung.[364] § 4f EStG geht dabei in Kongruenz mit der zutreffenden Auffassung der Rechtsprechung[365] davon aus, dass es bei der Übertragung von Verpflichtungen mit Überschreiten des Realisationszeitpunkts – unabhängig von der zugrunde liegenden zivilrechtlichen Konstruktion – zur Realisation von stillen Lasten kommt.[366] Allerdings wird der aus der Realisation stiller Lasten entstehende Aufwand gem. § 4f Abs. 1 S. 1, 2, Abs. 2 EStG auf das Jahr der Übernahme und die nachfolgenden 14 Jahre gleichmäßig verteilt. Von der Kernidee, der Verteilungslösung über den Zeitraum von 15 Jahren, die sich an dem Regelungsinhalt der Vorschriften in § 4d Abs. 3 und § 4e Abs. 3 EStG orientiert, werden in gesetzlich bestimmten Fällen Ausnahmen zugelassen.[367] Zulässig ist ein steuerlicher Sofortabzug gem. § 4f Abs. 1 S. 3 EStG im Falle einer Betriebsveräußerung und -aufgabe, einer Veräußerung des gesamten Mitunternehmeranteils im Sinne der §§ 14, 16 Abs. 1, 3 und 3a EStG sowie des § 18 Abs. 3 EStG und beim Arbeitgeberwechsel unter Mitnahme der erworbenen Pensionsansprüche. Darüber hinaus

---

361 *A. Meyer*, in: BeckOK, EStG, § 4f Rn. 5.1; *Fuhrmann*, DB 2014, 9, 11; *Horst*, FR 2015, 824, 832; *Korn/Strahl*, KÖSDI 2014, 18746, 18750; vgl. auch *Schindler*, GmbHR 2014, 786, 791.

362 Vgl. zur Rechtslage vor der Einführung des § 4f EStG 1. Kapitel B.

363 *Förster/Staaden*, Ubg 2014, 1, 3.

364 *Förster/Staaden*, Ubg 2014, 1, 3.

365 Vgl. BFH 26.4.2012 – IV R 43/09, BStBl. II 2017, 1228, 1231; BFH 17.10.2007 – I R 61/06, BStBl. II 2008, 555, 556 f.

366 BT-Drs. 18/68 (neu), S. 73; BR-Drs. 740/13 (B), S. 115; *Förster/Staaden*, Ubg 2014, 1, 3.

367 *Adrian*/Heinemann, StbJb. 2014/2015, 307, 311; vgl. auch *Riedel*, FR 2014, 6, 9.

sind auch kleinere und mittlere Betriebe im Sinne des § 4f Abs. 1 S. 3 i.V.m. § 7g Abs. 1 S. 2 Nr. 1 lit. a–c EStG von der zeitlichen Aufwandsstreckung ausgenommen. § 4f Abs. 1 S. 4 EStG schränkt den Anwendungsbereich der Vorschrift dahingehend ein, dass § 4f EStG im Rahmen einer Teilbetriebsveräußerung oder -aufgabe eine Aufwandsverteilung nur insoweit vorsieht, wie die Verpflichtungsübernahme einen Verlust begründet oder erhöht. Ob die genannten Ausnahmen auch für § 4f Abs. 2 EStG gelten, wird an anderer Stelle der Arbeit untersucht.[368] Nicht betroffen vom Anwendungsbereich des § 4f EStG sind Steuersubjekte, die ihren Gewinn im Wege der Einnahmenüberschussrechnung gem. § 4 Abs. 3 EStG ermitteln, da in diesen Fällen keine Passivposten existieren, die einer Passivierungsbeschränkung im Sinne des § 4f Abs. 1 S. 1 EStG unterfallen könnten.[369]

Erstmals anzuwenden war § 4f EStG in der Fassung vom 18. Dezember 2013 gem. § 52 Abs. 8 EStG für die Wirtschaftsjahre, die nach dem 28. November 2013 endeten.[370] Demnach fallen in den zeitlichen Anwendungsbereich des § 4f EStG auch Verpflichtungsübernahmen, Schuldbeitritte und Erfüllungsübernahmen, die vor dem 29.11.2013 erfolgt sind, sofern sie in das zu dieser Zeit laufende Wirtschaftsjahr fallen.[371]

2. *Tatbestandsvoraussetzungen des § 4f Abs. 1 EStG*

Voraussetzung für die Anwendung des § 4f EStG ist gem. § 4f Abs. 1 S. 1 Hs. 1 EStG die Übertragung einer Verpflichtung, die beim ursprünglich Verpflichteten Ansatzverboten, -beschränkungen oder Bewertungsvorbehalten unterlegen hat. Demzufolge wird im Folgenden untersucht, was von der Begrifflichkeit „Verpflichtung" im Sinne des § 4f EStG umfasst ist, auf welche Passivierungsbeschränkungen sich die Vorschrift bezieht und was unter einer Übertragung in Zusammenhang mit § 4f Abs. 1 S. 1 EStG zu verstehen ist.

---

368 Siehe hierzu 1. Kapitel C II 2 c bb.

369 *Hörner*, in: Frotscher/Geurts, EStG, § 4f Rn. 13; *Krumm*, in: Blümich, EStG, § 4f Rn. 14; *Neumann-Tomm*, in: Lademann, EStG, § 4f Rn. 20 ff.; *Tiedchen*, in: Herrmann/Heuer/Raupach, EStG, § 5 Rn. 2402, 2413; *Förster/Staaden*, Ubg 2014, 1, 10; *Kahle/Braun*, FR 2018, 197, 199; *Schultz/Debnar*, BB 2014, 107, 108.

370 Ganz überwiegend wird diesbezüglich zutreffend angenommen, dass es sich hierbei um eine unechte Rückwirkung handelt, die gemessen an den Maßstäben, die an die Zulässigkeit einer unechten Rückwirkung nach der neueren verfassungsgerichtlichen Rechtsprechung gestellt werden, keinen Bestand mehr haben dürfte; vgl. *Krumm*, in: Blümich, EStG, § 4f Rn. 12; *A. Meyer*, in: BeckOK, EStG, § 4f Rn. 49; *Neumann-Tomm*, in: Lademann, EStG, § 4f Rn. 92.

371 *A. Meyer*, in: BeckOK, EStG, § 4f Rn. 49.

a) Verpflichtung

Für den Begriff der „Verpflichtung“ gibt es weder im Handelsrecht noch im Steuerrecht eine gesetzlich verankerte Legaldefinition.[372] § 4f EStG ist jedoch eine steuerbilanzrechtliche Vorschrift, woraus abgeleitet werden kann, dass die Begrifflichkeit „Verpflichtung“ im Sinne dieser Vorschrift ihren Ursprung in Bilanzpositionen mit Schuldcharakter hat.[373] Derart lassen sich auch die Ausführungen in den Drucksachen des Bundestags[374] auslegen, wonach der Gesetzgeber auf solche Verpflichtungen abzielte, welche steuerbilanziell einen geringeren Wert ausweisen als in der Handelsbilanz.[375] Demnach stimmt der Begriff der „Verbindlichkeit“ im Sinne des § 4f Abs. 1 S. 1 EStG mit der Begrifflichkeit der „Schuld“, die der Kaufmann im Bilanzrecht gem. § 246 Abs. 1 HGB im Jahresabschluss anzusetzen hat, überein.[376] Eine Verpflichtung gem. § 4f Abs. 1 S. 1 EStG erfasst grundsätzlich jede Schuld im bilanzrechtlichen Sinne, welche abstrakt passivierungsfähig ist und im Sinne des Bilanzrechts als Verbindlichkeit oder als Rückstellung angesetzt werden kann.[377]

Die Anwendung des § 4f Abs. 1 S. 1 EStG auf Außenverpflichtungen ist unumstritten.[378] Der vom Gesetzgeber gewählte Anknüpfungspunkt an die zivilrechtlichen Übertragungsformen im Rahmen des § 4f Abs. 1 S. 1 EStG im Zusammenhang mit dem Wortlaut der Norm ließe die Schlussfolgerung zu, dass mit „Verpflichtung“ im Sinne der Vorschrift nur solche (Außen-)Verpflichtungen gemeint sind, die übertragungsfähig sind.[379] Es stellt sich allerdings die Frage, ob sich dies mit den vom Gesetzgeber verfolgten Zielen in Einklang bringen lässt. Angesichts des Regelungszwecks, der Gesetzgebungsgeschichte des § 4f EStG und dem Willen

---

372 *Bogenschütz*, FS Endres, S. 31, 36; *Fuhrmann*, DB 2014, 9; *Weimer*, Hebung stiller Lasten, S. 167.

373 Vgl. *A. Meyer*, in: BeckOK, EStG, § 4f Rn. 22.

374 BT-Drs. 18/68 (neu), S. 73; BR-Drs. 740/13 (B), S. 115.

375 *Bogenschütz*, FS Endres, S. 31, 36; *Förster/Staaden*, Ubg 2014, 1, 4; a.A. *M. Prinz*, Ubg 2013, 57, 60 (im Rahmen seiner Ausführungen zu § 5 Abs. 7 EStG-E: auch Innenverpflichtungen); vgl. zum Schuldbegriff im Bilanzrecht *Buciek*, in: Blümich, EStG, § 5 Rn. 754 –756; *Schubert*, in: Beck'scher Bilanz-Kommentar, § 247 HGB Rn. 201 ff.

376 *Bogenschütz*, FS Endres, S. 31, 36.

377 So auch *A. Meyer*, in: BeckOK, EStG, § 4f Rn. 22; vgl. auch *Dannecker/Rudolf*, BB 2014, 2539, 2542; *Förster/Staaden*, Ubg 2014, 1, 4; *Kaminski*, Stbg 2014, 145, 149; zum bilanzrechtlichen Schuldbegriff näher *Böcking/Gros*, in: Ebenroth/Boujong/Joost/Strohn, HGB, § 246 Rn. 4; *Hennrichs*, in: MüKoBilanzR, § 246 HGB Rn. 79; *Ries/Schmidt*, in: Beck'scher Bilanz-Kommentar, § 246 HGB Rn. 50.

378 Vgl. *Hörner*, in: Frotscher/Geurts, EStG, § 4f Rn. 9; *Krumm*, in: Blümich, EStG, § 4f Rn. 21; *A. Meyer*, in: BeckOK, EStG, § 4f Rn. 22; *Schindler*, in: Krichhof, EStG, § 4f Rn. 10; *Schober*, in: Herrmann/Heuer/Raupach, EStG, § 4f Rn. 10.

379 So im Ergebnis *Krumm*, in: Blümich, EStG, § 4f Rn. 21; *A. Meyer*, in: BeckOK, EStG, § 4f Rn. 22; *Neumann-Tomm*, in: Lademann, EStG, § 4f Rn. 25; *Schober*, in: Herrmann/Heuer/Raupach, EStG, § 4f Rn. 10; *Tiedchen*, in: Herrmann/Heuer/Raupach, EStG, § 5 Rn. 2410; *Kahle/Braun*, FR 2018, 197, 199.

des Gesetzgebers, wonach insbesondere auch Drohverlustrückstellungen vom Anwendungsbereich der Norm erfasst sein sollten,[380] ist davon auszugehen, dass eine Beschränkung auf Außenverpflichtungen nicht sachgerecht ist, da eine Drohverlustrückstellung weder eine übertragungsfähige Außenverpflichtung darstellt noch mit einer solchen deckungsgleich ist.[381] Darüber hinaus stellt sie auch keine Abbildung des höhenmäßigen Ansatzes einer Außenverpflichtung oder die Unterbewertung einer solchen Schuld dar.[382] Vielmehr ist sie das Ergebnis einer „Saldobetrachtung der voraussichtlichen wirtschaftlichen Vor- und Nachteile eines Vertragsverhältnisses im Ganzen".[383] Sie ist demnach das bilanzielle Abbild eines Verpflichtungsüberschusses.[384] Demzufolge erfasst § 4f Abs. 1 S. 1 EStG nicht nur den Aufwand aus der Übertragung von Außenverpflichtungen, sondern sämtlichen mit der Übertragung wirtschaftlich nachteiliger Vertragsverhältnisse übergehenden Aufwand.[385] Im Falle reiner Innenverpflichtungen besteht allerdings keine Verpflichtung gegenüber einem Dritten; diese sind vielmehr untrennbar mit dem Betriebsvermögen verknüpft.[386] Auch Aufwandsrückstellungen sind nicht als Verpflichtungen im Sinne des § 4f Abs. 1 S. 1 EStG zu qualifizieren; insbesondere greift auch die Ausnahme für bestimmte Aufwandsrückstellungen im Sinne des § 249 Abs. 1 S. 2 Nr. 1 HGB nicht ein.[387] Zusammenfassend ist festzustellen, dass der Wortlaut des § 4f Abs. 1 S. 1 EStG nicht weit genug gefasst ist und lediglich reine Innenverpflichtungen mangels zivilrechtlicher Übertragbarkeit nicht von der Vorschrift erfasst sein sollen.[388]

b) Passivierungsbeschränkungen

Die zu übertragende Verpflichtung im Sinne des § 4f Abs. 1 S. 1 EStG muss zudem aufseiten des ursprünglich Verpflichteten einem Ansatzverbot, einer Ansatzbeschränkung oder einem Bewertungsvorbehalt[389] unterlegen haben. Aufgrund des

380 BT-Drs. 18/68 (neu), S. 73; BR-Drs. 740/13 (B), S. 115, bezugnehmend auf die dort zitierten Entscheidungen des Bundesfinanzhofs BFH 17.10.2007 – I R 61/06, BStBl. II 2008, 555; BFH 16.12.2009 – I R 702/08, BStBl. II 2011, 566, 567.

381 *A. Meyer*, in: BeckOK, EStG, § 4f Rn. 23.1.

382 *A. Meyer*, in: BeckOK, EStG, § 4f Rn. 23.1.

383 *A. Meyer*, in: BeckOK, EStG, § 4f Rn. 23.1.

384 *A. Meyer*, in: BeckOK, EStG, § 4f Rn. 23.1.

385 *A. Meyer*, in: BeckOK, EStG, § 4f Rn. 23.1.

386 *Neumann-Tomm*, in: Lademann, EStG, § 4f Rn. 25.

387 Vgl. *Neumann-Tomm*, in: Lademann, EStG, § 4f Rn. 25; *Dannecker/Rudolf*, BB 2014, 2539, 2542; *Kahle/Braun*, FR 2018, 197, 199; so aber *Hörner*, in: Frotscher/Geurts, EStG, § 4f Rn. 9; *Schindler*, in: Kirchhof, EStG, 18. Auflage, § 4f Rn. 10; *Förster/Staaden*, Ubg 2014, 1, 4; *Schindler*, GmbHR 2014, 561, 563.

388 Ausführlich *A. Meyer*, in: BeckOK, EStG, § 4f Rn. 23.2.

389 Ansatzverbote, -beschränkungen und Bewertungsvorbehalte im Sinne des § 4f Abs. 1 S. 1 EStG werden im Folgenden auch unter dem Oberbegriff Passivierungsbeschränkung zusammengefasst.

weiten Wortlauts, welcher keine Einschränkung hinsichtlich der Rechtsgrundlage der Passivierungsbeschränkung enthält, ist fraglich, ob die Vorschrift neben steuerrechtlichen Passivierungsbeschränkungen auch handelsbilanzielle Passivierungsbeschränkungen erfasst, welche die Höhe des Erfüllungsbetrags typisierend beeinflussen.[390] Gesetzgeberisches Ziel, das mit der Einführung des § 4f EStG verfolgt wurde, war es, stille Lasten zu heben, die aus der unterschiedlichen steuerrechtlichen und handelsrechtlichen Passivierung von Verbindlichkeiten resultieren.[391] Dementsprechend werden nach dem Sinn und Zweck der Vorschrift grundsätzlich nur steuerrechtliche Passivierungsbeschränkungen erfasst, so dass diese Voraussetzung erfüllt ist, wenn die in der Handelsbilanz bilanzierten Schulden in der Steuerbilanz aufgrund zwingender einkommensteuerlicher Passivierungsbeschränkungen nicht oder nur mit einem niedrigeren Wert ausgewiesen werden.[392] Obwohl aufgrund des Maßgeblichkeitsprinzips[393] teilweise auch handelsrechtliche Ansatz- und Bewertungsvorbehalte in der Steuerbilanz zu berücksichtigen sind, sind diese jedoch in Übereinstimmung mit dem Wortlaut der Gesetzesbegründung,[394] die lediglich auf einkommensteuerliche Passivierungsbeschränkungen abstellt, nicht von § 4f Abs. 1 S. 1 EStG erfasst.[395]

Der Wortlaut und auch die Entstehungsgeschichte des § 4f Abs. 1 S. 1 EStG verschließen sich jedoch nicht einer teleologischen Auslegung, wonach über gesetzliche Passivierungsbeschränkungen und -verbote hinaus auch solche steuerbilanziellen Grundsätze erfasst werden, die auf Grundlage höchstrichterlicher Rechtsprechung basieren und in ihren Auswirkungen steuerrechtlichen Passivierungsbeschränkungen im Sinne des § 4f Abs. 1 S. 1 EStG gleichen.[396] Demnach

---

390 Vgl. hierzu *Förster/Staaden*, Ubg 2014, 1, 4; *M. Prinz*, Ubg 2013, 57, 61 f.; *Schindler*, GmbHR 2014, 561, 563.

391 BT-Drs. 18/68 (neu), S. 73; BR-Drs. 740/13 (B), S. 115; ebenso *Schindler*, in: Kirchhof, EStG, 18. Auflage, § 4f Rn. 11; *ders.*, GmbHR 2014, 561, 563; vgl. auch *Schober*, in: Herrmann/Heuer/Raupach, EStG, § 4f Rn. 10; *Schlotter*/Hörhammer, StbJb. 2013/2014, 292, 304.

392 *Krumm*, in: Blümich, EStG, § 4f Rn. 21; *Schießl*, in: Kirchhof/Söhn/Mellinghoff, EStG, § 4f Rn. B 5; *Schindler*, in: Kirchhof, EStG, 18. Auflage, § 4f Rn. 11; *Schober*, in: Herrmann/Heuer/Raupach, EStG, § 4f; Rn. 10; *Bogenschütz*, FS Endres, S. 31, 36; *Förster/Staaden*, Ubg 2014, 1, 4; *Schindler*, GmbHR 2014, 561, 563; so wohl auch *Adrian/Fey*, StuB 2014, 53, 55; a.A. *M. Prinz*, Ubg 2013, 57, 61 f. (im Zusammenhang mit § 5 Abs. 7 EStG).

393 Vgl. hierzu 1. Kapitel A I.

394 BT-Drs. 18/68 (neu), S. 73; BR-Drs. 740/13 (B), S. 115.

395 Vgl. BT-Drs. 18/68 (neu), S. 73; BR-Drs. 740/13 (B), S. 115; *Hörner*, in: Frotscher/Geurts, EStG, § 4f Rn. 13; *Schießl*, in: Kirchhof/Söhn/Mellinghoff, EStG, § 4f Rn. B 5; *Schindler*, in: Kirchhof, EStG, 18. Auflage, § 4f Rn. 11; *Schober*, in: Herrmann/Heuer/Raupach, EStG, § 4f; Rn. 10; *Weimer*, Hebung stiller Lasten, S. 167; a.A. *Adrain/Fey*, StuB 2014, 53, 55; *M. Prinz*, Ubg 2013, 57, 61 f.

396 *A. Meyer*, in: BeckOK, EStG, § 4f Rn. 18.1 f.; vgl. *Riedel*, FR 2017, 949, 956; BFH 3.2.1969 – GrS 2/68, BStBl. II 1969, 291, 293, wonach aus handelsrechtlichen

sind auch handelsrechtliche Passivierungswahlrechte, welche steuerbilanziell ein Passivierungsverbot nach sich ziehen, vom Anwendungsbereich des § 4f Abs. 1 S. 1 EStG erfasst, da es insoweit auf Grundlage unterschiedlicher handelsbilanzieller und steuerbilanzieller Bilanzierung zur Aufdeckung stiller Lasten kommt.[397] Ausländische Passivierungsbeschränkungen werden nicht vom Anwendungsbereich des § 4f Abs. 1 S. 1 EStG erfasst. Die Aufdeckung der stillen Lasten soll sich lediglich auf solche Passivierungsbeschränkungen beziehen, die sich aus den Abweichungen zwischen deutschem Handels- und Steuerrecht ergeben.[398] Steuerliche Passivierungsbeschränkungen im Sinne der Norm sind insbesondere: § 5 Abs. 2a, 3, 4, 4a und 4b S. 1, 2, § 6 Abs. 1 Nr. 3, 3a, § 6a Abs. 1, 3 und 4 EStG.[399]

Stille Lasten, die darüber hinaus auf anderen Ursachen als dem Unterschied zwischen steuerbilanzieller und handelsbilanzieller Behandlung von Passivposten fußen, sind regelmäßig nicht von § 4f Abs. 1 S. 1 EStG erfasst.[400] Eine anderweitige Ermittlung stiller Lasten als auf Grundlage der unterschiedlichen Passivierungsvorschriften im Handels- und Steuerrecht wird sich nur schwerlich durchführen lassen. Zudem ist eine Abgrenzung zu bloßen negativen Ergebniserwartungen erforderlich, die sich im negativen Firmen- oder Geschäftswert perpetuieren.[401] Wird ausnahmsweise jedoch ein negativer Geschäftswert in der steuerlichen Schlussbilanz angesetzt, ist festzustellen, dass mangels Verpflichtungseigenschaft der Wortlaut des § 4f Abs. 1 S. 1 EStG schon gar nicht erfüllt ist.[402]

Passivierungswahlrechten steuerrechtliche Passivierungsverbote hervorgehen; so auch *Schindler*, in: Kirchhof, EStG, 18. Auflage, § 4f Rn. 11; *Schober*, in: Herrmann/Heuer/Raupach, EStG, § 4f Rn. 10; vgl. im Kontext des § 5 Abs. 7 EStG auch *Tiedchen*, in: Herrmann/Heuer/Raupach, EStG, § 5 Rn. 2414.

397 Das ergibt sich über die Gesetzesbegründung hinaus auch aus dem Urteil des Bundesfinanzhofs vom 14.12.2011, als der BFH über ein aus einem handelsrechtlichen Ansatzwahlrecht resultierendes steuerrechtliches Ansatzverbot zu entscheiden hatte (BFH14.12.2011 – I R 72/10, BStBl. II 2017, 1226, 1227); ebenso BR-Drs. 740/13, S. 75; BT-Drs. 18/68 (neu), S. 73; *A. Meyer*, in: BeckOK, EStG, § 4f Rn. 18; *Schindler*, in: Kirchhof, EStG, 18. Auflage, § 4f Rn. 11; *Schober*, in: Herrmann/Heuer/Raupach, EStG, § 4f; Rn. 10; *Weimer*, Hebung stiller Lasten, S. 171.

398 *Förster/Staaden*, Ubg 2014, 1, 9; *Horst*, FR 2015, 824, 827; *M. Prinz*, Ubg 2013, 57, 62; *Riedel*, DStR 2013, 1047, 1052; *Schindler*, GmbHR 2014, 786, 787 f. im Kontext zu § 5 Abs. 7 EStG.

399 *Förster/Staaden*, Ubg 2014, 1,4; *M. Prinz*, Ubg 2013, 57, 61; *Schindler*, GmbHR 2014, 561, 563; *Schlotter/*Hörhammer, StbJb. 2013/2014, 293, 304; *Weimer*, Hebung stiller Lasten, S. 170.

400 *Horst*, FR 2015, 824, 827.

401 *Horst*, FR 2015, 824, 827; vgl. auch *Preißer/Preißer*, DStR 2011, 133, 134 f.

402 *Horst*, FR 2015, 824, 827; vgl. im Zusammenhang mit § 5 Abs. 7 EStG, der auch übernommene Verpflichtungen, die beim ursprünglich Verpflichteten Ansatzverboten, -beschränkungen oder Bewertungsvorbehalten unterlegen haben, und insoweit mit § 4f Abs. 1 S. 1 EStG gleichläuft, auch *Hummel*, in: Böttcher/Habighorst/Schulte, UmwR, § 12 UmwStG Rn. 78.

Resümierend ist daher festzuhalten, dass von Passivierungsbeschränkungen im Sinne des § 4f Abs. 1 S. 1 EStG sämtliche Regelungen erfasst werden, die einen vom handelsbilanziellen Ansatz abweichenden steuerbilanziellen Ansatz oder eine abweichende steuerbilanzielle Bewertung anordnen und in Folge dessen zur Entstehung stiller Lasten führen.

c) Übertragung der Verpflichtung

Die Aufwandsverteilung der Verpflichtung über 15 Jahre nach § 4f Abs. 1 S. 1 EStG setzt zudem voraus, dass die Verpflichtung, die einer Passivierungsbeschränkung unterliegt, übertragen wird. Aus dem Gesetzeswortlaut des § 4f Abs. 1 S. 1 EStG ergibt sich, dass die Vorschrift auf Verpflichtungsübertragungen anwendbar sein soll, die im Wege einer Schuldübernahme (§§ 414 ff. BGB) durchgeführt werden. Neben der Übertragung im Sinne des § 4f Abs. 1 S. 1 EStG, bei der die Verpflichtung zivilrechtlich auf eine andere Person übergeht,[403] ordnet § 4f Abs. 2 EStG die Anwendung der Vorschrift auf die sog. wirtschaftliche Verpflichtungsübertragung durch Erfüllungsübernahme und Schuldbeitritt an.[404]

aa) Verpflichtungsübertragung im Sinne des § 4f Abs. 1 S. 1 EStG

Zunächst stellt sich im Zusammenhang mit der Begrifflichkeit der „Übertragung" im Sinne des § 4f Abs. 1 S. 1 EStG die Frage, was darunter zu verstehen ist. Während im Zivilrecht der Begriff der Übertragung im Kontext der Abtretung von Forderungen gem. § 398 BGB verwendet wird, wird bei Schulden grundsätzlich der Terminus der „Übernahme" verwendet (vgl. § 414 BGB).[405] Sowohl die Gesetzesbegründung[406] als auch die Abgrenzung des § 4f Abs. 1 EStG zu Abs. 2 lassen erkennen, dass mit der „Übertragung" der Verpflichtung zunächst lediglich die befreiende Schuldübernahme gem. §§ 414 ff. BGB gemeint sein konnte.[407] Verdeutlicht wird dies durch die Betrachtung der Rechtsfolgenseite, auf der in den nachfolgenden Sätzen die Übertragung durch die synonyme Verwendung des Begriffs der „Schuldübernahme" ersetzt wurde.[408]

Mit Blick auf Gesetzgebungshistorie und gesetzgeberischen Willen, die von der Rechtsprechung zugelassene Aufdeckung stiller Lasten zu verhindern,[409] im Widerspruch zu den vorherigen Ausführungen festzustellen, dass der Begriff der

---

403 Vgl. *Benz/Placke*, DStR 2013, 2653, 2655; *Förster/Staaden*, Ubg 2014, 1, 5.

404 Vgl. *Schindler*, in: Kirchhof, EStG, 18. Auflage, § 4f Rn. 13; *Schober*, in: Herrmann/Heuer/Raupach, EStG, § 4f Rn. 11; *Förster/Staaden*, Ubg 2014, 1, 5; *Schindler*, GmbHR 2014, 561, 564.

405 *Bogenschütz*, FS Endres, S. 31, 36.

406 BT-Drs. 18/68 (neu), S. 73; BR-Drs. 740/13 (B), S. 115.

407 *Bogenschütz*, FS Endres, S. 31, 36 f.

408 *Bogenschütz*, FS Endres, S. 31, 37.

409 BT-Drs. 18/68 (neu), S. 73; BR-Drs. 740/13 (B), S. 115.

„Übertragung“ nach der Konzeption des Gesetzgebers weit gefasst ist.[410] Letztlich darf das gesetzgeberische Ziel bei der Auslegung einer Norm nicht unberücksichtigt bleiben, so dass der „Übertragung“ von Verpflichtungen im Sinne des § 4f Abs. 1 S. 1 EStG ein weites Begriffsverständnis zugrunde zu legen ist. Dementsprechend liegt eine „Übertragung“ in diesem Sinne, sofern eine Verpflichtung zivilrechtlich auf einen anderen Rechtsträger übergeht.[411] Für eine Verpflichtungsübertragung im Sinne des § 4f Abs. 1 S. 1 EStG ist also der Austausch des Schuldners erforderlich.[412] Daher sollen vom Anwendungsbereich des § 4f Abs. 1 S. 1 EStG über die Schuldübernahme gem. § 414 BGB hinaus auch weitere zivilrechtliche Übertragungen von Verpflichtungen im Wege der Einzelrechtsnachfolge[413] sowie insbesondere auch der gesetzliche Übergang von Verpflichtungen im Wege der Sonder- oder Gesamtrechtsnachfolge nach dem Umwandlungsgesetz[414] erfasst sein.

(1) Einzelrechtsnachfolge

Die Übertragung einer Verpflichtung im Wege der Einzelrechtsnachfolge kann durch unterschiedliche rechtliche Konstruktionen erreicht werden. Schuldrechtlich kommt im Rahmen des § 4f Abs. 1 S. 1 EStG eine Schuldübernahme gem. §§ 414 f. BGB oder eine Vertragsübernahme in Betracht.[415] Während eine Schuldübernahme einerseits gem. § 414 BGB durch Vertragsschluss zwischen dem Gläubiger und einem Dritten oder andererseits durch einen vom Gläubiger gem. § 415 BGB genehmigten Vertrag zwischen dem Schuldner und dem Übernehmer erfolgt, kann eine Verpflichtung im Sinne des § 4f Abs. 1 S. 1 EStG auch durch

410 BT-Drs. 18/68 (neu), S. 73; BR-Drs. 740/13 (B), S. 115.

411 *Förster/Staaden*, Ubg 2014, 1, 5; vgl. auch *Benz/Placke*, DStR 2013, 2653, 2655.

412 Ebenso *Schindler*, in: Kirchhof, 18. Auflage, EStG, § 4f Rn. 13.

413 *Dommermuth*, in: Kanzler/Kraft/Bäuml, EStG, § 4f Rn. 16; *Krumm*, in: Blümich, EStG, § 4f Rn. 21a; *A. Meyer*, in: BeckOK, EStG, § 4f Rn. 25 ff.; *Schießl*, in: Kirchhof/Söhn/Mellinghoff, EStG, § 4f Rn. B 9; *Schindler*, in: Kirchhof, EStG, 18. Auflage, § 4f Rn. 12; *Schober*, in: Herrmann/Heuer/Raupach, EStG, § 4f; Rn. 11; *Schindler*, GmbHR 2014, 561, 564; vgl. auch *Hoffmann*, in: Littmann/Bitz/Pust, EStR, § 4f EStG Rn. 5.

414 BT-Drs. 18/68 (neu), S. 73, BR-Drs. 740/13 (B), S. 115; vgl. hierzu auch das Urteil des Bundesfinanzhofs vom 12.12.2012 – I R 28/11, BStBl. II 2017, 1265, dem eine Übertragung von Pensionsverpflichtungen durch Ausgliederung zugrunde lag und das den Gesetzgeber zur Einführung der §§ 4f, 5 Abs. 7 EStG veranlasst hat; so auch *Dommermuth*, in: Kanzler/Kraft/Bäuml, EStG, § 4f Rn. 16; *Krumm*, in: Blümich, EStG, § 4f Rn. 21a; *A. Meyer*, in: BeckOK, EStG, § 4f Rn. 27; *Schießl*, in: Kirchhof/Söhn/Mellinghoff, EStG, § 4f Rn. B 7 f.; *Schindler*, in: Kirchhof, EStG, 18. Auflage, § 4f Rn. 13; *Schober*, in: Herrmann/Heuer/Raupach, EStG, § 4f Rn. 11; *Schindler*, GmbHR 2014, 561, 564; vgl. auch *Hoffmann*, in: Littmann/Bitz/Pust, EStR, § 4f EStG Rn. 5; *Neumann-Tomm*, in: Lademann, EStG, § 4f Rn. 26.

415 Vgl. *A. Meyer*, in: BeckOK, EStG, § 4f Rn. 25; *Schießl*, in: Kirchhof/Söhn/Mellinghoff, EStG, § 4f Rn. B 9.

Vertragsübernahme übertragen werden.[416] Auch wenn § 4f Abs. 1 S. 1 EStG ausschließlich an die Schuldübernahme anknüpft, lässt die begrifflich weiter gefasste amtliche Überschrift des § 4f EStG[417] und die nicht abschließende Anknüpfung der Norm an die bürgerlich-rechtlichen Rechtsfiguren[418] eine teleologische Auslegung des § 4f Abs. 1 S. 1 EStG zu, wonach auch Vertragsübernahmen vom Anwendungsbereich erfasst sind.[419] Diese können im Wege eines Rechtsgeschäfts vereinbart oder durch Gesetz angeordnet werden.[420]

Über die Anwendbarkeit des § 4f Abs. 1 S. 1 EStG auf Übertragungen im Rahmen einer Einzelrechtsnachfolge durch die oben genannten zivilrechtlichen Konstruktionen hinaus, stellt sich die Frage, ob die Vorschrift auch auf solche Umstrukturierungsvorgänge im Sinne des Umwandlungssteuergesetzes Anwendung findet, die im Wege einer Einzelrechtsnachfolge durchgeführt werden. Unklarheiten bestehen in dieser Frage aufgrund der unpräzisen Formulierung der Begründung zum Gesetzesentwurf,[421] wonach die Verpflichtungsübertragung im Sinne des § 4f Abs. 1 EStG „insbesondere im Wege der Einzelrechtsnachfolge oder im Wege der Sonder- oder Gesamtrechtsnachfolge nach dem Umwandlungsgesetz erfolgen" kann. Zudem wird in der Begründung des Gesetzesentwurfs[422] im Kontext der Rückausnahme des § 4f Abs. 1 S. 3 EStG formuliert, dass diese sich lediglich auf Umwandlungsvorgänge nach dem Umwandlungssteuergesetz beziehe. Vor allem die Verwendung des Adverbs „insbesondere" zeigt, dass die Aufzählung der Übertragungsmöglichkeiten im Wege der Einzelrechtsnachfolge nach § 414 BGB keinen abschließenden Charakter hat. Auch die Formulierung in der Gesetzesbegründung zur Rückausnahme, wonach die Ausnahmeregelung nicht gelte, „wenn die unternehmerische Tätigkeit auf Grund von Umwandlungsvorgängen nach dem Umwandlungssteuergesetz in anderer Rechtsform oder durch einen anderen Rechtsträger fortgesetzt wird", verdeutlicht, dass § 4f Abs. 1 EStG auch auf Einbringungsvorgänge generell Anwendung finden soll, da durch die Formulierung „anderen Rechtsträger" auch Einbringungsvorgänge erfasst werden.[423]

---

416 *Schießl*, in: Kirchhof/Söhn/Mellinghoff, EStG, § 4f Rn. B 9; *Schindler*, in: Kirchhof, EStG, 18. Auflage, § 4f Rn. 12; *ders.*, GmbHR 2014, 561, 564.

417 In der amtlichen Überschrift des § 4f EStG wird die rechtlich neutralere Formulierung der „Verpflichtungsübernahme" verwendet (*A. Meyer*, in: BeckOK, EStG, § 4f Rn. 25.1).

418 Vgl. *Bydlinski*, in: MüKoBGB, Vorbemerkungen zu § 414–419 Rn. 7 ff.; *A. Meyer*, in: BeckOK, EStG, § 4f Rn. 25.

419 So auch *A. Meyer*, in: BeckOK, EStG, § 4f Rn. 25; vgl. auch *Schindler*, in: Kirchhof, EStG, 18. Auflage, § 4f Rn. 12; *ders.*, GmbHR 2014, 561, 564.

420 *Neumann-Tomm*, in: Lademann, EStG, § 4f Rn. 26; vgl. hierzu auch *Dommermuth*, in: Kanzler/Kraft/Bäuml, EStG, § 4f Rn. 16; *Schießl*, in: Kirchhof/Söhn/Mellinghoff, EStG, § 4f Rn. B 7 ff.; *Schindler*, in: Kirchhof, EStG, 18. Auflage, § 4f Rn. 12 f.; *Förster/Staaden*, Ubg 2014, 1, 5; *Schindler*, GmbHR 2014, 561, 564.

421 BT-Drs. 18/68 (neu), S. 73; BR-Drs. 740/13 (B), S. 115.

422 BT-Drs. 18/68 (neu), S. 73; BR-Drs. 740/13 (B), S. 115.

423 *Widmann*, FS Haarmann, S. 1013, 1027, insbesondere Fn. 24.

Eine Differenzierung zwischen Umwandlungs- und Einbringungsvorgängen dürfte in Anbetracht der vorherigen Ausführungen mit „Umwandlungsvorgängen nach dem Umwandlungssteuergesetz“[424] nicht gemeint gewesen sein.[425] Demzufolge erfasst der Anwendungsbereich des § 4f Abs. 1 EStG auch Einbringungsvorgänge im Sinne des Umwandlungssteuergesetzes.[426]

(2) Umstrukturierungsvorgänge im Sinne des Umwandlungssteuergesetzes im Wege der Sonder- oder Gesamtrechtsnachfolge

Die weit gefasste Konzeption des § 4f Abs. 1 S. 1 EStG zeigt sich auch in der Gesetzesbegründung, wonach § 4f EStG auch auf Verpflichtungsübertragungen anwendbar sein soll, die im Wege der „Sonder- oder Gesamtrechtsnachfolge nach dem Umwandlungsgesetz“[427] erfolgen. Interpretationsspielraum besteht aufgrund der in den Gesetzgebungsunterlagen gewählten Formulierung hinsichtlich der Reichweite ebendieser Formulierung. Von der Anwendbarkeit des § 4f Abs. 1 S. 1 EStG könnten einerseits nur Sonder- oder Gesamtrechtsnachfolgevorgänge erfasst sein, die im Umwandlungsgesetz als Umwandlungen qualifiziert werden oder auch Einbringungsvorgänge im Sinne des Umwandlungssteuergesetzes umfassen, die nicht im Umwandlungsgesetz geregelt sind.

Von Bedeutung ist diese Frage insbesondere deshalb, weil die Regelungsbereiche des zivilrechtlichen Umwandlungsgesetzes und des steuerrechtlichen Umwandlungssteuergesetzes nicht vollständig aufeinander abgestimmt sind. Während sowohl das Umwandlungsgesetz als auch das Umwandlungssteuergesetz Umstrukturierungsvorgänge betreffen, die in beiden Gesetzen Berücksichtigung finden,[428] gehen die Gesetze in ihrer Ausgestaltung teilweise über die gemeinsame

424 BT-Drs. 18/68 (neu), S. 73; BR-Drs. 740/13 (B), S. 116.

425 Ebenso *Melan/Wecke*, Ubg 2017, 253, 256.

426 Siehe zur Anwendbarkeit von § 4f EStG auf Einbringungsvorgänge im Sinne des Umwandlungssteuergesetzes ausführlich 3. Kapitel C.

427 BT-Drs. 18/68 (neu), S. 73; BR-Drs. 740/13 (B), S. 115.

428 Vgl. beispielsweise Verschmelzung einer Personengesellschaften auf eine Personengesellschaft (§ 2 UmwG, § 24 UmwStG) oder auf eine Kapitalgesellschaft (§ 2 UmwG, § 20 UmwStG), Verschmelzung einer Kapitalgesellschaft auf eine Personengesellschaft (§ 2 UmwG, § 3 UmwStG), Verschmelzung einer Kapitalgesellschaft auf eine Kapitalgesellschaft (§ 2 UmwG, § 11 UmwStG), Auf- oder Abspaltung einer Kapitalgesellschaft auf eine Personengesellschaft (§ 123 UmwG, § 16 UmwStG), Auf- oder Abspaltung einer Kapitalgesellschaft auf eine Kapitalgesellschaft (§ 123 UmwG, § 15 UmwStG), Auf- und Abspaltung einer Personengesellschaft auf eine Kapitalgesellschaft (§ 123 UmwG, § 20 UmwStG), Auf- und Abspaltung einer Kapitalgesellschaft in eine Personengesellschaft (§ 123 UmwG, § 24 UmwStG), Ausgliederung einer Kapitalgesellschaft in einer Personengesellschaft (§ 123 Abs. 3 UmwG, § 24 UmwStG), Ausgliederung einer Kapitalgesellschaft in eine Kapitalgesellschaft (§ 123 Abs. 3 UmwG, § 20 UmwStG), Ausgliederung einer Personengesellschaft in eine

Schnittmenge hinaus. So sind im Umwandlungssteuergesetz Umstrukturierungsvorgänge geregelt, die keine Berücksichtigung im Umwandlungsgesetz gefunden haben.[429] Umgekehrt enthält auch das Umwandlungsgesetz Umstrukturierungsvorgänge, welche nicht im Umwandlungssteuergesetz geregelt sind.[430]

Entsprechend dem Wortlaut der Gesetzesbegründung und den unterschiedlichen Regelungsbereichen des Umwandlungs- und Umwandlungssteuergesetzes könnte angenommen werden, dass der Gesetzgeber nur solche Umstrukturierungsvorgänge in den Anwendungsbereich des § 4f EStG mit aufnehmen wollte, die in § 1 UmwG abschließend[431] aufgezählt sind.[432] Allerdings nimmt der Gesetzgeber in der Begründung zum Gesetzesentwurf des § 4f Abs. 1 EStG zu der Frage Stellung, ob und inwieweit die Ausnahmeregelung des § 4f Abs. 1 S. 3 EStG auch auf Umwandlungsvorgänge im Sinne des Umwandlungssteuergesetzes Anwendung findet.[433] Der Gesetzgeber bedient sich in der Gesetzesbegründung[434] der Formulierung, dass die Ausnahmeregelung des § 4f Abs. 1 S. 3 EStG nicht gelte, wenn „[...] die unternehmerische Tätigkeit auf Grund von Umwandlungsvorgängen nach dem Umwandlungssteuergesetz in anderer Rechtsform oder durch einen anderen

---

Kapitalgesellschaft (§ 123 Abs. 3 UmwG, § 20 UmwStG), Ausgliederung einer Personengesellschaft in eine Personengesellschaft (§ 123 UmwG, § 24 UmwStG), Formwechsel einer Kapitalgesellschaft in eine Personengeselschaft (§ 190 UmwG, § 9 UmwStG) sowie Formwechsel einer Personengesellschaft in eine Kapitalgesellschaft (§ 190 UmwG, § 25 UmwStG).

429 Vgl. beispielsweise Einbringungen eines Betriebs, Teilbetriebs oder einer Mitunternehmerschaft in eine Kapitalgesellschaft gem. § 20 UmwStG oder Personengesellschaft gem. § 24 UmwStG im Wege der Einzelrechtsnachfolge mit Ausnahme der Ausgliederung gem. § 123 Abs. 3 UmwG, der Anteilstausch gem. § 21 UmwStG im Wege der Einbringung von Anteilen an einer Kapitalgesellschaft gegen Gewährung neuer Anteile an der übernehmenden Rechtsträger sowie die erweiterte Anwachsung gem. §§ 20, 24 UmwStG.

430 Vgl. beispielsweise die Teilübertragungen durch Ausgliederung gem. § 174 Abs. 2 Nr. 3 UmwG, sowie Formwechsel gem. § 190 UmwG einer Kapitalgesellschaft in eine Kapitalgesellschaft und einer Personengesellschaft in eine Personengesellschaft.

431 Der Anwendungsbereich des Umwandlungsgesetzes ist aufgrund des in § 1 Abs. 2 UmwG geregelten *numerus clausus* der Umwandlungsarten hinsichtlich weiterer Fälle der Gesamtrechtsnachfolge bzw. Identitätswahrung bei Strukturveränderungen und aufgrund des Analogieverbotes auf die in § 1 Abs. 1 UmwG aufgezählte Umwandlungsvorgänge begrenzt (*Kallmeyer/Marsch-Barner*, in: Kallmeyer, UmwG, § 1 Rn. 16 ff.; *Semler*, in: Semler/Stengel, UmwG, § 1 Rn. 1).

432 Eine solche Auslegung ließen die Formulierungen „Übertragung [...] im Wege der Sonder- oder Gesamtrechtsnachfolge nach dem Umwandlungsgesetz [...]" sowie „[...] Umwandlungsvorgänge nach dem Umwandlungssteuergesetz [...]" in der Gesetzesbegründung (BT-Drs. 18/68 (neu), S. 73; BR-Drs. 740/13 (B), S. 116) zumindest zu.

433 *Widmann*, FS Haarmann, S. 1013, 1027, insbesondere Fn. 24.

434 BT-Drs. 18/68 (neu), S. 73; BR-Drs. 740/13 (B), S. 116.

Rechtsträger fortgesetzt wird". Die Fortführung durch „andere Rechtsträger" erfasst entgegen der zuvor genannten Auslegung auch Einbringungsvorgänge im Sinne des Umwandlungssteuergesetzes.[435] Unter Berücksichtigung der Zielsetzung der Einführung der Vorschriften der §§ 4f, 5 Abs. 7 EStG, die entgeltliche Übertragung passivierungsbeschränkter Verpflichtungen in haushaltsverträglicher Weise umzusetzen und Steuerausfallrisiken sowie -gestaltungen vorzubeugen,[436] ist der Gesetzgeber offenbar davon ausgegangen, dass § 4f Abs. 1 EStG auch auf sämtliche vom Umwandlungssteuergesetz erfassten übertragenden Umstrukturierungsvorgänge anzuwenden ist, die außerhalb der Schnittmenge der Regelungsbereiche beider Gesetze liegen. Daraus ergibt sich in Übereinstimmung mit dem Wortlaut der Gesetzesbegründung,[437] dass der Gesetzgeber § 4f EStG nicht nur auf die übertragenden Umwandlungsvorgänge im Sinne des Umwandlungsgesetzes, sondern auf sämtliche vom Umwandlungssteuergesetz erfassten übertragenden Umstrukturierungsvorgänge zur Anwendung bringen wollte.[438] Eine solche Auslegung des § 4f Abs. 1 EStG wird auch vom Telos der Vorschrift getragen, sofern der übertragende Rechtsträger ein aufwandbegründendes Entgelt leistet und auch zukünftig fortbesteht.[439] Auch in diesem Kontext ist darauf hinzuweisen, dass mit der Formulierung „Umwandlungsvorgängen nach dem Umwandlungssteuergesetzes"[440] keine Differenzierung zwischen Umwandlungs- und Einbringungsvorgängen vorgenommen werden soll.[441] Ob § 4f EStG auf Umwandlungs- und Einbringungsvorgänge Anwendung findet, ist Gegenstand dieser Arbeit und wird im 3. Kapitel eingehend untersucht.[442]

---

435 Vgl. zur Anwendbarkeit des § 4f Abs. 1 S. 1 EStG auf Einbringungsvorgänge auch *Widmann*, FS Haarmann, 1013, 1027, insbesondere Fn. 24.

436 Vgl. hierzu BT-Drs. 18/68 (neu), S. 73; BR-Drs. 740/13 (B), S. 116.

437 Nach der Gesetzesbegründung kann die Übertragung „insbesondere im Wege der Einzelrechtsnachfolge oder im Wege der Sonder- oder Gesamtrechtsnachfolge nach dem Umwandlungsgesetz erfolgen" (BT-Drs. 18/68 (neu), S. 73; BR-Drs. 740/13 (B), S. 116).

438 Vgl. *Krumm*, in: Blümich, EStG, § 4f Rn. 34; *A. Meyer*, in: BeckOK, EStG, § 4f Rn. 27; *Neumann-Tomm*, in: Lademann, EStG, § 4f Rn. 51; *Bolik/Selig-Kraft*, NWB 2018, 851, 863; *Horst*, FR 2015, 824, 825 f.; *Kahle/Braun*, FR 2018, 197, 210; *Melan/Wecke*, Ubg 2017, 253, 256 f.; *Widmann*, FS Haarmann, S. 1013, 1027 insbesondere Fn. 24.

439 Vgl. *A. Meyer*, in: BeckOK, EStG, § 4f Rn. 28; vgl. hierzu auch 3. Kapitel C III.

440 Siehe zum Gesetzesentwurf des Bundesrates zum AIFM-StAnpG BT-Drs. 18/68 (neu), S. 73; siehe zum Gesetzesentwurf des Bundesrates zum AIFM-StAnpG auch BR-Drs. 740/13 (B), S. 116.

441 Vgl. *Melan/Wecke*, Ubg 2017, 253, 256.

442 Siehe hierzu ausführlich 3. Kapitel C II.

bb) Schuldfreistellung im Innenverhältnis gem. § 4f Abs. 2 EStG

Während der bisherige Schuldner im Rahmen der Übertragung im Sinne des § 4f Abs. 1 EStG vollständig aus dem Schuldverhältnis ausscheidet,[443] gehen die Verpflichtungen im Falle der sog. wirtschaftlichen Verpflichtungsübertragung gem. § 4f Abs. 2 EStG nicht mit befreiender Wirkung auf den Übernehmer über, sondern bestehen in der Person des ursprünglichen Verpflichteten fort, so dass der Schuldner gegenüber dem Gläubiger rechtlich weiterhin zur Leistung verpflichtet ist, jedoch im Innenverhältnis durch einen Dritten entlastet wird.[444] Ein wirtschaftlicher Übertragungsvorgang mit ganzer oder teilweiser Schuldfreistellung kann nach § 4f Abs. 2 EStG ausdrücklich im Wege des Schuldbeitritts oder der Erfüllungsübernahme erreicht werden. Die bilanzrechtliche Zuordnung der Verpflichtung zum übernehmenden Rechtsträger erfolgt in den genannten Fällen auf Grundlage der zwischen dem übertragenden Rechtsträger und dem übernehmenden Rechtsträger vereinbarten Freistellungsverpflichtung.[445]

Angesichts der Differenzierung zwischen § 4f Abs. 1 und 2 EStG legt der Wortlaut der Vorschrift zunächst ein Verständnis nahe, wonach zwischen zivilrechtlicher und wirtschaftlicher Verpflichtungsübernahme zu differenzieren[446] und dem in § 4f Abs. 2 EStG enthaltenen Verweis auf Abs. 1 S. 1, 2 und 7 konstitutive Wirkung beizumessen sei, so dass der selektiven Verweisung Bedeutung zukomme.[447] Gestaltungen, bei denen Verpflichtungen lediglich im Innenverhältnis übertragen

---

443 *Schindler, in:* Kirchhof, EStG, 18. Auflage, § 4f Rn. 13; *Schober*, in: Herrmann/Heuer/Raupach, EStG, § 4f Rn. 11; *Fuhrmann*, DB 2014, 7, 9; vgl. *Förster/Staaden*, Ubg 2014, 1, 4 f.; *Benz/Placke*, DStR 2013, 2655; *Nielsen/Schulenberg*, FR 2017, 623,626.

444 *Krumm*, in: Blümich, EStG, § 4f Rn. 20; *A. Meyer*, in: BeckOK, EStG, § 4f Rn. 44; *Schindler*, in: Kirchhof, EStG, 18. Auflage, § 4f Rn. 12 und 22; *ders.*, GmbHR 2014, 561, 564, 566; *Schlotter*/Hörhammer, StbJb. 2013/2014, 292, 303; so wohl auch *Schober*, in: Herrmann/Heuer/Raupach, EStG, § 4f Rn. 11; *Förster/Staaden*, Ubg 2014, 1, 5, die im Rahmen des Abs. 2 auf die sog. wirtschaftliche (Verpflichtungs-)Übertragung abstellen.

445 Vgl. *A. Meyer*, in: BeckOK, EStG, § 4f Rn. 44.

446 Die Verwendung der untechnischen Begrifflichkeiten der rechtlichen und wirtschaftlichen Übertragung geht zurück auf die Gesetzesbegründung, wonach Verbindlichkeiten rechtlich oder wirtschaftlich übernommen werden können (vgl. BT-Drs. 18/68 (neu), S. 73; BR-Drs. 740/13 (B), S. 115). Teilweise hat das Begriffspaar „rechtliche und wirtschaftliche Übertragung" auch in die Literatur Einzug gehalten (vgl. *Förster/Staaden*, Ubg 2014, 1, 5; *Lüdenbach/Hoffmann*, GmbHR 2014, 123, 124; *M. Prinz*, Ubg, 2013, 57, 61; *Ronig/Geiermann*, StBW 2014, 264, 268; *Schumann*, EStB 2014, 65,68).

447 Vgl. BT-Drs. 18/68 (neu), S. 73; BR-Drs. 740/13 (B), S. 116; *Schießl*, in: Kirchhof/Söhn/Mellinghoff, EStG, § 4f Rn. B 31, C 3, C 7; *Schindler*, in: Kirchhof, EStG, 18. Auflage, § 4f Rn. 23; *Schober*, in: Herrmann/Heuer/Raupach, EStG, § 4f Rn. 31; *Schlotter*/Hörhammer, StbJb. 2013/2014, 292, 303, 306; vgl. auch *Förster/Staaden*, Ubg 2014, 1, 5; *Förster/Werthebach*, BB 2019, 299,302.

werden, seien nicht von § 4f Abs. 1 EStG, sondern ausschließlich von § 4f Abs. 2 EStG erfasst.[448] Demnach sei eine Aufwandsverteilung im Falle des Schuldbeitritts und der Erfüllungsübernahme mit ganzer oder teilweiser Schuldfreistellung nur auf Grundlage des § 4f Abs. 2 EStG möglich.[449] Folge dieser Auffassung wäre die Nichtanwendbarkeit der Rückausnahmen im Sinne des § 4f Abs. 1 S. 3–6 EStG auf interne Schuldfreistellungen, womit eine Privilegierung außenwirksamer Verpflichtungsübertragungen einherginge.

Eine solche Auslegung des § 4f EStG kann jedoch nicht überzeugen. Anders als von den Vertretern dieser Auffassung angenommen, handelt es sich bei den Absätzen 1 und 2 des § 4f EStG im Rahmen einer wirtschaftlichen Betrachtungsweise um Reaktionen auf identische Sachverhalte, die sich lediglich im Hinblick auf ihre zivilrechtliche Konstruktion voneinander unterscheiden.[450] Steuerbilanzrechtlich entscheidend für die Anwendung des § 4f Abs. 1 EStG ist allerdings nicht die zugrunde liegende rechtliche Konstruktion des „Übertragungsvorgangs", sondern vielmehr die Zuordnung der Schuld zum übernehmenden Rechtsträger.[451] Dementsprechend kommt es nach bilanzsteuerrechtlichen Grundsätzen maßgeblich darauf an, ob der Übergang der wirtschaftlichen Belastung zu einer stille Lasten aufdeckenden Entlastung des übertragenden Rechtsträgers führt.[452] Diesbezüglich kann es keinen Unterschied machen, ob die Entlastung darauf zurückzuführen ist, dass die Verpflichtung rechtlich nicht mehr besteht oder eine Inanspruchnahme auf Grundlage eines werthaltigen Freistellungsanspruchs nicht mehr wahrscheinlich ist.[453] Bestätigt wird diese Auffassung auch durch die Entstehungshistorie der Vorschrift, wonach sowohl § 4f Abs. 1 EStG als auch § 4f Abs. 2 EStG auf den gleichen inhaltlichen Erwägungen basieren.[454] Mit Blick auf den unmissverständlichen gesetzgeberischen Willen bleibt im Kontext des § 4f EStG hinsichtlich der Realisation stiller Lasten kein Interpretationsspielraum.[455] Auch der Sinn und Zweck des § 4f Abs. 2 EStG lässt eine andere Auffassung nicht zu. Vielmehr soll durch § 4f Abs. 2 EStG die Umgehung steuerrechtlicher Passivierungsvorschriften im Sinne

---

448 BT-Drs. 18/68 (neu), S. 73 f.; BR-Drs. 740/13 (B), S. 116; *Förster/Staaden*, Ubg 2014, 1, 5.

449 BT-Drs. 18/68 (neu), S. 73 f.; BR-Drs. 740/13 (B), S. 116; *Förster/Staaden*, Ubg 2014, 1, 5; vgl. auch *Schießl*, in: Kirchhof/Söhn/Mellinghoff, EStG, § 4f Rn. C 1; *Schindler*, in: Kirchhof, EStG, 18. Auflage, § 4f Rn. 23; *Schindler*, GmbHR 2014, 561, 566 f.

450 *A. Meyer*, in: BeckOK, EStG, § 4f Rn. 48.1; vgl. auch *Hoffmann*, in: Littmann/Bitz/Pust, EStG, §§ 4, 5 Rn. 1475; *Lüdenbach/Hoffmann*, GmbHR 2014, 123, 124.

451 *A. Meyer*, in: BeckOK, EStG, § 4f Rn. 48.1; vgl. auch *Hoffmann*, in: Littmann/Bitz/Pust, EStG, §§ 4, 5 Rn. 1475.

452 BT-Drs. 18/68 (neu), S. 73 f.; BR-Drs. 740/13 (B), S. 11; *Hoffmann*, in: Littmann/Bitz/Pust, EStG, §§ 4, 5 Rn. 1475; *Krumm*, in: Blümich, EStG, § 4f Rn. 20; *Weimer*, Hebung stiller Lasten, S. 175.

453 *Krumm*, in: Blümich, EStG, § 4f Rn. 20; ebenso *Lüdenbach/Hoffmann*, GmbHR 2014, 123, 124.

454 *A. Meyer*, in: BeckOK, EStG, § 4f Rn. 48.1.

455 BT-Drs. 18/68 (neu), S. 73 f.; BR-Drs. 740/13 (B), S. 115 f.

der alten Rechtslage, die auch durch Schuldbeitritt und Erfüllungsübernahme möglich war, vermieden und eine Gleichstellung zwischen den in § 4f Abs. 1 und 2 EStG genannten „Übertragungsmöglichkeiten" erreicht werden.[456] Für eine Privilegierung außenwirksamer Verpflichtungsübertragungen besteht daher kein Raum, so dass die Anwendung der Rückausnahmen im Sinne des § 4f Abs. 1 S. 3–6 EStG auch bei Schuldfreistellungen im Wege der Erfüllungsübernahme oder des Schuldbeitritts anzuwenden sind.[457] Demzufolge ist § 4f Abs. 2 EStG bei Zugrundelegung der wirtschaftlichen Betrachtungsweise lediglich als rein klarstellende Konkretisierung einzuordnen.[458] Die zur wirtschaftlichen Entlastung führenden Vorgänge im Sinne des § 4f Abs. 2 EStG sind ohnehin schon vom Anwendungsbereich des § 4f Abs. 1 EStG erfasst.[459] Der im Gesetzeswortlaut angelegten Differenzierung zwischen den in § 4f Abs. 2 EStG geregelten internen Schuldfreistellungen und den außenwirksamen Übertragungsvorgängen und der damit einhergehenden selektiven Verweisung auf die Rückausnahmetatbestände des § 4f Abs. 1 S. 3–6 EStG kommt daher keine Bedeutung zu.[460]

d) Aufwandswirksamkeit der Übertragung

Zwar setzt der Begriff der Übertragung im Sinne des § 4f Abs. 1 S. 1 EStG keine Veräußerung oder entgeltliche Übertragung voraus, jedoch ist eine Aufdeckung stiller Lasten auf anderem Wege regelmäßig nicht möglich.[461] Die Anwendung des § 4f EStG erfordert lediglich die Übertragung einer Verpflichtung. Der Wortlaut des § 4f Abs. 1 S. 1 EStG enthält also keine ausdrückliche Einschränkung des Anwendungsbereichs der Regelung auf Übertragungen gegen Entgelt. Bei der Auslegung des § 4f EStG ist allerdings zu berücksichtigen, dass der Rechtsprechung des Bundesfinanzhofs,[462] die zur Einführung des § 4f EStG geführt hat, stets entgeltliche

---

456 *A. Meyer*, in: BeckOK, EStG, § 4f Rn. 48.1; vgl. auch *Weimer*, Hebung stiller Lasten, S. 175 f.

457 Vgl. Schlotter/*Hörhammer*, StbJb. 2013/2014, 292, 308 f.; *Lüdenbach/Hoffmann*, GmbHR 2014, 123, 124.

458 *Krumm*, in: Blümich, EStG, § 4f Rn. 20; *Weimer*, Hebung stiller Lasten, S. 176.

459 *Hoffmann*, in: Littmann/Bitz/Pust, EStR, § 4f EStG Rn. 13; *Krumm*, in: Blümich, EStG, § 4f Rn. 20; *A. Meyer*, in: BeckOK, EStG, § 4f Rn. 48.1; *Lüdenbach/Hoffmann*, GmbHR 2014, 123, 124; *Schlotter*, StbJb. 2013/14, 292, 303 f.; *Weimer*, Hebung stiller Lasten, S. 176 f.

460 *Hoffmann*, in: Littmann/Bitz/Pust, EStR, § 4f EStG Rn. 13; *Krumm*, in: Blümich, EStG, § 4f Rn. 20; *Lüdenbach/Hoffmann*, GmbHR 2014, 123, 124; *Weimer*, Hebung stiller Lasten, S. 176 f.; so im Ergebnis auch *A. Meyer*, in: BeckOK, EStG, § 4f Rn. 48, der in der selektiven Verweisung ein Redaktionsversehen sieht und eine analoge Anwendung der begünstigenden Tatbestände des § 4f Abs. 1 S. 3–6 EStG vorschlägt.

461 Ebenso *Horst*, FR 2015, 824, 825; vgl. zur Aufdeckung stiller Lasten auch 1. Kapitel A III 2 b.

462 Siehe hierzu 1. Kapitel B I.

Vorgänge zugrunde lagen.[463] Zudem erfordert die Vorschrift, dass der „sich aus diesem Vorgang ergebende Aufwand“ über 15 Jahre verteilt werden muss. Ohne die Leistung eines Entgelts als Gegenleistung für den erfolgswirksamen Übergang der Verpflichtung könnte sich ein solcher Aufwand nicht ergeben, so dass nach dem Telos der Vorschrift unentgeltliche Schuldübernahmen nicht in den Anwendungsbereich des § 4f EStG fallen.[464]

Der Aufwand, der aufseiten des ursprünglich verpflichteten Rechtsträgers für die Übertragung der Verpflichtung entsteht, bestimmt sich nicht, wie aufgrund des missverständlichen Wortlauts des § 4f Abs. 1 S. 1 EStG angenommen werden könnte, isoliert aus der Übertragung der Schuld, sondern vielmehr nach dem Entgelt, das im Rahmen der Verpflichtungsübertragung entrichtet wurde.[465] Wird die Übertragung einer Verpflichtung jedoch im Wege einer Unternehmensveräußerung oder durch Übertragung sonstiger Sachgesamtheiten durchgeführt, gilt es, die Besonderheit zu berücksichtigen, dass dabei der Aufwand nicht unmittelbar aus der Gegenleistung des ursprünglich Verpflichteten resultiert, sondern üblicherweise aus einer Reduzierung des Veräußerungspreises folgt.[466] Hinsichtlich der Aufwandsbestimmung darf es keinen Unterschied machen, ob der Aufwand aus der Hingabe eines Entgelts oder aus der Verringerung des Veräußerungspreises resultiert.[467] Sofern eine Verpflichtung steuerbilanziell bislang noch nicht passiviert wurde, entsteht ein Aufwand in Höhe des entrichteten Entgelts. Wurde hingegen die Verpflichtung steuerbilanziell teilweise passiviert, entsteht ein Aufwand in Höhe des Unterschiedsbetrags zwischen dem geleisteten Entgelt und dem steuerbilanziellen Ansatz. Nicht erforderlich ist im Rahmen des § 4f Abs. 1 S. 1 und S. 2 EStG in Abweichung von teilweise vertretener Auffassung, dass die Reduzierung des Veräußerungspreises durch die stillen Lasten auch insgesamt zu einem Verlust führen muss.[468] Aufgrund einer fehlenden ausdrücklichen Anordnung in der Gesetzesbegründung, dem eindeutigen Gesetzeswortlaut und einer vergleichenden Betrachtung mit § 4f Abs. 1 S. 4 EStG kann eine solche Auslegung nicht überzeugen.[469]

---

463 Vgl. *Schindler*, in: Kirchhof, EStG, 18. Auflage, § 4f Rn. 13; *M. Prinz*, Ubg 2013, 57, 62; *Riedel*, FR 2014, 6, 8 insbesondere Fn. 43; *Weimer*, Hebung stiller Lasten, S. 182 f.

464 *Neumann-Tomm*, in: Lademann, EStG, § 4f Rn. 29; *Schindler*, in: Kirchhof, EStG, 18. Auflage, § 4f Rn. 13; *Förster/Staaden*, Ubg 2014, 1, 5; *Riedel*, FR 2014, 6, 8 insbesondere Fn. 43; a.A. *M. Prinz*, Ubg 2013, 57,62.

465 *A. Meyer*, in: BeckOK, EStG, § 4f Rn. 32; *Neumann-Tomm*, in: Lademann, EStG, § 4f Rn. 29.

466 Ausführlich *A. Meyer*, in: BeckOK, EStG, § 4f Rn. 32 f.

467 Vgl. *A. Meyer*, in: BeckOK, EStG, § 4f Rn. 32 ff.

468 So allerdings *Neumann-Tomm*, in: Lademann, EStG, § 4f Rn. 30 ff.; *Förster/Staaden*, Ubg 2014, 1, 6.

469 So auch *Horst*, FR 2015, 824, 826; im Ergebnis auch *A. Meyer*, in: BeckOK, EStG, § 4f Rn. 32.1; *Schober*, in: Herrmann/Heuer/Raupach, EStG, § 4f Rn. 13.

An der Aufwandswirksamkeit fehlt es jedoch bei der unentgeltlichen Übertragung eines Betriebs, Teilbetriebs oder Mitunternehmeranteils gem. § 6 Abs. 3 EStG auf eine natürliche Person oder im Rahmen einer Buchwertübertragung nach dem Umwandlungssteuergesetz, so dass insoweit keine Aufwandsverteilung erfolgen kann.[470] Die Aufwandsverteilung im Sinne des § 4f Abs. 1 S. 1 EStG kann nur dann erfolgen, wenn der im Rahmen der Verpflichtungsübertragung entstandene Aufwand durch die Passivierungsbeschränkung verursacht wurde.[471] Eine anderweitig verursachte Realisierung stiller Lasten lässt sich gerade nicht auf steuerrechtliche Ansatzverbote, -beschränkungen oder Bewertungsvorbehalte zurückführen.

e) Besonderheiten bei der Beteiligung von Mitunternehmerschaften

Auf Grundlage der Ausführungen zum Tatbestandsmerkmal „Übertragung auf einen anderen Rechtsträger" kann zunächst festgestellt werden, dass § 4f Abs. 1 S. 1 EStG grundsätzlich über die ausdrücklich im Gesetzeswortlaut des § 4f Abs. 1 S. 1 und Abs. 2 EStG erwähnten Vorgänge hinaus auch weitere Übertragungen im Wege der Einzelrechtsnachfolge sowie der Sonder- und Gesamtrechtsnachfolge erfasst.[472] Nicht untersucht wurde bisher, ob im Kontext einer entgeltlichen Übertragung eines Mitunternehmeranteils Besonderheiten zu berücksichtigen sind.

Auch wenn in § 4f Abs. 1 S. 1 EStG, anders als in § 5 Abs. 7 S. 3 EStG, die „Mitunternehmerschaft" nicht ausdrücklich erwähnt wird, kann die Auslegung, wonach eine Anwendung des § 4f EStG auf die Veräußerung eines Mitunternehmeranteils ausgeschlossen sei, weil der Gesetzgeber die Situation mit Mitunternehmerschaften im Blick gehabt und eine entsprechende Anwendung nicht geregelt habe, nicht überzeugen.[473] Vielmehr spricht § 4f Abs. 1 S. 3 EStG, der anordnet, dass die Veräußerung oder Aufgabe des ganzen Mitunternehmeranteils von der Rechtsfolge der Aufwandsverteilung im Sinne des § 4f Abs. 1 S. 1 EStG ausgenommen ist, für die Anwendbarkeit des § 4f Abs. 1 S. 1 EStG auf die Übertragung

---

470 *Förster/Staaden*, Ubg 2014, 1, 5.

471 *A. Meyer*, in: BeckOK, EStG, § 4f Rn. 32.2; *Neumann-Tomm*, in: Lademann, EStG, § 4f Rn. 33; *Schindler*, in: Kirchhof, EStG, 18. Auflage, § 4f Rn. 11; *Förster/Staaden*, Ubg 2014, 1, 5; so wohl auch *Schober*, in: Herrmann/Heuer/Raupach, EStG, § 4f; Rn. 12; *Adrian/Fey*, StuB 2014, 53, 55; vgl. hierzu auch *Benz/Placke*, DStR 2013, 2653, 2654 f. die das Erfordernis der „Aufwandsverursachung durch die Passivierungsbeschränkung" zwar nicht ausdrücklich aufstellen, aber zumindest in den Beispielen davon ausgehen, dass die Verursachung des Aufwands auf den Passivierungsbeschränkungen beruht.

472 Siehe hierzu 1. Kapitel C II 2 c aa.

473 *Blümich*, in: Krumm, EStG, § 4f Rn. 22; *Kahle/Braun*, FR 2018, 197, 207; *Weimer*, Hebung stiller Lasten, S. 182; vgl. auch *A. Meyer*, in: BeckOK, EStG, § 4f Rn. 32.5; a.A. *Hörner*, in: Frotscher/Geurts, EStG, § 4f Rn. 29; *Schießl*, in: Kirchhof/Söhn/Mellinghoff, EStG, § 4f Rn. B 11; *Schindler*, in: Kirchhof, EStG, 18. Auflage, § 4f Rn. 12; *Dannecker/Rudolf*, BB 2014, 2539, 2541; *Nielsen/Schulenberg*, FR 2017, 623, 625 ff.

von Mitunternehmeranteilen.[474] Anderenfalls käme der Ausnahmeregelung in § 4f Abs. 1 S. 3 EStG keine Bedeutung zu.[475] Auch wenn es zwischen § 4f EStG und § 5 Abs. 7 EStG an einer materiellrechtlichen Korrespondenz fehlt, ergibt die in § 5 Abs. 7 EStG eröffnete Möglichkeit, aufseiten des übernehmenden Rechtsträgers einen entsprechenden Erwerbsgewinn gem. § 5 Abs. 7 S. 3 EStG auf 15 Jahre zu verteilen, wenig Sinn, wenn der diesbezügliche Aufwand sofort ergebniswirksam abgezogen werden könnte.[476] Liegt die soeben beschriebene Situation – Veräußerung eines gesamten Mitunternehmeranteils – vor, greift ohnehin die Rückausnahme des § 4f Abs. 1 S. 3 EStG,[477] so dass in diesem Fall die Anwendung des § 4f Abs. 1 S. 1 EStG schon aus diesem Grund ausscheidet.[478]

§ 4f Abs. 1 S. 1 EStG kann daher im Zusammenhang mit Mitunternehmerschaften nur auf solche Situationen Anwendung finden, in denen lediglich Teile eines Mitunternehmeranteils übertragen werden. Erfolgt im Zusammenhang mit Veräußerungen bzw. Umstrukturierungsvorgängen unter Beteiligung von Mitunternehmerschaften lediglich die Übertragung einer Verpflichtung auf einen anderen Rechtsträger im Sinne des § 4f Abs. 1 S. 1 EStG durch die (teilweise) Übertragung eines Mitunternehmeranteils, stellt sich die Frage nach der Anwendbarkeit des § 4f EStG. Der Anwendung des § 4f Abs. 1 S. 1 EStG auf Teilanteilsübertragungen wird von einigen Stimmen in der Literatur aus zivilrechtlicher Perspektive entgegengehalten, dass eine Personengesellschaft zivilrechtlich auch im Falle der Übertragung eines Mitunternehmeranteils ungeachtet des Gesellschafterwechsels weiterhin Schuldnerin der Verpflichtungen bleibt.[479] Aufgrund der Zuordnung der Verpflichtungen zum Gesamthandsvermögen führe die Veräußerung eines Mitunternehmeranteils lediglich zu einem Wechsel im Mitgliederbestand der Personengesellschaft, nicht hingegen zum Schuldner- oder Rechtsträgerwechsel.[480] Demnach komme es zu keiner Veränderung des bestehenden Rechtsverhältnisses, womit Verpflichtungen weiterhin im Gesamthandsvermögen der Personengesellschaft bleiben.[481]

474 *Krumm*, in: Blümich, EStG, § 4f Rn. 22; *Schober*, in: Herrmann/Heuer/Raupach, EStG, § 4f Rn. 11; *Förster/Staaden*, BB 2016, 1323, 1323; *dies.*, Ubg 2014, 1, 5; *Kahle/Braun*, FR 2018, 197, 207; *Weimer*, Hebung stiller Lasten, S. 182; *Schlotter*/Hörhammer, StbJb. 2013/2014, 292, 303; vgl. auch *A. Meyer*, in: BeckOK, EStG, § 4f Rn. 32.5; a.A. *Schindler*, in: Kirchhof, EStG, 18. Auflage, § 4f Rn. 12; *Dannecker/Rudolf*, BB 2014, 2539, 2541.

475 *Weimer*, Hebung stiller Lasten, S. 182.

476 *Horst*, FR 2015, 824, 828.

477 Vgl. zu den Rückausnahmen des § 4f Abs. 1 S. 3 EStG 1. Kapitel C II 3 b aa.

478 Ebenso *Dannecker/Rudolf*, BB 2014, 2539, 2541; *Förster/Staaden*, BB 2016, 1323, 1323 f.; *Förster/Werthebach*, BB 2019, 299, 300; *Riedel*, FR 2017, 949, 955.

479 *Schindler*, in: Kirchhof, EStG, 18. Auflage, § 4f Rn. 12; *Gosch*, in: Kirchhof, EStG, 13. Auflage, § 4f Rn. 12; *Dannecker/Rudolf*, BB 2014, 2539, 2540 f.; *Schindler*, GmbHR 2014, 561, 564.

480 *Nielsen/Schulenberg*, FR 2017, 623, 626; ähnlich auch *Dannecker/Rudolf*, BB 2014, 2539, 2541.

481 *Schindler*, in: Kirchhof, EStG, 18. Auflage, § 4f Rn. 12; *ders.*, GmbHR 2014, 561, 563 f.

Anforderung an die Übertragung im Sinne des § 4f Abs. 1 S. 1 EStG sei jedoch, dass eine Verpflichtung derart übertragen werde, dass es zu einem Wechsel der Schuldnerstellung komme.[482] Trotz des Transparenzprinzips komme es nach zivilrechtlichem Verständnis aufgrund der rechtssubjektiven Verselbständigung der Gesamthand (als Rechtsträger)[483] bei einer entgeltlichen Übertragung eines Mitunternehmeranteils zu keiner Übertragung einer passivierungsbeschränkten Verpflichtung auf einen anderen Rechtsträger, so dass § 4f Abs. 1 S. 1 EStG keine Anwendung auf passivierungsbeschränkte Verpflichtungen finde, die sich im Gesamthandsvermögen einer Personengesellschaft befinden.[484]

Gegen eine derart zivilrechtlich geprägte Argumentation spricht, dass das Zivil- und das Steuerrecht als jeweils eigenständige Regelungsmaterien ihren eigenen Grundsätzen folgen und das Steuerrecht daher prinzipiell unabhängig vom Zivilrecht zu betrachten ist.[485] Demnach ist grundsätzlich auch die Mitunternehmerschaft im Lichte des Steuerrechts eigenständig zu betrachten. Auch wenn die zivilrechtliche Verselbständigung der Mitunternehmerschaft auch im Steuerrecht zunehmend Berücksichtigung gefunden hat, indem der Mitunternehmerschaft eine partielle Steuerrechtssubjektivität zugedacht wird,[486] ist sie im Steuerrecht nicht in gleicher Weise verselbständigt wie im Zivilrecht.[487] Aufgrund des Transparenzprinzips ist eine Mitunternehmerschaft nicht Subjekt der Einkommensbesteuerung. Folglich ist das Prinzip der Einheit der Gesellschaft nicht abschließend und tritt hinter der Vielheit der Gesellschafter zurück, sofern es der zutreffenden

482 *Schindler*, in: Kirchhof, EStG, 18. Auflage, § 4f Rn. 12; *Dannecker/Rudolf*, BB 2014, 2539, 2541; *Schindler*, GmbHR 2014, 561, 564.

483 Ausführlich zum Meinungsstand zur Verselbständigung der Gesamthand als Rechtsträger *Habersack*, in: Staub, HGB, § 124 Rn. 3 f.; *K. Schmidt*, in: MüKoHGB, § 105 Rn. 7; *A. Meyer*, Verbandsmitgliederhaftung, S. 9 ff., 61 ff.; *K. Schmidt*, Gesellschaftsrecht, S. 196 ff.

484 *Gosch*, in: Kirchhof, EStG, 13. Auflage, § 4f Rn. 12; *Hörner*, in: Frotscher/Geurts, EStG, § 4f Rn. 29; *Schindler*, in: Kirchhof, EStG, 18. Auflage, § 4f Rn. 12; *Adrian*/Heinemann, StbJb. 2014/2015, 307, 320 f.; *Dannecker/Rudolf*, BB 2014, 2539, 2540 f.; *Schindler*, GmbHR 2014, 561, 564.

485 Vgl. hierzu *Förster/Staaden*, BB 2016, 1323; im Ergebnis auch *Krumm*, in: Blümich, EStG, § 4f Rn. 22; *A. Meyer*, in: BeckOK, EStG, § 4f Rn. 32.5; *Schober*, in: Herrmann/Heuer/Raupach, EStG, § 4f Rn. 11; ebenso, aber im Folgenden wieder einschränkend auch *Nielsen/Schulenberg*, FR 2017, 623, 626; vgl. ausführlich zum Verhältnis des Steuerrechts zum Zivilrecht insbesondere *A. Meyer*, Leistungsfähigkeitsprinzip und Ausgleichssystem, S. 32 ff., 50; siehe auch *Schön*, StuW 2005, 247, 247 ff.; *Seer*, in: Tipke/Lang, Steuerrecht, § 1 Rn. 31 ff.

486 BFH 3.7.1995 – GrS 1/93, BStBl. II 1995, 617, 622; *Rätke*, in: Herrmann/Heuer/Raupach, EStG, § 15 Rn. 89 f.; *Hennrichs*, in: Tipke/Lang, Steuerrecht, § 10 Rn. 10; *Krüger*, FR 2016, 1031, 1037 f.; *Nielsen/Schulenberg*, FR 2017, 623, 626.

487 Vgl. hierzu *Förster/Staaden*, BB 2016, 1323.

steuerlichen Würdigung eines Sachverhalts dient.[488] Mit Hilfe dieses dualen Systems wird versucht, die Positionen der Einheit der Gesellschaft mit der Vielheit der Gesellschafter in Einklang zu bringen. Aufgrund der mit dem ständigen Wechsel zwischen Einheits- und Vielheitsbetrachtung einhergehenden Rechtsunsicherheit ist zum jetzigen Zeitpunkt insgesamt eine Auslegung des § 15 Abs. 1 S. 1 Nr. 2 EStG zu bevorzugen, wonach die Mitunternehmerschaft zwar als Trägerin von Rechten und Pflichten selbständig den Tatbestand des § 15 EStG erfüllt, die Zurechnung des erzielten Gewinns jedoch an die einzelnen Mitunternehmer erfolgt.[489] Aufgrund dessen ist der Mitunternehmerschaft im Bereich der Feststellung der Einkunftsart und der Einkünfteermittlung eine partielle bzw. beschränkte Steuerrechtssubjektivität zuzuschreiben.[490] Dementsprechend geht die Mitunternehmerschaft insoweit ihrer Transparenz verlustig.[491] Den Gesellschaftern einer Personengesellschaft ist zum Zwecke ihrer Besteuerung lediglich das Ergebnis, welches mit Hilfe der ertragsteuerlichen Gewinnermittlungsvorschriften nach §§ 4 ff. EStG ermittelt wird, zuzurechnen, nicht jedoch gilt dies auch für die einzelnen Geschäftsvorfälle, die mit der Tätigkeit der Gesellschaft einhergehen.[492] Daher könnte man zu dem Ergebnis gelangen, dass die Einkünfte steuerlich zwar dem jeweiligen Gesellschafter zuzurechnen sind, die Gesamthand jedoch trotzdem das Subjekt der Gewinnermittlung bleibt, auf das § 4f Abs. 1 S. 1 EStG anzuwenden ist.[493] Dem jeweiligen Mitunternehmer wird also nicht die (anteilige) Übertragung selbst, sondern ausschließlich das nach Anwendung des § 4f Abs. 1 S. 1 EStG durch die damit einhergehende Realisation stiller Lasten beeinflusste Ergebnis zugerechnet.[494] Daher lässt

---

488 *Hennrichs*, in: Tipke/Lang, Steuerrecht, § 10 Rn. 12; *Krüger*, FR 2016, 1031, 1037 f.; vgl. auch BFH 3.7.1995 – GrS 1/93, BStBl. II 1995, 617,621.

489 *Rätke*, in: Herrmann/Heuer/Raupach, EStG, § 15 Rn. 99; *Hennrichs*, in: Tipke/Lang, Steuerrecht, § 10 Rn. 13 f.; *Knobbe-Keuk*, Bilanz- und Unternehmenssteuerrecht, S. 367 f.; *Krüger*, FR 2016, 1031, 1037 f.; *Nielsen/Schulenberg*, FR 2017, 623, 626; siehe ausführlich zum Streitstand *Hüttemann*, in: Gedächtnissymposium Knobbe-Keuk, S. 39, 43 ff., der sich ebenfalls für die hier vertretene Auffassung ausspricht; a.A. *Wacker*, in: Schmidt, EStG, § 15 Rn. 163; *Pinkernell*, Einkünftezurechnung, S. 85 ff., 98 f.

490 BFH 3.7.1995 – GrS 1/93, BStBl. II 1995, 617, 621; BFH 25.6.1984 – GrS 4/82, BStBl. II 1984, 751, 761 f.; BFH 2.9.1985 – IV B 51/85, BStBl. II 1986, 10, 11; so auch *Rätke*, in: Herrmann/Heuer/Raupach, EStG, § 15 Rn. 90; *Hennrichs*, in: Tipke/Lang, Steuerrecht, § 10 Rn. 12; *Krüger*, FR 2016, 1031, 1037 f.

491 Vgl. BFH 16.6.1994 – IV R 48/93, BStBl. II 1996, 82, 84, BFH 25.6.1984 – GrS 4/82, BStBl. II 1984, 751,761 f.

492 BFH 16.6.1994 – IV R 48/93, BStBl. II 1996, 82, 84, BFH 25.6.1984 – GrS 4/82, BStBl. II 1984, 751, 761 f.; vgl. auch *Dannecker/Rudolf*, BB 2014, 2539, 2541; *Grützner*, Personengesellschaften im Steuerrecht, S. 236; *Nielsen/Schulenberg*, FR 2017, 623,627.

493 *Dannecker/Rudolf*, BB 2014, 2539, 2541; *Nielsen/Schulenberg*, FR 2017, 623,627.

494 *Dannecker/Rudolf*, BB 2014, 2539, 2541; *Nielsen/Schulenberg*, FR 2017, 623, 627; vgl. auch BFH 16.6.1994 – IV R 48/93, BStBl. II 1996, 82, 84; BFH 25.6.1984 – GrS 4/82, BStBl. II 1984, 751,761 f.

sich unter Beachtung dieser Argumentation vertreten, dass § 4f Abs. 1 S. 1 EStG keine Anwendung auf die entgeltliche Übertragung von Mitunternehmeranteilen findet, sofern sich die passivierungsbeschränkten Verpflichtungen auf Gesamthandsebene befinden.[495]

Auch wenn das Subjekt der Gewinnermittlung zutreffenderweise weiterhin die Gesamthand ist, bei der die Verpflichtung zu passivieren ist und ferner auch die Passivierungsbeschränkungen zu berücksichtigen sind, verdeutlicht § 4f Abs. 1 S. 3 Var. 1 EStG, dass der Gesetzgeber dem Anwendungsbereich des § 4f EStG eine Transparenzbetrachtung zugrunde legt.[496] Darüber hinaus lässt sich auch den Gesetzesentwürfen entnehmen, dass § 4f EStG eine wirtschaftliche Betrachtungsweise zugrunde liegt.[497] Aus wirtschaftlicher Perspektive wirken sich die steuerlichen Folgen bei der Übertragung passivierungsbeschränkter Verpflichtungen beim jeweiligen Mitunternehmer aus.[498] Entscheidend ist im Rahmen der Beurteilung der Übertragung die wirtschaftliche Betrachtungsweise, die auch im Rahmen der bilanzrechtlichen Analyse zu berücksichtigen ist, da der Einführung des § 4f EStG der gesetzgeberische Wille zugrunde liegt, dass schon im Falle rein wirtschaftlicher Entlastung des übertragenden Rechtsträgers der Anwendungsbereich des § 4f EStG eröffnet sein soll.[499] *Dannecker/Rudolf* verweisen auf die Rechtsprechung des Bundesfinanzhofs, wonach es im Rahmen der Ermittlung des Veräußerungsgewinns mithilfe der Nettomethode zur Übernahme eines schon geminderten Veräußerungsgewinns ohne weitere Hinzurechnung komme, weshalb fraglich sei, ob sich aus der Veräußerung eines Mitunternehmeranteils überhaupt ein Aufwand ergeben könne.[500] Allerdings weist der Bundesfinanzhof in diesem Zusammenhang auch darauf hin, dass mit der Verpflichtungsübertragung aufseiten des übertragenden Rechtsträgers die aufwandswirksame Realisation bislang steuerlich unberücksichtigter Verluste einhergeht und zu einem berücksichtigungsfähigen Aufwand führt.[501] Übertragen auf den Fall der Veräußerung eines Mitunternehmeranteils

---

495 So wohl *Dannecker/Rudolf*, BB 2014, 2539, 2540 f.; *Nielsen/Schulenberg*, FR 2017, 623, 627; a.A. *Krumm*, in: Blümich, EStG, § 4f Rn. 22; *Förster/Staaden*, BB 2016, 1323; *dies.*, Ubg 2014, 1, 5; *Horst*, FR 2015, FR 824, 828; *Schlotter*/Hörhammer, StbJb. 2013/2014, 292, 303.

496 *A. Meyer*, in: BeckOK, EStG, § 4f Rn. 32.5; *Schober*, in: Herrmann/Heuer/Raupach, EStG, § 4f Rn. 11; *Adrian*/Heinemann, StbJb. 2014/2015, 307, 321; *Dannecker/Rudolf*, BB 2014, 2539, 2541; *Förster/Staaden*, Ubg 2014, 1, 5; *Kahle/Braun*, FR 2018, 197, 207; *U. Prinz/Otto*, GmbHR 2018, 497, 506; *Schlotter*/Hörhammer, StbJb. 2013/2014, S. 292, 303; a.A. *Schießl*, in: Kirchhof/Söhn/Mellinghoff, EStG, § 4f Rn. B 11; *Schindler*, in: Kirchhof, EStG, 18. Auflage, § 4f Rn. 12; *ders.*, GmbHR 2014, 561, 564.

497 BT-Drs. 18/68 (neu), S. 73; BR-Drs. 740/13 (B), S. 115.

498 *Weimer*, Hebung stiller Lasten, S. 180.

499 *Weimer*, Hebung stiller Lasten, S. 180; vgl. hierzu auch BT-Drs. 18/68 (neu), S. 73; BR-Drs. 740/13 (B), S. 115.

500 *Dannecker/Rudolf*, BB 2014, 2549, 2541 unter Verweis auf BFH 17.10.2007 – I R 61/06, BStBl. II 2008, 555, 556.

501 BFH 17.10.2007 – I R 61/06, BStBl. II 2008, 555, 556.

bedeutet dies, dass der Aufwand, der darauf zurückzuführen ist, dass im Rahmen der Kaufpreisermittlung der dem Mitunternehmeranteil entsprechende anteilige Wert der Verpflichtung vom Buchwert des Kapitalkontos in Abzug gebracht und daher die in der Steuerbilanz passivierungsbeschränkte Verpflichtung bei der Kaufpreisermittlung anteilig als künftige Belastung berücksichtigt wird, beim veräußernden Mitunternehmer anteilig zu berücksichtigen ist.[502] Unter Berücksichtigung der wirtschaftlichen Betrachtungsweise ist festzuhalten, dass Übertragungsgegenstand der ideelle Anteil an der Verpflichtung im Gesamthandsvermögen der Personengesellschaft ist.[503]

Dementsprechend kommt es – unter Berücksichtigung des Transparenzprinzips – bei der teilweisen Veräußerung eines Mitunternehmeranteils im Wege der Übertragung des ideellen Anteils an der zu übertragenden Verpflichtung zur Aufdeckung stiller Lasten beim übertragenden Mitunternehmer. Die mit der Übertragung einhergehenden steuerlichen Folgen treten auf Grundlage des weiten Anwendungsbereichs des § 4f Abs. 1 S. 1 EStG unter Zugrundelegung der Maßgeblichkeit der wirtschaftlichen Entlastung des übertragenden Rechtsträgers beim übertragenden Mitunternehmer ein.[504] Unerheblich ist in diesem Zusammenhang, ob sich die aufgedeckten stillen Lasten im Sonderbetriebsvermögen oder Gesamthandsvermögen befinden.[505]

Für einen derart weiten Anwendungsbereich des § 4f Abs. 1 S. 1 EStG, der die Übertragung von Teil-Mitunternehmeranteilen umfasst, ist neben der Transparenzbetrachtung, welche der Gesetzgeber dem Anwendungsbereich des § 4f EStG zugrunde legt,[506] anzuführen, dass lediglich die Hauptanwendungsfälle[507] in

---

502 *Weimer*, Hebung stiller Lasten, S. 181; vgl. hierzu auch *Förster/Staaden*, BB 2016, 1323.

503 *Weimer*, Hebung stiller Lasten, S. 181; vgl. auch *Neumann-Tomm*, in: Lademann, EStG, § 4f Rn. 41; *Förster/Staaden*, BB 2016, 1323; *Schlotter*/Hörhammer, StbJb 2013/2014, 292, 303; vgl. auch BFH 6.5.2010 – IV R 52/08, BStBl. II 2011, 259, 261; BFH 25.2.1991 – GrS 7/89, BStBl. II 1991, 691,700.

504 *Krumm*, in: Blümich, EStG, § 4f Rn. 22; *Weimer*, Hebung stiller Lasten, S. 181.

505 *Dommermuth*, in: Kanzler/Kraft/Bäuml, EStG, § 4f Rn. 34; *Krumm*, in: Blümich, EStG § 4f Rn. 22; *A. Meyer*, in: BeckOK, EStG, § 4f Rn. 32.5 i.V.m. Rn. 18.3; *Neumann-Tomm*, in: Lademann, EStG, § 4f Rn. 41; *Schober*, in: Herrmann/Heuer/Raupach, EStG, 4f Rn. 11; *Förster/Staaden*, BB 2016, 1323; *dies.*, Ubg, 2014, 1, 5; *Kahle/Braun*, FR 2018, 197, 207; *Riedel*, FR 2017, 949, 955; *Schlotter*/Hörhammer, StbJb. 2013/2014, 292, 303; *Schultz/Debnar*, BB 2014, 107, 109; *Weimer*, Hebung stiller Lasten, S. 181 f.; vgl. auch BFH 25.2.1991 – GrS 7/89, BStBl. II 1991, 691, 700; BFH 6.5.2010 – IV R 52/08, BStBl. II 2011, 259, 261.

506 Siehe oben Fn. 496.

507 Die Hauptanwendungsfälle des § 4f Abs. 1 S. 1 EStG im Sinne der Gesetzesbegründung sind die Übertragung einer Verpflichtung insbesondere im Wege der Einzelrechtsnachfolge nach § 414 BGB sowie im Wege der Sonder- oder Gesamtrechtsnachfolge nach dem Umwandlungsgesetz (BT-Drs. 18/68 (neu), S. 73; BR-Drs. 740/13 (B), S. 115).

der Gesetzesbegründung in besonderem Maße herausgestellt werden.[508] Darüber hinaus mindert eine möglicherweise mit der Übertragung einhergehende Realisation stiller Lasten ausschließlich die persönliche Leistungsfähigkeit des jeweiligen Mitunternehmers, da dieser aufgrund des Transparenzprinzips letztlich das Besteuerungssubjekt ist.[509] Daher legt auch das allgemein anerkannte Prinzip der Besteuerung nach der wirtschaftlichen Leistungsfähigkeit ein Verständnis der Vorschrift nahe, wonach Mitunternehmer auch als Steuersubjekte vom persönlichen Anwendungsbereich der Vorschrift erfasst werden sollen.[510] Auch im Falle einer doppel- oder mehrstöckigen Mitunternehmerschaft liegt eine anteilige Verpflichtungsübertragung im Betriebsvermögen der Untergesellschaft vor, wenn ein Anteil an der Obergesellschaft übertragen wird.[511]

Im Ergebnis ist festzustellen, dass § 4f Abs. 1 S. 1 EStG bei Teilanteilsübertragungen von einer transparenten Betrachtung ausgeht.[512]

3. Rechtsfolge bzw. Aufwandsverteilung über 15 Jahre

a) Aufwandsverteilung über 15 Jahre

Werden stille Lasten durch Verpflichtungsübertragung aufseiten des übertragenden Rechtsträgers realisiert[513] und sind die Tatbestandsvoraussetzungen des § 4f Abs. 1 S. 1 bzw. Abs. 2 EStG erfüllt, kommt es auf Rechtsfolgenseite zu einer gleichmäßigen Verteilung des aus der Verpflichtungsübertragung resultierenden Aufwands auf das betroffene und die nachfolgenden 14 Wirtschaftsjahre. Die Verteilung des Aufwands gem. § 4f EStG richtet sich entweder nach § 4f Abs. 1 S. 1 EStG, wonach der Aufwand in voller Höhe zu verteilen ist, oder nach § 4f Abs. 1 S. 2 EStG, wonach die Differenz aus der Verrechnung des Aufwands der Verpflichtungsübertragung

---

508 *Nielsen/Schulenberg*, FR 2017, 623, 626.

509 *Nielsen/Schulenberg*, FR 2017, 623, 626.

510 *Nielsen/Schulenberg*, FR 2017, 623, 626.

511 *Förster/Staaden*, Ubg 2014, 1, 5; *Weimer*, Hebung stiller Lasten, S. 182; vgl. auch *Krumm*, in: Blümich, EStG, § 4f Rn. 22.

512 Vgl. auch *Krumm*, in: Blümich, EStG, § 4f Rn. 22; *A. Meyer*, in: BeckOK, EStG, § 4f Rn. 32.5; *Förster/Staaden*, BB 2016, 1323, 1323; *dies.*, Ubg 2014, 1, 5; Adrian/*Heinemann*, StbJb. 2014/2015, 307, 321; *Horst*, FR 2015, 824, 828; *Schlotter/Hörhammer*, StbJb. 2013/2014, 292, 303; a.A. im Ergebnis *Schindler*, in: Kirchhof, EStG, 18. Auflage, § 4f Rn. 12; *Dannecker/Rudolf*, BB 2014, 2539, 2541; *Nielsen/Schulenberg*, FR 2017, 623, 627, die jedoch richtigerweise teleologische Bedenken haben; *Schindler*, GmbHR 2014, 561, 564.

513 Vgl. zur Realisation stiller Lasten durch Verpflichtungsübertragung schon vor Einführung der §§ 4f, 5 Abs. 7 EStG durch das AIFM-StAnpG 1. Kapitel B. Bestätigt wurde dieses zutreffende Verständnis durch die eingeführten Vorschriften und die Auffassung des Gesetzgebers, der in der Gesetzesbegründung ausdrücklich davon ausgeht, dass es im Rahmen von Verpflichtungsübertragungen zu einer Realisierung stiller Lasten kommt (vgl. BT-Drs. 18/68 (neu), S. 73; BR-Drs. 740/13 (B), S. 115).

mit einem gewinnerhöhend aufzulösenden Passivposten der Höhe nach verteilt wird. Eine Verkürzung des 15-Wirtschaftsjahrezeitraums ist aufseiten des übertragenden Rechtsträgers nach § 4f EStG nicht vorgesehen. Dies ist selbst dann nicht möglich, wenn die Verpflichtung, die übertragen worden ist, eine kürzere Laufzeit hat.[514]

Umstritten ist im Zusammenhang mit der Aufwandsverteilung deren rechtstechnische Umsetzung. Teilweise wird in der Literatur mangels ausdrücklicher gesetzlicher Anordnung vertreten, dass die Verteilung des Aufwands mit Hilfe des Ausweises eines innerbilanziellen Ausgleichspostens, welcher in der Folgezeit *pro rata temporis* erfolgswirksam aufzulösen ist, erreicht wird.[515] Neben den praktischen Vorteilen[516] einer innerbilanziellen Erfassung der Aufwandsverteilung mittels Ausgleichsposten spreche hierfür auch die Komplementärvorschrift § 5 Abs. 7 EStG, nach der ebenfalls eine innerbilanzielle Rücklage zu bilden ist, sowie insbesondere der Wortlaut der Vorschrift, wonach „der Aufwand" über den Aufwandsverteilungszeitraum „als Betriebsausgabe abziehbar" sei.[517] Diese Auffassung steht allerdings im Widerspruch zu dem ausdrücklichen Willen des Gesetzgebers, welcher in den Gesetzesmaterialien von einer außerbilanziellen Berücksichtigung ausgeht.[518] Im Umkehrschluss zum Regelungsinhalt des § 5 Abs. 7 EStG spricht im Kontext des § 4f EStG für eine außerbilanzielle Korrektur, dass der Gesetzgeber auch an dieser Stelle eine innerbilanzielle Lösung ausdrücklich angeordnet hätte, sofern er dies gewollt hätte.[519] Darüber hinaus ist für eine außerbilanzielle Korrektur anzuführen, dass die Vorschrift die Realisierung der stillen Last zulässt und

514 *Neumann-Tomm*, in: Lademann, EStG, § 4f Rn. 34; *Förster/Staaden*, Ubg 2014, 1, 5.

515 *Schober*, in: Herrmann/Heuer/Raupach, EStG, § 4f Rn. 12; *Briese*, DStR 2016, 2126, 2132; *Riedel*, FR 2014, 6, 10; *dies.*, Ubg 2014, 421, 422; *Schultz/Debnar*, BB 2014, 107, 108.

516 Als praktische Vorteile der innerbilanziellen Erfassung werden die einfachere Nachverfolgbarkeit eines aktiven Ausgleichspostens über einen 15 Jahres-Zeitraum (*Schober*, in: Herrmann/Heuer/Raupach, EStG, § 4f Rn. 12; *Schultz/Debnar*, BB 2014, 107, 108) sowie die Anwendbarkeit des § 4 Abs. 2 EStG auf den Ausgleichsposten, was möglicherweise Korrekturen auch nach Bestandskraft der ursprünglichen Veranlagung zulasse, genannt (*Schober*, in: Herrmann/Heuer/Raupach, EStG, § 4f Rn. 12).

517 *Schober*, in: Herrmann/Heuer/Raupach, EStG, § 4f Rn. 12.

518 Siehe hierzu BT-Drs. 18/68 (neu), S. 73; siehe auch, BR-Drs. 740/13 (B), S. 115.

519 So auch die herrschende Meinung: BMF-Schreiben 30.11.2017, BStBl. I 2017, 1619, 1621; *Hörner*, in: Frotscher/Geurts, EStG, § 4f Rn. 19; *Krumm*, in: Blümich, EStG, § 4f Rn. 23; *A. Meyer*, in: BeckOK, EStG, § 4f Rn. 30; *Schießl*, in: Kirchhof/Söhn/Mellinghoff, EStG, § 4f Rn. A 25, B 12; *Schindler*, in: Kirchhof, EStG, 18. Auflage, § 4f Rn. 9; *Bogenschütz*, FS Endres, S. 31, 37; *Förster/Staaden*, Ubg 2014, 1, 6; *Fuhrmann*, DB 2013, 9, 13; *Kahle/Braun*, FR 2018, 197, 200; *Korn/Strahl*, KÖSDI 2014, 18746, 18748; *M. Prinz*, Ubg 2013, 57, 68; *Schindler*, GmbHR 2014, 561, 564; *Schumann*, EStB 2014, 65, 66; *Weimer*, Hebung stiller Lasten, S. 197f.

lediglich der aus dem „Übertragungsvorgang“[520] hervorgehende Aufwand über 15 Jahre verteilt dem Betriebsausgabenabzug unterliegt.[521] In Anbetracht der Tatsache, dass auch Betriebsausgabenabzugsverbote im Sinne des § 4 Abs. 5 EStG durch außerbilanzielle Korrektur Berücksichtigung finden[522] und § 4f EStG, der zunächst zu einer Erhöhung der Einkünfte, aber sodann im Verteilungszeitraum zu deren Verminderung führt, insoweit wie eine fiktive Betriebsausgabe wirkt, kann auch im Kontext des § 4f Abs. 1 S. 1 EStG keinem anderen Verständnis gefolgt werden, als dass die Aufwandsverteilung im Wege einer außerbilanziellen Korrektur zu erfolgen hat.[523]

Daher ist zusammenzufassen, dass eine innerbilanzielle Lösung, in Abweichung zu § 5 Abs. 7 EStG,[524] abzulehnen ist und die Aufwandsverteilung über 15 Jahre gem. § 4f Abs. 1 S. 1 EStG in Übereinstimmung mit den Gesetzesmaterialien[525] und der herrschenden Meinung[526] durch eine außerbilanzielle Korrektur zu erfolgen hat.

b) Ausnahmetatbestände

Der Anwendungsbereich des § 4f Abs. 1 S. 1 EStG wird partiell eingeschränkt, sofern die Rückausnahmetatbestände des § 4f Abs. 1 S. 3–6 EStG eingreifen. Während § 4f Abs. 1 S. 3 EStG in besonderen Katalogfällen den vollen Betriebsausgabenabzug zulässt, enthält Absatz 1 Sätze 4–6 Begünstigungen für den Fall der Teilbetriebsveräußerung oder -aufgabe.

aa) § 4f Abs. 1 S. 3 EStG

„Eine Verteilung des sich [aus § 4f Abs. 1 S. 1 EStG] ergebenden Aufwands unterbleibt [...]“ nach § 4f Abs. 1 S. 3 EStG in Übereinstimmung mit den allgemeinen Realisationsgrundsätzen, wenn die Verpflichtungsübertragung[527] gem. § 4f Abs. 1 S. 3 Var. 1 EStG im Rahmen einer Veräußerung oder Aufgabe des ganzen Betriebes

---

520 Ungeachtet des missverständlichen Wortlauts des § 4f Abs. 1 S. 1 EStG ergibt sich bei zutreffender Auslegung der Vorschrift, dass sich der Aufwand nicht aus der Verpflichtungsübertragung, sondern vielmehr aus der Hingabe des Entgelts ergibt; siehe hierzu 1. Kapitel C II 2 d.

521 *Riedel*, Ubg 2014, 421, 422.

522 *A. Meyer*, in: BeckOK, EStG, § 4 Rn. 2714.

523 *Korn/Strahl*, KÖSDI 2014, 18746, 18748; *Riedel*, Ubg 2014, 421, 422; vgl. auch *Bogenschütz*, FS Endres, S. 31, 37; *Weimer*, Hebung stiller Lasten, S. 198.

524 Vgl. § 5 Abs. 7 S. 1 EStG.

525 BT-Drs. 18/68 (neu), S. 73; BR-Drs. 740/13 (B), S. 115.

526 Siehe oben Fn. 519.

527 Die Rückausnahmeregelung findet nach zutreffender Auffassung nicht nur auf die von § 4f Abs. 1 EStG erfassten Übertragungsvorgänge, sondern auch auf interne Schuldfreistellungen im Sinne des § 4f Abs. 2 EStG Anwendung; siehe hierzu 1. Kapitel C II 2 c bb.

oder gesamten Mitunternehmeranteils im Sinne der §§ 14, 16 Abs. 1, 3 und 3a EStG sowie § 18 Abs. 3 EStG erfolgt. Hintergrund der Ausnahmevorschriften und damit auch für die unmittelbare Realisierung stiller Lasten bei Betriebsveräußerungen bzw. -aufgaben ist, dass die unternehmerische Tätigkeit in diesen Fällen vom Betriebsinhaber nicht mehr fortgesetzt wird.[528] Demzufolge soll in Fällen, in denen sich der übertragende Rechtsträger seines inländischen Betriebsvermögens vollständig entledigt, eine Aufwandsverteilung unterbleiben.[529] Eine Aufwandsverteilung über 15 Jahre findet auch dann nicht statt, wenn ein Arbeitnehmer unter Mitnahme seiner erworbenen Pensionsansprüche zu einem neuen Arbeitgeber wechselt (vgl. § 4f Abs. 1 S. 3 Var. 2 EStG) oder der Betrieb am Schluss des vorhergehenden Wirtschaftsjahres die Größenmerkmale des § 7g Abs. 1 S. 2 Nr. 1 a bis c EStG nicht überschreitet (vgl. § 4f Abs. 1 S. 3 Var. 3 EStG). Sofern eine der Rückausnahmen im Sinne des § 4f Abs. 1 S. 3 EStG einschlägig ist, kann der Aufwand im Wirtschaftsjahr der Verpflichtungsübertragung vollständig als Betriebsausgabe abgezogen werden, da insoweit lediglich ein geringes Gestaltungspotential besteht.[530] Während § 4f EStG für kleinere und mittlere Betriebe im Sinne des § 7g EStG überhaupt nicht zur Anwendung kommt und diese daher die weitreichendste Ausnahme erfahren, unterliegen bei Großunternehmen nur solche Vorgänge einer Privilegierung, die zur Übertragung gesamter betrieblicher Einheiten führen.[531] Ob die Übertragung gesamter betrieblicher Einheiten vom Rückausnahmetatbestand im Sinne des § 4f Abs. 1 S. 3 Var. 1 EStG erfasst ist, wenn die unternehmerische Tätigkeit aufgrund von Umwandlungsvorgängen nach dem Umwandlungssteuergesetz in anderer Rechtform oder durch einen anderen Rechtsträger fortgesetzt wird, ist in der Literatur aufgrund dieser in den Gesetzesmaterialien[532] aufgeworfenen Frage äußerst umstritten.[533] Mit Blick auf die Anwendbarkeit des § 4f Abs. 1

---

528 *Krumm*, in: Blümich, EStG, § 4f Rn. 33. So lassen sich auch die Gesetzesmaterialien BT-Drs. 18/68 (neu), S. 73; BR-Drs. 740/13 (B), S. 115 f. lesen, wonach die Ausnahmeregelung dann nicht eingreifen soll, „wenn die unternehmerische Tätigkeit aufgrund von Umwandlungsvorgängen nach dem Umwandlungssteuergesetz in anderer Rechtsform oder durch einen anderen Rechtsträger fortgesetzt wird."

529 *Förster/Staaden*, Ubg 2014, 1, 7; vgl. auch *Benz/Placke*, DStR 2013, 2653, 2656.

530 *Krumm*, in: Blümich, EStG, § 4f Rn. 30; *Neumann-Tomm*, in: Lademann, EStG, § 4f Rn. 49; *Schießl*, in: Kirchhof/Söhn/Mellinghoff, EStG, § 4f Rn. B 16; *Schindler*, in: Kirchhof, EStG, 18. Auflage, § 4f Rn. 3; *ders.*, GmbHR 2014, 561, 565; *Schlotter*/Hörhammer, StbJb. 2013/2014, 292, 306; vgl. *Riedel*, FR 2014, 6, 9.

531 *Schlotter*/Hörhammer, StbJb. 2013/2014, 292, 306; vgl. auch *Hörhammer/Pitzke*, NWB 2014, 426, 431.

532 BT-Drs. 18/68 (neu), S. 73; BR-Drs. 740/13 (B), S. 116.

533 Zutreffenderweise sind Umwandlungs- und Einbringungsvorgänge des Umwandlungssteuer-gesetzes grundsätzlich als veräußerungbegründend wirkende tauschähnliche Vorgänge und damit als Veräußerungsvorgänge zu qualifizieren, so dass auch in diesen Fällen die Rückausnahme regelmäßig eingreifen wird; siehe hierzu ausführlich 2. Kapitel C II.

S. 1 EStG auf Umwandlungs- und Einbringungsvorgänge im Sinne des Umwandlungssteuergesetzes wird eine der zentralen Fragen sein, ob besagte Umstrukturierungsvorgänge einen Veräußerungsvorgang im Sinne der § 4f Abs. 1 S. 3 Var. 1 EStG darstellen. Die Verweisung des § 4f Abs. 1 S. 3 Var. 1 EStG auf die „Veräußerung[en] [...] des ganzen Betriebes oder des gesamten Mitunternehmeranteils im Sinne der §§ 14, 16 Absatz 1, 3 und 3a sowie des § 18 Absatz 3 [EStG]" deutet darauf hin, dass im Kontext des § 4f Abs. 1 S. 3 EStG unter einer Veräußerung die zu § 16 EStG entwickelten allgemeinen Grundsätze zu verstehen sind. Demnach fällt unter diesen Begriff jede entgeltliche (oder teilentgeltliche) Übertragung des zivilrechtlichen oder zumindest wirtschaftlichen Eigentums an Wirtschaftsgütern auf ein anderes (Steuer-)Rechtssubjekt.[534] Insoweit wäre nach dem Gesetzestext grundsätzlich jeder Umwandlungs- und Einbringungsvorgang im Sinne des Umwandlungssteuergesetzes, der unter den ertragsteuerlichen Veräußerungsbegriff fällt,[535] auch vom Anwendungsbereich der Ausnahmeregelung (§ 4f Abs. 1 S. 3 EStG) erfasst.[536] Ob diese Sichtweise richtig ist, wird im 3. Kapitel untersucht.[537]

Ein übergeordnetes Prinzip, worauf die Auswahl der Sachverhaltskonstellationen, die zu einer Rückkehr zur systemkonformen sofortigen Aufwandsverrechnung führen, basiert, ist nicht existent. Zwar mag die Intention der Verhinderung der missbräuchlichen frühzeitigen Aufdeckung stiller Lasten mit Blick auf die Ausnahmen in den Veräußerung- und Aufgabefällen sowie hinsichtlich der Ausnahme für kleinere Betriebe ursächlich gewesen sein. Die Ausnahme für Arbeitgeberwechsel lässt sich damit allerdings nicht erklären. Konsequent wäre anstelle einer willkürlichen Auswahl von Ausnahmesituationen vielmehr, den Anwendungsbereich des § 4f EStG auf Verpflichtungsübertragungen zwischen verbundenen Unternehmen zu begrenzen.[538]

Folge der Ausnahmetatbestände des § 4f Abs. 1 S. 3 EStG ist, dass der Aufwand entgegen der in § 4f Abs. 1 S. 1 EStG angeordneten grundsätzlichen Aufwandsverteilung sofort gewinnwirksam wird; die Regelung führt also zum bilanzrechtlichen „Grundzustand"[539] zurück. Dies bringt zum Ausdruck, dass selbst der Gesetzgeber

534 Vgl. insoweit ausführlich 2. Kapitel C I; ebenso *Schallmoser*, in: Blümich, EStG, § 16 Rn. 20; *Sieker*, in: Lademann, EStG, § 16 Rn. 50 ff.; *Wacker*, in: Schmidt, EStG, § 16 Rn. 20; zur Veräußerung eines Anteils an einer Personengesellschaft BFH 22.9.1992 – VIII R 7/90, BStBl. II 1993, 228, 230.

535 Siehe hierzu 2. Kapitel C II. So hat auch schon der Bundesfinanzhof entschieden, dass Umwandlungsvorgänge von § 16 EStG erfasst sein können (vgl. BFH 11.9.1991 – XI R 15/90, BStBl. II 1992, 404, 405).

536 So *Krumm*, in: Blümich, EStG, § 4f Rn. 34; *Rödder*, in: Rödder/Herlinghaus/van Lishaut, UmwStG, § 12 Rn. 24d; *Schober*, in: Herrmann/Heuer/Raupach, EStG, § 4f Rn. 16; *Förster/Staaden*, Ubg 2014, 1, 7; *Riedel*, FR 2014, 6, 12; *Schlotter*/Hörhammer, StbJb. 2013/2014, 292, 307; a.A. Adrian/*Heinemann*, StbJb. 2014/2015, 307, 323; *Melan/Wecke*, Ubg 2017, 253, 256 f.

537 Siehe ausführlich 3. Kapitel C IV.

538 *A. Meyer*, in: BeckOK, EStG, § 4f Rn. 6.2.

539 *A. Meyer*, in: BeckOK, EStG, § 4f Rn. 6.2.

die ständige Rechtsprechung des Bundesfinanzhofs vor Einführung der §§ 4f, 5 Abs. 7 EStG zur steuerbilanziellen Behandlung der Übertragung passivierungsbeschränkter Verpflichtungen und damit auch die sofortige Aufwandsberücksichtigung als richtig und systematisch zutreffend erachtet.[540]

bb) § 4f Abs. 1 S. 4–6 EStG

Über die Ausnahmen des § 4f Abs. 1 S. 3 EStG hinaus ordnet § 4f Abs. 1 S. 4–6 EStG Privilegierungen für Teilbetriebsveräußerungen oder -aufgaben an. Voraussetzung für diese Begünstigung ist jedoch eine Zuordnung der jeweiligen Verpflichtung zum betroffenen Teilbetrieb.[541] Eine Aufwandsverteilung ist in diesen Fällen nur insoweit vorgesehen, als die stillen Lasten einen Teilbetriebsveräußerungs- bzw. einen Teilbetriebsaufgabeverlust begründen oder erhöhen, also die im Rahmen des Vorgangs realisierten stillen Lasten die realisierten stillen Reserven übersteigen.[542] Im Kontext des § 4f Abs. 1 S. 4–6 EStG gelten wie auch bei § 4f Abs. 1 S. 3 EStG für die Veräußerung die zu § 16 EStG entwickelten allgemeinen Grundsätze.

c) Bindung des Rechtsnachfolgers gem. § 4f Abs. 1 S. 7 EStG

§ 4f Abs. 1 S. 7 EStG regelt die Frage der einkommensteuerlichen Behandlung der noch nicht abgezogenen Betriebsausgaben, wenn der Betrieb, in dem sie ursprünglich entstanden sind, seine Gestalt, beispielsweise durch Rechtsträgerwechsel, ändert.[543] § 4f Abs. 1 S. 7 EStG ordnet also für die Fälle des § 4f Abs. 1 und 2 EStG an, dass auch der Rechtsnachfolger des „ursprünglich Verpflichteten" an die Aufwandsverteilung des § 4f Abs. 1 S. 1–6 EStG gebunden ist,[544] wodurch der

---

540 So auch *A. Meyer*, in: BeckOK, EStG, § 4f Rn. 6.2; vgl. auch BT-Drs. 18/68 (neu), S. 73; vgl. auch BR-Drs. 740/13 (B), S. 115 f. Auch die Finanzverwaltung hat ihr BMF-Schreiben vom 24.6.2011 (BStBl. I 2011, 627) durch das BMF-Schreiben vom 30.11.2017 (BStBl. I 2017, 1619) aufgehoben und mehrere Entscheidungen des Bundesfinanzhofs (siehe hierzu BFH 14.12.2011 – I R 72/10, BStBl. II 2017, 1226; BFH 26.4.2012 – IV R 43/09, BStBl. II 2017, 1228; BFH 12.12.2012 – I R 69/11, BStBl. II 2017, 1232; BFH 12.12.2012 – I R 28/11, BStBl. II 2017, 1265) nachträglich in das Bundessteuerblatt aufgenommen.

541 *A. Meyer*, in: BeckOK, EStG, § 4f Rn. 38.

542 Vgl. BT-Drs. 18/68 (neu), S. 73; BR-Drs. 740/13 (B), S. 116; ebenso *Krumm*, in: Blümich, EStG, § 4f Rn. 35; *A. Meyer*, in: BeckOK, EStG, § 4f Rn. 38; *Schießl*, in: Kirchhof/Söhn/Mellinghoff, EStG, § 4f Rn. B 25; *Bogenschütz*, FS Endres, S. 31, 39; *Förster/Staaden*, Ubg 2014, 1, 8.

543 *Neumann-Tomm*, in: Lademann, EStG, § 4f Rn. 74.

544 Nach zutreffender Auffassung kommt der selektiven Verweisung in § 4f Abs. 2 EStG keine Bedeutung zu, so dass § 4f Abs. 1 EStG ohne Einschränkungen auch auf interne Schuldfreistellungen anzuwenden ist; siehe hierzu ausführlich 1. Kapitel C II 2 c bb.

betriebsbezogene Charakter des § 4f EStG zum Ausdruck kommt.[545] „Ursprünglich Verpflichteter" im Sinne der Vorschrift ist derjenige, der die Verpflichtung, welche von der jeweiligen Passivierungsbeschränkung betroffen ist, erstmals übertragen hat, also derjenige, der erstmalig zur Aufwandsverteilung gem. § 4f EStG verpflichtet worden ist.[546] Voraussetzung für § 4f Abs. 1 S. 7 EStG ist, dass eine Verpflichtung übertragen wurde, wobei die dadurch aufgedeckten stillen Lasten beim ursprünglich Verpflichteten der Aufwandsverteilung des § 4f Abs. 1 S. 1 und S. 2 EStG unterlegen haben.[547] Ziel des § 4f Abs. 1 S. 7 EStG ist die Vermeidung des Untergangs eines beim Übertragenden noch nicht vollständig berücksichtigten Aufwands und die Gewährleistung der vollständigen Berücksichtigung des durch die Übertragung der Verpflichtung realisierten Aufwands.[548]

Die Vorschrift bringt zum Ausdruck, dass die Aufwandsverteilung gem. § 4f Abs. 1 S. 1–6 EStG, im Unterschied zum Untergang steuerlicher Verlustabzüge (§ 10d EStG) mangels Vererblichkeit,[549] Gegenstand einer Rechtsnachfolge, also rechtsnachfolgefähig sein kann.[550] Diese Zielrichtung entspricht auch dem der Gesamtrechtsnachfolge im Sinne des § 45 AO zugrunde liegenden Grundsatz.[551] Der Rechtsnachfolger tritt demnach über die zivilrechtliche Rechtsnachfolge hinaus sowohl materiellrechtlich als auch verfahrensrechtlich in die abgabenrechtliche Position des Rechtsvorgängers ein.[552] Mangels höchstpersönlicher Umstände, welche unmittelbar mit der Person des Rechtsvorgängers im Zusammenhang

---

545 *A. Meyer*, in: BeckOK, EStG, § 4f Rn. 41; vgl. auch *Hörner*, in: Frotscher/Geurts, EStG, § 4f Rn. 45; ausführlicher *Neumann-Tomm*, in: Lademann, EStG, § 4f Rn. 75 f.

546 *A. Meyer*, in: BeckOK, EStG, § 4f Rn. 41; vgl. auch BMF-Schreiben 30.11.2017, BStBl. I 2017, 1619, 1622; *Schober*, in: Herrmann/Heuer/Raupach, EStG, § 4f Rn. 10; a.A. *Hörner*, in: Frotscher/Geurts, EStG, § 4f Rn. 14; *Adrian/Fey*, StuB 2014, 53, 55; *Benz/Placke*, DStR 2013, 2653, 2655; *Schultz/Debnar*, BB 2014, 107, 108.

547 *Neumann-Tomm*, in: Lademann, EStG, § 4f Rn. 74.

548 BT-Drs. 18/68 (neu), S. 73; BR-Drs. 740/13 (B), S. 116; *Hörner*, in: Frotscher/Geurts, EStG, § 4f Rn. 45; *Förster/Staaden*, Ubg 2014, 1, 7. Kritisch zu würdigen ist dies jedoch im Hinblick auf das im deutschen Ertragsteuerrecht als Ausfluss des Leistungsfähigkeitsprinzips geltende Individualsteuerprinzip (vgl. BFH 17.12.2007 – GrS 2/04, BStBl. II 2008, 608, 612), wonach grundsätzlich nur derjenige einen Verlust steuerlich geltend machen kann, der diesen auch erlitten und wirtschaftlich zu tragen hat; siehe hierzu ausführlicher *Riedel*, FR 2014, 6, 10 f.

549 So jedenfalls BFH 17.12.2007 – GrS 2/04, BStBl. II 2008, 608, 612.

550 *Schindler*, in: Kirchhof, EStG, 18. Auflage, § 4f Rn. 20; *Melan/Wecke*, Ubg 2017, 253, 257.

551 *Schindler*, in: Kirchhof, EStG, 18. Auflage, § 4f Rn. 20; *Melan/Wecke*, Ubg 2017, 253, 257; *Schindler*, GmbHR 2014, 561, 566.

552 BFH 17.12.2007 – GrS 2/04, BStBl. II 2008, 608, 611; BFH 20.3.2002 – II R 53/99, BStBl. II 2002, 441, 442; BFH 17.6.1997 – IX R 30–95, BStBl. II 1997, 802, 803; *Schindler*, in: Kirchhof, EStG, 18. Auflage, § 4f Rn. 20; *Melan/Wecke*, Ubg 2017, 253, 257; *Schindler*, GmbHR 2014, 561, 566.

stehen, ist von der Gesamtrechtsnachfolge auch die Betriebsausgabenverteilung im Sinne des § 4f Abs. 1 S. 1 EStG erfasst.[553]

In Ermangelung einer Einschränkung der „Rechtsnachfolge" im Sinne des § 4f Abs. 1 S. 7 EStG erfasst die Vorschrift sowohl Einzelrechtsnachfolgen, Sonderrechtsnachfolgen als auch Gesamtrechtsnachfolgen, so dass sich die Vorschrift ohne weitere Differenzierung auf sämtliche Rechtsnachfolger des ursprünglich Verpflichteten erstreckt.[554] Teilweise wird in der Literatur vertreten, dass der gestreckte Betriebsausgabenabzug als steuerrechtliche Position nicht isoliert übertragbar und dementsprechend insoweit eine Rechtsnachfolge nicht möglich sei.[555] Vielmehr könne der Rechtsnachfolger nur bei Gesamtrechtsnachfolgetatbeständen im Sinne des § 45 AO in die abgabenrechtliche Stellung des Rechtsvorgängers eintreten und demzufolge das Betriebsausgabenabzugsrecht übernehmen.[556] Andere wiederum sehen vom Begriff des Rechtsnachfolgers im Sinne des § 4f Abs. 1 S. 7 EStG über das Begriffsverständnis der abgabenrechtlichen Gesamtrechtsnachfolge hinausgehend auch Fälle der partiellen Gesamtrechtsnachfolge im zivilrechtlichen Sinne als erfasst an, versagen aber dennoch eine Anwendung auf Einzelrechtsnachfolgetatbestände.[557] Würde man den Anwendungsbereich des § 4f Abs. 1 S. 7 EStG derart begrenzen und den noch nicht steuerwirksam gewordenen Aufwand nicht im Wege der Einzelrechtsnachfolge mit übergehen lassen, hätte dies zum Ergebnis, dass der übertragende Rechtsträger im weiteren Verlauf ohne Betrieb den noch vorhandenen Aufwand in Fortführung der Aufwandsverteilung geltend machen müsste. Dabei würde jedoch verkannt, dass § 4f Abs. 1 S. 7 EStG keine Einschränkungen vorsieht. Vielmehr erstreckt sich die Regelung differenzierungslos auf den „jeweiligen Rechtsnachfolger des ursprünglich Verpflichteten".[558] Bestätigt wird dies durch den Telos der Norm, wonach die vollständige Berücksichtigung des durch die Verpflichtungsübertragung realisierten Aufwands dadurch zu

553 Vgl. *Schießl*, in: Kirchhof/Söhn/Mellinghoff, EStG, § 4f Rn. B 35; *Melan/Wecke*, Ubg 2017, 253, 257.

554 *Krumm*, in: Blümich, EStG, § 4f Rn. 28; *A. Meyer*, in: BeckOK, EStG, § 4f Rn. 41; *Neumann-Tomm*, in: Lademann, EStG, § 4f Rn. 74; *Schießl*, in: Kirchhof/Söhn/Mellinghoff, EStG, § 4f Rn. B 35; *Schober*, in: Herrmann/Heuer/Raupach, EStG, § 4f Rn. 20; *Kahle/Braun*, FR 2018, 197, 202; *Riedel*, Ubg 2014, 421, 424; *Schindler*, GmbHR 2014, 561, 566; teilweise abweichend *Hörner*, in: Frotscher/Geurts, EStG, § 4f Rn. 46, der mangels isolierter Übertragbarkeit der steuerrechtlichen Position des gestreckten Betriebsausgabenabzugs der Ansicht ist, dass von dem Begriff „Rechtsnachfolger" im Sinne des § 4f Abs. 1 S. 7 EStG zwar die Gesamt- und Sonderrechtsnachfolgetatbestände erfasst sind, nicht aber Einzelrechtsnachfolgetatbestände.

555 *Schindler*, in: Kirchhof, EStG, 18. Auflage, § 4f Rn. 21; *ders.*, GmbHR, 2014, 561, 566; im Ergebnis auch *Hörner*, in: Frotscher/Geurts, EStG, § 4f Rn. 46; *Melan/Wecke*, Ubg 2017, 253, 257.

556 *Schindler*, in: Kirchhof, EStG, 18. Auflage, § 4f Rn. 21.

557 *Melan/Wecke*, Ubg 2017, 253, 257.

558 *A. Meyer*, in: BeckOK, EStG, § 4f Rn. 41.

gewährleisten ist, dass aufseiten des übertragenden Rechtsträgers ein noch nicht vollständig berücksichtigter Aufwand auf den Rechtsnachfolger übergeht.[559] Es besteht auch im Falle der Betriebsveräußerung bzw. -aufgabe im Sinne des § 4f Abs. 1 S. 3 EStG keine Möglichkeit, stille Lasten isoliert aufseiten des bisherigen Betriebsinhabers für Zwecke des § 4f Abs. 1 S. 1 EStG zurückzubehalten, so dass der Betrieb, durch den der Aufwand veranlasst wurde, und der noch nicht steuerwirksam gewordene Aufwand nach dem Willen des Gesetzgebers zusammengehören.[560]

Infolgedessen beschränkt sich der Anwendungsbereich der Nachfolgeregelung des § 4f Abs. 1 S. 7 EStG nicht auf Gesamtrechtsnachfolgetatbestände und die partielle Gesamtrechtsnachfolge, welche den Gesamtrechtsnachfolgetatbeständen in ihrer Wirkung gleichgestellt sind, sondern findet uneingeschränkt auf sämtliche Arten der Rechtsnachfolge, also auch im Falle der Einzelrechtsnachfolge Anwendung.

Zudem soll im Falle einer Rechtsnachfolge der Rechtsnachfolger nach § 4f Abs. 1 S. 7 EStG einen verbleibenden Aufwand, nicht jedoch den vollen Aufwand, verteilt auf den Restzeitraum, geltend machen können.[561] Dies steht insbesondere im Einklang mit der Entstehungshistorie des § 4f Abs. 1 S. 1 EStG und dem bei Abfassung der Vorschrift zugrunde liegenden Leitbild des Gesetzgebers, wonach die Vorschrift eine Reaktion auf Sachverhalte darstellt, in denen stille Lasten durch Übertragung passivierungsbeschränkter Verpflichtungen im Wege der Schuldübernahme oder Schuldfreistellung gegen Entgeltzahlung erstmalig gehoben wurden.[562]

d) § 4f EStG im Kontext des Sanierungserlasses gem. § 3a EStG

§ 4f EStG ist auch im Zusammenhang mit Sanierungserträgen gem. § 3a EStG von Relevanz. Nach § 3a Abs. 3 S. 2 Nr. 1 EStG reduziert sich der abziehbare Aufwand des zu sanierenden Unternehmens, der auf eine Verpflichtungsübertragung im Sinne des § 4f Abs. 1 S. 1 EStG zurückzuführen ist.[563] Daher ordnet § 3a Abs. 3 S. 2 EStG den Untergang von Steuerminderungspotenial an. Sofern die Verpflichtungsübertragung in das Jahr der Sanierung fällt, ergibt sich aus dem Wortlaut der Vorschrift, dass nicht der Sanierungserlass, sondern der sonstige Gewinn des Unternehmens von der Verminderung betroffen ist.[564] Gemindert wird der

---

559 Vgl. *Schießl*, in: Kirchhof/Söhn/Mellinghoff, EStG, § 4f Rn. B 34.

560 *Krumm*, in: Blümich, EStG, § 4f Rn. 28; *Schießl*, in: Kirchhof/Söhn/Mellinghoff, EStG, § 4f Rn. B 35; im Ergebnis auch *A. Meyer*, in: BeckOK, EStG, § 4f Rn. 8, 41; vgl. auch *Neumann-Tomm*, in: Lademann, EStG, § 4f Rn. 74 f.

561 Ebenso *Schindler*, in: Kirchhof, EStG, 18. Auflage, § 4f Rn. 20. Siehe hierzu ausführlich 3. Kapitel C III.

562 Vgl. zur Rechtsprechung, die zur Einführung des § 4f EStG führten 1. Kapitel B I.

563 *Bleschick*, in: BeckOK, EStG, § 3a Rn. 381; *Hallerbach*, in: Herrmann/Heuer/Raupach, EStG, § 3a Rn. J 17–18.

564 *Hallerbach*, in: Herrmann/Heuer/Raupach, EStG, § 3a Rn. J 17–18.

Aufwand gem. § 4f Abs. 1 S. 1 EStG nicht, wenn die Verpflichtung gem. § 4f Abs. 1 S. 7 EStG auf einen Rechtsnachfolger übergeht, der die Verpflichtung übernommen hat und insoweit der Regelung des § 5 Abs. 7 EStG unterliegt. Dabei setzt § 3a EStG offenbar eine Situation voraus, in der der Aufwand im Sinne des § 4f Abs. 1 S. 1 EStG gem. § 4f Abs. 1 S. 7 EStG auf einen Rechtsnachfolger übergegangen ist, welcher die Verpflichtung übernommen hat und insoweit auch vom Anwendungsbereich des § 5 Abs. 7 EStG erfasst ist. Dies steht allerdings im Widerspruch zu der hier vertretenen Auffassung, wonach im Falle einer Verpflichtungsübertragung die Rechtsposition des übertragenden Rechtsträgers in § 4f EStG und die Rechtsposition des übernehmenden Rechtsträgers einer Verpflichtung ausdrücklich in § 5 Abs. 7 EStG normiert ist.[565] Eine Vereinigung der Rechtsfolgen der Vorschriften beim übernehmenden Rechtsträger, wie sie § 3a EStG voraussetzt, kann nicht überzeugen.[566] Darüber hinaus ist zu beachten, dass § 4f Abs. 1 S. 7 EStG nur dann anwendbar ist, wenn die Rechtsnachfolge einer bereits vollzogenen Verpflichtungsübertragung nachfolgt.[567]

Sofern man zutreffenderweise davon ausgeht, dass § 4f EStG die Rechtsfolgen aufseiten des übertragenden Rechtsträgers regelt, § 5 Abs. 7 EStG die Rechtsfolgen aufseiten des übernehmenden Rechtsträgers normiert und § 4f Abs. 1 S. 7 EStG nur auf solche Übertragungsvorgänge anwendbar ist, denen bereits ein die Aufwandsverteilung auslösender Übertragungsvorgang im Sinne des § 4f Abs. 1 S. 1 EStG vorgeht, lassen sich § 4f EStG und § 3a EStG nicht miteinander in Einklang bringen. Soweit § 3a EStG Konstellationen regelt, die es nach § 4f EStG nicht geben kann, ist § 3a EStG einschränkend auszulegen.

4. Fazit

Aufgrund des weiten Anwendungsbereichs des § 4f Abs. 1 S. 1 EStG findet die Vorschrift nicht nur auf die Übertragung passivierungsbeschränkter Verpflichtungen im Wege der Schuldübernahme, sondern auch auf interne Schuldfreistellungen Anwendung. § 4f Abs. 2 EStG ist daher von rein deklaratorischer Natur. Vielmehr ist die im Wortlaut des § 4f Abs. 1 und 2 EStG angelegte Differenzierung zwischen den verschiedenen zivilrechtlichen Übertragungsmöglichkeiten irrelevant. Zu berücksichtigen gilt es, dass nicht nur die Übertragung gesamter Mitunternehmeranteile, sondern aufgrund der zugrunde gelegten Transparenzbetrachtung auch Teilanteilsübertragungen vom Anwendungsbereich des § 4f Abs. 1 S. 1 EStG erfasst sind. Die angeordnete Verteilung des durch die Übertragung passivierungsbeschränkter Verpflichtungen entstandenen Aufwands gilt jedoch nicht uneingeschränkt. Sowohl § 4f Abs. 1 S. 3 EStG als auch Abs. 1 S. 4–6 enthalten Ausnahmetatbestände, die eine sofortige Berücksichtigung des Aufwands

565 Siehe hierzu 3. Kapitel C III.
566 Vgl. *A. Meyer*, in: BeckOK, EStG, § 4f Rn. 28.1; siehe auch 3. Kapitel C III.
567 Siehe hierzu 3. Kapitel C III.

anordnen. Dabei ist darauf hinzuweisen, dass sowohl bei § 4f Abs. 1 S. 3 EStG als auch bei § 4f Abs. 1 S. 4–6 EStG die für Veräußerungen gem. § 16 EStG entwickelten allgemeinen Grundsätze gelten. Um sicherzustellen, dass stille Lasten nicht unberücksichtigt untergehen, ordnet der Gesetzgeber in § 4f Abs. 1 S. 7 EStG an, dass die vollständige Berücksichtigung des durch die Verpflichtungsübertragung realisierten Aufwands dadurch gewährleistet wird, dass aufseiten des übertragenden Rechtsträgers ein noch nicht vollständig berücksichtigter Aufwand auf den Rechtsnachfolger übergeht. Dem Rechtsnachfolgebegriff im Sinne des § 4f Abs. 1 S. 7 EStG liegt ein weites Begriffsverständnis zugrunde, so dass sowohl Rechtsnachfolgevorgänge im Wege der Einzelrechtsnachfolge, der Sonderrechtsnachfolge als auch der Gesamtrechtsnachfolge erfasst sind. Letztlich kommt die Anwendung des § 4f Abs. 1 S. 7 EStG nur bei Übertragungsvorgängen in Betracht, denen ein die Aufwandsverteilung auslösender Übertragungsvorgang vorgeht. § 3a EStG steht im Widerspruch zur hier vertretenen Auffassung. Soweit § 3a EStG Konstellationen regelt, die es nach § 4f EStG nicht geben kann, ist § 3a EStG einschränkend auszulegen. Die Vorschrift § 4f EStG ist das Ergebnis fiskalpolitisch motivierter und schnelllebiger Gesetzgebung.[568] Die fiskalpolitische Motivation ist ausdrücklich in den Gesetzesmaterialien[569] formuliert, was darüber hinaus insbesondere daran deutlich wird, dass § 4f EStG in der aktuellen Fassung weit über das hinausgeht, was ursprünglich intendiert war. Während der Gesetzgeber ursprünglich nur konzerninterne Verpflichtungsübertragungen den Restriktionen der §§ 4f, 5 Abs. 7 EStG unterwerfen wollte, erfasst der Anwendungsbereich der Vorschriften in ihrer endgültigen Fassung auch konzernübergreifende Verpflichtungsübertragungen zu marktüblichen Konditionen und geht damit weit über den ursprünglich angedachten Anwendungsbereich hinaus. Mit dieser Ausweitung werden die an einer Verpflichtungsübertragung beteiligten Rechtsträger generell unter Missbrauchsverdacht gestellt. Insoweit schießt der Gesetzgeber mit § 4f EStG weit über das Ziel hinaus.

Neben der überschießenden Tendenz der Vorschrift bestehen insbesondere gesetzessystematische Bedenken. Zwar wird durch die Regelung die Realisierung stiller Lasten nicht in Gänze versagt, dennoch führt sie zu einer Verringerung des Barwerts der Steuerminderung, die abhängig vom jeweiligen Zinsniveau ein erhebliches Ausmaß erreichen kann.[570] Die in § 4f Abs. 1 S. 1 EStG angeordnete Aufwandsverteilung über 15 Jahre verhindert, dass im Rahmen der steuerrechtlichen Gewinnermittlung Betriebsausgaben sofort abgezogen werden können, obwohl diese durch einen Marktvorgang bestätigt worden sind.[571] Folge eines solchen Realisationsakts ist aber, dass mit Überschreitung des Realisationszeitpunkts endgültig feststeht, dass der übertragende Rechtsträger in Höhe der Wegschaffungskosten

568 Ebenso *A. Meyer*, in: BeckOK, EStG, § 4f Rn. 11.1.
569 BT-Drs. 18/68 (neu), S. 73; BR-Drs. 740/13 (B), S. 115.
570 *A. Meyer*, in: BeckOK, EStG, § 4f Rn. 6.1; *Förster/Staaden*, Ubg 2014, 1, 4.
571 *Kahle*, DStR 2018, 976, 980.

aufgrund der Verpflichtung endgültig belastet ist,[572] so dass die Anordnung der Aufwandsverteilung nach § 4f Abs. 1 S. 1 EStG in Abweichung von den Grundsätzen ordnungsmäßiger Buchführung eine Durchbrechung des Grundsatzes der Maßgeblichkeit im Sinne des § 5 Abs. 1 S. 1 EStG darstellt. Dadurch wird insbesondere gegen das Realisationsprinzip[573] verstoßen, das besagt, dass Gewinne und auch Verluste spätestens dann zu bilanzieren sind, wenn diese durch einen Marktvorgang bestätigt wurden.[574] Die Einordnung als steuerbilanzrechtlicher Systembruch können auch die in § 4f Abs. 1 S. 3 EStG angeordneten Ausnahmetatbestände nicht ändern.[575] Allerdings lässt die Formulierung des § 4f Abs. 1 S. 3 EStG den Schluss zu, dass auch der Gesetzgeber die ständige Rechtsprechung des Bundesfinanzhofs vor Einführung der §§ 4f, 5 Abs. 7 EStG zur steuerbilanziellen Behandlung der Übertragung passivierungsbeschränkter Verpflichtungen und damit auch die sofortige Aufwandsberücksichtigung als richtig und systematisch zutreffend erachtet.[576] Damit führen die mit § 4f Abs. 1 S. 1 EStG einhergehenden Rechtsfolgen zu einer spezialgesetzlichen Abweichung vom Realisationsprinzip und damit zu bilanzsteuerrechtlichen Systemverwerfungen.

III. Steuerliche Folgen beim Übernehmer von Verpflichtungen nach § 5 Abs. 7 EStG

Im Rahmen der Frage der Anwendbarkeit der §§ 4f, 5 Abs. 7 EStG auf Umstrukturierungsvorgänge im Sinne des Umwandlungssteuergesetzes gilt es neben den Grundlagen zu § 4f EStG auch die Grundlagen des § 5 Abs. 7 EStG darzustellen. Zunächst wird ein Überblick über die Vorschrift gegeben, um sodann die Tatbestandsvoraussetzungen und Rechtsfolgen des § 5 Abs. 7 EStG darzustellen und kritisch zu würdigen.

1. Überblick und zeitlicher Anwendungsbereich

§ 5 Abs. 7 EStG wurde – wie auch § 4f EStG – vom Gesetzgeber als Gegenmaßnahme gegen die ständige Rechtsprechung des Bundesfinanzhofs in Form einer rechtsprechungsbrechenden Gesetzgebung durch das AIFM-StAnpG[577] in das Einkommensteuergesetz eingefügt und regelt flankierend zu § 4f EStG die steuerlichen Folgen von Verpflichtungsübertragungen aufseiten des Erwerbers.[578] Dabei

572 *Schlotter*/Hörhammer, StbJb. 2013/2014, 292, 310; vgl. auch BFH 17.10.2007 – I R 61/06, BStBl. II 2008, 555, 556; *Schlotter*, Ubg 2010, 635, 642.

573 Vgl. zum Realisationsprinzip 1. Kapitel A I 4.

574 Vgl. *Kahle*, DStR 2018, 976, 980; vgl. auch *Hennrichs*, in: Tipke/Lang, Steuerrecht, 22. Auflage, § 9 Rn. 198; *Riedel*, FR 2014, 6, 10.

575 *A. Meyer*, in: BeckOK, EStG, § 4f Rn. 6.2.

576 Vgl. 1. Kapitel C II 3 b aa; so auch *A. Meyer*, in: BeckOK, EStG, § 4f Rn. 6.2; vgl. hierzu auch BT-Drs. 18/68 (neu), S. 73; vgl. auch BR-Drs. 740/13 (B), S. 115 f.

577 Vgl. ausführlich zur Rechtsentwicklung des AIFM-StAnpG 1. Kapitel C I.

578 *Schindler*, GmbHR 2014, 786.

ist aufseiten des Erwerbers – unabhängig von der steuerrechtlichen Würdigung eines Sachverhalts beim übertragenden Rechtsträger – für Zwecke der Folgebewertung der Verpflichtung eine korrespondierende Ertragsverteilung möglich.[579] Daher ist § 5 Abs. 7 EStG, der zwar auf § 4f EStG Bezug nimmt, nicht jedoch synchron auf diesen abgestimmt ist, in funktionalem Zusammenhang mit § 4f EStG zu sehen.[580] Die jüngere Rechtsprechung des Bundesfinanzhofs ließ die Aufdeckung stiller Lasten zu, welche in passivierungsbeschränkten Verpflichtungen aufseiten des Veräußerers fußten. Die entgeltliche Übertragung solcher Verpflichtungen im Wege einer Schuldübernahme, eines Schuldbeitritts oder einer Erfüllungsübernahme mit Freistellungsanspruch des ursprünglichen Schuldners führte aufseiten des übertragenden Rechtsträgers zur Entstehung sofort erfolgswirksamer Betriebsausgaben.[581] Beim übernehmenden Rechtsträger hatte die Rechtsprechung des Bundesfinanzhofs zur Folge, dass aufgrund des Grundsatzes der Erfolgsneutralität von Anschaffungsvorgängen, der auch auf Passivposten Anwendung findet,[582] die beim übertragenden Rechtsträger einer Passivierungsbeschränkung unterlegen haben, kein Erwerbsgewinn im Hinblick auf die übernommene Verpflichtung entstehen konnte.[583] § 5 Abs. 7 EStG regelt als Reaktion auf die Rechtsprechung des Bundesfinanzhofs die steuerlichen Folgen der Übertragung von Verpflichtungen, welche beim ursprünglich Verpflichteten mit einer Passivierungsbeschränkung belegt waren, auf Erwerberseite neu.[584] Durch die Vorschrift wird angeordnet, dass hinsichtlich der übernommenen passivierungsbeschränkten Verpflichtungen aufseiten des Erwerbers zunächst der Grundsatz der Erfolgsneutralität von Anschaffungsvorgängen im Zeitpunkt der Übernahme anzuwenden ist.[585] An den auf den Übernahmezeitpunkt folgenden Abschlussstichtagen sind die Passivposten aufseiten des übernehmenden Rechtsträgers und dessen Rechtsnachfolger nach § 5 Abs. 7 S. 1 EStG in der Steuerbilanz so zu erfassen, wie sie beim ursprünglich Verpflichteten ohne Übernahme zu bilanzieren wären. Hintergrund der Neuregelung war es, den gesetzlich verankerten Passivierungsbeschränkungen auch nach der Übernahme einer passivierungsbeschränkten Verpflichtung weiterhin Geltung zu verschaffen.[586]

---

579 *Fuhrmann*, DB 2014, 7, 11; *Korn/Stahl*, KÖSDI 2014, 18746, 18750; *Nielsen/Schulenburg*, FR 2017, 623, 627; *Veit/Hainz*, BB 2014, 1323, 1326.

580 Vgl. auch *Schindler*, GmbHR 2014, 786, 791.

581 Siehe hierzu ausführlich 1. Kapitel B I.

582 Siehe hierzu 1. Kapitel A I 5.

583 Vgl. zur Rechtslage vor der Einführung des § 4f EStG 1. Kapitel B.

584 *Förster/Staaden*, Ubg 2014, 1, 8; *Schindler*, GmbHR 2014, 781, 786.

585 Ebenso *Fuhrmann*, DB 2014, 9, 14; *Kahle/Braun*, FR 2018, 197, 203; vgl. auch *Schlotter*/Hörhammer, StbJb. 2013/2014, 292, 316.

586 Siehe BT-Drs. 18/68 (neu), S. 74; BR-Drs. 740/13 (B), S. 117; *Adrian/Fey*, NWB 2014, 53, 58; *Benz/Placke*, DStR 2013, 2653, 2658; *Hörhammer/Pitzke*, NWB 2014, 426, 427; *Lüdenbach/Hoffmann*, GmbHR 2014, 123, 126.

Erstmals anzuwenden war § 5 Abs. 7 EStG wie auch § 4f EStG nach § 52 Abs. 8 EStG in der Fassung vom 18. Dezember 2013 für die Wirtschaftsjahre, die nach dem 28. November 2013 endeten. Dementsprechend erfasst der zeitliche Anwendungsbereich des § 5 Abs. 7 EStG auch Verpflichtungsübernahmen, die vor dem 29.11.2013 vollzogen wurden und in das zu dieser Zeit laufende Wirtschaftsjahr fallen.[587]

2. *Tatbestandsvoraussetzungen*

Auf Tatbestandsebene setzt § 5 Abs. 7 EStG lediglich übernommene Verpflichtungen voraus, welche beim ursprünglich Verpflichteten Ansatzverboten, -beschränkungen oder Bewertungsvorbehalten unterlegen haben.

a) Verpflichtung und Passivierungsbeschränkungen

Die Anforderungen an Verpflichtungen und Passivierungsbeschränkungen im Sinne des § 5 Abs. 7 S. 1 EStG werden durch die Vorschrift nicht näher konkretisiert. Nach Auffassung der Finanzverwaltung soll § 5 Abs. 7 EStG selbst dann anzuwenden sein, wenn es sich bei der ursprünglichen Verpflichtung um eine nach ausländischem Recht begründete Verpflichtung handelt und der ursprünglich Verpflichtete nicht dem deutschen Steuerrecht unterlag.[588] Die Verpflichtung soll mit dem Wert angesetzt werden, der nach den Regelungen des deutschen Einkommensteuergesetzes oder Körperschaftsteuergesetzes anzusetzen gewesen wäre.[589] Dabei würde aufseiten des in Deutschland steuerpflichtigen übernehmenden Rechtsträgers auf den abstrakten Wert abgestellt, der vom ursprünglich Verpflichteten nach deutschem Steuerrecht unter Berücksichtigung der jeweiligen inländischen Passivierungsbeschränkung anzusetzen gewesen wäre, nicht hingegen auf den Wert der konkreten Bilanzposition des Rechtsvorgängers.[590] Demnach würde eine fiktive Passivierungsbeschränkung aufseiten des übertragenden Rechtsträgers herangezogen.[591] Das Gesetz stellt allerdings nicht auf fiktive Umstände, sondern auf einen Ist-Zustand ab, so dass die Verpflichtung nach ausländischem Recht einer Passivierungsbeschränkung hätte unterliegen müssen.[592] Entgegen der Auffassung der Finanzverwaltung ist daher richtig, dass die Passivierungsbeschränkung nach deutschem Steuerrecht besteht.[593] § 5 Abs. 7 EStG soll nach dem Normzweck nur

---

587 Vgl. hierzu 1. Kapitel C I.

588 BMF-Schreiben 30.11.2017, BStBl. I 2017, 1619, 1620.

589 BMF-Schreiben 30.11.2017, BStBl. I 2017, 1619, 1620.

590 *Kahle/Braun*, FR 2018, 197, 204.

591 *Tiedchen*, in: Herrmann/Heuer/Raupach, EStG, § 5 Rn. 2422; *Bolik/Selig-Kraft*, DStR 2017, 169; *Kahle/Braun*, FR 2018, 197, 204; *Riedel*, Ubg 2017, 580, 582.

592 *Riedel*, Ubg 2017, 580, 582.

593 *Wartin*, in: Frotscher/Geurts, EStG, § 5 Rn. 448e; vgl. auch *Kahle/Braun*, FR 2018, 197, 204.

auf solche Verpflichtungsübernahmen anzuwenden sein, die zum Nachteil des deutschen Fiskus führen.[594] Dementsprechend gilt § 5 Abs. 7 EStG nicht für die Übertragung solcher passivierungsbeschränkter Verpflichtungen, die nicht zu Lasten des deutschen, sondern zu Lasten des ausländischen Fiskus gehen.[595] Im Übrigen sind hinsichtlich Verpflichtungen und Passivierungsbeschränkungen im Sinne des § 5 Abs. 7 S. 1 EStG keine Abweichungen zu § 4f EStG festzustellen, so dass insoweit die Ausführungen zu § 4f EStG in gleicher Weise auch für das Begriffsverständnis im Kontext des § 5 Abs. 7 S. 1 EStG gelten.[596]

b) Übernahmevorgang

Nach dem Gesetzeswortlaut des § 5 Abs. 7 S. 1 EStG muss die besagte Verpflichtung übernommen worden sein. Nach dieser Vorschrift sind von ihrem Anwendungsbereich – in Abgrenzung zu § 5 Abs. 7 S. 2 EStG – zivilrechtliche Übernahmen erfasst. Dies kann durch Einzel-, Sonder- oder Gesamtrechtsnachfolge erfolgen.[597] Dementsprechend muss die Verpflichtung rechtlich auf den übernehmenden Rechtsträger übergehen, so dass es im rechtlichen Sinne zu einem Schuldnerwechsel kommt.[598] § 5 Abs. 7 S. 2 EStG stellt die wirtschaftliche Übernahme von derartigen Verpflichtungen der rechtlichen Übernahme gem. § 5 Abs. 7 S. 1 EStG gleich, so dass Schuldbeitritt und Erfüllungsübernahme durch Begründung von Freistellungsverpflichtungen von § 5 Abs. 7 EStG erfasst sind.[599]

Ähnlich wie im Rahmen der § 4f Abs. 1 S. 1 und § 4f Abs. 2 EStG[600] soll nach einzelnen Stimmen in der Literatur auch bei § 5 Abs. 7 EStG – trotz letztendlich gleicher Behandlung aufgrund vergleichbarer wirtschaftlicher Wirkung – zwischen der außenwirksamen Übertragung gem. § 5 Abs. 7 S. 1 EStG und der nicht

---

594 *Kahle/Braun*, FR 2018, 197, 204; vgl. auch *Förster/Staaden*, Ubg 2014, 1, 9; *U. Prinz*, DB 2017, Heft. Nr. 26, M 28, M 29; vgl. hierzu BT-Drs. 18/68 (neu), S. 73; BR-Drs. 740/13 (B), S. 117.

595 *Kahle/Braun*, FR 2018, 197, 204; vgl. hierzu auch *Schober*, in: Herrmann/Heuer/Raupach, EStG, § 4f Rn. 10; *Wartin*, in: Frotscher/Geurts, EStG, § 5 Rn. 448e; *Adrian/Fey*, StuB 2013, 404, 409; *Förster/Staaden*, Ubg, 2014, 1, 9; *U. Prinz*, DB 2017, Heft Nr. 26, M 28, M29; *Riedel*, DStR 2013, 1047, 1052; *dies.*, Ubg 2013, 421, 426; *Schlotter*/Hörhammer, StbJb. 2013/2014, 292, 314.

596 Siehe hinsichtlich der Anforderungen an die Verpflichtung, die Passivierungsbeschränkung und den Übertragungsvorgang im Sinne des § 4f Abs. 1 S. 1 EStG 1. Kapitel C II 2.

597 *Schindler*, GmbHR 2014, 786, 787; vgl. zu den Übertragungsvorgängen im Wege der Einzel-, Sonder- und Gesamtrechtsnachfolge ausführlicher 1. Kapitel C II 2 c aa.

598 *Neumann-Tomm*, in: Lademann, EStG, § 5 Rn. 2240; *Tiedchen*, in: Herrmann/Heuer/Raupach, EStG, § 5 Rn. 2411; *M. Prinz*, Ubg 2013, 57, 61.

599 *Förster/Staaden*, Ubg 2014, 1, 9; *Schindler*, GmbHR 2014, 786, 789.

600 Siehe hierzu ausführlich 1. Kapitel C II 2 c.

außenwirksamen Übertragung gem. § 5 Abs. 7 S. 2 EStG unterschieden werden.[601] Teilweise wird in der Literatur vertreten, dass andere Rechtsvorgänge, die dem Schuldbeitritt und der Erfüllungsübernahme wirtschaftlich vergleichbar sind, also im Ergebnis auch zu einer wirtschaftlichen Entlastung des weiterhin verpflichteten Altschuldners führen, nicht vom Anwendungsbereich des § 5 Abs. 7 S. 2 EStG erfasst seien.[602] Die Begrifflichkeit „Übernahme" im Sinne des § 5 Abs. 7 S. 1 EStG dürfe schon deshalb nicht derart weit ausgelegt werden, da § 5 Abs. 7 S. 2 EStG ansonsten leerliefe.[603] Vielmehr soll die Aufzählung der Vorschrift abschließend sein.[604] Nach den Vertretern dieser Auffassung ist insbesondere auch die Übertragung von Pensionsverpflichtungen auf einen externen Versorgungsträger nicht vom Anwendungsbereich des § 5 Abs. 7 EStG erfasst.[605]

Mit Blick auf die Anknüpfung an die unterschiedlichen zivilrechtlichen Rechtsfiguren könnte man zunächst in Übereinstimmung mit der soeben genannten Auffassung hinsichtlich wirtschaftlicher Verpflichtungsübernahmen von einem konstitutiven und insbesondere abschließenden Charakter des § 5 Abs. 7 S. 2 EStG ausgehen. Dabei wird jedoch verkannt, dass es im Rahmen des § 5 Abs. 7 S. 1 EStG nicht darauf ankommt, in welchem Rechtskleid die wirtschaftliche Entlastung des ursprünglich verpflichteten Steuerpflichtigen vollzogen wird.[606] § 5 Abs. 7 EStG ist – wie auch § 4f EStG – eine Reaktion auf wirtschaftlich gleiche Sachverhalte, denen lediglich unterschiedliche zivilrechtliche Rechtsfiguren zugrunde liegen.[607] Steuerbilanzrechtlich entscheidend für die Anwendung des § 5 Abs. 7 EStG ist allerdings nicht die zugrunde liegende rechtliche Konstruktion des „Übertragungsvorgangs", sondern vielmehr die Zuordnung der Schuld zum übernehmenden Rechtsträger.[608] Dementsprechend kommt es maßgeblich auf den Übergang der wirtschaftlichen Belastung durch die zur Aufdeckung stiller Lasten führende Entlastung im Sinne der bilanzsteuerrechtlichen Grundsätze an.[609] Diesbezüglich kann

601 *M. Prinz*, Ubg 2013, 57, 60 f.; vgl. auch *Hörhammer/Pitzke*, NWB 2014, 426, 427; *Schindler*, GmbHR 2014, 786, 787; *Weimer*, Hebung stiller Lasten, S. 292.

602 *Tiedchen*, in: Herrmann/Heuer/Raupach, EStG, § 5 Rn. 2430; *M. Prinz*, Ubg 2013, 57, 64; *Schultz/Debnar*, BB 2014, 107, 110.

603 *Neumann-Tomm*, in: Lademann, EStG, § 5 Rn. 2240.

604 *Tiedchen*, in: Herrmann/Heuer/Raupach, EStG, § 5 Rn. 2430; vgl. auch *M. Prinz*, Ubg 2013, 57, 61, 64; *Schultz/Debnar*, BB 2014, 107, 110.

605 Siehe oben Fn. 604.

606 *Krumm*, in: Blümich, EStG, § 5 Rn. 242c; *Schlotter*/Hörhammer, StbJb. 2013/2014, 292, 294 f.; *Weimer*, Hebung stiller Lasten, S. 293.

607 *Krumm*, in: Blümich, EStG, § 5 Rn. 242c; vgl. hierzu im Zusammenhang mit § 4f EStG auch *Hoffmann*, in: Littmann/Bitz/Pust, EStG, §§ 4, 5 Rn. 1481 i.V.m. Rn. 1475; *A. Meyer*, in: BeckOK, EStG, § 4f Rn. 48.1.

608 Vgl. hierzu im Zusammenhang mit § 4f EStG auch *Hoffmann*, in: Littmann/Bitz/Pust, EStG, §§ 4, 5 Rn. 1481 i.V.m. Rn. 1475; *A. Meyer*, in: BeckOK, EStG, § 4f Rn. 48.1.

609 *Krumm*, in: Blümich, EStG, § 5 Rn. 242c mit Verweis auf *Krumm*, in: Blümich, EStG, § 4f Rn. 20.

es keinen Unterschied machen, ob die Entlastung darauf zurückzuführen ist, dass die Verpflichtung rechtlich nicht mehr besteht oder eine Inanspruchnahme auf Grundlage eines werthaltigen Freistellungsanspruchs nicht mehr wahrscheinlich ist.[610] Bestätigt wird diese Auffassung auch durch die Entstehungshistorie der Vorschrift, wonach sowohl § 5 Abs. 7 S. 1 als auch Abs. 7 S. 2 EStG auf den gleichen inhaltlichen Erwägungen[611] basieren.[612] Der Wortlaut des § 5 Abs. 7 S. 1 EStG, nach dem die Verpflichtung von einem anderen Rechtsträger übernommen worden sein muss, bringt im Sinne einer wirtschaftlichen Betrachtungsweise lediglich die gemeinsamen, rechtsfigurübergreifenden Voraussetzungen aller Übertragungsvorgänge im Sinne des § 5 Abs. 7 S. 1 EStG zum Ausdruck.[613] Deshalb dient § 5 Abs. 7 S. 2 EStG der Klarstellung der vor Einführung der §§ 4f, 5 Abs. 7 EStG bestehenden Unklarheiten im Hinblick auf die Reichweite der Rechtsprechung im Lichte der in der Finanzverwaltung und im Schrifttum teilweise vertretenen Auffassungen, wonach in Abhängigkeit der unterschiedlichen zivilrechtlichen Konstruktionen unterschiedliche steuerrechtliche Folgen erwuchsen.[614] Mit § 5 Abs. 7 S. 2 EStG soll lediglich vorsorglich zum Ausdruck gebracht werden, dass zivilrechtliche Konstruktionen, die wirtschaftlich betrachtet zu gleichen Ergebnissen führen, steuerbilanziell auch gleich behandelt werden,[615] so dass auch der Sinn und Zweck des § 5 Abs. 7 S. 2 EStG keine andere Auffassung zulässt. Vielmehr soll durch diese Vorschrift eine Gleichstellung zwischen den in § 5 Abs. 7 S. 1 EStG und § 5 Abs. 7 S. 2 EStG genannten „Übertragungsmöglichkeiten" erreicht werden.[616] Es sollte sichergestellt werden, dass wirtschaftlich vergleichbare Ergebnisse nicht im Wege einer anderen zivilrechtlichen Konstruktion erreicht werden können. Demzufolge enthält § 5 Abs. 7 S. 2 EStG bei Zugrundelegung der wirtschaftlichen Betrachtungsweise lediglich eine beispielhafte Aufzählung und eine rein klarstellende

---

610 Siehe Fn. 609.

611 § 5 Abs. 7 EStG dient, wie auch § 4f EStG, der Vermeidung der steuerwirksamen Aufdeckung stiller Lasten als Reaktion auf die Rechtsprechung des Bundesfinanzhofs, wonach befreiende Schuldübernahme, Schuldbeitritt und Erfüllungsübernahme gleich zu behandeln waren. So erhöhten sowohl die befreiende Schuldübernahme als auch Schuldbeitritt und Erfüllungsübernahme aufseiten des übernehmenden Rechtsträgers unabhängig von der zugrunde liegenden Rechtsfigur die Anschaffungskosten und führten zur erfolgsneutralen Behandlung des Anschaffungsvorgangs; siehe hierzu ausführlich 1. Kapitel B I; so auch *Weimer*, Hebung stiller Lasten, S. 293; vgl. auch BR-Drs. 740/13, S. 115; BT-Drs. 18/68, S. 73.

612 Vgl. im Zusammenhang mit § 4f EStG auch *A. Meyer*, in: BeckOK, EStG, § 4f Rn. 48.1.

613 *Krumm*, in: Blümich, EStG, § 5 Rn. 242c.

614 Ebenso *Krumm*, in: Blümich, EStG, § 5 Rn. 242c.

615 Vgl. im Kontext mit § 4f EStG auch BT-Drs. 18/68 (neu), S. 73; BR-Drs. 740/13 (B), S. 115.

616 Vgl. hierzu im Zusammenhang mit § 4f EStG auch *A. Meyer*, in: BeckOK, EStG, § 4f Rn. 48.1.

Konkretisierung der ohnehin schon vom Anwendungsbereich des § 5 Abs. 7 S. 1 EStG erfassten wirtschaftlichen Entlastung.[617]

c) Entgeltlichkeit des Übertragungsvorgangs

Vereinzelt wird in der Literatur auf Grundlage des Wortlauts die Auffassung vertreten, dass § 5 Abs. 7 EStG in Ermangelung einer ausdrücklichen Anordnung sowohl auf entgeltliche als auch unentgeltliche Übertragungsvorgänge Anwendung finden soll.[618] Auch wenn der Wortlaut des § 5 Abs. 7 EStG – wie auch § 4f EStG – die Entgeltlichkeit der Übertragung nicht ausdrücklich als Tatbestandsmerkmal nennt, ist sie als ungeschriebenes Tatbestandsmerkmal anzuerkennen.[619] Dies wird vom Sinn und Zweck der Vorschrift bestätigt, wonach der Rechtsprechung des Bundesfinanzhofs zu den Anschaffungskosten auf der Passivseite entgegengewirkt werden soll.[620]

d) Besonderheiten bei der Beteiligung von Mitunternehmerschaften

Auch wenn § 5 Abs. 7 S. 3 EStG den Erwerb von Mitunternehmeranteilen ausdrücklich regelt, bestehen in der Literatur Zweifel im Zusammenhang mit ihrer Übertragung. Grundsätzlich führt der Erwerb von Mitunternehmeranteilen sowohl aufseiten des übernehmenden Rechtsträgers als auch aufseiten des übertragenden Rechtsträgers[621] zivilrechtlich zu keiner Verpflichtungsübertragung auf einen anderen Rechtsträger, da nicht der übertragende oder übernehmende Rechtsträger Inhaber der Verpflichtung ist, sondern die Gesamthand.[622] Dementsprechend

617 Ebenso *Krumm*, in: Blümich, EStG, § 5 Rn. 242c mit Verweis auf *Krumm*, in: Blümich, EStG, § 4f Rn. 20; *Weimer*, Hebung stiller Lasten, S. 176 f.; vgl. auch *Wartin*, in: Frotscher/Geurts, EStG, § 5 Rn. 448e; *Lüdenbach/Hoffmann*, GmbHR 2014, 123, 127 mit Verweis auf S. 124; *Schultz/Debnar*, BB 2014, 107, 110; vgl. auch im Kontext des § 4f EStG *Hoffmann*, in: Littmann/Bitz/Pust, EStR, § 4f EStG Rn. 13; *A. Meyer*, in: BeckOK, EStG, § 4f Rn. 48.1.

618 *Krumm*, in: Blümich, EStG, § 5 Rn. 242c; *Neumann-Tomm*, in: Lademann, EStG, § 5 Rn. 2240; *Tiedchen*, in: Herrmann/Heuer/Raupach, EStG, § 5 Rn. 2412; *M. Prinz*, Ubg 2013, 57, 62.

619 *Kahle/Braun*, FR 2018, 197, 199, insbesondere Fn. 33; *Riedel*, FR 2014, 6, 8 insbesondere Fn. 43; *Weimer*, Hebung stiller Lasten, S. 294 f.; vgl. auch BT-Drs. 18/68 (neu), S. 73; BR-Drs. 740/13 (B), S. 115; *Förster/Staaden*, Ubg 2014, 1, 10; wohl auch *Lüdenbach/Hoffmann*, GmbHR 2014, 123, 127.

620 So auch *Riedel*, FR 2014, 6, 8, insbesondere Fn. 43; *Weimer*, Hebung stiller Lasten, S. 295; vgl. auch BR-Drs. 376/1/13, S. 10; BR-Drs. 663/1/12, S. 15; BR-Drs. 740/13 (B), S. 115; BT-Drs. 18/68 (neu), S. 73.

621 Vgl. zu den Besonderheiten im Zusammenhang mit Mitunternehmerschaften im Kontext des § 4f EStG aufseiten des übertragenden Rechtsträgers 1. Kapitel C II 2 e.

622 BT-Drs. 18/68 (neu), S. 74; BR-Drs. 740/13 (B), S. 117; *Reddig*, in: Kirchhof, EStG, 18. Auflage, § 5 Rn. 234; *Tiedchen*, in: Herrmann/Heuer/Raupach, EStG, § 5 Rn. 2452;

findet die Vorschrift des § 5 Abs. 7 S. 1 EStG keine direkte Anwendung auf den Erwerb von Mitunternehmeranteilen. § 5 Abs. 7 S. 3 EStG ordnet – systematisch inkonsistent[623] – auch im Falle des Erwerbs eines Mitunternehmeranteils an, dass die Rechtsfolgen der Verpflichtungsübernahme entsprechend anzuwenden seien, obwohl für den Fall, dass es sich um Verpflichtungen auf Gesamthandsebene handelt, keine Verpflichtungsübernahme im Sinne eines Schuldnerwechsels, kein Schuldbeitritt und auch keine Erfüllungsübernahme vorliegt.[624] Zu beachten ist im Zusammenhang mit § 5 Abs. 7 S. 3 EStG, dass der vom Erwerber erworbene (Teil-) Mitunternehmeranteil aus steuerrechtlicher Perspektive als Erwerb eines ideellen Anteils an den aktiven und passiven Wirtschaftsgütern des Gesellschaftsvermögens zu qualifizieren ist.[625] Folglich erhält der übernehmende Rechtsträger im Rahmen der Übertragung von Mitunternehmeranteilen auch im Hinblick auf Verpflichtungen der Gesamthand ideelle Anteile an einer Verpflichtung, die gem. § 15 Abs. 1 S. 1 Nr. 2 EStG als betriebliches Wirtschaftsgut weiterhin ohne Veränderung der Bilanzierung der Gesamthand in ihrer Steuerbilanz zu erfassen ist.[626]

Demnach werden nach § 5 Abs. 7 S. 3 EStG dem Erwerber des Mitunternehmeranteils die im Wege der Verpflichtungsübertragung auf Ebene der Gesamthand aufgedeckten stillen Lasten entsprechend seinem erworbenen Anteil hinzugerechnet.[627] Im Ergebnis ist der Erwerber des Mitunternehmeranteils daher an die Bilanzierung des ursprünglich Verpflichteten gebunden und hat die anteilig übernommene Verpflichtung in seiner Ergänzungsbilanz unter Berücksichtigung und Fortführung der entsprechenden Ansatz- oder Passivierungsbeschränkungen zu bilanzieren.[628]

Nielsen/Schulenburg, FR 2017, 623, 627; *Riedel*, FR 2017, 949, 955; *Schultz/Debnar*, BB 2014, 107, 110; vgl. auch *Benz/Placke*, DStR 2013, 2653, 2659.

623 So ausdrücklich *Nielsen/Schulenburg*, FR 2017, 623, 627.

624 *Reddig*, in: Kirchhof, EStG, 18. Auflage, § 5 Rn. 234; *Nielsen/Schulenburg*, FR 2017, 623, 627; vgl. auch BT-Drs. 18/68 (neu), S. 74; BR-Drs. 740/13 (B), S. 117; vgl. zu § 5 Abs. 7 S. 3 EStG-E auch *M. Prinz*, Ubg 2013, 57, 65.

625 *Krumm*, in: Blümich, EStG, § 5 Rn. 242g i.V.m. Rn. 1112a; *Reddig*, in: Kirchhof, EStG, 18. Auflage, § 5 Rn. 234; *Wacker*, in: Schmidt, EStG, § 16 Rn. 452; vgl. auch *Riedel*, FR 2017, 949, 955, die von einer „gedanklich anteilig übernommenen Verpflichtung" spricht.

626 Ebenso *Krumm*, in: Blümich, EStG, § 5 Rn. 242g; vgl. auch *Benz/Placke*, DStR 2013, 2653, 2659; *Dannecker/Rudolf*, BB 2014, 2539, 2539; *Schindler*, GmbHR 2014, 786, 789; *Schultz/Debnar*, BB 2014, 107, 110.

627 *Kahle/Braun*, FR 2018, 197, 209; *Nielsen/Schulenburg*, FR 2017, 623, 627; *Riedel*, FR 2017, 949, 955; vgl. auch *Reddig*, in: Kirchhof, EStG, 18. Auflage, § 5 Rn. 234; *Schindler*, GmbHR 2014, 786, 789.

628 *Tiedchen*, in: Herrmann/Heuer/Raupach, EStG, § 5 Rn. 2452; *Benz/Placke*, DStR 2013, 2653, 2659; *Förster/Staaden*, Ubg 2014, 1, 10; *M. Prinz*, Ubg 2013, 57, 63; *Riedel*, FR 2017, 949, 955; *Schlotter*/Hörhammer, StbJb. 2013/2014, 292, 317.

Dementsprechend ordnet § 5 Abs. 7 S. 3 EStG mit dem Verweis auf die entsprechende Anwendung des § 5 Abs. 7 S. 1 EStG lediglich an, was sich ohnehin bereits aufgrund der transparenten Besteuerung ergeben hätte, so dass die Vorschrift dem Transparenzprinzip Rechnung trägt.[629] Folglich wird auf diese Weise eine Gleichstellung des Mitunternehmers mit dem Einzelunternehmer erreicht.[630]

In Ermangelung einer Einschränkung des Wortlauts auf die Übertragung gesamter Mitunternehmeranteile sind von der Vorschrift nicht nur die Übertragung ganzer Mitunternehmeranteile, sondern auch die Fälle der anteiligen Übertragung von Mitunternehmeranteilen erfasst.[631]

3. Rechtsfolgen des § 5 Abs. 7 EStG

Wie auch im Rahmen des § 4f EStG differenziert der Gesetzgeber aufseiten des übernehmenden Rechtsträgers zwischen der Übernahme außenwirksamer Vorgänge gem. § 5 Abs. 7 S. 1 EStG und den nicht außenwirksamen bzw. auf das Innenverhältnis abzielenden Übertragungsvorgängen der Erfüllungsübernahme und des freistellenden Schuldbeitritts nach § 5 Abs. 7 S. 2 EStG. Sind die Tatbestandvoraussetzungen erfüllt, treten die in § 5 Abs. 7 S. 1 EStG geregelten Rechtsfolgen ein. Dabei ist zwischen dem Zeitpunkt der Verpflichtungsübernahme und den folgenden Abschlussstichtagen zu unterscheiden.

a) Bilanzierung im Zeitpunkt der Verpflichtungsübernahme

Übernommene Verpflichtungen gem. § 5 Abs. 7 S. 1 EStG sind zu den auf die Übernahme folgenden Abschlussstichtagen bei dem Übernehmer und dessen Rechtsnachfolger so zu bilanzieren, wie sie beim ursprünglich Verpflichteten ohne Übernahme zu bilanzieren wären. Demnach bedient sich der Gesetzgeber einer Fiktion, um reine Erfüllungsvorgänge, die grundsätzlich bilanziell irrelevant sind, im

---

629 Vgl. *Heinius/Schäfer/Schinzl*, in: Baur/Tappen, § 15a InvStG Rn. 52; *Neumann-Tomm*, in: Lademann, EStG, § 5 Rn. 2253; *Reddig*, in: Kirchhof, EStG, 18. Auflage, § 5 Rn. 234; *Wartin*, in: Frotscher/Geurts, EStG, § 5 Rn. 448h; *Benz/Placke*, DStR 2013, 2653, 2659; *Förster/Staaden*, Ubg 2014, 1, 9; *Kahle/Braun*, FR 2018, 197, 209; *Korn/Strahl*, KÖSDI 2014, 18746, 18750; *Riedel*, FR 2017, 949, 955; *Schindler*, GmbHR 2014, 786, 789; a.A. *Dannecker/Rudolf*, BB 2014, 2539, 2540, die in der Vorschrift aufgrund des Wortlauts eher eine Regelung mit konstitutiver Wirkung sehen.

630 *Kahle/Braun*, FR 2018, 197, 209; vgl. auch *M. Prinz*, Ubg 2013, 57, 65; *Schindler*, GmbHR 2014, 786, 789.

631 Ebenso *Krumm*, in: Blümich, EStG, § 5 Rn. 242g; *Neumann-Tomm*, in: Lademann, EStG, § 5 Rn. 2253; *Reddig*, in: Kirchhof, EStG, 18. Auflage, § 5 Rn. 234; *Tiedchen*, in: Herrmann/Heuer/Raupach, EStG, § 5 Rn. 2450; *Nielsen/Schulenberg*, FR 2017, 623, 626; *Schindler*, GmbHR 2014, 786, 790; vgl. auch *Förster/Staaden*, Ubg 2014, 1, 10; *Dannecker/Rudolf*, BB 2014, 2539, 2540; *M. Prinz*, Ubg 2013, 57, 66.

Rahmen der Bilanzierung systemwidrig zu Relevanz zu verhelfen.[632] Der übernehmende Rechtsträger hat die übernommene Verpflichtung im Übernahmezeitpunkt mit ihren „Anschaffungskosten" zu bilanzieren, so dass der Anschaffungsvorgang zunächst – systematisch zutreffend – erfolgsneutral ist.[633] Damit erkennt auch der Gesetzgeber die Auffassung des Bundesfinanzhofs zur alten Rechtslage, wonach der Grundsatz der Erfolgsneutralität von Anschaffungsvorgängen die steuerlichen Passivierungsbeschränkungen systematisch zutreffend verdrängt, zumindest im Zeitpunkt der Erstellung der Eröffnungsbilanz im Grundsatz an.[634]

b) Bilanzierung an den folgenden Anschlussstichtagen

Von der vor Einführung des § 5 Abs. 7 EStG zutreffenden Auffassung abweichend ordnet die Vorschrift in S. 1 an, dass in der auf das Ende der nachfolgenden Wirtschaftsjahre aufzustellenden Steuerbilanz die ursprünglichen Passivierungsbeschränkungen, welche aufseiten des übertragenden Rechtsträgers galten, wieder anzuwenden sind. Die Finanzverwaltung führt hierzu aus, dass aufseiten des übernehmenden Rechtsträgers die gleichen Bilanzierungsvorschriften zu beachten sind, die auch für den ursprünglichen Verpflichteten am Bilanzstichtag gegolten hätten, wenn er die Verpflichtung nicht übertragen hätte.[635] Dies gilt gem. § 5 Abs. 7 S. 2 EStG gleichermaßen für Verpflichtungsübernahmevorgänge im oben genannten Sinne[636] sowie gem. § 5 Abs. 7 S. 3 EStG auch für Verpflichtungsübertragungen im Wege des Erwerbs eines Mitunternehmeranteils. Während der Gesetzgeber mit der Einführung des § 5 Abs. 7 S. 1 EStG konkludent bestätigt, dass die Erfolgsneutralität von Anschaffungsvorgängen grundsätzlich weiter zu wahren ist, ordnet die Regelung für die erste nachfolgende Steuerbilanz unter Durchbrechung bilanzsteuerrechtlicher Prinzipien im Rahmen einer Fiktion die Weitergeltung der

---

632 *Schlotter*/Hörhammer, StbJb. 2013/2014, 292, 315; vgl. auch *Adrian/Fey*, StuB 2014, 53, 58.

633 *Krumm*, in: Blümich, EStG, § 5 Rn. 242; *Reddig*, in: Kirchhof, EStG, 18. Auflage, § 5 Rn. 224; *Tiedchen*, in: Herrmann/Heuer/Raupach, EStG, § 5 Rn. 2420; *Adrian/Fey*, StuB 2014, 53, 58; *dies.*, StuB 2013, 404, 408 im Zusammenhang mit § 5 Abs. 7 EStG-E; *Benz/Placke*, DStR 2013, 2653, 2658; *Förster/Staaden*, Ubg 2014, 1, 8; *Fuhrmann*, DB 2014, 9, 14; *Schindler*, GmbHR 2014, 786, 788.

634 *Krumm*, in: Blümich, EStG, § 5 Rn. 242; *Reddig*, in: Kirchhof, EStG, 18. Auflage, § 5 Rn. 234; *Förster/Staaden*, Ubg 2014, 1, 8; *Fuhrmann*, DB 2014, 9, 14; *Schindler*, GmbHR 2014, 786, 787; *Weimer*, Hebung stiller Lasten, S. 291; vgl. auch *Schlotter*/Hörhammer, StbJb. 2013/2014, 292, 314, 316.

635 BMF-Schreiben 30.11.2017, BStBl. I 2017, 1619, 1620. In diesem Kontext wird von der Finanzverwaltung insbesondere auf die Regelungen in § 5 Abs. 2 a bis 4 b, Abs. 5 Satz 1 Nr. 2, § 6 Abs. 1 Nr. 3 und 3 a sowie § 6a EStG verwiesen (BMF-Schreiben 30.11.2017, BStBl. I 2017, 1619, 1620).

636 Siehe hierzu 1. Kapitel C III 2 b.

beim ursprünglich Verpflichteten anzuwendenden Passivierungsbeschränkungen aufseiten des übernehmenden Rechtsträgers oder dessen Rechtsnachfolger an.[637]

Zu beachten ist in diesem Zusammenhang, dass die Anordnung der Fiktion, also die Anknüpfung an die Bilanzierung des ursprünglich Verpflichteten, einen abstrakten Verweis auf die Anwendung der entsprechenden Regelungen darstellt und nicht im Sinne einer formellen Maßgeblichkeit des bisherigen konkreten Verpflichtungsansatzes des übertragenden Rechtsträgers für den übernehmenden Rechtsträger ausgelegt werden kann.[638] Der übernehmende Rechtsträger und dessen Rechtsnachfolger haben daher nicht den konkreten Bilanzansatz zu übernehmen,[639] so dass auch eine fehlerhafte Bilanzierung aufseiten des übernehmenden Rechtsträgers nicht maßgebend sein kann.[640] Dementsprechend behält die rechtlich oder wirtschaftlich übernommene Verpflichtung ihren originären Charakter bei und unterliegt aufgrund dessen weiterhin den ursprünglichen Passivierungsbeschränkungen.[641] Die Einführung des § 5 Abs. 7 EStG führt aufgrund des Wiederauflebens der Passivierungsbeschränkungen in der auf die Verpflichtungsübertragung folgenden Schlussbilanz zu einer Gewinnrealisierung.[642] Der Unterschiedsbetrag zwischen dem nach dem Steuerbilanzrecht zulässigen Ansatz und dem Erfüllungsbetrag ist der Gewinn, welcher als Folge des § 5 Abs. 7 S. 1 EStG aufseiten des übernehmenden Rechtsträgers entsteht. Dabei gilt es allerdings zu

---

637 *Fuhrmann*, DB 2014, 9, 14; *Kahle*, DB 2014, Beilage zu Heft 22, 1, 13; *Schlotter*/Hörhammer, StbJb. 2013/2014, 292, 314; vgl. auch BFH 14.12.2011 – I R 72/10, BStBl. II 2017, 1226, 1228; BFH 12.12.2012 – I R 69/11, BStBl. II 2017, 1232, 1235 f., wonach der Passivausweis trotz Realisation der passivierungsbeschränkten Verpflichtung eines gegenläufigen – dann aber einmal mehr systemwidrig greifenden – Gesetzesbefehls bedarf; siehe auch *Krumm*, in: Blümich, EStG, § 5 Rn. 242; *Weber-Grellet*, in: Schmidt, EStG, § 5 Rn. 503; *Adrian/Fey*, StuB 2014, 53, 58; *dies.*, StuB 2013, 404, 408; *Benz/Placke*, DStR 2013, 2653, 2658; *Förster/Staaden*, Ubg 2014, 1, 8; *Geberth/Höhn*, DB 2013, 1192, 1194; *Günkel*, BB 2013, 1001, 1005; *Lüdenbach/Hoffmann*, GmbHR 2014, 123, 127; *M. Prinz*, Ubg 2013, 57, 63, 70; *U. Prinz*/Hörhammer, StbJb. 2012/2013, 307, 334, 337; *Rödder*, in: Rödder/Herlinghaus/van Lishaut, UmwStG, § 12 Rn. 24d; *Schindler*, GmbHR 2014, 786, 787; *Schlotter*, FR 2013, 615, 616; *Schultz/Debnar*, BB 2014, 107, 110; *Veit/Jura*, DStZ 2013, 533, 537.

638 *Adrian/Fey*, StuB 2014, 53, 58; *Förster/Staaden*, Ubg 2014, 1, 10; *M. Prinz*, Ubg 2013, 57, 62 f.; *Schlotter*/Hörhammer, StbJb. 2013/2014, 292, 315.

639 Schlotter/*Hörhammer*, StbJb. 2013/2014, 292, 317; *Riedel*, Ubg 2017, 580; *Weber-Grellet*, DB 2018, 661, 662; vgl. *Adrian/Fey*, StuB 2014, 53, 58; *M. Prinz*, Ubg 2013, 57, 63.

640 Vgl. *Adrian/Fey*, StuB 2014, 53, 58; *Förster/Staaden*, Ubg 2014, 1, 10; *M. Prinz*, Ubg 2013, 57, 63; *Schindler*, GmbHR 2014, 786, 788; *Veit/Hainz*, BB 2014, 1323, 1325; offen gelassen von *Riedel*, FR 2014, 6, 11.

641 BT-Drs. 18/68 (neu), S. 74; *Förster/Staaden*, Ubg 2014, 1, 10; *Kaminski*, Stbg 2014, 145, 149; vgl. *Adrian/Fey*, StuB 2014, 53, 58; *Adrian*/Heinemann, StbJb. 2014/2015, 307, 310; *Fuhrmann*, DB 2014, 9, 15; *Ronig/Geiermann*, StBW 2014, 264, 269.

642 Vgl. *Krumm*, in: Blümich, EStG, § 5 Rn. 242f; *Kahle/Braun*, FR 2018, 197, 205; *Schindler*, GmbHR 2014, 786, 788.

beachten, dass der Ertrag nicht nur den Unterschiedsbetrag zwischen Erfüllungsbetrag und dem steuerbilanziellen Wert im Erwerbszeitpunkt, sondern darüber hinaus auch die Wertentwicklung bis hin zum folgenden Abschlussstichtag enthält.[643] Demnach führt die Anwendung des § 5 Abs. 7 S. 1 EStG – entgegen dem tradierten Grundsatz der Erfolgsneutralität von Anschaffungsvorgängen – zu einem phasenverschobenen Erwerbsgewinn.[644]

Anknüpfend an die vorausgegangenen Ausführungen besteht gem. § 5 Abs. 7 S. 5 und 6 EStG die Möglichkeit, den nach § 5 Abs. 7 S. 1 EStG entstehenden Erwerbsgewinn mit dem aus der übernommenen Verpflichtung resultierenden Aufwand zu einem späteren Zeitpunkt wieder auszugleichen.[645] Dementsprechend gilt es im Folgenden, die Verteilungsregelungen des § 5 Abs. 7 S. 5 und 6 EStG zu erläutern.

c) Verteilungsregelung gem. § 5 Abs. 7 S. 5 und 6 EStG

Nachdem gem. § 5 Abs. 7 S. 1 EStG sichergestellt ist, dass aufseiten des übernehmenden Rechtsträgers die ursprünglichen Ansatz- und Bewertungsbeschränkungen berücksichtigt werden, stehen ihm im Rahmen der Verteilungsregelungen gem. § 5 Abs. 7 S. 5 und 6 EStG zwei Wahlrechte zu. So hat der Erwerber die Wahl, ob er sich für die Verteilung des Erwerbsgewinns im Sinne des § 5 Abs. 7 S. 5 EStG entscheidet oder nicht. Sofern er sich für eine Erwerbsgewinnverteilung entscheidet, besteht in gewissen Grenzen ein zweites Wahlrecht, in welchen Auflösungsbeträgen die damit einhergehende Gewinnrücklage über die nächsten Jahre aufgelöst wird.

Zunächst „kann" der Erwerber gem. § 5 Abs. 7 S. 5 EStG den Übernahmeertrag über einen Auflösungszeitraum von 15 Jahren verteilen oder sofort in voller Höhe erfolgswirksam werden lassen. Der Erwerbsgewinn, welcher sich aus der Anwendung des § 5 Abs. 7 S. 1–3 EStG ergibt, also der Unterschiedsbetrag zwischen den „Anschaffungskosten" zum Zeitpunkt der Übernahme der Verpflichtung und dem in der folgenden Schlussbilanz nach § 5 Abs. 7 S. 1 EStG anzusetzenden niedrigeren Wert,[646] kann durch das Verteilungswahlrecht des § 5 Abs. 7 S. 5 EStG auf 15 Jahre

643 *Kahle/Braun*, FR 2018, 197, 205; vgl. auch BMF-Schreiben 30.11.2017, BStBl. I 2017, 1619 1620; *Kleinmanns*, BB 2017, 3058.

644 *Krumm*, in: Blümich, EStG, § 5 Rn. 242f; *Tiedchen*, in: Herrmann/Heuer/Raupach, EStG, § 5 Rn. 2437; *Bogenschütz*, FS Endres, S. 31, 40; *Förster/Staaden*, Ubg 2014, 1, 10; *Kaminski*, Stbg 2014, 145, 149; *Schindler*, GmbHR 2014, 786, 788; *Schlotter/* Hörhammer, StbJb. 2013/2014, 292, 314; teilweise ist auch von einem „Erwerbsfolgegewinn" die Rede, so *Neumann-Tomm*, in: Lademann, EStG, § 5 Rn. 2244. *Korn/Strahl*, KÖSDI 2014, 18746, 18750 verwenden in diesem Zusammenhang den Begriff „Anschaffungsgewinn". Andere wiederum bezeichnen den Ertrag im Sinne des § 5 Abs. 7 S. 1 EStG als Übernahmeertrag (*Weber-Grellet*, DB 2018, 661; vgl. auch BMF-Schreiben 30.11.2017, BStBl. I 2017, 1619, 1620).

645 Vgl. hierzu auch *Weber-Grellet*, DB 2018, 661, 662.

646 BMF-Schreiben 30.11.2017, BStBl. I 2017, 1619, 1620.

verteilt werden. Nach dieser Vorschrift kann durch Bildung einer gewinnmindernden Rücklage in Höhe von 14/15, die in den folgenden 14 Wirtschaftsjahren mit jeweils mindestens 1/14 gewinnerhöhend aufzulösen ist, eine Abmilderung der steuerlichen Lasten erreicht werden. Zu beachten gilt es, dass aufgrund des Wortlauts des § 5 Abs. 7 S. 5 EStG über das Ob und die Höhe der steuerfreien Rücklage „jeweils" für jede einzelne übernommene passivierungsbeschränkte Verpflichtung gesondert entschieden werden kann.[647]

§ 5 Abs. 7 S. 5 und 6 EStG normiert allerdings nur in gewissen Grenzen, in welcher Höhe die gebildete Gewinnrücklage in den folgenden 14 Wirtschaftsjahren aufzulösen ist. Die Vorschrift ordnet an, dass die Rücklage in den Folgejahren zwar mit mindestens 1/14 gewinnerhöhend aufzulösen, nicht jedoch, dass die Gewinnrücklage gleichmäßig aufzulösen ist. Insofern enthält § 5 Abs. 7 S. 5 EStG ein zweites Wahlrecht im Hinblick auf die Höhe des jeweiligen Auflösungsbetrags je Wirtschaftsjahr.[648] Da bei steuerlichen Wahlrechten ein Stetigkeitsprinzip grundsätzlich nicht zu beachten ist,[649] kann freiwillig auch eine höhere Auflösung der Rücklage in den einzelnen Wirtschaftsjahren vorgenommen werden.[650] Erlischt die Verpflichtung jedoch innerhalb des Auflösungszeitraums, so ist sie gem. § 5 Abs. 7 S. 6 EStG sofort in der noch verbliebenen Höhe aufzulösen.

In Abhängigkeit von der Ausübung der Verteilungsregelungen des § 5 Abs. 7 S. 5 EStG hat der übernehmende Rechtsträger die Möglichkeit, über die Rücklagenbildung die Höhe des Ertrages zu beeinflussen, der sich aus der Auflösung der gebildeten Rücklage pro Wirtschaftsjahr ergibt. Der Wortlaut des § 5 Abs. 7 EStG spricht – wie auch Stimmen in der Literatur[651] – von einem Gewinn bzw. Erwerbsgewinn aus der Auflösung der im Rahmen der Verpflichtungsübernahme gebildeten Rücklage. In diesem Kontext stellt sich jedoch die Frage nach den Auswirkungen auf den zu versteuernden Gewinn im Sinne der §§ 4 Abs. 1, 5 EStG. Wirtschaftlich betrachtet wird im Ergebnis die Verpflichtung, welche aufgrund

647 So auch *Wartin*, in: Frotscher/Geurts, EStG, § 5 Rn. 448g; *Adrian/Fey*, StuB 2014, 53, 59; *Benz/Placke*, DStR 2013, 2653, 2658; *Förster/Staaden*, Ubg 2014, 1, 11; *Fuhrmann*, DB 2014, 9, 14; *Hörhammer/Pitzke*, NWB 2014, 426, 429; *Kahle/Braun*, FR 2018, 197, 205; *Riedel*, FR 2014, 6, 11; *Schindler*, GmbHR 2014, 786, 788; *Schlotter*/Hörhammer, StbJb. 2013/2014, 292, 317.

648 *Adrian/Fey*, StuB 2014, 53, 59; *Benz/Placke*, DStR 2013, 2653, 2659; *Förster/Staaden*, Ubg 2014, 1, 11; *Riedel*, FR 2014, 6, 11; *Schindler*, GmbHR 2014, 786, 789; *Schlotter*/Hörhammer, StbJb. 2013/2014, 292, 317.

649 Vgl. *Adrian//Fey*, StuB 2014, 53, 59; *Dörfler/Adrian*, Ubg 2009, 385.

650 Vgl. *Benz/Placke*, DStR 2013, 2653, 2659; *Hofmann*, StuB 2014, 1, 2; *Kaminski*, Stbg 2014, 145, 150; *Korn/Stahl*, KÖSDI 2014, 18746, 18751; *Riedel*, FR 2014, 6, 11; *Ronig/Geiermann*, StBW 2014, 264, 270.

651 *Krumm*, in: Blümich, EStG, § 5 Rn. 242f; *Neumann-Tomm*, in: Lademann, EStG, § 5 Rn. 2244; *Tiedchen*, in: Herrmann/Heuer/Raupach, EStG, § 5 Rn. 2437; *Bogenschütz*, FS Endres, S. 31, 40; *Förster/Staaden*, Ubg 2014, 1, 10; *Schindler*, GmbHR 2014, 786, 788; *Schlotter*/Hörhammer, StbJb. 2013/2014, 292, 314.

der steuerrechtlichen Passivierungsbeschränkungen nicht oder nicht vollständig angesetzt werden darf, durch die steuerfreie Rücklage ersetzt.[652] Eine gewinnerhöhende Auflösung der gewinnmindernden Rücklage, die für die übernommene passivierungsbeschränkte Verpflichtung gebildet wurde, führt nicht zwingend auch immer zu einem Gewinn.[653] Vielmehr steht dem Gewinn häufig der Aufwand aus der Tilgung der Verpflichtung gegenüber dem Gläubiger als Kompensation des Ertrags aus der Auflösung der Rücklage gegenüber.[654] Ein Gewinnbeitrag kann nur in solchen Fällen entstehen, in denen der aus dem gewinnerhöhenden Auflösungsbetrag der Rücklage resultierende Ertrag nicht durch einen Aufwand aus der Erfüllung der übernommenen Verpflichtung in entsprechender Höhe kompensiert wird.[655] Geht also die Restlaufzeit einer passivierungsbeschränkten Verpflichtung über die gesetzlich vorgesehene Laufzeit der Verpflichtung hinaus oder bauen sich passivierungsbeschränkte Verpflichtungen erst am Ende ihrer Laufzeit ab, folgt aus der (verteilten) Besteuerung des Erwerbsgewinns eine vorgezogene Besteuerung.[656] Fließt der Aufwand, der durch die Erfüllung der übernommenen Verpflichtung entstanden ist, der Höhe nach dem Auflösungsbetrag der Rücklage gem. § 5 Abs. 7 S. 5 EStG entsprechend, über die Restlaufzeit tatsächlich kontinuierlich ab, führt dies zu einer Kompensation des Erwerbsgewinns.[657] Das zweite Wahlrecht bietet je nach bilanzpolitischem Bedarf die Möglichkeit, einen höheren Auflösungsbetrag zu wählen,[658] so dass ein Gewinn durch Steuergestaltungsansätze im Rahmen der Anwendung des § 5 Abs. 7 S. 5 EStG teilweise vermieden werden kann.[659] Kein Gewinn entsteht, wenn der aus der Erfüllung der Verpflichtung resultierende Aufwand und der Ertrag aus der Auflösung der Rückstellung zeitlich zusammenfallen.[660] Im Rahmen der Vorschrift kann daher nicht reflexartig auf eine Gewinnauswirkung geschlossen werden. Vielmehr müssen die wirtschaftlichen Auswirkungen der Anwendung des § 5 Abs. 7 EStG auf den zu versteuernden Gewinn des übernehmenden Rechtsträgers immer im Rahmen einer Einzelfallbetrachtung beurteilt werden.[661]

---

652 *Förster/Staaden*, Ubg 2014, 1, 11.

653 Vgl. *Weber-Grellet*, DB 2018, 661, 663; *Weimer*, Hebung stiller Lasten, S. 308 f.

654 Vgl. *Weber-Grellet*, DB 2018, 661, 663; *Weimer*, Hebung stiller Lasten, S. 308 f.

655 Vgl. *Weber-Grellet*, DB 2018, 661, 663.

656 *Förster/Staaden*, Ubg 2014, 1, 11.

657 *Weber-Grellet*, DB 2018, 661, 663; ebenso *Weimer*, Hebung stiller Lasten, S. 308 f.

658 *Adrian/Fey*, StuB 2014, 53, 59.

659 Vgl. auch *Lüdenbach/Hoffmann*, GmbHR 2014, 123, 128.

660 *Weber-Grellet*, DB 2018, 611, 663; *Weimer*, Hebung stiller Lasten, S. 309; vgl. auch *Förster/Staaden*, Ubg 2014, 1, 11; *Lüdenbach/Hoffmann*, GmbHR 2014, 123, 128.

661 Ebenso *Weimer*, Hebung stiller Lasten, S. 309; vgl. auch *Förster/Staaden*, Ubg 2014, 1, 11; *Lüdenbach/Hoffmann*, GmbHR 2014, 123, 128.

d) *Bindung des Rechtsnachfolgers*

§ 5 Abs. 7 S. 1 EStG ordnet weiterhin an, dass § 5 Abs. 7 EStG sowohl auf den Übernehmer als auch dessen Rechtsnachfolger Anwendung finden soll. Der Begriff des „Rechtsnachfolgers" ist allgemein gehalten, weshalb dieser Rechtsnachfolger im Wege der Einzel-, Gesamt- und Sonderrechtsnachfolge erfasst.[662] Die Bindung des Rechtsnachfolgers an die Bilanzierung beim ursprünglich Verpflichteten ist bei wortlautgetreuer Auslegung des § 5 Abs. 7 S. 1 EStG bei Kettenübertragungen[663] problematisch. Eine mehrfache Weiterübertragung der passivierungsbeschränkten Verpflichtung hätte nach Auffassung der Finanzverwaltung zur Folge, dass ursprünglich Verpflichteter diejenige Person sein soll, welche die Schuld erstmals begründet hat.[664] Auch wenn diese Auffassung vom Wortlaut des § 5 Abs. 7 EStG gedeckt ist, führt dies im Ergebnis zu erheblichen Anwendungsschwierigkeiten.[665] Der ursprüngliche Wertansatz beim erstmalig Verpflichteten wird dem Letztübernehmer regelmäßig nicht bekannt sein und vertragliche Informations- bzw. Auskunftsrechte dürften regelmäßig nicht bestehen.[666] Das sich daraus ergebende Informationsgefälle darf letztlich nicht zulasten des Steuerpflichtigen gehen.[667] Der Auffassung der Finanzverwaltung zufolge ist also auch beim Letztübernehmer auf die Bilanzierung der passivierungsbeschränkten Verpflichtung beim „Erstschuldner" abzustellen, nicht hingegen auf das konkrete Rechtsverhältnis zwischen übertragendem und übernehmendem Rechtsträger.[668] Der Sinn und Zweck des Gewinns aus § 5 Abs. 7 EStG, mit dem der im Wege der Übertragung aufseiten des übertragenden Rechtsträgers entstandene Aufwand aufseiten des übernehmenden Rechtsträgers wieder ausgeglichen werden soll,[669] legt ein Verständnis nahe, wonach der übertragende Rechtsträger „ursprünglich Verpflichteter" im Sinne der Norm sein soll.[670]

Letztlich handelt es sich bei den Transaktionen im Sinne des § 4f und § 5 Abs. 7 EStG um typische Zwei-Parteien-Konstellationen, so dass die Anknüpfung an die

662 *Adrian/Fey*, StuB 2014, 53, 59; *M. Prinz*, Ubg 2013, 57, 63; *Schindler*, GmbHR 2014, 786, 788; siehe zum Rechtsnachfolger im Sinne des § 4f Abs. 1 S. 7 EStG auch 1. Kapitel C II 3 c.

663 Unter einer Kettenübertragung ist die Mehrfachübertragung einer Verpflichtung zu verstehen. Im Falle des § 5 Abs. 7 EStG ist also eine mehrfache Übertragung einer unterdotierten Verpflichtung auf einen anderen Rechtsträger gemeint.

664 BMF-Schreiben 30.11.2017, BStBl. I 2017, 1619, 1620.

665 *U. Prinz/Otto*, GmbHR 2018, 497, 502.

666 *Watrin*, in: Frotscher/Geurts, EStG, § 5 Rn. 448f; *Adrian/Fey*, StuB 2018, 85, 89; *Bolik/Selig-Kraft*, DStR 2017, 169; *Geberth/Höhn*, DB 2013, 1194; *Kahle/Braun*, FR 2018, 197, 205; *U. Prinz*, DB 2017, Heft Nr. 26, M 28, M29; *U. Prinz/Otto*, GmbHR 2018, 497, 502; *Riedel*, Ubg 2017, 580, 582 f.

667 *U. Prinz/Otto*, GmbHR 2018, 497, 502.

668 *U. Prinz/Otto*, GmbHR 2018, 497, 502.

669 *U. Prinz/Otto*, GmbHR 2018, 497, 502; *Riedel*, Ubg 2017, 580, 582.

670 *U. Prinz/Otto*, GmbHR 2018, 497, 502.

allererste Verpflichtung beim Erwerber kritisch zu sehen ist. Ursprünglich Verpflichteter im Sinne des § 5 Abs. 7 EStG ist daher der unmittelbar vor der Übertragung Verpflichtete, so dass die Regelung nur auf den Saldo aus den übergegangenen und verbleibenden stillen Lasten anzuwenden ist.[671]

4. Fazit

Im Rahmen des § 5 Abs. 7 S. 1 EStG können im Zusammenhang mit den Begrifflichkeiten „Verpflichtung" und „Passivierungsbeschränkung" keine Unterschiede zu § 4f Abs. 1 S. 1 EStG festgestellt werden. Auch wenn bei § 5 Abs. 7 S. 1 EStG von der Übernahme einer Verpflichtung die Rede ist, unterscheidet sich der Anwendungsbereich des § 5 Abs. 7 EStG nicht vom Begriff der Übertragung in § 4f Abs. 1 S. 1 EStG, so dass die Vorschrift sowohl auf die Übernahme passivierungsbeschränkter Verpflichtungen im Wege einer außenwirksamen Schuldübernahme als auch bei internen Schuldfreistellungen anzuwenden ist. Maßgebend für die Anwendung des § 5 Abs. 7 S. 1 EStG ist die Zuordnung der Verpflichtung zu einem anderen Rechtsträger. Als ungeschriebenes Tatbestandsmerkmal erfordert die Anwendung der Vorschrift die Entgeltlichkeit der Übertragung. § 5 Abs. 7 S. 3 EStG ordnet, anders als § 4f EStG, die Anwendbarkeit auf die Übertragung passivierungsbeschränkter Verpflichtungen im Wege der Übertragung von Mitunternehmeranteilen ausdrücklich an, auch wenn sich das ohnehin bereits aufgrund der transparenten Besteuerung ergibt. Auf Rechtsfolgenseite differenziert § 5 Abs. 7 S. 1 EStG zwischen dem Zeitpunkt der Verpflichtungsübernahme und den folgenden Abschlussstichtagen. Während im Zeitpunkt der Verpflichtungsübernahme dem Grundsatz der Erfolgsneutralität von Anschaffungsvorgängen Rechnung getragen wird, ist die übernommene Verpflichtung im Folgenden so zu bilanzieren, wie sie beim ursprünglich Verpflichteten ohne Übernahme zu bilanzieren gewesen wäre. Dabei stehen dem übernehmenden Rechtsträger im Rahmen der Verteilungsregelungen nach § 5 Abs. 7 S. 5 und 6 EStG zwei Wahlrechte zu. Zunächst kann der Erwerber im Rahmen des § 5 Abs. 7 EStG wählen, ob eine Erwerbsgewinnverteilung im Sinne des § 5 Abs. 7 S. 5 EStG stattfinden soll oder nicht. Sofern eine Erwerbsgewinnverteilung stattfindet, besteht hinsichtlich der Höhe des jährlichen Auflösungsbetrags in gewissen Grenzen ein weiteres Wahlrecht.

Die Vorschrift ist insbesondere aufgrund systematischer Bedenken zu kritisieren. § 5 Abs. 7 EStG führt in der von der Finanzverwaltung angedachten Anwendung in der Praxis insbesondere bei Kettenübertragungen zu erheblichen Informationsdefiziten.

Schwerer wiegen die systematischen Verwerfungen, die die Anwendung des § 5 Abs. 7 EStG an den auf die Verpflichtungsübernahme folgenden Abschlussstichtagen

---

671 *Bolik/Selig-Kraft*, DStR 2017, 169, 170; *Geberth/Höhn*, DB 2013, 1192, 1194; *Kahle/Braun*, FR 2018, 197, 205; *U. Prinz/Otto*, GmbHR 2018, 497, 502; *U. Prinz*, DB 2017, Heft 26, M 28, M 29; *Riedel*, Ubg 2017, 580, 582 f.

mit sich bringt. Eine Differenzierung hinsichtlich der bilanziellen Behandlung zwischen dem Zeitpunkt der Übernahme und dem nachfolgenden Zeitpunkt, in dem die Steuerbilanz aufzustellen ist, widerspricht dem Grundsatz der Erfolgsneutralität von Anschaffungs- und Herstellungsvorgängen.[672] Im Zeitpunkt der Übernahme der Verpflichtung hält der Gesetzgeber durch die Ausgestaltung des § 5 Abs. 7 EStG zwar am Grundsatz der Erfolgsneutralität von Anschaffungsvorgängen fest, durchbricht diesen aber durch das in § 5 Abs. 7 S. 1 EStG angeordnete Wiederaufleben der Passivierungsbeschränkungen aufseiten des übernehmenden Rechtsträgers. Auch wenn bestehende Passivierungsbeschränkungen grundsätzlich keine Auswirkung auf die Anwendung des Grundsatzes auf Passivposten haben,[673] hat § 5 Abs. 7 S. 1 EStG zur Folge, dass die Übernahme von passivierungsbeschränkten Verpflichtungen durch das Wiederaufleben der Passivierungsbeschränkungen beim übernehmenden Rechtsträger in der auf die Übernahme folgenden Schlussbilanz im Ergebnis nicht mehr erfolgsneutral ist.

Freilich räumt § 5 Abs. 7 S. 5 EStG dem übernehmenden Rechtsträger ein Wahlrecht ein, das die Möglichkeit bietet, den durch § 5 Abs. 7 S. 1 EStG entstandenen Erwerbsgewinn durch eine gewinnmindernde Rücklage in Höhe von 14/15 des Auflösungsbetrags auszugleichen. Diese ist in den folgenden Wirtschaftsjahren grundsätzlich jährlich mit mindestens 1/15 aufzulösen. Realisiert sich die in der übernommenen Verpflichtung verhaftete stille Last hingegen früher, hat der übernehmende Rechtsträger den bestehenden Restbetrag in diesem Zeitpunkt in Gänze gewinnerhöhend aufzulösen.[674] Während sich im Falle einer Realisation im Jahr der Verpflichtungsübernahme keine nachteiligen Auswirkungen im Vergleich zur zutreffenden Auffassung vor Einführung des § 5 Abs. 7 EStG ergeben, kann es im Falle einer späteren Realisation der stillen Lasten – der Möglichkeit der Bildung einer gewinnmindernden Rücklage zum Trotz – zu wirtschaftlichen Nachteilen kommen.[675] Zudem fußt der Erwerbsgewinn im Sinne des § 5 Abs. 7 EStG auf steuerrechtlichen Sonderregelungen, nicht hingegen auf einem Marktvorgang, so dass es sich lediglich um normkreierte fiktive Erträge handelt.[676] Demzufolge stellt die mit der Einführung des § 5 Abs. 7 EStG einhergehende Durchbrechung des im Realisationsprinzip fußenden Grundsatzes der Erfolgsneutralität von

672 *Förster/Staaden*, Ubg 2014, 1, 10; *Fuhrmann*, DB 2014, 9, 15; vgl. hierzu auch BFH 12.12.2012 – I R 28/11, BStBl. II 2017, 1265, 1269; BFH 12.12.2012 – I R 69/11, BStBl. II 2017, 1232, 1235 f.; BFH 14.12.2011 – I R 72/10, BStBl. II 2017, 1226, 1227 f.; *Rödder*, in: Rödder/Herlinghaus/van Lishaut, UmwStG, § 12 Rn. 24d; *Adrian/Fey*, StuB 2013, 404, 408; *Günkel*, BB 2013, 1001, 1005; *U. Prinz*/Hörhammer, StbJb. 2012/2013, 307, 335, 337; *Schlotter*, FR 2013, 615, 616; *Veit/Jura*, DStZ 2013, 533, 537.

673 Vgl. hierzu 1. Kapitel A II 5.

674 Vgl. 1. Kapitel C III 3 c.

675 *Kaminski*, Stbg 2014, 145, 149, 150.

676 *Fuhrmann*, DB 2014, 9, 15; *Hennrichs*, in: Tipke/Lang, Steuerrecht, § 9 Rn. 198; *Kahle*, DStR 2018, 976, 980; *Kahle/Braun*, FR 2018, 197, 206; *U. Prinz*, DB 2013, Heft Nr. 45, M01; *Schlotter*/Hörhammer, StbJb. 2013/2014, 292, 319.

Anschaffungsvorgängen eine fiskalpolitisch motivierte Gesetzgebung dar, die durch systematische Überlegungen nicht begründbar ist und als bilanzsteuerrechtliches Novum[677] zu systematischen Brüchen führt.[678]

Auch wenn sich die Regelung in der Mehrzahl der Fälle mit hoher Wahrscheinlichkeit infolge einer hinausgezögerten Realisation der stillen Lasten wirtschaftlich nachteilig auswirken wird,[679] bietet sie Raum für Steuergestaltung. Um einen Verlustvortrag in einem Verlustjahr zu reduzieren und damit beispielsweise eine Mindestbesteuerung im Sinne des § 10d Abs. 2 EStG oder einen Verlustuntergang nach § 8c KStG zu vermeiden, eröffnet das Wahlrecht zur Bildung einer Rücklage nach § 5 Abs. 7 S. 5 EStG die steuergestalterische Möglichkeit, in Verlustsituationen einen höheren Auflösungsbetrag zu wählen.[680]

Im Lichte der ursprünglichen Intention des Gesetzgebers mag es nachvollziehbar sein, innerhalb von Konzernstrukturen die Aufdeckung stiller Lasten durch Steuergestaltungsüberlegungen im Zusammenhang mit Ansatz- und Bewertungsbeschränkungen zu verhindern, sofern unterstellt wird, dass solche Steuergestaltungen „jedenfalls strukturell nicht als marktoffen angesehen werden müssen".[681] Erfolgen Verpflichtungsübertragungen hingegen zu normalen, fremdüblichen Konditionen, welche nicht auf Konzerngestaltungen zurückzuführen sind, ist nicht nachvollziehbar, warum fremdübliche Drittgeschäfte von der Fiktion des Erwerbsgewinns im Sinne des § 5 Abs. 7 EStG erfasst sind.

D. Ergebnis zu den §§ 4f und 5 Abs. 7 EStG

Nach Auffassung der Rechtsprechung des Bundesfinanzhofs führte die Übertragung einer Verpflichtung, welche einer Passivierungsbeschränkung unterlag, vor Einführung der §§ 4f, 5 Abs. 7 EStG aufseiten des übertragenden Rechtsträgers aufgrund des Realisationsprinzips zu einem Aufwand und aufseiten des übernehmenden Rechtsträgers auf Grundlage des Grundsatzes der Erfolgsneutralität von

---

677 *Adrian/Fey* StuB 2013, 404, 408; *Fuhrmann*, DB 2014, 9, 15; *Kahle/Braun*, FR 2018, 187, 206.

678 Ebenso *Adrian/Fey*, StuB 2014, 53, 60; *dies.*, StuB 2013, 404, 408; *Fuhrmann*, DB 2014, 9, 15; *Kahle*, DStR 2018, 976, 980; *Kahle*, DB 2014, Beilage zu Heft 22, 1, 14; *Kahle/Braun*, FR 2018, 197, 206; *Kaminski*, Stbg 2014, 145, 149 f.; *U. Prinz*, DB 2017, Heft Nr. 26, M28, M29; *Lüdenbach/Hoffmann*, GmbHR 2014, 123, 130; *U. Prinz*, BetrAV, 2017, 334, 335; *U. Prinz/Otto*, GmbHR 2018, 497, 498; *Schultz/Debnar*, BB 2014, 107, 111.

679 Vgl. *Kaminski*, Stbg 2014, 145, 150.

680 *Tiedchen*, in: Herrmann/Heuer/Raupach, EStG, § 5 Rn. 2471; *Adrian/Fey*, StuB 2014, 53, 59; *Bolik/Bruckbauer*, SteuK 2014, 221, 223; *Förster/Staaden*, Ubg 2014, 1, 11; *Kahle/Braun*, FR 2018, 197, 206; *Kaminski*, Stbg 2014, 145, 150; *Lüdenbach/Hoffmann*, GmbHR 2014, 123, 128; *Riedel*, FR 2014, 6, 11.

681 *Hennrichs*, in: Tipke/Lang, Steuerrecht, § 9 Rn. 198; vgl. auch *Wacker*, BAV 2013, 63, 69 f., 74.

Anschaffungsvorgängen zu einem Ansatz mit den Anschaffungskosten. Der Kritik an dieser Rechtsprechung, wie sie vonseiten der Finanzverwaltung und Teilen des Schrifttums geäußert wurde, kann zutreffenderweise nicht zugestimmt werden. Vielmehr steht die Rechtsprechung im Einklang mit den systematischen Grundlagen des Steuerbilanzrechts. Im Gegensatz dazu haben die Vorschriften §§ 4f, 5 Abs. 7 EStG, die aufseiten des übertragenden Rechtsträgers zu einer (partiellen) Konservierung der auf Passivierungsbeschränkungen zurückgehenden stillen Lasten und aufseiten des übernehmenden Rechtsträgers zu einem Gewinn führen, dogmatisch einen Systembruch zur Folge.[682] Trotz allem lassen sich sowohl in § 4f EStG als auch in § 5 Abs. 7 EStG Anhaltspunkte finden, wonach auch der Gesetzgeber grundsätzlich von der Systemkonformität und Richtigkeit der früheren Rechtsprechung zur Übertragung passivierungsbeschränkter Verpflichtungen ausgegangen ist. Dies lässt sich zum einen mit der Formulierung in § 4f Abs. 1 S. 3 EStG begründen, wonach „eine Verteilung des sich ergebenden Aufwands unterbleibt [...]". Zum anderen verdeutlicht die Wirkweise des § 5 Abs. 7 EStG, wonach im Übernahmezeitpunkt zunächst am Grundsatz der Erfolgsneutralität von Anschaffungsvorgängen festgehalten wird und erst am folgenden Abschlussstichtag die übernommene Verpflichtung so zu bilanzieren ist, wie sie beim ursprünglich Verpflichteten ohne Übernahme zu bilanzieren gewesen wäre, dass auch der Gesetzgeber grundsätzlich von der Systemkonformität und Richtigkeit der früheren Rechtsprechung des Bundesfinanzhofs ausgegangen ist.[683] Die Einführung der §§ 4f, 5 Abs. 7 EStG als Fiskalzwecknormen lässt sich vielmehr auf das Interesse an einer verbesserten Haushaltslage zurückführen.[684]

Darüber hinaus beschränken sich die Anwendungsbereiche der §§ 4f, 5 Abs. 7 EStG nicht lediglich auf verbundene Unternehmen, wie dies zur Vermeidung von missbräuchlichen Steuergestaltungen ursprünglich vorgesehen war, sondern gehen in ihrer endgültigen Ausgestaltung, die an die Übertragung von passivierungsbeschränkten Verpflichtungen in Allgemeinen anknüpft, deutlich über den ursprünglichen Sinn und Zweck der Regelungen und die Motive des Gesetzgebers hinaus. Folglich beschränken sich die Vorschriften nicht auf die Fälle der Missbrauchsbekämpfung, so dass es den §§ 4f, 5 Abs. 7 EStG an einer hinreichenden Zielgenauigkeit fehlt.[685] Zudem wird der übertragende Rechtsträger der Verpflichtung in den Fällen, in denen sich die in der übertragenen Verpflichtung enthaltenen stillen Lasten vor Ablauf des 15-jährigen Verteilungszeitraumes aufseiten des übernehmenden Rechtsträgers realisieren, schlechter gestellt, als wenn die

682 Siehe zu § 4f EStG 1. Kapitel C II 4 und zu § 5 Abs. 7 EStG 1. Kapitel III 4; ebenso *A. Meyer*, in: BeckOK, EStG, § 4f Rn. 6.1; *Schlotter*/Hörhammer, StbJb. 2013/2014, 292, 309.

683 Siehe zu § 4f EStG 1. Kapitel C II 3 b aa und zu § 5 Abs. 7 EStG 1. Kapitel C III 3 a.

684 So auch *U. Prinz*, DB 2017, Heft Nr. 26, M28, M28; vgl. auch *U. Prinz/Otto*, GmbHR 2018, 497, 498.

685 Siehe hierzu *Krumm*, in: Blümich, EStG, § 4f Rn. 11.

Belastung der Verpflichtung weiterhin bei ihm bestünde, so dass die gesetzlich angeordnete Aufwandsverteilung in diesen Situationen nicht zu sachgerechten Ergebnissen führt.[686] Während die stillen Lasten weiterhin über den Verteilungszeitraum verteilt werden müssen, würden sie ohne Verpflichtungsübertragung bereits im Realisationszeitpunkt aufgedeckt. Verglichen mit der Rechtslage vor Einführung der §§ 4f, 5 Abs. 7 EStG kann die vom Gesetzgeber kodifizierte Durchbrechung des Grundsatzes der Erfolgsneutralität von Anschaffungsvorgängen zu erheblichen Nachteilen führen.[687]

An den auf die Verstöße gegen das Realisationsprinzip zurückgehenden systematischen Verfehlungen der Vorschriften vermögen weder die Ausnahmetatbestände des § 4f Abs. 1 S. 3 EStG noch die Gestattung der Rücklagenbildung zur Verteilung des Erwerbsgewinns gem. § 5 Abs. 7 S. 5 EStG etwas zu verändern.[688] Im Ergebnis können die im Rahmen des AIFM-StAnpG in das Einkommensteuergesetz eingefügten §§ 4f, 5 Abs. 7 EStG als systemwidrige und rechtspolitisch verfehlte Gesetzgebung bezeichnet werden,[689] die zu einer unnötigen Verkomplizierung des Bilanzsteuerrechts führten.

---

686 Ebenso *Krumm*, in: Blümich, EStG, § 4f Rn. 11; *A. Meyer*, in: BeckOK, EStG, § 4f Rn. 6.1.

687 Siehe zu den betriebswirtschaftlichen Folgen der §§ 4f, 5 Abs. 7 EStG *Bachmann/Richter/Risse*, DB 2017, 2301,2306.

688 Siehe zu § 4f EStG auch *A. Meyer*, in: BeckOK, EStG, § 4f Rn. 6.2; ähnlich *Krumm*, in: Blümich, EStG, § 4f Rn. 11.

689 *Hennrichs*, in: Tipke/Lang, Steuerrecht, § 9 Rn. 198; *Kahle*, DStR 2018, 976, 981; so auch *Adrian/Fey* 2014, StuB 2014, 53, 56; *Förster/Staaden*, Ubg 2014, 1, 12; *Fuhrmann*, DB 2014, 9, 15f.; *U. Prinz*, DB 2013, Heft Nr. 45, M01.

2. Kapitel: Grundlagen der Umstrukturierungsvorgänge des UmwStG

Im Folgenden liegt der Fokus der Bearbeitung auf den Grundlagen der Umstrukturierungsvorgänge im Sinne des Umwandlungssteuerrechts, die im Zusammenhang mit der Anwendbarkeit der §§ 4f, 5 Abs. 7 EStG auf Umwandlungs- und Einbringungsvorgänge von besonderer Bedeutung sind. Seit Einführung der Vorschriften §§ 4f, 5 Abs. 7 EStG besteht aufgrund der Gesetzgebungsmaterialien, wonach diese Vorschriften auch auf Umwandlungsvorgänge nach dem Umwandlungssteuergesetz Anwendung finden sollen, in einem Spannungsverhältnis zum Umwandlungssteuerrecht.[690] Insoweit könnte zwischen den Vorschriften §§ 4f, 5 Abs. 7 EStG und den Vorschriften des Umwandlungssteuergesetzes ein Konkurrenzproblem bestehen.[691] Im Folgenden werden die Vorschriften und Grundsätze des Umwandlungssteuerrechts untersucht. Sodann werden im 2. Kapitel diejenigen Lösungen dargestellt, die sich nach Maßgabe des Umwandlungssteuerrechts ergeben.

A. Überblick

Das Umwandlungssteuergesetz[692] ist wie auch das Umwandlungsgesetz[693] am 1. Januar 1995 in Kraft getreten. Durch das Umwandlungssteuergesetz sollten vor allem die steuerrechtlichen Vorschriften an die Reform des Handelsrechts angepasst und steuerliche Hindernisse bei der Umstrukturierung von Unternehmen beseitigt werden.[694] Dem Umwandlungssteuergesetz liegt also die Grundidee zugrunde, betriebswirtschaftlich erwünschte und handelsrechtlich durch die

---

690 Vgl. hierzu BT-Drs. 18/68 (neu), S. 73; BR-Drs. 740/13 (B), S. 116.

691 Siehe zur Verhältnisbestimmung zwischen Umwandlungssteuergesetz und Einkommensteuergesetz 3. Kapitel B; siehe zur Verhältnisbestimmung des § 4f EStG zum Umwandlungssteuergesetz im Konkreten 3. Kapitel C I; siehe zur Verhältnisbestimmung des § 5 Abs. 7 EStG zu den umwandlungssteuerrechtlichen Vorschriften 3. Kapitel D I.

692 Das Gesetz zur Änderung des Umwandlungssteuerrechtes wurde am 28.10.1994 im BGBl. I 3267 verkündet und trat zum 1.1.1995 in Kraft.

693 Das Gesetz zur Bereinigung des Umwandungsrechts vom 28.10.1994 wurde am selben Tag im BGBl. I 3210 ff. verkündet.

694 BT-Drs. 12/7263, S. 1; vgl. auch *Hörtnagl*, in: Schmitt/Hörtnagl/Stratz, UmwStG, Einführung Rn. 21.

Einführung des Umwandlungsgesetzes im Jahre 1995 ermöglichte Umstrukturierungen von Unternehmen in erweitertem Umfang nicht durch die Aufdeckung und Versteuerung von stillen Reserven zu behindern.[695] Folglich reduziert das Umwandlungssteuergesetz – passend zu den Aufgaben des Umwandlungsgesetzes – die Steuerbelastung im Falle einer Umwandlung durch die Möglichkeit, in bestimmten Fällen das Vermögen steuerneutral zu übertragen. Im Jahr 2006 wurde im Rahmen des SEStEG[696] erneut das Umwandlungssteuergesetz neu gefasst, um auch bei grenzüberschreitenden Umwandlungen steuerliche Hindernisse zu beseitigen.[697] Zusammengefasst dienen die Gesetze der Vereinfachung von Umstrukturierungsvorgängen und der Abschaffung steuerlicher Hindernisse bei Umstrukturierungen von Unternehmungen.[698] Dabei sind die Motive, welche Unternehmer zur Durchführung einer Umstrukturierung veranlassen, mannigfaltigster Natur.[699]

Das Umwandlungssteuergesetz regelt, anders als bei den Steuergesetzen üblich, nicht die Erhebung einer Steuer auf Umwandlungsvorgänge. Es begründet im Vergleich zu anderen Gesetzen keine eigenständige Steuer für Unternehmensumstrukturierungen, sondern enthält ergänzende Sondervorschriften zu den ertragsteuerlichen Folgen bestimmter Umstrukturierungsvorgänge.[700] Das

---

695 BR-Drs. 132/94, S. 38 f.; vgl. *Hörtnagl*, in: Schmitt/Hörtnagl/Stratz, UmwStG, Einführung Rn. 21; *Dehmer*, DStR 1994, 1713, 1714; *Kredig*, Besteuerung stiller Reserven, S. 300 ff.; *Lang*, DStJG 4 (1981) 45, 91; *A. Meyer*, in: HdJ, Abt IV/2 Rn. 11; *Orthmann*, Entstrickungsbesteuerung und Niederlassungsfreiheit, S. 193 f.; *Riedel*, Ubg 2018, 148, 149; *Schaumburg*, FS Herzig, S. 711, 716; *Schmitt*, StuW 2018, 147, 151.

696 Gesetz über die steuerlichen Begleitmaßnahmen zur Einführung der Europäischen Gesellschaft und zur Änderung weiterer steuerrechtlicher Vorschriften vom 7.12.2006 (BGBl. I 2782).

697 Siehe hierzu BT-Drs. 12/6885, S. 1, 14; BT-Drs. 12/7263, S. 1; BT-Drs. 16/2710, S. 25; *Frotscher*, in: Frotscher/Drüen, UmwStG, Einführung Rn. 2 ff.; *Pichler*, Ertragsteuerliche Organschaft, S. 82; *Dehmer*, DStR 2014, 1713, 1714; *Sagasser*, in: Sagasser/Bula/Brünger, Umwandlungen, § 4 Rn. 1 ff.

698 Vgl. BT-Drs. 12/6699; BT-Drs. 12/6885.

699 Die Motive für eine Umwandlung reichen von steuerlichen Gründen, betriebswirtschaftlichen Gründen bis hin zu allgemein rechtlichen Gründen; siehe hierzu *Brennecke*, in: HK-Kommentar, UmwStG, Grundlagen Rn. 1; dazu ausführlich *Haritz*, in: Haritz/Menner, UmwStG, Einführung B Rn. 1 ff.; *Kraft*, in: HK-Kommentar, UmwStG, Grundlagen Rn. 352 ff.; *Stengel*, in: Semler/Stengel, Einleitung A Rn. 4; für Verschmelzungen *Drygala*, in: Lutter, UmwG, § 2 Rn. 11 ff.; *Semler*, in: Semler/Stengel, UmwG, § 2 Rn. 19 ff.; für Spaltungen *Stengel*, in: Semler/Stengel, UmwG, § 123 Rn. 7; *Teichmann*, in: Lutter, UmwG, § 123 Rn. 33 ff.; für Formwechsel *Decher/Hoger*, in Lutter, UmwG, Einführung Rn. 18 ff.; *Stengel*, in: Semler/Stengel, UmwG, § 190 Rn. 5 ff.

700 BMF-Schreiben 11.11.2011, BStBl. I 2011, 1314, 1323; *Möhlenbrock*, in: Dötsch/Patt/Pung/Möhlenbrock, UmwStR, § 1 UmwStG Rn. 5; *Crezelius*, FS Widmann, S. 241, 249; *Sieker/Schänzle/Kaeser*, in: FGS/BDI, UmwSt-Erlass 2011 Rn. 01.01; vgl. auch *Graw*, in: Rödder/Herlinghaus/van Lishaut, UmwStG, § 1 Rn. 14; *Hörtnagl*, in: Schmitt/Hörtnagl/Stratz, UmwStG, Einführung Rn. 23.

Umwandlungssteuergesetz normiert – abgesehen von §§ 18, 19 UmwStG bezüglich der Gewerbesteuer – nicht ausdrücklich, auf welche Steuerarten seine Regelungen Anwendung finden. Allerdings lässt die durchgängige Bezugnahme des Umwandlungssteuergesetzes auf die Terminologie[701] anderer steuerrechtlicher Gesetze den Schluss auf eine ertragsteuerliche Regelungsexklusivität zu. Demnach findet das Umwandlungssteuergesetz nur auf das Einkommensteuergesetz, das Körperschaftsteuergesetz und das Gewerbesteuergesetz Anwendung.[702] Aus diesem abschließenden Anwendungsbereich ergibt sich, dass das Umwandlungssteuergesetz nicht auf andere Steuerarten wie die Umsatzsteuer, die Grunderwerbsteuer und die Erbschaftsteuer[703] anwendbar ist.[704]

B. Besonderheiten des Umwandlungssteuergesetzes

Abweichend vom Einkommensteuer- und vom Körperschaftsteuergesetz enthält das Umwandlungssteuergesetz mit den eigenständigen Ansatz- und Bewertungsvorschriften, der Wertverknüpfung und der steuerlichen Rechtsnachfolge Besonderheiten, die mit Blick auf die Anwendbarkeit der §§ 4f, 5 Abs. 7 EStG auf Umwandlungs- und Einbringungsvorgänge von Bedeutung sind. Im Folgenden werden daher zunächst die eigenständigen Ansatz- und Bewertungsvorschriften des Umwandlungssteuergesetzes, die Wertverknüpfung sowie die steuerliche Rechtsnachfolge kursorisch dargestellt.

---

701 In umwandlungssteuerrechtlichen Normen finden sich häufig die Worte Einkommen, Gewinn und auch Buchwert wieder, die üblicherweise Vokabeln sind, die in ertragsteuerrechtlichen Vorschriften Verwendung finden.

702 BMF-Schreiben 11.11.2011, BStBl. I 2011, 1314, 1323; *Sieker/Schänzle/Kaeser*, in: FGS/BDI, UmwSt-Erlass 2011 Rn. 01.01.

703 Die Anwendbarkeit des Umwandlungssteuergesetzes ist allerdings weiterhin umstritten. Abgelehnt wird die Anwendbarkeit des UmwStG auf die ErbSt für die zivilrechtliche Frage, was Gegenstand der Zuwendung war (vgl. BFH 4.7.1984 – II R 73/81, BStBl. II 1984, 772, 773; BMF-Schreiben 11.11.2011, BStBl. I 2011, 1314, 1323; *Hahn*, in: Lademann, UmwStG, § 2 Rn. 9; *Klingberg*, in: Blümich, UmwStG, § 2 Rn. 31; *Möhlenbrock*, in: Dötsch/Patt/Pung/Möhlenbrock, UmwStR, § 1 UmwStG Rn. 5; *Crezelius*, FS Widmann, S. 241, 254; *Wolf*, FS Widmann, S. 655, 657 f. differenzierend *Slabon*, in: Haritz/Menner, UmwStG, § 2; Rn. 27; *van Lishaut*, in: Rödder/Herlinghaus/van Lishaut, UmwStG, § 2 Rn. 10; *Rechenberg*, GmbHR 1998, 976; a.A. *Hörtnagl*, in: Schmitt/Hörtnagl/Stratz, UmwStG, § 2 Rn. 36; *Widmann*, in: Widmann/Mayer, UmwR, § 2 UmwStG Rn. 85; *Heinz*, GmbHR 2001, 485, 489; *Lüdicke*, ZEV 1995, 132, 135.

704 BMF-Schreiben 11.11.2011, BStBl. I 2011, 1314, 1323; *Graw*, in: Rödder/Herlinghaus/van Lishaut, UmwStG, § 1 Rn. 14; *Kraft*, in: HK-Kommentar, UmwStG, § 1 Rn. 9; *Möhlenbrock*, in: Dötsch/Patt/Pung/Möhlenbrock, UmwStR, Einführung Rn. 151.

I. Eigenständige Ansatz- und Bewertungsvorschriften des Umwandlungssteuergesetzes

Bei den Ansatz- und Bewertungsvorschriften der §§ 3, 11, 20, 21, 24 UmwStG handelt es sich um eigenständige Vorschriften, die unabhängig von den allgemeinen Vorschriften des Einkommensteuergesetzes anzuwenden sind.[705] Die Ansatz- und Bewertungsvorschriften des Umwandlungssteuergesetzes enthalten für Umwandlungs- und Einbringungsvorgänge Sondervorschriften, welche die steuerrechtlichen Folgen des Einkommensteuergesetzes, des Körperschaftsteuergesetzes sowie des Gewerbesteuergesetzes im Bereich der Umstrukturierungsvorgänge modifizieren. Systematisch enthält das Umwandlungssteuergesetz Ausnahmen von der Entstrickungsbesteuerung. Insbesondere die Ansatz- und Bewertungswahlrechte gem. § 3 Abs. 2, § 11 Abs. 2, § 20 Abs. 2, § 21 Abs. 1 S. 2, § 24 Abs. 2 S. 2 UmwStG ermöglichen eine von den ertragsteuerlichen Entstrickungsgrundsätzen abweichende, die umwandlungssteuerrechtlichen Besonderheiten hinsichtlich der steuerneutralen Übertragung von Wirtschaftsgütern aufzeigende Bilanzierung des übergehenden Vermögens. Das Umwandlungssteuergesetz bietet für die vom Anwendungsbereich erfassten Umstrukturierungsvorgänge die Möglichkeit, die steuerwirksame Aufdeckung stiller Reserven und stiller Lasten hinauszuschieben, führt allerdings nicht zur endgültigen Nichtbesteuerung. Im Verhältnis

705 Im Hinblick auf § 3 UmwStG BT-Drs. 16/3369, S. 9; BMF-Schreiben 11.11.2011, BStBl. I 2011, 1314, 1341; *Brinkhaus/Grabbe*, in: Haritz/Menner, UmwStG, § 3 Rn. 87; *Klingberg*, in: Blümich, UmwStG, § 3 Rn. 17; *Möhlenbrock/Pung*, in: Dötsch/Pung/Möhlenbrock, UmwStG, § 3 Rn. 38; *Möhlenbrock/Pung*, in: Dötsch/Pung/Möhlenbrock, UmwStG, § 3 Rn. 21; *Schnitter*, in: Frotscher/Drüen, UmwStG, § 3 Rn. 85 ff.; *Staats*, in: Lademann, UmwStG, § 3 Rn. 29, 87, 101; *Steierberg*, in: Haase/Hruschka, UmwStG, § 3 Rn. 3, 32; *Klingebiel*, in: Umwandlungssteuerrecht, S. 230; *Kredig*, Besteuerung stiller Reserven, S. 86; *Schell/Krohn*, DB 2012, 1057, 1058 f.; *Schießl*, UmwStE Rn. 03.04; *Schmitt/Schloßmacher*, UmwStE Rn. 03.04; *Stadler/Elser/Bindl*, DB 2012, Beilage zu Heft 2, 14, 15; vgl. *Jäschke*, FR 2010, 10, 12; im Hinblick auf § 11 UmwStG: BT-Drs. 16/3369, S. 10; BMF-Schreiben 11.11.2011, BStBl. I 2011, 1314 1361; *Goß*, in: BeckOK UmwStG, § 11 Rn. 119; *Klingberg*, in: Blümich, UmwStG, § 11 Rn. 24; *Schießl*, in: Widmann/Mayer, UmwR, § 11 UmwStG Rn. 14.23; *Schrade*, in: Schulte/Habighorst/Schulte, UmwR, § 11 UmwStG Rn. 5, 56; *Philipp*, Verschmelzung inländischer Kapitalgesellschaften, S. 223; *Schmitt/Schloßmacher*, UmwStE Rn. 11.03; im Hinblick auf § 20 UmwStG: vgl. BMF-Schreiben 11.11.2011, BStBl. I 2011, 1314, 1377; *Patt*, in: Dötsch/Pung/Möhlenbrock, UmwStR, § 20 UmwStG Rn. 206; *Schmitt*, in: Schmitt/Hörtnagl/Stratz, UmwStG, § 20 Rn. 278a; *Schmitt/Schloßmacher*, UmwStE Rn. 20.20; im Hinblick auf § 21 UmwStG: BMF-Schreiben 11.11.2011, BStBl. I 2011, 1314, 1383; im Hinblick auf § 24 UmwStG: BMF-Schreiben 11.11.2011, BStBl. I 2011, 1314, 1398; *Patt*, in: Dötsch/Patt/Pung/Möhlenbrock, UmwStR, § 24 UmwStG Rn. 119; *Schmitt*, in: Schmitt/Hörtnagl/Stratz, UmwStG, § 24 Rn. 169a; *Benecke*, in: Reform des Umwandlungssteuerrechts Rn. 1017; vgl. auch *Schulze zur Wiesche*, DStZ 2011, 513, 514.

zum Ertragsteuerrecht, also auch zu den allgemeinen Regeln des Bilanzsteuerrechts, enthält das Umwandlungssteuergesetz eigenständige Vorschriften, die in das Regelungssystem der ertragsteuerlichen Entstrickungsregelungen eingreifen, um die Ziele des Umwandlungssteuergesetzes zu verwirklichen. In der steuerlichen Schlussbilanz sind grundsätzlich alle bilanzierungsfähigen Wirtschaftsgüter anzusetzen. Die Anordnung der Bilanzierung nicht entgeltlich erworbener und selbst geschaffener immaterieller Wirtschaftsgüter in § 3 Abs. 1 S. 1 UmwStG und § 11 Abs. 1 S. 1 UmwStG ist lediglich klarstellender Natur.[706] Die Ansatz- und Bewertungsvorschriften des Einbringungsteils enthalten hingegen keine klarstellenden Ausführungen zu nicht entgeltlich erworbenen und selbst geschaffenen immateriellen Wirtschaftsgütern, so dass die Ansatz- und Bewertungswahlrechte grundsätzlich sämtliche Aktiv- und Passivposten erfassen. Daher handelt es sich bei den umwandlungssteuerrechtlichen Ansatz- und Bewertungsvorschriften um umfassende Ausnahmevorschriften von den allgemeinen ertragsteuerlichen Gewinnermittlungsvorschriften.[707] Bestätigt wird dies dadurch, dass die Anwendung ertragsteuerlicher Vorschriften im Umwandlungssteuergesetz ausdrücklich angeordnet wird, sofern diese im Rahmen der Bewertung gelten sollen.[708] Zudem wird im Falle des Ansatzes zum Buchwert ausdrücklich auf die steuerlichen Vorschriften über die Gewinnermittlung verwiesen, so dass diese im Umkehrschluss im Rahmen des Ansatzes zum gemeinen Wert und zu einem Zwischenwert keine Anwendung finden sollen.

Abgesehen vom Ansatz zum Buchwert und dem Übergang von Pensionsrückstellungen sind auf Grundlage der umwandlungssteuerrechtlichen Vorschriften auch solche Aktiv- und Passivposten anzusetzen, für die sonst ertragsteuerliche Passivierungsbeschränkungen gelten.[709] Die umwandlungssteuerrechtlichen Ansatz- und Bewertungsvorschriften gewähren also Wahlrechte, die unabhängig von der Einordnung der steuerlichen Schlussbilanz im Umwandlungsteil des Umwandlungssteuergesetzes aufseiten des übertragenden Rechtsträgers als eigenständige Bilanz[710] und der Einordnung der steuerlichen Schlussbilanz im

706 Vgl. hierzu *Philipp*, Verschmelzung inländischer Kapitalgesellschaften, S. 259.

707 So ausdrücklich auch zu § 3 UmwStG *Klingberg*, in: Blümich, UmwStG, § 3 Rn. 17; *Frotscher*, in: Frotscher/Drüen, UmwStG, § 11 Rn. 54; *Schnitter*, in: Frotscher/Drüen, UmwStG, § 3 Rn. 85, *Staats*, in: Lademann, UmwStG, § 3 Rn. 87; ebenso *Schrade*, in: Böttcher/Habighorst/Schulte, UmwR, § 11 UmwStG Rn. 6, 60.

708 Siehe zur ausdrücklichen Anordnung der Anwendung des § 6a EStG im Umwandlungssteuerrecht: § 3 Abs. 1 S. 2 UmwStG, § 11 Abs. 1 S. 2 UmwStG, § 15 Abs. 1 UmwStG i.V.m. 11 Abs. 1 S. 2 UmwStG, § 16 S. 1 i.V.m. § 3 Abs. 1 S. 2 UmwStG, § 20 Abs. 2 S. 1 UmwStG und § 24 Abs. 2 S. 1 UmwStG.

709 Vgl. *Staats*, in: Lademann, UmwStG, § 3 Rn. 87.

710 BMF-Schreiben 11.11.2011, BStBl. I 2011, 1314, 1341; *Dötsch*, in: Dötsch/Patt/Pung/Möhlenbrock, UmwStR, § 11 UmwStG Rn. 36; *Honebrink*, in: Böttcher/Habighorst/Schulte, UmwR, § 3 UmwStG Rn. 6; *Klingberg*, in: Blümich, UmwStG, § 3 Rn. 3; § 11 Rn. 21; *Möhlenbrock/Pung*, in: Dötsch/Pung/Möhlenbrock, UmwStG, § 3 Rn. 24;

Einbringungsteil[711] aufseiten des übernehmenden Rechtsträgers als „normale" (Jahres-)Steuerbilanz im Rahmen der Gewinnermittlung gem. §§ 4 Abs. 1, 5 Abs. 1 EStG eigenständig auszuüben sind. Die Eigenständigkeit der umwandlungssteuerrechtlichen Ansatz- und Bewertungsvorschriften wird durch die Abschaffung des Grundsatzes der Maßgeblichkeit der Handelsbilanz für die Steuerbilanz manifestiert.[712] Grundsätzlich geht das Umwandlungssteuergesetz im Rahmen dieser Ansatz- und Bewertungsvorschriften davon aus, dass die übergehenden Wirtschaftsgüter bei einer Umstrukturierung im Sinne des Umwandlungsteils von dem übertragenden Rechtsträger oder bei einer Umstrukturierung im Sinne des Einbringungsteils von dem übernehmenden Rechtsträger mit dem gemeinen Wert in der steuerlichen Schlussbilanz anzusetzen sind.[713] Abweichend hiervon ist aber – unter besonderen Voraussetzungen[714] – auch die Bewertung mit dem Buchwert oder einem Zwischenwert möglich.[715]

Schmitt, in: Schmitt/Hörtnagl/Stratz, UmwStG, § 3 Rn. 22; *Schrade*, in: Böttcher/Habighorst/Schulte, in: UmwR, § 11 UmwStG Rn. 55; *Widmann*, in: Widmann/Mayer, UmwR, UmwStE 2011 Rn. 03.04; *Frotscher*, Umwandlungssteuererlass Rn. 03.04; *Fuhrmann*, DB 2011, Beilage zu Heft 36, 59; *Heinsen/Adrian*, DStR 2010, 2591, 2593 f.; *Horst*, FR 2015, 824, 826; *Kutt/Carstens*, FGB/BDI, Rn 03.04; *Maier*, in: Schneider/Ruoff/Sistermann Rn. 3.12; *Pyszka*, GmbHR 2013, 738; *Schell/Krohn*, DB 2012, 1057; *Schmitt/Keuthen*, DStR 2015, 2521, 2521 f.; *Schmitt/Schloßmacher*, UmwStE, S. 79; *Schneider/Ruoff/Sistermann*, FR 2012, 1; *Schulenburg/Lüder*, DB 2017, 1217, 1221.

711 BFH 15.9.2016 – I R 69/15, BStBl. II 2017, 75, 77; vgl. auch BMF-Schreiben 11.11.2011, BStBl. I 2011, 1314, 1377; *Herlinghaus*, in: Rödder/Herlinghaus/van Lishaut, UmwStG, § 20 Rn. 154b; *Jäschke*, in: Lademann, UmwStG, § 20 Rn. 52b; *Patt*, in: Dötsch/Pung/Möhlenbrock, UmwStG, § 20 Rn. 211b; *Schmitt*, in: Schmitt/Hörtnagl/Stratz, UmwStG, § 20 Rn. 314; *Förster/Wendland*, BB 2007, 631, 633; *Hötzel/Kaeser*, in: FGS/BDI, UmwSt-Erlass 2011 Rn. 20.21; *Kaeser*, Beihefter zu DStR Heft 2/2012, 13, 15; *Pyszka/Hruschka*, DStR 2013, 693, 695; *Schießl*, UmwStE Rn. 20.21; *Schmitt/Schlossmacher*, DB 2010, 522, 523, 524; im Ergebnis auch *Pyszka*, GmbHR 2013, 738; *Menner*, in: Haritz/Menner, UmwStG, § 20 Rn. 380; *Widmann*, in: Widmann/Mayer, UmwR, § 20 UmwStG Rn. R 423.

712 *Staats*, in: Lademann, UmwStG, § 3 Rn. 29, 87 ff. und 101.

713 Vgl. zum Umwandlungsteil § 3 Abs. 2 S. 1 Nr. 2, § 11 Abs. 1 S. 1 UmwStG; vgl. zum Einbringungsteil § 20 Abs. 2 S. 1, § 21 Abs. 1 S. 1, § 24 Abs. 2 S. 1 UmwStG.

714 Wesentliche Voraussetzung für den Ansatz zum Buchwert oder zum gemeinen Wert ist, dass das Besteuerungsrecht der Bundesrepublik Deutschland nicht ausgeschlossen oder beschränkt wird, vgl. § 3 Abs. 2, § 11 Abs. 2 S. 1 Nr. 2, § 20 Abs. 2 S. 2 Nr. 3, § 21 Abs. 2 S. 3 Nr. 1, § 24 Abs. 2 S. 2 Nr. 2 UmwStG.

715 Vgl. zum Umwandlungsteil § 3 Abs. 2 S. 1, § 11 Abs. 2 S. 1 UmwStG; vgl. zum Einbringungsteil § 20 Abs. 2 S. 2, § 21 Abs. 1 S. 2, § 24 Abs. 2 S. 2 UmwStG.

II. Wertverknüpfung

Neben der Anerkennung der Eigenständigkeit der Ansatz- und Bewertungsvorschriften des Umwandlungssteuergesetzes stellt die steuerrechtliche Wertverknüpfung zwischen dem Wertansatz der übergehenden Wirtschaftsgüter in den Bilanzen des übertragenden Rechtsträgers und des übernehmenden Rechtsträgers nach den Vorschriften der § 4 Abs. 1 S. 1, § 12 Abs. 1 S. 1, § 20 Abs. 3 S. 1, § 21 Abs. 2 S. 1 und § 24 Abs. 3 S. 1 UmwStG eine Besonderheit des Umwandlungssteuergesetzes dar. Während im Umwandlungsteil die Wertverknüpfung derart ausgestaltet ist, dass der übernehmende Rechtsträger zwingend die Werte aus der steuerlichen Schlussbilanz des übertragenden Rechtsträgers zu übernehmen hat,[716] muss im Einbringungsteil umgekehrt der übertragende Rechtsträger den vom übernehmenden Rechtsträger gewählten Ansatz für sich als Veräußerungspreis[717] bzw. sowohl als Veräußerungspreis als auch als Anschaffungskosten für sich gelten lassen.[718] Dementsprechend besteht aufgrund der Pflicht der Wertübernahme sowohl im Umwandlungsteil als auch im Einbringungsteil ein Gleichlauf der Bilanzierung aufseiten des übertragenden Rechtsträgers und des übernehmenden Rechtsträgers. Dies gilt unabhängig davon, ob die Wirtschaftsgüter mit dem Buchwert, einem Zwischenwert oder dem gemeinen Wert angesetzt werden. Zweck der strikten Wertverknüpfung mit dem – je nach Umstrukturierungsvorgang vom übertragenden oder vom übernehmenden Rechtsträger bestimmten – Wertansatz ist die Sicherstellung der Besteuerung der stillen Reserven.[719] Allerdings dient die Wertverknüpfung über die Sicherstellung der steuerlichen Berücksichtigung der aufseiten des übertragenden Rechtsträgers noch nicht realisierten stillen Reserven beim übernehmenden Rechtsträger hinaus ebenso der Sicherstellung der beim übertragenden Rechtsträger noch nicht berücksichtigten stillen Lasten aufseiten des übernehmenden Rechtsträgers.[720] Neben der Sicherstellung der Besteuerung darf hingegen nicht verkannt werden, dass mit der Wertverknüpfung gerade auch die erneute Berücksichtigung bereits aufseiten des übertragenden Rechtsträgers aufgedeckten stillen Reserven und stillen Lasten aufseiten des übernehmenden Rechtsträgers vermieden werden soll.[721] Insoweit dient die umwandlungssteuerrechtliche

716 Vgl. § 4 Abs. 1 S. 1 UmwStG und § 12 Abs. 1 S. 1 UmwStG.
717 Vgl. § 24 Abs. 3 S. 1 UmwStG.
718 Vgl. § 20 Abs. 3 S. 1 UmwStG; § 21 Abs. 2 S. 1 UmwStG.
719 *Bohnhardt*, in: Haritz/Menner, UmwStG, § 4 Rn. 39; *Dötsch*, in: Dötsch/Patt/Pung/Möhlenbrock, UmwStR, § 12 UmwStG Rn. 9; *Herfort/Viebrock*, in: Haase/Hruschka, UmwStG, § 12 Rn. 41; *Nitzschke*, in: Blümich, UmwStG, § 20 Rn. 96; *Pung*, in: Dötsch/Patt/Pung/Möhlenbrock, UmwStR, § 4 UmwStG Rn. 8; *Pung/Werner*, in: Dötsch/Pung/Möhlenbrock, UmwStG, § 4 Rn. 8; *Rödder*, in: Rödder/Herlinghaus/van Lishaut, UmwStG, § 12 Rn. 15; *Schmitt*, in: Schmitt/Hörtnagl/Stratz, UmwStG, § 12 Rn. 10; *Schnitter*, in: Frotscher/Drüen, UmwStG, § 4 Rn. 24; *Steierberg*, in: Haase/Hruschka, UmwStG, § 4 Rn. 11.
720 So auch *Philipp*, Verschmelzung inländischer Kapitalgesellschaften, S. 338 f.
721 Ebenso *Philipp*, Verschmelzung inländischer Kapitalgesellschaften, S. 338 f.

Wertverknüpfung nicht nur der Sicherstellung der Besteuerung stiller Reserven, sondern zutreffenderweise auch der Aufrechterhaltung stiller Lasten.[722] Erfolgt ein Umwandlungs- oder Einbringungsvorgang im Wege der Buchwertverknüpfung, werden die im übergehenden Vermögen enthaltenen stille Lasten und Reserven erst im Zeitpunkt eines späteren Realisationsakts aufgedeckt.

Sofern die übergehenden Wirtschaftsgüter mit dem gemeinen Wert oder einem Zwischenwert angesetzt werden, wird die Sicherstellung stiller Lasten und stiller Reserven durch (anteilig) höheres oder niedrigeres Abschreibungspotential aufseiten des übernehmenden Rechtsträgers sichergestellt.[723] Erfolgt hingegen ein Ansatz zum Buchwert, kommt es zu keiner Aufdeckung stiller Lasten und Reserven. Vielmehr bedarf es hierzu eines weiteren Realisationsakts zu einem späteren Zeitpunkt.

III. Steuerliche Rechtsnachfolge im Sinne des Umwandlungssteuergesetzes

1. Steuerliche Rechtsnachfolge im Sinne des Umwandlungssteuerrechts

Im Zusammenhang mit Umstrukturierungsvorgängen ist zu untersuchen, ob und inwieweit der Grundsatz der Gesamtrechtsnachfolge im Umwandlungssteuergesetz Anwendung findet. Dabei gilt es zu beachten, dass Umstrukturierungsvorgänge im Sinne des Umwandlungssteuergesetzes überwiegend als veräußerungsbegründend wirkende tauschähnliche Vorgänge und Anschaffungsgeschäfte qualifiziert werden.[724] Folge des Anschaffungsgeschäfts ist, dass es hinsichtlich der steuerrechtlichen Behandlung aufseiten des übernehmenden Rechtsträgers zu einer Neubestimmung kommt, sofern nicht im Einzelfall durch speziellere Vorschriften etwas anderes bestimmt ist.[725] Eine generelle Übertragung des zivilrechtlichen Grundsatzes der Gesamtrechtsnachfolge auf das Steuerrecht ist aufgrund unterschiedlicher Ziele des Zivil- und Steuerrechts nicht möglich, so dass es im Kontext der steuerlichen Rechtsnachfolge des übernehmenden Rechtsträgers im Umwandlungssteuergesetz einer spezialgesetzlichen Anordnung bedarf.[726] Während im Zivilrecht von einem Vermögensübergang in „Gesamtheit" oder „als Ganzes"[727] gesprochen wird, „tritt" der übernehmende Rechtsträger gem. § 4 Abs. 2 S. 1, § 12

---

722 So auch *Philipp*, Verschmelzung inländischer Kapitalgesellschaften, S. 339, der von einem unvollständigen Ziel und Ergebnis der Wertverknüpfung spricht, wenn lediglich stille Reserven berücksichtigt werden.

723 Vgl. *Steierberg*, in: Haase/Hruschka, UmwStG, § 4 Rn. 11.

724 Siehe nur *Hörtnagl*, in: Schmitt/Hörtnagl/Stratz, UmwStG, § 1 Rn. 145; BMF-Schreiben 11.11.2011, BStBl. I 2011, 1314, 1322; siehe hierzu ausführlich 2. Kapitel C II.

725 *Hörtnagl*, in: Schmitt/Hörtnagl/Stratz, UmwStG, § 1 Rn. 145.

726 *Haritz*, in: Haritz/Menner, UmwStG, § 1 Rn. 108; *Hörtnagl*, in: Schmitt/Hörtnagl/Stratz, UmwStG, § 1 Rn. 145.

727 Siehe hierzu beispielsweise § 1922 Abs. 1 BGB, wonach das Vermögen „als Ganzes" übergeht; siehe auch § 2 Nr. 1, Nr. 2 UmwG, wonach das Vermögen „als Ganzes"

Abs. 3 Hs. 1, § 23 Abs. 1 i.V.m. § 12 Abs. 3 Hs. 1, § 23 Abs. 4 Hs. 2, § 25 i.V.m. § 23 Abs. 1 UmwStG in die steuerliche Rechtsstellung des übertragenden Rechtsträgers „ein". Anders als im Zivilrecht findet sich das Prinzip der Gesamtrechtsnachfolge daher nicht ausdrücklich im Umwandlungssteuergesetz wieder. Allerdings geht auch der Gesetzgeber in den Gesetzesmaterialien zum Umwandlungssteuergesetz grundsätzlich von einer entsprechenden Geltung des zivilrechtlichen Grundsatzes der Gesamtrechtsnachfolge auf Umstrukturierungsvorgänge aus,[728] so dass der übernehmende Rechtsträger steuerlich in die Fußstapfen des übertragenden Rechtsträgers eintritt.[729]

Während nach § 45 Abs. 1 AO lediglich Forderungen und Schulden aus dem Steuerschuldverhältnis übergehen, tritt der übernehmende Rechtsträger nach den Vorschriften des Umwandlungssteuergesetzes[730] grundsätzlich in sämtliche objektbezogenen steuerrechtlich relevanten Besteuerungsmerkmale hinsichtlich des konkret übergegangenen Vermögens ein.[731] Dies gilt insbesondere für die Bewertung des übergehenden Vermögens, die Absetzung für Abnutzung und die den steuerlichen Gewinn mindernden Rücklagen.[732] Aufgrund der im Umwandlungsteil vorherrschenden Verweisungen[733] findet die in § 4 Abs. 2 S. 1 UmwStG und § 12 Abs. 3

übertragen wird; siehe auch § 123 Abs. 1 Nr. 1; Nr. 2; Abs. 2 Nr. 1; Nr. 2 UmwG, wonach das Vermögen oder Vermögensteile „als Gesamtheit" übertragen werden.

728 BR-Drs. 132/94, S. 48; BT-Drs. 12/6885, S. 17, 25.

729 BFH 28.7.2010 – I R 89/09, BStBl. II 2011, 528, 530; BFH 8.7.2010 – I R 111/09, BFH/NV, 2011, 67, 68; *Klingberg*, in: Blümich, UmwStG, § 12 Rn. 37; *Pung*, in: Dötsch/Patt/Pung/Möhlenbrock, UmwStR, § 4 UmwStG Rn. 18; *Pung/Werner*, in: Dötsch/Pung/Möhlenbrock, UmwStG, § 20 Rn. 18; *Rödder*, in: Rödder/Herlinghaus/van Lishaut, UmwStG, § 12 Rn. 99; *van Lishaut*, in: Rödder/Herlinghaus/van Lishaut, UmwStG, § 4 Rn. 48; *Wisniewski*, in: Haritz/Menner, UmwStG, § 12 Rn. 66; *Heurung/Engel*, BB 2011, 151; *Pichler*, Ertragsteuerliche Organschaft, S. 106.

730 § 4 Abs. 2 S. 1 und § 12 Abs. 3 Hs. 1 UmwStG.

731 Vgl. BT-Drs. 16/2710, S. 50; BFH 27.1.2016 – X R 21/09, BFH/NV 2016, 751, 752; BFH 22.8.2012 – X R 21/09, BStBl. II 2014, 447, 452 f.; BFH 29.2.2012 – I R 16/11, BFH/NV 2012, 1340, 1342; *Biesold*, in: Haase/Hruschka, UmwStG § 23 Rn. 1; *Bilitewski*, in: Haritz/Menner, UmwStG, § 23 Rn. 34; *Frotscher*, in: Frotscher/Drüen, UmwStG, § 12 Rn. 87; *Hahn*, in: Lademann, UmwStG, § 12 Rn. 51; *Höhn*, in: Böttcher/Habighorst/Schulte, UmwR, § 23 UmwStG Rn. 1; *Patt*, in: Dötsch/Pung/Möhlenbrock, UmwStG, § 23 Rn. 11; *Rödder*, in: Rödder/Herlinghaus/van Lishaut, UmwStG, § 12 Rn. 99; *Schmitt*, in: Schmitt/Hörtnagl/Stratz, UmwStG, § 12 Rn. 69; § 23 Rn. 17; *Staats*, in: Lademann, UmwStG, § 4 Rn. 52; *Steierberg*, in: Haase/Hruschka, UmwStG, § 4 Rn. 54; *van Lishaut*, in: Rödder/Herlinghaus/van Lishaut, UmwStG, § 4 Rn. 48; *Forst/Schaaf*, in: NWB Bilanzsteuerrecht Rn. 1903; *Philipp*, Verschmelzung inländischer Kapitalgesellschaften, S. 373; *Weiss/Brühl*, Ubg 2018, 22, 26.

732 Siehe § 4 Abs. 2 und 3, § 12 Abs. 3 i.V.m. § 4 Abs. 2 und 3, § 23 Abs. 3, § 24 Abs. 4 i.V.m. § 23 Abs. 3; § 25 S. 1 i.V.m. § 23 Abs. 3 UmwStG.

733 § 9 S. 1 UmwStG i.V.m. § 4 Abs. 2 S. 1 UmwStG im Falle des Formwechsels einer Kapitalgesellschaft in eine Personengesellschaft; § 15 Abs. 1 S. 1 UmwStG i.V.m. § 12

Hs. 1 UmwStG angeordnete umwandlungssteuerrechtliche Rechtsnachfolge nicht nur im Falle einer Verschmelzung einer Körperschaft auf eine Personengesellschaft und einer Verschmelzung bzw. Vermögensübertragung zwischen Körperschaften, sondern generell auf alle im Umwandlungsteil des Umwandlungssteuergesetzes geregelten Umstrukturierungsvorgänge Anwendung. Über den Umwandlungsteil hinaus gilt die steuerliche Rechtsnachfolge in diesem Sinne gem. § 12 Abs. 3 Hs. 1 UmwStG nach § 23 Abs. 1 bzw. § 24 Abs. 4 i.V.m. § 23 Abs. 1 UmwStG und § 25 S. 1 UmwStG grundsätzlich auch im Einbringungsteil des Umwandlungssteuergesetzes.[734] Demnach findet der Grundsatz der steuerlichen Rechtsnachfolge gem. § 23 UmwStG grundsätzlich auch im Einbringungsteil des Umwandlungssteuergesetzes Anwendung, so dass die übernehmende Gesellschaft in sämtliche für die Besteuerung relevanten Merkmale des übertragenden Rechtsträgers eintritt.[735] Dies gilt grundsätzlich unabhängig davon, ob die Bewertung des übergehenden Vermögens zum Buchwert, Zwischenwert oder gemeinen Wert erfolgt,[736] so dass der Eintritt in die steuerliche Rechtstellung grundsätzlich auf sämtliche vom Umwandlungssteuergesetz erfassten Umstrukturierungsvorgänge Anwendung findet.[737]

2. *Einschränkung der steuerlichen Rechtsnachfolge im Umwandlungssteuergesetz*

Der Grundsatz der steuerlichen Rechtsnachfolge im soeben dargestellten Sinne gilt nicht ohne Einschränkungen. Daher gilt es im weiteren Verlauf den Umfang bzw. die Reichweite der umwandlungssteuerrechtlichen Rechtsnachfolge zu untersuchen. Zunächst ist erneut einschränkend darauf hinzuweisen, dass eine steuerliche Rechtsnachfolge nur hinsichtlich objektbezogener steuerrechtlich relevanter Merkmale des übertragenden Betriebsvermögens erfolgt.[738] § 4 Abs. 2 und 3 UmwStG (i.V.m. § 12 Abs. 3 Hs. 2 UmwStG) enthält für die steuerrechtlichen

---

Abs. 3 Hs. 1 UmwStG im Falle der Aufspaltung, Abspaltung und Teilübertragung auf andere Körperschaften; § 16 Abs. 1 S. 1 UmwStG i.V.m. § 4 Abs. 2 S. 1 UmwStG im Falle der Aufspaltung oder Abspaltung auf eine Personengesellschaft.

734 Vgl. *Biesold*, in: Haritz/Menner, UmwStG, § 23 Rn. 118; *Schmitt*, in: Schmitt/Hörtnagl/Stratz, UmwStG, § 23 Rn. 17; vgl. auch Gesetzesentwurf der Bundesregierung zum SEStEG vom 25.9.2006, BT-Drs. 16/2710, 50.

735 *Schmitt*, in: Schmitt/Hörtnagl/Stratz, UmwStG, § 23 Rn. 17; *Ritzer*, in: Rödder/Herlinghaus/van Lishaut, UmwStG, § 23 Rn. 33.

736 *Pung/Werner*, in: Dötsch/Pung/Möhlenbrock, UmwStG, § 4 Rn. 20; *Pung*, in: Dötsch/Patt/Pung/Möhlenbrock, UmwStR, § 4 UmwStG Rn. 20; *Widmann*, in: Widmann/Mayer, UmwR, § 4 UmwStG Rn. 862; *Blaas/Sommer*, in: Schneider/Ruoff/Sistermann Rn. 4.20.

737 Lediglich im Falle einer Einbringung im Wege der Einzelrechtsnachfolge zum gemeinen Wert gelten gem. § 23 Abs. 4 Hs. 1 UmwStG die eingebrachten Wirtschaftsgüter als angeschafft.

738 Siehe oben Fn. 731.

Konsequenzen erhebliche Einschränkungen.[739] § 4 Abs. 2 S. 2 UmwStG (i.V.m. § 12 Abs. 3 Hs. 2 UmwStG) ordnet bezüglich verrechenbarer Verluste, verbleibender Verlustvorträge, vom übertragenden Rechtsträger nicht ausgeglichener negativer Einkünfte sowie eines Zinsvortrags nach § 4h Abs. 5 EStG und eines EBITDA-Vortrags nach § 4h Abs. 3 EStG an, dass der übernehmende Rechtsträger insoweit nicht in die steuerliche Rechtsstellung des übertragenden Rechtsträgers eintritt. Im Einbringungsteil enthalten § 20 Abs. 9 UmwStG und § 23 Abs. 5 UmwStG Einschränkungen hinsichtlich der steuerlichen Rechtsnachfolge in Bezug auf den Zinsvortrag nach § 4h Abs. 1 S. 5 EStG, den EBITDA-Vortrag nach § 4h Abs. 1 S. 3 EStG und die vortragsfähigen Fehlbeträge im Sinne des § 10a GewStG des Einbringenden. Weitere einschränkende Anordnungen der sich aus der steuerlichen Rechtsnachfolge ergebenden Folgen lassen sich dem Umwandlungssteuergesetz nicht entnehmen.

Zwar enthält der Einbringungsteil des Umwandlungssteuergesetzes in § 23 UmwStG anders als der zweite Teil des Umwandlungssteuergesetzes (vgl. hierzu § 4 Abs. 2 S. 2 UmwStG (i.V.m. § 12 Abs. 3 Hs. 2 UmwStG)) keine ausdrückliche Regelung, nach der laufende Verluste sowie verbleibende Verlustvorträge entgegen der steuerrechtlichen Rechtsnachfolge anlässlich des Einbringungsvorgangs nicht übergehen sollen.[740] Nichtsdestotrotz gehen laufende Verluste des einbringenden Rechtsträgers bis zum steuerlichen Einbringungsstichtag sowie Verlustvorträge unbeschadet der Beachtung der steuerlichen Rechtsnachfolge des übernehmenden Rechtsträgers im Sinne des § 23 Abs. 3 S. 1 i.V.m. § 12 Abs. 3 Hs. 1 UmwStG nicht über.[741] Dies ist in der Tatsache begründet, dass die steuerlichen Verluste persönlich auf die Gesellschafter der übertragenden Personengesellschaft bezogen sind, so dass insofern weder ein laufender Verlust noch ein verbleibender Verlustvortrag nach § 10d EStG der übertragenden Personengesellschaft von der übernehmenden Gesellschaft verrechenbar bzw. abziehbar ist.[742] Darüber hinaus gilt Entsprechendes auch für Verluste nach § 15 Abs. 4 EStG, Verluste aus

739 *Schmitt*, in: Schmitt/Hörtnagl/Stratz, UmwStG, § 4 Rn. 54.

740 *Widmann*, in: Widmann/Mayer, UmwR, § 23 UmwStG Rn. 564.

741 BMF-Schreiben 11.11.2011, BStBl. I 2011, 1314, 1395; *Biesold*, in: Haase/Hruschka, UmwStG, § 23 Rn. 28; *Bilitewski*, in: Haritz/Menner, UmwStG, § 23 Rn. 50; *Patt*, in: Dötsch/Pung/Möhlenbrock, UmwStG, § 23 Rn. 37; *ders.*, in: Dötsch/Patt/Pung/Möhlenbrock, UmwStR, § 23 UmwStG Rn. 37; *Ritzer*, in: Herrmann/Heuer/Raupach, UmwStG, § 23 Rn. 37; *Schmitt*, in: Schmitt/Hörtnagl/Stratz, UmwStG, § 23 Rn. 18; *Mitsch*, INF 2007, 225, 229.

742 *Patt*, in: Dötsch/Pung/Möhlenbrock, UmwStG, § 23 Rn. 62a; *Schlösser/Reichl/Rapp*, in: Sagasser/Bula/Brünger, Umwandlungen, § 11 Rn. 650; vgl. auch *Widmann*, in: Widmann/Mayer, UmwR, § 23 UmwStG Rn. 565. Im Zusammenhang mit umgewandelten Körperschaften war § 4 Abs. 2 S. 2 UmwStG notwendig, um klarzustellen, dass verrechenbare Verluste und verbleibende Verlustvorträge im Gleichlauf mit der umgewandelten Körperschaft untergehen (*Widmann*, in: Widmann/Mayer, UmwR, § 23 UmwStG Rn. 564).

Steuerstundungsmodellen gem. § 15b EStG sowie verrechenbare Verluste nach § 15a EStG.[743] Werden Anteile an einer Personengesellschaft eingebracht, kommt ein Übergang des Verlustvortrags der Personengesellschaft nicht in Betracht, da dieser als solcher kein Verlustvortrag zusteht.[744] Dabei handelt es sich vielmehr um höchstpersönliche Besteuerungsmerkmale, die nicht zu den von der Rechtsnachfolge erfassten steuerlichen Eigenschaften des übergehenden Sacheinlagegegenstands gehören.[745]

Während Umstrukturierungsvorgänge im Sinne des Umwandlungsteils des Umwandlungssteuergesetzes grundsätzlich zum Eintritt des übernehmenden Rechtsträgers in die steuerliche Stellung des übertragenden Rechtsträgers, also zur steuerlichen Rechtsnachfolge führen, ergibt sich aus dem Umwandlungssteuergesetz für Umstrukturierungsvorgänge im Sinne des Einbringungsteils eine differenzierende Betrachtung. Hier ist mit Blick auf den Umfang der steuerlichen Rechtsnachfolge wie folgt zu unterscheiden: Während im Rahmen des Ansatzes des übernommenen Vermögens zum Buchwert oder zu einem Zwischenwert grundsätzlich ein Eintritt in die steuerliche Rechtsstellung[746] erfolgt, ist beim Ansatz zum gemeinen Wert gem. § 23 Abs. 4 UmwStG zwischen einer Einbringung im Wege der Einzelrechtsnachfolge (§ 23 Abs. 4 Hs. 1 UmwStG) und der Einbringung im Wege der Gesamtrechtsnachfolge (§ 23 Abs. 4 Hs. 2 UmwStG) zu differenzieren. Nach § 23 Abs. 4 Hs. 1 UmwStG ist eine Einbringung durch Einzelrechtsnachfolge zum gemeinen Wert aus steuerrechtlicher Perspektive als Anschaffungsvorgang einzuordnen, weshalb die allgemeinen Gewinnermittlungsgrundsätze zur Anwendung kommen,[747] während der übernehmende Rechtsträger im Falle einer Einbringung durch Gesamtrechtsnachfolge nach § 23 Abs. 4 Hs. 2 UmwStG die steuerliche Rechtsnachfolge des übertragenden Rechtsträgers nach den Grundsätzen des Zwischenwertansatzes[748] antritt. In diesem Zusammenhang ist darauf hinzuweisen, dass das Umwandlungssteuergesetz im Kontext des Eintritts in die steuerliche Rechtsstellung grundsätzlich keine Differenzierung hinsichtlich der

743 *Schlösser/Reichl/Rapp*, in: Sagasser/Bula/Brünger, Umwandlungen, § 11 Rn. 650.

744 *Widmann*, in: Widmann/Mayer, UmwR, § 23 UmwStG Rn. 566.

745 *Biesold*, in: Haase/Hruschka, UmwStG, § 23 Rn. 28; *Patt*, in: Dötsch/Pung/Möhlenbrock, UmwStG, § 23 Rn. 62a; *ders.*, in: Dötsch/Patt/Pung/Möhlenbrock, UmwStR, § 23 UmwStG Rn. 37; vgl. auch *Widmann*, in: Widmann/Mayer, UmwR, § 23 UmwStG Rn. 565.

746 Vgl. hierzu § 23 Abs. 1 UmwStG, wobei § 23 Abs. 3 UmwStG als lex specialis in gewissem Rahmen für den Ansatz zu einem Zwischenwert eine modifizierte steuerliche Rechtsnachfolge hinsichtlich der Behandlung des Aufstockungsbetrages und dessen Abschreibung enthält.

747 *Mutscher*, in: Frotscher/Drüen, UmwStG, § 23 Rn. 119; *Nitzschke*, in: Blümich, UmwStG, § 23 Rn. 93; *Schmitt*, in: Schmitt/Hörtnagl/Stratz, UmwStG, § 23 Rn. 96.

748 Vgl. hierzu § 23 Abs. 3 UmwStG, der für den Ansatz zu einem Zwischenwert eine modifizierte steuerliche Rechtsnachfolge hinsichtlich der Behandlung des Aufstockungsbetrages und dessen Abschreibung vorsieht.

zugrunde liegenden zivilrechtlichen Konstruktion vornimmt.[749] § 23 Abs. 1, 3, § 24 Abs. 4 Hs. 1, § 25 S. 1 UmwStG finden auch Anwendung auf Umstrukturierungsvorgänge, denen als zivilrechtliche Konstruktion eine Einzelrechtsnachfolge zugrunde liegt, und sehen für diese Vorgänge eine steuerliche Rechtsnachfolge vor.[750] Demzufolge lässt sich die steuerliche Rechtsnachfolge durch Eintreten in die steuerliche Rechtsstellung – in Übereinstimmung mit *Pichler* – als ein Grundprinzip des Umwandlungssteuerrechts qualifizieren.[751]

Das Ergebnis, eine steuerliche Rechtsnachfolge auch im Falle eines auf einer zivilrechtlichen Einzelrechtsnachfolge basierenden Einbringungsvorgangs zum gemeinen Wert anzunehmen, steht allerdings im Widerspruch zur Anordnung des § 24 Abs. 4 Hs. 1 UmwStG, wonach Einbringungsvorgänge zum gemeinen Wert, denen eine zivilrechtliche Einzelrechtsnachfolge zugrunde liegt, als Anschaffungsvorgänge gelten. Eine Differenzierung bei der Einbringung zum gemeinen Wert nach der zugrunde liegenden zivilrechtlichen Konstruktion, wie sie das Gesetz vorsieht, kann aus mehreren Gründen nicht überzeugen.

Zunächst ist darauf hinzuweisen, dass eine Differenzierung mit der Begründung, dass eine Einbringung im Wege der Einzelrechtsnachfolge zum gemeinen Wert einen Anschaffungsvorgang darstellt,[752] schon deshalb nicht überzeugen kann, weil sowohl Umwandlungsvorgänge als auch Einbringungsvorgänge im Sinne des Umwandlungssteuergesetzes unabhängig vom Wertansatz überwiegend als Veräußerungs- bzw. Anschaffungsvorgänge[753] zu qualifizieren sind.[754] Eine Begründung für die unterschiedliche Behandlung von Einbringungsvorgängen, denen eine zivilrechtliche Einzelrechtsnachfolge zugrunde liegt, und solchen, die

---

749 Während in der steuerlichen Rechtsnachfolge im Umwandlungsteil des Umwandlungssteuergesetzes lediglich Vorgänge des Umwandlungsgesetzes zugrunde liegen, die zivilrechtlich im Wege der Gesamtrechtsnachfolge durchgeführt wurden, erfolgt die steuerliche Rechtsnachfolge im Einbringungsteil des Umwandlungssteuergesetzes nach § 23 Abs. 1, 3; § 24 Abs. 4 Hs. 1, § 25 S. 1 UmwStG grundsätzlich unabhängig von den zugrunde liegenden zivilrechtlichen Konstruktionen (*Pichler*, Ertragsteuerliche Organschaft, S. 156, vgl. auch BMF-Schreiben 11.11.2011, BStBl. I 2011, 1314 Rn. 01.44, 01.47; *Bilitewski*, in: Haritz/Menner, UmwStG, § 23 Rn. 13, 21, 34; *Herlinghaus*, in: Rödder/Herlinghaus/van Lishaut, UmwStG, § 20 Rn. 3, 6a; *Nitzschke*, in: Blümich, UmwStG, § 23 Rn. 18, 42, *Patt*, in: Dötsch/Patt/Pung/Möhlenbrock, UmwStR, § 23 UmwStG Rn. 51, § 24 UmwStG Rn. 180, § 25 UmwStG Rn. 53; *Ritzer*, in: Rödder/Herlinghaus/van Lishaut, UmwStG, § 23 Rn. 2, 17,66).

750 *Pichler*, Ertragsteuerliche Organschaft, S. 156 f.

751 Siehe hierzu *Pichler*, Ertragsteuerliche Organschaft, S. 156 f., der terminologisch von einer umwandlungssteuerrechtlichen Gesamtrechtsnachfolge spricht.

752 So wohl aber *Bilitewski*, in: Haritz/Menner, UmwStG, § 23 Rn. 21.

753 Siehe ausführlich zur Qualifikation der Umwandlungs- und Einbringungsvorgänge im Sinne des Umwandlungssteuergesetzes als veräußerungsbegründend wirkende tauschähnliche Vorgänge und als Anschaffungsvorgänge 2. Kapitel C II.

754 *Pichler*, Ertragsteuerliche Organschaft, S. 157.

im Wege der zivilrechtlichen Gesamtrechtsnachfolge durchgeführt werden, was gem. § 23 Abs. 4 Hs. 1 UmwStG lediglich den Ausschluss von Einbringungsvorgängen im Wege der Einzelrechtsnachfolge von der steuerlichen Rechtsnachfolge im Sinne des Umwandlungssteuergesetzes zur Folge hat, ist nicht erkennbar.[755]

Mit Blick auf das System der steuerlichen Rechtsnachfolge im Umwandlungssteuergesetz, das den Eintritt des übernehmenden Rechtsträgers in die steuerliche Rechtsstellung des übertragenden bzw. einbringenden Rechtsträgers im Rahmen des übertragenden Vermögens unabhängig von der zugrunde liegenden zivilrechtlichen Konstruktion und unabhängig vom gewählten Wertansatz anordnet,[756] ist nicht ersichtlich, warum diese Systematik bei Einbringungen zum gemeinen Wert im Wege einer zivilrechtlichen Einzelrechtsnachfolge durchbrochen wird.[757] Es erschließt sich nicht, mit welcher Begründung die unterschiedliche Behandlung der steuerlichen Rechtsnachfolge im Falle des Ansatzes zum gemeinen Wert bei der zivilrechtlichen Einzelrechtsnachfolge und der zivilrechtlichen Gesamtrechtsnachfolge gerechtfertigt werden kann.[758] Dementsprechend handelt es sich bei § 23 Abs. 4 Hs. 1 UmwStG in Übereinstimmung mit der Auffassung *Pichlers*[759] um eine systemwidrige Norm, die vom Gesetzgeber entsprechend angepasst werden sollte. Diese Bedenken ändern allerdings nichts daran, dass eine Einbringung zum gemeinen Wert im Wege einer Einzelrechtsnachfolge *de lege lata* aufgrund des eindeutigen Gesetzeswortlauts, der nach § 23 Abs. 4 Hs. 2 UmwStG einen Anschaffungsvorgang fingiert, eine ertragsteuerliche Behandlung als Anschaffungsvorgang vorsieht und daher nicht als steuerliche Rechtsnachfolge im Sinne des Umwandlungssteuergesetzes behandelt werden kann. Eine anderweitige spezialgesetzliche Anordnung ist nicht ersichtlich. Demnach erfolgt in diesem Fall keine steuerliche Rechtsnachfolge, sondern eine Behandlung nach den allgemeinen Gewinnermittlungsgrundsätzen.[760]

---

755 *Pichler*, Ertragsteuerliche Organschaft, S. 157; wohl auch *Frotscher*, in: Frotscher/Maas, KStG, § 14 Rn. 947 ff.; *Heurung/Engel*, BB 2011, 151, 153.

756 Siehe hierzu 2. Kapitel C VI 2 a.

757 Vgl. *Pichler*, Ertragsteuerliche Organschaft, S. 157 f.

758 So auch *Pilcher*, Ertragsteuerliche Organschaft, S. 157; ähnlich auch *Heurung/Engel*, BB 2011, 151, 153; kritisch auch *Gebert*, DStR 2011, 102, 106; vgl. auch *Bilitewski*, in: Haritz/Menner, UmwStG, § 23 Rn. 21.

759 Vgl. *Pichler*, Ertragsteuerliche Organschaft, S. 157 f.

760 Ohne Kritik und Bedenken hinsichtlich der Systematik des Umwandlungssteuergesetzes *Biesold*, in: Haase/Hruschka, UmwStG, § 23 Rn. 104 ff.; *Nitzschke*, in: Blümich, UmwStG, § 23 Rn. 93; *Patt*, in: Dötsch/Pung/Möhlenbrock, UmwStG, § 23 Rn. 69, 77; *ders.*, in: Dötsch/Patt/Pung/Möhlenbrock, UmwStR, § 23 UmwStG Rn. 68, 77; *Schmitt*, in: Schmitt/Hörtnagl/Stratz, UmwStG, § 23 Rn. 96.

C. Umstrukturierungsvorgänge i.S.d. UmwStG als Veräußerungs- und Anschaffungsvorgänge

Die Frage, ob Umwandlungs- und Einbringungsvorgänge als Veräußerungs- und Anschaffungsvorgänge qualifiziert werden können, ist im Rahmen der Anwendbarkeit der §§ 4f, 5 Abs. 7 EStG auf Umwandlungs- und Einbringungsvorgänge im Sinne des Umwandlungssteuergesetzes von zentraler Bedeutung. Sofern Umwandlungs- und Einbringungsvorgänge als Veräußerungsvorgänge zu qualifizieren sind, ist fraglich, ob und inwieweit eine solche Einordnung der Anwendung des § 4f EStG entgegensteht. Die Problematik, ob Umwandlungs- und Einbringungsvorgänge Anschaffungsvorgänge darstellen, ist auch im Kontext des § 5 Abs. 7 EStG von Bedeutung. Sind solche Vorgänge als Anschaffungsvorgang einzuordnen, ist zu untersuchen, inwiefern sich der Grundsatz der Erfolgsneutralität von Anschaffungsvorgängen[761] mit § 5 Abs. 7 EStG in Einklang bringen lässt.

Auch wenn nach überwiegender Auffassung in der Literatur,[762] der Finanzverwaltung[763] und der Rechtsprechung[764] Umwandlungs- und Einbringungsvorgänge

761 Siehe zum Grundsatz der Erfolgsneutralität von Anschaffungsvorgängen 1. Kapitel A I 5.

762 Im Allgemeinen für alle Umwandlungs- und Einbringungsvorgänge des Umwandlungssteuergesetzes *Haritz*, in: Haritz/Menner, UmwStG, Einführung B Rn. 14 ff.; *Widmann*, in: Widmann/Mayer, UmwR, Vor § 1 UmwStG Rn. 45; *Horst*, FR 2015, 824, 825; *Jacobsen*, FR 2011, 673, 675; *Kredig*, Besteuerung stiller Reserven, S. 291; *Riedel*, FR 2012, 1109; *Schönherr/Krüger*, DStR 2012, 829, 832; siehe zu den §§ 3–9 UmwStG auch *Schmitt*, in: Schmitt/Hörtnagl/Stratz, Vormerkung zu §§ 3–9 UmwStG Rn. 6; § 11 Rn. 27; *Benecke/Schnittker*, FR 2010, 555, 557 ff.; *Hahn*, DStZ 1998, 561, 565; siehe zu §§ 20 ff. UmwStG *Geissler*, in: Herrmann/Heuer/Raupach, EStG, § 16 Rn. 16; *Herlinghaus*, in: Rödder/Herlinghaus/van Lishaut, UmwStG, § 20 Rn. 3; *Menner*, in: Haritz/Menner, UmwStG, § 20 Rn. 8; *Nitzschke*, in: Blümich, UmwStG, § 20 Rn. 3; *ders.*, in: Blümich, UmwStG, § 24 Rn. 11; *Patt*, in: Dötsch/Patt/Pung/Möhlenbrock, UmwStR, Vor §§ 20–23 UmwStG Rn. 52, *ders.*, in: Dötsch/Pung/Möhlenbrock, UmwStR, § 24 UmwStG Rn. 5; *Schmitt*, in: Schmitt/Hörtnagl/Stratz, Vorbemerkung zu §§ 20–23 UmwStG Rn. 9; *Seer*, in: Kirchhof, EStG, 18. Auflage, § 16 Rn. 16 ff.; *Benz/Rosenberg*, Das SEStEG, S. 149; *Crezelius*, FR 2009, 881, 886; *Desens*, DStR 2010, Beihefter zu Heft Nr. 46, 80, 85; *Heß/Schnittger*, in: Reform des Umwandlungssteuerrechts Rn. 1535.

763 Siehe zur undifferenzierten Einordung von Umwandlungs- und Einbringungsvorgängen als Veräußerungs- und Anschaffungsvorgang durch die Finanzverwaltung BMF-Schreiben 11.11.2011, BStBl. I 2011, 1314, 1322.

764 Siehe zum Formwechsel einer Kapitalgesellschaft in eine Personengesellschaft BFH 25.11.2014 – I R 78/12, BFH/NV 2015, 523, 525; siehe zur Verschmelzung einer Personengesellschaft auf eine Kapitalgesellschaft BFH 19.9.2003 – I R 97/02, BStBl. II 2004, 686; siehe zur Verschmelzung einer Kapitalgesellschaft auf eine natürliche Person BFH 23.1.2002 – XI R 48/99, BStBl. II 2002, 875, 876; siehe zur Verschmelzung zwischen Kapitalgesellschaften BFH 22.4.1998 – I R 83/96, BStBl. II 1998, 698, 699; siehe zur Verschmelzung zwischen Genossenschaften BFH 15.10.1997 – I R 22/96,

undifferenziert und meist ohne Begründung als Veräußerungs- und Anschaffungsvorgänge eingeordnet werden, wird im Folgenden untersucht, ob Umwandlungs- und Einbringungsvorgänge als solche zu qualifizieren sind.

I. Veräußerungsbegriff

Grundsätzlich umfasst der gesetzlich nicht definierte Begriff der „Veräußerung" nach den zu § 16 EStG entwickelten Grundsätzen jede entgeltliche (oder teilentgeltliche) Übertragung des zivilrechtlichen oder zumindest wirtschaftlichen Eigentums an den dort genannten wirtschaftlichen Einheiten auf ein anderes (Steuer-) Rechtssubjekt[765].[766] Maßgeblich für die Übertragung des Eigentums ist dabei nicht das schuldrechtliche Verpflichtungsgeschäft, sondern das dingliche Erfüllungsgeschäft, so dass die Voraussetzung der Veräußerung erst mit der Übertragung des (wirtschaftlichen) Eigentums und nicht schon mit dem Abschluss des (entgeltlichen) Kausalgeschäfts vorliegt.[767] Die Übertragung im Sinne des § 16 Abs. 1

BStBl. II 1998, 168; siehe zur Verschmelzung auf eine Personengesellschaft BFH 16.5.2002 – III R 45/98, BStBl. II 2003, 10, 12; BFH 1.10.21975 – I R 198/73, BStBl. II 1976, 113, 114; BFH 17.1.1969 – VI 367/65, BStBl. II 1969, 540, 541; siehe zur Einbringung von Sachgesamtheiten BFH 7.11.2006 – VIII R 13/04, BStBl. II 2008, 545, 548; BFH 17.9.2003 – I R 97/02, BStBl. II 2004, 686, 687; BFH 7.7.1998 – VIII R 5/96, BStBl. II 1999, 209, 211; BFH 19.10.1998 – VIII R 69/95, BStBl. II 2000, 230, 232; siehe zu Einlagen aus dem Privatvermögen BFH 24.1.2008 – IV R 37/06, BStBl. II 2011, 617, 620; BFH 19.10.1998 – VIII R 69/95, BStBl. II 2000, 230, 232; siehe zur Einbringung von Einzelwirtschaftsgütern BFH 17.7.2008 – I R 77/06, BStBl. II 2009, 464, 465; BFH 29.10.1987 – IV R 93/85, BStBl. II 1988, 374, 376.

765 Als Steuersubjekt sind in diesem Kontext auch Personengesellschaften einzuordnen; siehe hierzu BFH 16.12.1992 – X R 52/90, BStBl. II 1994, 838, 840; BFH 31.7.1991 – VIII R 23/89, BStBl. II 1992, 375, 377; *Wacker*, in: Schmidt, EStG, § 16 Rn. 20; *Kredig*, Besteuerung stiller Reserven, S. 281.

766 BFH 24.1.2018 – I R 48/15, BFH/NV, 2018, 921, 922; BFH 24.1.2012 – IX R 69/10, BFH/NV 2012, 1099, 1100; BFH 9.10.2008 – IX R 73/06, BStBl. II 2009, 140; BFH 1.3.2005 – VIII R 92/03, BStBl. II 2005, 398; BFH 25.1.1996 – IV R 114/94, BStBl. II 1997, 382, 383; BFH 22.9.1992 – VIII R 7/90, BStBl. II 1993, 228, 230; BFH 19.7.1993 – GrS 2/92, BStBl. II 1993, 897, 902; BFH 16.10.1984 – VIII R 299/81, BeckRS 1984, 04970 (II. 1.); BFH 21.10.1976 – IV R 210/72, BStBl. II 1977, 145, 146; ebenso FG Hamburg 21.5.2015 – 2 K 12/13, EFG 2015, 1876, 1877 f.; *Geissler*, in: Herrmann/Heuer/Raupach, EStG, § 16 Rn. 60; *Schallmoser*, in: Blümich, EStG, § 16 Rn. 20; *Seer*, in: Kirchhof, EStG, 18. Auflage, § 16 Rn. 66; *Wacker*, in: Schmidt, EStG, § 16 Rn. 20; *Bogenschütz*, Ubg 2011, 393, 395; *Kredig*, Besteuerung stiller Reserven, S. 281; *Philipp*, Verschmelzung inländischer Kapitalgesellschaften, S. 33. In diesem Kontext ist insoweit auch die Personengesellschaft als Steuersubjekt anzusehen (BFH 31.7.1991 – VIII R 23/89, BStBl. II 1992, 375, 377).

767 BFH 16.10.1984 – VIII R 299/81, BeckRS 1984, 04970 (II. 1.); BFH 19.7.1993 – GrS 2/92, BStBl. II 1993, 897, 902; ebenso FG Hamburg 21.5.2015 – 2 K 12/13, EFG 2015, 1876, 1877; *Geissler*, in: Herrmann/Heuer/Raupach, EStG, § 16 Rn. 60; *Schallmoser*,

EStG knüpft in zeitlicher Hinsicht an die Realisation durch Übertragungsakte an.[768] Sofern dem Erwerber eines Gegenstands zumindest wirtschaftliches Eigentum verschafft wird, ist damit regelmäßig im allgemeinen die vereinbarte Leistung oder Lieferung erbracht, so dass der zugrunde liegende Vertrag wirtschaftlich erfüllt ist.[769] Mit Übergang des wirtschaftlichen Eigentums hat „der Leistungsverpflichtete die von ihm geschuldeten Erfüllungshandlungen in der Weise erbracht, dass ihm die Forderung auf die Gegenleistung [...] – von den mit jeder Forderung verbundenen Risiken abgesehen – so gut wie sicher ist".[770] Demzufolge führt der Übergang des wirtschaftlichen Eigentums regelmäßig auch zur Gewinnrealisation.[771] Sofern zwischen rechtlichem und wirtschaftlichem Eigentum eine Divergenz besteht, ist für die Übertragung der Zeitpunkt maßgeblich, in welchem das wirtschaftliche Eigentum im Sinne des § 39 Abs. 2 Nr. 1 AO übertragen wird.[772] Dabei ist allerdings zu berücksichtigen, dass die Übertragung auf ein anderes (Steuer-)Rechtssubjekt zu erfolgen hat.[773] Im Hinblick auf das Merkmal der Entgeltlichkeit, welches sich aus § 16 Abs. 2 S. 1 EStG ergibt,[774] kommt es hingegen regelmäßig auf das schuldrechtliche Kausalgeschäft an, da anhand des dinglichen Erfüllungsgeschäfts eine Einordnung in die Kategorien „Entgeltlichkeit" bzw. „Unentgeltlichkeit" nicht möglich ist.[775]

II. Umwandlungs- und Einbringungsvorgänge als Veräußerung

Die Diskussion über die ertragsteuerliche Qualifikation von Umstrukturierungsvorgängen auf Ebene des übertragenden und übernehmenden Rechtsträgers ist für Steuerzwecke nach wie vor nicht abschließend geklärt und hat in jüngster Zeit durch die im Umwandlungssteuererlass von der Finanzverwaltung vertretene

---

in: Blümich, EStG, § 16 Rn. 20; *Seer*, in: Kirchhof, EStG, 18. Auflage, § 16 Rn. 57; *Wacker*, in: Schmidt, EStG, § 16 Rn. 20, 24; *Hageböke*, Ubg 2011, 689, 690; *Hageböke/Schmidt-Fehrenbacher*, in: FGS/BDI, UmwSt-Erlass 2011 Rn. 00.02.

768 *Seer*, in: Kirchhof, EStG, 18. Auflage, § 16 Rn. 57.

769 BFH 29.4.1987 – I R 192/82, BStBl. II 1987, 797, 798; BFH 14.12.1982 – VIII R 53/81, BStBl. II 1983, 303, 305.

770 BFH 23.3.2011 – X R 42/08, BStBl. II 2012, 188, 189; siehe auch oben Fn. 80.

771 BFH 29.4.1987 – I R 192/82, BStBl. II 1987, 797, 798; BFH 14.12.1982 – VIII R 53/81, BStBl. II 1983, 303, 305.

772 *Geissler*, in: Herrmann/Heuer/Raupach, EStG, § 16 Rn. 60; *Schallmoser*, in: Blümich, EStG, § 16 Rn. 20; *Wacker*, in: Schmidt, EStG, § 16 Rn. 20.

773 BFH 16.10.1984 – VIII R 299/81, BeckRS 1984, 04970 (II. 1.); *Geissler*, in: Herrmann/Heuer/Raupach, EStG, § 16 Rn. 61; *Schallmoser*, in: Blümich, EStG, § 16 Rn. 20; *Seer*, in: Kirchhof, EStG, 18. Auflage, § 16 Rn. 59.

774 BFH 23.4.1971 – IV R 201/65, BStBl. II 1971, 686, 687.

775 *Geissler*, in: Herrmann/Heuer/Raupach, EStG, § 16 Rn. 62; vgl. auch *Wacker*, in: Schmidt, EStG, § 16 Rn. 20; siehe zur Voraussetzung der Entgeltlichkeit der Übertragung im Rahmen der Veräußerung im Einkommensteuerrecht auch BFH 21.10.1976 – IV R 210/72, BStBl. II 1977, 145, 146.

„Veräußerungsthese“[776] wieder an Fahrt aufgenommen. Die Finanzverwaltung ordnet im Umwandlungssteuererlass 2011 an, dass es sich bei Umwandlungs- und Einbringungsvorgängen um Veräußerungsvorgänge handelt. Zudem geht auch die Rechtsprechung[777] sowie die überwiegende Auffassung in der Literatur[778] meist ohne Begründung von einer Veräußerung oder einem tauschähnlichen Veräußerungsvorgang aus.

Grundsätzlich wird als Veräußerungsvorgang jeder Vorgang verstanden, bei dem der Veräußernde gegen Hingabe eines Wirtschaftsguts Geld als Gegenleistung bekommt.[779] Dem Veräußerungsvorgang gleichgesetzt wird der Tausch im Sinne des § 480 BGB, wenn der Veräußernde ein anderes Wirtschaftsgut anstatt des Gelds als Gegenleistung erhält.[780] Das Merkmal der Entgeltlichkeit ist bereits dann erfüllt, wenn eine Gegenleistung der Erfüllung eines schuldrechtlichen Kausalgeschäfts dient.[781] Ob die Voraussetzungen einer Veräußerung – gemünzt auf das Umwandlungssteuerrecht – aus der Perspektive des übertragenden Rechtsträgers[782] tatsächlich vorliegen, ist Gegenstand der Untersuchung im Folgenden. Hierfür müssten die jeweiligen Umwandlungs- und Einbringungsvorgänge für die Verwirklichung einer Veräußerung im ertragsteuerlichen Sinne folgende Tatbestandsmerkmale erfüllen: Die Veräußerung erfordert die Übertragung eines Wirtschaftsguts (1.) auf einen Dritten im Sinne eines Wechsels des Steuersubjekts (2.) gegen Entgelt bzw. Gegenleistung (3.).[783] Im Rahmen der Beurteilung, ob Umwandlungs- und Einbringungsvorgänge als Veräußerung im ertragsteuerlichen Sinne zu qualifizieren sind, gilt es zu beachten, dass die zivilrechtliche Ausgangslage grundsätzlich unbeachtlich ist, da Zivil- und Steuerrecht jeweils eigenständige

---

776 Nach der Veräußerungsthese der Finanzverwaltung stellen Umwandlungen und Einbringungen „auf der Ebene des übertragenden Rechtsträgers sowie des übernehmenden Rechtsträgers Veräußerungs- und Anschaffungsvorgänge hinsichtlich des übertragenen Vermögens dar“ (BMF-Schreiben 11.11.2011, BStBl. I 1314, 1322).

777 Siehe oben Fn. 764.

778 Siehe oben Fn. 762.

779 *Kredig*, Besteuerung stiller Reserven, S. 282.

780 *Bogenschütz*, Ubg 2011, 393, 395; *Kredig*, Besteuerung stiller Reserven, S. 282.

781 *Geissler*, in: Herrmann/Heuer/Raupach, EStG, § 16 Rn. 62; *Höger/Rapp*, in: Littmann/Bitz/Pust, EStG, § 16 Rn. 17; *Wacker*, in: Schmidt, EStG, § 16 Rn. 21.

782 Ob Umstrukturierungsvorgänge aus Sicht der Anteilseigner des übertragenden Rechtsträgers eine Veräußerung im ertragsteuerlichen Sinne darstellen, ist nicht Gegenstand dieser Arbeit, da § 4f EStG die ertragsteuerliche Behandlung von Verpflichtungsübertragungen auf Ebene des übertragenden Rechtsträgers zum Gegenstand hat. Dementsprechend ist im Rahmen der ertragsteuerlichen Qualifikation von Umstrukturierungen in diesem Kontext auch nur die Sichtweise des übertragenden und des übernehmenden Rechtsträgers näher zu beleuchten.

783 *Hageböke*, Ubg 2011, 689, 690; *Hageböke/Schmidt-Fehrenbacher*, in: FGS/BDI, UmwSt-Erlass 2011 Rn. 00.02; *Schmitt/Schloßmacher*, UmwStE, 2011 Rn. 00.02.

Regelungsbereiche sind, denen eigene Grundsätze zugrunde liegen.[784] Vielmehr ist die Frage, ob eine Veräußerung im Ertragsteuerrecht vorliegt, im Wege einer wirtschaftlichen Betrachtungsweise zu beurteilen. Eine Veräußerung kann im Zusammenhang mit Umstrukturierungsvorgängen dennoch nur dann angenommen werden, wenn der Vorgang als Besteuerungstatbestand hinsichtlich der unternehmerischen Einheit aufseiten des übertragenden Rechtsträgers zu qualifizieren ist, also wenn betriebliche Sachgesamtheiten übertragen werden.[785]

1. Verschmelzungen

Nachdem Finanzverwaltung,[786] Rechtsprechung[787] und Teile der Literatur[788] meist ohne Begründung vertreten, dass Umwandlungs- und Einbringungsvorgänge eine Veräußerung oder einen tauschähnlichen Veräußerungsvorgang darstellen, wird im Folgenden untersucht, ob Verschmelzungsvorgänge die Merkmale einer Veräußerung erfüllen.

a) Übertragung von Wirtschaftsgütern

Die Übertragung von Wirtschaftsgütern kann bei Umstrukturierungsvorgängen auf unterschiedlichen Wegen herbeigeführt werden. Je nach Umstrukturierungsvorgang erfolgt diese durch Einzelrechtsnachfolge oder durch (partielle) Gesamtrechtsnachfolge.[789] Verschmelzungsvorgänge führen gem. § 20 Nr. 1 UmwG aus zivilrechtlicher Perspektive auf Grundlage der Vorschriften des Umwandlungsgesetzes zu einer Vermögensübertragung auf einen anderen Rechtsträger.[790] Die im Zivilrecht fußende Vermögensübertragung wird durch den Wortlaut der §§ 3 und 11 UmwStG bestätigt, wonach Wirtschaftsgüter auf ein anderen Rechtsträger übergehen. Die Anforderungen an eine Vermögensübertragung im Sinne des Veräußerungsbegriffs gem. § 16 EStG wird durch die Übertragung von Wirtschaftsgütern im Rahmen eines Verschmelzungsvorgangs erfüllt, da die Vorschriften zur Verschmelzung im Sinne des Umwandlungssteuergesetzes eine Übertragung von Wirtschaftsgütern voraussetzen.[791]

---

784 *Riedel*, Umwandlungssteuerrecht, S. 41; siehe zum Verhältnis des Zivilrechts zum Steuerrecht im Allgemeinen auch *Seer*, in: Tipke/Lang, Steuerrecht, § 1 Rn. 31 ff.

785 *Riedel*, Umwandlungssteuerrecht, S. 41.

786 Siehe oben Fn. 763.

787 Siehe oben Fn. 764.

788 Siehe oben Fn. 762.

789 Siehe hierzu *Kredig*, Besteuerung stiller Reserven, S. 42 f.

790 *Marsch-Barner*, in: Kallmeyer, UmwG, § 20 Rn. 4; *Kredig*, Besteuerung stiller Reserven, S. 40.

791 Siehe zur Verschmelzung einer Körperschaft auf eine Personengesellschaft oder natürliche Person § 3 Abs. 1 S. 1 UmwStG, zur Verschmelzung zweier Körperschaften § 11 Abs. 1 S. 1 UmwStG, zur Verschmelzung zweier Personengesellschaften

b) Gegen Entgelt

Im Folgenden liegt der Fokus der Bearbeitung auf der (Un-)Entgeltlichkeit von Verschmelzungsvorgängen und den daran anknüpfenden Problemkreisen.

aa) Gewährung von Anteilen

Im Rahmen der Beurteilung, ob bei der Verschmelzung das Merkmal der Entgeltlichkeit des Rechtsgeschäfts aus steuerlicher Perspektive erfüllt ist, wird die Gewährung von Anteilen oder Mitgliedschaften am übernehmenden Rechtsträger an den übertragenden Rechtsträger mit einbezogen.[792] Auch wenn der übertragende Rechtsträger infolge des Verschmelzungsvorgangs untergeht, wird es seitens der Überträgerin zur Erfüllung des ertragsteuerlichen Veräußerungsbegriffs genügen, wenn nicht dem übertragenden Rechtsträger selbst, sondern dessen Anteilseignern ein Entgelt zufließt, welches in der Gewährung von Gesellschaftsrechten zu sehen ist.[793] Dabei wird mit Eintritt der Wirksamkeit der Verschmelzung die Gewährung von Gesellschaftsrechten aus ertragsteuerlicher Sicht als Gegenleistung eingeordnet, so dass damit einhergehend auch das Merkmal der „Entgeltlichkeit" des Veräußerungsbegriffs zu bejahen ist. Dementsprechend ist für den Fall, dass dem übertragenden Rechtsträger eine Gegenleistung in Form von Gesellschaftsrechten gewährt wird, festzustellen, dass insoweit auch die Entgeltlichkeit des Umstrukturierungsvorgangs vorliegt.[794] Die Entgeltlichkeit des Vorgangs ist unabhängig davon, ob diese Vorgänge für steuerliche Zwecke mit dem Ansatz zum Buchwert, zu einem Zwischenwert oder zum gemeinen Wert erfolgen.[795] Selbst Umwandlungs- und Einbringungsvorgänge im Wege der Buchwertfortführung führen nicht zur Unentgeltlichkeit.[796]

An der Entgeltlichkeit und damit einhergehend auch an den Voraussetzungen eines veräußerungsbegründenden tauschähnlichen Vorgangs fehlt es allerdings,

---

§ 24 UmwStG und zur Verschmelzung einer Personengesellschaft auf eine Kapitalgesellschaft §§ 20–23 UmwStG.

792 BFH 18.7.1979 – II R 59/73, BStBl. II 1979, 683; *Hahn*, DStZ 1998, 561, 563.

793 *Hageböke*, Ubg 2011, 689, 691; *Hageböke/Schmidt-Fehrenbacher*, in: FGS/BDI, UmwSt-Erlass 2011 Rn. 00.02; *Kredig*, Besteuerung stiller Reserven, S. 286 f.; *Philipp*, Verschmelzung inländischer Kapitalgesellschaften, S. 32 f.; *Riedel*, Umwandlungssteuerrecht, S. 57; vgl. zur Gewährung von Gesellschaftsrechten als steuerliche Gegenleistung auch *Mayer*, in: Widmann/Mayer, UmwR, § 5 UmwG Rn. 19, *Benecke/Staats*, FR 2010, 893, 895; *Hahn*, DStZ 1998, 561, 563.

794 So auch *Hageböke*, Ubg 2011, 689, 692, 694, 704; *Hageböke/Schmidt-Fehrenbacher*, in: FGS/BDI, UmwSt-Erlass 2011 Rn. 00.02 f.; *A. Meyer*, in: HdJ, Abt IV/2 Rn. 10 f.; *Philipp*, Verschmelzung inländischer Kapitalgesellschaften, S. 35.

795 So auch FG Hamburg 21.5.2015 – 2 K 12/13, EFG 2015, 1876, 1877 f.

796 FG Hamburg 21.5.2015 – 2 K 12/13, EFG 2015, 1876, 1877 f.; vgl. auch *Schmitt*, in: Schmitt/Hörtnagl/Stratz, UmwStG, § 22 Rn. 28; *Graw*, Ubg 2009, 691; *Möhlenbrock*, FS Herzig, S. 775, 785.

wenn es nicht zu einer Gewährung von Gesellschaftsrechten kommt. Im Falle einer Seitwärtsverschmelzung[797] scheidet die Einordnung als tauschähnlicher Vorgang mangels Anteilsgewährung aus der Perspektive des übertragenden Rechtsträgers zumindest in den Fällen des Anteilsgewährungsverzichts nach § 54 Abs. 1 S. 3, § 68 Abs. 1 S. 3 UmwG[798] aus.[799] Darüber hinaus fehlt es auch im Falle einer Aufwärtsverschmelzung[800] aufgrund des Anteilsgewährungsverbots gem. § 20 Abs. 1

---

797 Unter einer Seitwärtsverschmelzung – auch site-stream-merger genannt – ist eine Verschmelzung nicht aneinander beteiligter Rechtsträger mit unterschiedlichem oder (teilweise) identischem Anteilseignerkreis zu verstehen; siehe ausführlich zu den unterschiedlichen Kombinationsmöglichkeiten zwischen einer up-stream Verschmelzung und einer side-stream Verschmelzung beziehungsweise zwischen einer down-stream-Verschmelzung und einer side-stream-Verschmelzung bei einer Beteiligung von weniger als 100 % des übertragenden Rechtsträgers am übernehmenden Rechtsträger oder umgekehrt, sog. Mischverschmelzung (auch partieller up-stream-merger bzw. partieller down-stream-merger genannt); siehe auch *Herzig*, Steuerorientierte Gestaltungen, S. 90 ff.; *Philipp*, Verschmelzung inländischer Kapitalgesellschaften, S. 34.

798 Im Kontext der § 54 Abs. 1 S. 3, § 68 Abs. 1 S. 3 UmwG ist allerdings zu berücksichtigen, dass die Privilegierung im Sinne des Kapitalerhöhungswahlrechts, also die Möglichkeit des Verzichts auf die Gewährung von Gesellschaftsrechten bei einer Verschmelzung, nur für die GmbH bzw. AG als übernehmenden Rechtsträger besteht.

799 So auch *Hecht/Hagemann*, in: Haase/Hruschka, UmwStG, § 13 Rn. 39; *Hageböke*, Ubg 2011, 689, 692, 694; *Philipp*, Verschmelzung inländischer Kapitalgesellschaften, S. 35. *Rödder/Rogall*, Ubg 2011, 753, 754 gehen davon aus, dass formalrechtlich keine Veräußerung vorliegt, sofern keine Gegenleistung gewährt wird. Unklar ist, ob dieser Auffassung auch die Finanzverwaltung folgt. Der Umwandlungssteuererlass geht in Rn. 00.02 (vgl. BMF-Schreiben 11.11.2011, BStBl. I. 2011, 1314, 1322) nicht auf die Fragestellung ein, ob auch Umwandlungs- und Einbringungsvorgänge als Veräußerungen zu qualifizieren sind, wenn auf eine Gewährung von Gesellschaftsrechten gem. § 54 Abs. 1 S. 3, § 68 Abs. 1 S. 3 UmwG seitens des übernehmenden Rechtsträgers verzichtet wird. Eine Qualifikation als unentgeltlichen Vorgang könnte zumindest den Ausführungen zu Rn. 22.23 a.E. (vgl. BMF-Schreiben 11.11.2011, BStBl. I. 2011, 1314, 1388 f.) entnommen werden, wo die Finanzverwaltung ausführt, dass eine Umwandlung selbst im Billigkeitswege mit einer entgeltlichen Umwandlung im Sinne des § 22 Abs. 1 S. 6 Nr. 2 UmwStG nicht vergleichbar sein soll, sofern eine Gewährung von Anteilen oder Mitgliedschaften an Kapitalgesellschaften oder Genossenschaften nicht stattfindet; vgl. auch *Bogenschütz*, Ubg 2011, 393, 395; *Hageböke*, Ubg 2011, 689, 692.

800 Unter einer Aufwärtsverschmelzung – auch up-stream-merger genannt – ist zu verstehen, dass der Rechtsträger, der Gesellschaftsanteile aufnimmt, am übertragenden Rechtsträger beteiligt ist. Sofern die Beteiligung des übernehmenden Rechtsträgers weniger als 100% am übertragenden Rechtsträger beträgt, kommt es zu einer sog. Mischverschmelzung – auch partieller up-stream-merger genannt – was die Kombination der Aufwärtsverschmelzung und der Seitwärtsverschmelzung (ausführlicher

Nr. 3 S. 1 Hs. 2, § 54 Abs. 1 S. 1 Nr. 1, § 68 Abs. 1 S. 1 Nr. 1 UmwG an der Gewährung einer Gegenleistung und damit an Entgeltlichkeit des Vorgangs, da weder dem übertragenden Rechtsträger noch dem Anteilseigner, welcher zugleich als übernehmender Rechtsträger fungiert, Gesellschaftsrechte am übernehmenden Rechtsträger als Gegenleistung gewährt werden.[801] Auch wenn teilweise das auf den Anteilseigner übergehende Vermögen als Gegenleistung für die untergehende Beteiligung des Anteilseigners am übertragenden Rechtsträger eingeordnet und aus der Perspektive des Anteilseigners als Tausch und damit als Veräußerung der Beteiligung qualifiziert wird,[802] genügt die Aufwendung der untergehenden Anteile des Anteilseigners am übertragenden Rechtsträger als Nullum den Anforderungen an die Übertragung auf einen Dritten nicht.[803] Auch im Lichte der teleologischen, historischen und systematischen Auslegung des § 22 Abs. 2 UmwStG, wozu das jüngste Urteil des Bundesfinanzhofs zur Qualifikation der Aufwärtsverschmelzung als tauschähnlicher Vorgang ergangen ist, kann diese Einordnung nicht überzeugen, da sowohl nach dem Sinn und Zweck des § 22 Abs. 2 UmwStG als auch steuersystematisch kein Anlass zur Besteuerung stiller Reserven besteht.[804]

---

sogleich) zur Folge hat; vgl. ausführlich zur Aufwärtsverschmelzung *Mayer*, in: Widmann/Mayer, UmwR, § 5 UmwG Rn. 25 ff., 207 ff.

801 BFH 14.5.1969 – I R 77/67, BStBl. II 1969, 598, 600; BFH 13.10.1971 – I R 96/69, BStBl. II 1972, 97, 99; bestätigt durch BFH 14.06.1984 – I R 79/80, BStBl. II 1985, 64, 68; *Hageböke/Schmidt-Fehrenbacher*, in: FGS/BDI, UmwSt-Erlass 2011 Rn. 00.02; *Philipp*, Verschmelzung inländischer Kapitalgesellschaften, S. 35; vgl. auch *Benz/Rosenberg*, DB 2012, Beilage 1 zu Heft 2, 38, 49; *Hageböke* Ubg 2011, 689, 694 f., 698; *Rödder/Rogall*, Ubg 2011, 753, 754; a.A. BFH 23.1.2002 – XI R 48/99, BStBl. II 2002, 875, 876; BMF-Schreiben 11.11.2011, BStBl. I 2011, 1314, 1322; *Benecke/Schnittker*, FR 2010, 555, 558; offenlassend BFH 16.5.2002 – III R 45/98, BStBl. II 2003, 10, 12.

802 Siehe hierzu BMF-Schreiben 11.11.2011, BStBl. I 2011, 1314, 1322; wohl auch *Jacobsen*, FR 2011, 973, 975, welcher im Falle einer Aufwärtsverschmelzung in der Übertragung des Betriebs der Tochtergesellschaft faktisch eine Veräußerung an ihren Anteilseigner gegen Minderung von Gesellschaftsrechten sieht; so wohl auch *Benecke/Schnittker*, FR 2010, 555, 558, nach denen der Anteilseigner das Betriebsvermögen der untergehenden Kapitalgesellschaft übernimmt und dafür seine untergehenden Anteile als Gegenleistung aufwendet.

803 BFH 14.6.1984 – I R 79/80, BStBl. II 1985, 64, 68; BFH 27.7.1988 – I R 147/83, BStBl. II 1989, 271, 273; *Patt*, in: Dötsch/Pung/Möhlenbrock, UmwStG, § 22 Rn. 33a; *Schmitt*, in: Schmitt/Hörtnagl/Stratz, UmwStG, § 12 Rn. 48; § 22 Rn. 42; *Glahe*, FR 2018, 754, 754 f.; vgl. auch *Brinkmann*, in: Schneider/Ruoff/Sistermann Rn. 0.19; *Hageböke*, Ubg 2011, 689, 696 ff.; *Hageböke/Schmidt-Fehrenbacher*, in: FGS/BDI, UmwSt-Erlass 2011 Rn. 00.03; *Rödder/Rogall*, Ubg 2011, 753, 754; *Schmitt/Schloßmacher*, UmwStE Rn. 00.02 f.; a.A. ohne nähere Begründung BFH 24.1.2018 – I R 48/15, BFH/NV 2018, 921, 923, wonach der Untergang der von der Muttergesellschaft an der Tochtergesellschaft gehaltenen Anteile unerheblich sein soll; vgl. auch BFH 5.11.2015 – III R 13/13, BStBl. II 2016, 468, 473.

804 Siehe hierzu ausführlich *Glahe*, FR 2018, 754, 755; vgl. auch FG Hamburg 21.5.2015 – 2 K 12/13, EFG 2015, 1876, 1878, 1879.

Auch eine historische und systematische Auslegung der Vorschrift führt zu keinem anderen Ergebnis.[805] Demnach ist im Falle einer Aufwärtsverschmelzung aus dem Blickwinkel des übertragenden Rechtsträgers aufgrund des Verbots der Anteilsgewährung[806] zutreffend, dass keine Gegenleistung vorliegt, soweit der übernehmende Rechtsträger Anteile am übertragenden Rechtsträger hält.[807] Folglich fehlt es sowohl im Falle einer Seitwärtsverschmelzung mit Anteilsgewährungsverzicht gem. § 54 Abs. 1 S. 3, § 68 Abs. 1 S. 3 UmwG als auch im Rahmen der Aufwärtsverschmelzung aufgrund des Anteilsgewährungsverbots gem. § 20 Abs. 1 Nr. 3 S. 1 Hs. 2, § 54 Abs. 1 S. 1 Nr. 1, § 68 Abs. 1 S. 1 Nr. 1 UmwG aus steuerlicher Perspektive an einer Gegenleistung.[808] Dementsprechend liegen die Voraussetzungen der Veräußerung im ertragsteuerlichen Sinne in diesen Fällen nicht vor.

Zu beachten ist, dass die Gegenleistung im Falle einer Verschmelzung aufgrund des Untergangs des übertragenden Rechtsträgers nicht an diesen, sondern unmittelbar an dessen Anteilseigner gewährt wird,[809] was eine Abweichung „von der paradigmatischen Vorstellung eines zweiseitigen Umsatzaktes“[810] mit sich bringt.

---

805 Siehe oben Fn. 804.

806 Anteilsgewährungsverbot gem. § 20 Abs. 1 Nr. 3 S. 1 Hs. 2, § 54 Abs. 1 S. 1 Nr. 1, § 68 Abs. 1 S. 1 Nr. 1 UmwG.

807 So auch *Hageböke*, Ubg 2011, 689, 694; *Hageböke/Schmidt-Fehrenbacher*, in: FGS/BDI, UmwSt-Erlass 2011 Rn. 00.02; *Philipp*, Verschmelzung inländischer Kapitalgesellschaften, S. 35; wohl auch BFH 14.6.1984 – I R 79/80, BStBl. II 1985, 64, 68; BFH 13.10.1971 – I R 96/69, BStBl. II 1972, 97, 99; a.A. *Pung*, GmbHR 2012, 158, 162.

808 In diesen Fällen handelt es sich mit Blick auf das übergehende Vermögen vielmehr um eine Sachauskehrung, welche nach den Grundsätzen der verdeckten Sachauskehrung zu beurteilen ist (*Philipp*, Verschmelzung inländischer Kapitalgesellschaften, S. 35).

809 Der Bundesfinanzhof sieht die für die Annahme eines Veräußerungsvorgangs im ertragsteuerlichen Sinne erforderliche Gegenleistung zwar nicht ausdrücklich – aber trotzdem offensichtlich – in der Gewährung von Gesellschaftsrechten, die der Anteilseigner der Überträgerin vom übernehmenden Rechtsträger erhält (BFH 17.9.2003 – I R 97/02, BStBl. II 2004, 686); vgl. auch *Bennecke/Staats*, FR 2010, 893, 895; *Hageböke*, Ubg 2011, 689, 691; *Hageböke/Schmidt-Fehrenbacher*, in: FGS/BDI, UmwSt-Erlass 2011 Rn. 00.02; *Hahn*, DStZ 1998, 561, 563. Dies gilt zumindest auch im Rahmen der Abwärtsverschmelzung, bei der die Gegenleistung bei fehlender Kapitalerhöhung die Anteile am übernehmenden Rechtsträger ohne Durchgangserwerb seitens der Tochtergesellschaft direkt auf die Anteilseigner des übertragenden Rechtsträgers übergeht; vgl. BFH 28.10.2009 – I R 4/09 BStBl. II 2011, 315, 317; BMF-Schreiben 11.11.2011, BStBl. I 2011, 1314, 1363; *Rödder/Schaden*, Ubg 2011, 40, 41; *Rödder/Schmidt-Fehrenbacher*, in: FGS/BDI, UmwSt-Erlass 2011 Rn. 11.18, S. 249; *Schmitt/Schloßmacher*, UmwSt-E, 2011 Rn. 11.18.

810 *Kredig*, Besteuerung stiller Reserven, S. 286; ähnlich, auch aus diesem Blickwinkel, BMF-Schreiben 11.11.2011, BStBl. I 2011, 1314, 1322.

bb) Entgelt trotz Gesamtrechtsnachfolge

Sofern die Vorschriften des Umwandlungssteuergesetzes auf dem Umwandlungsgesetz basieren und somit eine zivilrechtliche Gesamtrechtsnachfolge und zugleich eine steuerliche Rechtsnachfolge – wie dies auch im Rahmen einer Verschmelzung der Fall ist – anordnen, wird in Literatur und Rechtsprechung vereinzelt vertreten, dass schon deshalb kein Veräußerungs- und Anschaffungsvorgang vorliegen könne, da aufseiten des übernehmenden Rechtsträgers bereits ein materiell-rechtlicher Eintritt in die Rechtsstellung des Überträgers kraft Gesetzes im Wege der Gesamtrechtsnachfolge erfolgt ist.[811] Überträgt man das Verständnis der erbrechtlichen Gesamtrechtsnachfolge, die mangels Entgeltlichkeit nicht als Veräußerung im Sinne des § 16 Abs. 1 EStG zu qualifizieren ist,[812] auf umwandlungssteuerrechtliche Vorgänge, könnten diese Vorgänge mangels Entgeltlichkeit nicht als Veräußerungsvorgang im Sinne des § 16 Abs. 1 EStG eingeordnet werden. Das erbrechtliche Verständnis lässt sich jedoch nicht ohne weiteres auf das Umwandlungsrecht übertragen.[813] Dies zeigt sich vor allem im Zusammenhang mit der Rechtsfigur der Gesamtrechtsnachfolge im Kontext des Erbrechts, die vor dem Hintergrund der Eigenart des Umwandlungsrechts nicht ohne weiteres ins selbige übertragen werden kann.[814] Sofern in diesem Kontext aufgrund der Tatsache, dass der Vollzug einer umwandlungssteuerrechtlichen Gesamtrechtsnachfolge von der Handelsregistereintragung abhängt, vertreten wird, dass die Gesamtrechtsnachfolge erst mit Eintragung ins Handelsregister[815] vollzogen wird und der Vorgang aufgrund dessen lediglich kraft Gesetz eintritt, wird verkannt, dass der Gesamtrechtsnachfolge im Umwandlungsrecht ein Vertrag und die jeweiligen Gesellschafterbeschlüsse[816] zugrunde liegen.[817] Alleine die Tatsache, dass der Vollzug des Rechtsgeschäfts eine Handelsregistereintragung erfordert, ändert nichts daran,

---

811 FG Köln 5.9.2002 – 13 K 5561/01, DSTRE 2003, 348, 349; *Fatouros*, DStR 2003, 772, 773; a.A. *Kredig*, Besteuerung stiller Lasten, S. 284; *Riedel*, Umwandlungssteuerrecht, S. 51.

812 *Schallmoser*, in: Blümich, EStG, § 16 Rn. 24; *Seer*, in: Kirchhof, EStG, 18. Auflage, § 16 Rn. 77; *Wacker*, in: Schmidt, EStG, § 16 Rn. 25; vgl. auch BFH 22.10.2008 – X B 162/08, BFH/NV 2009, 156.

813 *Kredig*, Besteuerung stiller Reserven, S. 284; *Riedel*, Umwandlungssteuerrecht, S. 51.

814 *Hahn*, DStZ 1998, 561, 563; *Kredig*, Besteuerung stiller Reserven, S. 284; *Riedel*, Umwandlungssteuerrecht, S. 51; *K. Schmidt*, AcP 191 (1991), 495, 497. Auch der Bundesfinanzhof ist der Auffassung, dass die Gesamtrechtsnachfolge im erbrechtlichen und umwandlungssteuerrechtlichen Sinne erheblich voneinander abweichen (BFH 17.12.2007 – GrS 2/04, BStBl. II 2008, 608, 615; BFH 8.4.1964 – VI 205/61 S, BStBl. III 1964, 306, 307).

815 Vgl. § 20 Abs. 1 Nr. 1, § 131 Abs. 1 Nr. 1 UmwG.

816 Vgl. § 13 Abs. 1 S. 1, § 125 S. 1 UmwG.

817 *Hahn*, DStZ 1998, 561, 564; *Kredig*, Besteuerung stiller Reserven, S. 285; *Riedel*, Umwandlungssteuerrecht, S. 51.

dass der rechtsgeschäftliche Erfolg wie bei allen Rechtsgeschäften auf den Willen der Parteien zurückzuführen ist.[818]

Auch wenn die im Umwandlungssteuergesetz und die im Umwandlungsgesetz geregelten Tatbestände, parallel zum Erbfall, teilweise durch (gänzliche oder zumindest partielle) Gesamtrechtsnachfolge erfolgen, wird man bei einer näheren Betrachtung feststellen, dass zwischen einem Erbgang und einem Umwandlungs- bzw. Einbringungsvorgang gravierende Unterschiede bestehen.[819] Während der Erbe gem. § 1922 BGB mit dem Tod des Erblassers allein kraft Gesetzes in die Rechtsstellung des Erblassers eintritt, bedarf es dagegen im Rahmen einer Umwandlung oder Einbringung eines freien Willensentschlusses der Gesellschafter.[820] Der Erbfall wird nicht im Rahmen eines Rechtsgeschäfts herbeigeführt.[821] Darüber hinaus ist infolge des Erbfalls kein Rechtsträger mehr existent, der eine Gegenleistung entgegennehmen könnte.[822] Zwar führen auch Umwandlungs- und Einbringungsvorgänge teilweise zum Erlöschen des übertragenden Rechtsträgers.[823] Dennoch werden im Umwandlungssteuerrecht Geschäftsanteile an die Anteilseigner des übertragenden Rechtsträgers gewährt, so dass der Untergang des übertragenden Rechtsträgers unter Einbeziehung der Anteilseigner nicht zur Unentgeltlichkeit des Vorgangs führt.[824]

Ähnlich wie die Singularsukzession stellt auch die Gesamtrechtsnachfolge im Umwandlungsrecht eine auf allgemeinen Grundsätzen basierende abstrakte Verfügung im rechtstechnischen Sinne dar.[825] Sie führt durch die Überwindung des sachenrechtlichen Spezialitätsprinzips auf deutlich vereinfachtem Weg zum wirtschaftlich gleichen Ergebnis. Dabei ersetzt die Gesamtrechtsnachfolge lediglich die Einzelrechtsnachfolge.[826] Allein aus der Erkenntnis, dass Vermögen im Rahmen eines Umwandlungsvorgangs im Wege einer Gesamtrechtsnachfolge übertragen wird, kann nicht abgeleitet werden, dass eine solche Übertragung unentgeltlich erfolgt und aufgrund dessen keine Veräußerung darstellt. Eine Verfügung im rechtstechnischen Sinne ist nach allgemeinen Grundsätzen weder entgeltlich noch unentgeltlich.[827] Richtigerweise ist für das Vorliegen der (Un-)Entgeltlichkeit nicht die abstrakte Verfügung, sondern das ihr zugrunde liegende Kausalgeschäft

818 *Hahn*, DStZ 1998, 561, 564.
819 BFH 17.12.2007 – GrS 2/04, BStBl. II 2008, 608, 615; BFH 8.4.1964 – VI 205/61 S, BStBl. III 1964, 306, 307.
820 BFH 8.4.1964 – VI 205/61 S, BStBl. III 1964, 306, 307; siehe auch *Hahn*, DStZ 1998, 561, 564; *Kredig*, Besteuerung stiller Reserven, S. 285; *Riedel*, Umwandlungssteuerrecht, S. 51.
821 *Hahn*, DStZ 1998, 561, 564.
822 *Hahn*, DStZ 1998, 561, 564; *Kredig*, Besteuerung stiller Reserven, S. 284.
823 Siehe hierzu 3. Kapitel C III; siehe auch 2. Kapitel C II 1 b ee.
824 Siehe hierzu ausführlich 2. Kapitel C II 1 b ee.
825 *Hahn*, DStZ 1998, 561, 564; *Kredig*, Besteuerung stiller Reserven, S. 285.
826 *Hahn*, DStZ 1998, 561, 565.
827 *Hahn*, DStZ 1998, 561, 565; *Kredig*, Besteuerung stiller Reserven, S. 285.

maßgeblich.[828] Folglich schließt allein die Tatsache, dass Umwandlungsvorgänge im Wege einer Gesamtrechtsnachfolge erfolgen, eine Qualifikation als entgeltlicher Vorgang bzw. als tauschähnlicher Veräußerungsvorgang im steuerrechtlichen Sinne nicht aus.[829] Vielmehr erfolgt die Vermögensübertragung gegen Gewährung von Gesellschaftsrechten, so dass ein entgeltlicher Vorgang vorliegt.

cc) Anteilserwerb kraft Gesetzes gem. § 20 Abs. 1 Nr. 3 S. 1 UmwG

Fraglich ist in diesem Kontext, auf welcher dogmatischen Grundlage die Gewährung von Gesellschaftsrechten an die Anteilsinhaber des übertragenden Rechtsträgers fußt. Nach § 20 Abs. 1 Nr. 3 S. 1 UmwG werden die Anteilsinhaber der übertragenden Rechtsträger Anteilsinhaber des übernehmenden Rechtsträgers, d.h. der Übergang der Anteile erfolgt beim Berechtigten *ex lege* mit Wirksamkeit der Eintragung in das entsprechende Register.[830] Aufgrund dessen soll es an einer vertraglich vereinbarten Gegenleistung fehlen.[831] Grundsätzlich kann den Vertretern dieser Auffassung insoweit zugestimmt werden, als dass der der Verschmelzung zugrunde liegende Verschmelzungsvertrag kein Leistungsaustauschvertrag im klassischen Sinne ist.[832] Ob daraus geschlussfolgert werden kann, dass es daher an einer vertraglich vereinbarten Gegenleistung und damit auch an der Entgeltlichkeit des Umstrukturierungsvorgangs mangelt, bedarf einer näheren Betrachtung.

Nach früher vertretener Auffassung wurde der Verschmelzungsvertrag als Vertrag zugunsten Dritter gem. § 328 BGB qualifiziert.[833] Demnach stand den Anteilsinhabern des übertragenden Rechtsträgers gegenüber dem übernehmenden Rechtsträger ein Anspruch auf Gewährung von Gesellschaftsrechten direkt aus

828 *Hahn*, DStZ 1998, 561, 564; *Kredig*, Besteuerung stiller Reserven, S. 285; vgl. auch *Benecke/Schnittker*, FR 2010, 555, 556.

829 Ebenso *Hahn*, DStZ 1998, 561, 564; *Kredig*, Besteuerung stiller Reserven, S. 285; *Riedel*, Umwandlungssteuerrecht, S. 51; vgl. hierzu BFH 17.12.2007 – GrS 2/04, BStBl. II 2008, 608, 615; BFH 16.5.2001 – I R 76/99, BStBl. II 2002, 487, 490.

830 Vgl. unter vielen *Grunewald*, in: Lutter, UmwG, § 20 Rn. 61; *Heidinger*, in: Henssler/Strohn, GesR, § 20 UmwG Rn. 51.

831 Vgl. zur Verschmelzung gem. § 93e Abs. 1 S. 1 GenG a.F. BFH 14.12.1988 – I R 397/83, BStBl. II 1989, 317, 318. Im Kontext des Verkehrssteuerrecht *Luckey*, Gewinnrealisierung bei Umwandlungen, S. 91; *Tipke*, DB 1968, Beilage zu Heft Nr. 17, 1, 6 f.

832 BFH 14.12.1988 – I R 397/83, BStBl. II 1989, 317, 318; so im Ergebnis auch *Heidinger*, in: Henssler/Strohn, GesR, § 4 UmwG Rn. 12 wonach die Anteilsinhaber selbst keinen eigenen Anspruch auf Durchführung der Verschmelzung gegenüber dem jeweiligen anderen Rechtsträger haben; ausdrücklich auch *Hageböke*, Ubg 2011, 689, 691; vgl. auch *Schweda*, Umstrukturierungen, S. 45.

833 *Grunewald*, in: Geßler/Hefermehl/Eckardt/Kropff, AktG, § 341 Rn. 2; *Marsch-Barner*, in: Kallmeyer, UmwG, § 4 Rn. 2; *Schröer*, in: Semler/Stengel, UmwG, § 4 Rn. 54.

dem Verschmelzungsvertrag zu. Der Qualifikation als Vertrag zugunsten Dritter[834] kann jedoch nicht mehr gefolgt werden und wird sowohl in der Literatur als auch in der Rechtsprechung überwiegend abgelehnt.[835] Zutreffend ist insoweit, dass der Erwerb der Mitgliedschaft *ipso jure* durch die Verschmelzung erfolgt. Mangels dinglicher Wirkung des Verschmelzungsvertrags geht das Vermögen kraft Gesetzes erst mit Eintragung in das Handelsregister (§ 20 Abs. 1 Nr. 1 UmwG) über. Dabei gilt es allerdings zu beachten, dass auch der rechtliche Erfolg einer Umwandlung auf eine rechtsgeschäftliche Vereinbarung zurückzuführen ist, die von den Beteiligten gewollt ist,[836] so dass nicht das dingliche Geschäft, sondern das diesem Geschäft zugrunde liegende Kausalgeschäft für die Entgeltlichkeit maßgeblich ist.[837] Neben der Rechtsnatur als körperschaftlicher Organisationsakt kommt dem Verschmelzungsvertrag auch eine allgemein anerkannte schuldrechtliche Wirkung zu, die zwar die Übertragung von Vermögen gegen Gewährung von Anteilen und auch die Festlegung von gegenseitigen Pflichten der am Vertragsschluss beteiligten Rechtsträger zulässt,[838] woraus sich hingegen grundsätzlich kein eigener, durch die Anteilseigner selbst einklagbarer Anspruch ableiten lässt.[839]

Auch wenn die Konstruktion über einen Vertrag zugunsten Dritten gem. § 328 BGB abgelehnt wird, entfaltet der zwischen dem übertragenden und übernehmenden Rechtsträger abgeschlossene Verschmelzungsvertrag hinsichtlich der Anteilseigner des übertragenden Rechtsträgers Wirkung, die der eines Vertrags

834 BFH 22.4.1976 – V R 54/71, BStBl. II 1976, 518; *Marsch-Barner*, in: Kallmeyer, UmwG, § 4 Rn. 2; *Schröer*, in: Semler/Stengel, UmwG, § 4 Rn. 54; *Hageböke*, Ubg 2006, 689, 691 f.; *Hügel*, Verschmelzung und Einbringung, S. 486 f.

835 BFH 28.7.1970 – II 105/64, BStBl. II 1970, 816; BFH 14.12.1988 – I R 397/83, BStBl. II 1989, 13, 15; ähnlich auch OLG München 12.5.1993 – 27 U 459/92, BB 1993, 2040, 2041; *Mayer*, in: Widmann/Mayer, UmwR, § 4 UmwG Rn. 21; *Simon*, in: KK-UmwG, § 4 Rn. 34 ff.; *Hageböke*, Ubg 2011, 689, 691.

836 *Hahn*, DStZ 1998, 561, 564, der im Rahmen einer vergleichenden Betrachtung zwischen dem Erwerb eines Grundstückes und einem Umwandlungsvorgang ausdrücklich feststellt, dass Umwandlungsvorgänge erst mit Eintragung ins Handelsregister vollzogen sind, jedoch, wie auch beim Grundstückserwerb allgemein anerkannt, der Grundstückskauf zwar erst durch die Eintragung in das Grundbuch perifiziert wird, allerdings der Grund hierfür sowohl im Umwandlungsfall als auch beim Grundstückskauf darin liegt, „daß der rechtliche Erfolg – wie bei jedem Rechtsgeschäft – deshalb eintritt, weil er gewollt ist."; *Kredig*, Besteuerung stiller Reserven, S. 285; vgl. auch BFH 8.4.1964 – VI 205/61 S, BStBl. III 1964, 306, 307.

837 Vgl. auch zur Maßgeblichkeit des Kausalgeschäfts für die (Un-)Entgeltlichkeit des Umstrukturierungsvorgangs 2. Kapitel C IV 1.

838 *Stratz*, in: Schmitt/Hörtnagl/Stratz, UmwG, § 4 Rn. 9.

839 *Drygala*, in: Lutter, UmwG, § 4 Rn. 38, 39; *Schröer*, in: Semler/Stengel, UmwG, § 4 Rn. 53; *Stratz*, in: Schmitt/Hörtnagl/Stratz, UmwG, § 4 Rn. 9; OLG München 12.5.1993 – 27 U 459/92, BB 1993, 2040, 2041; vgl. hinsichtlich eines Anspruches des Anteilseigners gegen den Vertragspartner auch OLG Zweibrücken 28.2.1990 – 3 W 183/89, ZIP 1990, 374, 375.

zugunsten Dritter ähnelt.[840] Denn im Rahmen eines Verschmelzungsvertrags wird durch die beteiligten Vertragspartner nach § 5 Abs. 1 Nr. 2, § 20 Abs. 1 Nr. 3 S. 1 UmwG der Vermögensübergang gegen Gewährung einer Gegenleistung an die Anteilseigner des übertragenden Rechtsträgers vereinbart.[841] Demnach hängt die Vereinbarung einer Gegenleistung vom Inhalt des zugrunde liegenden Kausalgeschäfts ab. Grundlage des wirtschaftlichen Sachverhalts ist daher der Inhalt des Verschmelzungsvertrags, der nach dem Willen der Beteiligten rechtsgeschäftlich über die (Un-)Entgeltlichkeit des Vermögensübergangs befindet.[842] Der Verschmelzungsvertrag als Kausalgeschäft stellt zwar primär einen gesellschaftsrechtlichen Organisationsakt dar, regelt hingegen auch, ob der Vermögensübergang gegen Gewährung von Gesellschaftsrechten, also gegen Entgelt stattfindet oder nicht,[843] so dass das Argument, dass es an einer vertraglich vereinbarten Gegenleistung fehle, nicht überzeugt.

dd) Ersatzloser Untergang der Anteile am übertragenden Rechtsträger

Gegen einen Veräußerungsvorgang wird teilweise vorgetragen, dass in Fällen, in denen dem übertragenden Rechtsträger aufgrund seines Erlöschens[844] das Entgelt nicht sich selbst, sondern den Anteilseignern in Gestalt von Gesellschaftsrechten an dem übernehmenden Rechtsträger als Gegenleistung für die Vermögensübertragung gewährt wird, die Anteile an der übertragenden Gesellschaft ersatzlos entfielen.[845] Daher sei ein Tausch der Anteile am übertragenden Rechtsträger gegen Anteile bzw. Gesellschaftsrechte am übernehmenden Rechtsträger nicht mehr

840 *Schweda*, Umstrukturierungen und Organschaft, S. 45; vgl. auch *Lutter/Drygala*, in: Lutter, UmwG, § 4 Rn. 28. Die Qualifikation eines Verschmelzungsvertrags von der herrschenden Meinung als echter Vertrag zugunsten Dritter gem. § 328 BGB zutreffenderweise abgelehnt, da gem. § 20 Abs. 1 Nr. 3 UmwG die Anteile kraft Gesetzes erwerben und daher kein Anspruch der Gesellschafter erforderlich ist (BFH 14.12.1988 – I R 397/83, BStBl. II 1989, 317, 318 f.; so auch *Mayer*, in: Widmann/Mayer, UmwR, § 4 UmwG Rn. 21; *Hageböke*, Ubg 2011, 689, 691). Nach *Kredig*, Besteuerung stiller Reserven, S. 288 ist ein Verschmelzungsvertrag als unechter Vertrag zugunsten Dritter einzuordnen.

841 *Kredig*, Besteuerung stiller Reserven, S. 287.

842 *Hahn*, DStZ 1998, 561, 563; *Kredig*, Besteuerung stiller Reserven, S. 287.

843 *Kredig*, Besteuerung stiller Reserven, S. 287.

844 Vgl. hierzu § 20 Abs. 1 Nr. 2 UmwG, wonach der übertragende Rechtsträger erlischt, d.h. die Anteile am übertragenden Rechtsträger und damit auch die Mitgliedschaft gehen von Gesetzes wegen mit der Eintragung der Verschmelzung in das hierfür vorgesehene Register unter (vgl. unter vielen *Heidinger*, in: Henssler/Strohn, GesR, § 20 UmwG Rn. 46; *Stratz*, in: Schmitt/Hörtnagl/Stratz, UmwG, § 20 Rn. 16).

845 *Hölzle*, Besteuerung stiller Reserven, S. 77, 85; *Hügel*, Verschmelzung und Einbringung, S. 486 f. Auch der Bundesfinanzhof erkannte diese Problematik, BFH 20.3.1980 – BFH IV R 22/77, BStBl. II 1980, 439, 440.

möglich.[846] Dabei wird jedoch verkannt, dass im Rahmen der ertragsteuerlichen Qualifikation bei der Bilanzierung eines Umstrukturierungsvorgangs lediglich der Blickwinkel des übertragenden und des übernehmenden Rechtsträgers, nicht jedoch die Perspektive des Anteilseigners maßgebend ist.[847] Ob ein Umstrukturierungsvorgang auf Ebene des Anteilseigners die Voraussetzungen des ertragsteuerlichen Veräußerungsbegriffs[848] erfüllt, also ein Umsatz an Gesellschaftsrechten am übertragenden Rechtsträger gegen Gesellschaftsrechte am übernehmenden Rechtsträger auf Ebene des Anteilseigners stattfindet, kann lediglich bei der Besteuerung des Anteilseigners relevant werden, so dass die Tatbestandsvoraussetzungen einer Veräußerung im Hinblick auf das übergehende Vermögen zwischen übertragendem und übernehmendem Rechtsträger zu prüfen sind.[849] In diesen Fällen ist durch das Hinzutreten der Anteilseigner des übertragenden Rechtsträgers, die als Empfänger der Gesellschaftsrechte fungieren, der Umwandlungsvorgang als Dreiecksverhältnis zu betrachten.[850]

Demnach hat der mit der Verschmelzung einhergehende ersatzlose Untergang der Anteile am übertragenden Rechtsträger auf Ebene des Anteilseigners keine Auswirkungen darauf, dass aus dem Gesellschaftsvermögen Wirtschaftsgüter in das Vermögen des Gesellschafters übertragen werden und der übernehmende Rechtsträger hierfür eine Gegenleistung erbringt.[851] Entscheidend für die Einordnung eines Vorgangs als Veräußerung im ertragsteuerrechtlichen Sinne ist, dass letztlich eine Leistung und eine Gegenleistung erbracht werden, nicht hingegen vom wem diese erbracht werden, so dass im Rahmen des Steuerrechts das Vorliegen eines synallagmatischen Verhältnisses im Rahmen einer Veräußerung nicht erforderlich ist.[852]

ee) Erlöschen des übertragenden Rechtsträgers

Letztlich könnte die Entgeltlichkeit als Voraussetzung für eine Veräußerung im Rahmen einer Verschmelzung daran scheitern, dass die Entgegenahme der vertraglich vereinbarten Gegenleistung aufgrund des Erlöschens des übertragenden

---

846 Siehe oben Fn. 845.

847 *Kredig*, Besteuerung stiller Reserven, S. 286.

848 Vgl. ausführlich zur Problematik der Qualifikation von Umstrukturierungsvorgängen als Veräußerung auf Ebene des Anteilseigners des übertragenden Rechtsträgers *Hageböke*, Ubg 2011, 689, 696; *Hageböke/Schmidt-Fehrenbacher*, in: FGS/BDI, UmwSt-Erlass 2011 Rn. 00.03.

849 *Kredig*, Besteuerung stiller Reserven, S. 286.

850 *Kredig*, Besteuerung stiller Reserven, S. 286; *Riedel*, Umwandlungssteuerrecht, S. 53 f.

851 *Kredig*, Besteuerung stiller Reserven, S. 286; *Riedel*, Umwandlungssteuerrecht, S. 53 f.

852 *Hahn*, DStZ 1998, 561, 564; *Kredig*, Besteuerung stiller Reserven, S. 287 f.; *Riedel*, Umwandlungssteuerrecht, S. 53 f.; a.A. *Hölzle*, Besteuerung stiller Reserven, S. 77.

Rechtsträgers nicht möglich ist.[853] Richtigerweise kann man dieser Argumentation entgegenhalten, dass die rechtliche Konstruktion der Entgegennahme der Gegenleistung durch Dritte dem Steuerrecht nicht unbekannt ist.[854] So ist beispielsweise sowohl in den Fällen des Ringtausches[855] als auch bei (unechten) Verträgen zugunsten Dritter[856] die Entgegennahme der Gegenleistung durch andere Beteiligte als die Vertragsparteien anerkannt. Darüber hinaus ist der Kritik widersprechend anerkannt, dass es zur Erfüllung des Merkmals der Entgeltlichkeit des ertragsteuerlichen Veräußerungsbegriffs[857] seitens des übertragenden Rechtsträgers genügt, wenn die Gegenleistung unmittelbar an die Anteilseigner des übertragenden Rechtsträgers gewährt werden, da eine Gewährung an den übertragenden Rechtsträger aufgrund von dessen Untergang nicht möglich ist.[858] Des Weiteren wird aus

853 *Hölzle*, Besteuerung stiller Reserven, S. 77; *Luckey*, Gewinnrealisierung bei Umwandlungen, S. 58, 89, der zwar auch einen Veräußerungsvorgang annimmt, sich allerdings auf Grundlage einer teleologischen Auslegung gegen eine Gewinnrealisierung ausspricht. So ist wohl auch die Entscheidung des Bundesfinanzhofs zur Verschmelzung gem. § 93e Abs. 1 S. 1 GenG a.F. zu verstehen (BFH 14.12.1988 – I R 397/83, BStBl. II 1989, 317, 318 f.).

854 Vgl. hierzu *Kredig*, Besteuerung stiller Reserven, S. 288.

855 BFH 8.10.1958 – II 182/56 U, BStBl. III 1959, 7; BFH 17.1.1962 – II 177/58 U, BStBl. III 1962, 134; *Ehmcke*, in: Blümich, EStG, § 6 Rn. 1385, *Kredig*, Besteuerung stiller Reserven, S. 288.

856 Vgl. hierzu *Kredig*, Besteuerung stiller Reserven, S. 288.

857 Vgl. zum ertragsteuerlichen Veräußerungsbegriff 2. Kapitel C I.

858 Vgl. *Hageböke*, Ubg 2011, 689, 691; *Hageböke/Schmidt-Fehrenbacher*, in: FGS/BDI, UmwSt-Erlass 2011 Rn. 00.02; *Hahn*, DStZ 1998, 561, 563; *Kredig*, Besteuerung stiller Reserven, S. 288; ausdrücklich *Philipp*, Verschmelzung inländischer Kapitalgesellschaften, S. 32 f.; vgl. zur Annahme eines Veräußerungsvorgangs auf Ebene des übertragenden Rechtsträgers im Kontext der Verschmelzung einer Personengesellschaft auf eine Kapitalgesellschaft auch die Rechtsprechung des Bundesfinanzhofs, in der er sich zwar nicht ausdrücklich zur Gewährung von Gesellschaftsrechten an die Anteilseigner äußert, aber dennoch einen Veräußerungsvorgang im ertragsteuerlichen Sinne annimmt (BFH 17.9.2003 – I R 97/02, BStBl. II 2004, 686); so auch schon bei der Aufwärtsverschmelzung auf eine natürliche Person BFH 23. 1. 2002 – XI R 48/99, BStBl. II 2002, 875, 876; vgl. im Falle einer Verschmelzung zwischen Kapitalgesellschaften die Annahme eines Veräußerungsvorgangs auf Ebene des übertragenden Rechtsträgers BFH 22. 4. 1998 – I R 83–96, BStBl. II 1998, 698, 699; zur Verschmelzung zwischen Genossenschaften BFH 15.10.1997 – I R 22/96, BStBl. II 1998, 168; *Staats*, in: Lademann, UmwStG, § 3 Rn. 11; *Burmester*, Gewinn- und Verlustrealisierung, S. 32; *Engert*, DStR 2004, 664, 668; *Rau*, BB 1960, 1280, 1281; *Raupach*, in: Konzern im Umbruch, S. 59, 109; wohl auch *Widmann*, in: Widmann/Mayer, UmwR, Vor § 1 UmwStG Rn. 45. Nach anderer Auffassung liegt eine Betriebsaufgabe vor: *Dremel*, Verschmelzungen mit Auslandsbezug, S. 90 ff.; *Griemla*, Grenzüberschreitende Verschmelzung, S. 251 f., 262 f.; *Schmidt/Hageböke*, IStR 2001, 697, 699; *Schmidtmann*, Hinzurechnungsbesteuerung, S. 232, 238 ff.; *Wassermeyer*, FS Widmann, S. 621, 627; wohl auch *Schulz/Petersen*, DStR 2002, 1508, 1511, 1515. Wiederum

ertragsteuerlicher Perspektive in der Qualifikation einer Verschmelzung als Veräußerungsvorgang die Grundlage für die Realisation stiller Reserven im Rahmen von Verschmelzungsvorgängen gesehen.[859] Da eine Veräußerung im ertragsteuerlichen Sinne eine Entgeltlichkeit des Vorgangs voraussetzt,[860] bedeutet dies, dass ein solcher entgeltlicher Vorgang im Kontext einer Verschmelzung nur unter Einbeziehung der Gewährung von Geschäftsanteilen an die Anteilseigner des übertragenden Rechtsträgers zu erreichen ist, da der übertragende Rechtsträger infolge seines Untergangs nicht Empfänger der Gesellschaftsrechte sein kann.[861]

Daraus resultiert, dass mit dem Erlöschen des übertragenden Rechtsträgers nicht automatisch auch die Unentgeltlichkeit des Umstrukturierungsvorgangs einhergeht.[862] Demnach ist der Vorgang gegen Gewährung von Gesellschaftsrechten als entgeltlicher Vorgang einzuordnen, so dass dies der Einordnung als Veräußerungsvorgang nicht im Wege steht. Wird hingegen keine Gegenleistung gewährt, wie es in § 3 Abs. 2 S. 1 Nr. 3 Alt. 1 UmwStG und § 11 Abs. 2 S. 1 Nr. 3 Alt. 1 UmwStG vorgesehen ist, erfolgt der Vorgang unentgeltlich. In diesem Fall führt das Ausscheiden der Wirtschaftsgüter aus dem Vermögen der Kapitalgesellschaft zur Betriebsaufgabe auf Gesellschaftsebene.[863]

---

andere gehen von einer Sachauskehrung aus: *Förster*, Besteuerung der Europäischen Aktiengesellschaft, S. 31, 33; *Förster/Hölscher*, Ubg 2012, 729, 730; *Förster/Lange*, DB 2002, 288, 289; *Lange*, Umstrukturierung von Europäischen Aktiengesellschaften, S. 235 ff.; *Rödder*, DStR 2005, 893, 894. Nach anderer Auffassung stellt die Verschmelzung einen steuerlich unbeachtlichen Organisationsakt dar: *Böttcher/Zartmann/Kandler*, Wechsel der Unternehmensform, S. 47 f.; *Flume*, DB 1967, 2050; *O. Meyer*, Grenzüberschreitende Verschmelzungen, S. 109 ff., 125; *Thiel*, DB 1957, 28, 32. Wiederum andere stufen den Vorgang als liquidationsähnlich ein und wenden § 11 KStG analog an: *W. Kessler/Huck*, DK 2006, 352, 353; a.A. zweifelt schon an der Erfüllung eines Besteuerungstatbestands *W. Kessler*, Besteuerung der Europäischen Aktiengesellschaft, S. 119, 121. Andere lassen die Einordnung wiederum offen: *Rödder*, in: Rödder/Herlinghaus/van Lishaut, UmwStG, Einführung Rn. 2, 128; *Fortscher*, Umwandlungssteuererlass Rn. 00.02; *Schmitt/Schloßmacher*, UmwStE Rn. 00.02.

859 BFH 18.7.1979 – II R 59/73, BStBl. II 1979, 98; *Hahn*, DStZ 1998, 561, 563; offen gelassen BFH 14.12.1988 – I R 397/83, DB 1989, 663; vgl. auch *A. Meyer*, in: HdJ, Abt IV/2 Rn. 10 f.

860 Siehe hierzu 2. Kapitel C I.

861 So auch *Hahn*, DStZ 1998, 561, 563.

862 Vgl. hierzu auch *Kredig*, Besteuerung stiller Reserven, S. 288; im Ergebnis auch *Hageböke*, Ubg 2011, 689, 691; vgl. auch BFH 17.9.2003 – I R 97/02, BStBl. II 2004, 686, 687, in der der 1. Senat des Bundesfinanzhofs entschied, dass trotz der Gewährung einer Gegenleistung an die Anteilseigner des übertragenden Rechtsträgers eine rechtsgeschäftliche Veräußerung vorliegt; so auch schon *Hahn*, DStZ 1998, 561, 564.

863 *Riedel*, Umwandlungssteuerrecht, S. 59. *Crezelius*, FR 2011, 401, 407 spricht sich für eine Einordnung als Betriebsaufgabe oder Liquidation aus, ohne zu beachten, dass im Ausgangspunkt Gesellschaftsrechte gewährt werden.

c) *Zusammenfassung*

Zusammenfassend kann anknüpfend an diese Ausführungen festgestellt werden, dass Verschmelzungsvorgänge im Sinne des Umwandlungsrechts mit Ausnahme der Aufwärtsverschmelzung gem. § 20 Abs. 1 Nr. 3 S. 1 Hs. 2, § 54 Abs. 1 S. 1 Nr. 1, § 68 Abs. 1 S. 1 Nr. 1 UmwG sowie der Seitwärtsverschmelzung im Falle eines Anteilsgewährungsverzichts gem. § 54 Abs. 1 S. 3, § 68 Abs. 1 S. 3 UmwG die Merkmale einer Veräußerung im ertragsteuerlichen Sinne erfüllen. Allerdings basieren Verschmelzungsvorgänge nicht auf einem schuldrechtlichen Tauschvertrag, sondern auf gesellschaftsrechtlicher Grundlage im Wege einer Vermögensübertragung durch Gesamtrechtsnachfolge gegen Gewährung von Gesellschaftsrechtsrechten am übernehmenden Rechtsträger an die Anteilsinhaber des übertragenden Rechtsträgers. Dies führt zu wirtschaftlich vergleichbaren Ergebnissen, so dass diese Besonderheiten eines Verschmelzungsvorgangs nicht zur Versagung der Einordnung als Veräußerungsvorgang nach Tauschgrundsätzen führen können.[864] Vielmehr sind Verschmelzungsvorgänge infolge der Gewährung von Gesellschaftsrechten als Gegenleistung in Abgrenzung zum echten Tausch als veräußerungsbegründend[865] wirkende tauschähnliche Veräußerungsvorgänge zu qualifizieren.[866]

2. *Auf- und Abspaltung*

Umstritten ist, ob und unter welchen Voraussetzungen Auf- und Abspaltungen[867] als Veräußerungsvorgang eingeordnet werden können. Während Finanzverwaltung[868]

---

864 *Kredig*, Besteuerung stiller Reserven, S. 290.

865 Siehe zur veräußerungsbegründenden Wirkung tauschähnlicher Vorgänge auch BFH 17.9.2003 – I R 97/02, BStBl. II 2004, 686; BFH 19.10.1998 – VIII R 69/95, BStBl. II 2000, 230, 232; BFH 15.10.1997 – I R 22/96, BStBl. II 1998, 168; *Philipp*, Verschmelzung inländischer Kapitalgesellschaften, S. 33.

866 Ebenso *Kredig*, Besteuerung stiller Reserven, S. 282, S. 291; *Philipp*, Verschmelzung inländischer Kapitalgesellschaften, S. 33. Im Ergebnis auch BFH 11.7.2012 – I R 47/11, DStR 2013, 91, 92; BFH 17.9.2003 – I R 97/02, BStBl. II 2004, 686, 687; vgl. auch *A. Meyer*, in: HdJ, Abt IV/2 Rn. 11.

867 Da es sich bei der Ausgliederung aus steuerrechtlicher Perspektive nicht um eine Spaltung im Sinne des § 15 UmwStG, sondern um eine Einbringung im Sinne der §§ 20 f., 24 UmwStG handelt, wird an dieser Stelle der Arbeit lediglich die ertragsteuerliche Qualifikation der Auf- und Abspaltung untersucht. Ausgliederungstatbestände gem. § 123 Abs. 3 UmwG sind hingegen vom Einbringungsteil des Umwandlungssteuergesetzes erfasst. Handelt es sich beim übernehmenden Rechtsträger im Falle eines Ausgliederungsvorgangs um eine Personenhandelsgesellschaft oder eine Partnerschaftsgesellschaft, findet § 24 UmwStG Anwendung. § 20 UmwStG ist hingegen anwendbar, wenn der übernehmende Rechtsträger bei einer Ausgliederung im Sinne des § 123 Abs. 3 UmwG eine Kapitalgesellschaft oder eine Genossenschaft ist; vgl. zur ertragsteuerlichen Einordnung der Einbringungsvorgänge 2. Kapitel C II 5.

868 BMF-Schreiben 25.3.1998, BStBl. I 1998, 268, 308.

und Teile des Schrifttums[869] die Auffassung vertreten, dass es bei einer Auf- oder Abspaltung zu einer Liquidation der übertragenden Körperschaft komme, sehen andere wiederum in der Abspaltung eine verdeckte Sach-/Gewinnausschüttung der Gesellschaft an ihre Gesellschafter.[870] Demnach ist auch bei der Auf- und Abspaltung zu prüfen, ob die Voraussetzungen des ertragsteuerlichen Veräußerungsbegriffs vorliegen.

a) Übertragung von Wirtschaftsgütern

Im Falle von Auf- und Abspaltungsvorgängen erfolgt die Übertragung von Wirtschaftsgütern gem. § 123 Abs. 1 UmwG im Wege der (partiellen) Gesamtrechtsnachfolge.[871] Während die zivilrechtlichen Vorschriften, die für die ertragsteuerliche Einordnung grundsätzlich nicht von Bedeutung sind, einen Vermögensübertragung in § 123 UmwG anordnen, ergibt sich auch für die ertragsteuerrechtliche Betrachtung aus den §§ 15 und 16 UmwStG, dass es im Rahmen von Auf- und Abspaltungsvorgängen zu einer Vermögensübertragung auf einen anderen Rechtsträger kommt. Demnach liegt im Falle von Auf- und Abspaltungen die Voraussetzung der Übertragung von Wirtschaftsgütern vor.

b) Gegen Entgelt

aa) Gewährung von Anteilen

Im Rahmen der Beurteilung, ob bei Auf- und Abspaltungsvorgängen das Merkmal der Entgeltlichkeit des Rechtsgeschäfts aus steuerlicher Perspektive erfüllt ist, wird die Gewährung von Anteilen oder Mitgliedschaften am übernehmenden Rechtsträger an den übertragenden Rechtsträger mit einbezogen.[872] Im Falle der Auf- und Abspaltung ist wie auch im Verschmelzungsfall umstritten, ob eine Gegenleistung vorliegt, wenn die Anteile am übertragenden Rechtsträger infolge seines Erlöschens ersatzlos entfallen und daher ein Tausch der Anteile am übertragenden Rechtsträger gegen Gewährung der Anteile am übernehmenden Rechtsträger als Gegenleistung nicht möglich sein soll.[873] Allerdings kommt es bei der Beurteilung, ob die Voraussetzungen des ertragsteuerlichen Veräußerungsbegriffs hinsichtlich des übergehenden Vermögens vorliegen, nicht darauf an, ob auf Ebene der Anteilseigner Gesellschaftsrechte am übertragenden

869 *Klingberg/van Lishaut*, FR 1999, 1209, 1218 f.; *Schnitger/Romentzki*, FR 2006, 845, 849 f.

870 BFH 7.4.2010 – I R 96/08, BStBl. II 2011, 467, 470; so wohl auch *Benecke/Schnittker*, FR 2010, 555, 559 die davon ausgehen, dass es sich bei der Abspaltung um eine Sachausschüttung zum gemeinen Wert handelt.

871 Siehe hierzu auch *Schwarz*, in: Widmann/Mayer, UmwR, § 123 UmwG Rn. 4.1.3.; *Kredig*, Besteuerung stiller Reserven, S. 40.

872 BFH 18.7.1979 – II R 59/73, BStBl. II 1979, 683; *Hahn*, DStZ 1998, 561, 563.

873 *Hölzle*, Besteuerung stiller Reserven, S. 77, 85; *Hügel*, Verschmelzung und Einbringung, S. 486 f.

Rechtsträger gegen Gesellschaftsrechte am übernehmenden Rechtsträger ausgetauscht werden, sondern darauf, ob die Anforderungen an das übergehende Vermögen erfüllt sind.[874]

Im Falle einer Aufspaltung genügt es im Rahmen der Entgeltlichkeit des Vorgangs den Anforderungen des ertragsteuerlichen Veräußerungsbegriffs, wenn die als Gegenleistung gewährten Gesellschaftsrechte infolge des Erlöschens des übertragenden Rechtsträgers nicht an den übertragenden Rechtsträger selbst, sondern an dessen Anteilseigner fließen.[875] Bejaht werden kann das Merkmal der Entgeltlichkeit im Falle der Auf- und Abspaltung gem. § 123 Abs. 1, 2 UmwG nur dann, wenn der Vorgang gegen Gewährung von Gesellschaftsrechten am übernehmenden Rechtsträger erfolgt.[876] Daran fehlt es, wenn alle Anteilsinhaber des übertragenden Rechtsträgers, denen grundsätzlich Anteile am übernehmenden Rechtsträger zu gewähren wären, gem. §§ 125, 54 Abs. 1 S. 3, § 68 Abs. 1 S. 3 UmwG auf die Anteilsgewährung im Wege einer notariell beglaubigten Erklärung verzichten. Infolgedessen ist festzuhalten, dass es auf Ebene des übertragenden Rechtsträgers zumindest für den Fall, dass keine Gegenleistung in Form der Gewährung von Gesellschaftsrechten erfolgt, an der Entgeltlichkeit des Vorgangs und damit auch an einem veräußerungsbegründend wirkenden tauschähnlichen Vorgang fehlt.[877]

bb) Anteilserwerb kraft Gesetzes nach § 131 Abs. 1 Nr. 3 S. 1 UmwG

In Übereinstimmung mit den Ausführungen zum Merkmal der Entgeltlichkeit bei Verschmelzungsvorgängen stellt sich auch im Rahmen von Auf- und Abspaltungsvorgängen die Frage, auf welcher dogmatischen Grundlage die Gewährung von Gesellschaftsrechten an die Anteilsinhaber des übertragenden Rechtsträgers fußt. Nach § 131 Abs. 1 Nr. 3 S. 1 UmwG werden die Anteilsinhaber der übertragenden Rechtsträger mit Eintragung der Spaltung in das Register Anteilsinhaber des übernehmenden Rechtsträgers, d.h. der Erwerb der aufgrund des Spaltungsvertrags zu gewährenden Anteile am übernehmenden Rechtsträger erfolgt mit Wirksamkeit

874 Siehe hierzu 2. Kapitel C II 1 b aa.

875 So auch *Hageböke*, Ubg 2011, 689, 691; *Hageböke/Schmidt-Fehrenbacher*, in: FGS/BDI, UmwSt-Erlass 2011 Rn. 00.02; siehe zur Gewährung von Gesellschaftsrechten als steuerliche Gegenleistung auch *Mayer*, in: Widmann/Mayer, UmwR, § 5 UmwG Rn. 19; im Allgemeinen zur Entgeltlichkeit einer Umstrukturierung gegen Gewährung von Gesellschaftsrechten trotz Erlöschen des übertragenden Rechtsträgers *Hahn*, DStZ 1998, 561, 563; *Kredig*, Besteuerung stiller Reserven, S. 288; siehe zur Entgeltlichkeit im Zusammenhang mit Verschmelzungsvorgängen auch *Philipp*, Verschmelzung inländischer Kapitalgesellschaften, S. 32 f.

876 *Hageböke*, Ubg 2011, 689, 692; *Hageböke/Schmidt-Fehrenbacher*, in: FGS/BDI, UmwSt-Erlass 2011 Rn. 00.02; vgl. auch BMF-Schreiben 11.11.2011, BStBl. I 2011, 1314, 1322.

877 *Hageböke*, Ubg 2011, 689, 692; vgl. zur (Un-)Entgeltlichkeit der Verschmelzung auch 2. Kapitel C II 1 b aa.

der Eintragung in das entsprechende Register.[878] Es liege schon deshalb kein Veräußerungs- und Anschaffungsvorgang vor, da aufseiten des übernehmenden Rechtsträgers bereits hinsichtlich des übernommenen Vermögens ein materiellrechtlicher Eintritt in die Rechtsstellung des Überträgers kraft Gesetzes im Wege der Gesamtrechtsnachfolge erfolgt ist.[879] Aufgrund dessen fehle es an einer vertraglich vereinbarten Gegenleistung.[880] Dem widersprechend ist die Grundlage des wirtschaftlichen Sachverhalts der Inhalt des Spaltungsvertrags, der nach dem Willen der Beteiligten rechtsgeschäftlich über die (Un-)Entgeltlichkeit des Vermögensübergangs befindet.[881] Der Spaltungsvertrag als Kausalgeschäft stellt zwar primär einen gesellschaftsrechtlichen Organisationsakt dar, regelt hingegen auch, ob der Vermögensübergang gegen Gewährung von Gesellschaftsrechten erfolgt, also gegen Entgelt stattfindet oder nicht,[882] so dass das Argument, dass es an einer vertraglich vereinbarten Gegenleistung fehle, nicht überzeugt. Für Auf- und Abspaltungsvorgänge gilt wie auch für Verschmelzungsvorgänge, dass eine Übertragung von Wirtschaftsgütern gegen Gewährung einer Gegenleistung in Form von Gesellschaftsrechten als entgeltliche Vorgänge zu qualifizieren sind und eine zivilrechtliche Gesamtrechtsnachfolge und zugleich steuerliche Rechtsnachfolge der Einordnung als veräußerungsbegründend wirkender tauschähnlicher Vorgang nicht entgegensteht.[883]

cc) Ersatzloser Untergang der Anteile am übertragenden Rechtsträger

Gegen einen Veräußerungsvorgang wird auch im Rahmen der Auf- und Abspaltung teilweise vorgetragen, dass in Fällen, in denen dem übertragenden Rechtsträger aufgrund seines Erlöschens[884] das Entgelt nicht sich selbst, sondern den

878 Vgl. unter vielen *Hörtnagl*, in: Schmitt/Hörtnagl/Stratz, UmwG, § 131 Rn. 89; *Teichmann*, in: Lutter, UmwG, § 131 Rn. 89 mit Verweis auf *Grunewald*, in: Lutter, UmwG, § 20 Rn. 61; *Wardenbach*, in: Henssler/Strohn, GesR, § 131 UmwG Rn. 28.

879 FG Köln 5.9.2002 – 13 K 5561/01, DSTRE 2003, 348, 349, wobei diese Entscheidung von Bundesfinanzhof durch Revision aufgehoben wurde (BFH 17.9.2003 – I R 97/02, BStBl. II 2004, 686); vgl. *Fatouros*, DStR 2003, 772, 773; im Ergebnis allerdings ablehnend *Kredig*, Besteuerung stiller Reserven, S. 284; *Riedel*, Umwandlungssteuerrecht, S. 51.

880 Vgl. zur Verschmelzung gem. § 93e Abs. 1 S. 1 GenG a.F. BFH 14.12.1988 – I R 397/83, BStBl. II 1989, 317, 318; im Kontext des Verkehrssteuerrecht *Tipke*, DB 1968, Beilage zu Heft Nr. 17, 1, 6 f.; siehe auch *Luckey*, Gewinnrealisierung bei Umwandlungen, S. 91.

881 *Kredig*, Besteuerung stiller Reserven, S. 287; vgl. auch *Hahn*, DStZ 1998, 561, 563.

882 *Drygala*, in: Lutter, UmwG, § 4 Rn. 5; *Winter*, in: Schmitt/Hörtnagl/Stratz, UmwG, § 4 Rn. 9; *Hügel*, Verschmelzung und Einbringung, S. 160, 486; *Kredig*, Besteuerung stiller Reserven, S. 287.

883 Siehe zu Verschmelzungsvorgängen ausführlich 2. Kapitel C II 1 b bb.

884 Vgl. hierzu § 20 Abs. 1 Nr. 2 UmwG wonach der übertragende Rechtsträger erlischt, d.h. die Anteile am übertragenden Rechtsträger und damit auch die Mitgliedschaft

Anteilseignern in Gestalt von Gesellschaftsrechten an dem übernehmenden Rechtsträger als Gegenleistung für die Vermögensübertragung gewährt wird, die Anteile an der übertragenden Gesellschaft ersatzlos entfielen. Daher sei ein Tausch der Anteile am übertragenden Rechtsträger gegen Anteile bzw. Gesellschaftsrechte am übernehmenden Rechtsträger nicht mehr möglich.[885] Mit Verweis auf die Ausführungen zur Verschmelzung genügt im Rahmen der Gewährung einer Gegenleistung auch bei Auf- und Abspaltungsvorgängen die Gewährung von Anteilen oder Mitgliedschaften an die Anteilsinhaber des übertragenden Rechtsträgers.[886]

dd) Erlöschen des übertragenden Rechtsträgers

Sofern ein Spaltungsvorgang zum Erlöschen des übertragenden Rechtsträgers führt, was im Falle der Aufspaltung gem. § 123 Abs. 1 UmwG erfolgt, wird vertreten, dass infolge des Erlöschens eine Entgegennahme der als Gegenleistung gewährten Gesellschaftsrechte durch den übertragenden Rechtsträger nicht möglich sei.[887] Allerdings ist darauf hinzuweisen, dass die Abspaltung, die nach § 123 Abs. 1 UmwG unter Auflösung ohne Abwicklung des übertragenden Rechtsträgers stattfindet, das „Spiegelbild der Verschmelzung"[888] darstellt. Die Entgegennahme einer Gegenleistung über den Vertragspartner hinaus kann ebenso wie auch im Falle einer Verschmelzung durch andere Beteiligte erfolgen, so dass dies der Entgeltlichkeit des Vorgangs nicht entgegensteht.[889]

c) Keine Einordnung als Sachauskehrung

Bei der Aufspaltung gem. § 123 Abs. 1 UmwG, die zu einer Vermögensübertragung unter Auflösung ohne Abwicklung des übertragenden Rechtsträgers führt, handelt es sich um das „Spiegelbild der Verschmelzung".[890] Demnach erscheint es nicht überzeugend, wenn Aufspaltungsvorgänge anders als Verschmelzungsvorgänge

---

gehen von Gesetzes wegen mit der Eintragung der Verschmelzung in das hierfür vorgesehene Register unter (vgl. unter vielen *Heidinger*, in: Henssler/Strohn, GesR, § 20 UmwG Rn. 46; *Stratz*, in: Schmitt/Hörtnagl/Stratz, UmwG, § 20 Rn. 16).

885 *Hölzle*, Besteuerung stiller Reserven, S. 77, 85; *Hügel*, Verschmelzung und Einbringung, S. 486 f.; auch der Bundesfinanzhof erkannte diese Problematik, BFH 20.3.1980 – BFH IV R 22/77, BStBl. II 1980, 439, 440.

886 Vgl. zu Verschmelzungsvorgängen 2. Kapitel C II 2 b dd.

887 *Kredig*, Besteuerung stiller Reserven, S. 287; *Riedel*, Umwandlungssteuerrecht, S. 53 f.

888 BT-Drs. 12/6885, S. 14; *Hörtnagl*, in: Schmitt/Hörtnagl/Stratz, UmwG, § 123 Rn. 4; *Benecke/Schnittker*, FR 2010, 555, 558 f.

889 Siehe hierzu im Kontext mit Verschmelzungen auch 2. Kapitel C II 2 b ee; ebenso *Hahn*, DStZ 1998, 561, 563; *Kredig*, Besteuerung stiller Reserven, S. 287 f.

890 BT-Drs. 12/6885, S. 14; *Hörtnagl*, in: Schmitt/Hörtnagl/Stratz, UmwG, § 123 Rn. 4; *Benecke/Schnittker*, FR 2010, 555, 558 f.

als Liquidation und nicht als tauschähnliche Veräußerungsvorgänge qualifiziert werden.[891]

Während die Aufspaltung überwiegend als tauschähnlicher Vorgang eingeordnet wird und daher wie ein Veräußerungsvorgang zu behandeln ist, wird die Abspaltung teilweise als Sachausschüttung qualifiziert.[892] Der 1. Senat des Bundesfinanzhofs führte hierzu aus, dass es sich bei der Aufspaltung um eine „Sachausschüttung (verdeckte Gewinnausschüttung) der Klägerin an ihre Gesellschafter, die die Wirtschaftsgüter gegen Gewährung von Beteiligungsrechten (§ 123 Abs. 2 UmwG) in eine GmbH eingelegt haben"[893], handelt. Dabei sei zu beachten, dass im Rahmen einer Abspaltung – anders als im Falle einer Sachdividende, bei der eine Auskehrung von Vermögensgegenständen an die Anteilseigner erfolgt – eine Vermögensübertragung auf einen dritten Rechtsträger gegen Gewährung von Gesellschaftsrechten vorausgeht.[894] Des Weiteren ergebe sich unter Berücksichtigung der Rechtsprechung des Bundesfinanzhofs zur Verschmelzung[895] auch für die Abspaltung von Körperschaften gegen Gewährung von Gesellschaftsrechten auf Ebene des übertragenden Rechtsträgers im Gegensatz zur Sachdividende die Verpflichtung zur Aufdeckung stiller Reserven und damit folgerichtig einhergehend auch die Aufdeckung stiller Lasten schon aus dem zugrunde liegenden Veräußerungsvorgang und nicht erst aus § 8 Abs. 3 KStG.[896] Dabei gilt es festzuhalten, dass die zur Annahme einer Veräußerung erforderliche Gegenleistung in der Gewährung von Gesellschaftsrechten zu sehen ist.[897] Wie bei der Aufspaltung (§ 123 Abs. 1 UmwG) erfolgt auch bei der Abspaltung (§ 123 Abs. 2 UmwG) in Übereinstimmung mit der Durchführung der Verschmelzung (§ 2 UmwG) die Anteilsgewährung unmittelbar an den Anteilseigner des übertragenden Rechtsträgers und nicht an den übertragenden Rechtsträger selbst.[898] Auch eine Fiktion der Gewährung der Gesellschaftsrechte an den übertragenden Rechtsträger mit folgender

---

891 Für Umwandlungsvorgänge im Allgemeinen *Kredig*, Besteuerung stiller Reserven, S. 287 f.; vgl. ausdrücklich im Zusammenhang mit Auf- und Abspaltungen *Hageböke*, Ubg 2011, 689, 691; im Ergebnis von einem Veräußerungsvorgang bzw. veräußerungsgleichen Vorgang ausgehend *Benecke/Schnittker*, FR 2010, 555, 558 f.

892 BFH 7.4.2010 – I R 96/08, BStBl. II 2011, 467, 470; so wohl auch *Benecke/Schnittker*, FR 2010, 555, 559 die davon ausgehen, dass es sich bei der Abspaltung um eine Sachausschüttung zum gemeinen Wert handelt. Dies schließe jedoch einen veräußerungsgleichen Vorgang nicht aus; vgl. auch *Benecke/Staats*, FR 2010, 893, 895; siehe auch *Philipp*, Verschmelzung inländischer Kapitalgesellschaften, S. 36, Fn. 46.

893 BFH 7.4.2010 – I R 96/08, BStBl. II 2011, 467, 470.

894 *Benecke/Staats*, FR 2010, 893, 895.

895 BFH 15.10.1997 – I R 22/96, BStBl. II 1998, 168.

896 *Benecke/Staats*, FR 2010, 893, 895.

897 Vgl. auch *Benecke/Staats*, FR 2010, 893, 895; *Hageböke*, Ubg 2011, 689, 691; *Hageböke/Schmidt-Fehrenbacher*, in: FGS/BDI, UmwSt-Erlass 2011 Rn. 00.02.

898 Vgl. *Bennecke/Staats*, FR 2010, 890, 895; *Hageböke*, Ubg 2011, 689, 691; vgl. zur Verschmelzung auch *Hahn*, DStZ 1998, 561, 563.

Sachausschüttung kann nicht angenommen werden, da weder das Umwandlungssteuergesetz noch das Umwandlungsgesetz eine Ausschüttungsfiktion in diesem Sinne kennt.[899] Vielmehr entstehen die Anteile an dem übernehmenden Rechtsträger direkt in der Hand des Anteilseigners oder sie werden schon von Anfang an durch den Anteilseigner gehalten und durch die Vermögensübertragung lediglich erhöht, wie dies beispielsweise im Falle der Seitwärtsabspaltung der Fall ist.[900] Dementsprechend kann auch die Auffassung des 1. Senats des Bundesfinanzhofs, der hinsichtlich des Spaltungsvermögens eine fingierte Ausschüttung mit darauf folgender Einlagefiktion annimmt, nicht überzeugen.[901] Verdeutlicht wird dies durch § 27 Abs. 1 S. 1 KStG, nach dem das steuerliche Einlagenkonto des übernehmenden Rechtsträgers – unter der Prämisse der Richtigkeit der Ausschüttungsfunktion – stets eine Erhöhung um den Wert des Spaltungsvermögens nach sich ziehen würde. Dem widersprechend ordnet § 29 Abs. 3 S. 1 KStG an, dass im Falle einer Auf- oder Abspaltung gem. § 123 Abs. 1, 2 UmwG der Bestand des steuerlichen Einlagekontos des übertragenden Rechtsträgers dem übernehmenden Rechtsträger im Verhältnis der übergehenden Vermögensteile zu dem beim übertragenden Rechtsträger vor dem Übergang bestehenden Vermögen zuzuordnen ist, wie es das Umtauschverhältnis oder der Spaltungsplan vorsieht. Dementsprechend kommt es nicht zur steten Erhöhung des Einlagekontos des übernehmenden Rechtsträgers, sondern unabhängig vom doppelten Teilbetriebserfordernis des § 15 Abs. 1 UmwStG zu einer „verhältnismäßigen" Addition des Einlagekontos beim übernehmenden Rechtsträger und einer entsprechenden Minderung beim übertragenden Rechtsträger.[902] Daher ist eine Qualifikation des Vorgangs als Sachauskehrung fernliegend.

d) Zusammenfassung

Sowohl im Rahmen der Merkmale der Übertragung von Wirtschaftsgütern als auch der Entgeltlichkeit von Ab- und Aufspaltungsvorgängen sowie beim Wechsel des Steuersubjekts kann im Wesentlichen auf die Ausführungen zur Verschmelzung

---

899 *Becker/Loose*, IStR 2010, 383, 386; *Hageböke*, Ubg 2011, 689, 691; *Hageböke/Schmidt-Fehrenbacher*, in: FGS/BDI, UmwSt-Erlass 2011 Rn. 00.02; a.A. wohl *Benecke/Schnittker*, FR 2010, 555, 559. Allerdings gehen auch *Benecke/Staats*, FR 2010, 890, 895 insoweit richtigerweise davon aus, dass es sich bei der Spaltung gegen Anteilsgewährung bzw. Gewährung von Gesellschaftsrechten aus der Sicht des abspaltenden Rechtsträgers um keine Sachausschüttung, sondern um einen entgeltlichen Vorgang handelt.

900 *Becker/Loose*, IStR 2010, 382, 386; *Hageböke/Schmidt-Fehrenbacher*, in: FGS/BDI, UmwSt-Erlass 2011 Rn. 00.02; so auch *Teichmann*, in: Lutter, UmwG, § 123 Rn. 15 ff.

901 *Hageböke*, Ubg 2011, 689, 691 f.; *Hageböke/Schmidt-Fehrenbacher*, in: FGS/BDI, UmwSt-Erlass 2011 Rn. 00.02.

902 So auch *Hageböke*, Ubg 2011, 689, 691 f.; *Hageböke/Schmidt-Fehrenbacher*, in: FGS/BDI, UmwSt-Erlass 2011 Rn. 00.02.

verwiesen werden. Zum einen führen Auf- und Abspaltungsvorgänge gem. § 123 Abs. 1, 2 UmwG zu einer Vermögensübertragung und zum anderen kann auch das Vorliegen der Voraussetzung „Entgeltlichkeit" nur dann bejaht werden, wenn der Vorgang gegen Gewährung von Gesellschaftsrechten am übernehmenden Rechtsträger erfolgt.[903] Daran fehlt es, wenn alle Anteilsinhaber des übertragenden Rechtsträgers, denen grundsätzlich Anteile am übernehmenden Rechtsträger zu gewähren wären, gem. §§ 125, 54 Abs. 1 S. 3, § 68 Abs. 1 S. 3 UmwG auf die Anteilsgewährung im Wege einer notariell beglaubigten Erklärung verzichten. Infolgedessen ist festzustellen, dass es auf Ebene des übertragenden Rechtsträgers zumindest für den Fall, dass keine Gegenleistung in Form der Gewährung von Gesellschaftsrechten erfolgt, an der Entgeltlichkeit des Vorgangs und damit auch an einem tauschähnlichen Veräußerungsvorgang fehlt.[904]

Somit sind sowohl die Abspaltung als auch die Aufspaltung auf Ebene des übertragenden Rechtsträgers zumindest dann als veräußerungsbegründend wirkender tauschähnlicher Vorgang zu qualifizieren, wenn die Übertragung der Wirtschaftsgüter gegen Gewährung von Gesellschaftsrechten erfolgt.[905]

3. *Vermögensübertragung*

Neben Verschmelzungsvorgängen einer Kapitalgesellschaft auf eine Kapitalgesellschaft gilt § 11 UmwStG auch für den übertragenden Rechtsträger im Falle einer Vermögensübertragung in Form der Vollübertragung. § 15 UmwStG gilt aufseiten des übertragenden Rechtsträgers neben Auf- und Abspaltungsvorgängen auch für Teilübertragungen.

Während die Übertragung des Vermögens bei der Vollübertragung durch Gesamtrechtsnachfolge kraft Gesetzes erfolgt,[906] wird die Übertragung bei der Teilübertragung im Wege einer partiellen Gesamtrechtsnachfolge oder Sonderrechtsnachfolge durchgeführt.[907] Auch im Lichte des Umwandlungssteuerrechts gehen – entsprechend den Ausführungen zur Verschmelzung – im Rahmen einer Vollübertragung gem. § 11 UmwStG Wirtschaftsgüter des übertragenden

903 *Hageböke*, Ubg 2011, 689, 692; *Hageböke/Schmidt-Fehrenbacher*, in: FGS/BDI, UmwSt-Erlass 2011 Rn. 00.02; vgl. auch BMF-Schreiben 11.11.2011, BStBl. I 2011, 1314, 1322.

904 Ebenso *Hageböke*, Ubg 2011, 689, 692.

905 *Hageböke*, Ubg 2011, 689, 692; *Hageböke/Schmidt-Fehrenbacher*, in: FGS/BDI, UmwSt-Erlass 2011 Rn. 00.02; vgl. auch BMF-Schreiben 11.11.2011, BStBl. I 2011, 1314, 1322, wonach „insbesondere auch die Umwandlung [...] z.B. [...] Auf- und Abspaltung" eine Veräußerung darstellen. Insoweit auch *Bauernschmitt/Blöchle*, BB 2007, 743, 745; *Benecke/Staats*, FR 2010, 890, 895; BMF-Schreiben 25.3.1998, BStBl. I 1998, 268, 309.

906 *Stratz*, in: Schmitt/Hörtnagl/Stratz, UmwG, § 174 Rn. 5; *Decker*, in: Henssler/Strohn, GesR, § 174 UmwG Rn. 2.

907 *Stratz*, in: Schmitt/Hörtnagl/Stratz, UmwG, § 174 Rn. 12; *Leuering*, in: KK-UmwG, § 174 Rn. 13.

Rechtsträgers auf einen anderen bestehenden Rechtsträger über. Daher kommt es auch aus steuerlicher Perspektive zur Übertragung des Betriebsvermögens auf einen anderen Rechtsträger im Sinne eines Wechsels des Steuersubjekts. Ebenso führt auch die spaltungsähnliche Vermögensübertragung (Teilübertragung) gem. § 15 UmwStG zur Übertragung von Vermögen einer Körperschaft auf eine andere Körperschaft, was zugleich auch einen Wechsel des Steuersubjekts mit sich bringt. Daher erfüllt sowohl die Vollübertragung als auch die Teilübertragung aus steuerlicher Perspektive das Merkmal der „Übertragung auf einen anderen Rechtsträger".

Wie auch bei Verschmelzungsvorgängen erhält bei der Vermögensübertragung nicht der im Wege der Übertragung erlöschende Rechtsträger die Gegenleistung, sondern die Gesellschafter des übertragenden Rechtsträgers.[908] Im Unterschied zu den anderen Umwandlungsvorgängen des Umwandlungsgesetzes besteht die Gegenleistung gem. § 174 Abs. 1 (i.V.m. Abs. 2) UmwG nicht in der Gewährung von Gesellschaftsrechten.[909]

Dementsprechend führen sowohl Vollübertragungen als auch Teilübertragungen zu einer Vermögensübertragung auf einen anderen Rechtsträger im Sinne eines Steuersubjektwechsels gegen Gewährung einer Gegenleistung an die Anteilsinhaber des übertragenden Rechtsträgers. Die Vermögensübertragung beruht nicht auf einem schuldrechtlichen Vertrag, sondern auf gesellschaftsrechtlicher Grundlage.[910] Die Gegenleistung wird an die Gesellschafter des übertragenden Rechtsträgers gewährt, so dass eine Vermögensübertragung als Vorgang mit arteigenem Charakter einzuordnen ist.[911] Dementsprechend liegen auch bei der Vermögensübertragung die Voraussetzungen eines veräußerungsbegründend wirkenden tauschähnlichen Vorgangs vor.

4. Formwechsel

Anknüpfend an die Veräußerungsthese der Finanzverwaltung[912] ist zu untersuchen, ob ein Formwechsel nach §§ 190 ff. UmwG als Veräußerungsvorgang im ertragsteuerlichen Sinne zu qualifizieren ist. Ob es sich dabei um einen Veräußerungsvorgang im Sinne der oben genannten Definition handelt, ist umstritten.[913] Die Finanzverwaltung vertritt im Umwandlungssteuererlass[914] ausdrücklich

908 Siehe hierzu 2. Kapitel C II 1 b ee.

909 *Riedel*, Umwandlungssteuerrecht, S. 30; vgl. auch BT-Drs. 12/6699, S. 72.

910 Vgl. hierzu zu Umstrukturierungsvorgängen des Umwandlungssteuergesetzes im Allgemeinen *Kredig*, Besteuerung stiller Reserven, S. 291.

911 Vgl. hierzu zu Umstrukturierungsvorgängen des Umwandlungssteuergesetzes im Allgemeinen *Kredig*, Besteuerung stiller Reserven, S. 291.

912 BMF-Schreiben 11.11.2011, BStBl. I 2011, 1314, 1322.

913 Siehe nur BMF-Schreiben 11.11.2011, BStBl. I 2011, 1314, 1322; *Benecke/Schnittker*, FR 2010, 555, 559; *Hageböke*, Ubg 2011, 689, 702; *Hageböke/Schmidt-Fehrenbacher*, in: FGS/BDI, UmwSt-Erlass 2011 Rn. 00.02; *Schmitt*, DStR 2011, 1108, 1112.

914 BMF-Schreiben 11.11.2011, BStBl. I 2011, 1314, 1322.

vorbehaltslos, ohne jedwede Differenzierung, dass auch der Formwechsel ein Veräußerungsvorgang sei. Demnach sollen für ertragsteuerliche Zwecke sowohl der Formwechsel einer Kapitalgesellschaft in eine Personengesellschaft als auch umgekehrt der Formwechsel einer Personengesellschaft in eine Kapitalgesellschaft, abweichend von den zivilrechtlichen Wertungen im Umwandlungsgesetz, einen Veräußerungsvorgang darstellen.[915] Dabei bezieht sich die Finanzverwaltung im Umwandlungssteuererlass auf die jüngste Rechtsprechung des Bundesfinanzhofs, wonach „bei der formwechselnden Umwandlung nach der Regelungskonzeption des UmwStG – abweichend vom Handelsrecht – ein tauschähnlicher entgeltlicher Rechtsträgerwechsel stattfindet".[916] Aufgrund dessen liegt im Folgenden der Fokus der Arbeit auf der Frage, ob ein Formwechsel im Sinne der §§ 190 ff. UmwG die Merkmale des ertragsteuerlichen Veräußerungsbegriffs erfüllt.

a) Übertragung von Wirtschaftsgütern

Voraussetzung für das Vorliegen eines Veräußerungsvorgangs im ertragsteuerlichen Sinne ist die Vermögensübertragung. Ob im Rahmen eines Formwechsels Vermögen übertragen wird, lässt sich ohne Differenzierung nicht beantworten. Besonderheit des Formwechsels ist, dass dieser nach dem Umwandlungsgesetz handelsrechtlich durch den Grundsatz der Identität des Rechtsträgers, der Kontinuität seines Vermögens und der Diskontinuität seiner Verfassung bestimmt wird.[917]

Während das Steuerrecht dem Handelsrecht insoweit folgt, als sich beim homogenen Formwechsel von einer Kapitalgesellschaft in eine Kapitalgesellschaft anderer Rechtsform lediglich die Rechtsform des Rechtsträgers ändert, also kein Wechsel des Steuersubjekts stattfindet, folgt das Steuerrecht dem Handelsrecht nicht für den Fall des heterogenen Formwechsels einer Kapitalgesellschaft in eine Personengesellschaft und umgekehrt.[918] Für den erstgenannten Fall wurden im Umwandlungssteuergesetz vom Gesetzgeber keine speziellen Regelungen

915 BMF-Schreiben 11.11.2011, BStBl. I 2011, 1314, 1322; so auch *Horst*, FR 2015, 824, 825.

916 BFH 19.10.2005 – I R 38/04, BStBl. II 2006, 568, 569. Unter Bezugnahme auf diese Entscheidung des Bundesfinanzhofs soll nach der Auffassung der Finanzverwaltung für ertragsteuerliche Zwecke sowohl der Formwechsel einer Kapitalgesellschaft in eine Personengesellschaft als auch der umgekehrte Fall als Anschaffungs- und Veräußerungsgeschäft zu behandeln sein.

917 BFH 4.12.1996 – II B 116/96, BStBl. II 1997, 661, 662; *Schmitt*, in: Schmitt/Hörtnagl/Stratz, UmwStG, § 9 Rn. 2; *Thiel*, GmbHR 1997, 145, 149.

918 Vgl. BT-Drs. 12/6885, S. 22; *Möhlenbrock*, in: Dötsch/Patt/Pung/Möhlenbrock, UmwStR, § 9 UmwStG Rn. 5; *Moszka*, in: Semler/Stengel, UmwG, Anhang UmwStG, Vorbemerkungen zum UmwStG Rn. 632 f.; *Schmitt*, in: Schmitt/Hörtnagl/Stratz, UmwStG, § 9 Rn. 3; *Benecke/Schnittker*, FR 2010, 555, 559; *Thiel*, GmbHR 1997, 145, 149.

geschaffen.[919] Im Falle eines homogenen Formwechselvorgangs[920] fehlt es aufgrund der Rechtsträgeridentität und mangels steuerrechtlicher Sondervorschriften an dem zur Erfüllung des Veräußerungsbegriffs erforderlichen Merkmal der Vermögensübertragung,[921] so dass solche Vorgänge einer Qualifikation als veräußerungsbegründend wirkender tauschähnlicher Vorgang nicht zugänglich sind.

Im Falle eines heterogenen Formwechsels einer Kapitalgesellschaft in eine Personengesellschaft und umgekehrt enthält das Umwandlungssteuergesetz mit den §§ 9 und 25 UmwStG besondere Vorschriften, die, auch wenn die dogmatischen Vorgaben des Zivilrechts auch in diesem Fall keine Vermögensübertragung vorsehen, im Wege einer Fiktion eine (intersubjektive) Vermögensübertragung anordnen.[922]

Begründet wird die Fiktion der Vermögensübertragung im Falle des Formwechsels einer Kapitalgesellschaft in eine Personengesellschaft und umgekehrt mit dem steuerlichen Systemwechsel, der mit dem Umstrukturierungsvorgang einhergeht.[923] Während Wirtschaftsgüter, die vor dem Umstrukturierungsvorgang im rechtlichen oder wirtschaftlichen Eigentum des formwechselnden Rechtsträgers stehen und im Falle einer Kapitalgesellschaft dieser als eigenständigem Steuersubjekt zugerechnet wurden, werden die Wirtschaftsgüter nach dem Umstrukturierungsvorgang den Gesellschaftern der Personengesellschaft zugerechnet.[924] Auch

---

919 *Schmitt*, in: Schmitt/Hörtnagl/Stratz, UmwStG, § 9 Rn. 3; *Benecke/Schnittker*, FR 2010, 555, 559; vgl. BT-Drs. 12/6885, S. 22.

920 Homogene Formwechselvorgänge von einer Kapitalgesellschaft in eine Kapitalgesellschaft und von einer Personengesellschaft in eine andere Personengesellschaft gem. § 190 UmwG werden von den Vorschriften des Umwandlungssteuergesetzes nicht erfasst.

921 *Benecke/Schnittker*, FR 2010, 555, 559; *Kredig*, Besteuerung stiller Reserven, S. 283.

922 Vgl. BT-Drs. 12/6885, 26; BFH 25.11.2014 – I R 78/12, BFH/NV, 2015, 523, 525; BFH 26.6.2007 – IV R 58/06, BStBl. II 2008, 73, 74; BFH 11.12.2001 – VIII R 23/01, BStBl. II 2004, 474, 477; *Greve*, in: Haritz/Menner, UmwStG, § 9 Rn. 7; *Hörtnagl*, in: Schmitt/Hörtnagl/Stratz, UmwStG, § 1 Rn. 46; *Klingberg*, in: Blümich, UmwStG, § 9 Rn. 1; *Moszka*, in: Semler/Stengel, UmwG, Anhang UmwStG, Vorbemerkungen zum UmwStG Rn. 634; *Nitzschke*, in: Blümich, UmwStG, § 25 Rn. 2; *Schmitt*, in: Schmitt/Hörtnagl/Stratz, UmwStG, § 25 Rn. 3; *Rabback*, in: Rödder/Herlinghaus/van Lishaut, UmwStG, § 25 Rn. 1; *Dorn/Langeloh*, DStR 2016, 1455, 1456 f.; *Kredig*, Besteuerung stiller Reserven, S. 283; *Schmitt*, DStR 2011, 1108, 1112.

923 Vgl. BFH 25.11.2014 – I R 78/12, BFH/NV 2015, 523, 525; BFH 11.12.2001 – VIII R 23/01, BStBl. II 2004, 474, 477; vgl. auch *Hörtnagl*, in: Schmitt/Hörtnagl/Stratz, UmwStG, § 1 Rn. 46; *Möhlenbrock*, in: Dötsch/Patt/Pung/Möhlenbrock, UmwStR, Einführung UmwStG Rn. 121; *Moszka*, in: Semler/Stengel, UmwG, Anhang UmwStG, Vorbemerkungen zum UmwStG Rn. 635; *Schmitt*, in: Schmitt/Hörtnagl/Stratz, UmwStG, § 25 Rn. 3; *Dorn/Langeloh*, DStR 2016, 1455, 1456; *Thiel*, GmbHR 1997, 145, 149.

924 *Benecke/Schnittker*, FR 2010, 555, 559; *Klingberg/van Lishaut*, FR 1999, 1209; *Schnitger/Rometzki*, FR 2006, 845, 851; vgl. zur Spiegelbildmethode auch *Dietel*, DStR 2002, 2140, 2141.

im umgekehrten Fall des Formwechsels einer Personengesellschaft in eine Kapitalgesellschaft findet ein Wechsel des Besteuerungssystems statt.

Im Unterschied zum Handelsrecht, wo die an der Umwandlung beteiligten Kapitalgesellschaften bzw. Genossenschaften und Personengesellschaften gleichgestellt sind, liegt dem Steuerrecht eine hiervon abweichende Beurteilung zugrunde. Kapitalgesellschaften und ihre Anteilseigner werden als eigenständige Steuersubjekte betrachtet. Dabei unterliegen die Kapitalgesellschaften und Genossenschaften mit ihrem Einkommen der Körperschaftsteuer, wohingegen die Anteilseigner dem Einkommensteuergesetz unterliegen, soweit sie natürliche Personen sind (sog. Trennungsprinzip). Einer Personengesellschaft kommt im Steuerrecht zwar hinsichtlich der Einkommenserzielung und der Gewinnermittlung eine gewisse Eigenständigkeit zu, sie stellt hingegen kein eigenständiges Steuersubjekt dar, so dass die Mitunternehmerschaft an sich nicht steuerpflichtig ist. Vielmehr ist der auf Ebene der Gesamthand ermittelte Gewinn der Personengesellschaft unmittelbar den steuerpflichtigen Gesellschaftern bzw. Mitunternehmern als eigenes Einkommen zuzurechnen und nach dem Einkommensteuergesetz oder gegebenenfalls nach dem Körperschaftsteuergesetz zu versteuern (sog. Transparenzprinzip). Aufgrund dieser unterschiedlichen Konzeption der Besteuerung von Kapital- und Personengesellschaften sind besondere steuerrechtliche Vorschriften erforderlich.[925] Daher weicht das Steuerrecht von der handelsrechtlichen bzw. umwandlungsrechtlichen Behandlung insoweit ab, als dass nach § 25 S. 1 UmwStG beim Formwechsel einer Personengesellschaft in eine Kapitalgesellschaft der sechste Teil[926] des Umwandlungssteuergesetzes Anwendung findet und im Falle eines Formwechsels einer Kapitalgesellschaft in eine Personengesellschaft gem. § 9 S. 1 UmwStG die entsprechende Anwendung der §§ 3 bis 8 und 10 UmwStG angeordnet wird. Damit führen heterogene Formwechselvorgänge zu einer steuerlich fingierten Vermögensübertragung.

b) Gegen Entgelt

Zur Verwirklichung des ertragsteuerlichen Veräußerungsbegriffs müsste die fingierte Vermögensübertragung im Falle eines Formwechselvorgangs gegen Entgelt durchgeführt werden. Dabei ist im Folgenden zwischen dem Formwechsel einer Kapitalgesellschaft in eine Personengesellschaft und dem Formwechsel einer Personengesellschaft in eine Kapitalgesellschaft zu differenzieren.

---

925 Vgl. BFH 26.6.2007 – IV R 58/06, BStBl. II 2008, 73, 74; BT-Drs. 12/6885, S. 22, 26; *Schmitt*, in: Schmitt/Hörtnagl/Stratz, UmwStG, § 9 Rn. 3, 8; *Hageböke*, Ubg 2011, 689, 702; *Hageböke/Schmidt-Fehrenbacher*, in: FGS/BDI, UmwSt-Erlass 2011 Rn. 00.02; vgl. *Birkemeier*, in: Rödder/Herlinghaus/van Lishaut, UmwStG, § 9 Rn. 16.

926 Einbringungen eines Betriebs, Teilbetriebs oder Mitunternehmeranteils in eine Kapitalgesellschaft gegen Gewährung von Gesellschaftsrechten (§§ 20–23 UmwStG).

aa) Formwechsel einer Kapitalgesellschaft in eine Personengesellschaft

Aufgrund der gesetzlich angeordneten Anwendung der §§ 3 bis 8 und 10 UmwStG wird der Formwechsel einer Kapitalgesellschaft in eine Personengesellschaft aus der Perspektive des Steuerrechts wie die Verschmelzung einer Kapitalgesellschaft auf eine Personengesellschaft behandelt.[927] Die Finanzverwaltung versucht mit dem im Umwandlungssteuererlass[928] angeführten Urteil des Bundesfinanzhofs[929] zu begründen, dass es sich im Falle eines Formwechselvorgangs von einer Kapital- in eine Personengesellschaft und umgekehrt um einen Veräußerungsvorgang handelt. Grundsätzlich kann dem Urteil des Bundesfinanzhofs lediglich eine Aussage hinsichtlich des Formwechsels einer Personengesellschaft in eine Kapitalgesellschaft entnommen werden. Zur Begründung der Qualifikation eines Formwechselvorgangs einer Kapitalgesellschaft in eine Personengesellschaft als Veräußerungsvorgang kann das Urteil, dem die umgekehrte Konstellation zugrunde lag, nicht dienen.[930] Allerdings hat der Bundesfinanzhof in der Folgezeit entschieden, dass auch in der umgekehrten Konstellation, also dem Formwechsel einer Kapitalgesellschaft in eine Personengesellschaft „aus steuerlicher Sicht – abweichend vom Handelsrecht – ein tauschähnlicher entgeltlicher Rechtsträgerwechsel stattfindet".[931]

Sowohl der Auffassung der Finanzverwaltung als auch der Rechtsprechung des Bundesfinanzhofs ist entgegenzuhalten, dass § 9 UmwStG durch Verweisung auf die Vorschriften §§ 3 bis 8 UmwStG lediglich einen Vermögensübergang fingiert.[932] Die Fiktion des Vermögensübergangs dient im Rahmen einer normspezifischen

927 So auch *Birkemeier*, in: Rödder/Herlinghaus/van Lishaut, UmwStG, § 9 Rn. 16; *Möhlenbrock*, in: Dötsch/Patt/Pung/Möhlenbrock, UmwStR, § 9 UmwStG Rn. 12; *Schmitt*, in: Schmitt/Hörtnagl/Stratz, UmwStG, § 9 Rn. 3, 8; *Hageböke*, Ubg 2011, 689, 702; *Hageböke/Schmidt-Fehrenbacher*, in: FGS/BDI, UmwSt-Erlass 2011 Rn. 00.02; *Schmitt*, DStR, 2011, 1108, 1112; vgl. auch *Benecke/Schnittker*, FR 2010, 555, 559.

928 BMF-Schreiben 11.11.2011, BStBl. I 2011, 1314, 1322.

929 BFH 19.10.2005 – I R 38/04, BStBl. II 2006, 568, 569. Hinzuweisen ist in diesem Zusammenhang auch auf das Urteil vom 20.6.2007, BFH 26.6.2007 – IV R 58/06, BStBl. II 2008, 73 in dem von einem tauschähnlichen entgeltlichen Rechtsträgerwechsel im Zusammenhang mit § 25 UmwStG ausgegangen wird.

930 So auch *Bogenschütz*, Ubg 2011, 393, 395; *Hageböke*, Ubg, 2011, 689, 702.

931 BFH 25.11.2014 – I R 78/12, BFH/NV, 2015, 523, 525.

932 *Birkemeier*, in: Rödder/Herlinghaus/van Lishaut, UmwStG, § 9 Rn. 16; *Greve*, in: Haritz/Menner, UmwStG, § 9 Rn. 7; *Huber*, in: Haase/Hruschka, UmwStG, § 9 Rn. 6; *Kraft*, in: HK-Kommentar, UmwStG, § 9 Rn. 3; *Moszka*, in: Semler/Stengel, UmwG, Anhang UmwStG, Vorbemerkungen zum UmwStG Rn. 634; *Schmitt*, in: Schmitt/Hörtnagl/Stratz, UmwStG, § 9 Rn. 8; *Schnitter*, in: Frotscher/Drüen, UmwStG, § 9 Rn. 3; *Benecke/Schnittker*, FR 2010, 555, 560; *Brinkmann*, in: Schneider/Rouff/Sistermann Rn. 0.12; *Rupp*, in: Patt/Rupp/Aßmann, S. 1 ff.; *Schmitt*, DStR 2011, 1108, 1112; vgl. insoweit auch BFH 25.11.2014 – I R 78/12, BFH/NV, 2015, 523, 525; BFH 26.6.2007 – IV R 58/06, BStBl. II 2008, 73, 74.

Auslegung lediglich als Mittel zur systemgerechten Behandlung des mit den unterschiedlichen Besteuerungskonzepten zwischen Kapitalgesellschaften und Personengesellschaften einhergehenden Wechsels des Steuersubjekts.[933] Die Fiktion eines Entgelts für den fingierten Vermögensübergang oder gar die Fiktion einer Veräußerung des übertragenen Vermögens ist darin jedoch nicht zu sehen.[934] Ein Formwechsel führt – anders als im Falle einer Verschmelzung – gerade nicht zum Erlöschen einer Einlageforderung des übernehmenden Rechtsträgers.[935] Durch § 9 UmwStG wird keine entgeltliche Veräußerung, sondern lediglich ein Vermögensübergang fingiert.[936] Dass eine formwechselnde Umwandlung nicht als Veräußerungsvorgang qualifiziert werden kann, hat der Bundesfinanzhof im Beschluss vom 5.5.1998[937] festgestellt, wonach eine formwechselnde Umwandlung einer Kapitalgesellschaft in eine Personengesellschaft im Kontext des § 21 Abs. 2 S. 5 UmwStG 1995 keine Veräußerung darstellt.[938]

Auch wenn die ertragsteuerlichen Auswirkungen eines Formwechsels bei genauer Betrachtung denen der Verschmelzung entsprechen und die handelsrechtliche Rechtsträgeridentität der Systematik des Umwandlungssteuerrechts widerspricht,[939] führt der Formwechsel einer Kapitalgesellschaft in eine Personengesellschaft nach § 9 UmwStG aus steuerrechtlicher Perspektive – entgegen der Rechtsprechung des Bundesfinanzhofs und der Auffassung der Finanzverwaltung – anders als die Verschmelzung lediglich zu einer steuerlich fingierten

933 *Bogenschütz*, Ubg 2011, 393, 395; vgl. auch *Möhlenbrock*, in: Dötsch/Pung/Möhlenbrock, UmwStG, § 9 Rn. 11; *Hageböke*, Ubg 2011, 689, 702.

934 So auch *Schmitt*, in: Schmitt/Hörtnagl/Stratz, UmwStG, § 22 Rn. 41; *Widmann*, in: Widmann/Mayer, UmwR, § 22 UmwStG Rn. 143; *Brinkmann*, in: Schneider/Rouff/Sistermann Rn. 0.12; *Hageböke*, Ubg 2011, 689, 702; *Hageböke/Schmidt-Fehrenbacher*, in: FGS/BDI, UmwSt-Erlass 2011 Rn. 00.02; *Schmitt*, DStR 2011, 1108, 1112.

935 *Schmitt*, in: Schmitt/Hörtnagl/Stratz, UmwStG, § 22 Rn. 41; *Brinkmann*, in: Schneider/Rouff/Sistermann Rn. 0.11; *Schmitt/Schloßmacher*, UmwStE Rn. 00.03; *Schmitt*, DStR 2011, 1108, 1112.

936 *Bogenschütz*, Ubg 2011, 393, 395; *Hageböke*, Ubg 2011, 689, 702; *Hageböke/Schmidt-Fehrenbacher*, in: FGS/BDI, UmwSt-Erlass 2011 Rn. 00.02; *Schmitt*, DStR 2011, 1108, 1112; a.A. wonach die Gegenleistung in der Übernahme von Verbindlichkeiten zu sehen ist BMF-Schreiben 11.11.2011, BStBl. I 2011, 1314, 1322; *Haritz*, in: Haritz/Menner, UmwStG, Einf. B Rn. 16.

937 BFH 5.5.1998 – I B 24/98, BStBl. II 2000, 430, 431. Dennoch ist aufgrund der jüngeren Rechtsprechung des Bundesfinanzhofs (BFH 25.11.2014 – I R 78/12, BFH/NV, 2015, 523, 525; BFH 19.10.2005 – I R 38/04, BStBl. II 2006, 568, 569) wohl davon auszugehen, dass dieser Formwechselvorgänge mittlerweile als tauschähnliche entgeltliche Rechtsträgerwechsel und damit als Veräußerungsvorgänge qualifiziert.

938 So *Bogenschütz*, Ubg 2011, 393, 395; *Hageböke*, Ubg, 2011, 689, 702; *Brinkmann*, in: Schneider/Rouff/Sistermann Rn. 0.12.

939 Siehe hierzu ebenso *Kredig*, Besteuerung stiller Reserven, S. 105 f.

Vermögensübertragung, nicht aber zu einer entgeltlichen Veräußerung.[940] Demnach sind im Falle formwechselnder Umwandlungsvorgänge einer Kapitalgesellschaft in eine Personengesellschaft die Voraussetzungen des Veräußerungsbegriffs im ertragsteuerlichen Sinne nicht erfüllt.[941]

bb) Formwechsel einer Personengesellschaft in eine Kapitalgesellschaft

Liegt jedoch ein Formwechsel einer Personengesellschaft in eine Kapitalgesellschaft vor, wird der Formwechsel in dieser Konstellation vom Gesetzgeber aufgrund der vollumfänglichen und daher auch vorbehaltslosen Rechtsgrundverweisung[942] in § 25 Abs. 1 UmwStG als Einbringung sämtlicher Mitunternehmeranteile durch die Mitunternehmer gegen Gewährung von Gesellschaftsrechten an der Kapitalgesellschaft behandelt.[943] Zwar bleibt die handelsrechtliche Rechtsträgeridentität weiterhin bestehen, die Verweisung in § 25 Abs. 1 UmwStG auf die §§ 20 bis 23 UmwStG führt hingegen steuerrechtlich zu einer fingierten Vermögensübertragung.[944] Daraus folgt eine Befreiung von der Voraussetzung einer zivilrechtlichen Vermögensübertragung.[945] Bei dem Verweis des § 25 UmwStG auf die §§ 20 bis 23 UmwStG handelt es sich um einen Rechtsgrundverweis, so dass die dort geregelten steuerlichen Begünstigungen nur dann auch für Formwechselvorgänge im Sinne des § 25

---

940 *Benecke/Schnittker*, FR 2010, 555, 564; *Brinkmann*, in: Schneider/Rouff/Sistermann Rn. 0.12; *Hageböke*, Ubg 2011, 689, 702; *Schmitt*, DStR 2011, 1108, 1112; vgl. auch *Klingberg*, in: Blümich, UmwStG, § 15 Rn. 98.

941 *Bogenschütz*, Ubg 2011, 393, 395; *Hageböke*, Ubg 2011, 689, 702; *Hageböke/Schmidt-Fehrenbacher*, in: FGS/BDI, UmwSt-Erlass 2011 Rn. 00.02; *Schmitt*, DStR 2011, 1108, 1112.

942 Vgl. zur Rechtsgrundverweisung in § 25 UmwStG auf §§ 20 bis 23 UmwStG BFH 8.6.2011 – I B 15/11, BFH/NV 2011, 1748; *Arjes*, in: Haase/Hruschka, UmwStG, § 25 Rn. 5; *Bilitewski*, in: Haritz/Menner, UmwStG, § 25 Rn. 9; *Jäschke*, in: Lademann, UmwStG, § 25 Rn. 1; *Nitzschke*, in: Blümich, UmwStG, § 25 Rn. 11; *Patt*, in: Dötsch/Patt/Pung/Möhlenbrock, UmwStR, § 25 UmwStG Rn. 17; *Rabback*, in: Rödder/Herlinghaus/van Lishaut, UmwStG, § 25 Rn. 2; *Schmitt*, in: Schmitt/Hörtnagl/Stratz, UmwStG, § 25 Rn. 4; *Trautmann*, in: HK-Kommentar, UmwStG, § 25 Rn. 2; *Widmann*, in: Widmann/Mayer, UmwR, § 25 UmwStG Rn. 4; *Dorn/Langeloh*, DStR 2016, 1455, 1457; a.A. *Boorberg/Boorberg*, DB 2007, 1777, 1780 f.

943 *Bilitewski*, Haritz/Menner, UmwStG, § 25 Rn. 3; *Rabback*, in: Rödder/Herlinghaus/van Lishaut, UmwStG, § 25 Rn. 4; *Hageböke/Schmidt-Fehrenbacher*, in: FGS/BDI, UmwSt-Erlass 2011 Rn. 00.02; vgl. BFH 19.10.2005 – I R 38/04, BStBl. II 2006, 568, 569.

944 Vgl. BFH 19.10.2005 – I R 38/04, BStBl. II 2006, 568, 569; FG München 23.3.2004 – 7 K 4036/01, EFG 2004, 1334, 1335; FG München 5.10.2000 – 7 V 3797/00, EFG 2001, 32; *Mutscher*, in: Frotscher/Drüen, UmwStG, § 25 Rn. 3; *Nitzschke*, in: Blümich, UmwStG, § 25 Rn. 25 f.; *Rabback*, in: Rödder/Herlinghaus/van Lishaut, UmwStG, § 25 Rn. 1, 4; *Schmitt*, in: Schmitt/Hörtnagl/Stratz, UmwStG, § 25 Rn. 3.

945 *Widmann*, in: Widmann/Mayer, UmwR, § 25 UmwStG Rn. 5.

UmwStG anzuwenden sind, wenn die Voraussetzungen der §§ 20 ff. UmwStG vorliegen.[946] Aus der Verweisung folgt, dass die einzelnen Merkmale der §§ 20 und 21 UmwStG im Wege des Formwechsels erfüllt werden müssen; die Voraussetzung des Einbringens und der Gewährung neuer Anteile werden hingegen durch den Formwechsel ersetzt.[947] Begründet wird dies damit, dass die Umstrukturierung einer Personengesellschaft im Wege eines Formwechsels der Einbringung des Betriebs-, Teilbetriebs oder eines Mitunternehmeranteils nach dem Sinn und Zweck des § 25 UmwStG gleichzustellen ist. Richtig ist, dass die dem Umwandlungssteuergesetz zugrunde liegende Systematik der Begünstigung für alle Umstrukturierungsvorgänge des Umwandlungssteuergesetzes gelten muss und daher die Begünstigungstatbestände[948] für die Steuerneutralität hinsichtlich des übergehenden Vermögens immer an vergleichbare besondere Anforderungen[949] anknüpfen, was insbesondere der Sicherung des Besteuerungsrechts der Bundesrepublik Deutschland dienen soll.[950] Es wäre mit der Systematik des Umwandlungssteuergesetzes nur schwer vereinbar, wenn dieses für Formwechselvorgänge nicht gelten würde.[951]

In diesem Zusammenhang wird in der Literatur teilweise davon ausgegangen, dass im Rahmen der Prüfung der Tatbestandsmerkmale des § 20 Abs. 1 UmwStG – anders als § 3 UmwStG, auf den § 9 UmwStG im Falle des Formwechsels einer Kapitalgesellschaft in eine Personengesellschaft verweist – die „Gewährung neuer Anteile" gesetzlich als gegeben gilt.[952] Während der einbringende Rechtsträger aus steuerlicher Perspektive die Mitunternehmeranteile am formwechselnden

---

946 Vgl. BFH 8.6.2011 – I B 15/11, BFH/NV 2011, 1748, 1748 f.; *Arjes*, in: Haase/Hruschka, UmwStG, § 25 Rn. 9; *Bilitewski*, in: Haritz/Menner, UmwStG, § 25 Rn. 9, 30; *Jäschke*, in: Lademann, UmwStG, § 25 Rn. 1; *Mutscher*, in: Frotscher/Drüen, UmwStG, § 25, Rn 20 f.; *Nitzschke*, in: Blümich, UmwStG, § 25 Rn. 26; *Rabback*, in: Rödder/Herlinghaus/van Lishaut, UmwStG, § 25 Rn. 2; *Schmitt*, in: Schmitt/Hörtnagl/Stratz, UmwStG, § 25 Rn. 4; *Widmann*, in: Widmann/Mayer, UmwR, § 25 UmwStG Rn. 4; a.A. *Boorberg/Boorberg*, DB 2007, 1777, 1780 f.

947 *Bilitewski*, in: Haritz/Menner, UmwStG, § 25 Rn. 9; *Patt*, in: Dötsch/Pung/Möhlenbrock, UmwStG, § 25 Rn. 42; *ders.*, in: Dötsch/Patt/Pung/Möhlenbrock, UmwStR, § 25 UmwStG Rn. 17, 30; *Rabback*, in: Rödder/Herlinghaus/van Lishaut, UmwStG, § 25 Rn. 2; vgl. auch *Schmitt*, in: Schmitt/Hörtnagl/Stratz, UmwStG, § 25 Rn. 25.

948 Vgl. hierzu § 3 Abs. 2 UmwStG, § 11 Abs. 2 UmwStG sowie § 20 Abs. 2 Nr. 1–3 UmwStG.

949 Insbesondere bezüglich der Qualität des übergehenden Vermögens, der zulässigen Gegenleistung sowie der fortdauernden Steuerverstrickung.

950 *Bilitewski*, in: Haritz/Menner, UmwStG, § 25 Rn. 9; ebenso *Kredig*, Besteuerung stiller Reserven, S. 188.

951 *Bilitewski*, in: Haritz/Menner, UmwStG, § 25 Rn. 9.

952 *Bilitewski*, in: Haritz/Menner, UmwStG, § 25 Rn. 9; *Patt*, in: Dötsch/Patt/Pung/Möhlenbrock, UmwStR, § 25 UmwStG Rn. 17; *Rabback*, in: Rödder/Herlinghaus/van Lishaut, UmwStG, § 25 Rn. 2; *Hageböke*, Ubg 2011, 689, 702.

Rechtsträger einbringt,[953] erhält dieser im Sinne des § 20 Abs. 1 UmwStG als Gegenleistung neue Anteile an dem in neuer Rechtsform fortexistierenden Rechtsträger.[954] Darüber hinaus wäre § 25 UmwStG als Rechtsgrundverweisung auf die §§ 20 bis 23 UmwStG grundsätzlich gegenstandslos, wenn die in §§ 20 und 21 UmwStG geforderte „Gewährung neuer Anteile" im Rahmen eines Formwechsels einer Personengesellschaft in eine Kapitalgesellschaft nicht erfüllt wäre. Im Rahmen einer formwechselnden Umwandlung einer Personengesellschaft in eine Kapitalgesellschaft ist demnach in Übereinstimmung mit der Rechtsprechung des Bundesfinanzhofs[955] ein tauschähnlicher entgeltlicher Rechtsträgerwechsel anzunehmen.[956]

Demnach kann festgehalten werden, dass Formwechsel nur bedingt – je nach Konstellation – die Anforderungen eines veräußerungsbegründend wirkenden tauschähnlichen Vorgangs erfüllen. In der Konstellation, in der ein Formwechsel von einer Kapitalgesellschaft in eine Personengesellschaft durchgeführt wird, liegt aus der Sicht des übertragenden Rechtsträgers steuerrechtlich lediglich ein fingierter Vermögensübergang vor, so dass es an einer entgeltlichen Übertragung – und damit auch an einem Veräußerungsvorgang – fehlt. Bei einem Formwechsel einer Personengesellschaft in eine Kapitalgesellschaft liegt hingegen ein tauschähnlicher entgeltlicher Rechtsträgerwechsel vor, so dass insoweit die Veräußerungsthese zutreffend ist.

---

953 FG Münster 25.7.2012 – 10 K 3388/08 K, G, F, EFG 2012, 2057, 2058 f.; *Jäschke*, in: Lademann, UmwStG, § 25 Rn. 19; *Nitzschke*, in: Blümich, UmwStG, § 25 Rn. 27; *Patt*, in: Dötsch/Pung/Möhlenbrock, UmwStG, § 25 Rn. 28; *ders.*, in: Dötsch/Patt/Pung/Möhlenbrock, UmwStR, § 25 UmwStG Rn. 20; *Rabback*, in: Rödder/Herlinghaus/van Lishaut, UmwStG, § 25 Rn. 48; *Schmitt*, in: Schmitt/Hörtnagl/Stratz, UmwStG, § 25 Rn. 19; *Kredig*, Besteuerung stiller Reserven, S. 188; a.A. *Mutscher*, in: Frotscher/Drüen, UmwStG, § 25 Rn. 23.

954 *Bilitewski*, in: Haritz/Menner, UmwStG, § 25 Rn. 43; *Nitzschke*, in: Blümich, UmwStG, § 25 Rn. 23; *Rabback*, in: Rödder/Herlinghaus/van Lishaut, UmwStG, § 25 Rn. 60; *Schmitt*, in: Schmitt/Hörtnagl/Stratz, UmwStG, § 25 Rn. 25; *Kredig*, Besteuerung stiller Reserven, S. 188; vgl. auch *Patt*, in: Dötsch/Pung/Möhlenbrock, UmwStG, § 22 Rn. 32a; *Widmann*, in: Widmann/Mayer, UmwR, § 22 UmwStG Rn. 56.

955 BFH 19.10.2005 – I R 38/04, BStBl. II 2006, 568, 569; BFH 17.10.2007 – I R 96/06, BStBl. II 2008, 953.

956 *Haritz*, in: Haritz/Menner, UmwStG, Einf. B Rn .16; *Patt*, in: Dötsch/Patt/Pung/Möhlenbrock, UmwStR, § 22 UmwStG Rn. 32a; *ders.*, in: Dötsch/Patt/Pung/Möhlenbrock, UmwStR, Vor §§ 20–23 UmwStG Rn. 52; *Widmann*, in: Widmann/Mayer, UmwStR, § 22 UmwStG Rn. 56; *Hageböke*, Ubg 2011, 689, 702; *Kredig*, Besteuerung stiller Reserven, S. 188; a.A. *Schmitt*, in: Schmitt/Hörtnagl/Stratz, UmwStG, § 22 Rn. 46; *Benecke/Schnittker*, FR 2010, 555, 559.

c) *Wechsel des Steuersubjekts*

Weiterhin müssten formwechselnde Umstrukturierungsvorgänge eine Übertragung auf einen Dritten im Sinne eines Wechsels des Steuersubjekts darstellen. Im Falle eines homogenen Formwechsels liegt schon kein Vermögensübergang vor, so dass ein solcher Vorgang für steuerliche Zwecke auch nicht als Wechsel des Steuersubjekts zu qualifizieren ist.[957] Im Falle des heterogenen Formwechsels wird die Vermögensübertragung hingegen fingiert.[958] Heterogene Formwechselvorgänge einer Kapitalgesellschaft in eine Personengesellschaft gem. § 9 UmwStG und einer Personengesellschaft in eine Kapitalgesellschaft nach § 25 UmwStG führen trotz des identitätswahrenden Charakters zu einem steuerlichen Systemwechsel. Während die eine Kapitalgesellschaft vor dem Formwechselvorgang ein eigenes Steuersubjekt ist, sind nach dem Formwechselvorgang die Gesellschafter die Steuersubjekte, denen die Wirtschaftsgüter zuzurechnen sind.[959] Ebenso kommt es im umgekehrten Fall zu einem Wechsel des Steuersubjekts. Demzufolge ist festzuhalten, dass es im Falle eines heterogenen Formwechsels zu einem Wechsel des Steuersubjekts kommt. Dementsprechend führen auch Umstrukturierungsvorgänge in Form des heterogenen Formwechsels durch den Wechsel des Besteuerungsregimes zu einem intersubjektiven Übergang des Vermögens.[960]

d) *Zusammenfassung*

Zusammenfassend ist im Kontext der Frage, ob Formwechselvorgänge als veräußerungsbegründend tauschähnliche Vorgänge zu qualifizieren sind, zwischen homogenen und heterogenen Formwechselvorgängen zu differenzieren. Während es im Falle eines homogenen Formwechselvorgangs bereits an einem Vermögensübergang fehlt, wird dieser für heterogene Formwechselvorgänge durch das Umwandlungssteuergesetz fingiert.[961] Zu beachten ist hingegen, dass die Fiktion lediglich den Vermögensübergang, nicht jedoch auch eine Entgeltlichkeit oder gar eine entgeltliche Veräußerung fingiert. Dennoch folgt aus der Rechtsgrundverweisung des § 25 UmwStG, dass die Tatbestandsmerkmale des § 20 Abs. 1 UmwStG – anders als § 3 UmwStG, auf den § 9 UmwStG im Falle des Formwechsels einer Kapitalgesellschaft in eine Personengesellschaft verweist – und damit auch die „Gewährung neuer Anteile" gesetzlich als gegeben gelten,[962] so dass es sich beim Formwechsel

957 *Benecke/Schnittker*, FR 2010, 555, 559; vgl. auch Entwurf eines Gesetzes zur Änderung des Umwandlungssteuerrechts, BT-Drs. 12/6885, S. 22.
958 Siehe hierzu 2. Kapitel C II 4 a.
959 Ebenso *Benecke/Schnittker*, FR 2010, 555, 559; vgl. auch Entwurf eines Gesetzes zur Änderung des Umwandlungssteuerrechts, BT-Drs. 12/6885, S. 22.
960 So auch *Kredig*, Besteuerung stiller Reserven, S. 283.
961 Siehe hierzu 2. Kapitel C II 4 a.
962 *Bilitewski*, in: Haritz/Menner, UmwStG, § 25 Rn. 9; *Patt*, in: Dötsch/Patt/Pung/Möhlenbrock, UmwStR, § 25 UmwStG Rn. 17; *Rabback*, in: Rödder/Herlinghaus/van Lishaut, UmwStG, § 25 Rn. 2; *Hageböke*, Ubg 2011, 689, 702.

einer Personengesellschaft in eine Kapitalgesellschaft für steuerliche Zwecke um einen entgeltlichen Vorgang handelt. Darüber hinaus fehlt es im Falle eines homogenen Formwechsels mangels Rechtsformwechsel an einer Übertragung auf einen Dritten im Sinne eines Wechsels des Steuersubjekts, während diese Voraussetzung bei heterogenen Formwechselvorgängen stets erfüllt ist. Dementsprechend erfüllen lediglich heterogene Formwechselvorgänge im Sinne des § 25 UmwStG die Anforderungen an einen veräußerungsbegründend wirkenden tauschähnlichen Vorgang, nicht hingegen heterogene Formwechselvorgänge gem. § 9 UmwStG und homogene Formwechselvorgänge.

5. Einbringungsvorgänge im Sinne der §§ 20 bis 24 UmwStG

Auch bei Einbringungen im Sinne des Umwandlungssteuergesetzes stellt sich die Frage, ob diese die Voraussetzungen des ertragsteuerlichen Veräußerungsbegriffs[963] erfüllen. Um diesem Erfordernis gerecht zu werden, müssten Einbringungen in diesem Sinne eine Übertragung eines Wirtschaftsguts gegen Entgelt auf einen Dritten darstellen.

a) Einbringung im Sinne des § 20 UmwStG

Voraussetzung für die Anwendung des § 20 UmwStG ist das Vorliegen einer Sacheinlage. Nach der Legaldefinition gem. § 20 Abs. 1 UmwStG wird im Rahmen einer Sacheinlage ein Betrieb oder Teilbetrieb oder ein Mitunternehmeranteil in eine Kapitalgesellschaft oder eine Genossenschaft (übernehmende Gesellschaft) eingebracht, wofür der Einbringende neue Anteile an der Gesellschaft erhält.

Bei einer Einbringung nach dem Umwandlungssteuergesetz handelt es sich um eine Übertragung einer Sachgesamtheit auf der Basis des Gesellschaftsrechts, so dass im Ergebnis regelmäßig nichts anderes gelten kann als im Falle einer Sacheinlage.[964] Durch die Übertragung von Wirtschaftsgütern auf die Gesellschaft erfüllt der Einbringende die gesellschaftsvertraglich vereinbarte Kapitalaufbringungs- und Einlagepflicht.[965] Als Gegenleistung werden dem Gesellschafter Gesellschaftsrechte gewährt, so dass eine (offene) Sacheinlage einen tauschähnlichen Vorgang darstellt und als entgeltliches Geschäft einzuordnen ist.[966] Allgemeinen

963 Siehe zum ertragsteuerlichen Veräußerungsbegriff 2. Kapitel C I.

964 *Riedel*, Umwandlungssteuerrecht, S. 50; vgl. BFH 19.10.1998 – VIIII R 69/95, BStBl. II 2000, 230, 232; *Jacobsen*, FR 2011, 973, 975; *Kredig*, Besteuerung stiller Reserven, S. 296.

965 *Eckstein*, in: Herrmann/Heuer/Raupach, EStG, § 6 Rn. 1484b; *Riedel*, Umwandlungssteuerrecht, S. 44.

966 BFH 30.3.2017 – IV R 11/15, BFHE 2557, 234; BFH 17.9.2003 – I R 97/02, BStBl. II 2004, 686, 687; BFH 5.6.2002 – I R 6/01, BFH/NV 2003, 88; BFH 11.12.2001 – VIII R 58/98, BStBl. II 2002, 420, 423; BFH 19.10.1998 – VIII R 69/95, BStBl. 2000, 230; BFH 15.7.1976 – I R 17/74, BStBl. II 1976, 748, 749; BMF-Schreiben 11.11.2011, BStBl. I 2011, 1314, 1322; BMF-Schreiben 29.3.2000, BStBl. I 2000, 462; *Eckstein*,

bilanzsteuerrechtlichen Grundsätzen entsprechend kommt es bei der Hingabe von Wirtschaftsgütern gegen Gewährung einer Gegenleistung zur Gewinnrealisation.[967] Abweichend von einer Veräußerung oder einem Tausch fehlt es im Falle einer Einlage an einer von der Gesellschaft im Sinne eines Drittgeschäfts zu erbringenden Gegenleistung.[968] Grundlage des Leistungsaustauschs ist nicht eine schuldrechtliche Beziehung, sondern vielmehr das Gesellschaftsverhältnis.[969] Eine (offene) Sacheinlage stellt daher eine Vermögensübertragung gegen Gewährung von Gesellschaftsrechten dar, die aufseiten des einbringenden Rechtsträgers aufgrund ihres arteigenen Charakters als veräußerungsbegründend wirkender Vorgang zu qualifizieren ist.[970]

Im Falle einer Einbringung im Sinne des § 20 UmwStG setzt der Gesetzeswortlaut eine Vermögensübertragung im Rahmen einer Sacheinlage voraus. Diese erfolgt auf Grundlage der gesellschaftsrechtlich vereinbarten Kapitalaufbringungs- oder Einlagepflicht,[971] unabhängig von der Einordnung des zugrunde liegenden zivilrechtlichen Vorgangs.[972] Dem Begriffsverständnis der Einbringung im Allgemeinen genügt eine Übertragung des zivilrechtlichen oder wirtschaftlichen Eigentums an Wirtschaftsgütern auf den übernehmenden Rechtsträger.[973] § 20 Abs. 1 UmwStG sieht zudem vor, dass die Einbringung des Vermögens gegen Gewährung neuer Anteile an der Zielgesellschaft erfolgt, so dass die Gewährung von Gesellschaftsrechten als Gegenleistung aufgrund gesetzlicher Anordnung im Rahmen einer Einbringung stets vorliegt.[974] Neben der Gewährung von Gesellschaftsrechten kann

---

in: Herrmann/Heuer/Raupach, EStG, § 6 Rn. 1484b; *Fatouros*, DStZ 2004, 129; *Hoffmann*, GmbHR 2002, 125, 130; *Kuhlmann*, DB 1983, 66, 71; *Lang*, StuW 1978, 215, 224; *Riedel*, Umwandlungssteuerrecht, S. 44; *van Lishaut*, DB 2000, 1784, 1785; a.A. *Groh*, DB 2003, 1403; *Niehus*, StuW 2017, 27, 47; *Schmidt/Hageböke*, DStR 2003, 1813.

967 *Riedel*, Umwandlungssteuerrecht, S. 45.

968 *Riedel*, Umwandlungssteuerrecht, S. 45; vgl. auch *Bogenschütz*, Ubg 2011, 393, 394; *Groh*, DB 2002, 1094, 1904; *Kredig*, Besteuerung stiller Reserven, S. 284.

969 *Riedel*, Umwandlungssteuerrecht, S. 45.

970 Vgl. *Kredig*, Besteuerung stiller Reserven, S. 291.

971 Vgl. *Riedel*, Umwandlungssteuerrecht, S. 44.

972 Vgl. *Patt*, in: Dötsch/Patt/Pung/Möhlenbrock, UmwStR, Vor §§ 20–23 UmwStG Rn. 52.

973 *Herlinghaus*, in: Rödder/Herlinghaus/van Lishaut, UmwStG, § 20 Rn. 37 ff., 127; *Menner*, in: Haritz/Menner, UmwStG, § 20 Rn. 55; *Nitzschke*, in: Blümich, UmwStG, § 20 Rn. 27; *Patt*, in: Dötsch/Patt/Pung/Möhlenbrock, UmwStR, § 20 UmwStG Rn. 163; *ders.*, in: Dötsch/Patt/Pung/Möhlenbrock, UmwStR, § 24 UmwStG Rn. 102; *Rasche*, in: Rödder/Herlinghaus/van Lishaut, UmwStG, § 24 Rn. 13; *Schlößer/Schley*, in: Haritz/Menner, UmwStG, § 24 Rn. 14; *Schmitt*, in: Schmitt/Hörtnagl/Stratz, UmwStG, § 24 Rn. 32 ff.; § 20 Rn. 186.

974 So auch *Hageböke/Schmidt-Fehrenbacher*, in: FGS/BDI, UmwSt-Erlass 2011 Rn. 00.02; wohl auch *Haritz*, in: Haritz/Menner, UmwStG, Einf. B Rn. 15; *Sieker*, in: Lademann, EStG, § 16 Rn. 57.

der Einbringende gem. § 20 Abs. 2 S. 2 Nr. 4 UmwStG darüber hinaus gegebenenfalls auch sonstige Gegenleistungen annehmen.

Wird im Rahmen der Einbringung das zivilrechtliche oder wirtschaftliche Eigentum an Wirtschaftsgütern auf den übernehmenden Rechtsträger übertragen, führt dies auch zur Zuordnung der Wirtschaftsgüter zu einem anderen Steuersubjekt, so dass Vermögensübertragung auf einen Dritten bzw. ein anderes Steuersubjekt vorliegt. Da auch Einbringungsvorgängen kein Leistungsaustauschgedanke zugrunde liegt, sondern diese in erster Linie auf gesellschaftsrechtlicher Grundlage basieren, ist der Vorgang als veräußerungsbegründend wirkender tauschähnlicher Vorgang zu qualifizieren.[975] Dies ergibt sich im Grunde auch unmittelbar aus § 20 Abs. 3 und 4 UmwStG. Dementsprechend liegen bei der Einbringung betrieblicher Sachgesamtheiten in eine Kapitalgesellschaft aus dem Betriebsvermögen des Gesellschafters gegen Gewährung einer Gegenleistung in Form von Gesellschaftsrechten die Voraussetzungen des Veräußerungsbegriffs vor. Demnach können Einbringungen im Sinne des § 20 UmwStG oder vergleichbare ausländische Vorgänge aus der Sicht des Einbringenden als veräußerungsbegründend wirkender tauschähnlicher Vorgang, mithin auch als Veräußerung im ertragsteuerrechtlichen Sinne gem. § 16 Abs. 1 EStG qualifiziert werden.[976]

---

975 Vgl. *Kredig*, Besteuerung stiller Reserven, S. 291.

976 Vgl. BFH 30.4.1975 – I R 41/73, BStBl. II 1975, 706; BFH 25.1.1984 – I R 183/81 BStBl. II 1984, 422; BFH 6.2.1996 – I R 183/94, BStBl. II 1996, 342, 343; grundlegend auch BFH 19.10.1998 – VIII R 69–95, BStBl. II 2000, 230, 232 f.; bestätigt durch BFH 5.6.2002 – I R 6/01, BFH/NV 2003, 88; so auch BFH 19.9.2002 – X R 51/98, BStBl. II 2003, 394, 396; BFH 24.4.2007 – I R 35/05, BStBl. II 2008, 253; BFH 19.05.2010 – I R 70/09, BFH/NV 2010, 2072, 2073; BFH 7.4.2010 – I R 55/09, BStBl. II 2010, 1094, 1096; BFH 14.4.2015 – GrS 2/12, BStBl. II 2015, 1007, 1012; so auch BMF-Schreiben 11.11.2011, BStBl. I 2011, 1314, 1374; *Herlinghaus*, in: Rödder/Herlinghaus/van Lishaut, UmwStG, § 20 Rn. 3; *Jäschke*, in: Lademann, UmwStG, § 23 Rn. 2; *Menner*, in: Haritz/Menner, UmwStG, § 20 Rn. 3; *Patt*, in: Dötsch/Patt/Pung/Möhlenbrock, UmwStG, Vor §§ 20–23 Rn. 18, 52; *Schmitt*, in: Schmitt/Hörtnagl/Stratz, UmwStG, § 20 Rn. 12; *Damas*, DStZ 2007, 129, 135; *Förster/Wendland*, BB 2007, 631; *Frotscher*, Umwandlungssteuererlass Rn. 20.01; *Hageböke/Schmidt-Fehrenbacher*, in: FGS/BDI, UmwSt-Erlass 2011 Rn. 00.02; *Heß/Schnitger*, in: Reform des Umwandlungssteuerrechts Rn. 1535; *Hötzel/Kaeser*, in: FGS/BDI, UmwSt-Erlass 2011 Rn. 20.01; *Riedel*, Umwandlungssteuerrecht, S. 50; *Rode/Teufel*, in: Schneider/Ruoff/Sistermann Rn. 20.1; *Schiessl*, in: Schneider/Ruoff/Sistermann Rn. 24.21; *Schmitt*, DStR 2011, 1108, 1112; *Schmitt/Schloßmacher*, UmwStE Rn. 00.02; *Thiel/Eversberg/van Lishaut/Neumann*, GmbHR 1998, 397, 430; vgl. auch *Hageböke/Schmidt-Fehrenbacher*, in: FGS/BDI, UmwSt-Erlass 2011 Rn. 00.02; a.A. *Büchele*, DB 1997, 2337; *Niehus*, StuW 2017,28.

b) Anteilstausch

Wie die Einbringung im Sinne des § 20 UmwStG ist auch der Anteilstausch gem. § 21 UmwStG als veräußerungsbegründend wirkender tauschähnlicher Vorgang zu qualifizieren. „Werden Anteile an einer Kapitalgesellschaft oder einer Genossenschaft (erworbene Gesellschaft) in eine Kapitalgesellschaft oder Genossenschaft (übernehmende Gesellschaft) gegen Gewährung neuer Anteile an der übernehmenden Gesellschaft eingebracht", liegt nach § 21 Abs. 1 S. 1 UmwStG ein Anteilstausch vor. Zunächst legt schon der Begriff „Anteilstausch" sowie die wirtschaftliche Vergleichbarkeit das Verständnis als Realisationstatbestand nahe.[977] Zudem wird Vermögen, also die Anteile an einer Kapitalgesellschaft oder Genossenschaft, gegen Gegenleistung im Wege der Gewährung neuer Anteile an der übernehmenden Gesellschaft auf den übernehmenden Rechtsträger übertragen. Die Gewährung der Gegenleistung in Form von neuen Anteilen am übernehmenden Rechtsträger ändert am Entgeltcharakter der Gegenleistung nichts, sondern führt lediglich dazu, dass der Vorgang als tauschähnlicher Veräußerungsvorgang einzuordnen ist.[978]

c) Einbringung gem. § 24 UmwStG

Bei Einbringungsvorgängen im Sinne des § 24 UmwStG wird ein Betrieb oder Teilbetrieb oder ein Mitunternehmeranteil in eine Personengesellschaft eingebracht, während der Einbringende dabei Mitunternehmer der Personengesellschaft wird. Dementsprechend führen auch Einbringungsvorgänge im Sinne des § 24 UmwStG zu einem Vermögensübergang auf einen Dritten gegen Gewährung neuer Gesellschaftsrechte, so dass es sich dabei auch um einen veräußerungsbegründend wirkenden tauschähnlichen Vorgang handelt.[979] Sofern die Beteiligung verdeckt in

---

977 Vgl. *Kredig*, Besteuerung stiller Reserven, S. 174.

978 BFH 12.11.2008 – BStBl. II 2009, 831, 832; BFH 19.9.2002 – X R 51/98, BStBl. II 2003, 394, 396; ebenso *Lübbehüsen/Schüttle*, in: Haase/Hruschka, UmwStG, § 21 Rn. 22; *Schmitt*, in: Schmitt/Hörtnagl/Stratz, UmwStG, Vorbemerkungen zu §§ 20–23 Rn. 10; *Patt*, in: Dötsch/Patt/Pung/Möhlenbrock, UmwStR, Vor §§ 20–23 UmwStG Rn. 55; *Hageböke/Schmidt-Fehrenbacher*, in: FGS/BDI, UmwSt-Erlass 2011 Rn. 00.02; *Schmitt/Schloßmacher*, UmwStE Rn. 00.02.

979 Ständige Rechtsprechung: BFH 18.9.2013 – X R 42/10, BStBl. II 2016, 639, 643; BFH 12.10.2011 – VIII R 12/08, BStBl. II 2012, 381, 382 f.; BFH 20.9.2007 – IV R 70/05, BStBl. II 2008, 265, 266 f.; BFH 7.11.2006 – VIII R 13/04, BStBl. II 2008, 545, 548; BFH 21.6.1994 – VIII R 5/92, BStBl. II 1994, 856, 858; BFH 15.7.1976 – I R 17/74, BStBl. II 1976, 748, 749; OFD Rheinland, DB 2008, 265; OFD Frankfurt, DStR 2003, 2074; *Fuhrmann*, in: Widmann/Mayer, UmwR, § 24 UmwStG Rn. 1; *Jäschke*, in: Lademann, UmwStG, § 24 Rn. 4; *Nitzschke*, in: Blümich, UmwStG, § 24 Rn. 17; *Patt*, in: Dötsch/Patt/Pung/Möhlenbrock, UmwStR, § 24 UmwStG Rn. 5; *Rasche*, in: Rödder/Herlinghaus/van Lishaut, UmwStG, § 24 Rn. 7; *Schlößer/Schley*, in: Haritz/Menner, UmwStG, § 24 Rn. 14; *Schmitt*, in: Schmitt/Hörtnagl/Stratz, UmwStG, § 24 Rn. 1; *Hageböke/*

eine Personengesellschaft eingelegt wird, gilt es zu beachten, dass keine Veräußerung vorliegt.[980]

d) Zusammenfassung

Zusammenfassend kann im Hinblick auf Einbringungsvorgänge im Sinne der §§ 20 bis 23 und 24 UmwStG festgestellt werden, dass der Einbringungsgegenstand entgeltlich auf einen Dritten übertragen wird.[981] Dementsprechend sind Einbringungsvorgänge in diesem Sinne als veräußerungsbegründend wirkende täuschähnliche Vorgänge zu qualifizieren.

6. Zusammenfassung

Zusammenfassend ist zunächst festzuhalten, dass Umwandlungs- und Einbringungsvorgänge durch Übertragung ganzer betrieblicher Einheiten oder einzelner Wirtschaftsgüter entgegen der teilweise vertretenen Auffassung[982] nicht ausnahmslos als veräußerungsbegründend wirkende tauschähnliche Vorgänge eingeordnet werden können. Ein Veräußerungsvorgang im Sinne der allgemeinen steuerrechtlichen Grundsätze liegt nur dann vor, wenn die Tatbestandsmerkmale Übertragung eines Wirtschaftsguts auf einen Dritten im Sinne eines Wechsels des Steuersubjekts gegen Entgelt bzw. Gegenleistung erfüllt sind. Abweichend von Veräußerungsvorgängen, die auf einem schuldrechtlichen Kausalgeschäft basieren, führen Umwandlungs- und Einbringungsvorgänge im Sinne des Umwandlungssteuergesetzes auf gesellschaftsrechtlicher Basis teilweise zur Vermögensübertragung im Wege der Gesamtrechtsnachfolge sowie zur Gewährung von Gesellschaftsrechten als Gegenleistung im Rahmen der Entgeltlichkeit, die wiederum teilweise an die Anteilseigner der übertragenen Rechtsträger gewährt werden. Der (abstrakte) Charakter einer Umwandlung oder Einbringung als veräußerungsbegründend wirkender tauschähnlicher Vorgang ist grundsätzlich unabhängig von der Frage, ob diese Vorgänge für steuerliche Zwecke mit dem Ansatz zum Buchwert, zu einem Zwischenwert oder zum gemeinen Wert erfolgen.[983] Selbst Umwandlungs- und Einbringungsvorgänge im Wege der Buchwertfortführung führen nicht zur

---

Schmidt-Fehrenbacher, in: FGS/BDI, UmwSt-Erlass 2011 Rn. 00.02; *Schmitt/Schloßmacher*, UmwStE Rn. 00.02.

980 *Hageböke/Schmidt-Fehrenbacher*, in: FGS/BDI, UmwSt-Erlass 2011 Rn. 00.02; *Schmitt/Schloßmacher*, UmwStE Rn. 00.02; vgl. zur verdeckten Einlage auch BFH 7.4.2010 – I R 55/09, BStBl. II 2010, 1094, 1096; BFH 24.4.2007 – I R 35/05, BStBl. II 2008, 253.

981 Vgl. *Hageböke/Schmidt-Fehrenbacher*, in: FGS/BDI, UmwSt-Erlass 2011 Rn. 00.02.

982 BMF-Schreiben 11.11.2011, BStBl. I 2011, 1314, 1322.

983 So auch FG Hamburg 21.5.2015 – 2 K 12/13, EFG 2015, 1876, 1877 f.; vgl. auch *Kredig*, Besteuerung stiller Reserven, S. 291 f.

Unentgeltlichkeit.[984] Demnach sind Umwandlungs- und Einbringungsvorgänge im Sinne des Umwandlungssteuergesetzes als veräußerungsbegründend wirkende tauschähnliche Vorgänge[985] einzuordnen und daher vom Veräußerungsbegriff erfasst. Lediglich im Falle eines Anteilsgewährungsverbots gem. § 20 Abs. 1 Nr. 3 S. 1 Hs. 2, § 54 Abs. 1 S. 1 Nr. 1, § 68 Abs. 1 S. 1 Nr. 1 UmwG (insbesondere bei Aufwärtsverschmelzungen) sowie im Falle eines Anteilsgewährungsverzichts gem. § 54 Abs. 1 S. 3, § 68 Abs. 1 S. 3 UmwG (insbesondere bei Seitwärtsverschmelzungen und Spaltungsvorgängen) weichen die Umstrukturierungsvorgänge derart von den Merkmalen eines Veräußerungsvorgangs ab, dass diese nicht als veräußerungsbegründend wirkende tauschähnliche Vorgänge qualifiziert werden können. Darüber hinaus erfüllen weder homogene Formwechselvorgänge noch heterogene Formwechselvorgänge einer Kapitalgesellschaft in eine Personengesellschaft gem. § 9 UmwStG die Voraussetzungen eines veräußerungsbegründend wirkenden tauschähnlichen Vorgangs.[986]

III. Anschaffungsbegriff

Ähnlich wie auch beim Veräußerungsbegriff enthält das Steuerrecht keine Legaldefinition des Anschaffungsbegriffs. Mangels abweichender steuerrechtlicher Regelung kann der handelsrechtlich in § 255 Abs. 1 S. 1 HGB definierte Anschaffungskostenbegriff, wonach „Aufwendungen geleistet werden, um einen Vermögensgegenstand zu erwerben“, wodurch implizit ein Anschaffungsvorgang vorausgesetzt wird, auch im Kontext des Steuerrechts fruchtbar gemacht werden.[987] Entsprechend den Merkmalen des handelsrechtlichen Anschaffungsbegriffs ist auch für die steuerliche Anschaffung der Erwerb des Eigentums an dem

---

984 FG Hamburg 21.5.2015 – 2 K 12/13, EFG 2015, 1876, 1877 f.; vgl. auch *Schmitt*, in: Schmitt/Hörtnagl/Stratz, UmwStG, § 22 Rn. 28; *Graw*, Ubg 2009, 691; *Möhlenbrock*, FS Herzig, S. 775, 785.

985 Siehe zur Begründung eines Veräußerungsvorgangs durch tauschähnliche Vorgänge auch BFH 12.12.2012 – I R 28/11, BStBl. II 2017, 1265, 1269; BFH 25.07.2012 – I R 88/10, BStBl. II 2013, 94, 98; BFH 17.09.2003 – I R 97/02, BStBl. II 2004, 686; BFH 19.10.1998 – VIII R 69/95, BStBl. II 2000, 230, 232 f.; BFH 15.10.1997 – I R 22/96, BStBl. II 1998, 168; *Philipp*, Verschmelzung inländischer Kapitalgesellschaften, S. 33.

986 A.A. *Kredig*, Besteuerung stiller Reserven, S. 291, der – abgesehen vom homogenen Formwechsel – alle Umwandlungs- und Einbringungsvorgänge als tauschähnliche Vorgänge bezeichnet; so wohl auch *Haritz*, in: Haritz/Menner, UmwStG, B. Prinzipien der Bilanzierung bei Umwandlung Rn. 17; *Schönherr/Krüger*, DStR 2012, 829, 832.

987 Vgl. BFH 14.4.2011 – IV R 8/10, BStBl. II 2011, 709; BFH 20.7.2010 – IX R 4/10, BStBl. II 2011, 35; BFH 12.9.2001 – IX R 52/00, BStBl. II 2003, 574, 575; BFH 12.9.2001 – IX R 39/97, BStBl. II 2003, 569, 570 f.; BFH 17.10.2001 – I R 32/00, BStBl. II 2002, 349, 350; *Hennrichs*, in: Tipke/Lang, *Steuerrecht*, § 9 Rn. 232; *Schmidt/Hageböke*, DStR 2003, 1813, 1816; *Wendt*, Verhältnis von Entnahme/Einlage zur Anschaffung/Veräußerung, S. 17.

anzuschaffenden Wirtschaftsgut erforderlich, wobei diesbezüglich der Erwerb des wirtschaftlichen Eigentums genügt.[988]

Als weiteres Merkmal erfordert der handelsrechtliche Anschaffungsbegriff die Entgeltlichkeit des Eigentumserwerbs.[989] Ein unentgeltlicher Erwerb wird handelsrechtlich gerade nicht als Anschaffung im Sinne des § 255 Abs. 1 HGB behandelt.[990] Dies gilt ebenso auch im einkommensteuerrechtlichen Kontext.[991] Es kann nur das tatsächlich geleistete Entgelt für die Anschaffungskosten eines Wirtschaftsguts maßgebend sein, die bei wirtschaftlicher Betrachtung tatsächlich dessen Beschaffung zugeordnet werden können.[992] Hierfür bedarf es eines finalen Zusammenhangs zwischen der Aufwendung und dem Anschaffungsvorgang.[993]

IV. Umwandlungs- und Einbringungsvorgänge als Anschaffungsvorgänge

1. Anschaffungsvorgänge im Kontext des Umwandlungssteuergesetzes

Ebenso verallgemeinernd wie im Rahmen der Veräußerungsthese aufseiten des übertragenden Rechtsträgers vertritt die Finanzverwaltung aufseiten des übernehmenden Rechtsträgers die Auffassung, dass Umwandlungs- und Einbringungsvorgänge hinsichtlich des übertragenen Vermögens Anschaffungsvorgänge darstellen.[994] Auch wenn diese Auffassung in der Literatur überwiegend Zustimmung findet,[995] gilt es im Folgenden zu untersuchen, ob Umstrukturierungsvorgänge im Sinne des Umwandlungssteuergesetzes tatsächlich Anschaffungsvorgänge darstellen. Teilweise wird in der Literatur ein Anschaffungsvorgang im Zusammenhang mit Umstrukturierungsvorgängen des Umwandlungssteuergesetzes aus steuerrechtlicher Sicht mit der Begründung verneint, dass der übernehmende Rechtsträger im Wege der Gesamtrechtsnachfolge in die Rechtsstellung des übertragenden Rechtsträgers eintritt.[996]

---

988 *Wendt*, Verhältnis von Entnahme/Einlage zur Anschaffung/Veräußerung, S. 17.

989 *Wendt*, Verhältnis von Entnahme/Einlage zur Anschaffung/Veräußerung, S. 20.

990 *Wendt*, Verhältnis von Entnahme/Einlage zur Anschaffung/Veräußerung, S. 24.

991 *Wendt*, Verhältnis von Entnahme/Einlage zur Anschaffung/Veräußerung, S. 24.

992 *Hennrichs*, in: Tipke/Lang, Steuerrecht, § 9 Rn. 234.

993 BFH 20.4.2011 – I R 2/10, BStBl. II 2011, 761, 762; *Hennrichs*, in: Tipke/Lang, Steuerrecht, § 9 Rn. 234.

994 BMF-Schreiben 11.11.2011, BStBl. I 2011, 1314, 1322.

995 *Haase*, in: Haase/Hruschka, UmwStG, § 24 Rn. 45; *Pung/Werner*, in: Dötsch/Pung/Möhlenbrock, UmwStG, § 4 Rn. 21; *Schlößer/Schley*, in: Haritz/Menner, UmwStG, § 24 Rn. 14; vgl. hierzu im Zusammenhang mit Verschmelzungen, Spaltungen, heterogenen Formwechseln und Einbringungen auch *Haritz*, in: Haritz/Menner, UmwStG, B. Prinzipien der Bilanzierung bei Umwandlung Rn. 17.

996 *Bohnhardt*, in: Haritz/Menner, UmwStG, § 4 Rn. 140; *Schrameyer*, in: Lippross/Seibel, UmwStG, § 4 Rn. 3; *Sistermann*, in: Lüdicke/Sistermann, § 11 Rn. 327; so auch BFH 12.7.2012 – IV R 39/09, BStBl. II 2012, 788, 790 für den Formwechsel jedenfalls bzgl. des nicht wesentlich beteiligten Anteilseigners.

Während das Umwandlungssteuergesetz im Falle der Einbringung von Betriebsvermögen im Wege der Einzelrechtsnachfolge zum gemeinen Wert gem. § 23 Abs. 4 UmwStG von einem Anschaffungsvorgang ausgeht, lässt die pauschale Einordnung der Umwandlungs- und Einbringungsvorgänge als Anschaffungsvorgänge zumindest Zweifel zu.[997] Allein aus dem Vorliegen eines Veräußerungsvorgangs aufseiten des übertragenden Rechtsträgers lassen sich keine Rückschlüsse auf das Vorliegen eines Anschaffungsvorgangs aufseiten des übernehmenden Rechtsträgers ziehen, da mit Ausnahme von ausdrücklich abweichenden gesetzlichen Anordnungen – wie beispielsweise gem. § 20 Abs. 3 S. 1 UmwStG oder § 21 Abs. 2 S. 1 UmwStG – kein allgemeines steuerrechtliches Korrespondenzprinzip existiert.[998]

Bogenschütz vertritt die Auffassung, dass Umwandlungsvorgänge keine Veräußerungs- und Anschaffungsvorgänge darstellen können, soweit das Umwandlungssteuergesetz Umwandlungsvorgänge weiterhin als Gesamtrechtsnachfolgetatbestände einordnet.[999] *Widmann* verneint das Vorliegen eines Anschaffungsvorgangs mit der Begründung, dass es an einer dem § 5 Abs. 2 S. 1 UmwStG 1977 vergleichbaren Regelung fehlt.[1000] Der Einwand *Widmanns*, dass das Umwandlungssteuergesetz in der Fassung des SEStEG keine dem § 5 Abs. 2 S. 1 UmwStG 1977 vergleichbare Vorschrift enthält, steht der Annahme eines Anschaffungsvorgangs nicht entgegen.[1001] Die Fiktion eines Anschaffungsvorgangs im Sinne des § 5 Abs. 2 S. 1 UmwStG 1977 ist dann nicht erforderlich, wenn Umwandlungs- und Einbringungsvorgänge ohnehin die an einen Anschaffungsvorgang gestellten Anforderungen erfüllen. Überwiegend wird daher in Abkehr von den zuvor genannten Auffassungen ein Anschaffungsvorgang angenommen,[1002]

---

997 Ebenso *Schießl*, UmwStE Rn. 00.02.

998 *Hageböke*, Ubg 2011, 689, 690, 697; *Hageböke*, in: FGS/BDI, UmwSt-Erlass 2011 Rn. 00.02.

999 *Bogenschütz*, Ubg 2011, 393, 395, vgl. auch *Bohnhardt*, in: Haritz/Menner, UmwStG, § 4 Rn. 140; *Schnitter*, in: Frotscher/Drüen, UmwStG, § 4 Rn. 80 der grundsätzlich von einem Anschaffungsgeschäft ausgeht, jedoch in § 4 Abs. 2 und Abs. 3 UmwStG die Grundlage sieht, um ein steuerliches Anschaffungsgeschäft zu verneinen.

1000 *Widmann*, in: Widmann/Mayer, UmwR, § 4 UmwStG Rn. 838 f.

1001 *Pung*, in: Dötsch/Patt/Pung/Möhlenbrock, UmwStR, § 4 UmwStG Rn. 21; *Pung/Werner*, in: Dötsch/Patt/Pung, UmwStG, § 4 Rn. 21.

1002 Siehe zur allgemeinen Einordnung der Umstrukturierungsvorgänge des Umwandlungssteuergesetzes als Anschaffungsvorgang BMF-Schreiben 11.11.2011, BStBl. I 2011, 1314, 1322; *Pung*, in: Dötsch/Patt/Pung/Möhlenbrock, UmwStR, § 4 UmwStG Rn. 21; *Schmitt*, in: Schmitt/Hörtnagl/Stratz, UmwStG, § 4 Rn. 53; Bogenschütz, Ubg 2011, 393, 394; *Hageböke*, Ubg 2011, 689, 695 f.; *Riedel*, FR 2012, 1109, 1111; *Schönherr/Krüger*, DStR 2012, 829, 832; differenzierend *Schmitt/Schloßmacher*, UmwStE, S. 5 f.; *Hageböke/Schmidt-Fehrenbacher*, in: FGS/BDI, UmwSt-Erlass 2011 Rn. 00.02; vgl. auch *Hageböke*, Ubg 2009, 105, 108, Fn. 37; zur Verschmelzung *Staats*, in: Lademann, UmwStG, § 4 Rn. 6; *van Lishaut*, in: Rödder/Herlinghaus/van Lishaut, UmwStG, § 4 Rn. 48.

so dass der Grundsatz der erfolgsneutralen Behandlung von Anschaffungsvorgängen auch aufseiten des übernehmenden Rechtsträgers im Rahmen von Umstrukturierungen im Sinne des Umwandlungssteuergesetzes Anwendung findet. Nach den Vertretern dieser Auffassung ist aus der Perspektive des übernehmenden Rechtsträgers in Übereinstimmung mit der Rechtsprechung des Bundesfinanzhofs[1003] davon auszugehen, dass Umstrukturierungsvorgänge im Sinne des Umwandlungssteuergesetzes grundsätzlich Anschaffungsvorgänge[1004] darstellen. Bereits der Gesetzgeber des Umwandlungssteuergesetzes 1957 führte zum Anschaffungsvorgang aus, dass die Übertragung der Wirtschaftsgüter der Kapitalgesellschaft auf die übernehmende Personengesellschaft für diese eine Anschaffung bedeute.[1005] Gestützt wird die Sichtweise, dass Umstrukturierungen aus der Sicht des übernehmenden Rechtsträgers einen Anschaffungsvorgang darstellen, von § 24 UmwG, wonach aufseiten des übernehmenden Rechtsträgers zumindest handelsbilanziell eine Bilanzierung der Anschaffungskosten vorgesehen ist.[1006]

1003 Vgl. zur Verschmelzung BFH 23.1.2002 – XI R 48/99, BStBl. II 2002, 875, 876; zur Einbringung BFH 20.4.2011 – I R 2/10, BStBl. II 2011, 761, 762; BFH 24.4.2007 – I R 35/05, BStBl. II 2008, 253, 254 f.; BFH 17.09.2003 – I R 97/02, BStBl. II 2004, 686; BFH 19.10.1998 – VIII R 69/95, BStBl. II 2000, 230.

1004 In Ermangelung einer vom handelsrechtlichen Begriff der Anschaffungskosten abweichenden steuerrechtlichen Definition ist auch im Rahmen der steuerbilanziellen Beurteilung der handelsrechtliche Anschaffungsbegriff zugrunde zu legen (BFH 16.12.2009 – I R 102/08, BStBl. II 2011, 566). Dabei sind unter dem Begriff der „geleisteten Aufwendungen" im Sinne des § 255 Abs. 1 S. 1 HGB aus Sicht des übernehmenden Rechtsträgers nicht die Gesellschaftsrechte zu verstehen, welche im Zusammenhang mit der Umstrukturierung an die Anteilseigner des übertragenden Rechtsträgers gewährt werden, sondern die Hingabe der Einlageforderung gegen Empfang des Sachwerts (BFH 24.4.2007 – I R 35/05, BStBl. II 2008, 253, 254 f.; BFH 20.4.2011 – I R 2/10, BStBl. II 2011, 761, 762; BFH 19.10.1998 – VIII R 69/95, BStBl. II 2000, 230, 232; *Hageböke/Schmidt-Fehrenbacher*, in: FGS/BDI, UmwSt-Erlass 2011 Rn. 00.02). Die im Rahmen der Kapitalerhöhung an die Anteilseigner des übertragenden Rechtsträgers gewährten Gesellschaftsrechte können aus Sicht des übernehmenden Rechtsträgers nicht als Aufwendung eingeordnet werden, da diese nicht vom übernehmenden Rechtsträger aufgewendet werden, sondern originär in der Hand der Anteilseigner entstehen (*Hageböke*, Ubg 2011, 689, 695; *Hageböke*, in: FGS/BDI, UmwSt-Erlass 2011 Rn. 00.02).

1005 Vgl. hierzu in den Gesetzgebungsmaterialien, wonach die Übertragung der Wirtschaftsgüter der Kapitalgesellschaft auf die übernehmende Personengesellschaft für diese eine Anschaffung bedeutet; siehe hierzu BT-Drs. 2/3497, S. 13.

1006 *Schmitt*, in: Schmitt/Hörtnagl/Stratz, UmwStG, § 4 Rn. 53; *Staats*, in: Lademann, UmwStG, § 4 Rn. 6; vgl. auch *van Lishaut*, in: Rödder/Herlinghaus/van Lishaut, UmwStG, § 4 Rn. 48.

Der Anschaffungsthese der Finanzverwaltung liegen zwei Entscheidungen des Bundesfinanzhofs zugrunde, wonach Verschmelzungsvorgänge tauschähnliche Anschaffungsvorgänge im Sinne des § 255 Abs. 1 S. 1 HGB darstellen.[1007] Mangels abweichender steuerrechtlicher Regelung kann der handelsrechtlich in § 255 Abs. 1 S. 1 HGB definierte Anschaffungskostenbegriff, der implizit einen Anschaffungsvorgang vorausgesetzt, auch im Kontext des Steuerrechts fruchtbar gemacht werden.[1008] Bei Umwandlungsvorgängen gelten neben dem Wahlrecht zur Buchwertfortführung gem. § 24 UmwG die allgemeinen Vorschriften im Sinne der § 253 Abs. 1, § 255 Abs. 1 HGB.[1009] Mit Blick auf das Begriffsverständnis des Anschaffungsvorgangs ist zunächst festzustellen, dass durch Umstrukturierungsvorgänge im Sinne des Umwandlungssteuergesetzes Betriebsvermögen auf den übernehmenden Rechtsträger übergeht.[1010]

Weiter gilt hinsichtlich der Anschaffungskosten das Prinzip der Maßgeblichkeit der Gegenleistung.[1011] Es kann nur das tatsächlich geleistete Entgelt für die Anschaffungskosten eines Wirtschaftsguts maßgebend sein, die bei wirtschaftlicher Betrachtung tatsächlich dessen Beschaffung zugeordnet werden können.[1012] Hierfür bedarf es eines finalen Zusammenhangs zwischen der Aufwendung und dem Anschaffungsvorgang.[1013] Nach Unklarheiten, ob die Gewährung neuer Gesellschaftsrechte an die Anteilseigner als geleistete Aufwendungen des übernehmenden Rechtsträgers einzuordnen sind, konkretisierte der Bundesfinanzhof das Merkmal dahingehend, dass für die Verwirklichung des Merkmals „geleistete

---

1007 BFH 17.9.2003 – I R 97/02, BStBl. II 2004, 686, 687; siehe auch BFH 15.10.1997 – I R 22/96, BStBl. II 1998, 168, wonach eine umwandlungsbedingte Grunderwerbsteuer aktivierungspflichtige Anschaffungskosten des übernehmenden Rechtsträgers darstellen.

1008 Vgl. BFH 14.4.2011 – IV R 8/10, BStBl. II 2011, 709; BFH 20.7.2010 – IX R 4/10, BStBl. II 2011, 35; BFH 12.9.2001 – IX R 52/00, BStBl. II 2003, 574, 575; BFH 12.9.2001 – IX R 39/97, BStBl. II 2003, 569; BFH 17.10.2001 – I R 32/00, BStBl. II 2002, 349, 350; *Hennrichs*, in: Tipke/Lang, Steuerrecht, § 9 Rn. 232; *Schmidt/Hageböke*, DStR 2003, 1813, 1816.

1009 *Merkt*, in: Baumbach/Hopt, HGB, § 255 Rn. 11.

1010 Siehe zur Vermögensübertragung durch Umstrukturierungsvorgänge im Sinne des Umwandlungssteuergesetzes im Zusammenhang mit Veräußerungsvorgängen 2. Kapitel C II 3.

1011 *Kleindiek*, in: Staub, HGB, § 255 Rn 7; *Tiedchen*, in: MüKoBilanzR, § 255 HGB Rn. 13; *Hennrichs*, in: Tipke/Lang, Steuerrecht, § 9 Rn. 234; *Kahle/Heinstein*, in: HdJ, Abt II/2 Rn. 71; *Kahle/Hiller*, DStZ 2013, 462, 465; *dies.*, WPg 2013, 403, 405; *Meyering*, StuW 2009, 42, 44; *Wohlgemuth*, in: HdJ, Abt I/9 Rn 19; *Wohlgemuth/Radde*, WPg 2000, 903, 904.

1012 *Hennrichs*, in: Tipke/Lang, Steuerrecht, § 9 Rn. 234; a.A. *Riedel*, Umwandlungssteuerrecht, S. 47, wonach das Kriterium der Entgeltlichkeit für die Anschaffung nicht ausschlaggebend, sondern nur für den Ansatz des angeschafften Wirtschaftsgutes der Höhe nach von Bedeutung ist.

1013 BFH 20.4.2011 – I R 2/10, BStBl. II 2011, 761, 762; *Hennrichs*, in: Tipke/Lang, Steuerrecht, § 9 Rn. 234.

Aufwendungen" die Hingabe einer Einlageforderung durch den übernehmenden Rechtsträgers erforderlich ist.[1014] Die Abkehr davon, in der Gewährung von Gesellschaftsrechten eine geleistete Aufwendung zu sehen, ist damit zu begründen, dass aus der Perspektive des übernehmenden Rechtsträgers die Gesellschaftsrechte, die an die Anteilseigner des übertragenden Rechtsträgers gewährt werden, nicht aus dem Vermögen des übernehmenden Rechtsträgers aufgewendet werden, sondern die Gesellschaftsrechte vielmehr erst durch die Kapitalerhöhung beim Anteilseigner entstehen.[1015] Demnach ist für die Frage der Einordnung eines Umstrukturierungsvorgangs im Sinne des Umwandlungssteuergesetzes als Anschaffungsvorgang nicht entscheidend, ob gegen Empfang einer Sachleistung Gesellschaftsrechte gewährt werden, sondern ob hierfür eine Einlageforderung hingegeben wird.[1016]

2. Hingabe einer Einlageforderung als Gegenleistung

Fraglich ist allerdings, ob und mit welchen Umstrukturierungsvorgängen nach dem Umwandlungssteuergesetz eine Hingabe einer Einlageforderung einhergeht. Zumindest in den Fällen der Spaltung und der Verschmelzung werden grundsätzlich Einlageforderungen gegen den Empfang eines Sachwerts hingegeben.[1017] Fraglich ist dies allerdings im Falle des Verzichts auf die Anteilsgewährung bei Verschmelzungsvorgängen sowie im Falle eines Formwechsels. Teilweise wird vertreten, dass es im Falle eines Anteilsgewährungsverzichts gem. § 54 Abs. 1 S. 3, § 68 Abs. 1 S. 3 UmwG an einer Kapitalerhöhung fehle, weshalb mangels

---

1014 BFH 12.12.2012 – I R 28/11, BStBl. II 2017, 1265, 1269; BFH 20.4.2011 – I R 2/10, BStBl. II 2011, 761, 762; BFH 24.4.2007 – I R 35/05, BStBl. II 2008, 253, 254 f.; BFH 19.10.1998 – VIII R 69/95, BStBl. II 2000, 230, 232; ebenso *Haritz*, in: Haritz/Menner, UmwStG, Einführung, B. Prinzipien der Bilanzierung bei Umwandlung Rn. 17; allgemein auch *Groh*, DB 1997, 1683, 1684 f.; im Hinblick auf Verschmelzungsvorgänge auch *Brinkmann*, in: Schneider/Ruoff/Sistermann Rn. 0.7; vgl. auch *Hageböke*, Ubg 2011, 689, 695; *Hageböke/Schmidt-Fehrenbacher*, in: FGS/BDI, UmwSt-Erlass 2011 Rn. 00.02.

1015 Vgl. *Hageböke*, Ubg 2011, 689, 695; *Hageböke/Schmidt-Fehrenbacher*, in: FGS/BDI, UmwSt-Erlass 2011 Rn. 00.02; *Schmidt/Hageböke*, DStR 2003, 1813, 1816; *Müller*, in: Herzig, Steuerorientierte Umstrukturierung von Unternehmen, S. 139, 149.

1016 Vgl. BFH 12.12.2012 – I R 28/11, BStBl. II 2017, 1265, 1269; BFH 20.4.2011 – I R 2/10, BStBl. II 2011, 761, 762; BFH 24.4.2007 – I R 35/05, BStBl. II 2008, 253, 254 f.; BFH 19.10.1998 – VIII R 69/95, BStBl. II 2000, 230, 232; so auch *Brinkmann*, in: Schneider/Ruoff/Sistermann Rn. 0.7; *Hageböke*, Ubg 2011, 689, 695; *Hageböke/Schmidt-Fehrenbacher*, in: FGS/BDI, UmwSt-Erlass 2011 Rn. 00.02.

1017 Siehe zur Einbringung BFH 24.4.2007 – I R 35/05, BStBl. II 2008, 253, 254 f.; BFH 20.4.2011 – I R 2/10, BStBl. II 2011, 761, 762; BFH 19.10.1998 – VIII R 69/95 BStBl. II 2000, 230, 232; *Hageböke/Schmidt-Fehrenbacher*, in: FGS/BDI, UmwSt-Erlass 2011 Rn. 00.02; vgl. ebenso *Behrens*, in: Haritz/Menner, UmwStG, § 21 Rn. 113; *Gosch*, BFH/PR 2004, 65.

Gegenleistung eine verdeckte Einlage in den übernehmenden Rechtsträger vorliege.[1018] Der Verschmelzungsvertrag begründet allerdings dennoch eine Einlageforderung des übernehmenden Rechtsträgers gegen die Anteilseigner. Im Rahmen des Verschmelzungsvorgangs wird ebendiese Einlageforderung im Gegenzug gegen den Erhalt der im Wege der Verschmelzung übertragenen Wirtschaftsgüter hingegeben, so dass auch im Falle eines Anteilsgewährungsverzichts aufseiten des übernehmenden Rechtsträgers ein Anschaffungsvorgang vorliegt.[1019]

Bei Formwechselvorgängen einer Personengesellschaft in eine Kapitalgesellschaft und umgekehrt wird von den §§ 9 und 25 UmwStG für steuerliche Zwecke aufgrund des unterschiedlichen Besteuerungskonzepts lediglich eine Vermögensübertragung fingiert.[1020] Dies ändert jedoch nichts am identitätswahrenden Charakter des Formwechsels; es bleibt vielmehr die Identität des Rechtsträgers und auch die Identität der Beteiligung gewahrt.[1021] Eine Einlageforderung wird durch den formwechselnden Rechtsträger nicht aufgewendet, um das als übertragen fingierte Vermögen zu erlangen.[1022] Dementsprechend liegt keine geleistete Aufwendung vor, so dass eine Einordnung des Formwechsels als Anschaffungsvorgang ausscheidet.[1023]

3. *Anschaffungsvorgang trotz steuerlicher Rechtsnachfolge*

Teilweise wird in der Literatur vertreten, dass einem Anschaffungsvorgang der Vermögensübergang auf den übernehmenden Rechtsträger im Wege der Gesamtrechtsnachfolge entgegensteht.[1024] Begründet wird dies mit § 4 Abs. 2 S. 1 UmwStG,

---

1018 *Hageböke*, Ubg 2011, 689, 695; *Hageböke/Schmidt-Fehrenbacher*, in: FGS/BDI, UmwSt-Erlass 2011 Rn. 00.02.

1019 *Brinkmann*, in: Schneider/Ruoff/Sistermann Rn. 0.7.

1020 Siehe 2. Kapitel C II 4 a.

1021 *Schießl*, in: Widmann/Mayer, UmwR, § 15 UmwStG Rn. 375; vgl. auch *Schell/Krohn*, DB 2012, 1057, 1060, insbesondere Fn. 34.

1022 *Brinkmann*, in: Schneider/Ruoff/Sistermann Rn. 0.11 f.; siehe zum Formwechsel einer Kapitalgesellschaft in eine Personengesellschaft auch *Schmitt*, in: Schmitt/Hörtnagl/Stratz, UmwStG, § 22 Rn. 41; siehe zum Formwechsel einer Personengesellschaft in eine Kapitalgesellschaft auch *Schmitt*, in: Schmitt/Hörtnagl/Stratz, UmwStG, § 22 Rn. 46; ebenso *Haritz*, in: Haritz/Menner, UmwStG, B. Prinzipien der Bilanzierung bei Umwandlung Rn. 17, der ausführt, dass im Falle des rechtsformkreuzenden Formwechsels der Anschaffungsvorgang und damit auch die Frage nach Anschaffungskosten sich bereits aus der steuerlichen Fiktion des Veräußerungsvorgangs, der insoweit eine Anschaffung indiziere, ergebe.

1023 Vgl. auch *Brinkmann*, in: Schneider/Ruoff/Sistermann Rn. 0.11 f.; mit Zweifeln auch *Schell/Krohn*, DB 2012, 1057, 1060; a.A. BMF-Schreiben 11.11.2011, BStBl. I 2011, 1314, 1322; *Haritz*, in: Haritz/Menner, UmwStG, B. Prinzipien der Bilanzierung bei Umwandlung Rn. 18; *Horst*, FR 2015, 824, 830; *Riedel*, Umwandlungssteuerrecht, S. 159.

1024 *Bohnhardt*, in: Haritz/Menner, UmwStG, § 4 Rn. 140; *Bogenschütz*, Ubg 2011, 393, 395.

der auch im Steuerrecht in klarstellender und generalisierender Weise den Eintritt des übernehmenden Rechtsträgers in die steuerliche Rechtsstellung des übertragenden Rechtsträgers anordne,[1025] so dass aus steuerlicher Perspektive kein Anschaffungsgeschäft vorliege.[1026] *Schmitt* vertritt dem widersprechend die Auffassung, dass § 4 Abs. 2 und 3 UmwStG zwar zu erheblichen Einschränkungen der sich aus einem Anschaffungsgeschäft ergebenden steuerlichen Folgen führt, geht aber dennoch von einem Anschaffungsvorgang aus.[1027]

Sowohl die zivilrechtliche Gesamtrechtsnachfolge als auch der Eintritt in die steuerliche Rechtsstellung[1028] des übertragenden Rechtsträgers stehen der Einordnung von Umstrukturierungsvorgängen aus Sicht des übernehmenden Rechtsträgers als Anschaffungsvorgang nicht entgegen.[1029] Der Eintritt der Gesamtrechtsnachfolge und die Annahme eines Anschaffungsgeschäfts sind grundsätzlich auseinander zu halten und schließen sich gegenseitig nicht aus.[1030] Zunächst ist anzumerken, dass die steuerrechtliche Betrachtung eines Umwandlungsvorgangs weitestgehend unabhängig vom Zivilrecht ist.[1031] Die zivilrechtliche Motive oder Rechtsgründe sind im Rahmen der ertragsteuerlichen Einordnung eines Steuertatbestands regelmäßig unbeachtlich.[1032]

1025 *Bohnhardt*, in: Haritz/Menner, UmwStG, § 4 Rn. 140; *Damas*, DStZ 2007, 129, 131.

1026 *Bohnhardt*, in: Haritz/Menner, UmwStG, § 4 Rn. 140; *Schrameyer*, in: Lippross, UmwStG, § 4 Rn. 3; *Sistermann*, in: Lüdicke/Sistermann, § 12 Rn. 346.

1027 *Schmitt*, in: Schmitt/Hörtnagl/Stratz, UmwStG, § 4 Rn. 53 f.; vgl. auch *Schnitter*, in: Frotscher/Drüen, UmwStG, § 4 Rn. 80.

1028 Siehe hierzu 2. Kapitel B III.

1029 *Schmitt*, in: Schmitt/Hörtnagl/Stratz, UmwStG, § 4 Rn. 54; § 12 Rn. 67; *Staats*, in: Lademann, UmwStG, § 4 Rn. 6; *van Lishaut*, in: Rödder/Herlinghaus/van Lishaut, UmwStG, § 4 Rn. 48, Fn. 3; *Kredig*, Besteuerung stiller Reserven, S. 284; *Riedel*, Umwandlungssteuerrecht, S. 49; ähnlich auch *Pung*, in: Dötsch/Patt/Pung/Möhlenbrock, UmwStR, § 4 UmwStG Rn. 21; a.A. *Bohnhardt*, in: Haritz/Menner, UmwStG, § 4 Rn. 140.

1030 BFH 17.9.2003 – I R 97/02, BStBl. II 2004, 686, 687; *Pung*, in: Dötsch/Patt/Pung/Möhlenbrock, UmwR, § 4 UmwStG Rn. 21; *Pung/Werner*, in: Dötsch/Pung/Möhlenbrock, UmwStG, § 4 Rn. 21; *Schmitt*, in: Schmitt/Hörtnagl/Stratz, UmwStG, § 4 Rn. 53 f.; *Staats*, in: Lademann, UmwStG, § 4 Rn. 6 Rn. 51; *van Lishaut*, in: Rödder/Herlinghaus/van Lishaut, UmwStG, § 4 Rn. 48; im Ergebnis einen Anschaffungsvorgang bejahend auch BT-Drs. 2/3497, S. 13; BFH 23.1.2002 – XI R 48/99, BStBl. II 2002, 875, 876; BMF-Schreiben 11.11.2011, BStBl. I 2011, 1314, 1322; *Hageböke*, Ubg 2011, 689, 695 f.; *Hahn*, DStZ 1998, 561, 565; *Jacobsen*, FR 2011, 973, 974 ff.; *Schimmele*, GmbH-StB 2008, 131; *Stimpel*, GmbHR 2012, 123, 128; *Teiche*, DStR 2008, 1757, 1759. Nach anderer Ansicht geht kann aufgrund des Eintritts in die steuerliche Rechtstellung kein Anschaffungsvorgang vorliegen: *Schrameyer*, in: Lippross, UmwStG, § 4 Rn. 3; im Ergebnis einen Anschaffungsvorgang verneinend *Widmann*, in: Widmann/Mayer, UmwR, § 4 UmwStG Rn. 838, 839, 860, 865; *Bogenschütz*, Ubg 2011, 393, 395.

1031 *Riedel*, Umwandlungssteuerrecht, S. 51.

1032 *Riedel*, Umwandlungssteuerrecht, S. 51.

Anknüpfend an die vorausgehenden Ausführungen, wonach Umstrukturierungsvorgänge im Sinne des Umwandlungssteuergesetzes – mit Ausnahme des Formwechsels – Anschaffungsvorgänge darstellen, steht auch der Vermögensübergang durch Gesamtrechtsnachfolge nicht entgegen.[1033] Die Rechte und Pflichten gehen zwar unmittelbar im Wege der Gesamtrechtsnachfolge als Verfügung im rechtstechnischen Sinne auf den übernehmenden Rechtsträger über, allerdings ist eine Verfügung in diesem Sinne abstrakt, also unabhängig von der schuldrechtlichen Vereinbarung.[1034] Da eine Verfügung weder entgeltlich noch unentgeltlich ist, ist die Auffassung der Vertreter, die aus der Verfügung im Wege der Gesamtrechtsnachfolge folgern, dass auf Grundlage dessen kein Anschaffungsgeschäft vorliegt, abzulehnen.[1035] Vielmehr sind die Vermögensübertragung im Wege der Gesamtrechtsnachfolge und die Annahme eines Anschaffungsvorgangs auseinanderzuhalten und führen nicht zu einem gegenseitigen Ausschluss.[1036] Umwandlungs- oder Einbringungsvorgänge erfolgen überwiegend gegen Hingabe einer Gegenleistung,[1037] so dass steuerrechtlich ein Anschaffungsvorgang vorliegt. Zu berücksichtigen ist allerdings, dass die steuerrechtlichen Konsequenzen, die sich aus dem entgeltlichen Vorgang ergeben, durch § 4 Abs. 2, 3, § 12 Abs. 2, 3 sowie § 23 Abs. 1 und 4 UmwStG[1038] erheblich im Umfang eingeschränkt

---

1033 Vgl. *Pung/Werner*, in: Dötsch/Pung/Möhlenbrock, UmwStG, § 4 Rn. 21; *Staats*, in: Lademann, UmwStG, § 4 Rn. 6.

1034 *Schmitt*, in: Schmitt/Hörtnagl/Stratz, UmwStG, § 4 Rn. 53; *Staats*, in: Lademann, UmwStG, § 4 Rn. 6; *Hahn*, DStZ 1998, 561, 565; vgl. auch BFH 17.9.2003 – I R 97/02, BStBl. II 2004, 686, 687.

1035 *Schmitt*, in: Schmitt/Hörtnagl/Stratz, UmwStG, § 4 Rn. 53; *Hahn*, DStZ 1998, 561, 565; im Ergebnis auch BFH 17.9.2003 – I R 97/02, BStBl. II 2004, 686, 687.

1036 BFH 17.9.2003 – I R 97/02, BStBl. II 2004, 686, 687; *Pung/Werner*, in: Dötsch/Pung/Möhlenbrock, UmwStG, § 4 Rn. 21; *Schmitt*, in: Schmitt/Hörtnagl/Stratz, UmwStG, § 4 Rn. 53; *Staats*, in: Lademann, UmwStG, § 4 Rn. 6; *Hahn*, DStZ 1998, 561, 565; *Knüppel*, Bilanzierung von Verschmelzungen nach Handelsrecht, Steuerrecht und IFRS, S. 78.

1037 Siehe zur Hingabe einer Gegenleistung 2. Kapitel C IV 2.

1038 Zwar enthält der Einbringungsteil des Umwandlungssteuergesetzes in § 23 UmwStG anders als der zweite Teil des Umwandlungssteuergesetzes (vgl. hierzu § 4 Abs. 2 S. 2 UmwStG (i.V.m. § 12 Abs. 3 Hs. 2 UmwStG)) keine ausdrückliche Regelung, nach der laufende Verluste sowie verbleibende Verlustvorträge entgegen der steuerrechtlichen Rechtsnachfolge anlässlich des Einbringungsvorgangs nicht übergehen sollen. Nichtsdestotrotz gehen laufende Verluste des einbringenden Rechtsträgers bis zum steuerlichen Einbringungsstichtag sowie Verlustvorträge unbeschadet der Beachtung der steuerlichen Rechtsnachfolge des übernehmenden Rechtsträgers im Sinne der §§ 23 Abs. 3 S. 1 i.V.m. § 12 Abs. 3 Hs. 1 UmwStG nicht über (*Schmitt*, in: Schmitt/Hörtnagl/Stratz, UmwStG, § 23 Rn. 18; *Ritzer*, in: Herrmann/Heuer/Raupach, UmwStG, § 23 Rn. 37; *Patt*, in: Dötsch/Pung/Möhlenbrock, UmwStG, § 23 Rn. 37; *Bilitewski*, in: Haritz/Menner, UmwStG, § 23 Rn. 50; *Biesold*, in: Haase/Hruschka, UmwStG, § 23 Rn. 28; *Patt*, in: Dötsch/Patt/Pung/Möhlenbrock,

werden.[1039] Trotz Anschaffung tritt der übernehmende Rechtsträger auf Grundlage der ausdrücklich im Umwandlungssteuergesetz angeordneten steuerlichen Rechtsnachfolge[1040] in die steuerliche Rechtsstellung des übertragenden Rechtsträgers ein. Bilanzsteuerlich wird der Anschaffungsvorgang durch den kraft gesetzlicher Sonderregelung angeordneten Eintritt in die steuerliche Rechtsstellung des übertragenden Rechtsnachfolgers verdrängt.[1041]

4. Zusammenfassung

Zusammenfassend ist festzustellen, dass es sich bei Umstrukturierungsvorgängen im Sinne des Umwandlungssteuergesetzes aus der Perspektive des übernehmenden Rechtsträgers grundsätzlich um Anschaffungsvorgänge handelt. Allerdings sind Umstrukturierungsvorgänge im Sinne des Umwandlungssteuergesetzes nur dann als Anschaffungsvorgänge einzuordnen, wenn eine Einlageforderung als Anschaffungskosten gegen den Empfang des Sachwerts hingegeben wird. Eine solche Hingabe der Einlageforderung liegt allerdings in den Fällen des Formwechsels nicht vor, so dass insoweit eine Behandlung als Anschaffungsvorgang ausscheidet. Die sich normalerweise aus einem Anschaffungsvorgang ergebenden steuerrechtlichen Folgen unterliegen durch die im Umwandlungssteuergesetz angeordnete steuerliche Rechtsnachfolge gem. § 4 Abs. 2, 3, § 12 Abs. 2, 3 sowie § 23 Abs. 1 und 4 UmwStG erheblichen Einschränkungen.[1042]

UmwStR, § 23 UmwStG Rn. 37; BMF-Schreiben 11.11.2011, BStBl. I 2011, 1314 Rn. 23.02; *Mitsch*, INF 2007, 225, 229).

1039 *Pung/Werner*, in: Dötsch/Pung/Möhlenbrock, UmwStG, § 4 Rn. 21; *Schmitt*, in: Schmitt/Hörtnagl/Stratz, UmwStG, § 4 Rn. 54; vgl. auch *Knüppel*, Bilanzierung von Verschmelzungen nach Handelsrecht, Steuerrecht und IFRS, S. 79; im Grundsatz auch *Schnitter*, in: Frotscher/Drüen, UmwStG, § 4 Rn. 80.

1040 Siehe hierzu 2. Kapitel B III.

1041 *Schmitt*, in: Schmitt/Hörtnagl/Stratz, UmwStG, § 4 Rn. 53 ff.; § 12 Rn. 68; *Widmann*, in: Widmann/Mayer, UmwR, § 4 UmwStG Rn. 863; *Knüppel*, Bilanzierung von Verschmelzungen nach Handelsrecht, Steuerrecht und IFRS, S. 79.

1042 Vgl. *Pung*, in: Dötsch/Patt/Pung/Möhlenbrock, UmwStR, § 4 UmwStG Rn. 21; *Pung/Werner*, in: Dötsch/Pung/Möhlenbrock, UmwStG, § 4 Rn. 21; *Schmitt*, in: Schmitt/Hörtnagl/Stratz, UmwStG, § 4 Rn. 54; *Knüppel*, Bilanzierung von Verschmelzungen nach Handelsrecht, Steuerrecht und IFRS, S. 79; so wohl auch die Auffassung der Finanzverwaltung, die im Grundsatz gem. Rn. 00.02 des Umwandlungssteuererlass 2011 (BMF-Schreiben 11.11.2011, BStBl. I 2011, 1314, 1322) von einem Anschaffungsvorgang ausgeht, hingegen von einer begünstigten Anschaffung im Sinne des § 6b EStG absieht; ebenso *Pung*, in: Dötsch/Patt/Pung/Möhlenbrock, UmwStR, § 4 UmwStG Rn. 21; *Pung/Werner*, in: Dötsch/Pung/Möhlenbrock, UmwStG, § 4 Rn. 21.

D. Umwandlungssteuerrechtliche Behandlung von Umstrukturierungen im Umwandlungsteil

Grundsätzlich bildet das Umwandlungssteuergesetz für die einbezogenen Umstrukturierungsvorgänge „einen eigenständigen und sondergesetzlichen Rechtskreis [...], welcher den allgemeinen Gewinnermittlungsvorschriften abschließend vorgeht".[1043] Seit Einführung der Vorschriften §§ 4f, 5 Abs. 7 EStG besteht aufgrund der Gesetzgebungsmaterialien, wonach diese Vorschriften auch auf Umwandlungsvorgänge nach dem Umwandlungssteuergesetz Anwendung finden sollen, ein Spannungsverhältnis zum Umwandlungssteuerrecht.[1044] Insoweit könnte zwischen den Vorschriften §§ 4f, 5 Abs. 7 EStG und den Vorschriften des Umwandlungssteuergesetzes ein Konkurrenzproblem bestehen.[1045] Bevor im 3. Kapitel der Untersuchung der Vorrang des Umwandlungssteuergesetzes vor den Vorschriften des Einkommensteuergesetzes begründet wird,[1046] bildet im Folgenden die Frage der bilanziellen Abbildung stiller Lasten im Rahmen eines Umstrukturierungsvorgangs im Sinne des Umwandlungsteils nach Maßgabe des Umwandlungssteuergesetzes den Kern der Untersuchung. Dabei wird zunächst die umwandlungssteuerrechtliche Behandlung der Umstrukturierungsvorgänge aufseiten des übertragenden Rechtsträgers untersucht. In einem weiteren Schritt steht daraufhin die umwandlungssteuerrechtliche Behandlung des jeweiligen Umstrukturierungsvorgangs aufseiten des übernehmenden Rechtsträgers im Fokus der Bearbeitung. Im Rahmen der bilanziellen Abbildung stiller Lasten in der steuerlichen Schlussbilanz gilt es zu berücksichtigen, dass es sich bei Umwandlungs- und Einbringungsvorgängen grundsätzlich um Veräußerungs- und Anschaffungsvorgänge handelt,[1047] die zur Realisation stiller Lasten und stiller Reserven führen.

1043 BFH 21.2.2018 – I R 46/16, BFH/NV 2018, 893, 895; BFH 17.1.2018 – I R 27/16, BStBl. II 2018, 449, 450 f.; BFH 9.1.2013 – I R 24/12, BStBl. II 2018, 509, 511; siehe hierzu ausführlich 3. Kapitel B I.

1044 Vgl. hierzu BT-Drs. 18/68 (neu), S. 73; BR-Drs. 740/13 (B), S. 116.

1045 Siehe zur Verhältnisbestimmung zwischen Umwandlungssteuergesetz und Einkommensteuergesetz 3. Kapitel B; siehe zur Verhältnisbestimmung des § 4f EStG zum Umwandlungssteuergesetz im Konkreten 3. Kapitel C I; siehe zur Verhältnisbestimmung des § 5 Abs. 7 EStG zu den umwandlungssteuerrechtlichen Vorschriften 3. Kapitel D I.

1046 3. Kapitel B.

1047 Siehe hierzu 2. Kapitel C.

I. Umwandlungssteuerrechtliche Behandlung von Umstrukturierungsvorgängen beim übertragenden Rechtsträger

Der Umwandlungsteil des Umwandlungssteuergesetzes enthält fünf unterschiedliche Fallgruppen. Liegt eine Verschmelzung auf eine Personengesellschaft (§§ 3–8 UmwStG), ein Formwechsel einer Kapitalgesellschaft in eine Personengesellschaft (§ 9 UmwStG), eine Verschmelzung oder Vermögensübertragung (Vollübertragung) auf eine andere Körperschaft (§§ 11 ff. UmwStG), eine Auf- und Abspaltung und Vermögensübertragung (Teilübertragung) auf eine andere Körperschaft (§ 15 UmwStG) oder eine Auf- und Abspaltung auf eine Personengesellschaft (§ 16 UmwStG) vor, ist die umwandlungssteuerrechtliche Behandlung von Umwandlungsvorgängen aufseiten des übertragenden Rechtsträgers für die Frage der Anwendbarkeit des § 4f EStG von besonderer Bedeutung. Daher wird der Fokus der Bearbeitung im Folgenden auf die bilanzielle Abbildung stiller Lasten in der steuerlichen Schlussbilanz gelegt.

1. Bilanzielle Abbildung stiller Lasten in der steuerlichen Schlussbilanz

Im Folgenden wird zunächst der Meinungsstand zur Frage dargestellt, wie auf steuerliche Aktivierungs- und Passivierungsbeschränkungen zurückgehende stille Lasten in der steuerlichen Schlussbilanz im umwandlungssteuerrechtlichen Sinne zu berücksichtigen sind.

Einigkeit zwischen den unterschiedlichen Auffassungen besteht grundsätzlich darin, dass stille Lasten im Rahmen eines Umstrukturierungsvorgangs zur Minderung des Werts des übergehenden Betriebsvermögens führen und daher zu berücksichtigen sind.[1048] Eine Versagung der Berücksichtigung stiller Lasten habe eine nicht zu rechtfertigende Besteuerung stiller Reserven zur Folge, die bei einer tatsächlichen Veräußerung des Betriebs nicht eintrete.[1049] Umstritten war und ist allerdings die Frage, in welcher Art und Weise die stillen Lasten in der steuerlichen Schlussbilanz des übertragenden Rechtsträgers zu berücksichtigen sind.

1048 Vgl. *Birkemeier*, in: Rödder/Herlinghaus/van Lishaut, UmwStG, § 3 Rn. 59; *Dötsch*, in: Dötsch/Patt/Pung/Möhlenbrock, in: UmwStR, § 11 UmwStG Rn. 23; *Schmitt*, in: Schmitt/Hörtnagl/Stratz, UmwStG, § 3 Rn. 33; *Schnitter*, in: Frotscher/Maas, UmwStG, § 3 Rn. 87 f.; *Widmann*, in: Widmann/Mayer, UmwStR, § 20 UmwStG Rn. R 667; wohl auch *Philipp*, Verschmelzung inländischer Kapitalgesellschaften, S. 259 f.

1049 *Dötsch,* in: Dötsch/Pung/Möhlenbrock, UmwStG, § 11 Rn. 24; *ders.*, in: Dötsch/Patt/Pung/Möhlenbrock, UmwStR, § 11 UmwStG Rn. 23; *Möhlenbrock/Pung*, in: Dötsch/Pung/Möhlenbrock, UmwStG, § 3 Rn. 37; *Schießl*, in: Widmann/Mayer, UmwStR, § 11 UmwStG Rn. 14.23; *Lemaitre/Schönherr*, GmbHR 2007, 173, 175; *Ley/Bodden*, FR 2007, 265, 269; *Rödder/Schumacher*, DStR 2006, 1481, 1485.

Nach der in der Finanzverwaltung[1050] und teilweise in der Literatur vertretenen Auffassung[1051] sind dem Grunde nach sämtliche aktiven und passiven Wirtschaftsgüter unabhängig von steuerbilanziellen Aktivierungs- und Passivierungsbeschränkungen in der steuerlichen Schlussbilanz des übertragenden Rechtsträgers zu berücksichtigen und auszuweisen, da es sich bei den §§ 3 und 11 UmwStG um eigenständige steuerliche Ansatz- und Bewertungsvorschriften handelt.[1052] § 5 EStG findet daher nach geltender Rechtslage in der steuerlichen Schlussbilanz des übertragenden Rechtsträgers keine Anwendung.[1053] Werden die übergehenden Wirtschaftsgüter hingegen mit einem Zwischenwert angesetzt, führt dies nach Auffassung der Finanzverwaltung zur anteiligen Aufdeckung der in den einzelnen Wirtschaftsgütern ruhenden stillen Reserven und stillen Lasten.[1054] Lediglich für den Fall, dass die übergehenden Wirtschaftsgüter mit dem Buchwert[1055] angesetzt werden, gelten die bilanzsteuerrechtlichen Ansatz- und Bewertungsvorschriften nach Auffassung der Finanzverwaltung[1056] in Übereinstimmung mit der allgemein anerkannten Auffassung[1057] in der steuerlichen Schlussbilanz nicht, so dass

1050 BMF-Schreiben 11.11.2011, BStBl. I 2011, 1314, 1341.

1051 Vgl. *Möhlenbrock/Pung*, in: Dötsch/Pung/Möhlenbrock, UmwStG, § 3 Rn. 38; *Schießl*, in: Widmann/Mayer, UmwR, § 11 UmwStG Rn. 14.23; *Schnitter*, in: Frotscher/Drüen, UmwStG, § 3 Rn. 87 f.; *Benecke*, in: Reform des Umwandlungssteuerrechts Rn. 1015; *Bogenschütz*, Ubg 2009, 604, 606; *Brühl*, GmbHR 2016, 235; *Horst*, FR 2015, 824, 826; *Ott*, StuB 2014, 488, 492; *Philipp/Kröger*, DB 2016, 857, 859; *Schulenberg/Lüder*, DB 2017, 1217, 1221; *Schulze zur Wiesche*, StBp 2012, 246; *Stimpel*, GmbHR 2012, 123, 124; wohl auch *Klingberg*, in: Blümich, UmwStG, § 3 Rn. 18.

1052 Siehe hierzu ausführlich 2. Kapitel B I.

1053 *Dötsch/Stimpel*, in: Dötsch/Pung/Möhlenbrock, UmwStG, § 11 Rn. 25; *Frotscher*, in: Frotscher/Drüen, UmwStG, § 3 Rn. 87; *Möhlenbrock/Pung*, in: Dötsch/Pung/Möhlenbrock, UmwStG, § 3 Rn. 40; *Schießl*, in: Widmann, UmwR, § 11 UmwStG Rn. 14.23; *Staats*, in: Lademann, UmwStG, § 3 Rn. 87; *Widmann*, in: Widmann/Mayer, UmwR, § 3 UmwStG Rn. R 298.22; *Philipp/Kröger*, DB 2016, 857, 859.

1054 BMF-Schreiben 11.11.2011, BStBl. I 2011, 1314, 1346.

1055 Schon aus der Definition des Buchwerts nach § 1 Abs. 5 Nr. 4 UmwStG als „den Wert, der sich nach den steuerrechtlichen Gewinnermittlungsvorschriften in einer auf den steuerlichen Übertragungsstichtag aufzustellenden Steuerbilanz ergibt oder ergäbe", macht deutlich, dass in diesem Fall die bilanzsteuerrechtlichen Ansatz- und Bewertungsvorschriften zu beachten sind.

1056 BMF-Schreiben 11.11.2011, BStBl. I 2011, 1314, 1342, 1361 mit Verweis auf Rn. 03.06.

1057 Vgl. hierzu nur *Dötsch*, in: Dötsch/Patt/Pung/Möhlenbrock, UmwStR, § 11 UmwStG Rn. 22; *Hörner*, in: Frotscher/Geurts, EStG, § 4f Rn. 32; *Klingberg*, in: Blümich, UmwStG, § 3 Rn. 33; *Schießl*, in: Widmann/Mayer, UmwStR, § 11 UmwStG Rn. 14.23.3; *Schmitt*, in: Schmitt/Hörtnagl/Stratz, UmwStG, § 11 Rn. 25, 53; *Adrian/Fey*, StuB 2018, 85, 90; *dies.*, StuB 2014, 53, 56; *Kahle/Braun*, FR 2018, 197, 209; *Ott*, StuB 2014, 488, 492; *Riedel*, FR 2014, 6, 12; *Ronig/Geiermann*, StBW 2014, 264, 268; *Schlösser/Reichl/Rapp*, in: Sagasser/Bula/Brünger, Umwandlungen, § 11 Rn. 98; *Schmitt/Keuthen*, DStR 2015, 2521, 2522; *Schönherr/Krüger*, DStR 2012, 829, 833.

insoweit stille Lasten konserviert werden. Auch stille Lasten, die in Pensionsrückstellungen fußen, werden aufgrund der Anordnung der Sondervorschriften § 3 Abs. 1 S. 2 und § 11 Abs. 1 S. 2 UmwStG, welche für Pensionsrückstellungen einen Ansatz mit dem Teilwert vorsehen, nicht aufgedeckt.[1058] Mit Ausnahme des Ansatzes zum Buchwert und bei der Übertragung von Pensionsrückstellungen sollen die durch den Ansatz zum gemeinen Wert oder zu einem Zwischenwert aufgedeckten stillen Lasten nach Auffassung der Finanzverwaltung in der steuerlichen Schlussbilanz neben dem (ungeschmälerten) Firmenwert als eigenständige Passivposten angesetzt, jedoch nicht miteinander verrechnet werden.[1059]

Abweichend von der Auffassung der Finanzverwaltung wird in der Literatur vertreten, dass sämtliche, nicht in § 3 Abs. 1 S. 1 und § 11 Abs. 1 S. 1 UmwStG genannten steuerlichen Aktivierungs- und Passivierungsbeschränkungen in der steuerlichen Schlussbilanz weiterhin Anwendung finden.[1060] Demnach sollen sich – abgesehen von nicht entgeltlich erworbenen oder selbst geschaffenen immateriellen Wirtschaftsgütern – alle bilanzsteuerrechtlichen Aktivierungs- und Passivierungsverbote und -wahlrechte grundsätzlich auch in der steuerlichen Schlussbilanz auswirken.[1061] Stille Lasten, die auf die übrigen bilanzsteuerrechtlichen Passivierungsbeschränkungen zurückzuführen und nach den Vertretern dieser Auffassung aufgrund der Berücksichtigung dieser Passivierungsbeschränkungen in der steuerlichen Schlussbilanz nicht anzusetzen sind, sollen bei der Ermittlung des Geschäfts- oder Firmenwerts zu berücksichtigen sein.[1062] Bestätigt

1058 Ebenso BMF-Schreiben 11.11.2011, BStBl. I 2011, 1314, 1342, 1361; *Staats*, in: Lademann, UmwStG, § 3 Rn. 111 f.; *Stimpel*, GmbHR 2012, 123, 124; *Widmann*, in: Widmann/Mayer, UmwR, UmwStE Rn. 03.08; *Rupp*, in: Patt/Rupp/Aßmann, S. 35.

1059 BMF-Schreiben 11.11.2011, BStBl. I 2011, 1314, 1341; siehe auch *Bogenschütz*, Ubg 2006, 604, 606; *Benecke*, in: Reform des Umwandlungssteuerrechts Rn. 1015.

1060 *Birkemeier*, in: Rödder/Herlinghaus/van Lishaut, UmwStG, § 3 Rn. 59; *Rödder*, in: Rödder/Herlinghaus/van Lishaut, UmwStG, § 11 Rn. 66a; *Demuth*, KÖSDI 2012, 17784, 17785; *Desens*, GmbHR 2007, 1202, 1203; *Kutt/Carstens*, in: FGS/BDI, UmwSt-Erlass 2011 Rn. 03.06; *Ley/Bodden*, FR 2007, 265, 269; *Rödder*, DStR 2011, 1059, 1061; *Rödder/Rogall*, Ubg 2011, 753, 754; *Rödder/Schmidt-Fehrenbacher*, in: FGS/BDI, UmwSt-Erlass 2011 Rn. 11.04; *Stadler/Elser/Bindl*, DB 2012, Beilage zu Heft 2, 14, 17.

1061 *Rödder*, in: Rödder/Herlinghaus/van Lishaut, UmwStG, § 11 Rn. 66a; *Ley/Bodden*, FR 2007, 265, 269.

1062 Vgl. *Birkemeier*, in: Rödder/Herlinghaus/van Lishaut, UmwStG, § 3 Rn. 59; *Rödder*, in: Rödder/Herlinghaus/van Lishaut, UmwStG, § 11 Rn. 66a; *Schnitter*, in: Frotscher/Drüen, UmwStG, § 3 Rn. 88; *Demuth*, KÖSDI 2012, 17784, 17785; *Desens*, DStR 2010, Beihefter zu Heft 46, 80, 85; *Desens*, GmbHR 2007, 1202, 1203; *Kutt/Carstens*, in: FGS/BDI, UmwSt-Erlass 2011 Rn. 03.06; *Lemaitre/Schönherr*, GmbHR 2007, 173, 174; *Ley/Bodden*, FR 2007, 265, 269; *Rödder*, DStR 2011, 1059, 1061; *Rödder/Rogall*, Ubg 2011, 753, 754; *Stadler/Elser/Bindl*, DB 2012, Beilage zu Heft 2, 14, 17; *Schaflitzl/Widmayer*, BB-Special 8/2006, 36; früher auch *Dötsch*, in: Dötsch/Patt/Pung/Möhlenbrock, UmwStR, § 11 UmwStG Rn. 22 ff. u. 31 und *Möhlenbrock/Pung*, in: Dötsch/Patt/Pung/Möhlenbrock, UmwStR, § 3 UmwStG Rn. 15, die allerdings mittlerweile ihre

werde diese Auffassung durch die in § 3 Abs. 1 S. 1 und § 11 Abs. 1 S. 1 UmwStG angeordnete Aktivierungspflicht für nicht entgeltlich erworbene und selbst geschaffene immaterielle Wirtschaftsgüter, woraus folge, dass über die ausdrücklich im Gesetz angesprochenen Posten hinaus sämtliche Aktivierungs- und Passivierungsbeschränkungen in der steuerlichen Übertragungsbilanz Beachtung finden sollen.[1063]

Anderen, vereinzelt in der Literatur beheimateten Stimmen[1064] zufolge stehen die soeben dargestellten Auffassungen der Finanzverwaltung und der wohl herrschenden Meinung in der Literatur im Widerspruch zur Auffassung des Bundesfinanzhofs. Nach den Vertretern dieser Auffassung seien stille Lasten in der steuerlichen Schlussbilanz des übertragenden Rechtsträgers als ungewisse Verbindlichkeit zu passivieren.[1065] Als Begründung wird angeführt, dass es sich bei Umstrukturierungsvorgängen im Sinne des Umwandlungssteuergesetzes aufseiten des übertragenden Rechtsträgers zutreffenderweise überwiegend um veräußerungsbegründend wirkende tauschähnliche Vorgänge[1066] bzw. um Veräußerungsgeschäfte[1067] und aufseiten des übernehmenden Rechtsträgers um Anschaffungsgeschäfte[1068] handele.

Auffassung zugunsten der Auffassung der Finanzverwaltung geändert haben (vgl. hierzu *Dötsch*, in: Dötsch/Pung/Möhlenbrock, UmwStG, § 11 Rn. 25 und *Möhlenbrock/Pung*, in: Dötsch/Pung/Möhlenbrock, UmwStG, § 3 Rn. 38).

1063 *Birkemeier*, in: Rödder/Herlinghaus/van Lishaut, UmwStG, § 3 Rn. 59; *Rödder*, in: Rödder/Herlinghaus/van Lishaut, UmwStG, § 11 Rn. 66a; *Demuth*, KÖSDI 2012, 17784, 17785; *Desens*, GmbHR 2007, 1202, 1203; *Kutt/Carstens*, in: FGS/BDI, UmwSt-Erlass 2011 Rn. 03.06; *Ley/Bodden*, FR 2007, 265, 269; *Rödder/Rogall*, Ubg 2011, 753, 754; früher auch *Dötsch*, in: Dötsch/Patt/Pung/Möhlenbrock, UmwStR, § 11 UmwStG Rn. 22 ff. u. 31 und *Möhlenbrock/Pung*, in: Dötsch/Patt/Pung/Möhlenbrock, UmwStR, § 3 UmwStG Rn. 15, die allerdings mittlerweile ihre Auffassung zugunsten der Auffassung der Finanzverwaltung geändert haben (vgl. hierzu *Dötsch*, in: Dötsch/Pung/Möhlenbrock, UmwStG, § 11 Rn. 25 und *Möhlenbrock/Pung*, in: Dötsch/Pung/Möhlenbrock, UmwStG, § 3 Rn. 38).

1064 *Schmitt*, in: Schmitt/Hörtnagl/Stratz, UmwStG, § 3 Rn. 36a; § 11 Rn. 29; *Schmitt/Keuthen*, DStR 2015, 2521, 2523; vgl. auch *Schießl*, in: Widmann/Mayer, UmwR, § 11 UmwStG Rn. 14.23; *Schnitter*, in: Frotscher/Drüen, UmwStG, § 3 Rn. 88.

1065 *Schmitt*, in: Schmitt/Hörtnagl/Stratz, UmwStG, § 3 Rn. 36a; § 11 Rn. 29; *Schmitt/Keuthen*, DStR 2015, 2521, 2523; so im Ergebnis auch *Schießl*, in: Widmann/Mayer, UmwR, § 11 UmwStG Rn. 14.23; *Schnitter*, in: Frotscher/Drüen, UmwStG, § 3 Rn. 88.

1066 Siehe hierzu 2. Kapitel C II.

1067 Vgl. hierzu auch BFH 15.10.1997 – I R 22/96, BStBl. II 1998, 168; BFH 16.5.2002 – III R 45/98, BStBl. II 2003, 10, 12; BFH 18.9.2003 – I R 97/02, BStBl. II 2004, 686; BFH 17.12.2007 – GrS 2/04, BStBl. II 2008, 608, 615; BMF-Schreiben 11.11.2011, BStBl. I 2011, 1314, 1322.

1068 *Klingberg*, in: Blümich, UmwStG, § 3 Rn. 18; *Schmitt*, in: Schmitt/Hörtnagl/Stratz, UmwStG, § 3 Rn. 36a; § 11 Rn. 29; *Schmitt/Keuthen*, DStR 2015, 2521, 2523; vgl. hierzu 2. Kapitel C IV.

Mit Verweis auf die Rechtsprechung des Bundesfinanzhofs in anderer Sache[1069] führen die Vertreter dieser Auffassung aus, dass in dem als Veräußerungs- und Anschaffungsgeschäft qualifizierten Umwandlungs- bzw. Einbringungsvorgang der Anschaffungsvorgang durch den übernehmenden Rechtsträger bereits in der steuerlichen Schlussbilanz des übertragenden Rechtsträgers abgebildet werde.[1070]

Dabei sei zu berücksichtigen, dass die vom übernehmenden Rechtsträger aufgrund der in § 4 Abs. 1 UmwStG angeordneten Wertverknüpfung fortzuführenden Werte aus der steuerlichen Schlussbilanz des übertragenden Rechtsträgers die Anschaffungskosten für das auf ihn übergehende Vermögen abbilden.[1071] Die Abbildung des Anschaffungsvorgangs sei nicht erst im Rahmen der laufenden Buchhaltung des übernehmenden Rechtsträgers erfolgt, sondern aufgrund der zwingenden Wertverknüpfung gem. § 4 Abs. 1 UmwStG bereits in der steuerlichen Schlussbilanz aufseiten des übertragenden Rechtsträgers abzubilden.[1072]

Stille Lasten, die aufgrund bilanzsteuerrechtlicher Ansatz- und Bewertungsvorschriften bestehen und im Rahmen einer Umstrukturierung im Sinne des Umwandlungssteuergesetzes auf einen anderen Rechtsträger übertragen werden, seien bereits in der steuerlichen Schlussbilanz aufseiten des übertragenden Rechtsträgers als ungewisse Verbindlichkeit zu passivieren.[1073]

2. *Würdigung*

Die Frage der Bilanzierung stiller Lasten in der steuerlichen Schlussbilanz des übertragenden Rechtsträgers lässt sich nicht unabhängig von der Frage beantworten, ob die steuerlichen Ansatzverbote, -beschränkungen oder Bewertungsvorbehalte dem Grunde nach auch in der steuerlichen Schlussbilanz im Sinne des

1069 BFH 14.12.2011 – I R 72/10, BStBl. II 2017, 1226; BFH 16.12.2009 – I R 102/08, BStBl. II 2011, 566.

1070 *Klingberg*, in: Blümich, UmwStG, § 3 Rn. 18; *Schießl*, in: Widmann/Mayer, UmwR, § 11 UmwStG Rn. 14.23; *Schmitt*, in: Schmitt/Hörtnagl/Stratz, UmwStG, § 3 Rn. 36a; § 11 Rn. 29; *Schmitt/Keuthen*, DStR 2015, 2521, 2523.

1071 *Schmitt*, in: Schmitt/Hörtnagl/Stratz, UmwStG, § 3 Rn. 34; § 11 Rn. 27.

1072 *Klingberg*, in: Blümich, UmwStG, § 3 Rn. 18; *Schmitt*, in: Schmitt/Hörtnagl/Stratz, UmwStG, § 3 Rn. 34; § 11 Rn. 27; *Schlösser/Reichl/Rapp*, in: Sagasser/Bula/Brünger, Umwandlungen, § 11 Rn. 299; *Schmitt/Keuthen*, DStR 2015, 2521, 2522; ähnlich auch *Horst*, FR 2015, 824, 827, der feststellt, dass die „stille Last bei Verschmelzungen und Spaltungen nicht „durch die Übertragung“ aufgedeckt wird, sondern durch das Aufstellen der steuerlichen Schlussbilanz, was gesetzessystematisch und chronologisch vor der Übertragung erfolgt“, aber aufgrund eines kausalen Zusammenhangs zwischen der Umwandlung und der Übertragungsbilanz die Anwendbarkeit des § 4f EStG auf Umwandlungen an dieser Stelle nicht scheitern lässt.

1073 *Klingberg*, in: Blümich, UmwStG, § 3 Rn. 18; *Schmitt*, in: Schmitt/Hörtnagl/Stratz, UmwStG, § 3 Rn. 36a; § 11 Rn. 29; *Schmitt/Keuthen*, DStR 2015, 2521, 2523; vgl. auch BFH 14.12.2011 – I R 72/10, BStBl. II 2017, 1226; BFH 16.12.2009 – I R 102/08, BStBl. II 2011, 566.

Umwandlungssteuergesetzes Anwendung finden. Zwar führen alle zuvor dargestellten Auffassungen zur Berücksichtigung der stillen Lasten, erreichen dieses Ergebnis allerdings auf unterschiedlichen Wegen. Während nach den Vertretern der ersten Auffassung bilanzsteuerrechtliche Passivierungsbeschränkungen aufgrund der eigenständigen Ansatz- und Bewertungsvorschriften des Umwandlungssteuergesetzes in der steuerlichen Schlussbilanz keine Anwendung finden, und daher sämtliche aktiven und passiven Wirtschaftsgüter anzusetzen sind, werden stille Lasten nach der zweiten dargestellten Auffassung bei der Bewertung des Firmen- bzw. Geschäftswerts berücksichtigt. Nach dritter Auffassung sind stille Lasten, die aufgrund von bilanzsteuerrechtlichen Passivierungsbeschränkungen bestehen, unter Berücksichtigung der Rechtsprechung des Bundesfinanzhofs in der steuerlichen Schlussbilanz des übertragenden Rechtsträgers aufgrund der Realisation nach den für ungewisse Verbindlichkeiten geltenden Grundsätzen zu passivieren. Damit gelten nach dritter Auffassung – im Ergebnis übereinstimmend mit der ersten Auffassung – die spezifisch steuerbilanziellen Passivierungsbeschränkungen nicht mehr, so dass die Verpflichtung auch steuerbilanziell zu passivieren ist. Demnach hat es auf das Übertragungsergebnis des Umstrukturierungsvorgangs aufgrund der Ermittlung des gemeinen Werts als Sachgesamtheit[1074] zunächst grundsätzlich keine Auswirkung, ob bilanzsteuerrechtliche Ansatzverbote, -beschränkungen oder Bewertungsvorbehalte in der steuerlichen Schlussbilanz im umwandlungssteuerrechtlichen Sinne suspendiert sind oder nicht. Die stillen Lasten wirken sich jedenfalls im Rahmen der Ermittlung des gemeinen Werts der Sachgesamtheit[1075] mindernd aus. Einerseits können die stillen Lasten nach den ersten beiden Auffassungen unmittelbar zu einer Verminderung des gemeinen

1074 *Steierberg*, in: Haase/Hruschka, UmwStG, § 3 Rn. 41; *Birkemeier*, in: Rödder/Herlinghaus/van Lishaut, UmwStG, § 3 Rn. 70; *Philipp*, Verschmelzung inländischer Kapitalgesellschaften, S. 243; vgl. auch *Schmitt*, in: Schmitt/Hörtnagl/Stratz, UmwStG, § 3 Rn. 44; § 11 Rn. 33; *Klingberg*, in: Blümich, UmwStG, § 3 Rn. 21; *Staats*, in: Lademann, UmwStG, § 3 Rn. 103; *Schrade*, in: Böttcher/Habighorst/Schulte, UmwG, § 11 UmwStG Rn. 85; *Brinkhaus/Grabbe*, in: Haritz/Menner, UmwStG, § 3 Rn. 93; *Bron*, in: HK-Kommentar, UmwStG, § 3 Rn. 89; *Birkemeier*, in: Rödder/Herlinghaus/van Lishaut, UmwStG, § 3 Rn. 75a; so im Ergebnis auch BMF-Schreiben 11.11.2011, BStBl. I 2011, 1314 Rn. 03.07 Rn. 11.04 i.V.m. Rn. 03.07; *Schnitter*, in: Frotscher/Drüen, UmwStG, § 3 Rn. 95; *Bogenschütz*, Ubg 2011, 393, 397; *Stadler/Elser/Bindl*, DB 2012, Beilage zu Heft 2, 14; kritisch *Schießl*, in: Widmann/Mayer, UmwR, § 11 UmwStG Rn. 125.

1075 Vgl. auch BFH 17.10.2007 – I R 61/06, BStBl. II 2008, 555, wonach bei der Berechnung des Gewinns aus einer Betriebsveräußerung vom Erwerber übernommene betriebliche Verbindlichkeiten, die aufgrund von Rückstellungsverboten (hier: für Jubiläumszuwendungen und für drohende Verluste aus schwebenden Geschäften) in der Steuerbilanz nicht passiviert worden sind, nicht gewinnerhöhend zum Veräußerungspreis hinzuzurechnen sind; so auch *Philipp*, Verschmelzung inländischer Kapitalgesellschaften, S. 261 f.

Werts der Sachgesamtheit führen. Andererseits kann der Vorgang für den Fall, dass eine Passivierung in der steuerlichen Schlussbilanz abgelehnt wird, zu einer mittelbaren Verminderung des gemeinen Werts der Sachgesamtheit infolge einer Minderung des Geschäfts- oder Firmenwerts führen.[1076]

Auch wenn es im Hinblick auf das Übertragungsergebnis letztlich keine Auswirkung hat, welcher der oben genannten Sichtweisen gefolgt wird, steht der überwiegend in der Literatur vertretenen Auffassung,[1077] wonach stille Lasten zwar aufgrund eines Passivierungsverbots nicht anzusetzen, allerdings im Rahmen der Ermittlung des Firmenwerts zu berücksichtigen sind, entgegen, dass eine solche Einschränkung des Ansatzes stiller Lasten in der steuerlichen Schlussbilanz dem Gesetz nicht zu entnehmen ist.[1078] Darüber hinaus ist darauf hinzuweisen, dass die Ermittlung des gemeinen Werts des Geschäfts- und Firmenwerts durch Ermittlung eines Residualwerts erfolgt.[1079] Werden stille Lasten erst im Rahmen der Bewertung des Firmen- und Geschäftswerts berücksichtigt, führt dies zu einer „künstlichen" Erhöhung des (gemeinen) Werts des Geschäfts- und Firmenwerts, da die Berücksichtigung der stillen Lasten den Wert des Geschäftswerts erhöhen, weil sich der Wert der Wirtschaftsgüter, welche dem Gesamtwert des übergehenden Vermögens gegenüberzustellen sind, infolge der Berücksichtigung der stillen Lasten verringert.[1080] Zudem sind Umstrukturierungsvorgänge im Sinne des Umwandlungssteuergesetzes grundsätzlich als veräußerungsbegründend wirkende tauschähnliche Vorgänge[1081] und demnach als Realisationstatbestände

1076 *Dötsch*, in: Dötsch/Patt/Pung/Möhlenbrock, UmwStR, § 11 UmwSG Rn. 23; *Möhlenbrock/Pung*, in: Dötsch/Patt/Pung/Möhlenbrock, UmwStR, § 3 UmwStG Rn. 15; *Rödder*, in: Rödder/Herlinghaus/van Lishaut, UmwStG, § 11 Rn. 66; *Steierberg*, in: Haase/Hruschka, UmwStG, § 3 Rn. 33; *Desens*, GmbHR 2007, 1202, 1203; *Philipp*, Verschmelzung inländischer Kapitalgesellschaften, S. 262; *Rödder*, DStR 2011, 1059, 1061; *Rödder/*Schmidt-Fehrenbacher, in: FGS/BDI, UmwSt-Erlass 2011 Rn. 11.03.

1077 *Lemaitre/Schönherr*, GmbHR 2007, 173, 174; *Ley/Bodden*, FR 2007, 265, 269.

1078 Ebenso *Widmann*, in: Widmann/Mayer, UmwR, § 3 UmwStG Rn. R 298.22; *ders.*, in: Widmann/Mayer, UmwR, § 20 UmwStG Rn. R 667.

1079 *Widmann*, in: Widmann/Mayer, UmwR, § 3 UmwStG Rn. R 298.22; *ders.*, in: Widmann/Mayer, UmwR, § 20 UmwStG Rn. R 667.

1080 So auch *Widmann*, in: Widmann/Mayer, UmwR, § 3 UmwStG Rn. R 298.22; *ders.*, in: Widmann/Mayer, UmwR, § 20 UmwStG Rn. R 667.

1081 *Klingberg*, in: Blümich, UmwStG, § 3 Rn. 18; vgl. auch *Dötsch*, in: Dötsch/Pung/Möhlenbrock, UmwStG, § 11 Rn. 25; *Möhlenbrock/Pung*, in: Dötsch/Pung/Möhlenbrock, UmwStG, § 3 Rn. 38; *Schrade*, in: Böttcher/Habighorst/Schulte, UmwR, § 11 UmwStG Rn. 57; vgl. hierzu ausführlich 2. Kapitel C II. Keine veräußerungsbegründend wirkende tauschähnliche Vorgänge sind allerdings Umstrukturierungsvorgänge im Falle eines Anteilsgewährungsverbots gem. § 20 Abs. 1 Nr. 3 S. 1 Hs. 2, § 54 Abs. 1 S. 1 Nr. 1, § 68 Abs. 1 S. 1 Nr. 1 UmwG (insbesondere bei Aufwärtsverschmelzungen) oder eines Anteilsgewährungsverzichts gem. § 54 Abs. 1 S. 3, § 68 Abs. 1 S. 3 UmwG (insbesondere bei Seitwärtsverschmelzungen und

einzuordnen, wodurch im Grundsatz – mit Ausnahme bei Pensionsrückstellungen gem. § 6a EStG – sämtliche stille Reserven und stille Lasten aufzudecken sind.

Grundsätzlich ist der Auffassung der Finanzverwaltung insoweit zuzustimmen, dass es sich bei der steuerlichen Schlussbilanz im Sinne des Umwandlungsteils des Umwandlungssteuergesetzes um eine eigenständige, von der Steuerbilanz im Sinne der § 4 Abs. 1, § 5 Abs. 1 EStG zu unterscheidende Bilanz handelt, in der sich der Wertansatz der übergehenden Wirtschaftsgüter nach den eigenständigen Ansatz- und Bewertungsvorschriften der §§ 3 und 11 UmwStG richtet,[1082] weshalb sämtliche ertragsteuerlichen Aktivierungs- und Passivierungsbeschränkungen – mit Ausnahme im Falle der Buchwertfortführung – suspendiert sind.[1083] Die Vorschriften § 3 Abs. 1 und § 11 Abs. 1 UmwStG, die grundsätzlich auf den gemeinen Wert abstellen, sind in Übereinstimmung mit dem Willen des Gesetzgebers[1084] unabhängig von den allgemeinen ertragsteuerlichen Grundsätzen der Gewinnermittlung als eigenständige Ansatz- und Bewertungsvorschriften einzuordnen.[1085] Dementsprechend handelt es sich bei §§ 3 und 11 UmwStG um umfassende spezialgesetzliche Vorschriften, nach denen abweichend von den allgemeinen Regelungen über die steuerliche Gewinnermittlung sämtliche bilanzierungsfähigen Wirtschaftsgüter in der steuerlichen Schlussbilanz im Grundsatz anzusetzen sind.[1086] Demnach sind in der steuerlichen Schlussbilanz grundsätzlich die einzelnen stillen Lasten als Passivposten auszuweisen. Im Ergebnis geht das Verständnis der Finanzverwaltung zutreffenderweise mit der (überwiegenden) Qualifikation der umwandlungssteuergesetzlichen Umstrukturierungsvorgänge als veräußerungsbegründend wirkende tauschähnliche Vorgänge[1087] einher, da sich Veräußerungs- und Anschaffungsvorgänge nicht mit dem Fortbestand steuerlicher Ansatzverbote, Ansatzbeschränkungen und Bewertungsvorbehalte in Einklang bringen lassen.[1088]

Umwandlungssteuerrechtliche Realisationsakte führen zur Aufdeckung sämtlicher stillen Lasten, sofern sich aus §§ 3 und 11 UmwStG nichts anderes ergibt.[1089]

Spaltungsvorgängen) sowie homogene Formwechselvorgänge und heterogene Formwechselvorgänge gem. § 9 UmwStG.

1082 Siehe hierzu ausführlich 2. Kapitel B I.

1083 BMF-Schreiben 11.11.2011, BStBl. I 2011, 1314, 1341; vgl. auch *Dötsch*, in: Dötsch/Pung/Möhlenbrock, UmwStG, § 11 Rn. 25; *Möhlenbrock/Pung*, in: Dötsch/Pung/Möhlenbrock, UmwStG, § 3 Rn. 39.

1084 BT-Drs. 16/3369, S. 9.

1085 Siehe hierzu ausführlich 2. Kapitel B I.

1086 Ebenso *Staats*, in: Lademann, UmwStG, § 3 Rn. 87; *ders.*, in: Lademann, UmwStG, § 4 Rn. 30.

1087 Siehe hierzu ausführlich 2. Kapitel C II.

1088 Vgl. auch *Dötsch*, in: Dötsch/Pung/Möhlenbrock, UmwStG, § 11 Rn. 25; *Klingberg*, in: Blümich, UmwStG, § 3 Rn. 18; *Möhlenbrock/Pung*, in: Dötsch/Pung/Möhlenbrock, UmwStG, § 3 Rn. 38; *Schrade*, in: Böttcher/Habighorst/Schulte, UmwR, § 11 UmwStG Rn. 57.

1089 So auch *Dötsch*, in: Dötsch/Pung/Möhlenbrock, UmwStG, § 11 Rn. 25; *Möhlenbrock/Pung*, in: Dötsch/Pung/Möhlenbrock, UmwStG, § 3 Rn. 38; *Widmann*, in: Widmann/

Demnach sind sämtliche übergehende Aktiv- und Passivposten unabhängig von steuerbilanziellen Ansatzverboten und -beschränkungen sowie Bewertungsvorbehalten in der steuerlichen Schlussbilanz anzusetzen und stille Lasten – mit Ausnahme stiller Lasten in Pensionsrückstellungen – zu berücksichtigen.[1090] Dies zeigt auch das *e contrario* Argument zu § 3 Abs. 1 S. 2 UmwStG und § 11 Abs. 1 S. 2 UmwStG, wonach die Versagung der Realisation der in Pensionsrückstellungen verhafteten stillen Lasten keinen Sinn ergeben würde, wenn sämtliche Aktiv- und Passivposten unabhängig von steuerlichen Ansatzverboten, Ansatzbeschränkungen und Bewertungsvorbehalten Anwendung finden würden.[1091] Zudem sind steuerbilanzielle Passivierungsbeschränkungen in Abweichung von den Grundsätzen zur laufenden Besteuerung im Rahmen der Umwandlungsschlussbesteuerung des übertragenden Rechtsträgers nicht zu berücksichtigen, da die Passivierungsbeschränkungen nicht zu einer definitiven Belastungswirkung, sondern lediglich zu einer temporären Verzögerung bei der Berücksichtigung führen.[1092] Nach hier vertretener Meinung handelt es sich bei den Umwandlungs- und Einbringungsvorgängen überwiegend um veräußerungsbegründend wirkende tauschähnliche Vorgänge und um Anschaffungsvorgänge. Dies führt mit Ausnahme im Falle des Buchwertansatzes und der Übertragung von Pensionsrückstellungen zur (anteiligen) Realisation sämtlicher stiller Lasten und stiller Reserven.[1093] Die Rechtsfolgen der aufgrund der Ausübung der eigenständigen Ansatz- und Bewertungswahlrechte[1094] durch den übertragenden Rechtsträger werden bereits in der steuerlichen Schlussbilanz abgebildet. Die angesetzten Werte bilden aufgrund der Wertverknüpfung gem. § 4 Abs. 1 S. 1 und § 12 Abs. 1 S. 1 UmwStG die Anschaffungskosten für den übernehmenden Rechtsträger ab, was für die Dispensierung der Ansatzverbote, -beschränkungen und Bewertungsvorbehalte im Rahmen der § 3

Mayer, UmwR, § 20 UmwStG Rn. R. 667; siehe auch mit Blick auf § 3 UmwStG *Ley/Bodden*, FR 2007, 265, 269, die im Ergebnis allerdings die Anwendung der steuerlichen Passivierungsverbote in der Übertragungsbilanz vertreten.

1090 So auch *Dötsch*, in: Dötsch/Pung/Möhlenbrock, UmwStG, § 11 Rn. 25; *Möhlenbrock/Pung*, in: Dötsch/Pung/Möhlenbrock, UmwStG, § 3 Rn. 38; *Schießl*, in: Widmann/Mayer, UmwR, § 11 UmwStG Rn. 14.23.

1091 Vgl. auch *Dötsch*, in: Dötsch/Pung/Möhlenbrock, UmwStG, § 11 Rn. 25; *Hummel*, in: Böttcher/Habighorst/Schulte, UmwR, § 12 UmwStG Rn. 78; *Möhlenbrock/Pung*, in: Dötsch/Pung/Möhlenbrock, UmwStG, § 3 Rn. 39; *Schießl*, in: Widmann/Mayer, UmwR, § 11 UmwStG Rn. 14.23.

1092 Vgl. zur Wirkung von steuerbilanziellen Passivierungsbeschränkungen BVerfG 12.5.2009 – 2 BvL 1/00, BVerfGE, 123, 111; BFH 14.12.2011 – I R 72/10, BStBl. II 2017, 1226, 1227; BFH 16.8.2010 – I B 49/10, BStBl. II 2011, 826; BFH 16.12.2009 – I R 102/08, BStBl. II 2011, 566, 567; *Weigert*, in: HK-Kommentar, UmwStG, § 4 Rn. 43; *Riedel*, Umwandlungssteuerrecht, S. 157; vgl. auch *Riedel*, FR 2012, 1109; *Rödder*, in: Rödder/Herlinghaus/van Lishaut, UmwStG, § 11 Rn. 67.

1093 Vgl. auch *A. Meyer*, in: HdJ, Abt IV/2 Rn. 11.

1094 Siehe hierzu 2. Kapitel B I.

Abs. 1 und § 11 Abs. 1 UmwStG spricht.[1095] Die für ungewisse Verbindlichkeiten geltenden Grundsätze führen in der steuerlichen Schlussbilanz des übertragenden Rechtsträgers letztlich zur aufwandswirksamen Erfassung von bisher nicht berücksichtigten Aufwandspositionen.[1096]

Werden die übergehenden Wirtschaftsgüter zum gemeinen Wert angesetzt, führt dies zur vollständigen Aufdeckung stiller Lasten. Dennoch enthält das Umwandlungssteuergesetz Ausnahmen, mit dem Ziel, dass wirtschaftlich sinnvolle Umstrukturierungen von Unternehmen nicht durch eine daran anknüpfende Besteuerung erschwert oder gar verhindert werden sollen.[1097] Daher ermöglicht das Umwandlungssteuergesetz mit dem Ansatz zum Buchwert und dem Ansatz zu einem Zwischenwert für einen nach allgemeinen ertragsteuerrechtlichen Grundsätzen verwirklichten Realisationstatbestand eine Abweichung von der sofortigen Realisation und Berücksichtigung der stillen Lasten und stillen Reserven bei der Besteuerung.[1098] Dementsprechend führt ein Ansatz zu einem Zwischenwert zur anteiligen Aufdeckung stiller Lasten. Lediglich beim Ansatz zum Buchwert im Sinne des § 1 Abs. 5 Nr. 4 UmwStG und bei der Übertragung von Pensionsrückstellungen gelten – anders als beim Ansatz zu einem Zwischenwert oder beim Ansatz zum gemeinen Wert – die allgemeinen Ansatz- und Bewertungsvorschriften der §§ 5 ff. EStG,[1099] so dass es insoweit trotz Vorliegen eines verwirklichten Veräußerungstatbestands[1100] zu einer Abweichung der sofortigen Aufdeckung und Berücksichtigung der stillen Lasten bei der Besteuerung kommt.

Sofern Umstrukturierungsvorgänge des Umwandlungssteuergesetzes nicht als veräußerungsbegründend wirkende tauschähnliche Vorgänge qualifiziert werden

---

1095 Vgl. *Dötsch*, in: Dötsch/Pung/Möhlenbrock, UmwStG, § 11 Rn. 25; *Möhlenbrock/Pung*, in: Dötsch/Pung/Möhlenbrock, UmwStG, § 3 Rn. 38; *Schießl*, in: Widmann/Mayer, UmwR, § 11 UmwStG Rn. 14.23; *Schrade*, in: Böttcher/Habighorst/Schulte, UmwR, § 11 UmwStG Rn. 57; vgl. auch *Klingberg*, in: Blümich, UmwStG, § 3 Rn. 18; *dies.*, in: Blümich, UmwStG, § 11 Rn. 27; vgl. insoweit auch BMF-Schreiben 11.11.2011, BStBl. I 2011, 1314, 1342, 1361 mit Verweis auf Rn. 03.06.

1096 *Klingberg*, in: Blümich, UmwStG, § 3, Rn 18; so auch *Schmitt*, in: Schmitt/Hörtnagl/Stratz, UmwStG, § 3 Rn. 34; § 11 Rn. 27; *Schmitt/Keuthen*, DStR 2015, 2521, 2522; vgl. hierzu auch die Rechtsprechung des Bundesfinanzhofs zur Übertragung passivierungsbeschränkter Verpflichtungen, wonach stille Lasten, die auf Grund von Ansatz- und Bewertungsverboten bestehen, als ungewisse Verbindlichkeit zu passivieren sind (BFH 14.12.2011 – I R 72/10, BStBl. II 2017, 1226; BFH 16.12.2009 – I R 102/08, BStBl. II 2011, 566).

1097 Siehe oben Fn. 11.

1098 Vgl. BFH 30.5.2018 – I R 31/16, BStBl. II 2019, 136, 138.

1099 Vgl. *Philipp*, Verschmelzung inländischer Kapitalgesellschaften, S. 334 f.; *Klingberg*, in: Blümich, UmwStG, § 3 Rn. 33; *Schmitt*, in: Schmitt/Hörtnagl/Stratz, UmwStG, § 3 Rn. 52.

1100 Vgl. zur Einordnung der Umwandlungs- und Einbringungsvorgänge als veräußerungsbegründend wirkende tauschähnliche Vorgänge 2. Kapitel C II.

können,[1101] ermöglichen die Vorschriften des Umwandlungssteuergesetzes durch Ausübung der eigenständigen Ansatz- und Bewertungswahlrechte[1102] dennoch eine Aufdeckung der enthaltenen stillen Lasten und stillen Reserven. Werden die übergehenden Wirtschaftsgüter zum gemeinen Wert angesetzt, führt dies zur vollständigen Aufdeckung stiller Lasten. Allerdings ermöglicht das Umwandlungssteuergesetz auch für Vorgänge, die keine veräußerungsbegründend wirkende tauschähnliche Vorgänge darstellen, mit dem Ansatz zum Buchwert und dem Ansatz zu einem Zwischenwert eine Abweichung von der sofortigen Realisation und Berücksichtigung der stillen Lasten und der stillen Reserven bei der Besteuerung. Dementsprechend führt ein Ansatz zu einem Zwischenwert auch in diesen Fällen zur teilweisen Aufdeckung stiller Lasten und stiller Reserven. Lediglich beim Ansatz zum Buchwert im Sinne des § 1 Abs. 5 Nr. 4 UmwStG und bei der Übertragung von Pensionsrückstellungen gelten – anders als beim Ansatz zu einem Zwischenwert oder beim Ansatz zum gemeinen Wert – die allgemeinen Ansatz- und Bewertungsvorschriften der §§ 5 ff. EStG.[1103]

II. Umwandlungssteuerrechtliche Behandlung von Umstrukturierungsvorgängen beim übernehmenden Rechtsträger

Nachdem soeben die bilanzielle Abbildung stiller Lasten in der Steuerbilanz im Zusammenhang mit Umstrukturierungsvorgängen des Umwandlungsteils des Umwandlungssteuergesetzes aufseiten des übertragenden Rechtsträgers untersucht wurde, wird der Fokus der Arbeit im Folgenden auf die umwandlungssteuerrechtliche Behandlung solcher Vorgänge aufseiten des übernehmenden Rechtsträgers gerichtet. Im weiteren Verlauf der Arbeit werden die umwandlungssteuerrechtliche Behandlung der Verschmelzung auf eine Personengesellschaft (§§ 3–8 UmwStG), des Formwechsels in eine Personengesellschaft (§ 9 UmwStG), der Verschmelzung auf eine andere Körperschaft (§§ 11 ff. UmwStG), der Auf- und Abspaltung auf eine andere Körperschaft (§ 15 UmwStG) sowie der Auf- und Abspaltung auf eine Personengesellschaft (§ 16 UmwStG) aufseiten des

---

1101 Umstrukturierungsvorgänge im Falle eines Anteilsgewährungsverbots gem. § 20 Abs. 1 Nr. 3 S. 1 Hs. 2, § 54 Abs. 1 S. 1 Nr. 1, § 68 Abs. 1 S. 1 Nr. 1 UmwG (insbesondere bei Aufwärtsverschmelzungen) oder eines Anteilsgewährungsverzichts gem. § 54 Abs. 1 S. 3, § 68 Abs. 1 S. 3 UmwG (insbesondere bei Seitwärtsverschmelzungen und Spaltungsvorgängen) sowie homogene Formwechselvorgänge und heterogene Formwechselvorgänge gem. § 9 UmwStG weichen derart von den Merkmalen eines Veräußerungsvorgangs ab, dass diese nicht als veräußerungsbegründend wirkende tauschähnliche Vorgänge qualifiziert werden können (siehe hierzu 2. Kapitel C II).

1102 Siehe hierzu 2. Kapitel B I.

1103 Vgl. *Philipp*, Verschmelzung inländischer Kapitalgesellschaften, S. 334 f.; *Klingberg*, in: Blümich, UmwStG, § 3 Rn. 33; *Schmitt*, in: Schmitt/Hörtnagl/Stratz, UmwStG, § 3 Rn. 52.

übernehmenden Rechtsträgers untersucht. Dabei wird der Blick zunächst auf die Bilanzierung im Zeitpunkt des Übertragungsstichtags (sog. Übernahmebilanzierung) und sodann auf die Bilanzierung im Zeitpunkt der Bilanzstichtage der folgenden „normalen" Steuerbilanzen (sog. Folgebilanzierung) gerichtet.

1. *Übernahmebilanzierung*

Die umwandlungssteuerrechtliche Übernahmebilanzierung ordnet an, dass der übernehmende Rechtsträger bei Umstrukturierungsvorgängen im Sinne des Umwandlungsteils gem. § 4 Abs. 1 S. 1, § 12 Abs. 1 S. 1, § 15 Abs. 1 S. 1 i.V.m. § 12 Abs. 1 S. 1 und § 16 S. 1 i.V.m. § 4 Abs. 1 S. 1 UmwStG zwingend an die vom übertragenden Rechtsträger in der steuerlichen Schlussbilanz angesetzten Werte gem. § 3, § 11, § 15 Abs. 1 S. 1 i.V.m. § 11 und § 16 S. 1 i.V.m. 3 UmwStG anzuknüpfen hat. Die Übernahme der übergehenden Wirtschaftsgüter erfolgt dabei gem. § 2 Abs. 1 UmwStG „mit Ablauf des Stichtages der Bilanz, die dem Vermögensübergang zu Grunde liegt", also zum steuerlichen Übertragungsstichtag.[1104] Anders als im Rahmen der Übernahmebilanzierung im Einbringungsteil gem. §§ 20 ff. UmwStG besteht im Umwandlungsteil des Umwandlungssteuergesetzes aufseiten des übernehmenden Rechtsträgers kein eigenständiges Ansatzwahlrecht[1105] hinsichtlich des Ansatzes dem Grunde nach und des Ansatzes der Höhe nach, so dass der übernehmende Rechtsträger im Rahmen der Bilanzierung an die Wahlrechtsausübung des übertragenden Rechtsträgers anzuknüpfen hat. Hintergrund dieser zwingenden umwandlungssteuerrechtlichen Wertverknüpfung ist zum einen im Falle des Ansatzes zum Buchwert und zu einem Zwischenwert die Sicherstellung der Besteuerung der durch den übertragenden Rechtsträger nicht aufgedeckten stillen Lasten und stillen Reserven aufseiten des übernehmenden Rechtsträgers.[1106] Zum anderen dient die Wertverknüpfung der Verhinderung der erneuten Besteuerung

---

1104 *Van Lishaut*, in: Rödder/Herlinghaus/van Lishaut, UmwStG, § 3 Rn. 6; *Rödder*, in: Rödder/Herlinghaus/van Lishaut, UmwStG, § 11 Rn. 15; *Kutt/Carstens*, in: FGS/BDI, UmwSt-Erlass 2011 Rn. 04.01 Rn. 12.02 i.V.m. Rn. 04.01; BMF-Schreiben 11.11.2011, BStBl. I 2011, 1314, 1347, 1363 mit Verweis auf Rn. 04.01.

1105 Siehe zum Ansatz- und Bewertungswahlrecht aufseiten des übernehmenden Rechtsträgers im Einbringungsteil 2. Kapitel E I.

1106 *Philipp*, Verschmelzung inländischer Kapitalgesellschaften, S. 338 f.; vgl. zur Übertragung stiller Reserven *Klingberg*, in: Blümich, UmwStG, § 4 Rn. 9; vgl. zur Sicherstellung stiller Reserven auch *Steierberg*, in: Haase/Hruschka, UmwStG, § 4 Rn. 11; *Herfort/Viebrock*, in: Haase/Hruschka, UmwStG, § 12 Rn. 41; *Dötsch/Stimpel*, in: Dötsch/Pung/Möhlenbrock, UmwStG, § 12 Rn. 14; *Schmitt*, in: Schmitt/Hörtnagl/Stratz, UmwStG, § 12 Rn. 10; *Pung*, in: Dötsch/Patt/Pung/Möhlenbrock, UmwStR, § 4 UmwStG Rn. 8; *Dötsch*, in: Dötsch/Patt/Pung/Möhlenbrock, UmwStR, § 12 UmwStG Rn. 9; *Bohnhardt*, in: Haritz/Menner, UmwStG, § 4 Rn. 39; *Rödder*, in: Rödder/Herlinghaus/van Lishaut, UmwStG, § 12 Rn. 3, 15; *Schnitter*, in: Frotscher/Geurts, UmwStG, § 4 Rn. 25.

bereits beim übertragenden Rechtsträger berücksichtigter stiller Lasten und stiller Reserven aufseiten des übernehmenden Rechtsträgers im Falle des Ansatzes zu einem Zwischenwert bzw. zum gemeinen Wert.[1107] Die strikte Wertverknüpfung gilt sowohl für alle Wirtschaftsgüter, die in der steuerlichen Schlussbilanz des übertragenden Rechtsträgers angesetzt worden sind,[1108] als auch für Bilanzposten, die nicht die Wirtschaftsgutseigenschaft[1109] erfüllen.[1110] Ausfluss der strikten Wertverknüpfung gem. § 4 Abs. 1 und § 12 Abs. 1 UmwStG ist, dass der übernehmende Rechtsträger sowohl an den Ansatz der Höhe nach als auch an den Ansatz dem Grunde nach an die steuerliche Schlussbilanz des übertragenden Rechtsträgers gebunden ist. Handelt es sich beim übernehmenden Rechtsträger um eine Personengesellschaft, kann die Umsetzung der Wertverknüpfung durch ein Zusammenspiel von Gesamthands- und Ergänzungsbilanzen erfolgen.[1111]

Der übernehmende Rechtsträger hat aufgrund der umwandlungssteuerrechtlichen Wertverknüpfung gem. § 4 Abs. 1 S. 1 UmwStG und § 12 Abs. 1 S. 1 UmwStG, die ebenso für alle anderen Umwandlungsvorgänge des Umwandlungsteils des Umwandlungssteuergesetzes gelten,[1112] die Wertansätze aus der steuerlichen

---

1107 *Philipp*, Verschmelzung inländischer Kapitalgesellschaften, S. 338 f.

1108 Ausgenommen vom Ansatz in der steuerlichen Schlussbilanz sind jedoch solche Anteile des übertragenden Rechtsträgers am übernehmenden Rechtsträger, welche beim downstream-merger an die Anteilseigner des übertragenden Rechtsträgers ausgekehrt werden (*Philipp*, Verschmelzung inländischer Kapitalgesellschaften, S. 339; *Rödder*, in: Rödder/Herlinghaus/van Lishaut, UmwStG, § 12 Rn. 25).

1109 Beispielsweise lassen sich hierfür steuerfreie Rücklagen (§ 6b EStG, § 7g EStG a.F., § 6 UmwStG), Ausgleichsposten (§ 4g EStG, § 14 Abs. 4 KStG) sowie Rechnungsabgrenzungsposten anführen (ausführlich *Philipp*, Verschmelzung inländischer Kapitalgesellschaften, S. 340).

1110 Ebenso BMF-Schreiben 11.11.2011, BStBl. I 2011, 1314, 1363, insbesondere Rn. 12.02 i.V.m. Rn. 04.01 i.V.m. 03.04 (lediglich hinsichtlich Rechnungsabgrenzungsposten und Sammelposten im Sinne des § 6 Abs. 2a EStG); *Bohnhardt*, in: Haritz/Menner, UmwStG, § 4 Rn. 66; *Dötsch*, in: Dötsch/Patt/Pung/Möhlenbrock, UmwStR, 12 UmwStG Rn. 9; *Frotscher*, in: Frotscher/Maas, UmwStG, § 12 Rn. 7; *Herfort/Viebrock*, in: Haase/Hruschka, UmwStG, § 12 Rn. 40; *Klingberg*, in: Blümich, UmwStG, § 4 Rn. 15; *ders.*, in: Blümich, UmwStG, § 12 Rn. 18; *Pung*, in: Dötsch/Patt/Pung/Möhlenbrock, UmwStR, § 4 UmwStG Rn. 11; *Rödder*, in: Rödder/Herlinghaus/van Lishaut, UmwStG, § 12 Rn. 24; *Schmitt*, in: Schmitt/Hörtnagl/Stratz, UmwStG, § 4 Rn. 2, 11; § 12 Rn. 10; *Steierberg*, in: Haase/Hruschka, UmwStG, § 4 Rn. 11; *Staats*, in: Lademann, UmwStG, § 4 Rn. 17, 20; *van Lishaut*, in: Rödder/Herlinghaus/van Lishaut, UmwStG, § 4 Rn. 14; *Schmitt/Schloßmacher*, UmwStE Rn. 12.01.

1111 *Steierberg*, in: Haase/Hruschka, UmwStG, § 4 Rn. 12.

1112 Siehe zur Verschmelzung einer Körperschaft auf eine Personengesellschaft § 4 Abs. 1 S. 1 UmwStG; zur Verschmelzung einer Körperschaft auf eine andere Körperschaft § 12 Abs. 1 S. 1 UmwStG; zum Formwechsel in eine Personengesellschaft § 9 S. 1 UmwStG i.V.m. § 4 Abs. 1 S. 1 UmwStG; zur Aufspaltung, Abspaltung und Teilübertragung auf andere Körperschaften § 15 Abs. 1 S. 1 UmwStG i.V.m. § 12

Schlussbilanz des übertragenden Rechtsträgers zwingend zu übernehmen. Über die Wertverknüpfung hinaus tritt der übernehmende Rechtsträger gem. § 4 Abs. 2 S. 1 und § 12 Abs. 3 Hs. 1 UmwStG in die steuerliche Rechtsstellung, also in die steuerlich relevanten Merkmale des übertragenden Rechtsträgers ein.[1113] Das Gesetz unterscheidet diesbezüglich nicht zwischen aktiven und passiven Wirtschaftsgütern. Die steuerliche Rechtsnachfolge gilt gem. § 4 Abs. 2 S. 2 UmwStG (i.V.m. § 12 Abs. 3 Hs. 2 UmwStG) mit Einschränkungen für verrechenbare Verluste, verbleibende Verlustvorträge, vom übertragenden Rechtsträger nicht ausgeglichene negative Einkünfte, dem Zinsvortrag nach § 4h Abs. 1 S. 5 EStG und dem EBITDA-Vortrag nach § 4h Abs. 1 S. 3 EStG insbesondere bezüglich der Bewertung der übernommenen Wirtschaftsgüter. Weitere einschränkende Anordnungen hinsichtlich der sich aus der steuerlichen Rechtsnachfolge[1114] ergebenden Folgen lassen sich dem Umwandlungssteuergesetz nicht entnehmen. Daher tritt der übernehmende Rechtsträger auch hinsichtlich der Bewertung passivierungsbeschränkter Verpflichtungen in die steuerliche Rechtsstellung des übertragenden Rechtsträgers ein.

2. *Folgebilanzierung*

Nachdem soeben festgestellt wurde, dass der übernehmende Rechtsträger im Rahmen der Übernahmebilanzierung an die Werte aus der vom übertragenden Rechtsträger auf den steuerlichen Übertragungsstichtag erstellten steuerlichen

---

Abs. 1 S. 1 UmwStG; zur Aufspaltung und Abspaltung auf eine Personengesellschaft § 16 S. 1 UmwStG i.V.m. § 4 Abs. 1 S. 1 UmwStG.

1113 Vgl. BT-Drs. 16/2710, S. 50; BFH 27.1.2016 – X R 21/09, BFH/NV 2016, 751, 752; BFH 22.8.2012 – X R 21/09, BStBl. II 2014, 447, 452 f.; BFH 29.2.2012 – I R 16/11, BFH/NV 2012, 1340, 1342; *Biesold*, in: Haase/Hruschka, UmwStG § 23 Rn. 1; *Bilitewski*, in: Haritz/Menner, UmwStG, § 23 Rn. 34; *Forst/Schaaf*, in: NWB Bilanzsteuerrecht Rn. 1903; *Frotscher*, in: Frotscher/Drüen, UmwStG, § 12 Rn. 87; *Hahn*, in: Lademann, UmwStG, § 12 Rn. 51; *Höhn*, in: Böttcher/Habighorst/Schulte, UmwR, § 23 UmwStG Rn. 1; *Patt*, in: Dötsch/Pung/Möhlenbrock, UmwStG, § 23 Rn. 11; *Rödder*, in: Rödder/Herlinghaus/van Lishaut, UmwStG, § 12 Rn. 99; *Schmitt*, in: Schmitt/Hörtnagl/Stratz, UmwStG, § 12 Rn. 69; § 23 Rn. 17; *Staats*, in: Lademann, UmwStG, § 4 Rn. 52; *Steierberg*, in: Haase/Hruschka, UmwStG, § 4 Rn. 54; *van Lishaut*, in: Rödder/Herlinghaus/van Lishaut, UmwStG, § 4 Rn. 48; *Philipp*, Verschmelzung inländischer Kapitalgesellschaften, S. 373; *Weiss/Brühl*, Ubg 2018, 22, 26; siehe zur Verschmelzung einer Körperschaft auf eine Personengesellschaft § 4 Abs. 2 S. 1 UmwStG; siehe zur Verschmelzung einer Körperschaft auf eine andere Körperschaft § 12 Abs. 3 Hs. 1 UmwStG; siehe zum Formwechsel in eine Personengesellschaft § 9 S. 1 UmwStG i.V.m. § 4 Abs. 2 S. 1 UmwStG; siehe zur Aufspaltung, Abspaltung und Teilübertragung auf andere Körperschaften § 15 Abs. 1 S. 1 UmwStG i.V.m. § 12 Abs. 3 Hs. 1 UmwStG; siehe zur Aufspaltung und Abspaltung auf eine Personengesellschaft § 16 S. 1 UmwStG i.V.m. § 4 Abs. 2 S. 1 UmwStG.

1114 Siehe hierzu 2. Kapitel B III 2.

Schlussbilanz anzuknüpfen hat, stellt sich im Folgenden die Frage, ob und inwieweit sich die Wertverknüpfung auf die Folgebilanzierung auswirkt.

Die Suspendierung der bilanzsteuerrechtlichen Passivierungsbeschränkungen in der Übernahmebilanz könnte nach der Auffassung der Finanzverwaltung durch phasenverschobenes Wiederaufleben der bilanzsteuerrechtlichen Ansatz- und Bewertungsvorbehalte in der auf den Übertragungsstichtag nachfolgenden „normalen", für die Besteuerung maßgebenden Steuerbilanz rückgängig gemacht werden.[1115] Nach dem Umwandlungssteuererlass soll ein in der steuerlichen Schlussbilanz des übertragenden Rechtsträgers entgegen § 5 EStG angesetztes Wirtschaftsgut in der Steuerbilanz des übernehmenden Rechtsträgers auszuweisen und in der Folgezeit unter Anwendung des § 5 EStG ertragswirksam aufzulösen sein.[1116] Diese Auffassung der Finanzverwaltung ist jedoch nicht zwingend und widerspricht der unmissverständlichen Rechtsprechung des Bundesfinanzhofs,[1117] wonach das phasenverschobene Wiederaufleben der steuerlichen Ansatz- und Bewertungsverbote gegen die sich aus dem Realisationsprinzip ergebende Erfolgsneutralität von Anschaffungskosten verstößt.[1118]

In Anknüpfung an die vom Bundesfinanzhof zur Verpflichtungsübertragung durch Schuldfreistellung aufgestellten und durch die Entscheidungen zur Verpflichtungsübertragung im Wege der Schuldübernahme,[1119] des Betriebsübergangs[1120] und der Ausgliederung[1121] bestätigten Grundsätze[1122] stellt sich die Frage, ob diese auch im Kontext umwandlungssteuerrechtlicher Umstrukturierungsvorgänge Geltung finden. Zunächst ist mit Blick in das Umwandlungssteuergesetz

---

1115 BMF-Schreiben 11.11.2011, BStBl. I 2011, 1314, 1349, 1363, insbesondere 12.04 i.V.m. Rn. 04.16 mit Verweis auf BMF-Schreiben 24.6.2011, BStBl. I 2011, 627; so auch *Meurer*, BB 2011, 1259, 1261; vgl. auch zur Auffassung der Finanzverwaltung vor Einführung des AIFM-StAnpG 1. Kapitel B II.

1116 BMF-Schreiben 11.11.2011, BStBl. I 2011, 1314, 1349, 1363.

1117 Zur Verpflichtungsübertragung im Wege der Schuldfreistellung BFH 16.12.2009 – I R 102/08, BStBl. II 2011, 566; zur Verpflichtungsübertragung durch Schuldübernahme BFH 14.12.2011 – I R 72/10, BStBl. II 2017, 1226; zum Betriebsübergang nach § 613 BGB BFH 12.12.2012 – I R 69/11, BStBl. II 2017, 1232; vgl. zur Ausgliederung BFH 12.12.2012 – I R 28/11, BStBl. II 2017, 1265, 1269 f.

1118 Vgl. hierzu ausführlich 1. Kapitel B I; so auch *Dötsch*, in: Dötsch/Patt/Pung/Möhlenbrock, UmwStR, § 11 UmwStG Rn. 24; *ders.*, in: Dötsch/Patt/Pung/Möhlenbrock, UmwStR, § 12 UmwStG Rn. 12; *Frotscher*, Umwandlungssteuererlass Rn. 04.16; *Philipp*, Verschmelzung inländischer Kapitalgesellschaften, S. 348; *Riedel*, FR 2012, 1109, 1111; *Rödder*, DStR 2011, 1059, 1062; *Schießl*, UmwStE Rn. 04.16; *Schmitt/Schloßmacher*, UmwStE Rn. 04.16; *Schumacher/Neitz-Hackstein*, Ubg 2011, 409, 413; vgl. auch *Kutt/Carstens*, FGB/BDI, Rn 04.16.

1119 BFH 14.12.2011 – I R 72/10, BStBl. II 2017, 1226.

1120 BFH 12.12.2012 – I R 69/11, BStBl. II 2017, 1232.

1121 BFH 12.12.2012 – I R 28/11, BStBl. II 2017, 1265.

1122 Siehe zu den einzelnen Entscheidungen 1. Kapitel B I.

festzustellen, dass die vom übertragenden Rechtsträger in der steuerlichen Schlussbilanz angesetzten Werte vom übernehmenden Rechtsträger auf Grundlage der Wertverknüpfung[1123] und der steuerlichen Rechtsnachfolge[1124] fortzuführen sind. In Kombination mit der Suspendierung der Ansatzverbote des § 5 EStG in der steuerlichen Schlussbilanz[1125] lässt sich ein phasenverschobenes Wiederaufleben der Ansatzverbote im Sinne des § 5 EStG, wie es von der Finanzverwaltung vertreten wird,[1126] nicht mit den Regelungen des Umwandlungssteuergesetzes in Einklang bringen. Vielmehr widerspricht eine Anordnung des phasenverschobenen Wiederauflebens der ertragsteuerlichen Passivierungsbeschränkungen in der auf die steuerliche Schlussbilanz folgenden „normalen" Steuerbilanz den grundlegenden Prinzipien des Umwandlungssteuergesetzes, so dass eine mit dem Wiederaufleben der steuerlichen Passivierungsbeschränkungen einhergehende phasenverschobene ertragswirksame Auflösung der in der steuerlichen Schlussbilanz angesetzten Passivposten abzulehnen ist.[1127] Gegen die Auffassung der Finanzverwaltung spricht, dass die Tragweite der umwandlungssteuerrechtlichen Vorschriften verkannt wird. Diese ordnen eine Wertverknüpfung[1128] zwischen den

---

1123 Siehe hierzu 2. Kapitel B II.

1124 Siehe hierzu 2. Kapitel B III.

1125 Siehe zur steuerlichen Rechtsnachfolge im Umwandlungssteuerrecht 2. Kapitel B III.

1126 BMF-Schreiben 11.11.2011, BStBl. I 2011, 1314, 1349. Folge der Auffassung der Finanzverwaltung wäre – mit Ausnahme der sonstigen selbst geschaffenen oder nicht entgeltlich erworbenen immateriellen Wirtschaftsgüter – eine ertragswirksame Auflösung aller im Rahmen der steuerlichen Schlussbilanz des übertragenden Rechtsträgers im Rahmen des Ansatzes zum gemeinen Wert oder Zwischenwert berücksichtigten Verbindlichkeiten, die zuvor einer bilanzsteuerrechtlichen Passivierungsbeschränkung unterlegen haben.

1127 *Dötsch*, in: Dötsch/Patt/Pung/Möhlenbrock, UmwStR, § 11 UmwStG Rn. 24; *ders*, in: Dötsch/Patt/Pung/Möhlenbrock, UmwStR, § 12 UmwStG Rn. 12; *Gaffron*, in: UmwStG – eKommentar,§ 4 Rn. 68; *Herfort/Viebrock*, in: Haase/Hruschka, UmwStG, § 12 Rn. 55; *Staats*, in: Lademann, UmwStG, § 4 Rn. 30; *Steierberg*, in: Haase/Hruschka, UmwStG, § 4 Rn. 55; *Widmann*, in: Widmann/Mayer, UmwR, UmwStE Rn. 04.16; *Blaas/Sommer*, in: Schneider/Rouff/Sistermann Rn. 4.39 ff.; *Bogenschütz*, Ubg 2011, 393, 402; *Bünnig*, BB 2012, 243, 245 f.; *Demuth*, KÖSDI 2012, 17784, 17786; *Förster*, GmbHR 2012, 237, 239; *Frotscher*, Umwandlungssteuererlass Rn. 04.16; *Geberth/Höhn*, GmbHR 2012, 405, 406; *Gosch*, BFH/PR 2012, 147, 148; *Kahle/Hiller/Vogel*, FR 2012, 789, 797; *Kutt/Carstens*, in: FGS/BDI, UmwSt-Erlass 2011 Rn 04.16; *Oppen/Polatzky*, GmbHR 2012, 263, 268; *Philipp*, Verschmelzung inländischer Kapitalgesellschaften, S. 351; *Prinz/Adrian*, StuB 2012, 318, 319; *Rödder*, DStR 2011, 1059, 1062; *Rödder*/Schmidt-Fehrenbacher, in: FGS/BDI, UmwSt-Erlass 2011 Rn. 11.03 Rn. 12.04; *Schießl*, UmwStE Rn. 04.16; *Schlotter*, BB 2012, 951, 954; *Schmitt/Schloßmacher*, UmwStE Rn. 04.16; *Schumacher/Neitz-Hackstein*, Ubg 2011, 409, 413; *Stadler/Elser/Bindl*, DB 2012, Beilage zu Heft 2, 14, 16; a.A. *Rupp*, in: Patt/Rupp/Aßmann, S. 49.

1128 Siehe hierzu 2. Kapitel B II.

Werten des übertragenden Rechtsträgers und des übernehmenden Rechtsträgers sowie den Eintritt des übernehmenden Rechtsträgers in die steuerliche Rechtsstellung[1129] des übertragenden Rechtsträgers an. Daher sind die in der steuerlichen Schlussbilanz des übertragenden Rechtsträgers angesetzten Werte weiterhin fortzuführen.[1130] Auch wenn teilweise vertreten wird, dass § 3 Abs. 1 UmwStG nur für die Übertragungsbilanz und § 4 Abs. 1, 2 UmwStG nur für eine steuerliche Übernahmebilanz, nicht aber für die auf den Übertragungsstichtag nachfolgende „normale“ steuerliche Schlussbilanz gelten,[1131] widerspricht ein solches Verständnis der Einordnung der §§ 3 ff. UmwStG als eigenständige Ansatz- und Bewertungsvorschriften[1132] und der damit einhergehenden Loslösung von der allgemeinen Bilanzierungsvorschrift des § 5 EStG.[1133] Auch am nachfolgenden Bilanzstichtag können die §§ 5 und 6 EStG die eigenständigen Ansatz- und Bewertungsvorschriften des Umwandlungssteuergesetzes[1134] nicht überlagern.[1135] Zwingende Gründe, warum die in der steuerlichen Schlussbilanz des übertragenden Rechtsträgers angesetzten und in der Übernahmebilanz des übernehmenden Rechtsträgers kraft Gesetzes übernommenen Werte in der Folgezeit nicht mehr gelten sollen, lassen sich dem Umwandlungssteuergesetz nicht entnehmen.[1136] Die Möglichkeit, das übernommene Vermögen zum Buchwert oder zu einem Zwischenwert anzusetzen, wenn und soweit das übernommene Vermögen beim übernehmenden Rechtsträger Betriebsvermögen wird, der Einkommen- oder Körperschaftsteuer unterliegt, das Besteuerungsrecht Deutschlands hinsichtlich des Gewinns aus der Veräußerung des übertragenden Vermögens nicht ausgeschlossen oder beschränkt wird und eine Gegenleistung nicht gewährt wird oder in Gesellschaftsrechten besteht, zeigt, dass stille Lasten und stille Reserven nach dem Umwandlungssteuergesetz auch an den nachfolgenden Bilanzstichtagen konserviert werden können. Auch die mit

---

1129 Siehe zur steuerlichen Rechtsnachfolge im Umwandlungsteil des Umwandlungssteuergesetzes 2. Kapitel B III; vgl. zur steuerlichen Rechtsnachfolge bei Einbringungsvorgängen grundsätzlich auch § 23 Abs. 1 UmwStG bzw. § 24 Abs. 4 UmwStG i.V.m. § 23 Abs. 1 UmwStG und § 25 S. 1 UmwStG, wonach – abgesehen von Einbringungsvorgängen im Wege der Einzelrechtsnachfolge zum gemeinen Wert – der übernehmende Rechtsträger grundsätzlich auch in die steuerliche Rechtsstellung des übertragenden Rechtsträgers eintritt.

1130 Vgl. *Staats*, in: Lademann, UmwStG, § 4 Rn. 31; *Widmann*, in: Widmann/Mayer, UmwR, UmwStE 2011, 04.16; *Philipp*, Verschmelzung inländischer Kapitalgesellschaften, S. 351.

1131 Vgl. hierzu *Frotscher*, Umwandlungssteuererlass Rn. 04.16.

1132 Siehe hierzu 2. Kapitel B I.

1133 Siehe hierzu 2. Kapitel D I 2.

1134 Siehe hierzu 2. Kapitel B I.

1135 *Steierberg*, in: Haase/Hruschka, UmwStG, § 4 Rn. 55; vgl. auch *Schönherr/Krüger*, DStR, 1709, 1711.

1136 *Staats*, in: Lademann, UmwStG, § 4 Rn. 31, vgl. auch *Frotscher*, in: Frotscher/Drüen, UmwStG, § 12 Rn. 25.

dem Eintritt in die steuerliche Rechtsstellung des übertragenden Rechtsträgers einhergehende Bewertung nach § 4 Abs. 2 S. 1 UmwStG und § 4 Abs. 3 UmwStG lässt erkennen, dass die auf Grundlage der eigenständigen Ansatz- und Bewertungsvorschriften angesetzten Werte auch an den nachfolgenden Bilanzstichtagen für Bewertungsfragen, die sich in den Folgebilanzen aufseiten des übernehmenden Rechtsträgers ergeben, dauerhafte Grundlage der weiteren Gewinnermittlung sein sollen.[1137]

Zudem konfligiert das phasenverschobene Wiederaufleben der bilanzsteuerrechtlichen Passivierungsbeschränkungen in der Folgezeit mit der grundlegenden Dogmatik von Umwandlungs- und Einbringungsvorgängen, die überwiegend als veräußerungsbegründend wirkende tauschähnliche Vorgänge und Anschaffungsvorgänge einzuordnen sind.[1138] Dies führt dazu, dass Umstrukturierungsvorgänge grundsätzlich einen Realisationsakt darstellen.[1139] Ausfluss dieser Einordnung ist die Anwendung des Grundsatzes der erfolgsneutralen Behandlung von Anschaffungsvorgängen beim übernehmenden Rechtsträger. Soweit Umstrukturierungsvorgänge in diesem Sinne als veräußerungsbegründend wirkende tauschähnliche Vorgänge und Anschaffungsvorgänge eingeordnet werden, widerspricht ein phasenverschobenes Wiederaufleben der Passivierungsbeschränkungen in der Folgebilanzierung dem Grundsatz der Erfolgsneutralität von Anschaffungsvorgängen.[1140] Anderenfalls verkommt dieser Grundsatz zu einer inhaltsleeren Hülle.[1141] Lediglich im Falle von Pensionsrückstellungen, für die in der steuerlichen Schlussbilanz aufgrund der ausdrücklichen Anordnung der § 3 Abs. 1 S. 2 und § 11 Abs. 1 S. 2 UmwStG der Bewertungsvorbehalt des § 6a EStG weiterhin Anwendung findet, ist die Passivierungsbeschränkung wegen der Wertverknüpfung der § 4 Abs. 1 S. 1 und § 12 Abs. 1 S. 1 UmwStG auch im Rahmen der Folgebilanzierung weiterhin zu berücksichtigen.[1142]

Die Finanzverwaltung selbst nimmt, *prima facie* ihrer Auffassung zum phasenverschobenen Wiederaufleben von Passivierungsbeschränkungen am nachfolgenden Bilanzstichtag widersprechend, an, dass Umwandlungs- und

1137 *Schmitt*, in: Schmitt/Hörtnagl/Stratz, UmwStG, § 20 Rn. 279d; § 24 Rn. 171c; vgl. auch *Riedel*, Umwandlungssteuerrecht, S. 156.

1138 Siehe hierzu ausführlich 2. Kapitel C.

1139 *Staats*, in: Lademann, UmwStG, § 4 Rn. 31; *A. Meyer*, in: HdJ, Abt IV/2 Rn. 11.

1140 *Steierberg*, in: Haase/Hruschka, UmwStG, § 4 Rn. 55; *Schmitt/Keuthen*, DStR 2015, 2521; 2526; ebenso *Philipp*, Verschmelzung inländischer Kapitalgesellschaften, S. 351; vgl. zur Erfolgsneutralität von Anschaffungsvorgängen auch BFH 16.12.2009 – BFH I R102/08, BStBl. II 2011, 566, 567; BFH 14.12.2011 – BFH I R 72/10, BStBl. II 2017, 1226, 1227; FG Düsseldorf 29.6.2010 – 6 K 7287/00 K, EFG 2011, 34; FG Münster 15.6.2011 – 9 K 1292/07 K, EFG 2012, 638.

1141 *Steierberg*, in: Haase/Hruschka, UmwStG, § 4 Rn. 55.

1142 *Philipp*, Verschmelzung inländischer Kapitalgesellschaften, S. 351; vgl. auch *Herfort/Viehbrock*, in: Haase/Hruschka, UmwStG, § 12 Rn. 53.

Einbringungsvorgänge auf Ebene des übernehmenden Rechtsträgers ein Anschaffungsgeschäft hinsichtlich des übernommenen Vermögens darstellen.[1143]

Im Ergebnis finden im Falle des Ansatzes zum gemeinen Wert und zu einem Zwischenwert – entgegen der Auffassung der Finanzverwaltung – die steuerlichen Passivierungsverbote auch in der auf den Übertragungsstichtag nachfolgenden Steuerbilanz grundsätzlich keine Anwendung.[1144]

III. Fazit

Letztlich ist festzustellen, dass in der steuerlichen Schlussbilanz als eigenständiger Bilanz[1145] alle aktiven als auch passiven Bilanzposten anzusetzen sind. Dabei sind auch solche Passivposten zu erfassen, die aufseiten des übertragenden Rechtsträgers zuvor einer bilanzsteuerrechtlichen Passivierungsbeschränkung unterlegen haben. Der übertragende Rechtsträger kann übergehendes Betriebsvermögen aufgrund der eigenständigen umwandlungssteuerlichen Ansatz- und Bewertungsvorschriften[1146] zum Buchwert, zu einem Zwischenwert oder zum gemeinen Wert ansetzen. Während beim Ansatz zum Buchwert keine stillen Lasten aufgedeckt werden, führen der Ansatz zu einem Zwischenwert zur anteiligen Aufdeckung stiller Lasten in Höhe der Zwischenwertquote und der Ansatz zum gemeinen Wert zur vollständigen Aufdeckung stiller Lasten. Die ertragsteuerlichen Passivierungsbeschränkungen sind im Anwendungsbereich der umwandlungssteuerrechtlichen Ansatz- und Bewertungsbeschränkungen nicht anwendbar, so dass auch stille Lasten grundsätzlich separat anzusetzen sind. Lediglich Pensionsrückstellungen sind aufgrund besonderer Anordnung stets mit dem Wert nach § 6a EStG zu bilanzieren,

---

1143 BMF-Schreiben 11.11.2011, BStBl. I 2011, 1314, 1322; vgl. hierzu auch *Neu/Schiffers/Watermeyer*, GmbHR 2011, 729, 731; *Schießl*, UmwStE Rn. 03.06; vgl. im Falle des Ansatzes zum gemeinen Wert und zu einem Zwischenwert auch *Frotscher*, in: Frotscher/Drüen, UmwStG, § 13 Rn. 25.

1144 Ebenso *Dötsch*, in: Dötsch/Patt/Pung/Möhlenbrock, UmwStR, § 11 UmwStG Rn. 24; *ders*, in: Dötsch/Patt/Pung/Möhlenbrock, UmwStR, § 12 UmwStG Rn. 12; *Rödder*, DStR 2011, 1059, 1062; *Schumacher/Neitz-Hackstein*, Ubg 2011, 409, 413.

1145 BMF-Schreiben 11.11.2011, BStBl. I 2011, 1314, 1341; *Dötsch*, in: Dötsch/Patt/Pung/Möhlenbrock, UmwStR, § 11 UmwStG Rn. 36; *Honebrink*, in: Böttcher/Habighorst/Schulte, UmwR, § 3 UmwStG Rn. 6; *Klingberg*, in: Blümich, UmwStG, § 3 Rn. 3; *ders*, in: Blümich, UmwStG, § 11 Rn. 21; *Möhlenbrock/Pung*, in: Dötsch/Pung/Möhlenbrock, UmwStG, § 3 Rn. 24; *Möhlenbrock/Pung*, in: Dötsch/Patt/Pung/Möhlenbrock, UmwStR, § 3 UmwStG Rn. 2; *Rödder*, in: Rödder/Herlinghaus/van Lishaut, UmwStG, § 12 Rn. 26b; *Schmitt*, in: Schmitt/Hörtnagl/Stratz, UmwStG, § 3 Rn. 22; § 11 Rn. 15; *Dötsch/Pung*, DB 2006, 2704, 2708; *Horst*, FR 2015, 824, 826; *Pyszka*, GmbHR 2013, 738, 738 f.; *Schell/Krohn*, DB 2012, 1057; *Schmitt/Keuthen*, DStR 2015, 2521, 2521 f.; *Schmitt/Schloßmacher*, UmwStE, S. 79; *Schneider/Ruoff/Sistermann*, FR 2012, 1; kritisch: *Schulze zur Wiesche*, StBp 2012, 246; *Stimpel*, GmbHR 2012, 123; a.A. *Birkemeier*, in: Rödder/Herlinghaus/van Lishaut, UmwStG Rn. 61a.

1146 Siehe hierzu 2. Kapitel B I.

so dass eine Aufdeckung stiller Lasten insoweit nicht möglich ist. Sofern Umwandlungsvorgänge als veräußerungsbegründend wirkende tauschähnliche Vorgänge eingeordnet werden, sind passivierungsbeschränkte Verpflichtungen in der steuerlichen Schlussbilanz nach den für ungewisse Verbindlichkeiten geltenden Grundsätzen zu passivieren.

Die vom übertragenden Rechtsträger in der steuerlichen Schlussbilanz angesetzten Werte sind im Umwandlungsteil des Umwandlungssteuergesetzes vom übernehmenden Rechtsträger im Übernahmezeitpunkt zum einen auf Grundlage der umwandlungssteuerrechtlichen Wertverknüpfung gem. § 4 Abs. 1 und § 12 Abs. 1 UmwStG fortzuführen. Zum anderen tritt der übernehmende Rechtsträger aufgrund der steuerlichen Rechtsnachfolge gem. § 4 Abs. 2 S. 1 UmwStG und § 12 Abs. 3 Hs. 1 UmwStG in die steuerlich relevanten Merkmale, insbesondere in die Bewertung des übergehenden Betriebsvermögens des übertragenden Rechtsträgers ein. Daher können sich die steuerlichen Ansatzverbote, Ansatzbeschränkungen und Bewertungsvorbehalte aufgrund der Suspendierung in der steuerlichen Schlussbilanz im Übernahmezeitpunkt – mit Ausnahme im Falle des Buchwertansatzes – sowohl beim Ansatz zu einem Zwischenwert als auch beim Ansatz zum gemeinen Wert weder auf Aktivseite noch auf Passivseite bei der Übernahmebilanzierung aufseiten des übernehmenden Rechtsträgers auswirken. Auch an den auf den Übertragungsstichtag nachfolgenden Bilanzstichtagen sind die ertragsteuerlichen Ansatzverbote, Ansatzbeschränkungen und Bewertungsvorbehalte – mit Ausnahme im Falle der Buchwertfortführung und bei Pensionsrückstellungen – nicht zu berücksichtigen. Eine phasenverschobene Wiedereinsetzung der allgemeinen Bilanzierungsgrundsätze und Bewertungsvorschriften, wie es von der Finanzverwaltung vertreten wird, scheitert an den eigenständigen Ansatz- und Bewertungsvorschriften[1147] des Umwandlungssteuergesetzes, der Wertverknüpfung,[1148] der steuerlichen Rechtsnachfolge[1149] sowie der überwiegenden Einordnung der Umwandlungsvorgänge als veräußerungsbegründend wirkende tauschähnliche Vorgänge und Anschaffungsvorgänge. Daher können im Rahmen eines Umwandlungsvorgangs aufseiten des übertragenden Rechtsträgers gehobene stille Lasten nicht durch einen mit einem phasenverschobenen Wiederaufleben der bilanzsteuerrechtlichen Passivierungsbeschränkungen einhergehenden Erwerbsgewinn in der Folgezeit kompensiert werden.

E. Umwandlungssteuerrechtliche Behandlung der Umstrukturierungen im Einbringungsteil

Nachdem soeben die umwandlungssteuerrechtliche Behandlung von Umstrukturierungen im Umwandlungsteil des Umwandlungssteuergesetzes betrachtet wurde,

1147 Siehe hierzu 2. Kapitel B I.
1148 Siehe hierzu 2. Kapitel B II.
1149 Siehe hierzu 2. Kapitel B III.

richtet sich der Blick im Folgenden auf die umwandlungssteuerrechtliche Behandlung von Umstrukturierungsvorgängen im Sinne des Einbringungsteils. Ebenso wie im Umwandlungsteil bildet das Umwandlungssteuergesetz auch für die einbezogenen Umstrukturierungsvorgänge des Einbringungsteils „einen eigenständigen und sondergesetzlichen Rechtskreis [...], welcher den allgemeinen Gewinnermittlungsvorschriften abschließend vorgeht".[1150] In Übereinstimmung mit den Ausführungen zum Umwandlungsteil, stehen auch die Vorschriften des Einbringungsteils seit Einführung der Vorschriften §§ 4f, 5 Abs. 7 EStG, die nach den Gesetzgebungsmaterialien auch auf Umwandlungsvorgänge nach dem Umwandlungssteuergesetz Anwendung finden sollen,[1151] in einem Spannungsverhältnis zu ebendiesen Vorschriften.[1152] Mit Blick auf die Untersuchung der Anwendbarkeit der §§ 4f, 5 Abs. 7 EStG auf Umwandlungs- und Einbringungsvorgänge wird im Folgenden zunächst die Frage der bilanziellen Abbildung stiller Lasten im Rahmen eines Umstrukturierungsvorgangs im Sinne des Einbringungsteils nach Maßgabe des Umwandlungssteuergesetzes untersucht, bevor im 3. Kapitel der Untersuchung der Vorrang der Vorschriften des Umwandlungssteuergesetzes vor den Vorschriften des Einkommensteuergesetzes ausführlich begründet wird.[1153] Aufgrund der Systematik des Einbringungsteils wird zunächst die umwandlungssteuerrechtliche Behandlung der Umstrukturierungsvorgänge aufseiten des übernehmenden Rechtsträgers untersucht und sodann in einem weiteren Schritt die umwandlungssteuerrechtliche Behandlung des jeweiligen Umstrukturierungsvorgangs aufseiten des übertragenden Rechtsträgers betrachtet. Im Rahmen der bilanziellen Abbildung stiller Lasten in der steuerlichen Schlussbilanz gilt es zu berücksichtigen, dass es sich bei Umwandlungs- und Einbringungsvorgängen grundsätzlich um Veräußerungs- und Anschaffungsvorgänge handelt,[1154] die zur Realisation stiller Lasten und stiller Reserven führen.

Im Kontext der umwandlungssteuerrechtlichen Behandlung der Umstrukturierung aufseiten des übernehmenden Rechtsträgers sind die §§ 20, 24 und 23 UmwStG die zentralen Vorschriften, die die Auswirkungen der Einbringungsvorgänge regeln. Während § 20 UmwStG den Ansatz und die Bewertung des übergehenden Vermögens im Falle der Einbringung von Unternehmensteilen in eine Kapitalgesellschaft oder Genossenschaft und § 24 UmwStG die Einbringung von Betriebsvermögen in eine Personengesellschaft regelt, ist in § 21 UmwStG der

---

1150 Siehe oben Fn. 1043.

1151 Vgl. hierzu BT-Drs. 18/68 (neu), S. 73; BR-Drs. 740/13 (B), S. 116.

1152 Siehe zur Verhältnisbestimmung zwischen Umwandlungssteuergesetz und Einkommensteuergesetz 3. Kapitel B; siehe zur Verhältnisbestimmung des § 4f EStG zum Umwandlungssteuergesetz im Konkreten 3. Kapitel C I; siehe zur Verhältnisbestimmung des § 5 Abs. 7 EStG zu den umwandlungssteuerrechtlichen Vorschriften 3. Kapitel D I.

1153 3. Kapitel B.

1154 Siehe hierzu 2. Kapitel C.

Anteilstausch und in § 25 UmwStG der Formwechsel einer Personengesellschaft in eine Kapitalgesellschaft oder Genossenschaft normiert. § 23 UmwStG ordnet insbesondere den Eintritt in die steuerliche Rechtsstellung des übertragenden Rechtsträgers an. § 23 UmwStG gilt nicht nur beim übernehmenden Rechtsträger im Falle einer Einbringung im Sinne der §§ 20 und 21 UmwStG, sondern aufgrund der Verweisung in § 24 Abs. 4 und § 25 S. 1 UmwStG auch für Einbringungen eines Betriebs, Teilbetriebs oder Mitunternehmeranteils in eine Personengesellschaft und für den Formwechsel einer Personengesellschaft in eine Kapitalgesellschaft.

Obwohl der Einbringungsteil – wie auch der Umwandlungsteil des Umwandlungssteuergesetzes – durch eigenständige Ansatz- und Bewertungsvorschriften[1155] unter den gleichen Voraussetzungen eine steuerneutrale Umstrukturierung ermöglicht, liegt den unterschiedlichen Teilen des Umwandlungssteuergesetzes eine eigenständige Systematik zugrunde. Die steuerrechtlichen Konsequenzen, insbesondere ob und in welcher Höhe es zur Realisation stiller Lasten bzw. stiller Reserven kommt, hängt bei Einbringungsvorgängen – anders als im Umwandlungsteil – nach § 20 Abs. 2 und 3 UmwStG und § 24 Abs. 2 UmwStG maßgeblich von der Bewertung des übertragenen Betriebsvermögens durch den übernehmenden Rechtsträger ab.[1156]

Dieser hat im Rahmen der Wahlrechtsausübung die Möglichkeit, zwischen dem Ansatz zum Buchwert, zu einem Zwischenwert oder zum gemeinen Wert zu wählen.[1157] Zu beachten ist, dass in Abhängigkeit vom jeweiligen Wertansatz und Einbringungsvorgang unterschiedliche umwandlungssteuerrechtliche Rechtsfolgen eintreten.[1158] Wird der Einbringungsgegenstand zum Buchwert angesetzt, tritt der übernehmende Rechtsträger gem. § 23 Abs. 1 UmwStG in die steuerliche Rechtsstellung des übertragenden Rechtsträgers ein (sog. Fußstapfentheorie). Im Falle des Ansatzes des eingebrachten Betriebsvermögens mit einem Zwischenwert, gilt es zu beachten, dass der Eintritt des übernehmenden Rechtsträgers in die steuerliche Rechtsstellung des übertragenden Rechtsträgers im Sinne des § 23 Abs. 3 UmwStG modifiziert wird. Sofern das eingebrachte Betriebsvermögen hingegen zum gemeinen Wert angesetzt wird, differenziert § 23 Abs. 4 UmwStG wie folgt: Im Falle des Ansatzes zum gemeinen Wert gelten die eingebrachten Wirtschaftsgüter des eingebrachten Betriebsvermögens gem. § 23 Abs. 4 Hs. 1 UmwStG als im Zeitpunkt der Einbringung vom übernehmenden Rechtsträger angeschafft, sofern der Einbringungsvorgang im Wege der Einzelrechtsnachfolge durchgeführt wird. Erfolgt der Einbringungsvorgang des Betriebsvermögens hingegen gem. § 23 Abs. 4 Hs. 2 UmwStG durch Gesamtrechtsnachfolge nach den Vorschriften des Umwandlungsgesetzes, gilt § 23 Abs. 3 UmwStG entsprechend, so dass der

1155 Siehe hierzu 2. Kapitel B I.
1156 Siehe hierzu § 20 Abs. 2, § 21 Abs. 1 und § 24 Abs. 2 UmwStG.
1157 Siehe hierzu § 20 Abs. 2, § 21 Abs. 1 und § 24 Abs. 2 UmwStG.
1158 *Moszka*, in: Semler/Stengel, UmwG, Anhang UmwStG Steuerliche Grundlagen des Umwandlungsrechts, Vorbemerkungen zum UmwStG idF SEStEG Rn. 272 ff.

übernehmende Rechtsträger modifiziert in die steuerliche Rechtsstellung des übertragenden Rechtstägers eintritt. § 20 Abs. 3 S. 1 UmwStG und § 24 Abs. 3 S. 1 UmwStG ordnen zudem an, dass der Wert, mit dem das übernommene Vermögen aufseiten des übernehmenden Rechtsträgers angesetzt wird, als Veräußerungspreis für den Einbringenden gilt.

Aufgrund dieser Systematik wird im Folgenden zunächst die umwandlungssteuerrechtliche Behandlung der jeweiligen Umstrukturierungsmaßnahmen aufseiten des übernehmenden Rechtsträgers erörtert. In einem weiteren Schritt steht daraufhin die umwandlungssteuerrechtliche Behandlung des jeweiligen Umstrukturierungsvorgangs aufseiten des einbringenden Rechtsträgers in Fokus der Bearbeitung.

I. Umwandlungssteuerrechtliche Behandlung der Umstrukturierungen beim übernehmenden Rechtsträger

1. *Berücksichtigung nicht in der Steuerbilanz berücksichtigter Aktiva und Passiva*

Wie im Umwandlungsteil[1159] besteht auch im Einbringungsteil gem. §§ 20, 21 und 24 UmwStG die Möglichkeit, das übergehende Betriebsvermögen zum Buchwert, zu einem Zwischenwert oder zum gemeinen Wert anzusetzen.[1160] Ein unter dem gemeinen Wert liegender Ansatz ist jedoch nur möglich, sofern die im Umwandlungssteuergesetz angeordneten Voraussetzungen[1161] erfüllt sind. Das eingebrachte

1159 Siehe hierzu §§ 3 und 11 UmwStG.

1160 Vgl. *Schmitt*, in: Schmitt/Hörtnagl/Stratz, UmwStG, Vorbemerkungen zu §§ 20–23 Rn. 4; § 20 Rn. 309; § 24 Rn. 156; *Hötzel/Kaeser*, in: FGS/BDI, UmwSt-Erlass 2011 Rn. 20.21; *Pyszka*, GmbHR 2013, 738, 739 ff.

1161 § 20 Abs. 2 S. 2 UmwStG verlangt als Voraussetzung für den Ansatz zu einem Zwischenwert oder Buchwert im Falle einer Einbringung in eine Personengesellschaft, dass (1) sichergestellt ist, dass das übernommene Betriebsvermögen später bei der übernehmenden Körperschaft der Besteuerung mit Körperschaftsteuer unterliegt, (2) die Passivposten des eingebrachten Betriebsvermögens die Aktivposten nicht übersteigen, wobei das Eigenkapital nicht zu berücksichtigen ist, (3) das Recht der Bundesrepublik Deutschland hinsichtlich der Besteuerung des Gewinns aus der Veräußerung des eingebrachten Betriebsvermögens bei der übernehmenden Gesellschaft nicht ausgeschlossen oder beschränkt wird und (4) der gemeine Wert von sonstigen Gegenleistungen, die neben den neuen Gesellschaftsanteilen gewährt werden, nicht mehr beträgt als a) 25 Prozent des Buchwerts des eingebrachten Betriebsvermögens oder b) 500 000 Euro, höchstens jedoch den Buchwert des eingebrachten Betriebsvermögens. § 21 Abs. 1 S. 2 UmwStG lässt im Falle des Anteilstausches abweichend von § 21 Abs. 1 S. 1 UmwStG auf Antrag einen Ansatz der eingebrachten Anteile mit dem Buchwert oder einem Zwischenwert zu, wenn (1) die übernehmende Gesellschaft nach der Einbringung auf Grund ihrer Beteiligung einschließlich der eingebrachten Anteile nachweisbar unmittelbar

Betriebsvermögen erfasst auch selbst geschaffene immaterielle Wirtschaftsgüter, obwohl diese – anders als in § 3 Abs. 1 S. 1 und § 11 Abs. 1 S. 1 UmwStG – nicht ausdrücklich genannt sind. Ob und mit welchem Wert Wirtschaftsgüter angesetzt und bewertet werden, richtet sich nach den umwandlungssteuerrechtlichen Ansatz- und Bewertungsvorschriften des Einbringungsteils gem. § 20 Abs. 2, § 21 Abs. 1, § 24 Abs. 2 und § 25 S. 1 i.V.m. § 20 oder § 21 UmwStG. Wie im Umwandlungsteil handelt es sich auch bei den Ansatz- und Bewertungsvorschriften im Einbringungsteil um eigenständige Vorschriften, die unabhängig von bilanzsteuerrechtlichen Aktivierungs- und Passivierungsbeschränkungen sind.[1162]

Wie im Rahmen des übernehmenden Rechtsträgers im Umwandlungsteil des Umwandlungssteuergesetzes stellt sich auch im Einbringungsteil die Frage, ob und wie Aktiv- und Passivposten, die in der Steuerbilanz des übertragenden Rechtsträgers nicht berücksichtigt werden durften, bei Einbringungsvorgängen zu berücksichtigen sind. Grundsätzlich sind Einbringungsvorgänge aufseiten des übernehmenden Rechtsträgers in der ersten auf die Einbringung nachfolgenden Jahresabschlussbilanz mit den infolge der Wahlrechtsausübung angesetzten Werten abzubilden. Auch wenn § 23 UmwStG grundsätzlich die Auswirkungen der Einbringung auf den übernehmenden Rechtsträger regelt, enthalten die Ausführungen der Finanzverwaltung zu § 23 UmwStG keinen Hinweis auf die Behandlung der übergehenden Wirtschaftsgüter in der Folgebilanz.[1163] Die Finanzverwaltung spricht sich jedoch an anderer Stelle im Umwandlungssteuererlass[1164]

---

die Mehrheit der Stimmrechte an der erworbenen Gesellschaft hat (qualifizierter Anteilstausch) und soweit (2) der gemeine Wert von sonstigen Gegenleistungen, die neben den neuen Anteilen gewährt werden, nicht mehr beträgt als a) 25 Prozent des Buchwerts der eingebrachten Anteile oder b) 500 000 Euro, höchstens jedoch den Buchwert der eingebrachten Anteile. § 24 Abs. 2 S. 2 UmwStG setzt für den Ansatz zum Zwischen- oder Buchwert im Falle einer Einbringung in eine Kapitalgesellschaft oder Genossenschaft voraus, dass (1) das Recht der Bundesrepublik Deutschland hinsichtlich der Besteuerung des eingebrachten Betriebsvermögens nicht ausgeschlossen oder beschränkt wird und (2) der gemeine Wert von sonstigen Gegenleistungen, die neben den neuen Gesellschaftsanteilen gewährt werden, nicht mehr beträgt als a) 25 Prozent des Buchwerts des eingebrachten Betriebsvermögens oder b) 500 000 Euro, höchstens jedoch den Buchwert des eingebrachten Betriebsvermögens. Im Falle des Formwechsels im Sinne des § 25 UmwStG ist ein Ansatz zu einem Zwischenwert oder dem Buchwert aufgrund des Rechtsgrundverweises (vgl. zum Rechtsgrundverweis *Kredig*, Besteuerung stiller Reserven, S. 188) auf die §§ 20–23 UmwStG nur unter den soeben dargestellten Voraussetzungen des § 20 Abs. 2 S. 2 UmwStG möglich.

1162 BMF-Schreiben 11.11.2011, BStBl. 2011, 1314, 1377; *Schmitt,* in: Schmitt/Hörtnagl/Stratz, UmwStG, § 20 Rn. 278a; § 24 Rn. 169a; *Schmitt/Schloßmacher*, UmwStE Rn. 20.20; vgl. zu den Ansatz- und Bewertungsvorschriften des Umwandlungsteil des Umwandlungssteuergesetzes 2. Kapitel B I.

1163 Ebenso *Ritzer*, in: Rödder/Herlinghaus/van Lishaut, UmwStG, § 23 Rn. 239.

1164 BMF-Schreiben 11.11.2011, BStBl. I 2011, 1314, 1377.

im Zusammenhang mit Einbringungsvorgängen dafür aus, dass steuerbilanzielle Passivierungsbeschränkungen im Einbringungszeitpunkt nicht anzuwenden seien, was zur Folge hat, dass die steuerlichen Ansatzverbote nicht gelten.[1165] Allerdings sollen nach Auffassung der Finanzverwaltung die entgegen den Grundsätzen des § 5 EStG angesetzten Passivposten an dem auf den Einbringungszeitpunkt nachfolgenden (regulären) Bilanzstichtag in der Steuerbilanz, in der die allgemeinen Bilanzierungsgrundsätze wieder gelten sollen, erfolgswirksam aufzulösen sein.[1166] Dieses Vorgehen hätte in der Person des übernehmenden Rechtsträgers einen steuerpflichtigen Ertrag zur Folge.

Teilweise wird in der Literatur vertreten, dass die von der Finanzverwaltung vertretene Auffassung nicht auf Einbringungsvorgänge im Sinne der §§ 20 ff. UmwStG übertragen werden kann, da in Abweichung zu den Vorgängen im Sinne der §§ 3 und 11 UmwStG die Bewertung im Rahmen der §§ 20 ff. UmwStG durch den übernehmenden Rechtsträger und nicht durch den übertragenden Rechtsträger vorgenommen werde.[1167] Eine eigenständige steuerliche Schlussbilanz, die mit der steuerlichen Schlussbilanz im Sinne der §§ 3 und 11 UmwStG vergleichbar ist, sei im Einbringungsteil nicht aufzustellen, weshalb im Einbringungszeitpunkt grundsätzlich keine eigenständige Bilanz existiere, in der das eingebrachte Betriebsvermögen beim übernehmenden Rechtsträger anzusetzen sei.[1168] Einbringungsvorgänge stellen für den übernehmenden Rechtsträger laufende Geschäftsvorfälle dar, welche in der „normalen" Schlussbilanz, in der die allgemeinen ertragsteuerlichen Bilanzierungsvorschriften der §§ 4 ff. EStG grundsätzlich Anwendung finden, zu bilanzieren sind. Daher sei das übergehende Betriebsvermögen in der Eröffnungsbilanz des übernehmenden Rechtsträgers (vgl. § 60 Abs. 1 S. 1 EStDV) für den Fall, dass der steuerliche Einbringungsstichtag mit dem (regulären) Bilanzstichtag des übernehmenden Rechtsträgers übereinstimmt, in der (regulären) Bilanz (vgl. § 60 Abs. 2 EStDV) oder, sofern die Einbringung im laufenden Wirtschaftsjahr eines bestehenden übernehmenden Rechtsträgers erfolgt, in der ersten regulären Bilanz zum Schluss des Wirtschaftsjahrs anzusetzen und zu bewerten.[1169] Bei der „steuerlichen Schlussbilanz" im Sinne des Einbringungsteils handelt es sich nicht um eine von der „normalen" Steuerbilanz zu unterscheidende eigenständige Schlussbilanz, sondern um die nächste auf den Einbringungszeitpunkt folgende steuerliche Jahresabschlussbilanz des übernehmenden Rechtsträgers im Sinne von

---

1165 BMF-Schreiben 11.11.2011, BStBl. I 2011, 1314, 1377; vgl. hierzu auch *Ritzer*, in: Rödder/Herlinghaus/van Lishaut, UmwStG, § 23 Rn. 239.

1166 BMF-Schreiben 11.11.2011, BStBl. I 2011, 1314, 1377.

1167 *Patt*, in: Dötsch/Pung/Möhlenbrock, UmwStG, § 20 Rn. 206a; *ders.*, in: Dötsch/Patt/Pung/Möhlenbrock, UmwStR, § 20 UmwStG Rn. 206.

1168 *Patt*, in: Dötsch/Pung/Möhlenbrock, UmwStG, § 20 Rn. 206a; *ders.*, in: Dötsch/Patt/Pung/Möhlenbrock, UmwStR, § 20 UmwStG Rn. 206.

1169 *Patt*, in: Dötsch/Pung/Möhlenbrock, UmwStG, § 20 Rn. 206a; *ders.*, in: Dötsch/Patt/Pung/Möhlenbrock, UmwStR, § 20 UmwStG Rn. 206.

§ 4 Abs. 1, § 5 EStG.[1170] Richtig ist insoweit, dass die allgemeinen Bilanzierungsgrundsätze einschließlich Aktivierungs- und Passivierungsbeschränkungen in der auf den Einbringungszeitpunkt folgenden steuerlichen Jahresabschlussbilanz zu berücksichtigen sind.[1171] Allerdings können die Grundsätze der Aktivierungs- und Passivierungsbeschränkungen des § 5 EStG nur auf das beim übernehmenden Rechtsträger bereits vor dem Einbringungsvorgang vorhandene Betriebsvermögen Anwendung finden. Nicht anzuwenden sind diese Grundsätze hingegen auf das Vermögen, das erst durch den Einbringungsvorgang aufseiten des übernehmenden Rechtsträgers neu hinzugekommen ist.

Bestätigt wird dies durch die umwandlungssteuerrechtlichen Sondervorschriften. Der Einbringungsteil des Umwandlungssteuergesetzes enthält mit den §§ 20, 21 und 24 UmwStG – ebenso wie auch der Umwandlungsteil gem. §§ 3 und 11 UmwStG – für das übergehende Betriebsvermögen eigenständige Ansatz- und Bewertungsvorschriften.[1172] Daher hat die Bilanzierung im Einbringungsteil zumindest im Hinblick auf das im Wege der Einbringung vom einbringenden auf den übernehmenden Rechtsträger übertragene Betriebsvermögen unabhängig von allgemeinen ertragsteuerlichen Grundsätzen der Gewinnermittlung im Sinne der §§ 4 ff. EStG zu erfolgen. Allgemeine ertragsteuerliche Bilanzierungsvorschriften sind daher – mit Ausnahme im Falle der Buchwertfortführung und bei Pensionsrückstellungen – nicht zu berücksichtigen.[1173] Dies bestätigt für den Fall des Ansatzes zum gemeinen Wert und zu einem Zwischenwert auch das Umwandlungssteuergesetz, das lediglich im Falle des Ansatzes zum Buchwert in § 1 Abs. 5 Nr. 4 UmwStG auf die „steuerrechtlichen Vorschriften über die Gewinnermittlung" verweist.

An den auf den Einbringungszeitpunkt nachfolgenden Bilanzstichtagen dürfen die im Einbringungszeitpunkt zulässigerweise gebildeten Passivposten nicht wieder aufgelöst werden. Ein anderes Verständnis würde mit dem sich aus dem Realisationsprinzip ergebenden Grundsatz der Erfolgsneutralität von Anschaffungsvorgängen konfligieren. Umstrukturierungsvorgänge des Einbringungsteils sind überwiegend als veräußerungsbegründend wirkende tauschähnliche Vorgänge und als Anschaffungsvorgänge zu qualifizieren,[1174] weshalb die ertragsteuerlichen Aktivierungs- und Passivierungsbeschränkungen infolge des Grundsatzes der Erfolgsneutralität von Anschaffungsvorgängen regelmäßig keine Anwendung

1170 Siehe oben Fn. 711.

1171 *Patt*, in: Dötsch/Pung/Möhlenbrock, UmwStG, § 20 Rn. 206a; *ders.*, in: Dötsch/Patt/Pung/Möhlenbrock, UmwStR, § 20 UmwStG Rn. 206.

1172 Siehe hierzu 2. Kapitel B I.

1173 Vgl. BT-Drs. 16/2710, S. 43, 69; BMF-Schreiben 11.11.2011, BStBl. I 2011, 1314, 1377; *Hruschka/Hellmann*, in: Haase/Hruschka, UmwStG, § 20 Rn. 99; *Jäschke*, in: Lademann, UmwStG, § 20 Rn. 52b; *Schmitt*, in: Schmitt/Hörtnagl/Stratz, UmwStG, § 20 Rn. 276; *Hötzel/Kaeser*, in: FGS/BDI, UmwSt-Erlass 2011 Rn. 20.20.

1174 Siehe hierzu 2. Kapitel C.

finden. Teil des vom übernehmenden Rechtsträger geleisteten Entgelts sind auch die passivierungsbeschränkten Verpflichtungen, so dass diese Bestandteil der Anschaffungskosten sind. Aufgrund der Konkurrenz zwischen Passivierungsbeschränkungen und dem Vorliegen eines veräußerungsbegründend wirkenden tauschähnlichen Vorgangs und Anschaffungsvorgangs erscheint ein vollumfänglicher Ansatz stiller Lasten unter Berücksichtigung der Rechtsprechung des Bundesfinanzhofs[1175] zur Erfolgsneutralität von Anschaffungsvorgängen konsequent. Überträgt man die vom Bundesfinanzhof[1176] aufgestellten Grundsätze zur erwerberseitigen Behandlung passivierungsbeschränkter Verpflichtungen auf umwandlungssteuerrechtliche Situationen, führt das phasenverschobene Wiederaufleben der steuerlichen Ansatz- und Bewertungsbeschränkungen aufgrund der überwiegenden Einordnung der Umstrukturierungsvorgänge im Sinne des Umwandlungssteuergesetzes als Anschaffungsvorgänge und der damit einhergehenden Anwendung des Grundsatzes der erfolgsneutralen Behandlung von Anschaffungsvorgängen zu einem Widerspruch zu der den umwandlungssteuerrechtlichen Umstrukturierungsvorgängen zugrunde liegenden Dogmatik.[1177] Zudem würde ein Wiederaufleben der Passivierungsbeschränkungen dem Sinn und Zweck des Umwandlungssteuergesetzes zuwiderlaufen, wenn die eigenständigen Ansatz- und Bewertungsvorschriften[1178] an den folgenden Bilanzstichtagen ausgehebelt würden.

Darüber hinaus ist mit Blick ins Umwandlungssteuergesetz festzustellen, dass im Einbringungsteil des Umwandlungssteuergesetzes ein Auflösungszwang – wie von der Finanzverwaltung gefordert – nicht normiert ist.[1179] Zwar dürfen nach dem Einkommensteuergesetz Passivposten in diesem Sinne nicht gebildet werden,

1175 BFH 17.12.2007 – I R 61/06, BStBl. II 2008, 555; BFH 14.12.2011 – I R 72/10, BStBl. II 2017, 1226, 1227; BFH 12.12.2012 – I R 28/11, BStBl. II 2017, 1265, 1269 f.

1176 Vgl. zur erwerbsseitigen Behandlung passivierungsbeschränkter Verpflichtungen durch Verpflichtungsübertragung im Wege der Schuldfreistellung BFH 16.12.2009 – I R 102/08, BStBl. II 2011, 566; durch Verpflichtungsübertragung durch Schuldübernahme BFH 14.12.2011 – I R 72/10, BStBl. II 2017, 1226, 1227; durch Betriebsübergang nach § 613 BGB BFH 12.12.2012 – I R 69/11, BStBl. II 2017, 1232; durch Ausgliederung BFH 12.12.2012 – I R 28/11, BStBl. II 2017, 1265, 1269 f.

1177 *Hötzel/Kaeser*, in: FGS/BDI, UmwSt-Erlass 2011 Rn. 20.20; *Schießl*, Umwandlungssteuererlass Rn. 20.20 i.V.m. Rn. 03.06; *Schmitt/Schloßmacher*, UmwStE Rn. 20.20; vgl. auch *Widmann*, in Widmann/Mayer, UmwR, UmwStE Rn. 20.20 i.V.m. Rn. 04.16; siehe auch im Zusammenhang mit §§ 11 f. UmwStG auch *Philipp*, Verschmelzung inländischer Kapitalgesellschaften, S. 250 ff.; vgl. auch *Frotscher*, Umwandlungssteuererlass Rn. 04.16; *Kutt/Carstens*, FGS/BDI, UmwSt-Erlass 2011 Rn 04.16; *Rödder*, DStR 2011, 1059, 1062; *Schießl*, UmwStE Rn. 04.16; *Riedel*, FR 2012, 1109, 1111; *Schumacher/Neitz-Hackstein*, Ubg 2011, 409, 413.

1178 Siehe hierzu 2. Kapitel B I.

1179 *Hruschka/Hellmann*, in: Haase/Hruschka, UmwStG, § 20 Rn. 114; *Widmann*, in: Widmann/Mayer, UmwR, § 20 UmwStG Rn. R 667.

allerdings sind solche Passivposten, die auf Grundlage einer spezialgesetzlichen Vorschrift zulässigerweise gebildet wurden, hiervon nicht umfasst.[1180] Demnach kann die Auflösung von Passivposten, die aufgrund spezialgesetzlicher Vorschriften (§ 20, § 21 und § 24 UmwStG) gebildet werden durften, an dem auf den Einbringungsstichtag folgenden Bilanzstichtag nicht durch allgemeine einkommensteuerrechtliche Gewinnermittlungsvorschriften erreicht werden.[1181]

Insbesondere bilden die aufgrund der eigenständigen Ansatz- und Bewertungsvorschriften[1182] angesetzten Werte die Ausgangsgröße für Bewertungsfragen, die sich aufseiten des übernehmenden Rechtsträgers in den Folgeperioden stellen, so dass die Wertansätze an den nachfolgenden Bilanzstichtagen fortzuführen sind bzw. dauerhafte Grundlage der weiteren Gewinnermittlung sein sollen.[1183]

Daher sind Bilanzposten, die aufgrund der Wahlrechtsausübung des übernehmenden Rechtsträgers keiner Aktivierungs- oder Passivierungsbeschränkung unterliegen, auch an dem auf den Übertragungsstichtag nachfolgenden Bilanzstichtag zu berücksichtigen.[1184]

2. Bilanzielle Abbildung stiller Lasten

In Anknüpfung an die vorausgegangenen Ausführungen stellt sich die Frage, wie stille Lasten im Einbringungsteil des Umwandlungssteuergesetzes abzubilden sind. Während die Finanzverwaltung[1185] von einer Suspendierung der Passivierungsbeschränkungen ausgeht, verfolgt die herrschende Meinung in der Literatur den Ansatz, dass stille Lasten im Rahmen der Bewertung einer Sachgesamtheit im Wege einer Minderung des Geschäfts- oder Firmenwerts zu berücksichtigen sind.[1186] Nach anderer, insbesondere von *Schmitt* mit Verweis auf die Rechtsprechung

---

1180 So auch *Hruschka/Hellmann*, in: Haase/Hruschka, UmwStG, § 20 Rn. 114; *Widmann*, in: Widmann/Mayer, UmwR, § 20 UmwStG Rn. R 667.

1181 *Widmann*, in: Widmann/Mayer, UmwR, § 20 UmwStG Rn. R 667.

1182 Siehe hierzu 2. Kapitel B I.

1183 *Schmitt*, in: Schmitt/Hörtnagl/Stratz, UmwStG, § 20 Rn. 279d; § 24 Rn. 171c; vgl. auch *Riedel*, Umwandlungssteuerrecht, S. 156.

1184 Vgl. *Schmitt*, in: Schmitt/Hörtnagl/Stratz, UmwStG, § 20 Rn. 279; § 24 Rn. 170; *Widmann*, in: Widmann/Mayer, UmwR, § 20 UmwStG Rn. R 667; siehe auch zur Rechtslage ohne Berücksichtigung des § 5 Abs. 7 EStG *Patt*, in: Dötsch/Pung/Möhlenbrock, UmwStG, § 20 Rn. 206a; vgl. zur Wirkung an den nachfolgenden Bilanzstichtagen auch *Hruschka/Hellmann*, in: Haase/Hruschka, UmwStG, § 20 Rn. 114; zur entgeltlichen Übertragung im Rahmen eines Betriebserwerbs BFH 12.12.2012 – I R 69/11, BStBl. II 2017, 1232; zum Eintritt in Verträge BFH 14.12.2011 – I R 72/10, BStBl. II 2017, 1226; zur Freistellungsverpflichtung BFH 16.12.2009 – I R 102/08, BStBl. II 2011, 566, 567; *Schlotter*, Ubg 2010, 635.

1185 Vgl. BMF-Schreiben 11.11.2011, BStBl. I 2011, 1314, 1377.

1186 *Herlinghaus*, in: Rödder/Herlinghaus/van Lishaut, UmwStG, § 20 Rn. 142b; *Nitzschke*, in: Blümich, UmwStG, § 20 Rn. 78c; *Desens*, DStR 2010, Beihefter zu Heft Nr. 46, 80, 85; *ders.*, GmbHR 2007, 1202, 1203.

des Bundesfinanzhofs vertretener Auffassung, widersprechen sowohl die Auffassung der Finanzverwaltung als auch der in der herrschenden Literatur vertretene Ansatz der Rechtsprechung des Bundesfinanzhofs.[1187] Die im Wege einer Einbringung übertragenen stillen Lasten seien aufseiten des übernehmenden Rechtsträgers auf Grund der Einordnung als Anschaffungsvorgang nach den für ungewisse Verbindlichkeiten geltenden Grundsätzen zu passivieren.[1188]

Richtig ist, dass die einkommensteuerrechtlichen Passivierungsbeschränkungen aufgrund der eigenständigen umwandlungssteuerrechtlichen Ansatz- und Bewertungswahlrechte[1189] aufseiten des übernehmenden Rechtsträgers keine Anwendung finden und daher grundsätzlich als separate Passivposten auszuweisen sind. Dennoch sind stille Lasten, die aufgrund von Ansatzverboten, -beschränkungen oder Bewertungsvorbehalten bestehen, aufseiten des übernehmenden Rechtsträgers unter Beachtung der Qualifikation der Einbringungsvorgänge als veräußerungsbegründend wirkende tauschähnliche Vorgänge und als Anschaffungsvorgänge[1190] aufgrund des mit der Einbringung einhergehenden Realisationsakts nach den für ungewisse Verbindlichkeiten geltenden Grundsätzen zu passivieren.[1191]

II. Umwandlungssteuerrechtliche Behandlung der Umstrukturierungsvorgänge beim übertragenden Rechtsträger

Anknüpfend an die umwandlungssteuerrechtliche Behandlung von Einbringungsvorgängen im Sinne des Einbringungsteils des Umwandlungssteuerrechts werden im Folgenden die Auswirkungen des Ansatzwahlrechts des übernehmenden Rechtsträgers beim übertragenden Rechtsträger untersucht.

Anders als im Umwandlungsteil ist für den Ansatz und die Bewertung des übergegangenen Vermögens gem. §§ 20, 21 und 24 UmwStG die Wahlrechtsausübung des übernehmenden Rechtsträgers entscheidend. Nach § 20 Abs. 3 S. 1, § 21 Abs. 2 S. 1 und § 24 Abs. 3 S. 1 UmwStG gilt der Wert, mit dem der übernehmende Rechtsträger das eingebrachte Betriebsvermögen ansetzt, für den übertragenden Rechtsträger als Veräußerungspreis. Darüber hinaus ordnen § 20 Abs. 3 S. 1 und § 21 Abs. 2 S. 1 UmwStG an, dass der Ansatz des übernehmenden Rechtsträgers nicht

---

1187 *Schmitt*, in: Schmitt/Hörtnagl/Stratz, UmwStG, § 20 Rn. 279; § 24 Rn. 170; § 3 Rn. 36a; § 11 Rn. 29.

1188 *Schmitt*, in: Schmitt/Hörtnagl/Stratz, UmwStG, § 20 Rn. 279; § 24 Rn. 170.

1189 Siehe hierzu 2. Kapitel B I.

1190 Siehe zur Einordnung als veräußerungsberündend wirkende tauschähnliche Vorgänge 2. Kapitel C II und zur Einordnung als Anschaffungsvorgänge 2. Kapitel C IV.

1191 So im Ergebnis auch *Patt*, in: Dötsch/Pung/Möhlenbrock, UmwStG, § 20 Rn. 200 i.V.m. 206a, 206a; *ders.*, in: Dötsch/Patt/Pung/Möhlenbrock, UmwStR, § 20 UmwStG Rn. 200 i.V.m. Rn. 206, Rn. 206; *Schmitt*, in: Schmitt/Hörtnagl/Stratz, UmwStG, § 20 Rn. 279; § 24 Rn. 170.

nur den Veräußerungspreis für das eingebrachte Betriebsvermögen, sondern auch die Anschaffungskosten für die erhaltenen Anteile bestimmt. Demnach ergibt sich – abweichend von der sonst im Geschäftsverkehr üblichen Festlegung des Veräußerungspreises – in den Einbringungsfällen gem. §§ 20, 21 und 24 UmwStG ein spezialgesetzlich angeordneter Veräußerungspreis.[1192] Dabei ist zu beachten, dass die angeordnete Wertverknüpfung mit dem tatsächlich aufseiten des übernehmenden Rechtsträgers angesetzten Wert Bindungswirkung für den einbringenden Rechtsträger hat, sofern die Bewertung innerhalb der gesetzlichen Bewertungsgrenzen liegt; abweichende Vereinbarungen sind ohne Bedeutung.[1193] Im Hinblick auf die Richtigkeit der Wertermittlung durch den übernehmenden Rechtsträger ist eine eigenständige Überprüfung durch den übertragenden Rechtsträger nicht vorgesehen.[1194] Ist eine Veranlagung des einbringenden Rechtsträgers bereits durchgeführt, kann diese gegebenenfalls auf Grundlage eines rückwirkenden Ereignisses gem. § 175 Abs. 1 S. 1 Nr. 2 AO geändert werden.[1195] Dem einbringenden Rechtsträger steht aufgrund der Wertverknüpfung gem. § 20 Abs. 3 S. 1, § 21 Abs. 2 S. 1 und § 24 Abs. 3 S. 1 UmwStG gegen die Steuerfestsetzung des übernehmenden Rechtsträgers lediglich ein Anfechtungsrecht zu.[1196]

Der aufgrund der speziellen Bewertungsgrundsätze aufseiten des übernehmenden Rechtsträgers angesetzte Wert gilt wegen der Wertverknüpfung als

---

1192 *Menner*, in: Haritz/Menner, UmwStG, § 20 Rn. 479.

1193 BFH 25.4.2012 – I R 2/11, BFH/NV 2012, 1649, 1651 f.; *Götz/Widmayer*, in: Böttcher/Habighorst/Schulte, UmwR, § 20 UmwStG Rn. 166; *Herlinghaus*, in: Rödder/Herlinghaus/van Lishaut, UmwStG, § 20 Rn. 188; *Menner*, in: Haritz/Menner, UmwStG, § 20 Rn. 479; *Nitzschke*, in: Blümich, UmwStG, § 20 Rn. 96; *Schmitt*, in: Schmitt/Hörtnagl/Stratz, UmwStG, § 20 Rn. 372 Rn. 375; vgl. auch *Widmann*, in: Widmann/Mayer, UmwR, § 20 UmwStG Rn. R 404.

1194 *Götz/Widmayer*, in: Böttcher/Habighorst/Schulte, UmwR, § 20 UmwStG Rn. 167; *Herlinghaus*, in: Rödder/Herlinghaus/van Lishaut, UmwStG, § 20 Rn. 188; *Nitzschke*, in: Blümich, UmwStG, § 20 Rn. 96; *Patt*, in: Dötsch/Pung/Möhlenbrock, UmwStG, § 20 Rn. 250; *Schmitt*, in: Schmitt/Hörtnagl/Stratz, UmwStG, § 20 Rn. 372 Rn. 375; siehe auch zur ständigen Rechtsprechung im Kontext einer vergleichbaren Problematik zu § 20 UmwStG a.F. BFH 25.4.2012 – I R 2/11, BFH/NV 2012, 1649, 1651; BFH 11.5.2010 – IX R 26/09, BFH/NV 2010, 2067, 2070; BFH 16.12.2009 – I R 97/08, BStBl. II 2010, 808, 810; BFH 19.12.2007 – I R 111/05, BStBl. II 2008, 536, 538; vgl. zu § 24 UmwStG a.F. auch BFH 12.10.2011 – VIII R 12/08, BStBl. II 2012, 381, 383.

1195 BFH 6.2.2014 – I B 168/13, BFH/NV 2014, 921, 923; BFH 20.4.2011 – I R 97/10, BStBl. II 2011, 815, 817 f.; BMF-Schreiben 11.11.2011, BStBl. I 2011, 1314, 1377; Finanzministerium Mecklenburg-Vorpommern, DStR 2013, 973; *Götz/Widmayer*, in: Böttcher/Habighorst/Schulte, UmwR, § 20 UmwStG Rn. 167; *Patt*, in: Dötsch/Pung/Möhlenbrock, UmwStG, § 20 Rn. 250; *Schmitt*, in: Schmitt/Hörtnagl/Stratz, UmwStG, § 20 Rn. 372.

1196 *Götz/Widmayer*, in: Böttcher/Habighorst/Schulte, UmwR, § 20 UmwStG Rn. 167; *Patt*, in: Dötsch/Pung/Möhlenbrock, UmwStG, § 20 Rn. 250; *Schmitt*, in: Schmitt/Hörtnagl/Stratz, UmwStG, § 20 Rn. 372.

Veräußerungspreis für das im Wege der Einbringung „veräußerte“ Betriebsvermögen.[1197] Der angesetzte Wert dient demnach als fingierter Veräußerungspreis und damit als Ausgangsgröße für die Ermittlung des Einbringungsgewinns.

Demnach ist das übergehende Betriebsvermögen aufseiten des übertragenden Rechtsträgers mit dem vom übernehmenden Rechtsträger gewählten Ansatz zum Buch-, zu einem Zwischenwert oder zum gemeinen Wert anzusetzen, sofern ihm nicht ein Anfechtungsrecht zusteht. Während es aufgrund der Wertverknüpfung im Falle des Ansatzes zum Buchwert zu keiner Aufdeckung stiller Reserven und stiller Lasten kommt, führt der Ansatz zu einem Zwischenwert zur anteiligen Aufdeckung in Höhe der Zwischenwertquote und der Ansatz zum gemeinen Wert zur vollständigen Aufdeckung stiller Lasten und stiller Reserven.

III. Fazit

Zusammenfassend kann im Bereich der umwandlungssteuerrechtlichen Behandlung der Umstrukturierungsvorgänge des Einbringungsteils aufseiten des übertragenden und übernehmenden Rechtsträgers festgestellt werden, dass den §§ 20 ff. UmwStG eine eigenständige Systematik zugrunde liegt. Abweichend vom Umwandlungsteil, bei dem die vom übertragenden Rechtsträger aufzustellende steuerliche Schlussbilanz eine eigenständige Bilanz darstellt, ist im Einbringungsteil die vom übernehmenden Rechtsträger aufzustellende Schlussbilanz im Sinne der Steuer- bzw. Jahresabschlussbilanz nach § 4 Abs. 1, § 5 Abs. 1 EStG gemeint. Dennoch handelt es sich bei den vom übernehmenden Rechtsträger auszuübenden Wahlrechten um eigenständige, von den allgemeinen ertragsteuerlichen Gewinnermittlungsgrundsätzen unabhängige Ansatz- und Bewertungswahlrechte, so dass aufgrund dessen beim übernehmenden Rechtsträger – abgesehen vom Buchwertansatz und der Übertragung von Pensionsrückstellungen – keine ertragsteuerlichen Passivierungsbeschränkungen zu berücksichtigen sind. Bestätigt wird dies durch die Einordnung der Mehrzahl der Einbringungsvorgänge als veräußerungsbegründend wirkende tauschähnliche Vorgänge und Anschaffungsvorgänge,[1198] weshalb die passivierungsbeschränkten Verpflichtungen beim übernehmenden Rechtsträger nach den für ungewisse Verbindlichkeiten geltenden Grundsätzen zu passivieren sind. Lediglich Formwechselvorgänge sind nicht als Anschaffungsvorgänge einzuordnen. Dennoch sind stille Lasten, die nach allgemeinen Grundsätzen von Passivierungsbeschränkungen erfasst sind, aufgrund der eigenständigen Ansatz- und Bewertungsvorschriften des Umwandlungssteuergesetzes anzusetzen, so dass neben den vom Wortlaut des § 3 Abs. 1 UmwStG erfassten selbstgeschaffenen immateriellen Wirtschaftsgütern, sämtliche Verpflichtungen, die Passivierungsbeschränkungen unterliegen, infolge eines Umwandlungs- oder Einbringungsvorgangs aufwandswirksam zu passivieren sind. Mit Ausnahme des

1197 *Patt*, in: Dötsch/Pung/Möhlenbrock, UmwStG, § 20 Rn. 250.
1198 Siehe hierzu ausführlich 2. Kapitel C.

Buchwertansatzes kommt es dementsprechend zur (anteiligen) Aufdeckung stiller Lasten aufseiten des übernehmenden Rechtsträgers. Diese Werte gelten aufgrund der Wertverknüpfung[1199] aufseiten des übertragenden Rechtsträgers als Grundlage für die Ermittlung des Einbringungsgewinns und haben für den übertragenden Rechtsträger Bindungswirkung.

Die Möglichkeit, die Besteuerung im Rahmen der Buchwertfortführung aufzuschieben, soweit das übernommene Vermögen beim übernehmenden Rechtsträger Betriebsvermögen wird und das Besteuerungsrecht Deutschlands hinsichtlich des Gewinns aus der Veräußerung des übertragenden Vermögens nicht ausgeschlossen und beschränkt wird, zeigt, dass die Werte aufseiten des übernehmenden Rechtsträgers nach dem Umwandlungssteuergesetz fortzuführen sind. Dies verdeutlicht auch § 23 Abs. 1 und 3 UmwStG. Zudem bringt § 23 Abs. 2 und 4 UmwStG zum Ausdruck, dass die Wertansätze, die ursprünglich durch den übernehmenden Rechtsträger angesetzt wurden, an den nachfolgenden Bilanzstichtagen dauerhafte Grundlage der weiteren Gewinnermittlung sein sollen. Daher können steuerliche Passivierungsbeschränkungen auch im Falle des Ansatzes zum gemeinen Wert und zu einem Zwischenwert sowohl aufseiten des übertragenden Rechtsträgers als auch aufseiten des übernehmenden Rechtsträgers im Einbringungszeitpunkt an den nachfolgenden Bilanzstichtagen keine Wirkung entfalten.

F. Fazit

Die Ausführungen zu den Umstrukturierungsvorgängen im Sinne des Umwandlungssteuergesetzes zeigen, dass in Abhängigkeit vom jeweiligen Umstrukturierungsvorgang das Ansatz- und Bewertungswahlrecht, durch das der Wert, mit dem das übergehende Vermögen anzusetzen ist, bestimmt wird, vom übertragenden oder vom übernehmenden Rechtsträger auszuüben ist. Bei den Ansatz- und Bewertungswahlrechten des Umwandlungssteuergesetzes handelt es sich um eigenständige, von den allgemeinen ertragsteuerlichen Gewinnermittlungsgrundsätzen unabhängige Ansatz- und Bewertungsvorschriften,[1200] weshalb – abgesehen vom Buchwertansatz und der Übertragung von Pensionsrückstellungen – keine ertragsteuerlichen Passivierungsbeschränkungen zu berücksichtigen sind. Bestätigt wird dies durch die überwiegende Einordnung der Umwandlungs- und Einbringungsvorgänge als veräußerungsbegründend wirkende tauschähnliche Vorgänge und Anschaffungsvorgänge.[1201] Ertragsteuerliche Ansatz- und Bewertungswahlrechte lassen sich weder mit der Einordnung als Veräußerungsvorgang noch mit der Einordnung als Anschaffungsvorgang in Einklang bringen.[1202]

1199 Siehe hierzu 2. Kapitel B II.

1200 Siehe hierzu 2. Kapitel B I.

1201 Siehe zur Einordnung vom Umwandlungs- und Einbringungsvorgängen als Veräußerungsvorgang 2. Kapitel C II und zur Einordnung als Anschaffungsvorgang ausführlich 2. Kapitel C IV.

1202 Ebenso auch *Krumm*, in: Blümich, UmwStG, § 3 Rn. 18.

Im Rahmen der umwandlungssteuerrechtlichen Behandlung von Umstrukturierungsvorgängen im Sinne des Umwandlungssteuergesetzes gilt es zu berücksichtigen, dass die umwandlungssteuerrechtlichen Ansatz- und Bewertungsvorschriften unabhängig von den ertragsteuerlichen Passivierungsbeschränkungen die Möglichkeit bieten, das zu übertragende Betriebsvermögen zum Buchwert, zu einem Zwischenwert oder zum gemeinen Wert anzusetzen. Während beim Ansatz zum Buchwert keine stillen Lasten und stillen Reserven aufgedeckt werden, führen ein Ansatz zu einem Zwischenwert zur anteiligen Aufdeckung stiller Lasten und stiller Reserven in Höhe der Zwischenwertquote und der Ansatz zum gemeinen Wert zur vollständigen Aufdeckung stiller Lasten und stiller Reserven. In Kombination mit der Wertverknüpfung[1203] und der steuerlichen Rechtsnachfolge[1204] gelten die in der steuerlichen Schlussbilanz angesetzten Werte auch aufseiten des übernehmenden Rechtsträgers im Übernahmezeitpunkt sowie an den folgenden Bilanzstichtagen fort, so dass auch die steuerlichen Ansatzverbote, Ansatzbeschränkungen und Bewertungsvorbehalte – mit Ausnahme im Falle des Buchwertansatzes und bei Pensionsrückstellungen – weiterhin unberücksichtigt bleiben. Diese angesetzten Werte dienen aufseiten des übernehmenden Rechtsträgers als dauerhafte Grundlage der Gewinnermittlung.

1203 Siehe hierzu 2. Kapitel B II.

1204 Siehe hierzu 2. Kapitel B III.

3. Kapitel: Anwendbarkeit §§ 4f, 5 Abs. 7 EStG auf Umstrukturierungen

Nachdem in den vorangegangenen Kapiteln zunächst die bilanz- und einkommensteuerrechtlichen Grundlagen sowie die Grundlagen der Umstrukturierungsvorgänge des Umwandlungssteuergesetzes bearbeitet wurden, werden diese im Folgenden zusammengeführt, um die Anwendbarkeit der Vorschriften §§ 4f, 5 Abs. 7 EStG auf Umstrukturierungsvorgänge im Sinne des Umwandlungssteuergesetzes zu untersuchen. Nach wie vor besteht Jahre nach der Einführung der §§ 4f, 5 Abs. 7 EStG Uneinigkeit über deren Anwendbarkeit auf Umwandlungs- und Einbringungsvorgänge im Sinne des Umwandlungssteuergesetzes. Teilweise wird der Anwendbarkeit des § 4f EStG auf Umwandlungs- und Einbringungsvorgänge zugestimmt.[1205] Dem widersprechend lehnen Teile der Literatur die Anwendbarkeit des § 4f EStG auf Umwandlungs- und Einbringungsvorgänge grundsätzlich ab,[1206] während andere[1207] die Anwendbarkeit mit der Begründung verneinen, dass

---

1205 *Dötsch*, in: Dötsch/Pung/Möhlenbrock, UmwStG, § 11 Rn. 25a; *Möhlenbrock/Pung*, in: Dötsch/Pung/Möhlenbrock, UmwStG, § 3 Rn. 40 f.; *Schießl*, in: Widmann/Mayer, UmwR, § 11 UmwStG Rn. 14.23.5 f.; *Schindler*, in: Kirchhof, EStG, 18. Auflage, § 4f Rn. 13; *Widmann*, in: Widmann/Mayer, UmwR, § 3 UmwStG Rn. R 298.23 ff.; *Melan/Wecke*, Ubg 2017, 253, 258; *Widmann*, FS Haarmann, S. 1013, 1019 ff.; *Zimmermann*, Ubg 2018, 17, 21; wohl auch *Bohnhardt*, in: Haritz/Menner, UmwStG, § 4 Rn. 98; Adrian/*Heinemann*, StbJb. 2014/2015, 307, 323; *Schulenberg*, FR 2018, 1030, 1033; *Weber-Grellet*, DB 2018, 661, 665; wohl auch *Kahle/Braun*, FR 2018, 197, 210, die allerdings im Ergebnis davon ausgehen, dass die bilanzsteuerrechtlichen Passivierungsverbote und Bewertungsvorbehalte in der Schlussbilanz des übertragenden Rechtsträgers zu beachten sind und diese sich aufgrund der Wertverknüpfung auch beim übernehmenden Rechtsträger auswirken; ebenso *Reiß*, in: Kirchhof, EStG, 17. Auflage, § 16 Rn. 262d; mit Zweifeln *Schrade*, in: Böttcher/Habighorst/Schulte, UmwR, § 11 UmwStG Rn. 15; unklar BMF-Schreiben 30.11.2017, BStBl. I 2017, 1619, 1621.

1206 *Staats*, in: Lademann, UmwStG, § 3 Rn. 93 f.; *ders.*, in: Lademann, UmwStG, § 4 Rn. 30 f.; *Adrian/Fey*, StuB 2018, 85, 90; *dies.*, StuB 2014, 53, 56; *Adrian/*Heinemann, StbJb. 2014/2015, 307, 322; *Förster/Staaden* Ubg 2014, 1, 5 ff.; *Kaminski*, Stbg 2014, 145, 152; *Philipp/Kröger*, DB 2016, 857, 860; *Schlösser/Reichl/Rapp*, in: Sagasser/Bula/Brünger, Umwandlungen, § 11 Rn. 298 f. Rn. 610 f.; *Schlotter/*Hörhammer, StbJb. 2013/2014, 292, 306 f.; *Schmitt/Keuthen*, DStR 2015, 2521, 2521 ff.; wohl auch *Bolik/Selig-Kraft*, NWB 2018, 851, 864; im Ergebnis wohl auch *Ott*, StuB 2014, 488, 493; *Horst*, FR 2015, 824, 825 ff.; mit Zweifeln auch *Schrade*, in: Böttcher/Habighorst/Schulte, UmwR, § 11 UmwStG Rn. 157; vgl. auch *Philipp*, Verschmelzung inländischer Kapitalgesellschaften, S. 356 ff.

1207 *Neumann-Tomm*, in: Lademann, EStG, § 4f Rn. 52; *Schober*, in: Herrmann/Heuer/Raupach, EStG, § 4f Rn. 11 Rn. 16; *Widmann*, in: Widmann/Mayer, UmwR, § 20

Umwandlungs- und Einbringungsvorgänge den Ausnahmetatbestand des § 4f Abs. 1 S. 3 EStG verwirklichen. Teilweise begründen Stimmen in der Literatur die Unanwendbarkeit des § 4f EStG damit, dass bereits im Zeitpunkt der Übertragung schon keine passivierungsbeschränkte Verpflichtung mehr vorhanden sei[1208] oder sehen in den Vorschriften des Umwandlungssteuerrechts zu § 4f EStG *leges speciales*,[1209] so dass die Anwendung des § 4f EStG ausscheidet. Ein ähnliches Meinungsbild zeichnet sich auch bei § 5 Abs. 7 EStG hinsichtlich der Anwendbarkeit auf Umwandlungs- und Einbringungsvorgänge ab. Während teilweise die Anwendbarkeit des § 5 Abs. 7 EStG bejaht wird,[1210] lehnen andere[1211] die Anwendbarkeit ab.

Einleitend ist zunächst darauf hinzuweisen, dass der Wortlaut der Vorschriften der §§ 4f, 5 Abs. 7 EStG nur wenig Anhaltspunkte für und gegen deren Anwendung auf Umstrukturierungsvorgänge des Umwandlungssteuergesetzes bietet.[1212] Anknüpfend an die Gesetzgebungsmaterialien[1213] des AIFM-StAnpG, wonach die Aufwandsverteilung auch dann erfolgen soll, „wenn die unternehmerische Tätigkeit aufgrund von Umwandlungsvorgängen nach dem Umwandlungssteuergesetz in anderer Rechtsform oder durch einen anderen Rechtsträger fortgesetzt wird", kommt zum Ausdruck, dass auch Umwandlungs- und Einbringungsvorgänge vom Anwendungsbereich der Vorschriften §§ 4f, 5 Abs. 7 EStG erfasst sein sollen.

Um die Frage der Anwendbarkeit der §§ 4f, 5 Abs. 7 EStG auf Umstrukturierungsvorgänge zu beantworten, gilt es herauszufiltern, welche

---

UmwStG Rn. R 667.2; *Förster/Staaden*, Ubg 2014, 1, 7; *Hennrichs*, in: Tipke/Lang, Steuerrecht, 22. Auflage, § 9 Rn. 196; *Klein*, Auslagerung von Pensionsverpflichtungen, S. 244; *Riedel*, Ubg 2017, 580, 583; *dies.*, FR 2014, 6, 11 f.; vgl. differenzierend *Krumm*, in: Blümich, EStG, § 4f Rn. 21a Rn. 34; ähnlich *U. Prinz/Otto*, GmbHR 2018, 497, 504; vgl. zum Formwechsel *Klingberg*, in: Winklejohann/Förschle/Deubert, Sonderbilanzen, L Rn. 192.

1208 *Schmitt*, in: Schmitt/Hörtnagl/Stratz, UmwStG, § 3 Rn. 36 ff.; § 11 Rn. 29a f.; § 20 Rn. 278a ff.; § 24 UmwStG Rn. 169a ff.; *Schmitt/Keuthen*, DStR 2015, 2521, 2521 ff.

1209 *Adrian/Fey*, StuB 2018, 85, 90; *dies.*, StuB 2014, 53, 58.

1210 *Bohnhardt*, in: Haritz/Menner, UmwStG, § 4 Rn. 98; *Dötsch*, in: Dötsch/Pung/Möhlenbrock, UmwStG, § 12 Rn. 20; *Pung/Werner*, in: Dötsch/Pung/Möhlenbrock, UmwStG, § 4 Rn. 11a; *Widmann*, in: Widmann/Mayer, UmwR, § 3 UmwStG Rn. R 298.25 ff.; *Kahle/Braun*, FR 2018, 197, 210; *Widmann*, FS Haarmann, S. 1013, 1019 ff.; wohl auch *Adrian/Fey*, StuB 2014, 53, 58; *Klein*, Auslagerung von Pensionsverpflichtungen, S. 245; *Schindler*, GmbHR 2014, 786, 788; *Zimmermann*, Ubg 2018, 17, 21.

1211 *Hummel*, in: Böttcher/Habighorst/Schulte, UmwR, § 12 UmwStG Rn. 78; *Schmitt*, in: Schmitt/Hörtnagl/Stratz, UmwStG, § 4 Rn. 12 ff., 40a; § 12 Rn. 11 ff.; § 20 Rn. 278a ff.; § 24 Rn. 169a ff.; *Staats*, in: Lademann, UmwStG, § 4 Rn. 32; *Adrian*/Heinemann, StbJb. 2014/2015, 307, 322; *Philipp*, Verschmelzung inländischer Kapitalgesellschaften, S. 356 ff.; *Philipp/Kröger*, DB 2016, 857, 860; *Schmitt/Keuthen*, DStR 2015, 2521, 2521 ff.; wohl auch *Bolik/Selig-Kraft*, NWB 2018, 851, 864; *Schlösser/Reichl/Rapp*, in: Sagasser/Bula/Brünger, Umwandlungen, § 11 Rn. 298 f. Rn. 611.

1212 Vgl. *Schultz/Debnar*, BB 2014, 107, 109.

1213 BR-Drs. 740/13, S. 76; BT-Drs. 18/68, S. 73.

Umstrukturierungsvorgänge überhaupt vom Anwendungsbereich der §§ 4f, 5 Abs. 7 EStG erfasst sind. Grundsätzlich können nur solche Vorgänge erfasst sein, welche die Voraussetzungen der genannten Vorschriften erfüllen. Hinzu kommt, dass diese Vorgänge vom Regelungsbereich des Umwandlungssteuergesetzes erfasst sein müssten, da das Umwandlungssteuergesetz nicht für alle dem Zivilrecht bekannten Umstrukturierungsvorgänge spezialgesetzliche Sondervorschriften enthält.

Bevor das Verhältnis des Umwandlungssteuergesetzes zum Einkommensteuergesetz und die Anwendbarkeit der §§ 4f, 5 Abs. 7 EStG auf Umstrukturierungsvorgänge im Fokus der Bearbeitung steht, werden zunächst die wesentlichen rechtlichen Sachverhalte dargestellt, in denen die soeben genannten Vorschriften des Einkommensteuerrechts Umstrukturierungsvorgänge bzw. die Vorschriften des Umwandlungssteuerrechts tangieren.

A. Berührungspunkte der §§ 4f, 5 Abs. 7 EStG mit dem Umwandlungssteuergesetz

Im Wesentlichen ist die Frage der Anwendbarkeit der Vorschriften §§ 4f, 5 Abs. 7 EStG auf Umstrukturierungsvorgänge im Sinne des Umwandlungssteuergesetzes in drei unterschiedlichen Konstellationen von Bedeutung, die im Folgenden dargestellt werden:

- Kernproblem der Untersuchung der Anwendbarkeit der §§ 4f, 5 Abs. 7 EStG bildet die Situation, in der eine passivierungsbeschränkte Verpflichtung im Wege eines Umstrukturierungsvorgangs im Sinne des Umwandlungssteuergesetzes auf einen neuen Rechtsträger übergeht. Daher beziehen sich die nachfolgenden Ausführungen überwiegend auf dieses Kernproblem.

  Beispiel 1: Die A-AG, deren Bilanz mit stillen Lasten behaftet ist, wird auf die B-AG verschmolzen. Fraglich ist, wie sich die Rechtslage nach dem Verschmelzungsvorgang darstellt.[1214]

- In dieser Situation stellt sich die Frage der steuerrechtlichen Behandlung einer Verpflichtungsübertragung, wenn der Überträger einer passivierungsbeschränkten Verpflichtung nach der Übertragung einer passivierungsbeschränkten Verpflichtung als übertragender Rechtsträger an einem Umstrukturierungsvorgang beteiligt ist.[1215]

  Beispiel 2: Die A-AG (ursprüngliche Verpflichtete) überträgt eine Verpflichtung, die aufgrund ertragsteuerlicher Passivierungsbeschränkungen in der Steuerbilanz zu stillen Lasten führt, auf die B-AG. Die A-AG darf den durch diesen

1214 Beispiel nachgebildet *Riedel*, FR 2014, 6, 12.
1215 *Riedel*, FR 2014, 6, 11; *Ronig/Geiermann*, StBW 2014, 264, 268.

Vorgang entstandenen Aufwand in der auf den Übertragungsvorgang folgenden Steuerbilanz aufgrund der in § 4f Abs. 1 S. 1 EStG angeordneten Aufwandsverteilung lediglich in Höhe von 1/15 ergebniswirksam berücksichtigen. Im darauffolgenden Jahr wird die A-AG im Wege einer Umstrukturierung auf die C-AG verschmolzen.[1216]

- Ob die Vorschriften §§ 4f, 5 Abs. 7 EStG auf Umstrukturierungsvorgänge des Umwandlungssteuergesetzes Anwendung finden, ist ferner von Bedeutung für die Frage, wie eine passivierungsbeschränkte Verpflichtung aufseiten des übernehmenden Rechtsträgers zu behandeln ist, wenn dieser im Nachgang Beteiligter eines Umstrukturierungsvorgangs wird.

  Beispiel 3: Die A-AG (ursprünglich Verpflichtete) überträgt eine Verpflichtung, die aufgrund ertragsteuerlicher Passivierungsbeschränkungen in der Steuerbilanz zu stillen Lasten führt, auf die B-AG. Der durch diesen Vorgang aufseiten der B-AG gem. § 5 Abs. 7 S. 1 EStG entstandene Gewinn in Höhe der stillen Lasten kann gem. § 5 Abs. 7 S. 5 EStG durch Bildung einer gewinnmindernden Rücklage, die über 15 Jahre aufzulösen ist, neutralisiert werden. Im darauffolgenden Jahr wird die B-AG auf die C-AG verschmolzen.[1217]

B. Verhältnis zwischen Umwandlungssteuergesetz und Einkommensteuergesetz

I. Verhältnisbestimmung zwischen Umwandlungssteuergesetz und Einkommensteuergesetz im Allgemeinen

Auch wenn das Umwandlungssteuergesetz weitestgehend keine Regelungen hinsichtlich der von ihm erfassten Steuerarten enthält, besteht grundsätzlich Einigkeit darüber, dass darin lediglich die ertragsteuerlichen Folgen von bestimmten Umwandlungs- und Einbringungsvorgängen normiert sind. Dementsprechend regelt das Umwandlungssteuergesetz – wenn die Voraussetzungen des jeweiligen Tatbestands erfüllt sind – die Auswirkungen von Umstrukturierungsvorgängen auf die Einkommensteuer, die Körperschaftsteuer sowie die Gewerbesteuer. Für die Frage der Anwendbarkeit der §§ 4f, 5 Abs. 7 EStG auf Umwandlungs- und Einbringungsvorgänge im Sinne des Umwandlungssteuergesetzes gilt es zunächst zu untersuchen, in welchem Verhältnis das Umwandlungssteuergesetz und das Einkommensteuergesetz zueinander stehen.

Grundsätzlich enthält das Umwandlungssteuergesetz für Umwandlungs- und Einbringungsvorgänge Sondervorschriften, welche die ertragsteuerlichen Rechtsfolgen im Bereich der Umstrukturierungen modifizieren. Systematisch enthält

---

1216 Beispiel nachgebildet *Riedel*, FR 2014, 6, 11 f.
1217 Beispiel nachgebildet *Riedel*, FR 2014, 6, 12.

das Umwandlungssteuergesetz Ausnahmen von der Entstrickungsbesteuerung des Steuerrechts. Insbesondere die eigenständigen Ansatz- und Bewertungswahlrechte[1218] gem. § 3 Abs. 2, § 11 Abs. 2, § 20 Abs. 2, § 21 Abs. 1 S. 2, § 24 Abs. 2 S. 2 UmwStG ermöglichen eine von den ertragsteuerlichen Entstrickungsgrundsätzen[1219] abweichende, die umwandlungssteuerrechtlichen Besonderheiten hinsichtlich der steuerneutralen Übertragung von Wirtschaftsgütern aufzeigende Bilanzierung des übergehenden Vermögens.[1220] Das Umwandlungssteuergesetz bietet für die von seinem Anwendungsbereich erfassten Umstrukturierungsvorgänge die Möglichkeit, die steuerwirksame Aufdeckung stiller Reserven und stiller Lasten hinauszuschieben, führt allerdings nicht zur endgültigen Nichtbesteuerung. Auch wenn das Umwandlungssteuergesetz keine eigene Steuer regelt, so enthält es grundsätzlich mit den §§ 3, 4, 11, 12, 20, 21, 23, 24 UmwStG Vorschriften, die einen Ansatz zum Buchwert, zu einem Zwischenwert oder zum gemeinen Wert zulassen, der sich durch Wertverknüpfung[1221] und steuerliche Rechtsnachfolge[1222] beim anderen beteiligten Rechtsträger auswirkt. Die Verhältnisbestimmung des Umwandlungssteuergesetzes zum Einkommensteuergesetz ist, wie auch die Verhältnisbestimmung einzelner Rechtssätze zueinander, vorzunehmen. Eine Konkurrenz zwischen Umwandlungs- und Einkommensteuergesetz liegt dann vor, wenn sich die Tatbestände mehrerer Rechtssätze oder Regelungskomplexe teilweise oder in vollem Umfang decken.[1223] Sowohl das Umwandlungssteuergesetz als auch das Einkommensteuergesetz enthalten Vorschriften hinsichtlich des Ansatzes, der Bewertung sowie der Rechtsnachfolge, so dass sich die beiden Regelungskomplexe zumindest teilweise decken. Mit Eröffnung des Anwendungsbereichs des Umwandlungssteuergesetzes werden im Grundsatz sämtliche vom Umwandlungssteuergesetz erfassten Tatbestände mit der Besonderheit, dass die allgemeinen Vorschriften über die steuerliche Gewinnermittlung nicht mehr uneingeschränkt Anwendung finden sollen, auch von den allgemeinen ertragsteuerlichen Vorschriften erfasst. Dabei gehen die anderen Steuergesetze weit über den Anwendungsbereich des Umwandlungssteuergesetzes hinaus, so dass sich insoweit die Vermutung für das Vorliegen eines Spezialitätsverhältnisses des Umwandlungssteuergesetzes zu den anderen Steuergesetzen aufdrängt.

Ein solches Spezialitätsverhältnis von Regelungskomplexen – wie im gegenständlichen Fall zwischen Einkommen- und Umwandlungssteuergesetz – entfaltet keine unmittelbare Wirkung, sofern beide Regelungskomplexe die gleiche Rechtsfolge anordnen.[1224] Von Bedeutung ist diese Verhältnisbestimmung allerdings

1218 Siehe hierzu 2. Kapitel B I.

1219 Siehe hierzu ausführlich *A. Meyer*, in: HdJ, Abt IV/2 Rn. 6.

1220 *Möhlenbrock*, in: Dötsch/Patt/Pung/Möhlenbrock, UmwStR, Einführung UmwStG Rn. 151.

1221 Siehe hierzu 2. Kapitel B II.

1222 Siehe hierzu 2. Kapitel B III.

1223 Siehe zur Verhältnisbestimmung im Allgemeinen *Larenz*, Methodenlehre, S. 266, 269.

1224 *Larenz*, Methodenlehre, S. 266.

dann, wenn sich die Rechtsfolgen der jeweiligen Regelungskomplexe gegenseitig mit der Folge, dass nur einer von beiden Anwendung finden kann, ausschließen und entschieden werden muss, welche der Vorschriften zur Anwendung gelangen soll.[1225] Beim Vorliegen eines Spezialitätsverhältnisses kommt es – soweit die Rechtsfolgen der konkurrierenden Regelungskomplexe miteinander verträglich sind – darauf an, ob die Rechtsfolgen des spezielleren Komplexes für deren Anwendungsbereich die Rechtsfolgen des allgemeineren Komplexes nach der Regelungsabsicht des Gesetzes nur ergänzen, sie modifizieren oder aber an ihre Stelle treten sollen.[1226] Diese Frage ist mit Hilfe der teleologischen und systematischen Auslegung zu beantworten.[1227] Lediglich für den Fall, dass die Rechtsfolgen in einem Ausschlussverhältnis zueinander stehen, folgt aus dem logischen Verhältnis der Spezialität zwingend eine Verdrängung der allgemeinen Vorschriften; ansonsten hätte der speziellere Regelungskomplex keinen eigenen Anwendungsbereich.[1228] Im Anwendungsbereich des Umwandlungssteuergesetzes schließen sich die aus den eigenständigen Ansatz- und Bewertungsvorschriften[1229] in Kombination mit der umwandlungssteuerrechtlichen Wertverknüpfung[1230] und der steuerlichen Rechtsnachfolge[1231] ergebenden Rechtsfolgen und die sich aus den ertragsteuerrechtlichen Bilanzierungsvorschriften ergebenden Rechtsfolgen regelmäßig gegenseitig aus. Sofern die Bewertungswahlrechte zu einem Zwischenwert oder zum gemeinen Wert ausgeübt werden, enthält das Umwandlungssteuergesetz besondere Vorschriften, wonach die allgemeinen ertragsteuerrechtlichen Bilanzierungsvorschriften im Rahmen von Umstrukturierungsvorgängen im Sinne des Umwandlungssteuergesetzes keine Anwendung finden.[1232] Darüber hinaus enthält das Umwandlungssteuergesetz gem. § 4 Abs. 1 S. 1, § 12 Abs. 1 S. 1, § 20 Abs. 3 S. 1, § 21 Abs. 2 S. 1, § 24 Abs. 3 S. 1 UmwStG Vorschriften zur Wertverknüpfung zwischen dem Wertansatz aufseiten des übertragenden Rechtsträgers und des übernehmenden Rechtsträgers sowie gem. § 4 Abs. 2 S. 1, § 12 Abs. 3 Hs. 1, § 23 Abs. 1, 4 UmwStG besondere Vorschriften hinsichtlich des Eintritts des übernehmenden Rechtsträgers in die steuerliche Rechtsstellung des übertragenden Rechtsträgers. Das Umwandlungssteuerrecht greift zur Verwirklichung der Ziele des Umwandlungs- und Umwandlungssteuergesetzes in den Regelungsbereich der allgemeinen Besteuerung nach dem Einkommensteuer- und Körperschaftsteuerrecht ein.

1225 *Larenz*, Methodenlehre, S. 266.

1226 *Larenz*, Methodenlehre, S. 267 f.

1227 *Larenz*, Methodenlehre, S. 267 f.

1228 *Larenz*, Methodenlehre, S. 267 f.

1229 § 3 Abs. 1, 2 UmwStG, § 11 Abs. 1, 2 UmwStG, § 20 Abs. 2 UmwStG, § 21 Abs. 1 UmwStG und § 24 Abs. 2 UmwStG. Siehe hierzu auch 2. Kapitel B I.

1230 Siehe hierzu 2. Kapitel B II.

1231 Siehe hierzu 2. Kapitel B III.

1232 Siehe zur Bilanzierung stiller Lasten bei Umstrukturierungsvorgängen im Sinne des Umwandlungsteils 2. Kapitel D I 1 und bei Umstrukturierungsvorgängen im Sinne des Einbringungsteils des Umwandlungssteuergesetzes 2. Kapitel E I 2.

Demnach stellen die umwandlungssteuerrechtlichen Ansatz- und Bewertungsvorschriften im Verhältnis zum Ertragsteuerrecht grundsätzlich Spezialregelungen dar,[1233] sofern die Voraussetzungen für den sachlichen und persönlichen Anwendungsbereich des Umwandlungssteuergesetzes vorliegen. Das Umwandlungssteuergesetz bildet also für die einbezogenen Umstrukturierungsvorgänge „einen eigenständigen und sondergesetzlichen Rechtskreis [...], welcher den allgemeinen Gewinnermittlungsvorschriften abschließend vorgeht".[1234]

Sofern also ein Umstrukturierungsvorgang im Sinne des Umwandlungssteuergesetzes durchgeführt wird, für den besondere, abweichende umwandlungssteuerrechtliche Vorschriften gelten, sind die Vorschriften des Einkommensteuergesetzes nicht mehr anwendbar.

Diese grundlegende Verhältnisbestimmung zwischen dem Einkommensteuergesetz und den Vorschriften des Umwandlungssteuergesetzes wird auch durch den gesonderten Hinweis in diversen Vorschriften des Umwandlungssteuergesetzes auf die Bewertung der Pensionsrückstellungen gem. § 6a EStG bestätigt.[1235] Diese Systematik und Regelungstechnik wäre nicht erforderlich gewesen, wenn die allgemeinen steuerbilanzrechtlichen Vorschriften grundsätzlich auch auf Umstrukturierungsvorgänge im Sinne des Umwandlungssteuergesetzes Anwendung finden würden.

Zudem lassen die Vorschriften des Umwandlungssteuergesetzes zu den einkommensteuerrechtlichen Vorschriften ein Regel-Ausnahme-Verhältnis erkennen. So finden grundsätzlich die Vorschriften des Umwandlungssteuergesetzes hinsichtlich des übergehenden Vermögens uneingeschränkt Anwendung, sofern das Umwandlungssteuergesetz nicht ausdrücklich die Anwendung abweichender einkommensteuerrechtlicher Vorschriften anordnet. Dies zeigt einerseits die ausdrückliche Anordnung des § 6a EStG im Rahmen der spezialgesetzlichen

---

1233 Vgl. hierzu *Rödder*, in: Rödder/Herlinghaus/van Lishaut, UmwStG, Einführung in das UmwStG, A. Rn. 4; *Schrade*, in: Böttcher/Habighorst/Schulte, UmwR, § 11 UmwStG Rn. 5; *Adrian/Fey*, StuB 2014, 53, 56 f.; *Adrian/Fey*, StuB 2018, 85, 90; *Adrian*/Heinemann, StbJb. 2014/2015, 307, 322; *Bolik/Selig-Kraft*, NWB 2018, 851, 864; *Hennrichs*, in: Tipke/Lang, Steuerrecht, 22. Auflage, § 9 Rn. 196; *Riedel*, FR 2014, 6, 12; *Schlösser/Reichl/Rapp*, in: Sagasser/Bula/Brünger, Umwandlungen, § 11 Rn. 610; *Thies*, FS Ballwieser, S. 873, 890; wohl auch *Jahn*, SAW, 2013, 58, 63; *Schmitt/Schloßmacher*, UmwStE Rn. 01.01; vgl. zum Vorrang des § 15 UmwStG gegenüber den Gewinnrealisierungstatbeständen des EStG und KStG auch *Schumacher*, in: Rödder/Herlinghaus/van Lishaut, UmwStG, § 15 Rn. 56.

1234 BFH 21.2.2018 – I R 46/16, BFH/NV 2018, 893, 895; BFH 17.1.2018 – I R 27/16, BStBl. II 2018, 449, 450 f.; BFH 9.1.2013 – I R 24/12, BStBl. II 2018, 509, 511.

1235 So ausdrücklich auch *Adrian/Fey*, StuB 2018, 85, 90; *dies.*, StuB 2014, 53, 57; *Bolik/Selig-Kraft*, NWB 2018, 851, 864. *Hennrichs*, in: Tipke/Lang, Steuerrecht, 22. Auflage, § 9 Rn. 196 sieht die Vorschriften des Umwandlungssteuergesetzes grundsätzlich als lex specialis gegenüber § 4f EStG an. Die in § 4f Abs. 1 S. 3–6 EStG angeordneten Ausnahmetatbestände für Betriebs- und Teilbetriebsveräußerungen sollen hingegen auch bei Umwandlungen gelten.

Ansatz- und Bewertungsvorschriften. Andererseits findet sich dieses Prinzip auch im Zusammenhang mit den besonderen Auswirkungen auf den Gewinn des übernehmenden Rechtsträgers nach § 4 Abs. 2 S. 2 UmwStG (i.V.m. § 12 Abs. 3 Hs. 2 UmwStG) bzw. § 20 Abs. 9 UmwStG (i.V.m. § 24 Abs. 6 UmwStG) wieder. So tritt der übernehmende Rechtsträger grundsätzlich in die steuerliche Rechtsstellung des übertragenden Rechtsträgers ein. Ausnahmen sind hingegen für verrechenbare Verluste, verbleibende Verlustvorträge, vom übertragenden Rechtsträger nicht ausgeglichene negative Einkünfte, Zinsvorträge nach § 4h Abs. 1 S. 5 EStG und EBITDA-Vorträge nach § 4h Abs. 1 S. 3 EStG vorgesehen, so dass die von den besonderen umwandlungssteuerrechtlichen Regelungen abweichenden Vorschriften des Einkommensteuergesetzes lediglich in den ausdrücklich angeordneten Fällen Anwendung finden sollen.

Daher drängt sich ein Verständnis auf, wonach das Umwandlungssteuergesetz grundsätzlich als *lex specialis* zum Einkommensteuergesetz zu sehen ist und daher grundsätzlich auch zu den Vorschriften §§ 4f, 5 Abs. 7 EStG Anwendungsvorrang genießt.[1236]

II. Regelungstechnik des Umwandlungssteuergesetzes

Dieses Verständnis des Umwandlungssteuergesetzes als *lex specialis* zum Einkommensteuergesetz wird bestätigt durch die vom Gesetzgeber im Umwandlungssteuergesetz verwendete Regelungstechnik.

Das Umwandlungssteuergesetz enthält ausschließlich Regelungen hinsichtlich der steuerlichen Folgen von Umwandlungs- und Einbringungsvorgängen für die Ertragsteuern. Grundsätzlich sind Wirtschaftsgüter, die im Rahmen eines Umstrukturierungsvorgangs im Sinne des Umwandlungssteuergesetzes übergehen, mit dem gemeinen Wert zu bewerten.[1237] Demnach regelt das Umwandlungssteuergesetz systematisch Ausnahmen von der Entstrickungsbesteuerung. Dieses Regel-Ausnahme-Verhältnis zwischen den Vorschriften des Umwandlungssteuergesetzes und den ertragsteuerlichen Entstrickungsvorschriften lässt das Umwandlungssteuergesetz klar erkennen.[1238] Abweichend vom Grundsatz der Entstrickung im Wege des Ansatzes zum gemeinen Wert und den allgemeinen ertragsteuerlichen

1236 *Schrade*, in: Böttcher/Habighorst/Schulte, UmwR, § 11 UmwStG Rn. 5 f.; *Adrian/Fey*, StuB 2018, 85, 90; *Adrian/Fey*, StuB 2014, 53, 56; *Bolik/Selig-Kraft*, NWB 2018, 851, 864; *Hennrichs*, in: Tipke/Lang, Steuerrecht, 22. Auflage, § 9 Rn. 196; *Riedel*, FR 2014, 6, 12; vgl. auch *Klein*, Auslagerung von Pensionsverpflichtungen, S. 241; vgl. zum Charakter des Umwandlungssteuergesetzes als eigenständigen und sondergesetzlichen Regelungsbereich für die einbezogenen Umwandlungsvorgänge BFH 17.1.2018 – I R 27/16, BStBl. II 2018, 449, 450 f.; BFH 9.1.2013 – I R 24/12, BStBl. II 2018, 509, 511.

1237 Siehe hierzu § 3 Abs. 1 S. 1, § 11 Abs. 1 S. 1, § 20 Abs. 2 S. 1 Hs. 1, § 21 Abs. 1 S. 1, § 24 Abs. 2 S. 1 Hs. 1 UmwStG.

1238 *Möhlenbrock*, in: Dötsch/Patt/Pung/Möhlenbrock, UmwStR, Einführung UmwStG Rn. 152.

Vorschriften bietet das Umwandlungssteuergesetz die Möglichkeit, das übergehende Vermögen mit dem Buchwert oder einem Zwischenwert zu bewerten.[1239] Zwar hat das Umwandlungssteuergesetz damit keinen Exklusivitätscharakter hinsichtlich der steuerneutralen Transferierung stiller Lasten und stiller Reserven, allerdings gehen die umwandlungssteuerrechtlichen Ansatz- und Bewertungsvorschriften Regelungen anderer Gesetze vor, sofern der umwandlungssteuerrechtliche Anwendungsbereich eröffnet ist.[1240]

Sollen hingegen von den eigenständigen umwandlungssteuerrechtlichen Ansatz- und Bewertungsvorschriften abweichende Vorschriften anderer Steuergesetze Anwendung finden, so zeigt die Regelungstechnik und Systematik des Umwandlungssteuergesetzes, dass es hierfür einer ausdrücklichen Anordnung bedarf. Die systematische Betrachtung des Umwandlungssteuergesetzes spricht gegen die Anwendung der §§ 4f, 5 Abs. 7 EStG auf Umwandlungs- und Einbringungsvorgänge im Sinne des Umwandlungssteuergesetzes. Die ertragsteuerlichen Vorschriften über die Gewinnermittlung finden hinsichtlich des übergehenden Vermögens nur dann Anwendung, wenn dies ausdrücklich angeordnet ist oder das Umwandlungssteuergesetz keine spezialgesetzlichen Regelungen enthält. So ordnet § 1 Abs. 5 Nr. 4 UmwStG für den Fall der Buchwertfortführung ausdrücklich an, dass insoweit der Wert anzusetzen ist, der sich nach den steuerrechtlichen Vorschriften über die Gewinnermittlung in einer für den steuerlichen Übertragungsstichtag aufzustellenden Steuerbilanz ergibt oder ergäbe. Diese Systematik wird bestätigt durch die von den speziellen umwandlungssteuerrechtlichen Ansatz- und Bewertungsvorschriften abweichende Anordnung des Ansatzes zum Teilwert gem. § 6a EStG bei übergehenden Pensionsrückstellungen. Insoweit wird auch für diesen Fall eine Abweichung von den besonderen Vorschriften, also die Anwendung einer allgemeinen ertragsteuerrechtlichen Vorschrift nach § 3 Abs. 1 S. 2 UmwStG, § 11 Abs. 1 S. 2 UmwStG, § 20 Abs. 2 S. 1 Hs. 2 UmwStG und § 24 Abs. 2 S. 1 Hs. 2 UmwStG ausdrücklich angeordnet.

Dem gleichen Muster folgen auch die Einschränkungen der steuerlichen Rechtsnachfolge im Umwandlungssteuergesetz. Den Rechtsnachfolgevorschriften zufolge tritt der übernehmende Rechtsträger grundsätzlich vollumfänglich in die steuerliche Rechtsstellung des übertragenden Rechtsträgers ein. Auf die Anwendung bestimmter einkommensteuerrechtlicher Einschränkungen im Rahmen der Verwendung von Verlusten und Zinsvorträgen wird hingegen ausdrücklich in § 4 Abs. 2 S. 2 UmwStG, § 12 Abs. 3 Hs. 2 i.V.m. § 4 Abs. 2 S. 2 UmwStG im Umwandlungsteil sowie in § 20 Abs. 9 UmwStG und § 23 Abs. 5 UmwStG für den Einbringungsteil hingewiesen. Dass der Einbringungsteil keine ausdrückliche Regelung für verrechenbare Verluste und verbleibende Verlustvorträge enthält, steht dem Grundsatz, dass eine von den umwandlungssteuerrechtlichen Vorschriften

1239 Siehe hierzu § 3 Abs. 2 S. 1, § 11 Abs. 2 S. 1, § 20 Abs. 2 S. 2, § 21 Abs. 1 S. 2, § 24 Abs. 2 S. 2 UmwStG.

1240 Vgl. *Haase*, in: Haase/Hruschka, UmwStG, Einleitung Rn. 43.

abweichende Anwendung einkommensteuerrechtlicher Vorschriften einer ausdrücklichen Anordnung bedarf, nicht entgegen. Zwar enthält § 23 UmwStG im Einbringungsteil des Umwandlungssteuergesetzes anders als im Umwandlungsteil (vgl. hierzu § 4 Abs. 2 S. 2 UmwStG) keine ausdrückliche Regelung, nach der laufende Verluste sowie verbleibende Verlustvorträge entgegen der steuerrechtlichen Rechtsnachfolge anlässlich der Einbringung nicht übergehen sollen. Dies lässt sich allerdings damit begründen, dass steuerliche Verluste persönlich auf die Gesellschafter der übertragenden Personengesellschaft bezogen sind und eine solche Anordnung daher auch nicht erforderlich ist.[1241] Dabei handelt es sich vielmehr um höchstpersönliche Besteuerungsmerkmale, die nicht zu den von der Rechtsnachfolge erfassten steuerlichen Eigenschaften des übergehenden Sacheinlagegegenstands gehören.[1242]

Anknüpfend an die vorstehenden Ausführungen bestätigt auch § 4 Abs. 7 UmwStG die Systematik und Regelungstechnik des Umwandlungssteuergesetzes, dass abweichende Vorschriften anderer Steuergesetze nur dann im Rahmen eines Umwandlungs- und Einbringungsvorgangs im Sinne des Umwandlungssteuergesetzes Anwendung finden, wenn dies ausdrücklich angeordnet ist. Demnach ist § 8b KStG nach § 4 Abs. 7 S. 1 UmwStG nur im Falle eines Übernahmegewinns, der auf eine Körperschaft, Personenvereinigung oder einen Mitunternehmeranteil der Personengesellschaft entfällt, anwendbar. In den übrigen Fällen soll gem. § 4 Abs. 7 S. 2 UmwStG ausdrücklich § 3 Nr. 40 EStG sowie § 3c EStG anzuwenden sein.

Aus diesen Beispielen lässt sich das Prinzip ableiten, dass im Kontext der eigenständigen umwandlungssteuerrechtlichen Ansatz- und Bewertungsvorschriften abweichende Vorschriften anderer Steuergesetze nur dann anzuwenden sind, wenn dies im Umwandlungssteuergesetz ausdrücklich angeordnet ist. Sofern also die Vorschriften §§ 4f, 5 Abs. 7 EStG im Kontext der spezialgesetzlichen Ansatz- und Bewertungsvorschriften des Umwandlungssteuergesetzes, die auch die Grundlage für die Gewinnermittlung in den Folgeperioden abbilden, aufseiten des übertragenden Rechtsträgers (§ 4f EStG) sowie beim übernehmenden Rechtsträgers (§ 5 Abs. 7 EStG) Anwendung finden und im Rahmen von Umwandlungs- und Einbringungsvorgängen zu einer abweichenden steuerrechtlichen Behandlung übergehender, zuvor passivierungsbeschränkter Verpflichtungen führen sollen, wäre dies entsprechend der Regelungstechnik und Systematik des Umwandlungssteuergesetzes ausdrücklich anzuordnen gewesen. Da die Ansatz- und Bewertungsvorschriften des Umwandlungssteuergesetzes gerade keinen Verweis auf die

---

1241 *Schlösser/Reichl/Rapp*, in: Sagasser/Bula/Brünger, Umwandlungen, § 11 Rn. 650.

1242 *Patt*, in: Dötsch/Pung/Möhlenbrock, UmwStG, § 23 Rn. 62a; vgl. auch *Widmann*, in: Widmann/Mayer, UmwR, § 23 UmwStG Rn. 565. Im Zusammenhang mit umgewandelten Körperschaften war § 4 Abs. 2 S. 2 UmwStG notwendig, um klarzustellen, dass verrechenbare Verluste und verbleibende Verlustvorträge im Gleichlauf mit der umgewandelten Körperschaft untergehen; siehe *Widmann*, in: Widmann/Mayer, UmwR, § 23 UmwStG Rn. 564.

Vorschriften §§ 4f, 5 Abs. 7 EStG enthalten, ist die Anwendung der Vorschriften auf Umstrukturierungsvorgänge des Umwandlungssteuergesetzes abzulehnen. Demnach kann die in den Gesetzgebungsmaterialien zu den §§ 4f, 5 Abs. 7 EStG zum Ausdruck kommende Sichtweise, dass die Vorschriften auch auf Umwandlungs- und Einbringungsvorgänge des Umwandlungssteuergesetzes Anwendung finden sollen,[1243] nicht überzeugen.

III. Widerspruch zur Zielsetzung des Umwandlungssteuergesetzes

Zielsetzung des Umwandlungssteuergesetzes ist es, betriebswirtschaftlich sinnvolle Umstrukturierungsvorgänge ohne Belastungen oder Hemmnisse steuerlicher Art zu ermöglichen.[1244] Eine Anwendung der §§ 4f, 5 Abs. 7 EStG auf Umwandlungs- und Einbringungsvorgänge des Umwandlungssteuergesetzes hätte jedoch zur Folge, dass aufseiten des übertragenden Rechtsträgers ein aus der Übertragung passivierungsbeschränkter Verpflichtungen resultierender Aufwand über 15 Wirtschaftsjahre zu verteilen wäre. Aufseiten des übernehmenden Rechtsträgers entstünde durch die Anwendung des § 5 Abs. 7 EStG ein normkreierter Gewinn. Zudem führt die Anwendung der §§ 4f, 5 Abs. 7 EStG „teilweise zu erheblichen Mehrbelastungen".[1245] Dementsprechend stehen sowohl § 4f EStG als auch § 5 Abs. 7 EStG dem tragenden Gedanken des Gesetzgebers entgegen, wonach die Vorschriften des Umwandlungssteuergesetzes steuerschonende Umwandlungs- und Einbringungsvorgänge ermöglichen sollen.[1246] Ebenso wie die Regelungstechnik steht auch die Zielsetzung des Umwandlungssteuergesetzes der in den Gesetzgebungsmaterialien zu den §§ 4f, 5 Abs. 7 EStG zum Ausdruck kommenden Sichtweise, dass die Vorschriften auch auf Umwandlungs- und Einbringungsvorgänge des Umwandlungssteuergesetzes Anwendung finden sollen,[1247] entgegen.

C. Anwendbarkeit des § 4f EStG auf Umstrukturierungsvorgänge im Sinne des UmwStG

Anknüpfend an die vorausgegangenen Ausführungen zu den Berührungspunkten der §§ 4f, 5 Abs. 7 EStG mit dem Umwandlungssteuergesetz und zum Verhältnis des Umwandlungssteuergesetzes zum Einkommensteuergesetz im Allgemeinen

---

1243 BR-Drs. 740/13, S. 76; BT-Drs. 18/68, S. 73.

1244 Vgl. BT-Drs. 16/2710, S. 1; *Kaminski*, Stbg 2014, 145, 152; *A. Meyer*, in: HdJ, Abt IV/2 Rn. 11; *Thies*, FS Ballwieser, S. 873, 890, vgl. auch *Schmitt/Keuthen*, DStR 2015, 2521, 2525.

1245 *Bachmann/Richter/Risse*, DB 2017, 2301, 2306, insbesondere Fn. 28.

1246 *Schmitt*, in: Schmitt/Hörtnagl/Stratz, UmwStG, § 20 Rn. 279b; § 24 Rn. 171a; vgl. *Horst*, FR 2015, 824, 835; *Kaminski*, Stbg 2014, 145, 152.

1247 BR-Drs. 740/13, S. 76; BT-Drs. 18/68, S. 73.

wird im Folgenden der Fokus der Untersuchung auf die Frage gelegt, ob bzw. inwieweit § 4f EStG auf Umstrukturierungsvorgänge im Sinne des Umwandlungssteuergesetzes anwendbar ist. Hierfür wird zunächst untersucht, in welchem Verhältnis § 4f EStG im Konkreten zum Umwandlungssteuergesetz steht.

Für den Fall, dass ein Spezialitätsverhältnis zwischen den Vorschriften des Umwandlungssteuergesetzes und § 4f EStG abgelehnt wird, wird im weiteren Verlauf der Arbeit hilfsweise untersucht, ob die Umstrukturierungsvorgänge im Sinne des Umwandlungssteuergesetzes überhaupt die Anwendungsvoraussetzungen des § 4f Abs. 1 S. 1 EStG erfüllen. Im Anschluss daran wird erläutert, was unter Veräußerungen im Sinne des § 4f Abs. 1 S. 3 EStG und § 4f Abs. 1 S. 4 EStG zu verstehen ist und ob Umwandlungs- und Einbringungsvorgänge des Umwandlungssteuergesetzes Veräußerungen in diesem Sinne darstellen. Darüber hinaus drängt sich im Rahmen der Anwendbarkeit die Frage auf, wer Subjekt der Aufwandsverteilung des § 4f EStG ist und in welchem Verhältnis § 4f Abs. 1 S. 7 EStG zu den Vorschriften des Umwandlungssteuergesetzes steht. Weiter ist bei der Anwendbarkeit der Vorschriften §§ 4f, § 5 Abs. 7 EStG zu untersuchen, wie sich Umwandlungs- und Einbringungsvorgänge auf Korrekturposten im Sinne des § 4f Abs. 1 S. 1 EStG auswirken (vgl. Beispiel 2).

I. Verhältnis § 4f EStG zum UmwStG im Konkreten

Grundsätzlich steht das Umwandlungssteuergesetz zum Einkommensteuergesetz in einem Spezialitätsverhältnis, sofern der Anwendungsbereich des Umwandlungssteuergesetzes eröffnet ist und spezialgesetzliche Regelungen enthält. Im Folgenden ist das Verhältnis von § 4f EStG zu den Vorschriften des Umwandlungssteuergesetzes zu untersuchen.

Im logischen Verhältnis der Spezialität stehen Normen zueinander, sofern der Anwendungsbereich der spezielleren Norm völlig in dem der allgemeineren Norm aufgeht, also alle Anwendungsfälle der spezielleren Norm auch solche der allgemeineren Norm sind.[1248] Diese Anforderung ist erfüllt, sofern im Tatbestand der spezielleren Norm sämtliche Merkmale der allgemeineren Norm und darüber hinaus noch mindestens ein weiteres Merkmal enthalten sind.[1249] Insbesondere zur Bewertung des übergehenden Vermögens enthält das Umwandlungssteuergesetz spezielle Regelungen, die als *leges speciales* insoweit die Anwendung des § 4f EStG ausschließen könnten.[1250] Die umwandlungssteuerrechtlich angeordneten Bewertungswahlrechte gestehen entweder dem

1248 *Larenz*, Methodenlehre, S. 267.

1249 *Larenz*, Methodenlehre, S. 267.

1250 *Adrian/Fey*, StuB 2018, 85, 90; *dies.*, StuB 2014, 53, 56; *Adrian*/Heinemann, StbJb. 2014/2015, 307, 322; wohl auch *Weber-Grellet*, in: Schmidt, EStG, § 5 Rn. 1, der davon ausgeht, dass Umwandlungsfälle nach dem Umwandlungssteuergesetz zu behandeln sind.

übertragenden oder dem übernehmenden Rechtsträger unter besonderen Voraussetzungen[1251] ein Wahlrecht zu, wonach die übergehenden Wirtschaftsgüter entweder mit dem Buchwert, einem Zwischenwert oder dem gemeinen Wert in der steuerlichen Schlussbilanz angesetzt und bewertet werden können. Sofern das Wahlrecht hinsichtlich des übergehenden Vermögens dem übernehmenden Rechtsträger zusteht, haben die angesetzten Werte aufgrund der Wertverknüpfung gem. § 20 Abs. 3 S. 1 UmwStG, § 21 Abs. 2 S. 1 UmwStG und § 24 Abs. 3 S. 1 UmwStG Bindungswirkung für den übertragenden Rechtsträger. Eine ausdrückliche Anordnung der Anwendung des § 4f EStG im Kontext der umwandlungssteuerrechtlichen Ansatz- und Bewertungsvorschriften wurde mit Einführung des AIFM-StAnpG nicht im Umwandlungssteuergesetz verankert, auch wenn der Gesetzgeber in der Gesetzesbegründung[1252] davon ausgeht, dass die Vorschrift auch auf Verpflichtungsübertragungen im Wege der Sonder- oder Gesamtrechtsnachfolge nach dem Umwandlungsgesetz anwendbar sein soll. Zutreffender Weise wird in der Literatur vertreten, dass sich ein spezialgesetzlicher Vorrang der Bewertungsvorschriften des Umwandlungssteuergesetzes bereits aus dem Gesetz ergibt. Der gesonderte Hinweis auf die Bewertung von Pensionsrückstellungen nach § 6a EStG im Zusammenhang mit Umstrukturierungen des Umwandlungssteuergesetzes wäre obsolet, wenn die steuerbilanziellen Passivierungsbeschränkungen grundsätzlich auf Umstrukturierungsvorgänge des Umwandlungssteuergesetzes Anwendung finden würden.[1253] In Anbetracht dieser Systematik ist zudem vertretbar, dass die Anwendung allgemeiner steuerbilanzieller Regelungen in umwandlungssteuerrechtlichen Bewertungsvorschriften ausdrücklich angeordnet werden müssen, so dass die Anwendung des § 4f EStG auf Umstrukturierungsvorgänge des Umwandlungssteuergesetzes abwegig erscheint, da die Bewertungsvorschriften des Umwandlungssteuergesetzes gerade keinen Verweis auf § 4f EStG enthalten.[1254] Das Verständnis, dass die umwandlungssteuerrechtlichen Ansatz- und Bewertungsvorschriften als *lex specialis* die Anwendung des § 4f EStG ausschließen, legt auch die Einordnung der steuerlichen Schlussbilanz als eigenständige, von der „normalen" Jahresabschlussbilanz zu unterscheidenden Bilanz,[1255] für die die allgemeinen steuerbilanziellen Ansatz- und Bewertungsbeschränkungen keine Geltung finden, nahe.[1256]

1251 Siehe ausführlich zu den besonderen Voraussetzungen der Wahlrechte § 3 Abs. 2 S. 1 UmwStG, § 11 Abs. 2 S. 1 UmwStG, § 20 Abs. 2 S. 2 UmwStG, § 21 Abs. 1 S. 2 UmwStG, § 24 Abs. 2 S. 2 UmwStG.

1252 BT-Drs. 18/68, S. 73; BR-Drs. 740/13, S. 75.

1253 *Adrian/Fey*, StuB 2014, 53, 57.

1254 So ausdrücklich im Hinblick auf die Anwendung des § 4f EStG im Kontext des § 20 UmwStG *Schlösser/Reichl/Rapp*, in: Sagasser/Bula/Brünger, Umwandlungen, § 11 Rn. 610.

1255 Siehe oben Fn. 710.

1256 So ausdrücklich *Adrian/Fey*, StuB 2014, 53, 57; *Adrian/*Heinemann, StbJb. 2014/2015, 307, 322.

Der Verhältnisbestimmung zwischen Einkommensteuergesetz und Umwandlungssteuergesetz ist insofern zuzustimmen, dass es sich bei den Bewertungsvorschriften des Umwandlungssteuergesetzes grundsätzlich um *leges speciales* zu den allgemeinen steuerrechtlichen Bilanzierungsvorschriften handelt und es an einem ausdrücklich angeordneten Verweis im Umwandlungssteuergesetz auf die Anwendung des § 4f EStG auf Umstrukturierungsvorgänge fehlt; allerdings enthält das Umwandlungssteuergesetz keine spezialgesetzliche Regelung hinsichtlich des § 4f EStG.[1257]

Sowohl im Umwandlungsteil als auch im Einbringungsteil des Umwandlungssteuergesetzes sind lediglich Ansatz- und Bewertungswahlrechte im Hinblick auf den Ansatz zum Buchwert, zu einem Zwischenwert oder zum gemeinen Wert hinsichtlich der steuerlichen Schlussbilanz bzw. im Übertragungs- oder Einbringungszeitpunkt geregelt.[1258] Auch wenn das Umwandlungssteuergesetz keine ausdrückliche Anordnung hinsichtlich der steuerlichen Behandlung der in der steuerlichen Schlussbilanz angesetzten Wirtschaftsgüter für die Folgezeit enthält, ist dennoch davon auszugehen, dass die eigenständigen umwandlungssteuerrechtlichen Ansatz- und Bewertungswahlrechte[1259] auch für die Zukunft gelten sollen, da der Übertragungsgewinn als Grundlage der Besteuerung zeitpunktbezogen zu ermitteln ist. Der Übertragungsgewinn entsteht mit Ablauf des steuerlichen Übertragungsstichtags.[1260] Die mit der Anwendung des § 4f EStG einhergehende Aufwandsverteilung führt beim Ansatz zu einem Zwischenwert und zum gemeinen Wert in der steuerlichen Schlussbilanz bei der Ermittlung des Übertragungsgewinns für den Fall, dass stille Lasten vorhanden sind, zu einer „künstlichen" Erhöhung des Übertragungsgewinns. Daher stehen die speziellen, eigenständigen umwandlungssteuerrechtlichen Ansatz- und Bewertungswahlrechte, die maßgebend für die Ermittlung des Übertragungsgewinns sind,[1261] im Falle des Ansatzes zu einem Zwischenwert oder gemeinen Wert der Anwendung des § 4f EStG auf Umstrukturierungsvorgänge im Sinne des Umwandlungssteuergesetzes entgegen. Wie im soeben dargestellten Umwandlungsteil ist auch im Einbringungsteil des Umwandlungssteuergesetzes der zu versteuernde Einbringungsgewinn zeitpunktbezogen zu ermitteln.[1262] Aufgrund der Wertverknüpfung, wonach im Einbringungsteil die vom übernehmenden Rechtsträger angesetzten Werte auch für den übertragenden Rechtsträger

1257 *Klein*, Auslagerung von Pensionsverpflichtungen, S. 243.

1258 *Klein*, Auslagerung von Pensionsverpflichtungen, S. 245.

1259 Siehe hierzu 2. Kapitel B I.

1260 *Staats*, in: Lademann, UmwStG, § 3 Rn. 36; *Philipp*, Verschmelzung inländischer Kapitalgesellschaften, S. 230.

1261 Siehe zur steuerlichen Schlussbilanz als Ausgangspunkt für die Ermittlung und Besteuerung des Übertragungsergebnisses ausführlich *Philipp*, Verschmelzung inländischer Kapitalgesellschaften, S. 225.

1262 *Schmitt*, in: Schmitt/Hörtnagl/Stratz, UmwStG, § 20 Rn. 279a.

maßgebend sind, ist der Wertansatz des übernehmenden Rechtsträgers entscheidend für die Höhe des Einbringungsgewinnes des übertragenden Rechtsträgers. Daher würde die Anwendung des § 4f EStG auf Einbringungsvorgänge ebenso zu einer „künstlichen" Erhöhung des Einbringungsgewinns im Einbringungszeitpunkt führen, wenn sich stille Lasten nicht voll oder der Zwischenwertquote entsprechend auf die Höhe des Erwerbsgewinns auswirken.

Dem lässt sich auch nicht entgegenhalten, dass die Aufwandsverteilung des § 4f Abs. 1 S. 1 EStG im Wege einer außerbilanziellen Korrektur auf dritter Ebene eingreift und die Bilanzierungsregelungen der §§ 3, 11, 20, 21 und 24 UmwStG durch die Streckung des Betriebsausgabenabzugs gem. § 4f Abs. 1 S. 1 EStG für den Übertragungszeitpunkt nicht berührt werden.[1263] Denn bei den umwandlungssteuerrechtlichen Ansatz- und Bewertungsvorschriften handelt es sich um eigenständige Vorschriften, die auch nicht in einem weiteren Schritt im Rahmen der steuerlichen Gewinnermittlung durch Hinzurechnung oder Kürzung außerbilanzieller Korrekturen ausgehöhlt werden dürfen.[1264]

Im Ergebnis stehen die Auswirkungen der eigenständigen Ansatz- und Bewertungsvorschriften des Umwandlungssteuergesetzes in Konkurrenz zur Anwendung des § 4f EStG. Das Umwandlungssteuergesetz bestimmt für die einbezogenen Umstrukturierungsvorgänge „einen eigenständigen und sondergesetzlichen Rechtskreis [...], der den allgemeinen Gewinnermittlungsvorschriften abschließend vorgeht".[1265] Insoweit gehen die spezialgesetzlichen Anordnungen vor, so dass bei Umwandlungs- und Einbringungsvorgängen die Anwendung des § 4f EStG aufgrund der Auswirkungen der spezialgesetzlichen Vorschriften auf den Übertragungs- bzw. Einbringungsgewinn ausscheidet.

II. Erfüllung der Tatbestandsvoraussetzungen des § 4f Abs. 1 S. 1 EStG durch Umstrukturierungsvorgänge des Umwandlungssteuergesetzes

Für den Fall, dass – abweichend von der hier vertretenen Auffassung – der Vorrang der umwandlungssteuerrechtlichen Vorschriften abgelehnt wird, gilt es im Folgenden hilfsweise zu untersuchen, ob Umwandlungs- und Einbringungsvorgänge die Tatbestandsvoraussetzungen der § 4f Abs. 1 S. 1, Abs. 2 EStG erfüllen.

1263 *Schindler*, GmbHR 2014, 561, 568.

1264 Siehe zur Berücksichtigung außerbilanzieller Korrekturen auf „zweiter Stufe" der Gewinnermittlung *A. Meyer*, in: BeckOK, EStG, § 4 Rn. 226; *Seiler*, in: Kirchhof/Söhn/Mellinghoff, EStG, § 4 Rn. B 23; *Wied*, in: Blümich, EStG, § 4 Rn. 40.

1265 BFH 21.2.2018 – I R 46/16, BFH/NV 2018, 893, 895; BFH 17.1.2018 – I R 27/16, BStBl. II 2018, 449, 450 f.; BFH 9.1.2013 – I R 24/12, BStBl. II 2018, 509, 511.

1. *Verschmelzung gem. §§ 3–8 UmwStG sowie Verschmelzung und Vollübertragung gem. §§ 11 ff. UmwStG*

Die Voraussetzungen des § 4f Abs. 1 S. 1 EStG sind erfüllt, wenn eine passivierungsbeschränkte Verpflichtung aufwandswirksam auf einen anderen Rechtsträger übertragen wird.[1266]

a) Übertragungsvorgang auf einen anderen Rechtsträger

Grundsätzlich führen Verschmelzungsvorgänge einer Personengesellschaft oder natürlichen Person gem. §§ 3–8 UmwStG und Verschmelzungen oder Vollübertragungen[1267] auf eine andere Körperschaft gem. §§ 11 ff. UmwStG zu einer Vermögensübertragung.

Missverständlich erscheint im Kontext des § 4f Abs. 1 S. 1 EStG die Verwendung unterschiedlicher Begrifflichkeiten. Während § 4f Abs. 1 S. 1 EStG davon spricht, dass „Verpflichtungen übertragen" werden, ist bei der Schuldübernahme (§ 414 BGB) im Rahmen des Bürgerlichen Gesetzbuchs von der „Übernahme einer Schuld" die Rede.[1268] Das Umwandlungsgesetz geht wiederum davon aus, dass Vermögen im Wege einer Verschmelzung gem. § 20 Abs. 1 Nr. 1 UmwG vom übertragenden Rechtsträger auf den übernehmenden Rechtsträger „übergeht".[1269] Die Verwendung dieser unterschiedlichen Begrifflichkeiten im Gesamtkontext des § 4f EStG kann jedoch nicht verhindern, dass der Übergang einer Verbindlichkeit im Wege einer Verschmelzung eine Übertragung im Sinne des § 4f Abs. 1 S. 1 EStG darstellt.[1270] Dies wird bereits durch die Anwendbarkeit des Umwandlungssteuergesetzes auf vergleichbare ausländische Vorgänge im Sinne des § 1 UmwStG, die sich nach ausländischem Recht vollziehen, bestätigt, da auch zwischen den maßgebenden ausländischen Vorschriften und § 4f Abs. 1 S. 1 EStG die Verwendung unterschiedlicher Begrifflichkeiten wahrscheinlich ist.[1271] Auch der Übertragung

---

1266 Vgl. zu den Voraussetzungen des § 4f Abs. 1 S. 1 EStG ausführlich 1. Kapitel C II 2.

1267 Im Folgenden gelten die Ausführungen zur Verschmelzung im Sinne des § 11 UmwStG auch für Vollübertragungen, sofern nicht ausdrücklich davon abgewichen wird.

1268 *Widmann*, FS Haarmann, S. 1013, 1020.

1269 *Widmann*, FS Haarmann, S. 1013, 1020.

1270 Das verdeutlicht auch der Meinungsstand in der Literatur, wonach § 4f EStG grundsätzlich auch auf Umstrukturierungsvorgänge Anwendung findet, ohne dass in diesem Zusammenhang sprachliche Unterschiede zwischen § 4f Abs. 1 S. 1 EStG, der Schuldübernahme (§ 414 BGB) und dem Umwandlungsgesetz problematisiert werden (so auch *Widmann*, FS Haarmann, S. 1013, 1020; vgl. auch *Schindler*, in: Kirchhof, EStG, 18. Auflage, § 4f Rn. 13; *Förster/Staaden*, Ubg 2014, 1, 4 ff.; *Melan/Wecke*, Ubg 2017, 253, 257; *Riedel*, FR 2014, 6, 11; *Schindler*, GmbHR 2014, 561, 564; *Thies*, FS Ballwieser, S. 873, 891).

1271 *Widmann*, FS Haarmann, S. 1013, 1020.

im Sinne des § 4f Abs. 1 S. 1 EStG liegt ein weites Begriffsverständnis zugrunde.[1272] Erfasst sind sämtliche Vermögensübertragungen im Wege der Einzel-, Sonder- und Gesamtrechtsnachfolge,[1273] so dass übertragende Umstrukturierungsvorgänge des Umwandlungssteuergesetzes grundsätzlich auch vom Begriff der Übertragung im Sinne des § 4f Abs. 1 S. 1 EStG erfasst sind.[1274] Entscheidend für eine Übertragung im Sinne des § 4f EStG ist nicht die zugrunde liegende Konstruktion, sondern die Zuordnung der Schuld zum übernehmenden Rechtsträger.[1275] Dementsprechend kommt es maßgeblich auf die durch bilanzsteuerrechtliche Grundsätze verursachte Aufdeckung der stillen Lasten und die damit einhergehende wirtschaftliche Entlastung des ursprünglich Verpflichteten an.[1276] Verschmelzungsvorgänge im Sinne des Umwandlungssteuergesetzes führen stets dazu, dass das übergehende Betriebsvermögen dem übernehmenden Rechtsträger zuzuordnen ist, so dass mit Verschmelzungsvorgängen – sofern vorhanden – stets auch eine Übertragung passivierungsbeschränkter Verpflichtungen im Sinne des § 4f Abs. 1 S. 1 EStG einhergeht.

b) Aufwandswirksame Übertragung der passivierungsbeschränkten Verpflichtung

Voraussetzung für die Anwendung des § 4f Abs. 1 S. 1 EStG ist, dass sich aus dem Vorgang der Übertragung von passivierungsbeschränkten Verpflichtungen aufseiten des übertragenden Rechtsträgers ein Aufwand ergibt.[1277] Eine Vermögensübertragung im Sinne des Umwandlungssteuergesetzes kann gem. §§ 3, 11, 20, 21, 24 UmwStG zum Buchwert, zu einem Zwischenwert oder zum gemeinen Wert erfolgen. Daher gilt es im Folgenden zu erörtern, ob und inwieweit sich eine Übertragung zum Buchwert, zu einem Zwischenwert oder zum gemeinen Wert auf die Aufwandwirksamkeit der Übertragung auswirkt.

1272 Siehe ausführlich 1. Kapitel C II 2 c.

1273 Siehe hierzu 1. Kapitel C II 2 c aa.

1274 BT-Drs. 18/68, S. 73; *Schindler*, in: Kirchhof, EStG, 18. Auflage, § 4f Rn. 13, *Schober*, in Herrmann/Heuer/Raupach, EStG, § 4f Rn. 11; *Schindler*, GmbHR 2014, 561, 564; *Riedel*, FR 2004, 6, 11.

1275 *A. Meyer*, in: BeckOK, EStG, § 4f Rn. 48.1; vgl. auch *Hoffmann*, in: Littmann/Bitz/Pust, EStG, §§ 4, 5 Rn. 1475.

1276 *Krumm*, in: Blümich, EStG, § 4f Rn. 20; *Weimer*, Hebung stiller Lasten, S. 175; vgl. auch zum Gesetzesentwurf des Bundesrates zum AIFM-StAnpG, BT-Drs. 18/68 (neu), S. 73 f.; siehe zum Gesetzesentwurf des Bundesrates zum AIFM-StAnpG auch, BR-Drs. 740/13 (B), S. 11; *Hoffmann*, in: Littmann/Bitz/Pust, EStG, §§ 4, 5 Rn. 1475.

1277 Vgl. zu den Tatbestandsvoraussetzungen 1. Kapitel C II 2 und zur aufwandswirksamen Verpflichtungsübertragung 1. Kapitel C II 2 d.

aa) Übertragung zum Buchwert

Wird ein Umstrukturierungsvorgang im Wege der Übertragung zum Buchwert durchgeführt, fehlt es für die Verwirklichung des Tatbestands des § 4f Abs. 1 S. 1 EStG an einem Aufwand im Sinne der Vorschrift.[1278] Vielmehr werden stille Lasten, die in Buchwerten des übergehenden Betriebsvermögens enthalten sind, aufseiten des übernehmenden Rechtsträgers auf Grundlage der steuerlichen Rechtsnachfolge[1279] und Wertverknüpfung[1280] fortgeführt. Dementsprechend kann für die Übertragung zum Buchwert festgestellt werden, dass mangels Aufwandsentstehung generell keine Veranlassung besteht, § 4f EStG auf Rechtsvorgänge anzuwenden, die im Wege einer Buchwertübertragung erfolgen. Demzufolge ist, in Übereinstimmung mit der allgemein anerkannten Auffassung,[1281] festzuhalten, dass § 4f EStG keine Anwendung auf Umstrukturierungsvorgänge findet, wenn diese im Wege einer Übertragung zum Buchwert durchgeführt werden.

bb) Übertragung zu einem Zwischenwert oder zum gemeinen Wert

Wie im Rahmen der Übertragung zum Buchwert hat der übernehmende Rechtsträger die Werte des übertragenden Rechtsträgers fortzuführen und tritt auch bei Übertragungen zu einem Zwischenwert oder zum gemeinen Wert nach den entsprechenden speziellen Vorschriften des Umwandlungssteuergesetzes in die steuerliche Rechtsstellung des übertragenden Rechtsträgers ein.[1282] Anders als bei der Übertragung zum Buchwert entsteht bei der Übertragung einer Verpflichtung, die mit stillen Lasten behaftet ist, im Wege eines Umstrukturierungsvorgangs zu einem höheren Wert – entweder zu einem Zwischenwert[1283] oder zum gemeinen

---

1278 Vgl. zu den Tatbestandsmerkmalen des § 4f Abs. 1 S. 1 EStG ausführlich 1. Kapitel C II 2.

1279 Siehe hierzu 2. Kapitel B III.

1280 Siehe hierzu 2. Kapitel B II.

1281 So auch *Neumann-Tomm*, in: Lademann, EStG, § 4f Rn. 18; *Schießl*, in: Kirchhof/Söhn/Mellinghoff, EStG, § 4f Rn. B 10; *Adrian/Fey*, StuB 2018, 85, 90; *Adrian/Fey*, StuB 2014, 53, 56; *Förster/Werthebach*, BB 2019, 299, 301; *Horst*, FR 2015, 824, 825; *Kahle/Braun*, FR 2018, 197, 209; *Klein*, Auslagerung von Pensionsverpflichtungen, S. 242; *Ott*, StuB 2014, 488, 492; *U. Prinz/Otto*, GmbHR 2018, 497, 503; *Schmitt/Keuthen*, DStR 2015, 2521, 2524; vgl. *Hörner*, in: Frotscher/Geurts, EStG, § 4f Rn. 32; *Förster/Staaden*, Ubg 2014, 1, 5; *Ronig/Geiermann*, StBW 2014, 264, 268.

1282 Vgl. zur steuerlichen Rechtsnachfolge im Umwandlungssteuerrecht § 4 Abs. 2 S. 1, § 12 Abs. 3 Hs. 1, § 23 Abs. 1 Hs. 2 i.V.m. § 12 Abs. 3 Hs. 1, § 23 Abs. 4 Hs. 2 UmwStG. Lediglich für Einbringungsvorgänge zum gemeinen Wert im Wege der Einzelrechtsnachfolge fingiert § 23 Abs. 4 Hs. 1 UmwStG einen Anschaffungsvorgang, so dass in diesem Fall keine steuerliche Rechtsnachfolge vorliegt.

1283 Siehe zum Ansatz zu einem Zwischenwert § 4 Abs. 1 S. 1 i.V.m. § 3 Abs. 2 UmwStG, § 12 Abs. 1 S. 1 i.V.m. § 11 Abs. 2 UmwStG, § 20 Abs. 2 S. 2 UmwStG, § 24 Abs. 2 S. 2 UmwStG.

Wert[1284] – ein Aufwand, welcher aufseiten des übertragenden Rechtsträgers zur Minderung des Übertragungsgewinns führt.[1285]

Dementsprechend wird die Voraussetzung der aufwandswirksamen Übertragung zu einem Zwischenwert oder zum gemeinen Wert im Rahmen eines Umstrukturierungsvorgangs erfüllt. Verschmelzungen, die zum gemeinen Wert oder zu einem Zwischenwert erfolgen, führen daher – den Voraussetzungen des § 4f Abs. 1 S. 1 EStG entsprechend – grundsätzlich zu einer Vermögensübertragung auf einen anderen Rechtsträger. Aufwandswirksam sind jedoch nur solche Übertragungen, die zu einem Zwischenwert oder gemeinen Wert erfolgen, nicht jedoch Übertragungen, die zum Buchwert durchgeführt werden.

c) Bestehen einer passivierungsbeschränkten Verbindlichkeit im Übertragungszeitpunkt

Voraussetzung für die Anwendung des § 4f EStG auf Umstrukturierungsvorgänge im Sinne des Umwandlungssteuergesetzes ist jedoch, dass im Zeitpunkt der Verpflichtungsübertragung die Voraussetzungen der Vorschrift vorliegen. Dementsprechend muss nicht nur eine aufwandswirksame Übertragung einer Verpflichtung vorliegen. Vielmehr müsste die Verpflichtung aufseiten des übertragenden Rechtsträgers im Zeitpunkt der Übertragung einem Ansatzverbot, einer Ansatzbeschränkung oder einem Bewertungsvorbehalt unterliegen.

Insbesondere in Bezug auf den Umwandlungsteil des Umwandlungssteuergesetzes ist umstritten, ob die Verpflichtungen im Zeitpunkt der Übertragung überhaupt einem Ansatzverbot, einer Ansatzbeschränkung oder einem Bewertungsvorbehalt unterliegen können.[1286] Vor allem *Schmitt* und *Keuthen* vertreten, dass eine Anwendung des § 4f EStG auf Umwandlungsvorgänge nach dem Umwandlungssteuergesetz auch dann nicht möglich sei, wenn sie zum gemeinen Wert oder zu einem Zwischenwert erfolgen.[1287] Sie begründen die Nichtanwendbarkeit des § 4f EStG

1284 Vgl. zum Ansatz zum gemeinen Wert § 4 Abs. 1 S. 1 i.V.m. § 3 Abs. 1 S. 1 UmwStG, § 12 Abs. 1 S. 1 i.V.m. § 11 Abs. 1 S. 1 UmwStG, § 20 Abs. 1 S. 1 Hs. 1 UmwStG, § 24 Abs. 1 S. 1 Hs. 1 UmwStG.

1285 So auch *Schießl*, in: Kirchhof/Söhn/Mellinghoff, EStG, § 4f Rn. B 10; *Adrian/Fey*, StuB 2018, 85, 90; *Adrian/Fey*, StuB 2014, 53, 56; *Förster/Staaden*, Ubg 2014, 1, 5; *Horst*, FR 2015, 824, 825; *Klein*, Auslagerung von Pensionsverpflichtungen, S. 243; *Widmann*, FS Haarmann, S. 1013, 1020; *Riedel*, FR 2014, 6, 12; *Ronig/Geiermann*, StBW 2014, 264, 268; vgl. auch *U. Prinz/Otto*, GmbHR 2018, 497, 504.

1286 Vgl. hierzu nur *Schmitt*, in: Schmitt/Hörtnagl/Stratz, UmwStG, § 3 Rn. 36b; *Schmitt/Keuthen*, DStR 2015, 2521, 2523 ff.; vgl. auch *Philipp*, Verschmelzung inländischer Kapitalgesellschaften, S. 357; *Philipp/Kröger*, DB 2016, 857, 860; a.A. *Möhlenbrock/Pung*, in: Dötsch/Pung/Möhlenbrock, UmwStG, § 3 Rn. 40; *Melan/Wecke*, Ubg 2017, 253, 255 f.

1287 Vgl. hierzu *Schlösser/Reichl/Rapp*, in: Sagasser/Bula/Brünger, Umwandlungen, § 11 Rn. 299; *Schmitt*, in: Schmitt/Hörtnagl/Stratz, UmwStG, § 3 Rn. 36b; § 11 Rn. 29a; *Schmitt/Keuthen*, DStR 2015, 2521, 2524 f.

damit, dass dessen Voraussetzungen im Zeitpunkt der Verpflichtungsübertragung nicht erfüllt seien.[1288] Das wird vor allem mit dem Wortlaut des § 4f Abs. 1 S. 1 EStG begründet, wonach die von der Verpflichtungsübertragung erfassten Positionen „beim ursprünglich Verpflichteten Ansatzverboten, -beschränkungen oder Bewertungsvorbehalten unterlegen haben" müssen.[1289] Passivierungsbeschränkungen liegen im Zeitpunkt des steuerlichen Übertragungsstichtags, auf den die umwandlungssteuerrechtliche Schlussbilanz gem. § 3 Abs. 1 S. 1 UmwStG und gem. § 11 Abs. 1 S. 1 UmwStG aufzustellen ist, jedoch nicht mehr vor.[1290] Die übergehenden Verpflichtungen, die bislang nicht oder nur beschränkt passiviert wurden, unterliegen beim Ansatz zum gemeinen Wert oder zu einem Zwischenwert bereits in der steuerlichen Schlussbilanz keinen Ansatzverboten, -beschränkungen oder Bewertungsvorbehalten.[1291] Vielmehr werden die stillen Lasten gesetzessystematisch und chronologisch vor der Übertragung bereits in der steuerlichen Schlussbilanz des übertragenden Rechtsträgers als ungewisse Verbindlichkeit passiviert, so dass sich die stillen Lasten schon in der steuerlichen Schlussbilanz und nicht erst durch die Übertragung realisieren.[1292]

An dieser Auffassung und der zugrunde liegenden Begründung ist auf Grundlage einer umfassenden Untersuchung des Wortlauts des § 4f EStG zu kritisieren, dass eine solche Auslegung dem Wortlaut der Vorschrift zuwiderläuft. Nicht überzeugend ist es, wenn in der Literatur vertreten wird, dass im Rahmen des § 4f Abs. 1 S. 1 EStG nicht auf den Realisationszeitpunkt, sondern auf einen davor liegenden Zeitpunkt abzustellen sei, da die Vorschrift anderenfalls zu einer Leervorschrift

---

1288 Vgl. hierzu *Schmitt*, in: Schmitt/Hörtnagl/Stratz, UmwStG, § 3 Rn. 36b; § 11 Rn. 29a; *Schmitt/Keuthen*, DStR 2015, 2521, 2524 f.

1289 vgl. auch *Schlösser/Reichl/Rapp*, in: Sagasser/Bula/Brünger, Umwandlungen, § 11 Rn. 299; *Schmitt*, in: Schmitt/Hörtnagl/Stratz, UmwStG, § 3 Rn. 36b; § 11 Rn. 29a; *Schmitt/Keuthen*, DStR 2015, 2521, 2524.

1290 *Schmitt*, in: Schmitt/Hörtnagl/Stratz, UmwStG, § 3 Rn. 36b; § 11 Rn. 29a; *Beutel/Ruoff/Tommaso/Sistermann/Schneider*, in: Lüdicke/Sistermann, § 12 Rn. 88; *Schmitt/Keuthen*, DStR 2015, 2521, 2524 f.; ähnlich auch *Horst*, FR 2015, 824, 827, der davon ausgeht, dass eine stille Last streng genommen bei einer Verschmelzung oder auch Spaltung nicht „durch die Übertragung" aufgedeckt wird, sondern schon durch das Aufstellen der steuerlichen Schlussbilanz im Sinne des § 3 Abs. 1 UmwStG bzw. § 11 Abs. 1 UmwStG. Dies erfolge sowohl nach der Systematik des Umwandlungssteuerrechts als auch chronologisch vor der Übertragung der Verpflichtung. Das sei allerdings bei einem klassischen asset deal, bei dem die stillen Lasten durch den geringeren Kaufpreis realisiert werden, anders. Allerdings lehnt auch *Horst*, FR 2015, 824, 827 die generelle Unanwendbarkeit des § 4f EStG auf Verschmelzungen und Spaltungen auf Basis dieser Argumentation mit Verweis auf den kausalen Zusammenhang zwischen der Übertragungsbilanz und dem Umwandlungsvorgang ab.

1291 Vgl. hierzu auch 2. Kapitel D I 2.

1292 *Schmitt*, in: Schmitt/Hörtnagl/Stratz, UmwStG, § 3 Rn. 36b; § 11 Rn. 29a; *Schmitt/Keuthen*, DStR 2015, 2521, 2524 f.

verkomme.[1293] Den Kritikern zufolge kommt es nicht darauf an, ob die Verpflichtung im Realisationszeitpunkt einem Ansatzverbot, einer Ansatzbeschränkung oder einem Bewertungsvorbehalt unterlegen hat, sondern dass die Verpflichtung beim übertragenden Rechtsträger vor dem steuerlichen Übertragungsstichtag einer Passivierungsbeschränkung in soeben angesprochener Form unterlegen hat.[1294] Richtig ist zwar, dass sowohl Umwandlungsvorgänge, als auch jede andere Veräußerung zu einer Realisation am Markt führen.[1295] Dennoch vermag diese Argumentation nicht zu überzeugen, da sich die Umwandlungsvorgänge von einem normalen Veräußerungsvorgang in ihrem Ablauf deutlich unterscheiden. Während im Falle eines Umstrukturierungsvorgangs im Sinne des Umwandlungsteils des Umwandlungssteuergesetzes stille Lasten nicht durch die Übertragung, sondern gesetzessystematisch und chronologisch durch das Aufstellen der steuerlichen Schlussbilanz vor der Übertragung aufgedeckt werden, tritt die Realisierung der stillen Lasten im Veräußerungsfall im Zeitpunkt des Leistungsaustausches ein.[1296]

In der Literatur wird zudem darauf hingewiesen, dass § 4f EStG aufgrund des vollständigen Wortlauts eine wesentlich dynamischere Zeitbestimmung zugrunde liegt, als es das Verständnis von *Schmitt* und *Keuthen* zum Ausdruck bringt.[1297] § 4f Abs. 1 S. 1 EStG stellt nicht lediglich auf den Übertragungszeitpunkt, sondern vielmehr auf den „sich aus dem Vorgang ergebenden Aufwand" ab.[1298] Diese Feststellung ist maßgebend für die Frage, ob die von *Schmitt/Keuthen* vertretene Argumentation hinsichtlich der Nichtanwendbarkeit des § 4f EStG auf Umwandlungsvorgänge mangels Bestehens der Passivierungsbeschränkung im Zeitpunkt der Verpflichtungsübertragung überzeugen kann. Richtig ist zwar, dass stille Lasten im Umwandlungsteil des Umwandlungssteuergesetzes bereits durch die im Rahmen der Aufstellung der steuerlichen Schlussbilanz zu berücksichtigenden, eigenständigen Ansatz- und Bewertungsvorschriften realisiert werden und daher beim übertragenden Rechtsträger zuletzt gerade kein Ansatzverbot mehr bestand. Dies kann allerdings nicht über den kausalen Zusammenhang zwischen

1293 *Möhlenbrock/Pung*, in: Dötsch/Pung/Möhlenbrock, UmwStG, § 3 Rn. 40; *Dötsch*, in: Dötsch/Pung/Möhlenbrock, UmwStG, § 11 Rn. 25a.

1294 *Möhlenbrock/Pung*, in: Dötsch/Pung/Möhlenbrock, UmwStG, § 3 Rn. 40; *Dötsch*, in: Dötsch/Pung/Möhlenbrock, UmwStG, § 11 Rn. 25a.

1295 *Möhlenbrock/Pung*, in: Dötsch/Pung/Möhlenbrock, UmwStG, § 3 Rn. 40; *Dötsch*, in: Dötsch/Pung/Möhlenbrock, UmwStG, § 11 Rn. 25a.

1296 So auch *Horst*, FR 2015, 824, 827 im Vergleich zur Umwandlung mit dem klassischen asset deal, der jedoch die Unanwendbarkeit des § 4f EStG auf Umwandlungsvorgänge aufgrund des kausalen Zusammenhangs zwischen der Übertragungsbilanz und dem Umwandlungsvorgang ablehnt.

1297 *Melan/Wecke*, Ubg 2017, 253,256.

1298 *Melan/Wecke*, Ubg 2017, 253, 256; vgl. auch *Horst*, FR 2015, 824, 827, der einen kausalen Zusammenhang zwischen der Übertragungsbilanz und dem Umwandlungsvorgang erkennt.

der Aufstellung der steuerlichen Schlussbilanz und dem Umstrukturierungsvorgang hinweg helfen.[1299] Der Vergleich einer verdeckten Gewinnausschüttung bei einer Verschmelzung nach einem Forderungsverzicht mit Besserungsabrede,[1300] bei dem die vGA-auslösende Vermögensminderung zeitlich und gegenständlich außerhalb des Umwandlungsvorgangs liegt, mit einem Verschmelzungsvorgang im Zusammenhang mit aktuell bestehenden (passivierungsbeschränkten) Verbindlichkeiten zeigt, dass im letzteren Fall eine Differenzierung zwischen dem Zeitpunkt der Aufstellung der steuerlichen Schlussbilanz und dem Übertragungszeitpunkt nicht geboten ist. Zwar ist auch im ersten Fall der Verschmelzungsvorgang kausal für die verdeckte Gewinnausschüttung, allerdings wird der „Eintritt des Besserungsfalls" durch einen Umstand ausgelöst, welcher der Verschmelzung nachfolgt.[1301] Darüber hinaus war die Darlehensverbindlichkeit des Gesellschafters in der steuerlichen Schlussbilanz des übertragenden Rechtsträgers nicht auszuweisen, da die Gesellschafter auf die Forderung verzichtet hatten und die auflösende Bedingung nicht eingetreten war.[1302] Abweichend hiervon erfolgt die Aufdeckung stiller Lasten und die damit einhergehende Nichtanwendung der ertragsteuerlichen Passivierungsbeschränkungen in der steuerlichen Schlussbilanz des übertragenden Rechtsträgers sowohl zeitlich als auch gegenständlich innerhalb des Umstrukturierungsvorgangs, so dass die Passivierungsbeschränkungen zumindest zu Beginn des Umstrukturierungsvorgangs noch vorhanden waren und erst durch das Aufstellen der steuerlichen Schlussbilanz ihren Bestand einbüßen.

Würde man dem von Teilen der Literatur vertretenen engen Verständnis des § 4f Abs. 1 S. 1 EStG folgen, hätte dies zur Folge, dass § 4f Abs. 1 S. 1 EStG zu einer Leervorschrift verkommen würde.[1303] Nicht nur bei Umwandlungsvorgängen, sondern auch bei „normalen" Veräußerungsvorgängen finden Passivierungsbeschränkungen bei genauer Betrachtung im Realisationszeitpunkt keine Anwendung mehr.[1304] Dementsprechend ist auch bei der Verpflichtungsübertragung im Sinne

1299 Vgl. auch *Horst*, FR 2015, 824, 827; ähnlich auch *Melan/Wecke*, Ubg 2017, 253, 256, die ausführen, dass die Formulierung „übergehende Wirtschaftsgüter" in § 3 Abs. 1 S. 1 und § 11 Abs. 1 S. 1 UmwStG, anders als noch die Formulierung in der alten Fassung („übergehend"), grammatikalisch die Gleichzeitigkeit zweier Vorgänge, d.h. die Gleichzeitigkeit von Bilanzierungszeitpunkt und Übergang der Wirtschaftsgüter, herausstelle.

1300 Siehe hierzu BFH 21.2.2018 – I R 46/16, BFH/NV 2018, 893,895.

1301 BFH 21.2.2018 – I R 46/16, BFH/NV 2018, 893,895.

1302 BFH 21.2.2018 – I R 46/16, BFH/NV 2018, 893,895.

1303 Ebenso *Möhlenbrock/Pung*, in: Dötsch/Pung/Möhlenbrock, UmwStG, § 3 Rn. 40; *Dötsch*, in: Dötsch/Pung/Möhlenbrock, UmwStG, § 11 Rn. 25a.

1304 Richtig ist zwar, dass sich die Umwandlungssachverhalte und klassische asset deals dahingehend unterscheiden, dass sich stillen Lasten im Umwandlungsfall bereits gesetzessystematisch und chronologisch vor der Übertragung durch das Aufstellen der steuerlichen Schlussbilanz und nicht erst im Realisationszeitpunkt durch einen geringeren Kaufpreis ändern (*Horst*, FR 2015, 824, 827). Dieser Unterschied ändert allerdings nichts daran, dass auch beim Veräußerungsvorgang „am

des § 4f Abs. 1 S. 1 EStG im Wege eines „normalen" Veräußerungsvorgangs bei der Anwendung der Vorschrift auf einen vor dem Realisationszeitpunkt liegenden Zeitpunkt abzustellen. Daher ist auch bei Umstrukturierungsvorgängen auf einen früheren Zeitpunkt abzustellen, an dem die Verpflichtungen aufseiten des übertragenden Rechtsträgers zweifellos einem Ansatzverbot, einer Ansatzbeschränkung oder einem Bewertungsvorbehalt unterlagen.[1305]

Infolgedessen verfängt die Argumentation, dass im Zeitpunkt der Verpflichtungsübertragung beim übertragenden Rechtsträger keine Passivierungsbeschränkung bestehe und daher die Anwendung des § 4f Abs. 1 S. 1 EStG ausscheide, nicht.[1306] In der steuerlichen Schlussbilanz werden nur vorweggenommene, mit der Verpflichtungsübertragung einhergehende – und von dieser kausal verursachte – Folgen der Realisation durch den Umstrukturierungsvorgang abgebildet. Folglich sind die tatbestandsbegründenden Voraussetzungen des § 4f Abs. 1 S. 1 EStG für den Fall, dass die umwandlungssteuerrechtlichen Vorschriften – entgegen der hier vertretenen Auffassung – nicht als *leges speciales* eingeordnet werden, im Grundsatz sowohl bei Verschmelzungsvorgängen zu einem Zwischenwert als auch zum gemeinen Wert erfüllt.[1307]

Markt" im Realisationszeitpunkt schon keine Passivierungsbeschränkungen greifen (ebenso *Möhlenbrock/Pung*, in: Dötsch/Pung/Möhlenbrock, UmwStG, § 3 Rn. 40; dem zustimmend *Dötsch*, in: Dötsch/Pung/Möhlenbrock, UmwStG, § 11 Rn. 25a).

1305 *Möhlenbrock/Pung*, in: Dötsch/Pung/Möhlenbrock, UmwStG, § 3 Rn. 40; dem zustimmend *Dötsch*, in: Dötsch/Pung/Möhlenbrock, UmwStG, § 11 Rn. 25a; a.A. *Bolik/Selig-Kraft*, NWB 2018, 851, 860 f.

1306 Ebenso *Schießl*, in: Kirchhof/Söhn/Mellinghoff, EStG, § 4f Rn. B 10 Rn. 1; *ders.*, in: Widmann/Mayer, UmwR, § 11 UmwStG Rn. 14.23.5, wonach die Auffassung von *Schmitt* und *Keuthen* dem Gesetzeswortlaut und den Willen des Gesetzgebers widerspreche; vgl. auch *Möhlenbrock/Pung*, in: Dötsch/Pung/Möhlenbrock, UmwStG, § 3 Rn. 40; *Dötsch*, in: Dötsch/Pung/Möhlenbrock, UmwStG, § 11 Rn. 25a; *Melan/Wecke*, Ubg 2017, 253, 256.

1307 Vgl. *Möhlenbrock/Pung*, in: Dötsch/Pung/Möhlenbrock, UmwStG, § 3 Rn. 40; dem zustimmend *Dötsch*, in: Dötsch/Pung/Möhlenbrock, UmwStG, § 11 Rn. 25a; im Ergebnis mit anderer Begründung auch *Melan/Wecke*, Ubg 2017, 253, 256; ebenso *Horst*, FR 2015, 824, 827, der zwar erkennt, dass die mit dem Aufstellen der steuerlichen Schlussbilanz einhergehende Aufdeckung stiller Lasten gesetzessystematisch und chronologisch vor der Übertragung stattfindet, aber dennoch die Anwendung des § 4f EStG auf Umwandlungen aufgrund des kausalen Zusammenhangs zwischen Übertragungsbilanz und Umwandlung bejaht. Im Ergebnis geht wohl auch *Krumm* – ohne diese Problematik anzusprechen – von der Anwendbarkeit des § 4f EStG auf Umwandlungs- und Einbringungsvorgänge aus (*Krumm*, in: Blümich, EStG, § 4f Rn. 21a). Nach anderen Stimmen in der Literatur sind die Tatbestandsvoraussetzungen des § 4f Abs. 1 S. 1 EStG nicht erfüllt: *Schmitt*, in: Schmitt/Hörtnagl/Stratz, UmwStG, § 3 Rn. 36b; § 11 Rn. 29a; *Schmitt/Keuthen*, DStR 2015, 2521, 2525; wohl auch *Schlösser/Reichl/Rapp*, in: Sagasser/Bula/Brünger, Umwandlungen, § 11 Rn. 299; *Philipp*, Verschmelzung inländischer Kapitalgesellschaften, S. 357 f., der im Kontext des § 5 Abs. 7 EStG-E ausführt, dass dieser auf Verschmelzungen keine

2. *Formwechsel gem. §§ 9 und 25 UmwStG*

Im Rahmen der Anwendbarkeit des § 4f EStG auf Umstrukturierungsvorgänge ist ferner zu untersuchen, ob der Formwechsel einer Kapitalgesellschaft in eine Personengesellschaft gem. § 9 UmwStG und umgekehrt gem. § 25 UmwStG die Voraussetzungen[1308] des § 4f Abs. 1 S. 1 EStG erfüllen.

a) *Übertragungsvorgang einer passivierungsbeschränkten Verpflichtung auf einen anderen Rechtsträger*

Im Unterschied zur Verschmelzung ist an einem Formwechsel nach § 190 Abs. 1 UmwG lediglich ein Rechtsträger beteiligt, der gem. § 202 Abs. 1 Nr. 1 UmwG seine zivilrechtliche Identität wahrt. Beim homogenen Formwechsel einer Personengesellschaft in eine Personengesellschaft oder einer Kapitalgesellschaft in eine Kapitalgesellschaft liegt aufgrund der Rechtsträgeridentität dem Umwandlungsgesetz zufolge keine Vermögensübertragung auf einen anderen Rechtsträger vor,[1309] so dass es sich um keinen übertragenden Umstrukturierungsvorgang handelt. Anders als beim heterogenen Formwechsel führt der homogene Formwechsel zu keinem Wechsel des Besteuerungssystems, sondern zur nahtlosen Fortsetzung der Besteuerung, so dass das Besteuerungssubjekt erhalten bleibt.[1310] Daher sind die Voraussetzungen des § 4f EStG beim homogenen Formwechsel nicht erfüllt. Abweichend hiervon fingiert das Umwandlungssteuergesetz nach § 9 S. 1 UmwStG für kreuzende (heterogene) Formwechsel einer Kapitalgesellschaft in eine Personengesellschaft und nach § 25 S. 1 UmwStG[1311] für den kreuzenden Formwechsel im umgekehrten Fall einer Personengesellschaft in eine Kapitalgesellschaft durch Verweisung auf §§ 3–8 UmwStG bzw. auf §§ 20–23 UmwStG einen Vermögensübergang. Dementsprechend werden Formwechselvorgänge im Sinne des § 9 UmwStG der Verschmelzung im Sinne der §§ 3–8 UmwStG und Formwechselvorgänge gem. § 25 UmwStG einem Einbringungsvorgang im Sinne der §§ 20–23 UmwStG und damit übertragenden Umstrukturierungsvorgängen gleichgestellt.[1312] Somit

---

Anwendung finden könne, „da bei der ursprünglich die Verpflichtung innehabenden Überträgerin zuletzt gerade kein Ansatzverbot bestand"; vgl. auch *Philipp/Kröger*, DB 2016, 857, 860.

1308 Vgl. zu den Voraussetzungen des § 4f Abs. 1 S. 1 EStG ausführlich 1. Kapitel C II 2.

1309 Vgl. hierzu auch 2. Kapitel C II 4 a; *Schober*, in: Hermann/Heuer/Raupach, EStG, § 4f Rn. 11; *Winter*, in: Rödder/Herlinghaus/van Lishaut, UmwStG, Anhang 1 Rn. 13; *Horst*, FR 2015, 824, 830; *Kahle/Braun*, FR 2018, 197, 209; *U. Prinz/Otto*, GmbHR 2018, 497, 503.

1310 *Klingberg*, in: Winkeljohann/Förschle/Deubert, Sonderbilanzen, L. Rn. 220; vgl. auch *dies.* in: Winkeljohann/Förschle/Deubert, Sonderbilanzen, L. Rn. 225.

1311 Siehe zu den verbleibenden Einbringungsvorgängen ausführlich 2. Kapitel C II 4.

1312 Vgl. *Horst*, FR 2015, 824, 830; *Kahle/Braun*, FR 2018, 197, 209; *Klingberg*, in: Winkeljohann/Förschle/Deubert, Sonderbilanzen, L. Rn. 205; *Melan/Wecke*, Ubg 2017, 253, 257; *Widmann*, FS Haarmann, S. 1013, 1026; zum Wechsel in der steuerlichen

ist der Formwechsel einer Kapitalgesellschaft in eine Personengesellschaft und umgekehrt steuerlich in vollem Umfang der Verschmelzung bzw. Einbringungsvorgängen gleichgestellt, so dass die umwandlungssteuerrechtliche Behandlung einer Verpflichtung beim formgewechselten Rechtsträger der Übertragung einer Verpflichtung im Rahmen der §§ 3–8 UmwStG und §§ 20–23 UmwStG gleichgestellt wird.[1313] Begründet wird die Fiktion der Vermögensübertragung im Falle des Formwechsels einer Kapitalgesellschaft in eine Personengesellschaft und umgekehrt durch den mit dem Umstrukturierungsvorgang einhergehenden steuerlichen Systemwechsel.[1314] Dementsprechend kommt es, obwohl es zivilrechtlich zu keiner Verpflichtungsübertragung zwischen zwei Rechtsträgern gekommen ist, aus ertragsteuerlicher Sicht zu einem Wechsel des Besteuerungssubjekts, so dass eine Übertragung im ertragsteuerlichen Sinne vorliegt, was im Rahmen der Anwendung der §§ 4f, 5 Abs. 7 EStG entscheidend ist.[1315] Daher führen heterogene Formwechselvorgänge stets dazu, dass davon erfasste passivierungsbeschränkte Verpflichtungen ertragsteuerlich einem anderen Rechtssubjekt zuzuordnen sind, so dass insoweit die Tatbestandsvoraussetzung „Übertragung auf einen anderen

---

Zurechnung auch *Benecke/Schnittker*, FR 2010, 555, 560; vgl. zu § 25 S. 1 UmwStG auch BFH 19.10.2005 – I R 38/04, BStBl. II 2006, 568, 569.

1313 *Widmann*, FS Haarmann, S. 1013, 1025; ähnlich auch *Horst*, FR 2015, 824, 830, der in Übereinstimmung mit der Finanzverwaltung davon ausgeht, dass es sich beim kreuzenden (heterogenen) Formwechsel ertragsteuerlich um einen Veräußerungs- und Anschaffungsvorgang handelt und diese Auslegung auch für die Anwendbarkeit des § 4f EStG maßgeblich sein dürfte. Dem steht auch nicht entgegen, dass der Formwechsel nach der Rechtsprechung des Bundesfinanzhofs (BFH 4.12.1996 – II B 116/96, BStBl. II 1997, 661, 662) keine Grunderwerbsteuer auslost, da das Grunderwerbsteuergesetz grundsätzlich auf das Zivilrecht abstellt. Im Unterschied hierzu ordnet § 9 S. 1 UmwStG jedoch die entsprechende Anwendung der für Verschmelzung geltenden umwandlungssteuerrechtlichen Vorschriften an (*Widmann*, FS Haarmann, S. 1013, 1025); a.A. *Klingberg*, in: Winkeljohann/Förschle/Deubert, Sonderbilanzen, L Rn. 216, die die Anwendung des § 5 Abs. 7 EStG auf Formwechselvorgänge ablehnt, da im Rahmen eines Formwechsels gerade keine Übernahme stattfindet.

1314 BFH 25.11.2014 – I R 78/12, BFH/NV 2015, 523, 525; BFH 11.12.2001 – VIII R 23/01, BStBl. II 2004, 474, 477; *Hörtnagl*, in: Schmitt/Hörtnagl/Stratz, UmwStG, § 1 Rn. 46; *Möhlenbrock*, in: Dötsch/Patt/Pung/Möhlenbrock, UmwStR, Einführung UmwStG Rn. 121; *Moszka*, in: Semler/Stengel, UmwG, Anhang UmwStG, Vorbemerkungen zum UmwStG Rn. 635; *Schmitt*, in: Schmitt/Hörtnagl/Stratz, UmwStG, § 25 Rn. 3; *Dorn/Langeloh*, DStR 2016, 1455, 1456; *Thiel*, GmbHR 1997, 145, 149.

1315 *Horst*, FR 2015, 824, 830; vgl. auch *Hörtnagl*, in: Schmitt/Hörtnagl/Stratz, UmwStG, § 1 Rn. 46; *Moszka*, in: Semler/Stengel, UmwG, Anhang UmwStG, Vorbemerkungen zum UmwStG Rn. 633 ff.; *Kahle/Braun*, FR 2018, 197, 209; *Klingberg*, in: Winklejohann/Förschle/Deubert, Sonderbilanzen, L Rn. 192; *U. Prinz/Otto*, GmbHR 2018, 497, 503.

Rechtsträger" im Sinne des § 4f Abs. 1 S. 1 EStG erfüllt ist.[1316] Im Falle eines homogenen Formwechsels ist diese Voraussetzung hingegen nicht erfüllt.

b) *Aufwandswirksame Übertragung der passivierungsbeschränkten Verpflichtung*

Sofern der oben vertretenen Auffassung gefolgt wird, stellt sich auch beim Formwechsel einer Kapitalgesellschaft in eine Personengesellschaft und umgekehrt die Frage nach der Aufwandswirksamkeit der Übertragung.[1317] § 9 S. 1 UmwStG ordnet für kreuzende Formwechselvorgänge von Kapitalgesellschaften in Personengesellschaften in vollem Umfang die entsprechende Anwendung der für Verschmelzungsvorgänge geltenden Vorschriften (§§ 3–8 und 10 UmwStG) an, während § 25 S. 1 UmwStG für kreuzende Formwechselvorgänge im umgekehrten Fall von Personengesellschaften in Kapitalgesellschaften die entsprechende Anwendung der §§ 20–23 UmwStG vorsieht. Dementsprechend besteht auch bei heterogenen Formwechselvorgängen durch Ausübung der entsprechenden Bewertungswahlrechte die Möglichkeit der Buchwertfortführung, des Ansatzes zu einem Zwischenwert oder zum gemeinen Wert. Mit Verweis auf die Ausführungen zum Ansatz zum Buchwert, zu einem Zwischenwert oder zum gemeinen Wert bei Verschmelzungsvorgängen ist festzustellen, dass auch beim (heterogenen) Formwechsel im Falle des Ansatzes zu einem Zwischenwert oder zum gemeinen Wert eine aufwandswirksame Übertragung der Verpflichtung vorliegt, nicht aber beim Ansatz zum Buchwert.[1318]

c) *Bestehen einer passivierungsbeschränkten Verbindlichkeit im Übertragungszeitpunkt*

Während im Falle eines Formwechsels zum Buchwert nach § 1 Abs. 5 Nr. 4 UmwStG die steuerrechtlichen Vorschriften über die Gewinnermittlung, also auch die darin geregelten Ansatzverbote, -beschränkungen und Bewertungsvorbehalte anzuwenden sind, stellt sich zumindest im Rahmen von Formwechselvorgängen im Sinne

---

1316 So auch *Förster/Werthebach*, BB 2019, 299, 301; *Horst*, FR 2015, 824, 830; *Kahle/Braun*, FR 2018, 197, 209; *Melan/Wecke*, Ubg 2017, 253, 257; *U. Prinz/Otto*, GmbHR 2018, 497, 503; im Umkehrschluss wohl auch *Schober*, der ausführt, dass nur „im Fall des homogenen Formwechsels (z.B. Formwechsel von GmbH zu AG bzw. von oHG zu KG)" kein Übertragungsvorgang vorliegt (*Schober*, in Herrmann/Heuer/Raupach, EStG, § 4f Rn. 11); a.A. *Klingberg*, in: Winkeljohann/Förschle/Deubert, Sonderbilanzen, L. Rn. 207, die eine Anwendung des § 4f EStG auf Formwechsel mit der Begründung ablehnt, dass „§ 4f EStG bei einem Formwechsel mangels Vermögensübertragung keine Bedeutung zu[kommt], da § 4f EStG auf die ‚Übertragung' von Verpflichtungen abstellt".

1317 Vgl. zu den Voraussetzungen des § 4f Abs. 1 S. 1 EStG ausführlich 1. Kapitel C II 2.

1318 Vgl. hierzu 3. Kapitel C II 1 b.

des § 9 UmwStG[1319] beim Ansatz zu einem Zwischenwert oder zum gemeinen Wert erneut die Frage, ob Passivierungsbeschränkungen im Übertragungszeitpunkt noch fortbestehen, da diese nach Auffassung mancher in dem durch die steuerliche Schlussbilanz markierten Übertragungszeitpunkt bereits nicht mehr existent sind.[1320] In Übereinstimmung mit den Ausführungen zu Verschmelzungsvorgängen ist sowohl für Formwechselvorgänge mit dem Ansatz zu einem Zwischenwert als auch für solche mit dem Ansatz zum gemeinen Wert im Zusammenhang mit § 4f Abs. 1 S. 1 EStG auf einen Zeitpunkt vor der Realisation abzustellen.[1321] Zudem besteht auch bei Formwechselvorgängen zwischen dem Aufstellen der steuerlichen Schlussbilanz und dem Umstrukturierungsvorgang ein derart enger kausaler Zusammenhang, dass schon aufgrund dessen eine Versagung der Tatbestandsvoraussetzungen des § 4f Abs. 1 S. 1 EStG mit der Begründung, dass im Übertragungszeitpunkt schon keine Passivierungsbeschränkung existiere, auch für den Fall des heterogenen Formwechsels abzulehnen ist.[1322]

Dementsprechend erfüllen heterogene Formwechselvorgänge zu einem Zwischenwert und zum gemeinen Wert für den Fall, dass die umwandlungssteuerrechtlichen Vorschriften – entgegen der hier vertretenen Auffassung – nicht als *leges speciales* eingeordnet werden, die Tatbestandsvoraussetzungen des § 4f Abs. 1 S. 1 EStG. Anderes ergibt sich hingegen für homogene Formwechselvorgänge.

3. Auf- und Abspaltung und Teilübertragung gem. §§ 15, 16 UmwStG

Nachdem soeben auf die Verschmelzung gem. §§ 3–8 und §§ 11 ff. UmwStG sowie den Formwechsel gem. §§ 9 und 25 UmwStG eingegangen wurde, stehen im Folgenden sowohl die Auf- und Abspaltung sowie die Teilübertragung einer Körperschaft auf eine andere Körperschaft gem. § 15 UmwStG als auch die Auf- und

---

1319 In Abweichung zu Formwechselvorgängen im Sinne des § 9 UmwStG werden die in passivierungsbeschränkten Verpflichtungen enthaltenen stillen Lasten gem. § 25 UmwStG nicht bereits in der steuerlichen Schlussbilanz des übertragenden Rechtsträgers abgebildet, so dass hier keine Passivierungsbeschränkungen existent waren. Bei Formwechselvorgängen im Sinne des § 25 UmwStG gelten aufgrund der Wertverknüpfung gem. § 20 Abs. 3 S. 1 UmwStG im Einbringungsteil des Umwandlungssteuergesetzes die vom übernehmenden Rechtsträger angesetzten Werte auch für den übertragenden Rechtsträger, so dass es aufgrund der Berücksichtigung der stillen Lasten beim übernehmenden Rechtsträger im Einbringungszeitpunkt aufseiten des übertragenden Rechtsträgers automatisch zu einem geringeren Veräußerungspreis und damit auch zu einem entsprechend geringeren Veräußerungsgewinn kommt.

1320 Siehe im Kontext der steuerlichen Schlussbilanz bei Verschmelzungsvorgängen im Sinne der §§ 3 ff. UmwStG 3. Kapitel C II 1 c.

1321 Siehe hierzu 3. Kapitel C II 1 c.

1322 Siehe im Zusammenhang mit Verschmelzungsvorgängen auch 3. Kapitel C II 1 c.

Abspaltung auf eine Personengesellschaft gem. § 16 UmwStG im Zusammenhang mit § 4f Abs. 1 S. 1 EStG im Fokus der Untersuchung.

a) Übertragungsvorgang auf einen anderen Rechtsträger

Um die Voraussetzungen des § 4f Abs. 1 S. 1 EStG zu erfüllen, müssten sowohl die Auf- und Abspaltung sowie die Teilübertragung[1323] einer Körperschaft auf eine andere Körperschaft gem. § 15 UmwStG als auch die Auf- und Abspaltung auf eine Personengesellschaft gem. § 16 UmwStG zu einer Vermögensübertragung auf einen anderen Rechtsträger führen.[1324] Wie im Falle der Verschmelzung ordnet das Umwandlungsgesetz auch für die Aufspaltung zur Aufnahme gem. § 123 Abs. 1 Nr. 1 UmwG, für die Aufspaltung zur Neugründung gem. § 123 Abs. 1 Nr. 2 UmwG, für die Abspaltung zur Aufnahme gem. § 123 Abs. 2 Nr. 1 UmwG und für die Abspaltung zur Neugründung gem. § 123 Abs. 2 Nr. 2 UmwG an, dass Vermögen im Wege der (partiellen) Gesamtrechtsnachfolge auf einen anderen Rechtsträger übergeht.[1325] Auch ertragsteuerlich führen diese Umstrukturierungsvorgänge gem. §§ 15 und 16 UmwStG zur Zuordnung der übergehenden Vermögensteile zu einem oder mehreren anderen Steuersubjekt(en). Dementsprechend handelt es sich auf bei der Auf- und Abspaltung und Teilübertragung gem. §§ 15 und 16 UmwStG um übertragende Umstrukturierungsvorgänge.

b) Aufwandswirksame Übertragung der passivierungsbeschränkten Verpflichtung

Über die Vermögensübertragung auf einen anderen Rechtsträger hinaus müssten die Auf- und Abspaltungen gem. §§ 15, 16 UmwStG auch zu einer aufwandswirksamen Übertragung führen, um die Voraussetzungen des § 4f Abs. 1 S. 1 EStG zu erfüllen.[1326] Sowohl § 15 Abs. 1 S. 1 UmwStG als auch § 16 S. 1 UmwStG lassen eine Übertragung zum Buchwert, zu einem Zwischenwert oder zum gemeinen Wert zu.[1327] Anknüpfend an die Ausführungen zur

---

1323 Für Teilübertragungen gelten im Folgenden auch die Ausführungen zur Auf- und Abspaltung im Sinne der §§ 15, 16 UmwStG, sofern nicht ausdrücklich davon abgewichen wird.

1324 Siehe zu den Voraussetzungen des § 4f Abs. 1 S. 1 EStG ausführlich 1. Kapitel C II 2.

1325 Ebenso *Schwarz*, in: Widmann/Mayer, UmwR, § 123 UmwG Rn. 4.1.3.; *Kredig*, Besteuerung stiller Lasten, S. 40.

1326 Siehe zur Aufwandswirksamkeit der Übertragung im Rahmen von § 4f Abs. 1 S. 1 EStG auch 1. Kapitel C II 2 d.

1327 § 15 Abs. 1 S. 1 UmwStG verweist zu diesem Zwecke auf die entsprechende Anwendung der §§ 11–13 UmwStG vorbehaltlich § 15 Abs. 1 S. 2 UmwStG und § 16 UmwStG. § 16 S. 1 UmwStG verweist zu diesem Zweck hingegen auf die entsprechende Anwendung der §§ 3–8, 10 und 15 UmwStG. Während § 15 Abs. 1 S. 2 UmwStG besondere Voraussetzungen für eine vom gemeinen Wert abweichende

Verschmelzung[1328] liegt auch bei der Auf-, Abspaltung und Teilübertragung im Sinne der §§ 15 und 16 UmwStG im Falle der Übertragung zu einem Zwischenwert oder zum gemeinen Wert, nicht aber im Falle einer Übertragung zum Buchwert, eine aufwandswirksame Übertragung auf einen anderen Rechtsträger vor.

c) *Bestehen einer passivierungsbeschränkten Verbindlichkeit im Übertragungszeitpunkt*

Wie bei Verschmelzungsvorgängen nach §§ 3 ff. und 11 ff. UmwStG und (heterogenen) Formwechselvorgängen nach § 9 UmwStG scheitert die Anwendung des § 4f Abs. 1 S. 1 EStG auf Auf- und Abspaltungsvorgänge sowie Teilübertragungen zu einem Zwischenwert oder zum gemeinen Wert nicht schon deshalb, weil die stillen Lasten bereits in der steuerlichen Schlussbilanz des übertragenden Rechtsträgers anzusetzen sind und infolgedessen im Übertragungsvorgang keine Passivierungsbeschränkung mehr vorliegt.[1329] Daher sind die tatbestandsbegründenden Voraussetzungen des § 4f Abs. 1 S. 1 EStG für den Fall, dass die umwandlungssteuerrechtlichen Vorschriften – entgegen der hier vertretenen Auffassung – nicht als *leges speciales* eingeordnet werden, auch bei Auf-, Abspaltungen und Teilübertragungen grundsätzlich erfüllt.

4. *Einbringungsvorgänge gem. §§ 20 ff. UmwStG*

Nachdem soeben festgestellt wurde, dass Verschmelzungen und Vollübertragungen gem. §§ 3–8 UmwStG und §§ 11 ff. UmwStG, (heterogene) Formwechsel gem. §§ 9 und 25 UmwStG und Auf- und Abspaltungen sowie Teilübertragungen gem. §§ 15 und 16 UmwStG den Tatbestand des § 4f Abs. 1 S. 1 EStG unter der Prämisse, dass die Vorschriften des Umwandlungssteuergesetz keinen Anwendungsvorrang genießen, grundsätzlich erfüllen, liegt der Fokus der Untersuchung im Folgenden auf der Frage, ob auch Umstrukturierungsvorgänge im Sinne des Einbringungsteils des Umwandlungssteuergesetzes die Voraussetzungen des § 4f Abs. 1 S. 1 EStG erfüllen.

a) *Einbringungen im Kontext des § 4f Abs. 1 S. 1 EStG*

Fraglich ist in diesem Kontext zunächst, ob § 4f Abs. 1 S. 1 EStG überhaupt auf sämtliche Einbringungsvorgänge abwendbar ist. Nach den Gesetzesmaterialien sollen von Satz 1 und 2 lediglich „Übertragungen einer Verpflichtung [...] insbesondere im Wege der Einzelrechtsnachfolge nach § 414 BGB oder im Wege der Sonder- oder Gesamtrechtsnachfolge nach dem Umwandlungsgesetz“[1330] vom

Übertragung vorsieht, ist dies im Rahmen von § 16 UmwStG ohne weitere Voraussetzungen möglich.

1328 Vgl. hierzu 3. Kapitel C II 1 b.

1329 Siehe hierzu ausführlich 3. Kapitel C II 1 c.

1330 BT-Drs. 18/68, S. 73; BR- Drs. 740/13, S. 75.

Anwendungsbereich des § 4f Abs. 1 S. 1 EStG erfasst sein. Einbringungsvorgänge wurden in den Gesetzgebungsmaterialien hingegen nicht angesprochen. Der Wille des Gesetzgebers ist auf Grundlage der Gesetzgebungsmaterialien,[1331] in denen im Kontext des § 4f Abs. 1 S. 3 EStG auch auf Einbringungen Bezug genommen wird, allerdings derart auszulegen, dass § 4f Abs. 1 S. 1 EStG auf alle übertragenden Umstrukturierungsvorgänge im Sinne des Umwandlungssteuergesetzes, und damit auch auf Einbringungsvorgänge, Anwendung finden soll.[1332] Dementsprechend sind grundsätzlich auch Einbringungsvorgänge vom Anwendungsbereich des § 4f Abs. 1 S. 1 EStG erfasst.

b) Übertragungsvorgang auf einen anderen Rechtsträger

Nachdem soeben festgestellt wurde, dass Einbringungen im Sinne des Umwandlungssteuergesetzes generell vom Anwendungsbereich des § 4f Abs. 1 S. 1 EStG erfasst sein sollen, stellt sich die Frage, ob Einbringungsvorgänge tatsächlich die Tatbestandsvoraussetzungen des § 4f Abs. 1 S. 1 EStG erfüllen.

aa) Umstrukturierungsvorgänge i.S.d. Einbringungsteils nach dem Umwandlungsgesetz

Über die nach § 1 Abs. 3 Nr. 1–3 UmwStG vom Einbringungsteil des Umwandlungssteuergesetzes erfassten Umstrukturierungsvorgänge im Sinne des Umwandlungsgesetzes hinaus, fallen in Ergänzung zum Umwandlungsteil weitere Umwandlungsvorgänge des Umwandlungsgesetzes in den Anwendungsbereich des Einbringungsteils.[1333] Dies ändert jedoch nichts an der Einordnung der Vorgänge als übertragende Umstrukturierungen.[1334] Zum einen werden Einbringungsvorgänge im Allgemeinen als Übertragung des zivilrechtlichen oder wirtschaftlichen Eigentums an Wirtschaftsgütern auf den übernehmenden Rechtsträger umschrieben.[1335] Zum anderen basieren Verschmelzung, Formwechsel

---

1331 BT-Drs. 18/68, S. 73; BR-Drs. 740/13, S. 75 f.

1332 Ausführlich zur Reichweite des Übertragungsbegriffs in Sinne des § 4f Abs. 1 S. 1 EStG 1. Kapitel C II 2 c.

1333 Verschmelzungen, Auf- und Abspaltungen von Personenhandelsgesellschaften und Partnerschaftsgesellschaften oder vergleichbare ausländische Vorgänge (§ 1 Abs. 3 Nr. 1 UmwStG), Ausgliederungen von Vermögensteilen oder vergleichbare ausländische Vorgänge (§ 1 Abs. 3 Nr. 2 UmwStG), Formwechsel einer Personengesellschaft in eine Kapitalgesellschaft oder Genossenschaft oder vergleichbare ausländische Vorgänge (§ 1 Abs. 3 Nr. 3 UmwStG).

1334 Lediglich im Falle von homogenen Formwechselvorgängen liegt keine Vermögensübertragung vor (siehe hierzu 2. Kapitel C II 4 a).

1335 *Herlinghaus*, in: Rödder/Herlinghaus/van Lishaut, UmwStG, § 20 Rn. 37 § 20 Rn. 186; ff., 127; *Menner*, in: Haritz/Menner, UmwStG, § 20 Rn. 55; *Nitzschke*, in: Blümich, UmwStG, § 20 Rn. 27; *Patt*, in: Dötsch/Patt/Pung/Möhlenbrock, UmwStR, § 20 UmwStG Rn. 163; *ders.*, in: Dötsch/Patt/Pung/Möhlenbrock, UmwStR, § 24 UmwStG

sowie Auf- und Abspaltung im Sinne des Einbringungsteils auf den gleichen, oben genannten umwandlungsrechtlichen Vorschriften, so dass Verschmelzungen, (heterogene) Formwechsel sowie Auf- und Abspaltungen gem. §§ 20 ff. UmwStG genauso übertragende Umstrukturierungsvorgänge darstellen wie auch Verschmelzungen, Formwechsel[1336] sowie Auf- und Abspaltungen im oben genannten Sinne. Steuerrechtlich führen die Vorgänge zur Zuordnung von Betriebsvermögen zu anderen Steuersubjekten, so dass insoweit eine „Übertragung auf einen anderen Rechtsträger" vorliegt. Auch durch die Ausgliederung im Sinne des § 1 Abs. 3 Nr. 2 UmwStG, die nur vom Einbringungsteil erfasst ist, werden zivilrechtlich gem. § 123 Abs. 3 UmwG ein oder mehrere Teile des Vermögens des übertragenden Rechtsträgers „zur Aufnahme durch Übertragung" oder „zur Neugründung durch Übertragung" auf einen oder mehrere Rechtsträger übertragen. Ertragsteuerlich ist das übertragene Betriebsvermögen einem anderen Steuersubjekt zurechenbar, so dass auch aus steuerrechtlicher Perspektive eine Übertragung vorliegt. Demnach handelt es sich auch bei der Ausgliederung um einen übertragenden Umstrukturierungsvorgang, so dass alle in § 1 Abs. 3 Nr. 1–3 UmwStG aufgezählten Umstrukturierungsvorgänge im Sinne des Umwandlungsgesetzes das Tatbestandsmerkmal des § 4f Abs. 1 S. 1 EStG „Übertragung auf einen anderen Rechtsträger" erfüllen.[1337]

bb) Umstrukturierungsvorgänge i.S.d. Einbringungsteils außerhalb des Umwandlungsgesetzes

Über Einbringungsvorgänge im Sinne des Umwandlungsgesetzes gem. § 1 Abs. 3 Nr. 1–3 UmwStG hinaus gilt es zu untersuchen, ob auch Einbringungsvorgänge außerhalb des Umwandlungsgesetzes gem. § 1 Abs. 3 Nr. 4 und 5 UmwStG zu

---

Rn. 102; *Rasche*, in: Rödder/Herlinghaus/van Lishaut, UmwStG, § 24 Rn. 13; *Schlößer/Schley*, in: Haritz/Menner, UmwStG, § 24 Rn. 14; *Schmitt*, in: Schmitt/Hörtnagl/Stratz, UmwStG, § 24 Rn. 32 ff.

1336 Beim heterogenen bzw. kreuzenden Formwechsel einer Personengesellschaft in eine Kapitalgesellschaft im Sinne des § 25 UmwStG gilt es – wie auch oben schon im Rahmen der Untersuchung zum Formwechsel im Sinne des § 9 UmwStG festgestellt – zu beachten, dass § 25 S. 1 UmwStG – ähnlich wie auch § 9 S. 1 UmwStG, der für den heterogenen bzw. kreuzenden Formwechsel einer Kapitalgesellschaft in eine Personengesellschaft auf §§ 3–8 UmwStG verweist – auf die Vorschriften der §§ 20–23 UmwStG verweist und damit anderen übertragenden Umstrukturierungen gleichstellt, so dass für steuerliche Zwecke eine Vermögensübertragung auf einen anderen Rechtsträger fingiert wird (vgl. hierzu auch *Horst*, FR 2015, 824, 830; *Melan/Wecke*, Ubg 2017, 253, 257; *Widmann*, FS Haarmann, S. 1013, 1044 f.; zum Wechsel in der steuerlichen Zurechnung auch *Benecke/Schnittker*, FR 2010, 555, 560; vgl. zu § 25 S. 1 UmwStG auch BFH 19.10.2005 – I R 38/04, BStBl. II 2006, 568, 569).

1337 So im Ergebnis auch *Widmann*, FS Haarmann, S. 1013, 1043.

einer Übertragung auf einen anderen Rechtsträger führen.[1338] Dabei gilt es im Falle der erweiterten Anwachsung[1339] zu berücksichtigen, dass diese entgegen dem Umstand, dass sie von § 1 Abs. 3 Nr. 4 und Nr. 5 UmwStG nicht ausdrücklich genannt ist, trotzdem vom Anwendungsbereich des Einbringungsteils des Umwandlungssteuergesetzes erfasst ist.[1340] Während unter einer Übertragung im Sinne des § 4f EStG die Zuordnung der übergehenden Wirtschaftsgüter zum übernehmenden Rechtsträger nach den bilanzsteuerrechtlichen Grundsätzen unabhängig von der zugrunde liegenden zivilrechtlichen Konstruktion zu verstehen ist,[1341] genügt für die Übertragung im Falle eines Einbringungsvorgangs im Allgemeinen die Verschaffung des zivilrechtlichen oder wirtschaftlichen Eigentums an den übergehenden Wirtschaftsgütern.[1342] Demnach sind sowohl bei § 4f EStG als auch bei Einbringungsvorgängen die Anforderungen an die Übertragung erfüllt, wenn die Wirtschaftsgüter nach den bilanzsteuerrechtlichen Grundsätzen einem anderen Rechtssubjekt zuzuordnen sind, so dass eine Übertragung durch Einbringung grundsätzlich vom Übertragungsbegriff des § 4f EStG erfasst ist. Daher handelt es sich sowohl bei den Umstrukturierungsvorgängen im Sinne des Umwandlungsgesetzes als auch bei denen außerhalb des Umwandlungsgesetzes grundsätzlich um übertragende Vorgänge.[1343]

1338 Siehe zur Übertragung auf einen anderen Rechtsträger im Sinne des § 4f Abs. 1 S. 1 EStG 1. Kapitel C II 2 c.

1339 Charakteristisch für eine Umstrukturierung im Wege des erweiterten Anwachsungsmodells sind ein Vermögensübergang im Wege der Gesamtrechtsnachfolge auf den verbleibenden Gesellschafter, das liquidationslose Erlöschen der Personengesellschaft sowie die Gewährung einer Gegenleistung in Form von Anteilen am übernehmenden Rechtsträger (*Stengel*, in: Haritz/Menner, UmwStG Einführung, A. Rn. 60; *Proff*, DStR 2016, 2227, 2228; *Sagasser/Bula/Abele*, in: Sagasser/Bula/Brünger, Umwandlungen, § 29 Rn. 22).

1340 *Herlinghaus*, in: Rödder/Herlinghaus/van Lishaut, UmwStG, § 20 Rn. 39c; *Schmitt*, in: Schmitt/Hörtnagl/Stratz, UmwStG, § 20 Rn. 195; § 24 Rn. 56; *Benz/Rosenberg*, DB 2011, 1354, 1354 f; *dies.*, DB 2012, Beilage zu Heft 2, 38; *Ege/Klett*, DStR 2010, 2463, 2467; *Kowallik/Merklein/Siepers*, DStR 2008, 173, 177; *Ropohl/Freck*, GmbHR 2009, 1076, 1080; *Sagasser/Bula/Abele*, in: Sagasser/Bula/Brünger, Umwandlungen, § 29 Rn. 22; *Weber/Hahne*, Ubg 2011, 420, 422.

1341 Vgl. 1. Kapitel C II 2 c.

1342 *Herlinghaus*, in: Rödder/Herlinghaus/van Lishaut, UmwStG, § 20 Rn. 37 ff., 127; *Menner*, in: Haritz/Menner, UmwStG, § 20 Rn. 55; *Nitzschke*, in: Blümich, UmwStG, § 20 Rn. 27; *Patt*, in: Dötsch/Patt/Pung/Möhlenbrock, UmwStR, § 20 UmwStG Rn. 163; § 24 UmwStG Rn. 102; *Rasche*, in: Rödder/Herlinghaus/van Lishaut, UmwStG, § 24 Rn. 13; *Schlößer/Schley*, in: Haritz/Menner, UmwStG, § 24 Rn. 14; *Schmitt*, in: Schmitt/Hörtnagl/Stratz, UmwStG, § 24 Rn. 32 ff.; § 20 Rn. 186.

1343 Lediglich im Falle des homogenen Formwechsels handelt es sich in Ermangelung einer Vermögensübertragung bzw. einer den §§ 9 oder 25 UmwStG entsprechenden Anordnung um keinen übertragenden Umstrukturierungsvorgang, so dass in diesem Fall die Tatbestandsvoraussetzungen des § 4f Abs. 1 S. 1 EStG nicht erfüllt sind; vgl. ausführlich zur Vermögensübertragung im Rahmen der

Mithin ist festzustellen, dass sowohl die in § 1 Abs. 3 Nr. 1–5 UmwStG aufgezählten Einbringungsvorgänge als auch erweiterte Anwachsungsvorgänge – unabhängig davon, ob diese im Wege einer Einzelrechtsnachfolge oder durch (partielle) Gesamtrechtsnachfolge durchgeführt werden – übertragende Vorgänge darstellen und daher das Tatbestandsmerkmal „Übertragung auf einen anderen Rechtsträger“ verwirklichen.[1344]

c) *Aufwandwirksame Übertragung der passivierungsbeschränkten Verpflichtungen*

Zusätzlich zur Vermögensübertragung auf einen anderen Rechtsträger müssen die Einbringungsvorgänge des Umwandlungssteuergesetzes gem. §§ 20 ff. UmwStG auch das Merkmal der Aufwandswirksamkeit der Übertragung erfüllen, um den Voraussetzungen des § 4f Abs. 1 S. 1 EStG zu genügen.[1345] Grundsätzlich besteht bei den Einbringungsvorgängen des Umwandlungssteuergesetzes wie auch bei den aufwandswirksamen Vorgängen des Umwandlungsgesetzes die Möglichkeit, zwischen der Buchwertfortführung, dem Ansatz zu einem Zwischenwert sowie dem Ansatz zum gemeinen Wert zu wählen. Anders als im Umwandlungsteil besteht das Wahlrecht im Einbringungsteil nicht aufseiten des übertragenden Rechtsträgers, sondern gem. § 20 Abs. 2, § 21 Abs. 1 und § 24 Abs. 2 UmwStG aufseiten des übernehmenden Rechtsträgers. Entscheidet sich der übernehmende Rechtsträger im Rahmen des Wahlrechts gem. § 20 Abs. 2 S. 2 Alt. 1, § 21 Abs. 1 S. 2 oder § 24 Abs. 2 S. 2 Alt. 1 UmwStG für die Buchwertfortführung, scheidet die Anwendung des § 4f Abs. 1 S. 1 EStG mangels Aufwandswirksamkeit der Übertragung aus.[1346] Wird das Wahlrecht hingegen gem. § 20 Abs. 2 S. 1, § 21 Abs. 1 S. 1 bzw. § 24 Abs. 2 S. 1 UmwStG zugunsten des gemeinen Werts oder gem. § 20 Abs. 2 S. 2 Alt. 2, § 21 Abs. 1 S. 2 Alt. 2 bzw. § 24 Abs. 2 S. 2 Alt. 2 UmwStG zugunsten eines

---

einzelnen Umstrukturierungsvorgänge im Sinne des Umwandlungssteuergesetzes 2. Kapitel C II.

1344 *Widmann*, FS Haarmann, S. 1013 ff.; vgl. zur Anwendbarkeit des § 4f Abs. 1 S. 1 EStG auf übertragende Vorgänge auch *Schober*, in Herrmann/Heuer/Raupach, EStG, § 4f Rn. 11; *Schindler*, in: Kirchhof, EStG, 18. Auflage, § 4f Rn. 13; BT-Drs. 18/68 (neu), S. 73, wo im Zusammenhang mit § 4f Abs. 1 S. 1 EStG zwar lediglich von Sonder- oder Gesamtrechtsnachfolgen nach dem Umwandlungsgesetz gesprochen wird. Die Gesetzgebungsmaterialien sind an diesem Punkt jedoch weit auszulegen, so dass auch Umstrukturierungsvorgänge des Umwandlungssteuergesetzes außerhalb des Umwandlungsgesetzes erfasst sind; siehe auch 1. Kapitel C II 2 c aa; *Riedel*, FR 2014, 6, 11; *Schindler*, GmbHR 2014, 561, 564.

1345 Siehe zur Aufwandswirksamkeit der Übertragung im Rahmen von § 4f Abs. 1 S. 1 EStG auch 1. Kapitel C II 2 d.

1346 Vgl. zur Aufwandswirksamkeit der Übertragung im Falle der Buchwertfortführung 3. Kapitel C II 1 b aa.

Zwischenwerts ausgeübt, ist die Aufwandswirksamkeit der Übertragung zu bejahen.[1347] Demnach entscheidet über die Aufwandswirksamkeit der Übertragung im Einbringungsteil gem. §§ 20 ff. UmwStG wie auch im Umwandlungsteil, ob die Übertragung zum Buchwert, zu einem Zwischenwert oder zum gemeinen Wert erfolgt.

d) Bestehen einer passivierungsbeschränkten Verbindlichkeit im Übertragungszeitpunkt

In Abweichung zu den Umstrukturierungsvorgängen im Sinne des Umwandlungsteils werden die in passivierungsbeschränkten Verpflichtungen enthaltenen stillen Lasten nicht bereits im Übertragungszeitpunkt durch den übertragenden Rechtsträger in dessen steuerlicher Schlussbilanz abgebildet, sondern sind als laufender Geschäftsvorfall in der auf den Einbringungsstichtag nachfolgenden regulären Steuerbilanz zu passivieren. Daher stellt sich die Problematik, ob die übergehenden Wirtschaftsgüter im Einbringungszeitpunkt Passivierungsbeschränkungen unterliegen, im Einbringungsteil nicht. Im Einbringungszeitpunkt liegt demzufolge bei Einbringungsvorgängen – anders als teilweise in der Literatur im Zusammenhang mit Umwandlungsvorgängen vertreten[1348] – eine passivierungsbeschränkte Verpflichtung vor, so dass das Tatbestandsmerkmal des § 4f Abs. 1 S. 1 EStG erfüllt ist.

Zusammenfassend erfüllen daher auch Einbringungsvorgänge im Sinne der §§ 20 ff. UmwStG die tatbestandsbegründenden Merkmale des § 4f Abs. 1 S. 1 EStG, sofern das den Vorschriften immanente Wahlrecht zu einem Zwischenwert oder gemeinen Wert ausgeübt wird. Erfolgt hingegen ein Ansatz zum Buchwert, entsteht kein Aufwand, so dass es an der Aufwandswirksamkeit der Übertragung fehlt.

5. Übertragung von Pensionsrückstellungen durch Umstrukturierungsvorgänge

Im Zusammenhang mit Umwandlungs- und Einbringungsvorgängen ist über die vorausgegangenen Ausführungen hinaus zu erörtern, inwieweit § 4f EStG auf die Übertragung von Pensionsrückstellungen durch Umstrukturierungsvorgänge im Sinne des Umwandlungssteuergesetzes Anwendung finden kann.

Grundsätzlich gilt, dass § 4f EStG auf Umstrukturierungsvorgänge Anwendung findet, wenn die Voraussetzungen des § 4f Abs. 1 S. 1, Abs. 2 EStG erfüllt sind, keine Ausnahmeregelung[1349] einschlägig ist und das Umwandlungssteuergesetz diesbezüglich keine spezialgesetzliche Regelung enthält. Wie oben festgestellt, werden die übergehenden Wirtschaftsgüter bei Umstrukturierungsvorgängen

---

1347 Vgl. zur Aufwandswirksamkeit der Übertragung im Falle des Ansatzes zum gemeinen Wert bzw. im Falle des Ansatzes zu einem Zwischenwert 3. Kapitel C II 1 b bb.

1348 Vgl. hierzu ausführlich 3. Kapitel C II 1 c.

1349 Siehe hierzu 1. Kapitel C II 3 b.

nach dem gesetzlich vorhergesehenen Grundfall mit dem gemeinen Wert angesetzt,[1350] so dass grundsätzlich stille Reserven und stille Lasten aufgedeckt werden. Das Umwandlungssteuergesetz enthält allerdings mit den Regelungen in § 3 Abs. 1 S. 2, § 11 Abs. 1 S. 2, § 15 Abs. 1 i.V.m. § 11 Abs. 1 S. 2, § 16 i.V.m. § 3 Abs. 1 S. 2, § 20 Abs. 2 S. 1 und § 24 Abs. 2 S. 1 UmwStG Ausnahmevorschriften für die Bewertung von Pensionsrückstellungen, wonach für diese der Wert des § 6a EStG gilt. Regelmäßig liegt der gemeine Wert der Pensionsrückstellungen über dem Teilwert des § 6a EStG, so dass es beim Ansatz zum gemeinen Wert aufseiten des übertragenden Rechtsträgers zur Aufdeckung stiller Lasten und zu einem Aufwand kommen würde.[1351] Da Pensionsrückstellungen allerdings unabhängig von der umwandlungssteuerrechtlichen Wahlrechtsausübung mit dem Teilwert im Sinne des § 6a EStG anzusetzen sind, werden Pensionsrückstellungen im Falle der Übertragung im Wege einer Umstrukturierung im Sinne des Umwandlungssteuergesetzes stets mit dem steuerlichen Buchwert fortgeführt.[1352] Dementsprechend kommt es bei der Übertragung von Pensionsrückstellungen weder zur Entstehung eines steuerbilanziellen Aufwands noch zur Aufdeckung stiller Lasten.[1353] Pensionsrückstellungen dürfen auch dann nicht mit ihrem „realen" Erfüllungsbetrag angesetzt werden, wenn der Ansatz der übrigen Wirtschaftsgüter zum gemeinen Wert erfolgt. Mangels Realisierung stiller Lasten findet § 4f EStG im Falle der Übertragung von Pensionsrückstellungen durch Umstrukturierungsvorgänge nach dem Umwandlungssteuergesetz aufgrund der ausdrücklichen spezialgesetzlichen Regelungen, wonach zwingend der Teilwert anzusetzen ist, keine Anwendung.[1354]

1350 Siehe hierzu § 3 Abs. 1 S. 1, § 11 Abs. 1 S. 1, § 20 Abs. 2 S. 1 Hs. 1, § 21 Abs. 1 S. 1, § 24 Abs. 2 S. 1 Hs. 1 UmwStG.

1351 Vgl. *Schaflitzl/Widmayer*, BB-Special 8/2006, 36, 39.

1352 Ebenso *Huth/Wittenstein*, DStR 2015, 1153, 1154.

1353 Vgl. *Möhlenbrock/Pung*, in: Dötsch/Pung/Möhlenbrock, UmwStG, § 3 Rn. 48; *Rödder*, in: Rödder/Herlinghaus/van Lishaut, UmwStG, § 12 Rn. 31; *Adrian/Fey*, StuB 2014, 53, 56; *Förster/Staaden*, Ubg 2014, 1, 5; *Förster/Werthebach*, BB 2019, 299, 301; *Horst*, FR 2015, 824, 826; *Huth/Wittenstein*, DStR 2015, 1153, 1154; *Nielsen/Schulenburg*, FR 2017, 623, 624; *U. Prinz/Otto*, GmbHR 2018, 497, 504; *Schulenburg/Lüder*, DB 2017, 1217, 1221; *Veit/Jura*, DStZ 2013, 533, 536; vgl. auch *Theis*, FS Ballwieser, S. 873, 890; ähnlich auch *Schindler*, in: Kirchhof, EStG, 18. Auflage, § 4f Rn. 9; ebenso *M. Prinz*, Ubg 2013, 58, 68 zu § 4f S. 1 EStG-E.

1354 Vgl. zum Verhältnis des Umwandlungssteuergesetzes zum Einkommensteuergesetz im Zusammenhang mit Pensionsrückstellungen auch BFH 12.12.2012 – I R 69/11, BStBl. II 2017, 1232, 1236 f.; *Hörner*, in: Frotscher/Geurts, EStG, § 4f Rn. 32; *Klingberg*, in: Blümich, UmwStG, § 3 Rn. 18c; *Möhlenbrock/Pung*, in: Dötsch/Pung/Möhlenbrock, UmwStG, § 3 Rn. 48; *Adrian/Fey*, StuB 2014, 53, 56; *Horst*, FR 2015, 824, 826; *Huth/Wittenstein*, DStR 2015, 1153, 1154; *Kahle/Braun*, FR 2018, 197, 210; *Oser*, BB 2013, 946; *U. Prinz/Otto*, GmbHR 2018, 497, 504; *Ronig/Geiermann*, StBW 2014, 268; *Schulenburg/Lüder*, DB 2017, 1217,1221; *Trossen*, GmbH-StB 2013, 136, 137; *Weiss*, StuB 2018, 503, 506.

Somit sind Pensionsrückstellungen – wie bereits vor Einführung des § 4f EStG – in der steuerlichen Schlussbilanz unabhängig von den im Umwandlungssteuerrecht bestehenden Ansatzwahlrechten und losgelöst von den Einschränkungen des § 4f EStG mit dem Teilwert im Sinne des § 6a EStG anzusetzen.[1355]

6. *Zusammenfassung*

Selbst wenn das Spezialitätsverhältnis zwischen dem Umwandlungssteuergesetz und § 4f EStG abgelehnt wird, erfüllen nicht sämtliche Umwandlungs- und Einbringungsvorgänge die Tatbestandsvoraussetzungen des § 4f Abs. 1 S. 1 EStG. Erfolgen Umstrukturierungsvorgänge zum Buchwert, fehlt es für die Anwendung des § 4f Abs. 1 S. 1 EStG an der Aufdeckung stiller Lasten. Werden Umstrukturierungsvorgänge zu einem Zwischenwert oder zum gemeinen Wert durchgeführt, scheitert die Anwendung des § 4f Abs. 1 S. 1 EStG im Falle des homogenen Formwechsels mangels aufwandswirksamer Vermögensübertragung auf einen anderen Rechtsträger. Neben Umstrukturierungsvorgängen zum Buchwert ordnet das Umwandlungssteuergesetz für die Übertragung von Pensionsrückstellungen – unabhängig von der umwandlungssteuerrechtlichen Wahlrechtsausübung – den Ansatz zum Teilwert im Sinne des § 6a EStG an, so dass es auch insoweit an der Realisierung stiller Lasten fehlt und eine Anwendung des § 4f EStG ausscheidet.

III. Anwendbarkeit des § 4f EStG trotz umstrukturierungsbedingtem Erlöschen des übertragenden Rechtsträgers

Sofern entgegen der hier vertretenen Auffassung der Vorrang der umwandlungssteuerrechtlichen Vorschriften im Verhältnis zu § 4f EStG abgelehnt wird, kann die Anwendung des § 4f EStG auf Umwandlungs- und Einbringungsvorgänge am Erlöschen des übertragenden Rechtsträgers scheitern. Während es für die Anwendung des § 4f EStG auf Umwandlungs- und Einbringungsvorgänge zum Buchwert schon am aufwandsbegründenden Entgelt fehlt, stellt sich die Frage, ob § 4f EStG auf Umstrukturierungsvorgänge zu einem Zwischenwert oder zum gemeinen Wert anwendbar ist. Nach weit überwiegender Auffassung in der Literatur ist eine Aufwandsverteilung auch bei Umwandlungs- und Einbringungsvorgängen im Sinne des Umwandlungssteuergesetzes durchzuführen.[1356] Die Anwendung des

1355 Vgl. auch *Neumann-Tomm*, in: Lademann, EStG, § 4f Rn. 18; *Adrian/Fey*, StuB 2014, 53, 56.

1356 Siehe hierzu die herrschende Meinung im Schrifttum, die im Grundsatz von der Anwendbarkeit der §§ 4f, 5 Abs. 7 EStG auf Verpflichtungsübertragungen durch Umwandlungs- und Einbringungsvorgänge ausgeht: *Hoffmann*, in: Littmann/Bitz/Pust, EStG, § 4f Rn. 5; *Schober*, in: Herrmann/Heuer/Raupach, EStG, § 4f Rn. 11; *Schindler*, in: Kirchhof, EStG, 18. Auflage, § 4f Rn. 12 f.; *U. Prinz/Otto*, GmbHR 2018, 497, 503; *Horst*, FR 2015, 824, 827; vgl. *Zimmermann*, Ubg 2018, 17, 20 f.; kritisch

§ 4f Abs. 1 S. 1 EStG setzt allerdings einen übertragenden Rechtsträger voraus, bei dem der durch die Übertragung entstandene Aufwand über 15 Jahre zu verteilen ist. § 4f Abs. 1 S. 1 EStG ist jedoch nur dann anwendbar, wenn ein übertragender Rechtsträger existiert, bei dem die Aufwandsverteilung stattfinden kann. Verschmelzungsvorgänge nach § 2, § 20 Abs. 1 Nr. 2 S. 1 UmwG, Aufspaltungsvorgänge gem. § 123 Abs. 1, § 131 Abs. 1 Nr. 2 UmwG, Vermögensübertragungen im Wege der Vollübertragung gem. § 174 Abs. 1 UmwG und Vermögensübertragungen im Wege der aufspaltenden Teilübertragung gem. § 174 Abs. 2 Nr. 1 UmwG erfolgen „unter Auflösung ohne Abwicklung" des übertragenden Rechtsträgers. Bei den zuvor genannten Umwandlungsvorgängen führen die besonderen Regelungen des Umwandlungsgesetzes mit Wirksamwerden der Umstrukturierung durch Eintragung im Register des übernehmenden Rechtsträgers *ipso iure* zum Erlöschen des übertragenden Rechtsträgers.[1357] Beim erweiterten Anwachsungsmodell erlischt eine Personengesellschaft mit Ausscheiden des vorletzten Gesellschafters. Bleibt bei einer Personengesellschaft nur noch ein Gesellschafter übrig, gehen die Anteile am Gesellschaftsvermögen gem. § 738 Abs. 1 S. 1 BGB auf den letzten Gesellschafter über,[1358] was im Ergebnis mangels Erfüllung der begriffsnotwendigen Anforderung von mindestens zwei Gesellschaftern zum liquidationslosen Erlöschen der Personengesellschaft[1359] führt. Daher konfligiert die Anwendung des § 4f EStG auf Umwandlungs- und Einbringungsvorgänge des Umwandlungssteuergesetzes mit den zivilrechtlichen Grundlagen ebendieser Vorgänge. Infolge des Erlöschens des übertragenden Rechtsträgers existiert dieser nicht mehr, so dass insoweit kein Normadressat für die Anwendung des § 4f EStG besteht.[1360] Der

---

Krumm, in: Blümich, EStG, § 4f Rn. 21a; *Adrian/Fey*, StuB 2018, 85, 90; *Adrian/Fey*, StuB 2014, 53, 57; differenzierend *A. Meyer*, in: BeckOK, EStG, § 4f Rn. 28.

1357 So auch *Kredig*, Besteuerung stiller Reserven, S. 40 f.

1358 Ständige Rechtsprechung: BGH 7.7.2008 – II ZR 37/07, NJW 2008, 2992; BGH 6.12.1999 – VII ZR 53/97, NJW 2000, 1119; BGH 14.2.1974 – II ZR 83/72, NJW 1974, 899, 899 f.; BGH 13.12.1965 – II ZR 10/64, NJW 1966, 827, 827 f.; BFH 19.5.1960 – II ZR 72/59, BGHZ 32, 307; ebenso die h.M. in der Literatur: *Sagasser/Bula/Abele*, in: Sagasser/Bula/Brünger, Umwandlungen, § 29 Rn. 6; *Proff*, DStR 2016, 2227, 2229; *Levedag*, in: MHdB GesR II, § 58 Rn. 318; *Schmid/Dietel*, DStR 2008, 529; *Kowallik/Merklein/Scheipers*, DStR 2008, 173, 174; *Breiteneicher*, DStR 2004, 1405; *K. Schmidt*, Gesellschaftsrecht, S. 1713; *Dobler*, Anwachsungsprinzip, S. 104 ff., 112 ff.; *Orth*, DStR 1999, 1011, 1013.

1359 Ständige Rechtsprechung, vgl. BGH 7.7.2008 – II ZR 37/07, NJW 2008, 2992; BGH 6.5.1993 – IX ZR 73/92, NJW 1993, 1917, 1918; BFH 19.1.1977 – II R 161/74, BStBl. II 1977, 359, 361 f.; BFH 10.3.1998 – VIII R 76–96, BStBl. II 1999, 269; siehe auch *Sagasser/Bula/Abele*, in: Sagasser/Bula/Brünger, Umwandlungen, § 29 Rn. 5 f.; *Proff*, DStR 2016, 2227, 2228; *Kredig*, Besteuerung stiller Reserven, S. 44; *Kowallik/Merklein/Scheipers*, DStR 2008, 173, 174; *Orth*, DStR 1999, 1011, 1013; vgl. auch *Ege/Klett*, DStR 2010, 2463; *Levedag*, in: MHdB GesR II, § 58 Rn. 318.

1360 *A. Meyer*, in: BeckOK, EStG, § 4f Rn. 28.1.

übertragende Rechtsträger ist mit seinem Erlöschen als Rechtssubjekt nicht mehr existent.[1361] Gem. § 25 Abs. 2 UmwG gilt der übertragende Rechtsträger bei Verschmelzungsvorgängen lediglich im Zusammenhang mit der Durchsetzung von Schadensersatzansprüchen gegen die Verwaltungsträger als fortbestehend. § 4f EStG bleibt hiervon unberührt, so dass der übertragende Rechtsträger in den oben genannten Fällen mit Wirksamwerden des Umstrukturierungsvorgangs als Steuersubjekt nicht mehr fortbesteht. Infolgedessen ist kein Normadressat vorhanden, bei dem § 4f EStG zur Anwendung kommen kann.[1362]

In dieser Konstellation vertreten Stimmen in der Literatur, dass sich die Rechtsfolgen des § 4f EStG und des § 5 Abs. 7 EStG in der Person des übernehmenden Rechtsträgers durch die Anwendung des § 4f Abs. 1 S. 7 EStG vereinen sollen.[1363] Einerseits sei der übernehmende Rechtsträger gem. § 4f Abs. 1 S. 7 EStG als Rechtsnachfolger des ursprünglich Verpflichteten an die Aufwandsverteilung nach § 4f EStG gebunden. Andererseits sei er gleichzeitig übernehmender Rechtsträger im Sinne des § 5 Abs. 7 EStG. Als Begründung hierfür wird von den Vertretern dieser Auffassung angeführt, dass der übernehmende Rechtsträger steuerlich in die Rechtsstellung der übertragenden Körperschaft eintrete.[1364] § 4f Abs. 1 S. 7 EStG ordne eine vollständige Gesamtrechtsnachfolge bei Umstrukturierungsvorgängen an.

Eine solche Vereinigung der §§ 4f, 5 Abs. 7 EStG kann aufgrund der unterschiedlichen Auflösungsanordnungen in § 4f Abs. 1 S. 7 EStG und § 5 Abs. 7 S. 5 und 6 EStG zu nachteiligen Steuerfolgen führen, was im Widerspruch zum Sinn und Zweck des Umwandlungssteuergesetzes steht.[1365] Aufgrund der klar voneinander abgrenzbaren Regelungsbereiche von § 4f EStG und § 5 Abs. 7 EStG, kann eine Vereinigung der Rechtsfolgen der Vorschriften beim übernehmenden Rechtsträger

---

1361 *Stratz*, in: Schmitt/Hörtnagl/Stratz, UmwG, § 20 Rn. 7; vgl. BayObLG, DB 1974, 962 f.

1362 *A. Meyer*, in: BeckOK, EStG, § 4f Rn. 28.1; vgl. auch *Schmitt/Keuthen*, DStR 2015, 2521, 2524, die allerdings mit anderer Begründung in der Verschmelzung von Körperschaften keinen Anwendungsfall des § 4f EStG sehen.

1363 *Krumm*, in: Blümich, EStG, § 4f Rn. 21a, der dies jedoch selbst als „merkwürdiges Ergebnis" bezeichnet; *Möhlenbrock/Pung*, in: Dötsch/Pung/Möhlenbrock, UmwStG, § 3 Rn. 41; *Adrian/Fey*, StuB 2014, 53, 57, der die Anwendung des § 4f EStG auf Umwandlungs- und Einbringungsvorgänge allerdings schon infolge der Einordnung des Umwandlungssteuergesetzes als lex specialis ablehnt; *Adrian/*Heinemann, StbJb. 2014/2015, 307, 322; *Horst*, FR 2015, 824, 827, 832; *Kahle/Braun*, FR 2018, 197, 210; *Melan/Wecke*, Ubg 2017, 253, 255; *Widmann*, in: FS Haarmann, S. 1013, 1020 f.; *Zimmermann*, Ubg 2018, 17, 21; wohl kritisch *Adrian/Fey*, StuB 2018, 85, 90; *Bolik/Selig-Kraft*, NWB 2018, 851, 963; *U. Prinz/Otto*, GmbHR 2018, 497, 504.

1364 *Melan/Wecke*, Ubg 2017, 253, 255 mit Verweis auf § 45 AO, modifiziert durch § 4 Abs. 2 UmwStG; ähnlich auch *Horst*, FR 2014, 824, 827, der ausführt, dass aufgrund der Aussage des § 4f Abs. 1 S. 7 EStG und dem Prinzip des UmwG bzw. des UmwStG nur der übernehmende Rechtsträger übrig bleibe.

1365 Vgl. *U. Prinz/Otto*, GmbHR 2018, 497, 504.

nicht überzeugen.[1366] Während § 4f EStG die Rechtsfolgen aufseiten des übertragenden Rechtsträgers regelt, und § 5 Abs. 7 EStG Rechtsfolgen hinsichtlich der Behandlung passivierungsbeschränkter Verpflichtungen aufseiten des übernehmenden Rechtsträgers normiert, ist § 4f Abs. 1 S. 7 EStG ein Verständnis zugrunde zu legen, wonach diese Vorschrift lediglich solche Situationen erfasst, in denen der ursprüngliche Rechtsträger zumindest kurzzeitig weiterbesteht und eine Rechtsnachfolge erst zu einem späteren Zeitpunkt erfolgt.[1367] Sofern der übertragende Rechtsträger durch den Umstrukturierungsvorgang erlischt, ist kein Normadressat für die Anwendung des § 4f EStG mehr vorhanden.[1368] Eine solche Auslegung steht insbesondere im Einklang mit der Entstehungshistorie des § 4f Abs. 1 S. 1 EStG und dem bei Abfassung der Vorschrift zugrunde liegenden Leitbild des Gesetzgebers, wonach die Vorschrift eine Reaktion auf Sachverhalte darstellt, in denen stille Lasten durch Übertragung passivierungsbeschränkter Verpflichtungen im Wege der Schuldübernahme oder Schuldfreistellung gegen Entgeltzahlung erstmalig gehoben wurden und der übertragende Rechtsträger regelmäßig weiterhin existierte.[1369]

Eine Vereinigung der Rechtsfolgen des § 4f EStG und des § 5 Abs. 7 EStG in der Person des übernehmenden Rechtsträgers durch die Anwendung des § 4f Abs. 1 S. 7 EStG kann nicht überzeugen. Anknüpfend an diese Ausführungen ist festzustellen, dass § 4f EStG über Umstrukturierungsvorgänge zum Buchwert hinaus auch nicht auf Umstrukturierungsvorgänge zu einem Zwischenwert oder zum gemeinen Wert Anwendung finden kann, sofern mit diesen Vorgängen das Erlöschen des übertragenden Rechtsträgers einhergeht.[1370]

IV. Umwandlungs- und Einbringungsvorgänge im Kontext des § 4f Abs. 1 S. 3 und 4 EStG

Auch wenn die Anwendbarkeit des § 4f Abs. 1 S. 1 EStG auf Umwandlungs- und Einbringungsvorgänge bereits auf Grundlage des Vorrangs des Umwandlungssteuergesetzes ausscheidet und teilweise an den Tatbestandsvoraussetzungen des § 4f Abs. 1 S. 1 EStG sowie am Erlöschen des übertragenden Rechtsträgers scheitert, ist hilfsweise zu untersuchen, ob Umstrukturierungsvorgänge im Sinne des Umwandlungssteuergesetzes von den Ausnahmevorschriften § 4f Abs. 1 S. 3 und 4 EStG erfasst werden. Eine Aufwandsverteilung unterbleibt nach dem Gesetzeswortlaut des § 4f Abs. 1 S. 3 EStG, wenn „die Schuldübernahme im Rahmen einer Veräußerung oder Aufgabe des ganzen Betriebs oder des gesamten Mitunternehmeranteils im Sinne der §§ 14, 16 Absatz 1, 3 und 3a sowie des § 18 Absatz 3 [...]"

1366 *A. Meyer*, in: BeckOK, EStG, § 4f Rn. 28.1.

1367 *A. Meyer*, in: BeckOK, EStG, § 4f Rn. 28.1; vgl. auch *Neumann-Tomm*, in: Lademann, EStG, § 4f Rn. 18; *Riedel*, FR 2014, 6, 11 f.

1368 *A. Meyer*, in: BeckOK, EStG, § 4f Rn. 28.1.

1369 Vgl. zur Rechtsprechung, die zur Einführung des § 4f EStG führten 1. Kapitel B I.

1370 So auch *A. Meyer*, in: BeckOK, EStG, § 4f Rn. 28.1.

erfolgt. Sofern es im Falle „einer Teilbetriebsveräußerung oder -aufgabe im Sinne der §§ 14, 16 Absatz 1, 3 und 3a sowie des § 18 Absatz 3 [EStG]“ zu einem Veräußerungs- bzw. Aufgabeverlust kommt, unterbleibt die Aufwandsverteilung nach § 4f Abs. 1 S. 4 EStG.

1. Umwandlungs- und Einbringungsvorgänge im Kontext des § 4f Abs. 1 S. 3 EStG

Auch wenn sich aus dem Umwandlungssteuergesetz die Einordnung der Umwandlungs- und Einbringungsvorgänge als Veräußerungsvorgänge nicht ausdrücklich ergibt, sind sowohl Umstrukturierungsvorgänge des Umwandlungsteils als auch solche des Einbringungsteils überwiegend als veräußerungsbegründend wirkende tauschähnliche Vorgänge einzuordnen.[1371] Ob Umwandlungs- und Einbringungsvorgänge von einer der in § 4f Abs. 1 S. 3 EStG genannten Varianten erfasst werden, ist Gegenstand der nachfolgenden Untersuchung.

Anknüpfend an die vorausgegangenen Ausführungen stellt sich zunächst die Frage, ob Umwandlungs- und Einbringungsvorgänge die Voraussetzungen einer Veräußerung im Sinne des § 4f Abs. 1 S. 3 Var. 1 EStG erfüllen. Die Verweisung des § 4f Abs. 1 S. 3 Var. 1 EStG auf die „Veräußerung[en] [...] des ganzen Betriebes oder des gesamten Mitunternehmeranteils im Sinne der §§ 14, 16 Absatz 1, 3 und 3a sowie des § 18 Absatz 3 [EStG]“ deutet darauf hin, dass im Kontext des § 4f Abs. 1 S. 3 EStG unter einer Veräußerung die zu § 16 EStG entwickelten allgemeinen Grundsätze zu verstehen sind. Demnach fällt unter diesen Begriff jede entgeltliche (oder teilentgeltliche) Übertragung des zivilrechtlichen oder zumindest wirtschaftlichen Eigentums an den dort genannten wirtschaftlichen Einheiten auf ein anderes (Steuer-)Rechtssubjekt.[1372] Insoweit wäre nach dem Gesetzestext grundsätzlich jeder Umwandlungs- und Einbringungsvorgang im Sinne des Umwandlungssteuergesetzes, der unter den ertragsteuerlichen Veräußerungsbegriff fällt,[1373] auch vom Anwendungsbereich der Ausnahmeregelung des § 4f Abs. 1 S. 3 EStG erfasst.[1374] Dies hätte zur Folge, dass Umstrukturierungsvorgänge des Umwandlungssteuergesetzes überwiegend nicht von der Aufwandsverteilung des § 4f Abs. 1 S. 1 EStG erfasst wären und damit eine sofortige Aufdeckung stiller

1371 Siehe hierzu ausführlich 2. Kapitel C II.

1372 Vgl. insoweit 2. Kapitel C I; *Wacker*, in: Schmidt, EStG, § 16 Rn. 20; vgl. *Schallmoser*, in: Blümich, EStG, § 16 Rn. 20; zur Veräußerung eines Anteils an einer Personengesellschaft BFH 22.9.1992 – VIII R 7/90, BStBl. II 1993, 228, 230.

1373 Vgl. hierzu 2. Kapitel C II. So hat auch schon der Bundesfinanzhof entschieden, dass Umwandlungsvorgänge von § 16 EStG erfasst sein können (vgl. BFH 11.9.1991 – XI R 15/90, BStBl. II 1992, 404, 405).

1374 So auch *Schober*, in: Herrmann/Heuer/Raupach, EStG, § 4f Rn. 16; *Förster/Staaden*, Ubg 2014, 1, 7; *Schlotter*/Hörhammer, StbJb. 2013/2014, 292, 307; diffenrenzierend *Krumm*, in: Blümich, EStG, § 4f Rn. 34; a.A. Adrian/*Heinemann*, StbJb. 2014/2015, 307, 323; *Melan/Wecke*, Ubg 2017, 253, 256 f.

Lasten möglich wäre. Der Gesetzgeber geht in den Gesetzgebungsmaterialien[1375] davon aus, dass die in § 4f Abs. 1 S. 3 EStG angeordneten Ausnahmen der Aufwandsverteilung nicht eingreifen sollen, „wenn die unternehmerische Tätigkeit aufgrund von Umwandlungsvorgängen nach dem Umwandlungssteuergesetz in anderer Rechtsform oder durch einen anderen Rechtsträger fortgesetzt wird".[1376] Im Umkehrschluss ergibt sich, dass die Ausnahmevorschrift in den Fällen eingreifen soll, in denen die unternehmerische Tätigkeit vom Betriebsinhaber nicht mehr fortgesetzt wird.[1377] Teilweise wird, an die Gesetzgebungsmaterialien anknüpfend, vertreten, dass die Ausnahme auch dann nicht eingreife, wenn die unternehmerische Tätigkeit aufgrund von Umwandlungsvorgängen in anderer Rechtsform oder durch einen anderen Rechtsträger fortgesetzt werde.[1378] § 4f Abs. 1 S. 3 EStG ordne die Einschränkung nur im Falle einer Veräußerung oder Aufgabe im Sinne der §§ 14, 16 Abs. 1, 3 sowie des § 18 Abs. 3 EStG an; Vorschriften des Umwandlungsgesetzes oder des Umwandlungssteuergesetzes seien nicht genannt, weshalb die Vorschrift eng auszulegen sei.[1379] Umstrukturierungen nach dem Umwandlungssteuergesetz, welche als (Teil-)Betriebsveräußerungsvorgänge einzuordnen sind, seien daher vom Anwendungsbereich des § 4f Abs. 1 S. 3 und 4 EStG nicht erfasst, da der Gesetzgeber in der Ausnahmevorschrift nur die (Teil-) Betriebsveräußerungen gem. §§ 14, 16 und 18 EStG ausdrücklich angesprochen habe und nicht auch Vorgänge des Umwandlungssteuergesetzes.[1380]

Auch wenn Umwandlungsvorgänge nicht ausdrücklich erwähnt sind, konfligiert eine derartige Einschränkung des Ausnahmetatbestandes, wie sie die Gesetzgebungsmaterialien suggerieren, mit dem Wortlaut des Gesetzes.[1381] Zwar werden

---

1375 Vgl. BT-Drs. 18/68 (neu), S. 73; *Förster/Staaden*, Ubg 2014, 1, 7.

1376 BT-Drs. 18/68 (neu), S. 73; BR-Drs. 740/13, S. 76.

1377 *Krumm*, in: Blümich, EStG, § 4f Rn. 33.

1378 *Schindler*, in: Kirchhof, EStG, 18. Auflage, § 4f Rn. 16; ebenso *Melan/Wecke*, Ubg 2017, 253, 256 f.; *Schindler*, GmbHR 2014, 561, 565.

1379 *Schindler*, in: Kirchhof, EStG, 18. Auflage, § 4f Rn. 16, der unter Hinweis auf BFH 11.9.1991 – XI R 15/90, BStBl. II 1992, 404, 405 und *Wacker*, in: Schmidt, EStG, § 16 Rn. 200, 413 allerdings feststellt, dass Umwandlungsvorgänge begrifflich von § 16 Abs. 1, 3 und 3a EStG erfasst sein können; vgl. auch *Melan/Wecke*, Ubg 2017, 253, 256 f.

1380 So *Melan/Wecke*, Ubg 2017, 253, 256.

1381 Vgl. *Hörner*, in: Frotscher/Geurts, EStG, § 4f Rn. 33; *Krumm*, in: Blümich, EStG, § 4f Rn. 34; *Neumann-Tomm*, in: Lademann, EStG, § 4f Rn. 52; *Rödder*, in: Rödder/Herlinghaus/van Lishaut, UmwStG, § 12 Rn. 24d; *Adrian/Fey*, StuB 2014, 53, 56; *Adrian*/Heinemann, StbJb. 2014/2015, 307, 322; *Förster/Staaden*, FR 2014, 1, 7; *Förster/Werthebach*, BB 2019, 299, 301; *Horst*, FR 2015, 824, 831; *Klein*, Auslagerung von Pensionsverpflichtungen, S. 244; *Korn/Stahl*, KÖSDI 2014, 18746; *Ronig/Geiermann*, StBW 2014, 264, 269; *Schlösser/Reichl/Rapp*, in: Sagasser/Bula/Brünger, Umwandlungen, § 11 Rn. 610; wohl auch *Riedel*, FR 2014, 6, 12; und *Schultz/Debnar*, BB 2014, 107, 109; a.A. Adrian/*Heinemann*, StbJb. 2014/2015, 307, 323; *Benz/Placke*, DStR 2013, 2653, 2656: „Aus dem Wortlaut und der Systematik ergibt sich, dass

Vorgänge nach den Vorschriften des Umwandlungs- und Umwandlungssteuergesetzes nicht ausdrücklich aufgeführt. Dies ändert jedoch nichts daran, dass die Mehrzahl der Umwandlungs- und Einbringungsvorgänge nach zutreffender Auffassung veräußerungsbegründend wirkende tauschähnliche Vorgänge nach den zu § 16 EStG entwickelten allgemeinen Grundsätzen darstellen.[1382] Darüber hinaus wäre auch der ausdrückliche Ausschluss des § 16 Abs. 4 EStG in § 20 Abs. 4 S. 1 UmwStG und § 24 Abs. 3 S. 2 UmwStG überflüssig, wenn Umwandlungs- und Einbringungsvorgänge mit Ausnahme der oben ausgearbeiteten Besonderheiten grundsätzlich nicht als Veräußerungsvorgang im Sinne des § 16 EStG eingeordnet würden.[1383] Eine enge Auslegung der Ausnahmevorschriften ist nicht schon deshalb geboten, weil teilweise auch Umwandlungs- und Einbringungsvorgänge tatbestandsmäßig sind.[1384]

Sofern der Gesetzgeber in der Begründung als entscheidendes Kriterium darauf abstellt, dass die „unternehmerische Tätigkeit [...] in anderer Rechtsform oder durch einen anderen Rechtsträger fortgesetzt wird",[1385] was bei Umstrukturierungsvorgängen nach dem Umwandlungssteuergesetz regelmäßig anzunehmen ist, so dass eine Anwendung der Ausnahmevorschrift ausscheide,[1386] sind die Gesetzgebungsmaterialien insoweit inkonsistent und widersprüchlich.[1387] Nicht nur im Falle von Umstrukturierungsvorgängen nach dem Umwandlungssteuergesetz kommt es

---

die Ausnahmeregelung nicht allein an die Betriebs-/Teilbetriebseigenschaft des übertragenen Vermögens i. S. der § 16 Absatz 1 Satz 1 Nr. 1 und 2 EStG anknüpft, sondern an die Verwirklichung der Tatbestände der §§ 14, § 16 Abs. 1, Abs. 3 und Abs. 3a sowie des § 18 Abs. 3 EStG, so dass der Ausschluss der Umwandlungsvorgänge gesetzeskonform sein dürfte." *Schindler*, GmbHR 2014, 561, 565 erkennt zwar an, dass dem Wortlaut des § 4f Abs. 1 S. 3 EStG eine entsprechende Beschränkung nicht entnommen werden kann, geht jedoch davon aus, dass sich diese Beschränkung aus einer systematischen Auslegung ergibt. Der jeweilige Rechtsnachfolger sei nach § 4f Abs. 1 S. 7 EStG an die Aufwandsverteilung gebunden, wodurch zum Ausdruck komme, dass die Aufwandsverteilung nicht durch Rechtsnachfolgetatbestände umgangen werden solle. Wenn eine Umwandlung der Sache nach eine Rechtsnachfolge bewirke, sei es deshalb geboten, den Ausnahmetatbestand einschränkend auszulegen; so auch *Gosch*, in: Kirchhof, EStG, 13. Auflage, § 4f Rn. 16; *Schindler*, in: Kirchhof, EStG, 18. Auflage, § 4f Rn. 16; siehe zur Maßgeblichkeit des Gesetzeswortlauts zuletzt auch BFH 11.7.2018 – XI R 33/16, BFH/NV 2018, 1299, 1302.

1382 Siehe hierzu ausführlich 2. Kapitel C II.

1383 *Hörner*, in: Frotscher/Geurts, EStG, § 4f Rn. 33; *Horst*, FR 2015, 824, 831; hinsichtlich des 6. Teils des Umwandlungssteuergesetzes auch *Widmann*, in: FS Haarmann, S. 1013, 1029.

1384 Ebenso *Schober*, in: Herrmann/Heuer/Raupach, EStG, § 4f Rn. 16.

1385 BT-Drs. 18/68 (neu), S. 73; BR-Drs. 740/13, S. 76.

1386 *Reiß*, in: Kirchhof, EStG, 17. Auflage, § 16 Rn. 262d.

1387 *Krumm*, in: Blümich, EStG, § 4f Rn. 34; so auch *Kaminski*, Stbg 2014, 145, 152.

zu einer solchen Fortsetzung durch einen anderen Rechtsträger.[1388] Sie ist vielmehr Folge eines jeden Veräußerungsvorgangs.[1389] Wird beispielsweise ein Einzelunternehmen durch den Betriebsinhaber in eine Kapitalgesellschaft eingebracht, soll § 4f Abs. 1 S. 3 EStG keine Anwendung finden, sofern eine Fortsetzung der unternehmerischen Tätigkeit durch einen anderen Rechtsträger oder in einer anderen Rechtsform erfolgt.[1390] Inkonsequent ist es also, dass § 4f Abs. 1 S. 3 EStG eingreifen soll, wenn eine natürliche Person einen Betrieb an einen Käufer überträgt, wobei auch in diesem Fall der Betrieb durch den Käufer fortgeführt wird.[1391] Aufgrund dieser Inkonsequenz kann in Zusammenschau mit dem ohnehin unklaren Telos der Ausnahmevorschrift eine Rückausnahme für Umwandlungs- und Einbringungsvorgänge nicht begründet werden.[1392] Stille Lasten und stille Reserven werden sowohl bei Einzelbetriebsveräußerungen im Sinne des § 16 EStG als auch bei Umstrukturierungsvorgängen im Sinne des Umwandlungssteuergesetzes beim Ansatz zu einem Zwischenwert oder zum gemeinen Wert aufgedeckt. Daher ist auch aus teleologischen Gesichtspunkten heraus nicht erkennbar, warum Einzelbetriebsveräußerungen im Sinne des § 16 EStG durch die Ausnahmeregelung privilegiert werden sollen, Umstrukturierungsvorgänge im Sinne des Umwandlungssteuergesetzes zu einem Zwischenwert oder zum gemeinen Wert hingegen nicht.[1393] Insoweit ist auch bei Umwandlungs- und Einbringungsvorgängen kein größeres Gestaltungspotenzial zu befürchten als bei „normalen" Veräußerungsvorgängen im Sinne des § 16 EStG.

Auch die Argumentation, dass § 4f Abs. 1 S. 3 EStG durch die Verweisung auf die Tatbestände der § 14, § 16 Abs. 1, 3 und 3a sowie § 18 Abs. 3 EStG lediglich die Fälle privilegieren soll, bei denen ein zeitlich gestreckter Aufwand künftig nicht mehr geltend gemacht werden kann, weil keine betrieblichen Einkünfte vorliegen, von denen ein Aufwand in Abzug gebracht werden könnte, nicht hingegen – anders als im Umwandlungssteuergesetz – zu einer Privilegierung der Fortführung betrieblicher Einheiten führen soll,[1394] kann nicht überzeugen. Zumindest Verschmelzungen nach § 2, § 20 Abs. 1 Nr. 2 S. 1 UmwG, Aufspaltungen gem. § 123 Abs. 1, § 131 Abs. 1 Nr. 2 UmwG, Vermögensübertragungen im Wege der Vollübertragung gem. § 174 Abs. 1 UmwG und Vermögensübertragungen im Wege der aufspaltenden Teilübertragung gem. § 174 Abs. 2 Nr. 1 UmwG erfolgen „unter Auflösung ohne

1388 *Krumm*, in: Blümich, EStG, § 4f Rn. 34; so auch *Kaminski*, Stbg 2014, 145, 152.

1389 *Krumm*, in: Blümich, EStG, § 4f Rn. 34; so auch *Kaminski*, Stbg 2014, 145, 152.

1390 *Horst*, FR 2015, 824, 831.

1391 *Krumm*, in: Blümich, EStG, § 4f Rn. 34; *Horst*, FR 2015, 824, 831 f.; *Klein*, Auslagerung von Pensionsverpflichtungen, S. 244. Auch nach *Hörner*, in: Frotscher/Geurts, EStG, § 4f Rn. 32 ist diese Regelung inkonsequent.

1392 So auch *A. Meyer*, BeckOK, EStG, § 4f Rn. 35.3.

1393 *Neumann-Tomm*, in: Lademann, EStG, § 4f Rn. 52.

1394 So aber *Hörner*, in: Frotscher/Geurts, EStG, § 4f Rn. 27; *Benz/Placke*, DStR 2013, 2653, 2656; *Schulenberg*, FR 2018, 1030, 1033.

Abwicklung" des übertragenden Rechtsträgers. Darüber hinaus führt auch die vom Einbringungsteil erfasste erweiterte Anwachsung mit Ausscheiden des vorletzten Gesellschafters einer Personengesellschaft zum Erlöschen ebendieser.[1395] Demnach führt nicht nur die Veräußerung des gesamten Betriebs oder des gesamten Mitunternehmeranteils aufseiten des übertragenden Rechtsträger dazu, dass keine betriebliche Einheit zur Aufwandsverteilung fortbesteht. Auch im Rahmen der zuvor genannten Umwandlungs- und Einbringungsvorgänge bestehen aufgrund des Erlöschens des übertragenden Rechtsträgers infolge des jeweiligen Umstrukturierungsvorgangs keine betrieblichen Einkünfte mehr, bei denen eine Aufwandsverteilung in der Folgezeit in Abzug gebracht werden könnte.

Nicht zu folgen ist der vereinzelt in der Literatur aufgrund systematischer Auslegung im Zusammenhang mit § 4f Abs. 1 S. 7 EStG erlangten Erkenntnis, dass § 4f Abs. 1 S. 3 EStG infolgedessen im Hinblick auf Umwandlungs- und Einbringungsvorgänge einzuschränken sei.[1396] Nach § 4f Abs. 1 S. 7 EStG sei auch der Rechtsnachfolger an die Aufwandsverteilung gebunden, wodurch zum Ausdruck gebracht werde, dass Rechtsnachfolgetatbestände nicht zu einer Umgehung der Aufwandsverteilung führen dürften.[1397] Diese systematische Auslegung im Zusammenhang mit § 4f Abs. 1 S. 7 EStG kann meines Erachtens nicht überzeugen. Vielmehr ließe sie sich mit dem Sinn und Zweck des § 4f Abs. 1 S. 7 EStG nicht in Einklang bringen. Mit § 4f Abs. 1 S. 7 EStG wollte der Gesetzgeber lediglich regeln, dass eine auf § 4f Abs. 1 S. 1 EStG basierende, aber noch nicht vollständig steuerlich berücksichtigte Aufwandsverteilung im Falle einer Rechtsnachfolge noch nicht untergehen soll. Dass hiervon neben Einzel- und Sonderrechtsnachfolgen auch Gesamtrechtsnachfolgen erfasst sind, ist konsequent. Die Anordnung der Rechtsnachfolgefähigkeit der Aufwandsverteilung des § 4f Abs. 1 S. 1 EStG lässt im Wege einer systematischen Auslegung noch keine Aussage darüber zu, ob Umwandlungs- und Einbringungsvorgänge des Umwandlungssteuergesetzes vom Ausnahmetatbestand des § 4f Abs. 1 S. 3 EStG erfasst sind oder nicht. Die Frage, ob Umwandlungs- und Einbringungsvorgänge zur Verhinderung der Aufwandsverteilung und zur Realisierung stiller Lasten führen, ist zu trennen von der Frage, ob eine bereits begonnene Aufwandsverteilung im Sinne des § 4f Abs. 1 S. 1 EStG im Falle eines nachfolgenden Umwandlungs- oder Einbringungsvorgangs weiterzuführen ist. Die Fortführung der bereits begonnenen Aufwandsverteilung durch den übernehmenden Rechtsträger ergibt sich für Umwandlungs- und Einbringungsvorgänge bereits aus den umwandlungssteuerrechtlichen Spezialvorschriften zum Eintritt des übernehmenden Rechtsträgers in die steuerliche Rechtsstellung des übertragenden Rechtsträgers.

1395 Siehe oben Fn. 1359.

1396 *Schindler*, in: Kirchhof, EStG, 18. Auflage, § 4f Rn. 16; *ders.*, GmbHR 2014, 561, 565; im Zusammenhang mit Verschmelzungen auch *Zimmermann*, Ubg 2018, 17, 20.

1397 *Schindler*, in: Kirchhof, EStG, 18. Auflage, § 4f Rn. 16; *ders.*, GmbHR 2014, 561, 565; im Zusammenhang mit Verschmelzungen auch *Zimmermann*, Ubg 2018, 17, 20.

Zudem gilt es in diesem Zusammenhang zu berücksichtigen, dass sich der Gesetzgeber im Gesetzgebungsverfahren des AIFM-Steueranpassungsgesetzes bei der Ausgestaltung des § 4f EStG insgesamt an Einzelrechtsnachfolgevorgängen ausgerichtet hat.[1398] Dabei orientierte er sich an der ständigen Rechtsprechung des Bundesfinanzhofs zu dieser Thematik, insbesondere zu Unternehmenskäufen im Wege sog. asset deals und Schuldbeitritten.[1399] Hätte er dabei die Absicht gehabt, Umwandlungs- und Einbringungsvorgänge vom Anwendungsbereich der Ausnahmevorschrift auszunehmen, hätte er dies wie auch im Falle des § 6a EStG im Wege einer entsprechenden Rechtsfolgenverweisung im Umwandlungssteuergesetz anordnen können. Dieses Regelungsinstrument hat der Gesetzgeber nicht bemüht.[1400] Vielmehr müssen Umwandlungs- und Einbringungsvorgänge im Sinne des Umwandlungssteuergesetzes, die als veräußerungsbegründend wirkende tauschähnliche Vorgänge die Merkmale der Veräußerung im Sinne der zu § 16 EStG entwickelten Grundsätze erfüllen, auch der Ausnahmeregelung für Betriebsveräußerungen unterfallen.[1401] Dieses Ergebnis wird auch durch die Verweisung des § 4f Abs. 1 S. 3 EStG auf den Tatbestand des § 16 EStG bestätigt.

Auch die Bedenken, dass § 4f Abs. 1 S. 3 EStG mangels Verwirklichung des § 16 EStG nicht greife,[1402] wenn ein Körperschaftsteuersubjekt übertragender Rechtsträger ist, verfangen meines Erachtens – auch wenn dieser Fall nicht ausdrücklich geregelt ist – nicht, da § 16 Abs. 1 bis 3b, 5 EStG über § 8 Abs. 1 S. 1 KStG auch im Rahmen der Einkommensermittlung von Körperschaften anzuwenden ist und auch dem Wortlaut des § 4f Abs. 1 S. 3 EStG eine Einschränkung auf natürliche Personen nicht zu entnehmen ist.[1403] Sofern – wie nach hier vertretener Meinung – Umstrukturierungsvorgänge überwiegend veräußerungsbegründend wirkende tauschähnliche Vorgänge[1404] darstellen und damit ohnehin dem ertragsteuerlichen Veräußerungsbegriff im Sinne des § 16 EStG unterfallen, erscheint eine ausdrückliche Nennung in der Vorschrift des § 4f Abs. 1 S. 3 EStG überflüssig. Nach *Horst* lässt sich möglicherweise sogar vertreten, dass die Gesetzesbegründung im klaren Widerspruch zum Gesetzeswortlaut steht und der Gesetzesbegründung insoweit keine Bedeutung zukommt, so dass die Rückausnahme von § 4f Abs. 1 S. 3 EStG für Umwandlungen nach dem Umwandlungssteuergesetz ins Leere laufen

1398 *Schober*, in: Herrmann/Heuer/Raupach, EStG, § 4f Rn. 16.

1399 *Schober*, in: Herrmann/Heuer/Raupach, EStG, § 4f Rn. 16.

1400 So auch *Schober*, in: Herrmann/Heuer/Raupach, EStG, § 4f Rn. 16.

1401 So auch *Krumm*, in: Blümich, EStG, § 4f Rn. 34; *Neumann-Tomm*, in: Lademann, EStG, § 4f Rn. 52; *Förster/Staaden*, Ubg 2014, 1, 7; *Riedel*, FR 2014, 6, 12; *Schlotter*/Höhammer, StbJb. 2013/2014, 292, 307.

1402 *Krumm*, in: Blümich, EStG, § 4f Rn. 34.

1403 Ebenso *Hörner*, in: Frotscher/Geurts, EStG, § 4f Rn. 34; *Neumann-Tomm*, in: Lademann, EStG, § 4f Rn. 44; *Riedel*, FR 2014, 6; a.A. *Krumm*, in: Blümich, EStG, § 4f Rn. 34.

1404 Siehe ausführlich 2. Kapitel C II.

würde.[1405] Vielmehr schießt eine für Umwandlungs- und Einbringungsvorgänge geltende Rückausnahme im Kontext des § 4f Abs. 1 S. 3 EStG, wie sie in der Gesetzesbegründung angelegt ist, über das Ziel hinaus. Den übertragenden Rechtsträger derart unter Generalverdacht des Missbrauchs zu stellen, wird den überwiegenden Motiven eines Umstrukturierungsvorgangs im Sinne des Umwandlungssteuergesetzes nicht gerecht.[1406]

Demnach sollte die Ausnahmeregelung für die Veräußerung oder Aufgabe des gesamten Betriebs oder des gesamten Mitunternehmeranteils in § 4f Abs. 1 S. 3 EStG entgegen der Gesetzesbegründung grundsätzlich auch auf Umwandlungs- und Einbringungsvorgänge des Umwandlungssteuergesetzes Anwendung finden.[1407] Demzufolge sind von der Ausnahmevorschrift § 4f Abs. 1 S. 3 EStG auch solche Umwandlungs- und Einbringungsvorgänge erfasst, die die Anforderungen an einen Veräußerungsvorgang im Sinne des § 16 EStG erfüllen. Anknüpfend an die Ausführungen zum Veräußerungsbegriff weichen lediglich Umstrukturierungsvorgänge im Falle eines Anteilsgewährungsverbots gem. § 20 Abs. 1 Nr. 3 S. 1 Hs. 2, § 54 Abs. 1 S. 1 Nr. 1, § 68 Abs. 1 S. 1 Nr. 1 UmwG (insbesondere bei Aufwärtsverschmelzungen) oder eines Anteilsgewährungsverzichts gem. § 54 Abs. 1 S. 3, § 68 Abs. 1 S. 3 UmwG (insbesondere bei Seitwärtsverschmelzungen und Spaltungsvorgängen) sowie homogene Formwechselvorgänge als auch heterogene Formwechselvorgänge gem. § 9 UmwStG derart von den Merkmalen eines Veräußerungsvorgangs ab, dass diese nicht als veräußerungsbegründend wirkende tauschähnliche Vorgänge einzuordnen sind.[1408] Darüber hinaus sind die Umstrukturierungsvorgänge des Umwandlungssteuergesetzes von der Ausnahmevorschrift

---

1405 *Horst*, FR 2015, 824, 831.

1406 *Horst*, FR 2015, 824, 832; vgl. *U. Prinz/Otto*, GmbHR 2018, 497, 504.

1407 Vgl. *Hörner*, in: Frotscher/Geurts, EStG, § 4f Rn. 33; *A. Meyer*, in: BeckOK, EStG, § 4f Rn. 35.3; *Neumann-Tomm*, in: Lademann, EStG, § 4f Rn. 52; *Rödder*, in: Rödder/Herlinghaus/van Lishaut, UmwStG, § 12 Rn. 24d; *Schober*, in: Herrmann/Heuer/Raupach, EStG, § 4f Rn. 16; *Förster/Staaden*, Ubg 2014, 1, 7; *Förster/Werthebach*, BB 2019, 299, 301; *Horst*, FR 2015, 824, 831; *Kahle/Braun*, FR 2018, 197, 210; *Klein*, Auslagerung von Pensionsverpflichtungen, S. 244; *Riedel*, Ubg 2017, 580, 583; *dies.*, FR 2014, 6, 12; *Ronig/Geiermann*, StBW 2014, 264; 269; *Schlotter/*Hörhammer, StbJb. 2013/2014, 292, 307; *Schultz/Debnar*, BB 2014, 107, 109; kritisch *Benz/Placke*, DStR 2013, 2653, 2656; vgl. auch *Krumm*, in: Blümich, EStG, § 4f Rn. 34; *U. Prinz/Otto*, GmbHR 2018, 497, 504; a.A. *Schindler*, in: Kirchhof, EStG, 18. Auflage, § 4f Rn. 16; *Melan/Wecke*, Ubg 2017, 253, 256; *Schindler*, GmbHR 2014, 561, 565; *Widmann*, FS Haarmann, S. 1013, 1021. Unklar ist die Auffassung der Finanzverwaltung, welche die Passage aus dem Entwurf eines BMF-Schreibens (Entwurf eines Schreibens vom 22.11.2016, IV C 6 – S 2133/14/10001), wonach Umwandlungen und Einbringungen ausdrücklich aus dem Anwendungsbereich des § 4f Abs. 1 S. 3 EStG ausgenommen waren, nicht in das finale BMF-Schreiben vom 30.11.2017, BStBl. I 2017, 1619 übernommen hat.

1408 Siehe hierzu ausführlich 2. Kapitel C II.

des § 4f Abs. 1 S. 3 EStG erfasst, so dass § 4f Abs. 1 S. 1 EStG insoweit auf diese Vorgänge keine Anwendung findet.

2. *Umwandlungs- und Einbringungsvorgänge im Kontext des § 4f Abs. 1 S. 4 EStG*

Ähnlich wie zuvor bei der Einordnung der Umwandlungs- und Einbringungsvorgänge des Umwandlungssteuergesetzes im Kontext des § 4f Abs. 1 S. 3 EStG, stellt sich die Frage, ob die Umwandlung oder die Einbringung eines Teilbetriebs[1409] von dem in § 4f Abs. 1 S. 4 EStG für Teilbetriebsveräußerungen oder -aufgaben geregelten Ausnahmetatbestand erfasst wird. Anders als im Falle des Ausnahmetatbestands des § 4f Abs. 1 S. 3 EStG für Umstrukturierungen eines ganzen Betriebs nach dem Umwandlungssteuergesetz enthält die Gesetzesbegründung zu den Ausnahmetatbeständen im Kontext der Teilbetriebsveräußerung bzw. -aufgabe im Sinne der §§ 14, 16 Abs. 1, 3 und 3a EStG sowie des § 18 Abs. 3 EStG keine vergleichbare Einschränkung des Ausnahmetatbestands.[1410] Zudem bezieht sich die Formulierung in der Gesetzesbegründung, wonach „diese Ausnahmeregelung" nicht gilt, wenn die unternehmerische Tätigkeit auf Grund von Umwandlungsvorgängen nach dem Umwandlungssteuergesetz in anderer Rechtsform oder durch einen anderen Rechtsträger fortgesetzt wird, lediglich auf die Ausnahmeregelung des § 4f Abs. 1 S. 3 EStG. Auch die Finanzverwaltung erkennt explizit an, dass § 4f Abs. 1 S. 4 EStG entsprechend auf Einbringungs- und Umwandlungsvorgänge anzuwenden ist.[1411] Die Ausführungen der Finanzverwaltung und der Gesetzesbegründung haben dennoch lediglich klarstellenden Charakter, da Umwandlungs- und Einbringungsvorgänge im Sinne des Umwandlungssteuergesetzes ohnehin überwiegend als veräußerungsbegründend wirkende tauschähnliche Vorgänge[1412] einzuordnen sind.[1413] Insbesondere Teilbetriebsumwandlungen und -einbringungen[1414] erfüllen die Voraussetzungen eines tauschähnlichen Veräußerungsvorgangs.[1415] Wird ein Teilbetrieb im Wege einer Umwandlung oder einer Einbringung

1409 Als Umwandlung oder Einbringung eines Teilbetriebs kommt insbesondere die Abspaltung von Teilbetrieben nach §§ 15, 16 UmwStG sowie die Teilbetriebseinbringung nach §§ 20 und 24 UmwStG in Betracht.

1410 Vgl. hierzu BT-Drs. 18/68 (neu), S. 73; BR-Drs. 740/13, S. 76.

1411 BMF-Schreiben 30.11.2017, BStBl. I 2017, 1619, 1621.

1412 Siehe zur Einordnung von Umwandlungs- und Einbringungsvorgängen im Sinne des Umwandlungssteuergesetzes als veräußerungsbegründend tauschähnliche Vorgänge 2. Kapitel C II.

1413 Vgl. auch *Horst*, FR 2015, 824, 826; *U. Prinz/Otto*, GmbHR 2018, 497, 504.

1414 Siehe hierzu insbesondere die Abspaltung von Teilbetrieben nach §§ 15, 16 UmwStG und die Teilbetriebseinbringung nach §§ 20, 24 UmwStG.

1415 Vgl. hierzu 2. Kapitel C II.

nach dem Umwandlungssteuergesetz zum gemeinen Wert oder zu einem Zwischenwert übertragen, sind diese Vorgänge von der Ausnahmeregelung des § 4f Abs. 1 S. 4 EStG erfasst.[1416]

3. *Zusammenfassung*

Im Ergebnis weichen von den untersuchten Umwandlungs- und Einbringungsvorgängen lediglich Umstrukturierungsvorgänge im Falle eines Anteilsgewährungsverbots gem. § 20 Abs. 1 Nr. 3 S. 1 Hs. 2, § 54 Abs. 1 S. 1 Nr. 1, § 68 Abs. 1 S. 1 Nr. 1 UmwG (insbesondere bei Aufwärtsverschmelzungen) oder eines Anteilsgewährungsverzichts gem. § 54 Abs. 1 S. 3, § 68 Abs. 1 S. 3 UmwG (insbesondere bei Seitwärtsverschmelzungen und Spaltungsvorgängen) sowie homogene Formwechselvorgänge und heterogene Formwechselvorgänge gem. § 9 UmwStG derart von den Merkmalen eines Veräußerungsvorgangs ab, dass die Tatbestandsmerkmale eines veräußerungsbegründend wirkenden tauschähnlichen Vorgangs nicht erfüllt sind. Demzufolge sind diese Vorgänge auch nicht vom ertragsteuerrechtlichen Veräußerungsbegriff im Sinne des § 16 EStG erfasst. Dementsprechend sind Umstrukturierungsvorgänge des Umwandlungssteuergesetzes im Falle eines (Gesamt-)Betriebsübergangs gem. §§ 3, 11, 15, 16 UmwStG sowie bei Betriebs- oder Mitunternehmeranteilseinbringungen gem. §§ 20, 21 und 24 UmwStG vom Ausnahmetatbestand des § 4f Abs. 1 S. 3 Alt. 1 EStG erfasst. Eine Rückausnahme für veräußerungsbegründend wirkende tauschähnliche Vorgänge, die durch Umstrukturierungsvorgänge im Wege des Umwandlungssteuergesetzes erfolgen, lässt sich dem Wortlaut des § 4f Abs. 1 S. 3 EStG nicht entnehmen.[1417] Darüber hinaus kann die Begründung einer solchen Rückausnahme[1418] in Anbetracht des unklaren Sinn und Zwecks des § 4f Abs. 1 S. 3 EStG und der Betriebsbezogenheit der Vorschrift des § 4f EStG nicht überzeugen.[1419] Ebenso findet § 4f Abs. 1 S. 4 EStG

1416 *Horst*, FR 2015, 824, 826; *U. Prinz/Otto*, GmbHR 2018, 497, 504 f.; *Riedel*, Ubg 2017, 580, 583.

1417 So auch *A. Meyer*, in: BeckOk, EStG, § 4f Rn. 35.3; *Rödder*, in: Rödder/Herlinghaus/van Lishaut, UmwStG, § 12 Rn. 24d; *Schindler*, in: Kirchhof, EStG, 18. Auflage, § 4f Rn. 16; *Förster/Staaden*, Ubg 2014, 1, 7; *Schindler*, GmbHR 2014, 561, 565; wohl auch *Riedel*, FR 2014, 6, 12; a.A. *Benz/Placke*, DStR 2013, 2653, 2656.

1418 BT-Drs. 18/68 (neu), S. 73; *Schindler*, in: Kirchhof, EStG, 18. Auflage, § 4f Rn. 16; *Fuhrmann*, DB 2014, 9, 13; *Schindler*, GmbHR 2014, 561, 565; siehe auch *Möhlenbrock/Pung*, in: Dötsch/Pung/Möhlenbrock, UmwStG, § 3 Rn. 40, die im Wege einer vom Wortlaut abweichenden normspezifischen Auslegung davon ausgehen, dass Umwandlungsvorgänge zwar Veräußerungsvorgänge darstellen, aber § 4f Abs. 1 S. 3 EStG dennoch nicht anwendbar sein soll.

1419 *A. Meyer*, in: BeckOk, EStG, § 4f Rn. 35.3; *Neumann-Tomm*, in: Lademann, EStG, § 4f Rn. 52; *Schober*, in: Herrmann/Heuer/Raupach, EStG, § 4f Rn. 16; *Benz/Placke*, DStR 2013, 2653, 2656; *Förster/Staaden*, Ubg 2014, 1, 7; *Kaminski*, Stbg 2014, 145, 152; *Riedel*, Ubg 2014, 421, 424; *dies.*, FR 2014, 6, 12; *Schmitt/Keuthen*, DStR 2015, 2521, 2524; *Schutz/Debnar*, BB 2014, 107, 109.

auf Umwandlungs- und Einbringungsvorgänge von Teilbetrieben im Sinne der Abspaltung von Teilbetrieben nach §§ 15, 16 UmwStG gem. §§ 20, 24 UmwStG Anwendung. Infolge der Anwendung des § 4f Abs. 1 S. 3 oder 4 EStG auf die Mehrheit der Umwandlungs- und Einbringungsvorgänge[1420] sind stille Lasten, die im Rahmen dieser Vorgänge aufgedeckt wurden, sofort abzugsfähig.

V. § 4f Abs. 1 S. 7 EStG im Zusammenhang mit Umwandlungs- und Einbringungsvorgängen

Werden passivierungsbeschränkte Verpflichtungen erstmalig durch Umwandlungs- oder Einbringungsvorgänge übertragen,[1421] stellt sich die Frage, in welchem Verhältnis § 4f Abs. 1 S. 7 EStG zu den Vorschriften des Umwandlungssteuergesetzes steht. Dabei ist darauf hinzuweisen, dass § 4f Abs. 1 EStG nur dann Anwendung finden kann, wenn der übertragende Rechtsträger zumindest zunächst fortexistiert.[1422]

Während in § 4f Abs. 1 S. 7 EStG normiert ist, dass der jeweilige Rechtsnachfolger des ursprünglich Verpflichteten an die Aufwandsverteilung nach den Sätzen 1–6 gebunden ist, tritt der übernehmende Rechtsträger bei Umwandlungsvorgängen im Sinne der §§ 3–16 UmwStG grundsätzlich gem. § 4 Abs. 2 S. 1 UmwStG bzw. § 12 Abs. 3 UmwStG in die „steuerliche Rechtsstellung, insbesondere bezüglich der Bewertung der übernommenen Wirtschaftsgüter, der Absetzungen für Abnutzung und der den steuerlichen Gewinn mindernden Rücklagen“ ein. Gleiches gilt regelmäßig aufgrund der in den § 23 Abs. 1, § 24 Abs. 4 Hs. 1, § 25 S. 1 UmwStG enthaltenen Verweisungen auch für die im Einbringungsteil des Umwandlungssteuergesetzes geregelten Einbringungsvorgänge.[1423] Demnach liegt dem Grunde nach sowohl bei Umwandlungs- als auch bei Einbringungsvorgängen, abgesehen vom fingierten Anschaffungsvorgang im Falle der Einbringung von Betriebsvermögen im Wege der Einzelrechtsnachfolge zum gemeinen Wert, eine steuerliche

---

1420 Anknüpfend an die obigen Ausführungen stellen sowohl Einbringungsvorgänge eines Betriebs oder eines gesamten Mitunternehmeranteils in eine Kapital- oder Personengesellschaft gem. §§ 20 ff. UmwStG als auch der Formwechsel einer Personen- in eine Kapitalgesellschaft, die Verschmelzung und die Auf- und Abspaltung im Sinne der §§ 3, 11, 15, 16 UmwStG eine Veräußerung im Sinne des § 4f Abs. 1 S. 3 oder 4 EStG dar; vgl. zur Einordnung von einzelnen Umwandlungs- und Einbringungsvorgängen als Veräußerungsvorgänge auch BFH 25.7.2012 – I R 88/10, BStBl. II 2013, 94, 98; BFH 9.11.2011 – X R 60/09, BStBl. II 2012, 638, 640; BFH 12.10.2011 – VIII R 12/08, BStBl. II 2012, 381, 382 f.; BMF-Schreiben 11.11.2011, BStBl. I 2011, 1314, 1322; *Wacker*, in: Blümich, EStG, § 16 Rn. 413; *Förster/Staaden*, Ubg 2014, 1, 7; *Ronig/Geiermann*, StBW 2014, 264, 269.

1421 Vgl. hierzu Beispiel 1 in 3. Kapitel A.

1422 Siehe hierzu 3. Kapitel C III.

1423 Vgl. hierzu 2. Kapitel B III 1. Lediglich im Falle der Einbringung im Wege der Einzelrechtsnachfolge zum gemeinen Wert findet keine Gesamtrechtsnachfolge statt.

Rechtsnachfolge vor.[1424] Umwandlungs- und Einbringungsvorgänge sind daher – unter den oben genannten Bedingungen – dem Grunde nach auch vom Anwendungsbereich des § 4f Abs. 1 S. 7 EStG[1425] erfasst. Unabhängig von der dogmatischen Einordnung des jeweiligen Vorgangs als „Veräußerung" erfolgt der Eintritt in die steuerliche Rechtsstellung nach § 4 Abs. 2 S. 1 UmwStG.

Grundsätzlich ist zunächst mit Blick auf das weite Begriffsverständnis des Rechtsnachfolgers im Sinne der Vorschrift § 4f Abs. 1 S. 7 EStG, wonach nicht nur Vorgänge der Gesamtrechtsnachfolge, sondern darüber hinaus auch Vorgänge im Wege der Einzelrechts- und partiellen Gesamtrechtsnachfolge umfasst sind, festzustellen, dass auch Umstrukturierungsvorgänge im Sinne des Umwandlungssteuergesetzes vom Anwendungsbereich des § 4f Abs. 1 S. 7 EStG erfasst sind, sofern dem nicht Vorschriften des Umwandlungssteuergesetzes entgegenstehen. Mit den § 4 Abs. 2 S. 1, § 12 Abs. 3, § 23 Abs. 1 i.V.m. § 12 Abs. 3 Hs. 1, § 24 Abs. 4 Hs. 1 i.V.m. § 23 Abs. 1 i.V.m. § 12 Abs. 3 Hs. 1 sowie § 25 S. 1 i.V.m. § 23 Abs. 1 i.V.m. § 12 Abs. 3 Hs. 1 UmwStG enthält das Umwandlungssteuergesetz Vorschriften, welche den Eintritt des übernehmenden Rechtsträgers in die steuerliche Rechtsstellung des übertragenden Rechtsträgers anordnen und daher eine Anwendung des § 4f Abs. 1 S. 7 EStG auf die davon betroffenen Umstrukturierungsvorgänge des Umwandlungssteuergesetzes ausschließen könnten. Grundsätzlich tritt der übernehmende Rechtsträger nach dem Umwandlungssteuergesetz in die steuerliche Rechtsstellung des übertragenden Rechtsträgers ein.[1426] Bei Umstrukturierungsvorgängen des Umwandlungssteuergesetzes gehen jedoch gem. § 4 Abs. 2 S. 2 UmwStG „verrechenbare Verluste, verbleibende Verlustvorträge, vom übertragenden Rechtsträger nicht ausgeglichene negative Einkünfte, ein Zinsvortrag nach § 4h Abs. 1 S. 5 des Einkommensteuergesetzes und ein EBITDA-Vortrag nach § 4h Abs. 1 S. 3 des Einkommensteuergesetzes nicht" auf den übernehmenden Rechtsträger über. Auch wenn der Einbringungsteil keine ausdrückliche Regelung hinsichtlich laufender Verluste sowie verbleibender Verlustvorträge enthält, gehen diese auch im Einbringungsteil nicht auf den übernehmenden Rechtsträger über.[1427] § 4f Abs. 1 S. 7 EStG ordnet hingegen an, dass der jeweilige Rechtsnachfolger des ursprünglichen Verpflichteten an die Aufwandsverteilung nach § 4f Abs. 1 S. 1–6 EStG gebunden ist. Demnach soll im Rahmen des § 4f EStG der Untergang eines beim

---

1424 Vgl. zur Rechtsnachfolge im Rahmen von Umwandlungen und Einbringungen 2. Kapitel B III; ebenso hinsichtlich Umstrukturierungen *Riedel*, Ubg 2014, 421, 424; vgl. auch zu Umwandlungsvorgängen *Klingberg*, in: Blümich, UmwStG, § 4 Rn. 2; *Rödder*, in: Rödder/Herlinghaus/van Lishaut, UmwStG, § 12 Rn. 24d; *Schmitt*, in: Schmitt/Hörtnagl/Stratz, UmwStG, § 4 Rn. 54 f.; *van Lishaut*, in: Rödder/Herlinghaus/van Lishaut, UmwStG, § 4 Rn. 48; *Förster/Staaden*, Ubg 2014, 1, 7.

1425 Der Begriff „Rechtsnachfolge" im Sinne des § 4 Abs. 1 S. 7 EStG erfasst sowohl Einzelrechtsnachfolgen und Sonderrechtsnachfolgen als auch Gesamtrechtsnachfolgen (siehe hierzu 1. Kapitel C II 3 c).

1426 Siehe hierzu 2. Kapitel B III 1.

1427 Siehe hierzu ausführlich 2. Kapitel B III 2.

Übertragenden noch nicht vollständig berücksichtigten Aufwands vermieden und die vollständige Berücksichtigung des durch die Übertragung der Verpflichtung realisierten Aufwands gewährleistet werden.[1428] Diese Regelung ist insofern ungewöhnlich, als im Gegensatz dazu das Umwandlungssteuergesetz im Kontext des Eintritts in die steuerliche Rechtsstellung regelmäßig kraft Gesetzes anordnet,[1429] dass verrechenbare Verluste und verbleibende Verlustvorträge nicht mit übergehen, also ein Übergang von Verlusten nicht möglich sein soll.[1430] Eine Übertragung von Verlusten auf den übernehmenden Rechtsträger soll vielmehr verhindert werden. Demzufolge stellt sich im Rahmen des Spannungsverhältnisses zwischen den Wertungen des Einkommensteuergesetzes und denen des Umwandlungssteuergesetzes die Frage, inwiefern diese vereinbar sind bzw. sich die Wertungen des § 4f Abs. 1 S. 7 EStG mit der soeben aufgezeigten Systematik des Umwandlungssteuergesetzes in Einklang bringen lassen.

Teilweise wird vertreten, dass die Rechtsnachfolge nach § 4f Abs. 1 S. 7 EStG in ihrer derzeitigen Form dem Grundgedanken der Rechtsnachfolge widerspreche, wie er dem Umwandlungssteuergesetz zugrunde liegt.[1431] Würde ein aufseiten des übertragenden Rechtsträgers vorhandener Abzugsbetrag auf den übernehmenden Rechtsträger übergehen, stünde dies im Widerspruch zu dem § 4 Abs. 2 S. 2 UmwStG zugrunde liegenden Gedanken, dass Verlustverrechnungspositionen, die sich aufseiten des übertragenden Rechtsträgers realisiert haben, nicht auf den übernehmenden Rechtsträger übergehen sollen.[1432] Folglich wäre die Anordnung des § 4f Abs. 1 S. 7 EStG nach diesem Verständnis nichts anderes als eine Umgehung der in § 4 Abs. 2 S. 2 UmwStG angeordneten Versagung der Übertragung von Verlustvorträgen aufseiten des untergehenden Rechtsträgers, indem bereits eine Verteilung auf Ebene der Betriebsausgaben vorgenommen wird.

Bei genauerem Hinsehen wird man jedoch feststellen müssen, dass weder der Wortlaut noch der Regelungsgegenstand des § 4f Abs. 1 S. 7 EStG und des § 4 Abs. 2 S. 2 UmwStG ein Konkurrenzverhältnis begründen, das diese Auffassung befeuern würde.[1433] Regelungsgegenstand des § 4f Abs. 1 S. 7 EStG ist der Übergang von zeitverzögert abziehbaren Betriebsausgaben.[1434] § 4 Abs. 2 S. 2 UmwStG regelt hingegen den Übergang steuerlicher Verlustpositionen (verrechenbare Verluste,

1428 BT-Drs. 18/68 (neu), S. 73.

1429 Siehe hierzu § 4 Abs. 2 S. 2 UmwStG und § 12 Abs. 3, § 4 Abs. 2 S. 2 UmwStG.

1430 Siehe hierzu ausführlich 2. Kapitel B III 2; *Riedel*, FR 2014, 6, 11 f.; *Ronig/Geiermann*, StBW 2014, 264, 268, die im Ergebnis trotzdem § 4f Abs. 1 S. 7 EStG ausdrücklich einen Vorrang gegenüber den Vorschriften des Umwandlungssteuergesetzes einräumen.

1431 Vgl. *Riedel*, Ubg 2014, 421, 425.

1432 *Riedel*, Ubg 2014, 421, 425; *dies.*, FR 2014, 6, 11; Schmitt/Keuthen, DStR 2015, 2521, 2524; vgl. auch *Weimer*, Hebung stiller Lasten, S. 218; *Widmann*, FS Haarmann, S. 1013, 1021 f.; *Schmitt*, in: Schmitt/Hörtnagl/Stratz, UmwStG, § 3 Rn. 36b.

1433 So ausdrücklich *Melan/Wecke*, Ubg 2017, 253, 255.

1434 Vgl. auch 1. Kapitel C II 3 c.

verbleibende Verlustvorträge, vom übertragenden Rechtsträger nicht ausgeglichene negative Einkünfte, ein Zinsvortrag nach § 4h Abs. 1 S. 5 EStG und ein EBITDA-Vortrag nach § 4h Abs. 1 S. 3 EStG). Dies verdeutlicht insbesondere der Wortlaut der entsprechenden Vorschriften.[1435] Während § 4 Abs. 2 S. 2 UmwStG auf der Ebene der Einkommensermittlung anknüpft, verhindert § 4f EStG die Entstehung von Positionen, welche dem Anwendungsbereich des § 4 Abs. 2 S. 2 UmwStG unterliegen.[1436] Demnach setzt „die umwandlungssteuerrechtliche Vorschrift auf

---

1435 Vergleiche hierzu den Wortlaut der Vorschriften § 4f Abs. 1 EStG und § 4 Abs. 2 UmwStG. § 4f EStG: „(1) [1]Werden Verpflichtungen übertragen, die beim ursprünglich Verpflichteten Ansatzverboten, -beschränkungen oder Bewertungsvorbehalten unterlegen haben, ist der sich aus diesem Vorgang ergebende **Aufwand** im Wirtschaftsjahr der Schuldübernahme und den nachfolgenden 14 Jahren gleichmäßig verteilt als **Betriebsausgabe** abziehbar. [2]Ist auf Grund der Übertragung einer Verpflichtung ein Passivposten gewinnerhöhend aufzulösen, ist Satz 1 mit der Maßgabe anzuwenden, dass der sich ergebende **Aufwand** im Wirtschaftsjahr der Schuldübernahme in Höhe des aufgelösten Passivpostens als **Betriebsausgabe** abzuziehen ist; der den aufgelösten Passivposten übersteigende Betrag ist in dem Wirtschaftsjahr der Schuldübernahme und den nachfolgenden 14 Wirtschaftsjahren gleichmäßig verteilt als Betriebsausgabe abzuziehen. [3]Eine Verteilung des sich ergebenden **Aufwands** unterbleibt, wenn die Schuldübernahme im Rahmen einer Veräußerung oder Aufgabe des ganzen Betriebes oder des gesamten Mitunternehmeranteils im Sinne der §§ 14, 16 Absatz 1, 3 und 3a sowie des § 18 Absatz 3 erfolgt; dies gilt auch, wenn ein Arbeitnehmer unter Mitnahme seiner erworbenen Pensionsansprüche zu einem neuen Arbeitgeber wechselt oder wenn der Betrieb am Schluss des vorangehenden Wirtschaftsjahres die Größenmerkmale des § 7g Absatz 1 Satz 2 Nummer 1 Buchstabe a bis c nicht überschreitet. [4]Erfolgt die Schuldübernahme in dem Fall einer Teilbetriebsveräußerung oder -aufgabe im Sinne der §§ 14, 16 Absatz 1, 3 und 3a sowie des § 18 Absatz 3, ist ein Veräußerungs- oder Aufgabeverlust um den **Aufwand** im Sinne des Satzes 1 zu vermindern, soweit dieser den Verlust begründet oder erhöht hat. [5]Entsprechendes gilt für den einen aufgelösten Passivposten übersteigenden Betrag im Sinne des Satzes 2. [6]Für den hinzugerechneten **Aufwand** gelten Satz 2 zweiter Halbsatz und Satz 3 entsprechend. [7]Der jeweilige Rechtsnachfolger des ursprünglichen Verpflichteten ist an die **Aufwands**verteilung nach den Sätzen 1 bis 6 gebunden." Siehe zu der abweichenden Terminologie im Wortlaut des § 4 Abs. 2 S. 2 UmwStG: „[2]**Verrechenbare Verluste**, **verbleibende Verlustvorträge**, vom übertragenden Rechtsträger nicht ausgeglichene negative Einkünfte, ein Zinsvortrag nach § 4h Absatz 1 Satz 5 des Einkommensteuergesetzes und ein EBITDA-Vortrag nach § 4h Absatz 1 Satz 3 des Einkommensteuergesetzes gehen nicht über."

1436 So auch *Melan/Wecke*, Ubg 2017, 253, 255; vgl. auch *Schießl*, in: Kirchhof/Söhn/Mellinghoff, EStG, § 4f Rn. B 37; im Ergebnis auch *Schrade*, in: Böttcher/Habighorst/Schulte, UmwR, § 11 UmwStG Rn. 157; ähnlich auch *Hörner*, in: Frotscher/Geurts, EStG, § 4f Rn. 46, der anmerkt, dass nach § 4 Abs. 2 S. 2 UmwStG im Regelfall verrechenbare Verluste und verbleibende Verlustvorträge nicht auf den übernehmenden Rechtsträger übergehen. § 4f Abs. 1 S. 7 EStG gehe jedoch insoweit als „lex specialis" vor, da dieser den Übergang des noch nicht abgezogenen Aufwands auf

einer höheren Stufe der Einkommensermittlung an als § 4f EStG".[1437] Aufgrund dessen kann auch eine Subsumtion des Abzugspotentials des § 4f Abs. 1 S. 1 EStG, also zeitverzögert abziehbare Betriebsausgaben, die noch nicht in einen verbleibenden Verlustvortrag eingegangen sind, unter den Begriff der nicht ausgeglichenen Einkünfte im Sinne des § 4 Abs. 2 S. 2 UmwStG nicht überzeugen.[1438]

Es erscheint fernliegend, dass der Gesetzgeber bei der Ausarbeitung der Vorschriften eine Differenzierung zwischen sich fortsetzenden „guten" Betriebsausgaben und „schlechten" Verlusten vornehmen wollte.[1439] Eine extensive Auslegung der Vorschrift des § 4 Abs. 2 S. 2 UmwStG in dem Sinne, dass auch der zu verteilende Aufwand bzw. die Betriebsausgaben umfasst sind, erscheint mit Blick auf die Gesetzgebungspraxis,[1440] wonach der Verlust- und Zinsvorträge regelmäßig kraft ausdrücklicher gesetzlicher Anordnung untergehen, fernliegend.[1441] Auch die Annahme einer planwidrigen Regelungslücke kann entgegen der Gesetzgebungspraxis nicht überzeugen.[1442] Insofern kann zwar festgestellt werden, dass die Rechtsnachfolgeregelung des § 4f Abs. 1 S. 7 EStG dem Grundgedanken des § 4 Abs. 2 S. 2 UmwStG widerspricht, eine extensive Auslegung des § 4 Abs. 2 S. 2 UmwStG allerdings mit Blick auf die bisherige Gesetzgebungspraxis, wonach der Untergang von Verlust- und Zinsvorträgen ausdrücklich angeordnet wird, nicht möglich ist.[1443] Es besteht insoweit keine Konkurrenz zwischen der Rechtsnachfolgeregelung des § 4f Abs. 1 S. 7 EStG und der Einschränkung der steuerlichen Rechtsnachfolge hinsichtlich der Übertragung von Verlusten und Zinsvorträgen.

Zusammenfassend ist festzustellen, dass zwischen § 4f Abs. 1 S. 7 EStG und den Einschränkungen der umwandlungssteuerlichen Rechtsnachfolge gem. § 4 Abs. 2 S. 2 UmwStG schon kein Konkurrenzverhältnis besteht, da die Vorschriften auf unterschiedlichen Stufen der Einkommensermittlung eingreifen. Die

---

den Rechtsnachfolger ausdrücklich anordne. Auch *Ronig/Geiermann*, StBW 2014, 264, 268 gehen davon aus, dass § 4f Abs. 1 S. 7 EStG als speziellere Vorschrift den entsprechenden Vorschriften des Umwandlungssteuergesetzes vorgeht.

1437 *Melan/Wecke*, Ubg 2017, 253, 255.

1438 Ebenso *Zimmermann*, Ubg 2018, 17, 21; vgl. auch *Neumann-Tomm*, in: Lademann, EStG, § 4f Rn. 80; *Schober*, in: Herrmann/Heuer/Raupach, EStG, § 4f Rn. 22; a.A. *Riedel*, FR 2014, 6, 11, Fn. 63; *dies.*, Ubg 2014, 421, 424; wohl auch *Horst*, FR 2015, 824, 827 f., der davon ausgeht, dass das Abzugspotential des § 4f EStG unter den Begriff der nicht ausgeglichenen Einkünfte subsumiert werden könnte, dies jedoch im Ergebnis offenlässt.

1439 So auch schon *Schober*, in: Herrmann/Heuer/Raupach, EStG, § 4f Rn. 22.

1440 Vgl. zu Umwandlungssachverhalten § 4 Abs. 2 Satz 2 UmwStG i.V.m. § 12 Abs. 3 bzw. § 15 Abs. 1 UmwStG; siehe zu Einbringungsvorgängen § 20 Abs. 9 UmwStG und § 24 Abs. 6 UmwStG i.V.m. § 20 Abs. 9 UmwStG.

1441 *Schober*, in: Herrmann/Heuer/Raupach, EStG, § 4f Rn. 22; so auch *Melan/Wecke*, Ubg 2017, 253, 255.

1442 *Schober*, in: Herrmann/Heuer/Raupach, EStG, § 4f Rn. 22.

1443 *Schober*, in: Herrmann/Heuer/Raupach, EStG, § 4f Rn. 22.

Betriebsausgabenstreckung hat zur Folge, dass bereits keine Verlustposition entsteht, die der Einschränkung des § 4 Abs. 2 S. 2 UmwStG unterliegt. Dennoch stellt sich die Frage, ob § 4f Abs. 1 S. 7 EStG überhaupt auf die Übertragung passivierungsbeschränkter Verpflichtungen durch Umwandlungs- und Einbringungsvorgänge Anwendung finden kann.[1444]

Meines Erachtens scheitert eine Anwendung des § 4f Abs. 1 S. 7 EStG auf einen Umwandlungs- und Einbringungsvorgang auch dann, wenn dieser eine Aufwandsverteilung im Sinne des § 4f Abs. 1 S. 1 EStG erstmalig begründet. Denn im Falle einer Rechtsnachfolge soll der Rechtsnachfolger nach § 4f Abs. 1 S. 7 EStG lediglich einen verbleibenden Aufwand, nicht jedoch den vollen Aufwand, verteilt auf den Restzeitraum, geltend machen können.[1445] Demnach soll § 4f Abs. 1 S. 7 EStG lediglich verhindern, dass ein noch nicht vollständig berücksichtigter Aufwand untergeht. § 4f Abs. 1 S. 7 EStG setzt bereits eine Verpflichtungsübertragung und die damit einhergehende Verteilung des aus der Aufdeckung der stillen Lasten resultierenden Aufwands im Sinne des § 4f Abs. 1 S. 1 EStG voraus.[1446] So verdeutlichen auch die Gesetzgebungsmaterialien, in denen ausgeführt wird, „dass [ein] beim Übertragenden noch nicht berücksichtigter Aufwand [...] nicht untergeht", wodurch § 4f Abs. 1 S. 7 EStG gewährleisten soll, dass eine bereits begonnene Aufwandsverteilung im Sinne des § 4f Abs. 1 S. 1 EStG von dessen Rechtsnachfolger fortzuführen ist bzw. der Rechtnachfolger an die Verteilung von je 1/15 pro Wirtschaftsjahr gebunden ist, so dass ein beim übertragenden Rechtsträger noch nicht berücksichtigter Aufwand nicht untergeht.[1447] Auch die Formulierung, dass „der jeweilige Rechtsnachfolger des ursprünglich Verpflichteten [...] an die Aufwandsverteilung nach den Sätzen 1 bis 6 gebunden [ist]", impliziert, dass bereits eine Verpflichtungsübertragung und eine Aufwandsverteilung im Sinne des § 4f Abs. 1 S. 1 EStG vorausgegangen sein muss.

Demnach ist § 4f Abs. 1 S. 7 EStG eine vorausgegangene Verpflichtungsübertragung und die damit einhergehende Aufwandsverteilung der aufgedeckten stillen Lasten im Sinne des § 4f Abs. 1 S. 1, Abs. 2 EStG als Voraussetzung immanent.[1448] Letztlich kommt die Anwendung des § 4f Abs. 1 S. 7 EStG nur bei Übertragungsvorgängen in Betracht, denen ein die Aufwandsverteilung auslösender Übertragungsvorgang vorgeht. Daher kann der eine Aufwandsverteilung erstmalig begründende Umstrukturierungsvorgang nicht zugleich den Rechtsnachfolgetatbestand im Sinne des § 4f Abs. 1 S. 7 EStG darstellen, der zur Übertragung des noch nicht berücksichtigten Aufwands auf den Rechtsnachfolger des ursprünglich Verpflichteten führt. § 4f Abs. 1 S. 7 EStG verlangt vielmehr eine vorausgegangene

1444 Vgl. hierzu auch Beispiel 1 unter 3. Kapitel A.

1445 Ebenso *Schindler*, in: Kirchhof, EStG, 18. Auflage, § 4f Rn. 20.

1446 Siehe zu § 4f Abs. 1 S. 7 EStG 1. Kapitel C II 3 c; ähnlich auch *Neumann-Tomm*, in: Lademann, EStG, § 4f Rn. 74.

1447 BT-Drs. 18/68 (neu), S. 73; BR-Drs. 740/13 (B), S. 115.

1448 Vgl. *Neumann-Tomm*, in: Lademann, EStG, § 4f Rn. 74.

Verpflichtungsübertragung. Zur Bestätigung dieser Ausführungen kann die Entstehungsgeschichte und das bei Abfassung der Vorschrift zugrunde liegende Leitbild des Gesetzgebers herangezogen werden.[1449] Das zeigt, dass ein Übertragungsvorgang, der eine Aufwandsverteilung im Sinne des § 4f Abs. 1 S. 1 EStG erstmalig begründet, nicht zugleich auch ein Rechtsnachfolgetatbestand im Sinne des § 4f Abs. 1 S. 7 EStG sein kann.[1450] Daher ist § 4f Abs. 1 S. 7 EStG nicht anwendbar, wenn stille Lasten durch die Übertragung passivierungsbeschränkter Verpflichtungen im Wege eines Umwandlungs- oder Einbringungsvorgang erstmals gehoben werden.[1451]

VI. Übertragung von Korrekturposten im Sinne des § 4f Abs. 1 S. 1 EStG

Wurde eine Verpflichtung im Sinne des § 4f Abs. 1 S. 1 EStG übertragen, ist zu untersuchen, wie die Korrekturposten, die mit der Aufwandsverteilung einhergehen, im Falle einer nachgelagerten Umwandlung oder Einbringung zu behandeln sind (vgl. Beispiel 2). Mit § 4f Abs. 1 S. 7 EStG und den Vorschriften der steuerlichen Rechtsnachfolge bestehen Regelungen, wonach der Rechtsnachfolger die Korrekturposten grundsätzlich fortführt.[1452] Wird ein Umwandlungs- oder Einbringungsvorgang, durch den auch der Korrekturposten übertragen wird, zu einem Zwischenwert oder zum gemeinen Wert durchgeführt, erscheint es möglich, dass die eigenständigen Ansatz- und Bewertungswahlrechte des Umwandlungssteuergesetzes[1453] auch zur Aufdeckung der in den Korrekturposten erfassten Werte führen.[1454] Auch wenn beispielsweise Rücklagen im Sinne von § 6 UmwStG, § 6b EStG, § 7g EStG wie auch Ausgleichsposten nach § 4g EStG grundsätzlich keine Wirtschaftsgüter darstellen, sind diese dennoch dem Grunde nach in der steuerlichen Schlussbilanz gem. § 3 Abs. 1 und § 11 Abs. 1 UmwStG abzubilden.[1455] Sofern die Umstrukturierung zu einem Zwischenwert oder zum gemeinen Wert durchgeführt wird, ist es sachgerecht, dass Rücklagen sowie Ausgleichsposten teilweise

---

1449 Siehe oben Fn. 1369.
1450 Ähnlich auch *Neumann-Tomm*, in: Lademann, EStG, § 4f Rn. 74.
1451 Vgl. hierzu auch Beispiel 1 unter 3. Kapitel A.
1452 Vgl. auch *Neumann-Tomm*, in: Lademann, EStG, § 4f Rn. 80; *Staats*, in: Lademann, UmwStG, § 3 Rn. 94.
1453 Siehe hierzu 2. Kapitel B I.
1454 Ebenso *Staats*, in: Lademann, UmwStG, § 3 Rn. 94.
1455 BMF-Schreiben 11.11.2011, BStBl. I 2011, 1314, 1341; *Frotscher*, in: Frotscher/Drüen, UmwStG, § 11 Rn. 66 ff.; *Rödder*, in: Rödder/Herlinghaus/van Lishaut, UmwStG, § 11 Rn. 66a; *Schießl*, in: Widmann/Mayer, UmwR, § 11 UmwStG Rn. 14.23; *Staats*, in: Lademann, UmwStG, § 3 Rn. 92; *Widmann*, in: Widmann/Mayer, UmwR, § 3 UmwStG Rn. R 308, R 405; *Philipp*, Verschmelzung inländischer Kapitalgesellschaften, S. 255; *Stadler/Elser/Bindl*, DB 2012, Beilage zu Heft 2, 14, 15; a.A. *Benecke*, in: Reform des Umwandlungssteuerrechts Rn. 1024.

oder vollständig aufgelöst werden, da diese im Grundsatz stille Reserven oder stille Lasten bereits veräußerter oder entstrickter Wirtschaftsgüter darstellen.[1456] Wird Vermögen zu einem Zwischenwert oder zum gemeinen Wert angesetzt, sollen gerade stille Lasten und stille Reserven aufgedeckt werden.[1457] Auch wenn bei Einbringungsvorgängen im Sinne des Umwandlungssteuergesetzes keine steuerliche Schlussbilanz aufzustellen ist, sind die zuvor genannten Posten im Rahmen des Ansatzes zu einem Zwischenwert oder zum gemeinen Wert dennoch aufzulösen.[1458] Übertragen auf § 4f EStG sind Korrekturposten, die aufgrund einer vorausgegangenen Verpflichtungsübertragung im Sinne des § 4f EStG gebildet wurden, aufgrund der eigenständigen Ansatz- und Bewertungsvorschriften des Umwandlungssteuergesetzes (anteilig) aufzudecken.[1459]

VII. Ergebnis: Anwendbarkeit § 4f EStG auf Umstrukturierungsvorgänge i.S.d. UmwStG

Die Anwendbarkeit des § 4f EStG auf Umstrukturierungsvorgänge im Sinne des Umwandlungssteuergesetzes ist im Ergebnis abzulehnen. Das Umwandlungssteuergesetz enthält hinsichtlich der darin geregelten Umwandlungs- und Einbringungsvorgänge spezialgesetzliche Vorschriften, die den allgemeinen Regelungen des Einkommensteuergesetzes vorgehen. Bestätigt wird das Spezialitätsverhältnis zwischen Umwandlungs- und Einkommensteuergesetz von der Regelungstechnik des Umwandlungssteuergesetzes, wonach Ausnahmen von den spezialgesetzlichen Vorschriften stets durch ausdrückliche Anordnung im Umwandlungssteuergesetz erfolgen.

Sofern – entgegen zutreffender Auffassung – vertreten wird, dass die Vorschriften des Umwandlungssteuergesetzes nicht in einem Spezialitätsverhältnis zu § 4f EStG stehen, scheitert die Anwendung des § 4f EStG auf Umwandlungs- und Einbringungsvorgänge häufig deshalb, weil Umwandlungs- und Einbringungsvorgänge bereits die Tatbestandsvoraussetzungen des § 4f Abs. 1 S. 1 EStG nicht erfüllen.

Erfolgt ein Umwandlungs- oder Einbringungsvorgang zum Buchwert, scheitert die Anwendbarkeit des § 4f Abs. 1 S. 1 EStG bereits an der Fortgeltung der ertragsteuerlichen Passivierungsbeschränkungen aufseiten des übernehmenden

---

1456 *Philipp*, Verschmelzung inländischer Kapitalgesellschaften, S. 255; vgl. auch BMF-Schreiben 11.11.2011, BStBl. I 2011, 1314, 1341, 1361; *Frotscher*, in: Frotscher/Drüen, UmwStG, § 11 Rn. 70; *Rödder*, in: Rödder/Herlinghaus/van Lishaut, UmwStG, § 11 Rn. 66a; *Staats*, in: Lademann, UmwStG, § 3 Rn. 92; *Benecke*, in: Reform des Umwandlungssteuerrechts Rn. 1024; *Pitzal*, DStR 2011, 2373, 2374 f. zu § 6b EStG.

1457 Vgl. *Philipp*, Verschmelzung inländischer Kapitalgesellschaften, S. 255.

1458 Vgl. *Pitzal*, DStR 2011, 2373, 2374 f. zu § 6b EStG.

1459 A.A. *Staats*, in: Lademann, UmwStG, § 3 Rn. 93.

Rechtsträgers. Insoweit liegt keine Aufwandswirksamkeit des Übertragungsvorgangs im Sinne des § 4f Abs. 1 S. 1 EStG vor.

Nicht anwendbar ist § 4f EStG auch auf Umwandlungs- und Einbringungsvorgänge, die zur Übertragung von Pensionsrückstellungen führen, da insoweit die Besonderheit zu berücksichtigen ist, dass diese auch im Rahmen einer Umstrukturierung zu einem Zwischenwert oder zum gemeinen Wert aufgrund spezialgesetzlicher umwandlungssteuerrechtlicher Vorschriften mit dem Teilwert nach § 6a EStG anzusetzen sind, so dass die Voraussetzungen des § 4f Abs. 1 S. 1 EStG mangels Aufdeckung stiller Lasten nicht erfüllt sind.

Auch im Falle des Ansatzes zu einem Zwischenwert oder zum gemeinen Wert scheitert eine Anwendung des § 4f EStG auf Umstrukturierungsvorgänge im Sinne des Umwandlungssteuergesetzes teilweise im Rahmen einer Einzelfallbetrachtung.

Beim homogenen Formwechsel scheitert die Anwendung des § 4f EStG bereits am Vorrang der umwandlungssteuerrechtlichen Vorschriften. Zudem liegt schon kein Übertragungsvorgang im Sinne des § 4f Abs. 1 S. 1 EStG vor.[1460]

Umwandlungs- und Einbringungsfälle, die zum Erlöschen des übertragenden Rechtsträgers führen, können bereits deshalb nicht von § 4f EStG erfasst werden, weil für die Anwendung des § 4f EStG schon kein Normadressat mehr existiert.[1461] Aus diesem Grund scheitert die Anwendung bei Verschmelzungsvorgängen, Aufspaltungsvorgängen, Vermögensübertragungen im Wege der Vollübertragung, Vermögensübertragungen im Wege der aufspaltenden Teilübertragung und bei erweiterten Anwachsungsvorgängen.

Sofern entgegen der vorausgegangenen Ausführungen dennoch von der Anwendbarkeit des § 4f EStG auf Umstrukturierungsvorgänge im Sinne des Umwandlungssteuergesetzes ausgegangen wird, kommt es im Rahmen der Umstrukturierung mit der Übertragung der passivierungsbeschränkten Verpflichtung grundsätzlich zur Hebung stiller Lasten, die allerdings dann nicht zur Aufwandsverteilung über 15 Jahre führen, wenn Umwandlungs- und Einbringungsvorgänge von der Ausnahmevorschrift § 4f Abs. 1 S. 3 EStG erfasst sind. Die vorangegangene Untersuchung zeigt, dass Umwandlungs- und Einbringungsvorgänge nicht pauschal als Veräußerungsvorgänge eingeordnet werden können.[1462] Umstrukturierungsvorgänge im Falle eines Anteilsgewährungsverbots gem. § 20 Abs. 1 Nr. 3 S. 1 Hs. 2, § 54 Abs. 1 S. 1 Nr. 1, § 68 Abs. 1 S. 1 Nr. 1 UmwG (insbesondere bei Aufwärtsverschmelzungen) oder eines Anteilsgewährungsverzichts gem. § 54 Abs. 1 S. 3, § 68 Abs. 1 S. 3 UmwG (insbesondere bei Seitwärtsverschmelzungen und Spaltungsvorgängen) sowie homogene Formwechselvorgänge und heterogene Formwechselvorgänge gem. § 9 UmwStG weichen derart von den Merkmalen eines Veräußerungsvorgangs im Sinne des § 16 EStG ab, dass diese nicht mehr als veräußerungsbegründend wirkende tauschähnliche Vorgänge eingeordnet werden

1460 3. Kapitel C II 2 a.

1461 Siehe hierzu auch 3. Kapitel C III.

1462 Siehe hierzu 2. Kapitel C II.

können.[1463] Demnach sind die Anforderungen an eine Rückausnahme im Sinne des § 4f Abs. 1 S. 3 EStG in diesen Fällen nicht erfüllt.

Abgesehen von diesen Vorgängen führen sämtliche Umwandlungs- und Einbringungsvorgänge zur Übertragung betrieblicher Einheiten oder einzelner Wirtschaftsgüter auf einen Dritten gegen Gewährung einer Gegenleistung. Auch wenn diese Vorgänge nicht auf einem schuldrechtlichen Tauschvertrag beruhen, teilweise im Wege der Gesamtrechtsnachfolge durchgeführt werden, die Gegenleistung an die Anteilseigner des übertragenden Rechtsträgers gewährt wird und in der Gewährung von Gesellschaftsrechten liegt, haben Umwandlungs- und Einbringungsvorgänge einen arteigenen Charakter und sind daher als veräußerungsbegründend wirkender tauschähnlicher Vorgang einzuordnen.[1464] Dementsprechend sind Umwandlungs- und Einbringungsvorgänge überwiegend von der Ausnahme des § 4f Abs. 1 S. 3 Var. 1 EStG erfasst. Sofern eine Verpflichtungsübertragung im Wege einer Teilbetriebsumwandlung bzw. -einbringung durchgeführt wird, findet die in § 4f Abs. 1 S. 4 EStG geregelte Ausnahmevorschrift Anwendung. Demzufolge ist ein Aufwand, der infolge einer Verpflichtungsübertragung entsteht, in Fällen, in denen die Ausnahmevorschriften § 4f Abs. 1 S. 3 und S. 4 EStG anzuwenden sind, sofort aufwandswirksam.

§ 4f Abs. 1 S. 7 EStG ist eine vorausgegangene Verpflichtungsübertragung und die damit einhergehende Aufwandsverteilung der aufgedeckten stillen Lasten im Sinne des § 4f Abs. 1 S. 1, Abs. 2 EStG als Voraussetzung immanent. Daher kann der eine Aufwandsverteilung erstmalig begründende Umwandlungs- oder Einbringungsvorgang nicht zugleich den Rechtsnachfolgetatbestand im Sinne des § 4f Abs. 1 S. 7 EStG darstellen, der zur Übertragung des noch nicht berücksichtigten Aufwands auf den Rechtsnachfolger des ursprünglich Verpflichteten führt, so dass § 4f Abs. 1 S. 7 EStG in diesen Situationen nicht anwendbar ist.

Korrekturposten, die aufgrund einer vorausgegangenen Verpflichtungsübertragung im Sinne des § 4f EStG gebildet wurden und im Wege eines Umstrukturierungsvorgangs im Sinne des Umwandlungssteuergesetzes zu einem Zwischenwert oder zum gemeinen Wert übertragen werden, sind aufgrund der eigenständigen Ansatz- und Bewertungsvorschriften des Umwandlungssteuergesetzes (anteilig) aufzudecken. Daher ist § 4f Abs. 1 S. 7 EStG auch insoweit nicht anwendbar.

Zusammenfassend ist die Anwendbarkeit des § 4f EStG auf Umstrukturierungsvorgänge im Sinne des Umwandlungssteuergesetzes nach aktueller Rechtslage im Ergebnis abzulehnen.

1463 Siehe hierzu 2. Kapitel C II.

1464 Ebenso auch *Kredig*, Besteuerung stiller Reserven, S. 291.

D. Anwendbarkeit des § 5 Abs. 7 EStG auf Umstrukturierungsvorgänge im Sinne des UmwStG

Im Anschluss an die vorausgegangene Untersuchung der Anwendbarkeit des § 4f EStG auf Umwandlungs- und Einbringungsvorgänge wird im folgenden Teil der Arbeit die Anwendbarkeit des § 5 Abs. 7 EStG auf Umstrukturierungsvorgänge im Sinne des Umwandlungssteuergesetzes untersucht. Über die Anwendbarkeit des § 5 Abs. 7 EStG auf Umwandlungs- und Einbringungsvorgänge besteht in der Literatur Uneinigkeit.[1465]

Im Rahmen der Untersuchung wird zunächst das Verhältnis des § 5 Abs. 7 EStG zum Umwandlungssteuergesetz dargestellt. Im weiteren Verlauf richtet sich der Blick der Untersuchung auf die Frage, ob die Umstrukturierungsvorgänge im Sinne des Umwandlungssteuergesetzes die Tatbestandsvoraussetzungen des § 5 Abs. 7 EStG erfüllen. Zuletzt stellt sich – ähnlich wie bei § 4f EStG – die Frage der steuerlichen Behandlung von Korrekturposten im Sinne des § 5 Abs. 7 S. 5 EStG im Falle einer Übertragung durch Umwandlung oder Einbringung (vgl. Beispiel 3).

I. Verhältnis § 5 Abs. 7 EStG zu den umwandlungssteuerrechtlichen Bewertungsvorschriften

Im Folgenden wird das Verhältnis des § 5 Abs. 7 EStG zum Umwandlungssteuergesetz untersucht. Unabhängig von der Anwendung des § 4f EStG aufseiten des übertragenden Rechtsträgers sind nach § 5 Abs. 7 S. 1 EStG übernommene Verpflichtungen, die beim ursprünglich Verpflichteten Ansatzverboten, -beschränkungen oder Bewertungsvorbehalten unterlegen haben, an den auf die Übernahme folgenden Abschlussstichtagen beim Übernehmer und dessen Rechtsnachfolger so zu bilanzieren, wie sie beim ursprünglich Verpflichteten ohne Übernahme zu bilanzieren wären. Dementsprechend wären im Rahmen von Umwandlungs- und Einbringungsvorgängen die ursprünglichen Passivierungsbeschränkungen aufseiten des übernehmenden Rechtsträgers in dem Wirtschaftsjahr, in das die Übertragung fällt, wieder zu berücksichtigen, was einen Gewinn zur Folge hätte, der nach § 5 Abs. 7 S. 5 EStG durch eine gewinnmindernde Rücklage neutralisiert werden könnte. Auch im Kontext des § 5 Abs. 7 EStG gehen spezialgesetzliche Regelungen des Umwandlungssteuergesetzes grundsätzlich den Vorschriften des Einkommensteuergesetzes vor.[1466] Allgemeine steuerrechtliche Vorschriften über die Gewinnermittlung sollen nur dann zur Anwendung kommen, wenn dies, wie im Falle der Buchwertfortführung gem. § 1 Abs. 5 Nr. 4 UmwStG oder für die Bewertung von

1465 Siehe oben Fn. 1210 und Fn. 1211.

1466 Siehe zum Verhältnis des § 4f EStG zu den Vorschriften des Umwandlungssteuergesetzes 3. Kapitel B I, das sich im Grundsatz auf das Verhältnis von § 5 Abs. 7 EStG zu den Vorschriften des Umwandlungssteuergesetzes übertragen lässt.

Pensionsrückstellungen gem. § 3 Abs. 1 S. 2, § 11 Abs. 1 S. 2, § 20 Abs. 2 S. 1 und § 24 Abs. 2 S. 1 UmwStG ausdrücklich angeordnet ist.

Wird ein Umstrukturierungsvorgang im Wege der Übertragung zum Buchwert durchgeführt, besteht für die Anwendung des § 5 Abs. 7 EStG aufseiten des übernehmenden Rechtsträgers keine Veranlassung. Vielmehr werden bei der Buchwertfortführung gem. § 1 Abs. 5 Nr. 4 UmwStG aufseiten des übernehmenden Rechtsträgers die Werte, die sich nach den steuerrechtlichen Vorschriften über die Gewinnermittlung in einer für den steuerlichen Übertragungsstichtag aufzustellenden Steuerbilanz ergeben oder ergäben, angesetzt, so dass auch die Ansatzverbote, -beschränkungen oder Bewertungsvorbehalte auf Grundlage der besonderen umwandlungssteuerrechtlichen Ansatz- und Bewertungsvorschriften fortzuführen sind. Dennoch steht es den beteiligten Rechtsträgern frei, ob und in welchem Umfang ein umwandlungsbedingter Gewinn oder Verlust realisiert werden soll.[1467] Auch im Rahmen einer Übertragung zu einem Zwischenwert oder zum gemeinen Wert scheidet eine Anwendung des § 5 Abs. 7 EStG auf den dem Übertragungsstichtag nachfolgenden Bilanzstichtag aus. Das Umwandlungssteuergesetz enthält mit den §§ 3, 11, 20, 21 und 24 UmwStG spezielle eigenständige Ansatz- und Bewertungsvorschriften,[1468] die eine Bewertung der übergehenden Wirtschaftsgüter zum Buchwert, zu einem Zwischenwert oder zum gemeinen Wert zulassen und damit die allgemeinen Ansatz- und Bewertungsvorschriften des Ertragssteuerrechts verdrängen.[1469] Anders als bei der Buchwertfortführung werden beim Ansatz zum gemeinen Wert oder beim Ansatz zu einem Zwischenwert die Vorschriften des Bewertungsgesetzes und nicht die steuerlichen Vorschriften über die Gewinnermittlung als Bewertungsmaßstab des übertragenen Vermögens herangezogen.[1470]

Die in den § 4 Abs. 1 S. 1 und § 12 Abs. 1 S. 1 UmwStG angeordnete Wertverknüpfung mit den in der steuerlichen Schlussbilanz angesetzten Werten führt dazu, dass die spezielle umwandlungssteuerrechtliche Bewertung der §§ 3 und 11 UmwStG in der vom übertragenden Rechtsträger zu erstellenden steuerlichen Schlussbilanz auch im Hinblick auf den Ansatz und die Bewertung des übertragenen Vermögens aufseiten des übernehmenden Rechtsträgers die allgemeinen ertragsteuerlichen Ansatz- und Bewertungsvorschriften verdrängt. Daher sind etwaige Aktivierungsgebote oder -verbote im Sinn des § 5 EStG auch beim übernehmenden Rechtsträger im Falle des Ansatzes zu einem Zwischenwert oder zum gemeinen Wert nicht zu berücksichtigen.[1471] Diesem Regelungsinstrument ist immanent, dass eine

---

1467 *Riedel*, Umwandlungssteuerrecht, S. 151.

1468 Siehe hierzu 2. Kapitel B I.

1469 *Schmitt*, in: Schmitt/Hörtnagl/Stratz, UmwStG, § 4 Rn. 12a; § 12 Rn. 11a; *Staats*, in: Lademann, UmwStG, § 4 Rn. 30 f.; *Steierberg*, in: Haase/Hruschka, UmwStG, § 4 Rn. 55; *Schmitt/Keuthen*, DStR 2015, 2521, 2525.

1470 *Schmitt*, in: Schmitt/Hörtnagl/Stratz, UmwStG, § 20 Rn. 279d; § 24 Rn. 171c.

1471 *Hummel*, in: Böttcher/Habighorst/Schulte, UmwR, § 12 UmwStG Rn. 78; *Schmitt*, in: Schmitt/Hörtnagl/Stratz, UmwStG, § 4 Rn. 12a; § 12 Rn. 11a; *Staats*, in: Lademann, UmwStG, § 4 Rn. 30 f.; *Steierberg*, in: Haase/Hruschka, UmwStG, § 4 Rn. 55;

Fortführung der übernommenen Wirtschaftsgüter dem Grunde und der Höhe nach entsprechend der in der steuerlichen Schlussbilanz angesetzten Werte des übertragenden Rechtsträgers möglich sein muss.[1472] Dies gilt erst recht, wenn die umwandlungssteuerrechtlichen Ansatz- und Bewertungswahlrechte bei Einbringungsvorgängen des Umwandlungssteuergesetzes – anders als im Umwandlungsteil – durch den übernehmenden Rechtsträger ausgeübt werden und die angesetzten Werte für den übertragenden Rechtsträger als Veräußerungspreis gelten. Zweck der Wertverknüpfung ist nicht nur die Sicherstellung der steuerlichen Berücksichtigung der aufseiten des übertragenden Rechtsträgers noch nicht realisierten stillen Reserven beim übernehmenden Rechtsträger, sondern ebenso die Aufrechterhaltung der beim übertragenden Rechtsträger noch nicht berücksichtigten stillen Lasten aufseiten des übernehmenden Rechtsträgers.[1473] Neben der Sicherstellung der Besteuerung darf hingegen nicht verkannt werden, dass mit der Wertverknüpfung gerade auch die erneute Berücksichtigung bereits aufseiten des übertragenden Rechtsträgers aufgedeckten stillen Reserven und stillen Lasten aufseiten des übernehmenden Rechtsträgers vermieden werden soll.[1474] Sofern eine Konservierung stiller Reserven und – dem Sinn und Zweck der Wertverknüpfung entsprechend – auch eine Konservierung stiller Lasten dem Umwandlungssteuergesetz zufolge über den Übertragungsstichtag hinaus so lange möglich ist, wie das Recht der Bundesrepublik Deutschland hinsichtlich der Besteuerung des Gewinns aus der Veräußerung der übertragenden Wirtschaftsgüter nicht ausgeschlossen oder beschränkt wird, müssen die aufgrund der umwandlungssteuerrechtlichen Ansatz- und Bewertungswahlrechte angesetzten Werte auch an den nachfolgenden Bilanzstichtagen weiterhin Bestand haben.

Insbesondere die Bewertung nach § 4 Abs. 2 S. 1 UmwStG und § 4 Abs. 3 UmwStG[1475] und § 23 UmwStG, wonach die Werte in der Schlussbilanz bzw. in der Eröffnungsbilanz die Ausgangsgröße für Bewertungsfragen sind, die sich aufseiten des übernehmenden Rechtsträgers in den Folgeperioden stellen,[1476] verdeutlicht, dass die Wertansätze an den nachfolgenden Bilanzstichtagen fortzuführen sind bzw. dauerhafte Grundlage der weiteren Gewinnermittlung sein sollen.[1477] Eine

Schmitt/Keuthen, DStR 2015, 2521, 2525 f.; vgl. auch *Schönherr/Krüger*, DStR 2010, 1710, 1711.

1472 So auch *Hummel*, in: Böttcher/Habighorst/Schulte, UmwR, § 12 UmwStG Rn. 78.

1473 Siehe hierzu 2. Kapitel B II.

1474 Siehe zur Vermeidung der erneuten steuerlichen Berücksichtigung *Philipp*, Verschmelzung inländischer Kapitalgesellschaften, S. 338 f.

1475 In Verbindung mit § 12 Abs. 3 Hs. 2 UmwStG gilt § 4 Abs. 2 und 3 UmwStG auch für Verschmelzungen und Vollübertragungen einer Körperschaft auf eine andere Körperschaft.

1476 Ebenso *Riedel*, Umwandlungssteuerrecht, S. 156.

1477 Vgl. zu § 12 UmwStG *Hummel*, in: Böttcher/Habighorst/Schulte, UmwR, § 12 UmwStG Rn. 78; *Klingberg*, in: Blümich, UmwStG, § 12 Rn. 21, die allerdings im Ergebnis dennoch von der Anwendbarkeit des § 5 Abs. 7 EStG ausgeht; *Schmitt/*

Beschränkung der mit der Wertverknüpfung einhergehenden Folgen auf den Zeitpunkt der Übernahmebilanzierung im Umwandlungssteuergesetz ist nicht vorgesehen, so dass es nahe liegt, dass die sich aus der Wertverknüpfung[1478] und der steuerlichen Rechtsnachfolge[1479] ergebenden Folgen bei Umwandlungs- und Einbringungssachverhalten dauerhaft beim übernehmenden Rechtsträger fortgelten sollen.[1480] Zwar enthält das Umwandlungssteuergesetz hinsichtlich der Folgebewertung keine ausdrückliche spezielle Regelung,[1481] allerdings würden sowohl die umwandlungssteuerrechtliche Wertverknüpfung als auch die steuerliche Rechtsnachfolge mit Blick auf die Bewertung im Zusammenhang mit stillen Lasten weitestgehend über den Umweg des § 5 Abs. 7 EStG ausgehebelt werden. Demnach würden Passivposten, die auf Grundlage allgemeiner Grundsätze und den besonderen umwandlungssteuerrechtlichen Ansatz- und Bewertungsvorschriften passiviert wurden, durch allgemeine Bestimmungen des Einkommensteuergesetzes rückgängig gemacht. Die Anwendung des § 5 Abs. 7 EStG würde die spezialgesetzlichen Ansatz- und Bewertungswahlrechte des Umwandlungssteuergesetzes hinsichtlich passivierungsbeschränkter Verpflichtungen zu einer inhaltsleeren Hülle verkommen lassen. Die Anordnung des § 5 Abs. 7 EStG steht im Widerspruch zur Grunddogmatik der umwandlungssteuerrechtlichen Ansatz- und Bewertungsvorschriften,[1482] der Wertverknüpfung[1483] und der steuerlichen Rechtsnachfolge.[1484]

Insoweit bestehen für Umwandlungs- und Einbringungsvorgänge spezielle Vorschriften, die Vorrang vor den allgemeinen Bestimmungen des Einkommensteuergesetzes – also auch vor § 5 Abs. 7 EStG – haben.[1485] Eine zwingende Auflösung an den nachfolgenden Bilanzstichtagen kann daher nicht verlangt werden, weil die durch die eigenständigen Ansatz- und Bewertungsvorschriften vorgenommene Bewertung aufseiten des übernehmenden Rechtsträgers auch für die Folgebilanzierung maßgebend ist,[1486] so dass der sich aus den umwandlungssteuerrechtlichen Wahlrechten ergebende Wert dauerhafte Grundlage für die weitere

---

Keuthen, DStR 2015, 2521, 2526; vgl. zu § 23 UmwStG *Schmitt*, in: Schmitt/Hörtnagl/Stratz, UmwStG, § 20 Rn. 279d; § 24 Rn. 171c.

1478 Siehe hierzu 2. Kapitel B II.

1479 Siehe hierzu 2. Kapitel B III.

1480 *Schmitt*, in: Schmitt/Hörtnagl/Stratz, UmwStG, § 4 Rn. 12a; § 12 Rn. 11a; *Schmitt/Keuthen*, DStR 2015, 2521, 2526; vgl. auch *Herfort/Viebrock*, in: Haase/Hruschka, UmwStG, § 12 Rn. 55; *Staats*, in: Lademann, UmwStG, § 4 Rn. 31; *Steierberg*, in: Haase/Hruschka, UmwStG, § 4 Rn. 55.

1481 So auch *Klein*, Auslagerung von Pensionsverpflichtungen, S. 242.

1482 Siehe zu den eigenständigen Ansatz- und Bewertungsvorschriften des Umwandlungssteuergesetzes 2. Kapitel B I.

1483 Siehe hierzu 2. Kapitel B II.

1484 Siehe hierzu 2. Kapitel B III.

1485 Wohl auch *Hruschka/Hellmann*, in: Haase/Hruschka, UmwStG, § 20 Rn. 114.

1486 Siehe zu § 12 UmwStG *Klingberg*, in: Blümich, UmwStG, § 12 Rn. 23a, die allerdings im Ergebnis dennoch von der Anwendbarkeit des § 5 Abs. 7 EStG ausgeht.

Gewinnermittlung ist.[1487] Bestätigt wird dies dadurch, dass Verbindlichkeiten, die nach allgemeinen Grundsätzen passiviert wurden, an nachfolgenden Bilanzstichtagen nicht wieder Passivierungsbeschränkungen unterliegen können, da diese zulässigerweise auf Grundlage eigenständiger umwandlungssteuerrechtlicher Ansatz- und Bewertungsvorschriften[1488] passiviert wurden.[1489] Das Umwandlungssteuergesetz bestimmt für die einbezogenen Umstrukturierungsvorgänge „einen eigenständigen und sondergesetzlichen Rechtskreis [...], der den allgemeinen Gewinnermittlungsvorschriften abschließend vorgeht".[1490] Dies steht auch im Einklang mit der Regelungstechnik und Systematik des Umwandlungssteuergesetzes, wonach Abweichungen von den spezialgesetzlichen umwandlungssteuerrechtlichen Vorschriften stets ausdrücklich anzuordnen sind.[1491]

Zusammenfassend ist festzustellen, dass das Umwandlungssteuergesetz im Hinblick auf den Ansatz und die Bewertung spezialgesetzliche Vorschriften enthält, die Vorrang vor den allgemeinen Bestimmungen des Einkommensteuergesetzes haben. Daher bleibt aufseiten des übernehmenden Rechtsträgers kein Raum für die Anwendung der allgemeinen bilanzsteuerrechtlichen Vorschriften, so dass § 5 Abs. 7 EStG aufseiten des übernehmenden Rechtsträgers hinsichtlich des übertragenen Vermögens keine Anwendung finden kann.[1492]

II. Erfüllung der Tatbestandsvoraussetzungen des § 5 Abs. 7 EStG durch Umstrukturierungsvorgänge im Sinne des UmwStG

Für den Fall, dass – abweichend von der hier vertretenen Auffassung – der Vorrang der umwandlungssteuerrechtlichen Vorschriften abgelehnt wird, gilt es im Folgenden hilfsweise zu untersuchen, ob Umwandlungs- und Einbringungsvorgänge die Tatbestandsvoraussetzungen des § 5 Abs. 7 EStG erfüllen. Der Tatbestand des § 5 Abs. 7 EStG setzt voraus, dass die vom übernehmenden Rechtsträger übernommene

---

1487 Ebenso *Schmitt*, in: Schmitt/Hörtnagl/Stratz, UmwStG, § 20 Rn. 279d; § 24 Rn. 171c; *Staats*, in: Lademann, UmwStG, § 4 Rn. 30 f.; vgl. auch *Riedel*, Umwandlungssteuerrecht, S. 156.

1488 Siehe hierzu 2. Kapitel B I.

1489 *Hruschka/Hellmann*, in: Haase/Hruschka, UmwStG, § 20 Rn. 114.

1490 BFH 21.2.2018 – I R 46/16, BFH/NV 2018, 893, 895; BFH 17.1.2018 – I R 27/16, BStBl. II 2018, 449, 450 f.; BFH 9.1.2013 – I R 24/12, BStBl. II 2018, 509, 511.

1491 Siehe hierzu 3. Kapitel B II.

1492 *Schmitt*, in: Schmitt/Hörtnagl/Stratz, UmwStG, § 4 Rn. 12a; § 12 Rn. 11a; *Schmitt/Keuthen*, DStR 2015, 2521, 2525; vgl. *A. Meyer*, in: BeckOK, EStG, § 4f Rn. 28.1; *Schlösser/Reichl/Rapp*, in: Sagasser/Bula/Brünger, Umwandlungen, § 11 Rn. 611; a.A. *Bohnhardt*, in: Haritz/Menner, UmwStG, § 4 Rn. 98; *Rödder*, in: Rödder/Herlinghaus/van Lishaut, UmwStG, § 12 Rn. 24d.

Verpflichtung aufseiten des ursprünglich Verpflichteten einem Ansatzverbot, einer Ansatzbeschränkung oder einem Bewertungsvorbehalt unterlegen hat.[1493]

1. Bestehen einer Verpflichtung

§ 5 Abs. 7 EStG setzt voraus, dass eine passivierungsbeschränkte Verpflichtung auf den übernehmenden Rechtsträger übergeht. Sofern durch Umwandlung oder Einbringung passivierungsbeschränkte Verpflichtungen übertragen werden, liegt dieses Tatbestandsmerkmal grundsätzlich vor. Probleme bestehen jedoch bei Umstrukturierungsvorgängen, die dazu führen, dass die aufgrund von Vertragsverhältnissen zwischen übertragendem und übernehmendem Rechtsträger bestehenden und miteinander korrespondierenden Forderungen und Verbindlichkeiten durch Konfusion erlöschen. Dabei erlöschen die Forderung und die Verbindlichkeit eine logische Sekunde nach der Eintragung des Umstrukturierungsvorgangs, so dass es erst in der steuerlichen Übernahmebilanz des übernehmenden Rechtsträgers und nicht schon in der steuerlichen Schlussbilanz zur Konfusion kommt.[1494] Sofern mit einem Umwandlungs- oder Einbringungsvorgang eine Konfusion einhergeht, kann § 5 Abs. 7 EStG aufseiten des übernehmenden Rechtsträgers mangels einer der Passivierungsbeschränkung zugrunde liegenden Verpflichtung keine Anwendung finden.[1495]

2. Verpflichtungsübernahme i.S.d. § 5 Abs. 7 EStG durch Umstrukturierungsvorgänge des UmwStG

Entscheidend für das Merkmal der Übernahme einer Verpflichtung im Sinne des § 5 Abs. 7 EStG ist, dass die Schuld infolge Übernahme nicht mehr dem übertragenden Rechtsträger, sondern steuerbilanziell dem übernehmenden Rechtsträger zuzuordnen ist. Demzufolge ist der Übergang der wirtschaftlichen Belastung maßgebend.[1496] Sofern also Umwandlungs- und Einbringungsvorgänge dazu führen, dass eine Verpflichtung infolge des Umstrukturierungsvorgangs einem anderen Rechtsträger steuerbilanziell zuzuordnen ist, entsprechen diese den Anforderungen der Verpflichtungsübernahme im Sinne des § 5 Abs. 7 EStG. Bei der Durchführung eines Formwechsels fehlt es grundsätzlich aufgrund der Rechtsträgeridentität zwischen dem formwechselnden Rechtsträger und dem formgewechselnden Rechtsträger an einem Übergang in diesem Sinne.[1497] Im Unterschied zu homogenen

---

1493 Siehe ausführlich zu den Tatbestandsvoraussetzungen des § 5 Abs. 7 EStG 1. Kapitel C III 2.

1494 *Schmitt*, in: Schmitt/Hörtnagl/Stratz, UmwStG, § 11 Rn. 79.

1495 Ebenso *Horst*, FR 2015, 824, 833; siehe zur Konfusion im Zusammenhang mit Konzernverschmelzungen auch *Philipp*, Verschmelzung inländischer Kapitalgesellschaften, S. 396.

1496 Siehe hierzu 1. Kapitel C III 2 b.

1497 Vgl. 2. Kapitel C II 4 a.

Formwechselvorgängen fingiert das Umwandlungssteuergesetz nach § 9 S. 1 UmwStG für kreuzende (heterogene) Formwechsel einer Kapitalgesellschaft in eine Personengesellschaft und § 25 S. 1 UmwStG für den kreuzenden Formwechsel im umgekehrten Fall einer Personengesellschaft in eine Kapitalgesellschaft durch Verweisung auf §§ 3–8 UmwStG bzw. auf §§ 20–23 UmwStG einen Vermögensübergang.[1498] Dementsprechend werden Formwechsel im Sinne des § 9 UmwStG einer Verschmelzung (gem. §§ 3–8 UmwStG) und ein Formwechsel im Sinne des § 25 UmwStG einem Einbringungsvorgang (§§ 20–23 UmwStG) und damit übertragenden Umstrukturierungsvorgängen gleichgestellt.[1499] Formwechselvorgänge einer Kapitalgesellschaft in eine Personengesellschaft und umgekehrt sind steuerlich insoweit der Verschmelzung bzw. einem Einbringungsvorgang gleichgestellt, so dass das Fortbestehen einer Verpflichtung beim Rechtsträger neuer Rechtsform der Übertragung einer Verpflichtung im Rahmen der §§ 3–8 UmwStG und §§ 20–23 UmwStG gleichgestellt wird.[1500] Dementsprechend liegt, obwohl es zivilrechtlich zu keiner Verpflichtungsübertragung zwischen zwei Rechtsträgern gekommen ist, ertragsteuerlich eine Übertragung vor, was im Rahmen der Anwendung des § 5 Abs. 7 EStG entscheidend ist.[1501]

Im Ergebnis erfüllt lediglich der homogene Formwechsel die an die Verpflichtungsübernahme im Sinne des § 5 Abs. 7 EStG gestellten Anforderungen nicht.

3. *Bestehen einer Passivierungsbeschränkung im Übertragungszeitpunkt*

Teilweise wird in der Literatur vertreten, dass eine Anwendung des § 5 Abs. 7 EStG in Ermangelung der Tatbestandsverwirklichung ausscheide.[1502] In der steuerlichen Schlussbilanz des übertragenden Rechtsträgers gem. § 3 Abs. 1 und § 11 Abs. 1 UmwStG sind die übergehenden Wirtschaftsgüter anzusetzen. Problematisch ist allerdings, dass nicht oder nicht vollständig passivierte Verbindlichkeiten in der steuerlichen Schlussbilanz des übertragenden Rechtsträgers, der auch ursprünglich Verpflichteter im Sinne des § 4f Abs. 1 S. 1 EStG ist, keinen Passivierungsbeschränkungen mehr unterliegen. Während insbesondere *Schmitt* und *Keuthen* davon ausgehen, dass die übertragene Verpflichtung unter Berücksichtigung der stillen Lasten bereits in der steuerlichen Schlussbilanz des übertragenden

1498 Siehe hierzu 2. Kapitel C II 4 a.

1499 Siehe oben Fn. 1312.

1500 Siehe oben Fn. 1313.

1501 *Horst*, FR 2015, 824, 830; vgl. auch *Hörtnagl*, in: Schmitt/Hörtnagl/Stratz, UmwStG, § 1 Rn. 46; *Moszka*, in: Semler/Stengel, UmwG, Anhang UmwStG, Vorbemerkungen zum UmwStG Rn. 633 ff.; *Kahle/Braun*, FR 2018, 197, 209; *Klingberg*, in: Winkeljohann/Förschle/Deubert, Sonderbilanzen, Kap. L Rn. 192; *U. Prinz/Otto*, GmbHR 2018, 497, 503.

1502 So insbesondere *Schmitt*, in: Schmitt/Hörtnagl/Stratz, UmwStG, § 4 Rn. 12a; § 12 Rn. 11a; *Schmitt/Keuthen*, DStR 2015, 2521, 2525; siehe hierzu auch schon *Philipp*, Verschmelzung inländischer Kapitalgesellschaften, S. 357.

Rechtsträgers als ungewisse Verbindlichkeit zu passivieren ist,[1503] geht *Philipp*, insoweit in Übereinstimmung mit der Finanzverwaltung,[1504] davon aus, dass § 5 EStG in der steuerlichen Schlussbilanz des übertragenden Rechtsträgers als eigenständige Bilanz aufgrund der eigenständigen Ansatz- und Bewertungsvorschriften beim Ansatz zum gemeinen Wert oder zu einem Zwischenwert keine Anwendung findet.[1505] Demnach unterliegen die entweder als Rückstellungen für ungewisse Verbindlichkeiten oder aufgrund der Suspendierung des § 5 EStG als normale Verbindlichkeiten passivierten Posten in der steuerlichen Schlussbilanz zuletzt keiner Passivierungsbeschränkung.[1506] Folglich sei die Voraussetzung des § 5 Abs. 7 EStG – unabhängig von der nach *Schmitt/Keuthen* oder nach *Philipp* zugrunde liegenden Begründung – in Ermangelung einer übernommenen Verpflichtung, die beim ursprünglich Verpflichteten (zuletzt) Ansatzverboten, -beschränkungen oder Bewertungsvorbehalten unterlegen hat, nicht erfüllt.

Für Umstrukturierungsvorgänge des Umwandlungsteils des Umwandlungssteuergesetzes wird man dem bei systematischer Betrachtung auch im Kontext des § 5 Abs. 7 EStG zustimmen müssen. Zutreffend ist, dass die Passivierungsbeschränkung und damit auch die stille Last bei Umstrukturierungsvorgängen im Sinne des Umwandlungsteils des Umwandlungssteuergesetzes regelmäßig zuletzt nicht mehr existiert. Diese wird vielmehr schon durch das Aufstellen der steuerlichen Schlussbilanz aufgedeckt. Allerdings ist im Rahmen des § 5 Abs. 7 EStG – wie auch im Zusammenhang mit § 4f Abs. 1 S. 1 EStG – die steuerliche Schlussbilanz nicht losgelöst von dem zugrunde liegenden Umstrukturierungsvorgang zu betrachten, sondern es muss vielmehr der kausale Zusammenhang berücksichtigt werden.[1507] § 5 Abs. 7 EStG verkäme aufgrund dieser Auffassung zu einer Leervorschrift, weil – entsprechend den Ausführungen zu § 4f EStG – § 5 Abs. 7 EStG auch im Falle einer „normalen" Verpflichtungsveräußerung nicht anwendbar wäre, da auch bei diesen Vorgängen bei genauer Betrachtung im Realisationszeitpunkt nie eine Passivierungsbeschränkung besteht.[1508] In Anbetracht dessen ist der soeben

---

1503 *Schmitt*, in: Schmitt/Hörtnagl/Stratz, UmwStG, § 4 Rn. 12a; § 12 Rn. 11b; *Schmitt/Keuthen*, DStR 2015, 2521, 2525; vgl. auch *Schlösser/Reichl/Rapp*, in: Sagasser/Bula/Brünger, Umwandlungen, § 11 Rn. 611.

1504 BMF-Schreiben 11.11.2011, BStBl. I 2011, 1314, 1342.

1505 *Philipp*, Verschmelzung inländischer Kapitalgesellschaften, S. 357 f.

1506 Im Ergebnis *Schmitt*, in: Schmitt/Hörtnagl/Stratz, UmwStG, § 4 Rn. 12a; § 12 Rn. 11b; *Schmitt/Keuthen*, DStR 2015, 2521, 2525; *Philipp*, Verschmelzung inländischer Kapitalgesellschaften, S. 357 f. vgl. auch *Schlösser/Reichl/Rapp*, in: Sagasser/Bula/Brünger, Umwandlungen, § 11 Rn. 611.

1507 Vgl. hierzu im Kontext des § 4f Abs. 1 S. 1 EStG *Horst*, FR 2015, 824, 827; *Melan/Wecke*, Ubg 2017, 253, 256 f.

1508 Vgl. hierzu im Kontext des § 4f EStG *Möhlenbrock/Pung*, in: Dötsch/Pung/Möhlenbrock, UmwStG, § 3 Rn. 40; dem zustimmend *Dötsch*, in: Dötsch/Pung/Möhlenbrock, UmwStG, § 11 Rn. 25a. Richtig ist zwar, dass sich die Umwandlungssachverhalte und klassische asset-deals dahingehend unterscheiden, dass sich stille Lasten im Umwandlungsfall bereits gesetzessystematisch und chronologisch vor

dargestellte, streng gesetzessystematische Ansatz von *Philipp, Keuthen* und insbesondere *Schmitt* abzulehnen. Meines Erachtens kann allein auf dieser Grundlage die Anwendbarkeit des § 5 Abs. 7 EStG auf Umstrukturierungen im Sinne des Umwandlungssteuergesetzes nicht verneint werden.

4. Zusammenfassung

Zusammenfassend ist festzustellen, dass – sofern der Vorrang der umwandlungssteuerrechtlichen Vorschriften abgelehnt wird – Umstrukturierungsvorgänge im Sinne des Umwandlungssteuergesetzes grundsätzlich den Tatbestand des § 5 Abs. 7 EStG erfüllen. Lediglich im Falle eines Umstrukturierungsvorgangs, mit dem eine Konfusion einhergeht, besteht aufseiten des übernehmenden Rechtsträgers keine passivierungsbeschränkte Verpflichtung. Darüber hinaus mangelt es im Falle des homogenen Formwechsels an einer Vermögensübertragung auf einen anderen Rechtsträger, so dass insoweit keine Verpflichtung übertragen wird und die Anwendung des § 5 Abs. 7 EStG ausscheidet.

III. Sonderfall Pensionsrückstellungen

Geht man entgegen der hier vertretenen Auffassung davon aus, dass § 5 Abs. 7 EStG dennoch auf Umwandlungs- und Einbringungsvorgänge Anwendung findet, gilt es im Zusammenhang mit Pensionsrückstellungen zu untersuchen, ob die Anwendbarkeit des § 5 Abs. 7 EStG auch aus anderen Gründen ausscheidet. Wie aufseiten des übertragenden Rechtsträgers entfalten die besonderen Ansatz- und Bewertungsvorschriften des Umwandlungssteuergesetzes auch beim übernehmenden Rechtsträger Wirkung. Das Umwandlungssteuergesetz enthält mit den Regelungen in § 3 Abs. 1 S. 2, § 11 Abs. 1 S. 2, § 15 Abs. 1 i.V.m. 11 Abs. 1 S. 2, § 16 S. 1 i.V.m. § 3 Abs. 1 S. 2, § 20 Abs. 2 S. 1 und § 24 Abs. 2 S. 1 UmwStG Ausnahmevorschriften für die Bewertung von Pensionsrückstellungen, wonach für diese der Wert des § 6a EStG gilt. Dieser Wert ist aufgrund der Wertverknüpfung[1509] und der steuerlichen Rechtsnachfolge[1510] im Umwandlungssteuergesetz vom übernehmenden Rechtsträger zu übernehmen und an den nachfolgenden Bilanzstichtagen fortzuführen. Stille Lasten, die in Pensionsverpflichtungen ruhen, werden im Rahmen

---

der Übertragung durch das Aufstellen der steuerlichen Schlussbilanz und nicht erst im Realisationszeitpunkt durch einen geringeren Kaufpreis ändern (*Horst*, FR 2015, 824, 827). Dieser Unterschied ändert allerdings nichts daran, dass auch beim Veräußerungsvorgang „am Markt" im Realisationszeitpunkt schon keine Passivierungsbeschränkungen greifen. Teilweise wird auch der Widerspurch zum Willen des Gesetzgebers als Argument gegen die von *Schmitt*, *Keuthen* und *Philipp* vertretene Auffassung angeführt; siehe hierzu *Schießl*, in: Kirchhof/Mellinghoff/Söhn, EStG, § 4f Rn. B 10, Fn. 1.

1509 Siehe hierzu 2. Kapitel B II.

1510 Siehe hierzu 2. Kapitel B III.

von Umstrukturierungsvorgängen im Sinne des Umwandlungssteuergesetzes aufgrund der spezialgesetzlich angeordneten Bewertung nach § 6a EStG schon gar nicht gehoben.[1511] Demnach sind im Falle der Übertragung von Pensionsrückstellungen im Wege einer Umstrukturierung im Sinne des Umwandlungssteuergesetzes, unabhängig von der Ausübung der Ansatz- und Bewertungswahlrechte, die steuerlichen Buchwerte fortzuführen.[1512] Aufgrund dieser spezialgesetzlichen Anordnung ist die umwandlungsbedingte Hebung stiller Lasten, die in Pensionsrückstellungen enthalten sind, ausgeschlossen, so dass eine Anwendung des § 5 Abs. 7 EStG auf die Übertragung von Pensionsrückstellungen durch Umwandlungs- und Einbringungsvorgänge ausscheidet.[1513]

IV. Übertragung von Korrekturposten im Sinne des § 5 Abs. 7 EStG

Ebenso wie auch im Zusammenhang mit § 4f EStG stellt sich auch bei § 5 Abs. 7 EStG die Frage, wie die mit der Anwendung des § 5 Abs. 7 EStG möglicherweise einhergehenden Korrekturposten im Falle einer nachgelagerten Umwandlung oder Einbringung zu behandeln sind (vgl. Beispiel 3). Mit § 5 Abs. 7 S. 1 EStG und den Vorschriften der steuerlichen Rechtsnachfolge des Umwandlungssteuergesetzes bestehen Regelungen, die den möglicherweise existierenden Korrekturposten im Sinne des § 5 Abs. 7 S. 5 EStG tangieren.[1514] Den Ausführungen zu § 4f EStG entsprechend sind Korrekturposten, die aufgrund einer vorausgegangenen Verpflichtungsübernahme im Sinne des § 5 Abs. 7 S. 1 EStG gebildet wurden, aufgrund der eigenständigen Ansatz- und Bewertungsvorschriften des Umwandlungssteuergesetzes beim Ansatz zu einem Zwischenwert oder zum gemeinen Wert (anteilig) aufzudecken.[1515]

1511 Siehe zum Ansatz mit dem Teilwert § 3 Abs. 1 Satz 2, § 4 Abs. 1 Satz 1, § 11 Abs. 1 Satz 2, § 12 Abs. 1 Satz 1, § 15 Abs. 1 Satz 1, § 20 Abs. 2 Satz 1 und § 24 Abs. 2 Satz 1 UmwStG.

1512 Vgl. *Hörner*, in: Frotscher/Geurts, EStG, § 4f Rn. 32; *Feldgen*, StuB 2015, 864, 869; *Horst*, FR 2015, 824, 826; *Huth/Wittenstein*, DStR 2015, 1153, 1154; *Kahle/Braun*, FR 2018, 197, 210; *Schulenburg/Lüder*, DB 2017, 1217, 1222; vgl. im Kontext des § 4f EStG 3. Kapitel C II 5.

1513 So auch *Adrian/Fey*, StuB 2014, 53, 56; *Feldgen*, StuB 2015, 864, 869; *Hänsch*, BBK 2016, 888, 891; *Horst*, FR 2015, 824, 826; *Huth/Wittenstein*, DStR 2015, 1153, 1154; *Kahle/Braun*, FR 2018, 197, 210; *U. Prinz/Otto*, GmbHR 2018, 497, 504; *Schindler*, GmbHR 2014, 786, 788; *Schulenburg/Lüder*, DB 2017, 1217,1222; *Weiss*, StuB 2018, 503, 506.

1514 Vgl. auch *Neumann-Tomm*, in: Lademann, EStG, § 4f Rn. 80; *Staats*, in: Lademann, UmwStG, § 3 Rn. 94.

1515 Siehe hierzu 3. Kapitel C VI; a.A. *Staats*, in: Lademann, UmwStG, § 3 Rn. 93.

V. Ergebnis: Anwendbarkeit § 5 Abs. 7 EStG auf Umstrukturierungsvorgänge i.S.d. UmwStG

Die Anwendung des § 5 Abs. 7 EStG ist aufseiten des übernehmenden Rechtsträgers eines Umstrukturierungsvorgangs im Sinne des Umwandlungssteuergesetzes – wie auch die Anwendung des § 4f EStG aufseiten des übertragenden Rechtsträgers – aus unterschiedlichen Gründen abzulehnen.

Zunächst ist festzustellen, dass die Anwendung des § 5 Abs. 7 EStG bereits aufgrund der spezialgesetzlichen umwandlungssteuerrechtlichen Vorschriften ausscheidet. Das Umwandlungssteuergesetz enthält mit den eigenständigen Ansatz- und Bewertungsvorschriften,[1516] die sich entweder aufgrund der Wertverknüpfung[1517] und der steuerlichen Rechtsnachfolge[1518] aufseiten des übernehmenden Rechtsträgers auswirken oder aufseiten des übernehmenden Rechtsträgers ausgeübt werden, spezielle Vorschriften, die der Anwendung des § 5 Abs. 7 EStG auch an den nachfolgenden Bilanzstichtagen entgegenstehen. Vielmehr bilden die sich auf Grundlage dieser Vorschriften ergebenden Werte die dauerhafte Grundlage der Gewinnermittlung. Das verdeutlicht auch die Regelungstechnik und Systematik des Umwandlungssteuergesetzes, wonach Abweichungen von den spezialgesetzlichen umwandlungssteuerrechtlichen Vorschriften stets ausdrücklich anzuordnen sind. So gilt beispielsweise für die Übertragung von Pensionsrückstellungen, dass diese weiterhin mit dem Wert nach § 6a EStG zu bewerten sind. Insoweit ist der Buchwert des übertragenden Rechtsträgers fortzuführen, weshalb kein Platz für die Anwendung des § 5 Abs. 7 EStG bleibt.

Darüber hinaus soll das Umwandlungssteuergesetz über die Wertverknüpfung zwischen dem übertragenden Rechtsträger und dem übernehmenden Rechtsträger die Berücksichtigung stiller Lasten und stiller Reserven sicherstellen, die aufseiten des übertragenden Rechtsträgers noch nicht berücksichtigt wurden, und zum anderen die erneute Berücksichtigung stiller Lasten und stiller Reserven verhindern, die bereits aufseiten des übertragenden Rechtsträgers der Besteuerung unterlagen. Zudem verdeutlicht der Eintritt des übernehmenden Rechtsträgers in die steuerliche Rechtsstellung des übertragenden Rechtsträgers, dass § 5 Abs. 7 EStG an den nachfolgenden Bilanzstichtagen keine Anwendung finden kann.

Wird entgegen der hier vertretenen Auffassung davon ausgegangen, dass zwischen den Vorschriften des Umwandlungssteuergesetzes und § 5 Abs. 7 EStG kein Spezialitätsverhältnis besteht, ist festzustellen, dass die Anwendung des § 5 Abs. 7 EStG darüber hinaus teilweise auch aus weiteren Gründen abzulehnen ist. Die Anwendung des § 5 Abs. 7 EStG auf Umwandlungs- oder Einbringungsvorgänge zum Ansatz mit dem Buchwert scheidet bereits deshalb aus, weil aufgrund des Ansatzes zum Buchwert im Sinne des § 1 Abs. 5 Nr. 4 UmwStG die Werte fortgelten,

1516 Siehe hierzu 2. Kapitel B I.
1517 Siehe hierzu 2. Kapitel B II.
1518 Siehe hierzu 2. Kapitel B III.

die sich nach den steuerrechtlichen Vorschriften über die Gewinnermittlung in einer für den steuerlichen Übertragungsstichtag aufzustellenden Steuerbilanz ergeben oder ergäben. § 5 Abs. 7 EStG kann aufseiten des übernehmenden Rechtsträgers auch dann keine Anwendung finden, wenn mit einem Umwandlungs- oder Einbringungsvorgang eine Konfusion einhergeht, da es in diesen Fällen bereits an einer der Passivierungsbeschränkung zugrunde liegenden Verpflichtung fehlt. Auf homogene Formwechselvorgänge ist § 5 Abs. 7 EStG aufgrund der mit Formwechselvorgängen einhergehenden Rechtsträgeridentität nicht anwendbar.

Sofern Korrekturposten, die aufgrund einer vorausgegangenen Verpflichtungsübertragung im Sinne des § 5 Abs. 7 S. 1 EStG gebildet wurden, im Wege einer Umstrukturierung im Sinne des Umwandlungssteuergesetzes zu einem Zwischenwert oder gemeinen Wert übertragen werden, sind diese aufgrund der eigenständigen Ansatz- und Bewertungsvorschriften des Umwandlungssteuergesetzes (anteilig) aufzudecken.

Zusammenfassend ist die Anwendbarkeit des § 5 Abs. 7 EStG auf Umstrukturierungsvorgänge im Sinne des Umwandlungssteuergesetzes nach aktueller Rechtslage im Ergebnis abzulehnen.

E. Beispiele

Im Folgenden werden anhand der oben zu Beginn des 3. Kapitels aufgezeigten Beispiele die Berührungspunkte der §§ 4f, 5 Abs. 7 EStG im Anwendungsbereich des Umwandlungssteuergesetzes und die damit einhergehenden Problembereiche aufgezeigt. Dabei ist zwischen Sachverhalten zu differenzieren, in denen eine passivierungsbeschränkte und mit stillen Lasten behaftete Verpflichtung bereits übertragen wurde und der zuvor übertragende Rechtsträger oder übernehmende Rechtsträger zu einem späteren Zeitpunkt im Rahmen eines Umwandlungs- oder Einbringungsvorgangs des Umwandlungssteuergesetzes als umzuwandelnder bzw. einbringender Rechtsträger beteiligt ist, und solchen Umstrukturierungsvorgängen, bei denen die Übertragung der passivierungsbeschränkten Verpflichtung durch einen Umstrukturierungsvorgang des Umwandlungssteuergesetzes selbst erfolgt. Wie bereits bei der Untersuchung der Anwendbarkeit der §§ 4f, 5 Abs. 7 EStG auf Umwandlungs- und Einbringungsvorgänge beschrieben, lässt sich die Frage der Anwendbarkeit nicht pauschal beantworten.

I. Übertragung passivierungsbeschränkter Verpflichtungen durch Verschmelzung i.S.d. § 11 UmwStG (Beispiel 1)

Die A-AG, deren Bilanz mit stillen Lasten behaftet ist, wird zum gemeinen Wert auf die B-AG verschmolzen. Fraglich ist, wie sich die Rechtslage nach dem Verschmelzungsvorgang darstellt.[1519]

1519 Beispiel nachgebildet *Riedel*, FR 2014, 6, 12.

1. Behandlung beim übertragenden Rechtsträger (A-AG)

Auch in der Situation, dass eine passivierungsbeschränkte Verpflichtung durch einen Verschmelzungsvorgang auf einen anderen Rechtsträger übertragen wird, stellt sich die Frage der Anwendbarkeit des § 4f Abs. 1 S. 1 EStG aufseiten des übertragenden Rechtsträgers. Allerdings gilt es auch in dieser Situation, die spezialgesetzlichen Ansatz- und Bewertungsvorschriften des Umwandlungssteuergesetzes zu berücksichtigen. Wird also eine passivierungsbeschränkte Verpflichtung zum gemeinen Wert gem. § 11 Abs. 1 UmwStG von der A-AG auf die B-AG verschmolzen, kann § 4f EStG auf diesen Vorgang aus unterschiedlichen Gründen keine Anwendung finden. § 11 UmwStG ist eine spezialgesetzliche Ansatz- und Bewertungsvorschrift des Umwandlungssteuergesetzes, die unabhängig von den allgemeinen ertragsteuerlichen Gewinnermittlungsvorschriften auszuüben ist. Sofern das Spezialitätsverhältnis zwischen den umwandlungssteuerrechtlichen Vorschriften und § 4f EStG abgelehnt wird, ist anzumerken, dass sich die passivierungsbeschränkte Verpflichtung dennoch bereits aufseiten des übertragenden Rechtsträgers realisiert. Ein Verschmelzungsvorgang ist als Veräußerungsvorgang im Sinne des § 4f Abs. 1 S. 3 EStG zu qualifizieren, so dass eine Aufwandsverteilung gem. § 4f Abs. 1 S. 1 EStG auch an der Ausnahmevorschrift § 4f Abs. 1 S. 3 EStG scheitern würde. Darüber hinaus setzt die Anwendung des § 4f EStG voraus, dass der übertragende Rechtsträger zumindest kurzzeitig fortbesteht. Erlischt der übertragende Rechtsträger hingegen im Wege des Verschmelzungsvorgangs, ist kein Normadressat für die Anwendung des § 4f EStG existent. Daher kann § 4f EStG auch in dieser Situation keine Anwendung auf den Verschmelzungsvorgang im Sinne des Beispiels finden.

2. Behandlung beim übernehmenden Rechtsträger (B-AG)

Auch aufseiten des übernehmenden Rechtsträgers (B-AG) gilt es, die spezialgesetzlichen Vorschriften des Umwandlungssteuergesetzes zu berücksichtigen. Gem. § 12 Abs. 3 Hs. 1 UmwStG tritt der übernehmende Rechtsträger in die steuerliche Rechtsstellung des übertragenden Rechtsträgers ein. Zudem führt die Wertverknüpfung nach § 12 Abs. 1 S. 1 UmwStG dazu, dass die vom übertragenden Rechtsträger in der steuerlichen Schlussbilanz gem. § 11 UmwStG angesetzten Werte fortzuführen sind. Wird das übergehende Vermögen vom übertragenden Rechtsträger zum gemeinen Wert angesetzt, hat der übernehmende Rechtsträger diese Werte zu übernehmen. Die aufgrund der Vorschriften des Umwandlungssteuergesetzes ausgeübten Ansatz- und Bewertungswahlrechte bilden hinsichtlich des übertragenen Vermögens die dauerhafte Grundlage der Gewinnermittlung.

Darüber hinaus kann auch die Anwendung des § 4f Abs. 1 S. 7 EStG auf Verschmelzungsvorgänge und die damit einhergehende Bindung des Rechtsnachfolgers an die Aufwandsverteilung des übertragenden Rechtsträgers aufgrund des Erlöschens des übertragenden Rechtsträgers nicht überzeugen. Vielmehr ist für die Anwendung des § 4f EStG schon kein Normadressat mehr vorhanden. Zudem ist § 4f Abs. 1 S. 7 EStG eine vorausgegangene Verpflichtungsübertragung und die damit einhergehende Aufwandsverteilung der aufgedeckten stillen Lasten im Sinne des § 4f Abs. 1 S. 1, Abs. 2 EStG als Voraussetzung immanent, so dass § 4f Abs. 1 S. 7 EStG auch aus diesem Grund auf eine erstmalige Verpflichtungsübertragung durch Verschmelzung nicht anwendbar ist.

II. Verschmelzung des ursprünglich Verpflichteten im Sinne des § 4f Abs. 1 S. 1 EStG (Beispiel 2)

Die A-AG (ursprüngliche Verpflichtete) überträgt eine Verpflichtung, die aufgrund ertragsteuerlicher Passivierungsbeschränkungen in der Steuerbilanz zu stillen Lasten führt, auf die B-AG. Die A-AG darf den durch diesen Vorgang entstandenen Aufwand in der auf den Übertragungsvorgang folgenden Steuerbilanz aufgrund der in § 4f Abs. 1 S. 1 EStG angeordneten Aufwandsverteilung lediglich in Höhe von 1/15 ergebniswirksam berücksichtigen. Im darauffolgenden Jahr wird die A-AG im Wege einer Umstrukturierung zum gemeinen Wert auf die C-AG verschmolzen.[1520]

1. Behandlung beim übertragenden Rechtsträger (A-AG)

Zunächst stellt sich die Frage der steuerbilanziellen Behandlung des Verschmelzungsvorgangs gem. § 11 UmwStG zum gemeinen Wert aufseiten der A-AG. Wird ein Korrekturposten, der aufseiten der A-AG zunächst aufgrund der Verpflichtungsübertragung an die B-AG gem. § 4f Abs. 1 S. 1 EStG zulässigerweise gebildet wurde, im Wege eines Verschmelzungsvorgangs auf die C-AG übertragen, ist dieser Korrekturposten im Rahmen der Verschmelzung zum gemeinen Wert auf die C-AG aufgrund des speziellen Ansatz- und Bewertungswahlrechts gem. § 11 UmwStG,[1521] das auch auf Korrekturposten im Sinne des § 4f Abs. 1 S. 1 EStG Anwendung findet,[1522] aufzulösen.

2. Behandlung beim übernehmenden Rechtsträger (C-AG)

Auch aufseiten des übernehmenden Rechtsträgers (C-AG) stellt sich die Frage, wie sich der Verschmelzungsvorgang gem. § 11 UmwStG auf den bei der A-AG (ursprünglich Verpflichteten) zunächst zulässigerweise gebildeten Korrekturposten auswirkt. Das Umwandlungssteuergesetz enthält mit § 12 Abs. 1 S. 1 UmwStG und mit § 12 Abs. 3 Hs. 1 UmwStG Vorschriften, die eine steuerliche Wertverknüpfung und einen Eintritt des übernehmenden Rechtsträgers in die steuerliche Rechtsstellung des übertragenden Rechtsträgers anordnen. Die C-AG hat also zum

1520 Beispiel nachgebildet *Riedel*, FR 2014, 6, 11 f.

1521 Siehe zum Verhältnis des § 4f EStG zu den spezialgesetzlichen Vorschriften des Umwandlungssteuergesetzes 3. Kapitel C I.

1522 3. Kapitel C VI.

einen gem. § 12 Abs. 1 S. 1 UmwStG die Werte im Sinne des § 11 UmwStG der A-AG zu übernehmen und tritt gem. § 12 Abs. 3 Hs. 1 UmwStG in die steuerliche Rechtsstellung, insbesondere in die Bewertung der A-AG, ein. Insoweit sind die spezialgesetzlichen Vorschriften des Umwandlungssteuergesetzes vorrangig anzuwenden, weshalb die Werte aus der steuerlichen Schlussbilanz des übertragenden Rechtsträgers auch aufseiten des übernehmenden Rechtsträgers fortzuführen sind. Daher ist die C-AG nicht gem. § 4f Abs. 1 S. 7 EStG an die Aufwandsverteilung der A-AG nach § 4f Abs. 1 S. 1 EStG gebunden.

III. Verschmelzung des übernehmenden Rechtsträgers im Sinne des § 5 Abs. 7 EStG (Beispiel 3)

Die A-AG (ursprünglich Verpflichtete) überträgt eine Verpflichtung, die aufgrund ertragsteuerlicher Passivierungsbeschränkungen in der Steuerbilanz zu stillen Lasten führt, auf die B-AG. Der durch diesen Vorgang aufseiten der B-AG gem. § 5 Abs. 7 S. 1 EStG entstandene Gewinn in Höhe der stillen Lasten kann gem. § 5 Abs. 7 S. 5 EStG durch Bildung einer gewinnmindernden Rücklage, die über 15 Jahre aufzulösen ist, neutralisiert werden. Im darauffolgenden Jahr wird die B-AG zum gemeinen Wert auf die C-AG verschmolzen.[1523]

1. Behandlung beim übertragenden Rechtsträger (B-AG)

Zunächst stellt sich die Frage der steuerbilanziellen Behandlung des Verschmelzungsvorgangs aufseiten der B-AG. Würde man sich der wortlautgetreuen Anwendung der Vorschrift § 5 Abs. 7 S. 1 EStG, ohne Berücksichtigung der umwandlungssteuerrechtlichen Vorschriften, bedienen, hätte dies zur Folge, dass die in der Steuerbilanz des Überträgers bzw. einstigen Übernehmers (B-AG) nicht bilanzierten stillen Lasten erfolgswirksam aufzudecken und mit den Rücklagen des § 5 Abs. 7 S. 5 EStG aufgrund § 5 Abs. 7 S. 6 EStG zu verrechnen wären. Vergleichbar zur zuvor dargestellten Situation gilt es auch in dem soeben beschriebenen Fall zu berücksichtigen, dass es sich bei der Vorschrift § 11 UmwStG um eine spezielle umwandlungssteuerrechtliche Ansatz- und Bewertungsvorschrift handelt. Sofern der Verschmelzungsvorgang zum gemeinen Wert erfolgt, ist ein gem. § 5 Abs. 7 S. 5 EStG gebildeter Korrekturposten aufzulösen, so dass § 5 Abs. 7 EStG in dieser Situation aufgrund der speziellen umwandlungssteuerrechtlichen Ansatz- und Bewertungsvorschriften keine Anwendung finden kann.

2. Behandlung beim übernehmenden Rechtsträger (C-AG)

Auch aufseiten des übernehmenden Rechtsträgers (C-AG) kann § 5 Abs. 7 S. 1 EStG keine Anwendung finden. Insoweit enthält das Umwandlungssteuergesetz

1523 Beispiel nachgebildet *Riedel*, FR 2014, 6, 12.

mit dem Eintritt des übernehmenden Rechtsträgers in die steuerliche Rechtsstellung des übertragenden Rechtsträgers gem. § 12 Abs. 3 Hs. 1 UmwStG eine spezialgesetzliche Vorschrift, die insoweit der Anwendung des § 5 Abs. 7 S. 1 EStG vorgeht. Darüber hinaus hat der übernehmende Rechtsträger auf Grundlage der Wertverknüpfung gem. § 12 Abs. 1 S. 1 UmwStG die Werte des übertragenden Rechtsträgers im Sinne des § 11 UmwStG zu übernehmen. Demzufolge scheidet die Anwendung des § 5 Abs. 7 EStG im Falle einer Verschmelzung gem. § 11 UmwStG aufgrund der spezialgesetzlichen Vorschriften zur Wertverknüpfung und steuerlichen Rechtsnachfolge aufseiten des übernehmenden Rechtsträgers aus.

Schlussbetrachtung

A. Zusammenfassung

1. Gegenstand der Untersuchung bildet die Frage, ob die §§ 4f, 5 Abs. 7 EStG auf Umstrukturierungsvorgänge im Sinne des Umwandlungssteuergesetzes Anwendung finden. Grundlage der Einführung der rechtsprechungsbrechenden Vorschriften war die Rechtsprechung des Bundesfinanzhofs, wonach steuerrechtliche Passivierungsbeschränkungen aufgrund entgeltlicher Übertragung einzelner nicht oder nicht vollständig erfasster Passivpositionen im Ergebnis leerliefen. Ausgangspunkt der Fragestellung sind die Ausführungen des Gesetzgebers in den Gesetzgebungsunterlagen des AIFM-StAnpG, wonach die Aufwandsverteilung im Sinne des § 4f Abs. 1 S. 1 EStG auch dann erfolgen soll, „wenn die unternehmerische Tätigkeit aufgrund von Umwandlungsvorgängen nach dem Umwandlungssteuergesetz in anderer Rechtsform oder durch einen anderen Rechtsträger fortgesetzt wird".[1524] Damit bringt der Gesetzgeber des AIFM-StAnpG zum Ausdruck, dass auch Umwandlungs- und Einbringungsvorgänge vom Anwendungsbereich der §§ 4f, 5 Abs. 7 EStG erfasst sein sollen.
2. Vor Einführung des AIFM-StAnpG waren zivilrechtliche Konstruktionen, die bei wirtschaftlicher Betrachtung zu vergleichbaren Ergebnissen führen, nach zutreffender Ansicht steuerbilanziell gleich zu behandeln. Mit Überschreiten des Realisationszeitpunkts waren aufseiten des übertragenden Rechtsträgers stille Reserven und stille Lasten steuerbilanziell gleichermaßen zu berücksichtigen. Aufseiten des übernehmenden Rechtsträgers war die ursprünglich aufseiten des übertragenden Rechtsträgers passivierungsbeschränkte Verpflichtung aus dogmatischen Gründen aufgrund des Vorrangs des im Realisationsprinzip wurzelnden Anschaffungskostenprinzips, wonach Anschaffungsvorgänge erfolgsneutral zu behandeln sind und lediglich zu einer Vermögensumschichtung führen, ungeachtet der ertragsteuerlichen Passivierungsbeschränkung anzusetzen.
3. Seit Einführung des AIFM-StAnpG ist gem. § 4f Abs. 1 S. 1 EStG der Aufwand, der sich aus der Übertragung einer Verpflichtung ergibt, die beim ursprünglich Verpflichteten einem Ansatzverbot, einer Ansatzbeschränkung oder einem Bewertungsvorbehalt unterlegen hat, aufseiten des übertragenden Rechtsträgers im Wirtschaftsjahr der Übertragung und den nachfolgenden 14 Jahren gleichmäßig zu verteilen. Zu kritisieren ist diese Regelung zum einen deshalb, weil die an einer Verpflichtungsübertragung beteiligten Rechtsträger generell unter Missbrauchsverdacht gestellt werden und zum anderen wegen der mit der Einführung des § 4f Abs. 1 S. 1 EStG einhergehenden Durchbrechung des Realisationsgrundsatzes. § 5 Abs. 7 S. 1 EStG ordnet an, dass

1524 BT-Drs. 18/68 (neu), S. 73; BR-Drs. 740/13 (B), S. 115 f.

übernommene Verpflichtungen, die beim ursprünglich Verpflichteten Ansatzverboten, -beschränkungen oder Bewertungsvorbehalten unterlegen haben, zu den auf die Übernahme folgenden Abschlussstichtagen beim übernehmenden Rechtsträger und dessen Rechtsnachfolger so zu bilanzieren sind, wie sie beim ursprünglich Verpflichteten ohne Übernahme zu bilanzieren wären. Demzufolge steht § 5 Abs. 7 EStG im Widerspruch zum Grundsatz der Erfolgsneutralität von Anschaffungsvorgängen. Letztlich handelt es sich bei den §§ 4f, 5 Abs. 7 EStG um systemwidrige und rechtspolitisch verfehlte Regelungen.

4. Im Einzelnen ist mit Blick auf § 4f EStG Folgendes festzustellen:
   a) Der Begriff der „Verpflichtung" im Sinne des § 4f Abs. 1 S. 1 EStG erfasst nicht nur – wie von der Vorschrift suggeriert – Außenverpflichtungen. Insoweit ist das Begriffsverständnis nicht weit genug gefasst. Lediglich reine Innenverpflichtungen sind mangels zivilrechtlicher Übertragbarkeit nicht vom Anwendungsbereich des § 4f Abs. 1 S. 1 EStG erfasst.
   b) In den Anwendungsbereich des § 4f Abs. 1 S. 1 EStG fallen sämtliche Passivierungsbeschränkungen, die einen vom handelsbilanziellen Ansatz abweichenden steuerbilanziellen Ansatz oder eine abweichende steuerbilanzielle Bewertung anordnen und in Folge dessen zur Entstehung stiller Lasten führen. Auf ausländische Passivierungsbeschränkungen ist § 4f Abs. 1 S. 1 EStG nicht anzuwenden.
   c) § 4f Abs. 1 S. 1 EStG findet aufgrund des weiten Anwendungsbereichs nicht nur auf die Übertragung passivierungsbeschränkter Verpflichtungen im Wege der Schuldübernahme, sondern auch auf interne Schuldfreistellungen Anwendung, so dass § 4f Abs. 2 EStG lediglich von deklaratorischer Natur ist. Die im Wortlaut des § 4f Abs. 1 und 2 EStG angelegte Differenzierung zwischen den verschiedenen zivilrechtlichen Übertragungsmöglichkeiten ist irrelevant. Darüber hinaus erfasst § 4f Abs. 1 S. 1 EStG nicht nur die Übertragung gesamter Mitunternehmeranteile, sondern aufgrund der zugrunde liegenden Transparenzbetrachtung auch Teilanteilsübertragungen.
   d) Die angeordnete Verteilung des durch die Übertragung passivierungsbeschränkter Verpflichtungen entstandenen Aufwands gilt nicht uneingeschränkt. Sowohl § 4f Abs. 1 S. 3 EStG als auch § 4f Abs. 1 S. 4–6 EStG enthalten Ausnahmetatbestände, die eine sofortige Berücksichtigung des Aufwands anordnen. Dabei ist darauf hinzuweisen, dass für Veräußerungsvorgänge im Sinne des § 4f Abs. 1 S. 3 und S. 4–6 EStG die für Veräußerungen gem. § 16 EStG entwickelten allgemeinen Grundsätze gelten.
   e) Um sicherzustellen, dass stille Lasten nicht unberücksichtigt untergehen, ordnet der Gesetzgeber in § 4f Abs. 1 S. 7 EStG an, dass die vollständige Berücksichtigung des durch die Verpflichtungsübertragung realisierten Aufwands dadurch gewährleistet wird, dass aufseiten des übertragenden Rechtsträgers ein noch nicht vollständig berücksichtigter Aufwand auf den Rechtsnachfolger übergeht. Dem Rechtsnachfolgebegriff im Sinne des § 4f Abs. 1 S. 7 EStG liegt ein weites Begriffsverständnis zugrunde, so dass sowohl Rechtsnachfolgevorgänge im Wege der Einzelrechtsnachfolge, der

Sonderrechtsnachfolge als auch der Gesamtrechtsnachfolge erfasst sind. Letztlich kommt die Anwendung des § 4f Abs. 1 S. 7 EStG nur bei Übertragungsvorgängen in Betracht, denen ein die Aufwandsverteilung auslösender Übertragungsvorgang vorausgegangen ist.

5. Im Einzelnen ist mit Blick auf § 5 Abs. 7 EStG Folgendes festzustellen:
   a) Im Rahmen des § 5 Abs. 7 S. 1 EStG können im Zusammenhang mit den Begrifflichkeiten „Verpflichtung" und „Passivierungsbeschränkung" keine Unterschiede zu § 4f Abs. 1 S. 1 EStG festgestellt werden.
   b) Entscheidend für das Merkmal der Übernahme einer Verpflichtung im Sinne des § 5 Abs. 7 EStG ist, dass die Schuld infolge Übernahme nicht mehr dem übertragenden Rechtsträger, sondern steuerbilanziell dem übernehmenden Rechtsträger zuzuordnen ist. Maßgebend für die Anwendung des § 5 Abs. 7 S. 1 EStG ist die Zuordnung der Verpflichtung zu einem anderen Rechtsträger. Dabei gilt es zu berücksichtigen, dass die Anwendung der Vorschrift die Entgeltlichkeit als ungeschriebenes Tatbestandsmerkmal voraussetzt.
   c) § 5 Abs. 7 S. 3 EStG ordnet, anders als § 4f EStG, die Anwendbarkeit des § 5 Abs. 7 EStG auf die Übernahme passivierungsbeschränkter Verpflichtungen im Wege der Übertragung von Mitunternehmeranteilen ausdrücklich an. Aufgrund des weiten Wortlauts der Vorschrift und des Transparenzprinzips findet § 5 Abs. 7 EStG auch auf Teilanteilsübertragungen Anwendung.
   d) Dem übernehmenden Rechtsträger stehen im Rahmen der Verteilungsregelungen nach § 5 Abs. 7 S. 5 und 6 EStG zwei Wahlrechte zu. Zunächst kann der Erwerber im Rahmen des § 5 Abs. 7 EStG wählen, ob eine Erwerbsgewinnverteilung im Sinne des § 5 Abs. 7 S. 5 EStG stattfinden soll oder nicht. Sofern eine Erwerbsgewinnverteilung stattfindet, besteht hinsichtlich der Höhe des jährlichen Auflösungsbetrags in Grenzen ein weiteres Wahlrecht.
   e) § 5 Abs. 7 S. 1 EStG ordnet an, dass § 5 Abs. 7 EStG sowohl auf den Übernehmer als auch dessen Rechtsnachfolger Anwendung finden soll. Im Zusammenhang mit Kettenübertragungen ist zu berücksichtigen, dass beim Letztübernehmer nicht auf die Bilanzierung der passivierungsbeschränkten Verpflichtung beim „Erstschuldner", sondern auf das konkrete Rechtsverhältnis zwischen übertragendem und übernehmendem Rechtsträger abzustellen ist. Ursprünglich Verpflichteter im Sinne des § 5 Abs. 7 EStG ist daher der unmittelbar vor der Übertragung Verpflichtete, so dass die Regelung nur auf den Saldo aus den übergegangenen und verbleibenden stillen Lasten anzuwenden ist.
6. Der Umwandlungsteil des Umwandlungssteuergesetzes enthält für den übertragenden Rechtsträger die Möglichkeit, das übergehende Betriebsvermögen gem. §§ 3 und 11 UmwStG in der steuerlichen Schlussbilanz mit dem Buchwert, einem Zwischenwert oder dem gemeinen Wert anzusetzen. Die eigenständigen umwandlungssteuerrechtlichen Ansatz- und Bewertungswahlrechte[1525] sind

1525 Siehe hierzu 2. Kapitel B I.

in der steuerlichen Schlussbilanz, bei der es sich um eine von der normalen steuerlichen Jahresbilanz zu unterscheidende eigenständige Bilanz handelt, unabhängig von den Ansatzverboten, -beschränkungen oder Bewertungsvorbehalten des Einkommensteuergesetzes auszuüben. Im Zusammenhang mit passivierungsbeschränkten Verpflichtungen sind die ertragsteuerlichen Passivierungsbeschränkungen aufgrund der eigenständigen Ansatz- und Bewertungsvorschriften[1526] zu dispensieren. Umwandlungs- und Einbringungsvorgänge sind überwiegend als Veräußerungs- und Anschaffungsvorgänge[1527] zu qualifizieren, so dass die bislang unberücksichtigten Aufwandspositionen insoweit nach den für ungewisse Verbindlichkeiten geltenden Grundsätzen zu passivieren sind. Sofern Umwandlungs- und Einbringungsvorgänge nicht als Veräußerungs- und Anschaffungsvorgänge eingeordnet werden können, sind stille Lasten aufgrund der mit den eigenständigen Ansatz- und Bewertungswahlrechten des Umwandlungssteuergesetzes einhergehenden Suspendierung der ertragsteuerlichen Passivierungsbeschränkungen als separate Passivposten auszuweisen. Je nach Ausübung des Ansatz- und Bewertungswahlrechts sind stille Lasten in der steuerlichen Schlussbilanz des übertragenden Rechtsträgers in unterschiedlicher Höhe zu berücksichtigen. Während im Falle des Ansatzes zum gemeinen Wert stille Lasten vollständig gehoben werden, sind sie beim Ansatz zu einem Zwischenwert aufgrund der gleichmäßigen Aufstockung verhältnismäßig zu berücksichtigen. Beim Ansatz zum Buchwert werden hingegen keine stille Lasten aufgedeckt. Auch im Falle der Übertragung von Pensionsrückstellungen bleiben stille Lasten aufgrund der spezialgesetzlichen Vorschriften weiterhin unberücksichtigt.
Aufseiten des übernehmenden Rechtsträgers sind die vom übertragenden Rechtsträger in der steuerlichen Schlussbilanz angesetzten Werte aufgrund der Wertverknüpfung gem. § 4 Abs. 1 S. 1 und § 12 Abs. 1 S. 1 UmwStG im Umwandlungssteuerrecht fortzuführen. Die vom übernehmenden Rechtsträger übernommenen Werte bilden die dauerhafte Grundlage der Gewinnermittlung.[1528]

7. Im Einbringungsteil des Umwandlungssteuergesetzes stehen die Ansatz- und Bewertungswahlrechte im Sinne der §§ 20, 21 und 24 UmwStG dem übernehmenden Rechtsträger zu. Auch wenn im Einbringungsteil keine eigenständige steuerliche Schlussbilanz aufzustellen ist, stellen die eigenständigen Ansatz- und Bewertungswahlrechte dennoch umfassende Ausnahmen von den allgemeinen Vorschriften über die steuerliche Gewinnermittlung dar. Umwandlungs- und Einbringungsvorgänge sind überwiegend als veräußerungsbegründend wirkende tauschähnliche Vorgänge und Anschaffungsvorgänge[1529] zu qualifizieren,

1526 Siehe hierzu 2. Kapitel B I.
1527 Siehe hierzu 2. Kapitel C.
1528 Siehe hierzu 3. Kapitel D III.
1529 Siehe hierzu 2. Kapitel C.

so dass die in passivierungsbeschränkten Verpflichtungen enthaltenen stillen Lasten bei Einbringungsvorgängen in Übereinstimmung mit der Abbildung stiller Lasten im Umwandlungsteil[1530] nach den für ungewisse Verbindlichkeiten geltenden Grundsätzen zu bilanzieren sind. Sofern Umwandlungs- und Einbringungsvorgänge nicht als Veräußerungs- und Anschaffungsvorgänge eingeordnet werden können, sind stille Lasten auch im Einbringungsteil aufgrund der mit den eigenständigen Ansatz- und Bewertungswahlrechten des Umwandlungssteuergesetzes einhergehenden Suspendierung der ertragsteuerlichen Passivierungsbeschränkungen als separate Passivposten auszuweisen. Je nach Ausübung des Ansatz- und Bewertungswahlrechts sind stille Lasten in der steuerlichen Schlussbilanz des übertragenden Rechtsträgers in unterschiedlicher Höhe zu berücksichtigen. Während im Falle des Ansatzes zum gemeinen Wert stille Lasten vollständig gehoben werden, sind sie beim Ansatz zu einem Zwischenwert aufgrund der gleichmäßigen Aufstockung verhältnismäßig zu berücksichtigen. Beim Ansatz zum Buchwert werden hingegen keine stille Lasten aufgedeckt. Auch im Falle der Übertragung von Pensionsrückstellungen bleiben stille Lasten aufgrund der spezialgesetzlichen Vorschriften weiterhin unberücksichtigt. Die durch den übernehmenden Rechtsträger angesetzten Werte gelten aufgrund der umgekehrten Wertverknüpfung im Einbringungsteil gem. § 20 Abs. 3 S. 1, § 21 Abs. 2 S. 1 und § 24 Abs. 3 S. 1 UmwStG für den übertragenden Rechtsträger als Veräußerungspreis für das eingebrachte Betriebsvermögen. Wie auch im Umwandlungsteil besteht im Rahmen des Ansatzes zum Buchwert oder zu einem Zwischenwert über den Einbringungszeitpunkt hinaus die Möglichkeit, stille Reserven und stille Lasten zu konservieren, so dass die auf Grundlage der umwandlungssteuerrechtlichen Ansatz- und Bewertungsvorschriften angesetzten Werte im Einbringungsteil dauerhafte Grundlage der Gewinnermittlung sein sollen.[1531]

8. Sofern Umwandlungs- und Einbringungsvorgänge als veräußerungsbegründend wirkende tauschähnliche Vorgänge und Anschaffungsvorgänge[1532] einzuordnen sind, konfligiert die Anwendung der §§ 4f, 5 Abs. 7 EStG mit der diesen Umstrukturierungsvorgängen zugrunde liegenden Dogmatik, wonach im Grundsatz ein Realisationsakt erfüllt ist, der in Übereinstimmung mit der Rechtsprechung des Bundesfinanzhofs[1533] an den nachfolgenden Bilanzstichtagen fortgelten sollte.

1530 Auf die Abbildung stiller Lasten im Zusammenhang mit den Ansatz- und Bewertungsvorschriften haben die Unterschiede im Rahmen der Ausübung der Ansatz- und Bewertungswahlrechte und der Wertverknüpfung zwischen Umwandlungs- und Einbringungsteil des Umwandlungssteuergesetzes keine Auswirkungen (vgl. *Desens*, GmbHR 2007, 1202, 1203 f.).

1531 Siehe hierzu 3. Kapitel D III.

1532 Siehe hierzu 2. Kapitel C.

1533 Vgl. hierzu 1. Kapitel B I.

9. Das Umwandlungssteuergesetz ist *lex specialis* gegenüber dem Einkommensteuerrecht; ihm kommt daher im Zusammenhang mit Umstrukturierungsvorgängen des Umwandlungssteuergesetzes ein gewisser Anwendungsvorrang zu. Das Umwandlungssteuergesetz greift durch besondere Ansatz- und Bewertungsvorschriften,[1534] die Anordnung der Wertverknüpfung[1535] zwischen übertragendem und übernehmendem Rechtsträger und umgekehrt und die steuerliche Rechtsnachfolge[1536] in das Einkommensteuerrecht ein und bestimmt für die einbezogenen Umstrukturierungsvorgänge „einen eigenständigen und sondergesetzlichen Rechtskreis [...], der den allgemeinen Gewinnermittlungsvorschriften abschließend vorgeht“[1537]. Die umwandlungssteuerrechtlichen Ansatz- und Bewertungsvorschriften sind Ausgangsgrundlage der zeitpunktbezogenen Ermittlung des Übertragungsgewinns, der Grundlage der Besteuerung ist. Die mit der Anwendung des § 4f EStG einhergehende Aufwandsverteilung führt beim Ansatz zu einem Zwischenwert und zum gemeinen Wert in der steuerlichen Schlussbilanz bei der Ermittlung des Übertragungsgewinns für den Fall, dass stille Lasten vorhanden sind, zu einer „künstlichen“ Erhöhung des Übertragungsgewinns. Daher stehen die speziellen eigenständigen umwandlungssteuerrechtlichen Ansatz- und Bewertungswahlrechte,[1538] die maßgebend für die Ermittlung des Übertragungsgewinns sind,[1539] der Anwendung des § 4f EStG entgegen. Wie im Umwandlungsteil ist auch im Einbringungsteil des Umwandlungssteuergesetzes der zu versteuernde Einbringungsgewinn zeitpunktbezogen zu ermitteln. Aufgrund der Wertverknüpfung ist der Wertansatz des übernehmenden Rechtsträgers maßgebend für die Höhe des Einbringungsgewinns des übertragenden Rechtsträgers. Daher würde die Anwendung des § 4f EStG auf Einbringungsvorgänge ebenso zu einer „künstlichen“ Erhöhung des Einbringungsgewinns im Einbringungszeitpunkt führen, wenn sich stille Lasten nicht voll oder der Zwischenwertquote entsprechend auf die Höhe des Erwerbsgewinns auswirken.
10. Auch der Anwendung des § 5 Abs. 7 EStG gehen Vorschriften des Umwandlungssteuergesetzes vor. Zwar enthält das Umwandlungssteuergesetz auch hinsichtlich der Folgebewertung keine ausdrückliche spezialgesetzliche Regelung. Dennoch ergibt sich aus der Möglichkeit des Ansatzes zum Buchwert oder zu einem Zwischenwert, der umwandlungssteuerrechtlichen

1534 Siehe hierzu 2. Kapitel B I.
1535 Siehe hierzu 2. Kapitel B II.
1536 Siehe hierzu 2. Kapitel B III.
1537 BFH 21.2.2018 – I R 46/16, BFH/NV 2018, 893, 895; BFH 17.1.2018 – I R 27/16, BStBl. II 2018, 449, 450 f.; BFH 9.1.2013 – I R 24/12, BStBl. II 2018, 509, 511.
1538 Siehe hierzu 2. Kapitel B I.
1539 Siehe zur steuerlichen Schlussbilanz als Ausgangspunkt für die Ermittlung und Besteuerung des Übertragungsergebnisses ausführlich *Philipp*, Verschmelzung inländischer Kapitalgesellschaften, S. 225.

Wertverknüpfung sowie dem Eintritt des übernehmenden Rechtsträgers in die steuerliche Rechtsstellung des übertragenden Rechtsträgers, dass die Werte, mit denen das übergegangene Vermögen angesetzt wurde, auch an den auf den Übertragungsstichtag nachfolgenden Bilanzstichtagen fortgelten sollen. Gerade die Möglichkeit, stille Lasten und stille Reserven über den Übertragungszeitpunkt hinaus zu konservieren, so lange das Besteuerungsrecht der Bundesrepublik Deutschland nicht beschränkt oder ausgeschlossen wird, macht deutlich, dass die umwandlungssteuerrechtlichen Ansatz- und Bewertungsvorschriften dauerhafte Grundlage der Besteuerung sein sollen. Dementsprechend steht die Anordnung des § 5 Abs. 7 EStG im Konkurrenzverhältnis mit der Grunddogmatik der umwandlungssteuerrechtlichen Ansatz- und Bewertungsvorschriften,[1540] der Wertverknüpfung[1541] und der steuerlichen Rechtsnachfolge.[1542] Letztlich ist die allgemeine Gewinnermittlungsvorschrift § 5 Abs. 7 EStG nicht auf die vom Umwandlungssteuergesetz einbezogenen Umstrukturierungsvorgänge, für die das Umwandlungssteuergesetz „einen eigenständigen und sondergesetzlichen Rechtskreis bestimmt",[1543] anwendbar.

11. Die Anwendung der Vorschriften §§ 4f, 5 Abs. 7 EStG auf Umwandlungs- und Einbringungsvorgänge scheitert mithin am Anwendungsvorrang des Umwandlungssteuergesetzes. Für den Fall, dass – abweichend von der hier vertretenen Auffassung – der Vorrang der umwandlungssteuerrechtlichen Vorschriften abgelehnt wird, bestehen mit Blick auf die Anwendbarkeit der §§ 4f, 5 Abs. 7 EStG auf Umwandlungs- und Einbringungsvorgänge hilfsweise weitere Hindernisse.
    a) Werden passivierungsbeschränkte Verpflichtungen im Rahmen eines Umstrukturierungsvorgangs zum Buchwert übertragen, fehlt es ebenso wie bei der Übertragung von Pensionsrückstellungen durch Umstrukturierungsvorgänge im Sinne des Umwandlungssteuergesetzes an der Aufdeckung stiller Lasten. Daher besteht in diesen Fällen für die Anwendung der §§ 4f, 5 Abs. 7 EStG keine Veranlassung.
    b) Umwandlungs- und Einbringungsvorgänge zu einem Zwischenwert oder zum gemeinen Wert führen grundsätzlich zu einer Übertragung von Wirtschaftsgütern auf einen anderen Rechtsträger im Sinne eines Steuersubjektwechsels. Demnach kommt es, sofern mit dem jeweiligen Umstrukturierungsvorgang passivierungsbeschränkte Verpflichtungen übertragen werden, grundsätzlich zu einer aufwandswirksamen Hebung stiller Lasten. Kein übertragender Vorgang liegt aufgrund der Rechtsträgeridentität beim homogenen Formwechsel vor. Anders als beim heterogenen Formwechsel

1540 Siehe hierzu 2. Kapitel B I.

1541 Siehe hierzu 2. Kapitel B II.

1542 Siehe hierzu 2. Kapitel B III.

1543 BFH 21.2.2018 – I R 46/16, BFH/NV 2018, 893, 895; BFH 17.1.2018 – I R 27/16, BStBl. II 2018, 449, 450 f.; BFH 9.1.2013 – I R 24/12, BStBl. II 2018, 509, 511.

ordnet das Umwandlungssteuergesetz im Falle des homogenen Formwechsels keine fingierte Vermögensübertragung an, so dass in diesem Falle eine Anwendung der §§ 4f, 5 Abs. 7 EStG aufgrund der Rechtsträgeridentität ausscheidet.

c) Die Anwendbarkeit des § 4f EStG auf Umwandlungs- und Einbringungsvorgänge des Umwandlungssteuergesetzes ist auch in den Fällen zu versagen, in denen der Umstrukturierungsvorgang zum Erlöschen des übertragenden Rechtsträgers führt, so dass schon kein Normadressat vorhanden ist, bei dem die Vorschrift anzuwenden und der Aufwand gem. § 4f Abs. 1 S. 1 EStG zu verteilen ist. § 4f Abs. 1 S. 7 EStG verlangt, dass der übertragende Rechtsträger zunächst fortbesteht und es erst zu einem späteren Zeitpunkt zu einer Rechtsnachfolge kommt. Demzufolge scheidet die Anwendung der Aufwandsverteilung des § 4f Abs. 1 S. 1 EStG bei Verschmelzungsvorgängen nach § 2, § 20 Abs. 1 Nr. 2 S. 1 UmwG, Aufspaltungsvorgängen gem. § 123 Abs. 1, § 131 Abs. 1 Nr. 2 UmwG, Vermögensübertragungen im Wege der Vollübertragung gem. § 174 Abs. 1 UmwG und Vermögensübertragungen im Wege der aufspaltenden Teilübertragung gem. § 174 Abs. 2 Nr. 1 UmwG aus. Dies gilt auch im Falle der Einbringung im Wege des erweiterten Anwachsungsmodells, das mit Ausscheiden des vorletzten Gesellschafters zum Erlöschen der übertragenden Personengesellschaft führt.

d) Die Aufwandsverteilung des § 4f Abs. 1 S. 1 EStG kann auch dann keine Anwendung finden, wenn Umwandlungs- und Einbringungsvorgänge den Ausnahmetatbestand des § 4f Abs. 1 S. 3 EStG erfüllen. Umstrukturierungsvorgänge des Umwandlungssteuergesetzes sind mit Ausnahme des homogenen Formwechsels, heterogenen Formwechsels einer Kapitalgesellschaft in eine Personengesellschaft gem. § 9 UmwStG sowie Umstrukturierungsvorgänge im Falle eines Anteilsgewährungsverbots gem. § 20 Abs. 1 Nr. 3 S. 1 Hs. 2, § 54 Abs. 1 S. 1 Nr. 1, § 68 Abs. 1 S. 1 Nr. 1 UmwG (insbesondere bei Aufwärtsverschmelzungen) oder eines Anteilsgewährungsverzichts gem. § 54 Abs. 1 S. 3, § 68 Abs. 1 S. 3 UmwG (insbesondere bei Seitwärtsverschmelzungen und Spaltungsvorgängen) als veräußerungsbegründend wirkende tauschähnliche Vorgänge zu qualifizieren. Dementsprechend unterfallen Umstrukturierungsvorgänge des Umwandlungssteuergesetzes im Falle eines (Gesamt-)Betriebsübergangs gem. §§ 3, 11, 15, 16 UmwStG sowie bei Betriebs- oder Mitunternehmeranteilseinbringungen gem. §§ 20, 21, 24 und 25 UmwStG unter den Ausnahmetatbestand des § 4f Abs. 1 S. 3 Alt. 1 EStG. Ebenso findet § 4f Abs. 1 S. 4 EStG auf Umwandlungs- und Einbringungsvorgänge von Teilbetrieben im Sinne der Abspaltung von Teilbetrieben nach §§ 15 und 16 UmwStG sowie Teilbetriebseinbringungen nach §§ 20 und 24 UmwStG Anwendung. § 4f Abs. 1 S. 3 und 4 EStG schließt die Anwendung des § 4f Abs. 1 S. 1 EStG auf einen Großteil der Umwandlungs- und Einbringungsvorgänge aus, so dass stille Lasten, die im Rahmen dieser Vorgänge aufgedeckt werden, sofort abzugsfähig sind.

e) Die Anwendung des § 4f Abs. 1 S. 7 EStG kommt nur bei Übertragungsvorgängen in Betracht, denen ein die Aufwandsverteilung auslösender Übertragungsvorgang vorgeht. Daher kann der eine Aufwandsverteilung erstmalig begründende Umstrukturierungsvorgang nicht zugleich den Rechtsnachfolgetatbestand im Sinne des § 4f Abs. 1 S. 7 EStG darstellen, der zur Übertragung des noch nicht berücksichtigten Aufwands auf den Rechtsnachfolger des ursprünglich Verpflichteten führt. § 4f Abs. 1 S. 7 EStG verlangt vielmehr eine vorausgegangene Verpflichtungsübertragung. Daher ist § 4f Abs. 1 S. 7 EStG nicht anwendbar, wenn stille Lasten durch die Übertragung passivierungsbeschränkter Verpflichtungen im Wege eines Umwandlungs- oder Einbringungsvorgangs erstmals gehoben werden.

f) § 5 Abs. 7 EStG ist auch nicht auf solche Umstrukturierungsvorgänge anwendbar, die zu einer Konfusion führen. Insoweit besteht aufseiten des übernehmenden Rechtsträgers keine passivierungsbeschränkte Verpflichtung, die in den Anwendungsbereich des § 5 Abs. 7 EStG fallen könnte.

12. Korrekturposten, die aufgrund einer vorausgegangenen Verpflichtungsübertragung im Sinne der § 4f Abs. 1 S. 1 EStG und § 5 Abs. 7 S. 1 EStG gebildet wurden und im Wege eines Umstrukturierungsvorgangs im Sinne des Umwandlungssteuergesetzes zu einem Zwischenwert oder zum gemeinen Wert übertragen werden, sind aufgrund der eigenständigen Ansatz- und Bewertungsvorschriften des Umwandlungssteuergesetzes (anteilig) aufzudecken.

B. Rechtspolitische Erwägungen

Die vorliegende Untersuchung soll mit einem Appell an den Gesetzgeber enden. Aus der vorstehenden Untersuchung ergeben sich erhebliche Abstimmungsprobleme zwischen den Vorschriften §§ 4f, 5 Abs. 7 EStG und dem Umwandlungssteuergesetz. Die als Nichtanwendungsgesetze in das Einkommensteuerrecht eingefügten §§ 4f, 5 Abs. 7 EStG stellen fiskalpolitisch motivierte Vorschriften dar, die weit über das ursprüngliche Motiv, wonach konzerninterne (typischerweise missbrauchsverdächtige) Verpflichtungsübertragungen verhindert werden sollten, hinausgehen und zu schwerwiegenden Verwerfungen hinsichtlich bilanzrechtlicher Systemzusammenhänge führen. Seit Einführung des § 4f EStG werden im Falle der Übertragung passivierungsbeschränkter Verpflichtungen Passivierungsbeschränkungen aufseiten des übertragenden Rechtsträgers trotz Veräußerung und Realisation der Schuld durch den ursprünglich Verpflichteten partiell über einen Zeitraum von 15 Wirtschaftsjahren konserviert, während § 5 Abs. 7 EStG aufseiten des übernehmenden Rechtsträgers zu einem systemwidrigen Gewinn führt. Durch die rechtsprechungsbrechenden Vorschriften hat der Gesetzgeber die Diskussion zwischen Rechtsprechung, Finanzverwaltung und Literatur um den Vorrang der allgemeinen Bilanzgrundsätze wie dem Realisationsgrundsatz und der Erfolgsneutralität von Anschaffungsvorgängen oder der steuerlichen Bilanzierungsvorschriften der §§ 5 ff. EStG in den Folgeperioden grundsätzlich beendet. Dabei verkennt er jedoch mit der Erweiterung des Anwendungsbereichs der

Vorschriften auf Umstrukturierungsvorgänge des Umwandlungssteuergesetzes die Reichweite, Auswirkungen und Besonderheiten der spezialgesetzlichen Vorschriften des Umwandlungssteuerrechts. Entsprechend den vorangegangenen Ausführungen ist eine Anwendung der §§ 4f, 5 Abs. 7 EStG auf Umstrukturierungsvorgänge im Sinne des Umwandlungssteuergesetzes abzulehnen. Letztlich würde eine Anwendung der Vorschriften der §§ 4f, 5 Abs. 7 EStG auf Umwandlungs- und Einbringungsvorgänge die spezialgesetzlichen Ansatz- und Bewertungswahlrechte des Umwandlungssteuergesetzes hinsichtlich passivierungsbeschränkter Verpflichtungen zu einer inhaltsleeren Hülle verkommen lassen. Darüber hinaus stehen die Vorschriften der §§ 4f, 5 Abs. 7 EStG im Widerspruch zu den Wertungen und Vorschriften des Umwandlungssteuergesetzes sowie zur Grunddogmatik der umwandlungssteuerrechtlichen Ansatz- und Bewertungsvorschriften. Mit Blick auf den Ansatz und die Bewertung gelten für die vom Umwandlungssteuergesetz erfassten Umstrukturierungsvorgänge, für die das Umwandlungssteuergesetz einen „eigenständigen und sondergesetzlichen Rechtskreis“[1544] bestimmt, die besonderen umwandlungssteuerrechtlichen Vorschriften. Diese haben Vorrang vor den allgemeinen Bestimmungen des Einkommensteuergesetzes, so dass die Anwendung der allgemeinen Gewinnermittlungsvorschriften – inklusive § 4f und § 5 Abs. 7 EStG – auf Umstrukturierungsvorgänge im Sinne des Umwandlungssteuergesetzes ausgeschlossen ist. Umwandlungs- und Einbringungsvorgänge des Umwandlungssteuergesetzes sollen insbesondere betriebswirtschaftlich erwünschte und durch das Handelsrecht ermöglichte Umstrukturierungen ohne Belastungen oder Hemmnisse steuerlicher Art erlauben, so dass das Motiv solcher Vorgänge in den seltensten Fällen die Aufdeckung stiller Lasten sein wird. Ein „Generalverdacht des Missbrauchs“[1545], unter den Umstrukturierungsvorgänge des Umwandlungssteuergesetzes durch die Anwendung des §§ 4f, 5 Abs. 7 EStG gestellt werden, ist nicht angezeigt. Eine Anpassung des Umwandlungssteuergesetzes, wodurch die Anwendung der §§ 4f, 5 Abs. 7 EStG – der Regelungstechnik des Umwandlungssteuergesetzes entsprechend – spezialgesetzlich angeordnet wird, hat der Gesetzgeber bislang nicht vorgenommen. Vielmehr ist im Sinne der Rechtssicherheit eine gesetzgeberische Klarstellung wünschenswert, die Umstrukturierungsvorgänge, die vom Umwandlungssteuergesetz einbezogen werden, vom Anwendungsbereich der §§ 4f, 5 Abs. 7 EStG ausnimmt.

1544 BFH 21.2.2018 – I R 46/16, BFH/NV 2018, 893, 895; BFH 17.1.2018 – I R 27/16, BStBl. II 2018, 449, 450 f.; BFH 9.1.2013 – I R 24/12, BStBl. II 2018, 509, 511.

1545 *Horst*, FR 2015, 824, 832.

Literaturverzeichnis

Adler, Hans/Düring, Walther/Schmaltz, Kurt, Rechnungslegung und Prüfung der Unternehmen, Kommentar zum HGB, Aktg, GmbHG, PublG nach den Vorschriften des Bilanzrichtlinien-Gesetzes, Teilband 6, 6. Auflage, Stuttgart 1998, (zit. Alder/Düring/Schmaltz, HGB)

Adrian, Gerrit/Fey, Julian, Verpflichtungsübernahmen, Schuldbeitritte und Erfüllungsübernahmen in der Steuerbilanz, StuB 2018, S. 85–93

Adrian, Gerrit/Fey, Julian, Verpflichtungsübernahme nach dem AIFM-Steuer-Anpassungsgesetz – Neuerungen der § 4f EStG und § 5 Abs. 7 EStG, StuB 2014, S. 53–60

Adrian, Gerrit/Fey, Julian, Aktuelle Entwicklungen bei angeschafften Rückstellungen – Folgerungen aus den BFH-Urteilen vom 12.12.2012, StuB 2013, S. 404–410

Adrian, Gerrit/Heinemann, Peter, §§ 4f, 5 Abs. 7 EStG n.F. in der Praxis, StbJb. 2014/2015, S. 307–324

Altendorf, Klaus, Passivierung „angeschaffter" Pensionsrückstellungen im Lichte des AIFM-StAnpG, GmbH-StB 2014, S. 79–83

Bachmann, Carmen/Richter, Konrad/Risse, Robert, Unternehmenskauf und stille Lasten: welche betriebswirtschaftlichen Folgen hat die mangelnde Korrespondenz zwischen § 4f und § 5 Abs. 7 EStG?, DB 2017, S. 2301–2307

Baetge, Jörg/Kirsch, Hans-Jürgen/Thiele, Stefan, Bilanzen, 14. Auflage, Düsseldorf 2017 (zit. Baetge/Kirsch/Thiele, Bilanzen)

Bareis, Peter, „Angeschaffte" Drohverlustrückstellungen – Eine contradictio in adiecto, FR 2012, S. 385–388

Bauernschmitt, Isabel/Blöchle, Daniel, SEStEG: Umwandlung unerwunscht!, BB 2007, S. 743–751

Baumbach, Adolf (Begr.)/Hopt, Klaus J., Handelsgesetzbuch, 38. Auflage, München 2018 (zit. Bearbeiter, in: Baumbach/Hopt, HGB)

Baur, Jürgen (Hrsg.)/Tappen, Falko (Hrsg.), Investmentgesetze, Band 2, §§ 273–355 KAGB; InvStG, Großkommentar, 3. Auflage, Berlin/München/Bosten 2015 (zit. Bearbeiter, in: Baur/Tappen)

Becker, Jan Dierk/Loose, Thomas, Besteuerung ausländischer Abspaltungen beim inländischen Anteilseigner, IStR 2010, S. 383–390

Beck'sches Handbuch der Rechnungslegung – HGB und IFRS –, herausgegeben von Hans-Joachim Böcking, Edgar Castan, Gerd Heymann, Norbert Pfitzer und Eberhard Scheffler, Band I, Loseblatt, Stand: 58. Ergänzungslieferung, München 2019 (zit. Bearbeiter, in: BeckHdR)

Beck'scher Bilanz-Kommentar. Handels- und Steuerbilanz. §§ 238 bis 339, 342 bis 342e HGB, herausgegeben von Bernd Grottel, Stefan Schmidt, Wolfgang J. Schubert und Norbert Winkeljohann, 11 Auflage, München 2018 (zit. Bearbeiter, in: Beck'scher Bilanz-Kommentar)

Beck'scher Onlinekommentar EStG, herausgegeben von Gregor Kirchhof, Egmont Kulosa und Eckhart Ratschow, 3. Edition, Stand: 1.2.2019, München 2019 (zit. Bearbeiter, in: BeckOK, EStG)

Beck'scher Onlinekommentar UmwStG, herausgegeben von Daniel Dürrschmidt, Norbert Mückl und Hans Weggenmann, 11. Edition, Stand: 15.12.2018, München 2018 (zit. Bearbeiter, in: BeckOK, UmwStG)

Beck'sches Steuer- und Bilanzrechtslexikon, Edition 46, München 2019 (zit. Bearbeiter, in: Beck'sches Steuer- und Bilanzrechtslexikon)

Beisse, Heinrich, Die paradigmatischen GoB, in: Festschrift für Welf Müller zum 65. Geburtstag, herausgegeben von Peter Hommelhoff, Roger Zätzsch und Bernd Erle, München 2001, S. 731–754 (zit. Beisse, FS Müller)

Beisse, Heinrich, Normqualität und Normstruktur von Bilanzvorschriften und Standards, BB 1999, S. 2180–2186

Beisse, Heinrich, Wandlungen der Grundsätze ordnungsmäßiger Bilanzierung, in: Gedächtnisschrift für Brigitte Knobbe-Keuk, im Zusammenwirken mit Werner Flume und Horst Heinrich Jakobs, Eduard Picker sowie Jan Wilhelm herausgegeben von Wolfgang Schön, Köln 1997, S. 385–409 (zit. Beisse, GS Knobbe-Keuk)

Beisse, Heinrich, Gläubigerschutz – Grundprinzip des deutschen Bilanzrechts, in: Festschrift für Karl Beusch zum 68. Geburtstag, herausgegeben von Heinrich Beisse, Marcus Lutter und Heribald Närger, Berlin 1993, S. 77–97 (zit. Beisse, FS Beusch)

Beisse, Heinrich, Zum Verhältnis von Bilanzrecht und Betriebswirtschaftslehre, StuW 1984, S. 1–14

Benecke, Andreas/Schnittker, Helder, Umwandlung von Personengesellschaften als Veräußerungstatbestand? – Ein Diskussionsbeitrag, FR 2010, S. 555–564

Benecke, Andreas/Staats, Wendelin, Kommentar zu BFH, Urteil vom 7.4.2010 – I R 96/08, BStBl. II 2011, 467, FR 2010, S. 893–896

Benz, Sebastian/Placke, Kirsten, Die neue gesetzliche Regelung durch das AIFM-Steuer-Anpassungsgesetz zur „angeschafften Drohverlustrückstellung" in § 4f und § 5 Absatz 7 EStG, DStR 2013, S. 2653–2660

Benz, Sebastian/Rosenberg, Oliver, Einbringungen von Unternehmensteilen in eine Kapitalgesellschaft und Anteilstausch (§§ 20–23 UmwStG), DB 2012, Beilage zu Heft 2, S. 38–55

Benz, Sebastian/Rosenberg, Oliver, Ausgewählte Problemfragen im Zusammenhang mit Einbringungen nach §§ 20 ff. UmwStG, DB 2011, S. 1354–1362

Blumenberg, Jens (Hrsg.)/Schäfer, Karl P. (Hrsg.), Das SEStEG: Steuer- und gesellschaftsrechtliche Erläuterungen und Gestaltungshinweise, München 2007 (zit. Bearbeiter, Das SEStEG)

Blümich, Walter, Einkommensteuergesetz, Körperschaftsteuergesetz, Gewerbesteuergesetz, Kommentar, herausgegeben von Bernd Heuermann und Peter Brandis, Loseblatt, Stand: 146. Ergänzungslieferung, München 2019 (zit. Bearbeiter, in: Blümich)

Böcking, Hans-Joachim, Bilanzrechtstheorie und Verzinslichkeit, Wiesbaden 1988 (zit. Böcking, Bilanzrechtstheorie)

Bogenschütz, Eugen, Übernahme von Schulden, insbesondere beim Asset Deal im Lichte der §§ 4f, 5 Abs. 7 EStG, in: Festschrift für Dieter Endres zum 60. Geburtstag, herausgegeben von Jürgen Lüdicke, Arne Schnitger und Christoph Spengel, München 2016, S. 31–44 (zit. Bogenschütz, FS Endres)

Bogenschütz, Eugen, Umwandlung von Kapital- in Personengesellschaften, Ubg 2011, S. 393–408

Bogenschütz, Eugen, Behandlung steuerlich nicht passivierungsfähiger Verpflichtungen beim Asset Deal, Ubg 2008, S. 135–142

Bolik, Andreas S./Bruckbauer, Thomas, Hebung stiller Lasten – Neuregelung der §§ 4f, 5 Abs. 7 EStG durch das AIFM-StAnpG und praktische Beratungshinweise, SteuK 2014, S. 221–224

Bolik, Andreas S./Selig-Kraft, Carolin, Kaum zu heben – Steuerfolgen der Realisierung stiller Lasten nach dem BMF-Schreiben vom 30.11.2017, NWB 2018, S. 851–867

Boorberg, Wolfgang/Boorberg, Axel, Formwechselnde Umwandlung von Personengesellschaften mit Sonderbetriebsvermögen – Fiskalische Fallenstellerei? DB 2007, S. 1777–1785

Böttcher, Lars (Hrsg.)/Habighorst, Oliver (Hrsg.)/Schulte, Christian (Hrsg.), Umwandlungsrecht – Gesellschaftsrecht, Steuerrecht, Verfahrensrecht, 2. Auflage, Baden-Baden 2015 (zit. Bearbeiter, in: Böttcher/Habighorst/Schulte)

Böttcher, Conrad/Zartmann, Hugo/Kandler, Götz, Wechsel der Unternehmensform, Umwandlung, Verschmelzung, Einbringung, 4. Auflage, Stuttgart/Wiesbaden 1982 (zit. Böttcher/Zartmann/Kandler, Wechsel der Unternehmensform)

Breidert, Ulrike/Moxter, Adolf, Zur Bedeutung wirtschaftlicher Betrachtungsweise in jüngeren höchstrichterlichen Bilanzrechtsentscheidungen, WPg 2007, S. 912–919

Breiteneicher, Jens, Die Anwachsung als steuerliches Umwandlungsinstrument, DStR 2004, S. 1405–1409

Briese, André, Rechts- und Systemgrundsätze im Bilanzsteuerrecht, DStR 2016, S. 2126–2132

Brühl, Manuel, Anmerkung zu BFH, Urteil vom 10.9.2015 – IV R 49/14, BStBl. II 2016, 722, GmbHR 2016, S. 235–237

Büchele, Ernst, Offene und verdeckte Einlagen im Bilanz- und Gesellschaftsrecht, DB 1997, S. 2337–2344

Buciek, Klaus, Anmerkung zu BFH, Urteil vom 16. Dezember 2009 – I R 102/08, BStBl. II 2011, 566, FR 2010, S. 426

Burmester, Gabriele, Probleme der Gewinn- und Verlustrealisierung – insbesondere bei grenzüberschreitenden Transaktionen zwischen inländischem Stammhaus und ausländischer Betriebsstätte, Baden-Baden 1986 (zit. Burmester, Gewinn- und Verlustrealisierung)

Christiansen, Alfred, Realisationsprinzip beim Ausweis von Verbindlichkeiten – eine „unendliche" Geschichte. Zum Urteil des Niedersächsischen FG vom 18.12.2008, 10 K 120/04, DStRE 2009, 972, DStR 2009, S. 2213–2217

Claussen, Carsten P., Ein Versuch der Standortbestimmung des neuen Rechnungslegungsrechts, in: Festschrift für Peter Ulmer zum 70. Geburtstag, herausgegeben von Mathias Habersack, Peter Hommelhoff, Uwe Hüffer und Karsten Schmidt, Berlin 2003, S. 801–815 (zit. C. Claussen, FS Ulmer)

Crezelius, Georg, Nachsteuertatbestände und Umwandlungsteuerrecht, FR 2011, S. 401–411

Crezelius, Georg, Systeminkonsequenzen und Rückausnahmen, FR 2009, S. 881–890

Crezelius, Georg, Was ist Recht im Bilanzrecht, ZIP 2003, S. 461–465

Crezelius, Georg, Überlegungen zu einem Allgemeinen Teil des Umwandlungssteuerrechts, in: Festschrift für Siegfried Widmann zum 65. Geburtstag, herausgegeben von Franz Wassermeyer, Dieter Mayer und Norbert Rieger, Bonn/Berlin 2000, S. 241–263 (zit. Crezelius, FS Widmann)

Dannecker, Achim/Rudolf, Michael, Veräußerung von Mitunternehmeranteilen und Unternehmenstransaktionen mit negativem Kaufpreis im Lichte der §§ 4f, 5 Abs. 7 EStG, BB 2014, S. 2539–2543

Damas, Jens-Peter, Einführung in das neue Umwandlungssteuerrecht, DStZ 2007, S. 129–141

Dehmer, Hans, Das Umwandlungssteuergesetz 1994 (Teil I), DStR 1994, S. 1713–1723

Demuth, Ralf, Beratungspraktische Hinweise zur Verschmelzung von Kapitalgesellschaften nach dem neuen UmwStErlass, KÖSDI 2012, S. 17784–17795

Desens, Marc, Steuerrechtliche Zweifelsfragen bei Einbringungen in Kapitalgesellschaften, DStR 2010, Beihefter zu Heft 46, S. 80–88

Desens, Marc, Gemeiner Wert bei Umwandlungen, GmbHR 2007, S. 1202–1208

Dietel, Marco, Bilanzierung von Anteilen an Personengesellschaften in Handels- und Steuerbilanz, DStR 2002, S. 2140–2144

Dobler, Andreas, Das Anwachsungsprinzip im Zivil- und Einkommensteuerrecht, Aachen 2006 (zit. Dobler, Anwachsungsprinzip)

Dörfler, Oliver/Adrian, Gerrit, Steuerbilanzpolitik nach BilMoG, Ubg 2009, S. 385–394

Dorn, Katrin/Langeloh, Tobias, Gewerblicher Grundstückshandel durch Formwechsel einer Personen- in eine Kapitalgesellschaft in mehrstufigen Strukturen?, DStR 2016, S. 1455–1459

Dötsch, Ewald (Hrsg.)/Pung, Alexandra (Hrsg.)/Möhlenbrock, Rolf (Hrsg.), Die Körperschaftsteuer, Loseblatt, Stand: 95. Ergänzungslieferung, Stuttgart 2019 (zit. Bearbeiter, in: Dötsch/Pung/Möhlenbrock)

Dötsch, Ewald/Patt, Joachim/Pung, Alexandra/Möhlenbrock, Rolf, Umwandlungssteuerrecht, Umstrukturierung von Unternehmen, Verschmelzung, Spaltung, Formwechsel, Einbringung 7. Auflage, Stuttgart 2012 (zit. Bearbeiter, in: Dötsch/Patt/Pung/Möhlenbrock)

Dötsch, Ewald/Pung, Alexandra, SEStEG: Die Änderungen des UmwStG (Teil I), DB 2006, S. 2704–1714

Dremel, Ralf, Ertragsteuerliche Folgen inländischer Verschmelzungen von Gesellschaften mit Auslandsbezug, Köln 2000 (zit. Dremel, Verschmelzung mit Auslandsbezug)

Ebenroth, Carsten Thomas (Begr.)/Boujong, Karlheinz (Begr.)/Joost, Detlev (Begr./Hrsg.)/Strohn, Lutz (Hrsg.), Handelsgesetzbuch, Kommentar, Band 1. §§ 1–342e, 3. Auflage, München 2014 (zit. Bearbeiter, in: Ebenroth/Boujong/Joost/Strohn, HGB)

Ege, Reinhard/Klett, Sabine C., Aktuelle gesellschaftsrechtliche und steuerliche Aspekte von Anwachsungsmodellen. Zugleich Anmerkung zum Beschluss des OLG Hamm vom 24.6.2010, I-15 Wx 360/09, DStR 2010, S. 2463–2468

Ehret, Michael/Lausterer Martin, Einleitende Erläuterungen des Umwandlungssteuererlasses und Anwendungsbereich, DB 2012, Beilage zu Heft 2, S. 5–25

Euler, Roland, BB-Kommentar zu BFH, Urteil vom 19.10.2006 – III R 6/05, BStBl. II 2007, 301, BB 2007, S. 772

Euler, Roland, BB-Kommentar zu BFH, Urteil vom 27.6.2001 – I R 45/97, BStBl. II 2003, 121, BB 2001, S. 1897

Euler, Roland, Das System der Grundsätze ordnungsmäßiger Bilanzierung, Stuttgart 1996 (zit. Euler, Grundsätze ordnungsmäßiger Bilanzierung)

Euler, Roland/Hommel, Michael, Passivierungszeitpunkt von Rückstellungen – neue Entwicklungen in der BFH-Rechtsprechung, BB 2014, S. 2475–2479

Fatourros, Nikos, Aktivierung von Grunderwerbsteuer in Verschmelzungsfällen, DStZ 2004, S. 129–131

Fatourros, Nikos, Grunderwerbsteuer bei Umwandlungen als sofort abziehbare Betriebsausgabe. Zugleich Anmerkungen zum Urteil des FG Köln vom 5.9.2002, 13 K 5561/01, DStR 2003, S. 772–774

Feldgen, René, Übertragung von Pensionsverpflichtungen im Rahmen von Umwandlungen nach UmwStG, StuB 2015, S. 864–870

Flume, Werner, Ungelöste steuerliche Probleme der Unternehmenskonzentration, DB 1967, S. 2050–2051

Förster, Guido, Der finale Umwandlungssteuererlass 2011 – wichtige Abweichungen gegenüber der Entwurfsfassung, GmbHR 2012, S. 237–245

Förster, Guido, Besteuerung der Europäischen Aktiengesellschaft – Diskussionspunkte –, in: Besteuerung der Europäischen Aktiengesellschaft, herausgegeben im Auftrag des Fachinstituts der Steuerberater von Norbert Herzig, Köln 2004, S. 31–35 (zit. Förster, Besteuerung der Europäischen Aktiengesellschaft)

Förster, Guido/Hölscher, Sebastian, Reichweite der Veräußerungsfiktionen des KStG und des UmwStG, Ubg 2012, S. 729–737

Förster, Guido/Lange, Carsten, Steuerliche Aspekte der Gründung einer Europäischen Aktiengesellschaft (SE), DB 2002, S. 288–294

Förster, Guido/Schmidtmann, Dirk, Steuerliche Gewinnermittlung nach dem BilMoG, BB 2009, S. 1342–1346

Förster, Guido/Staaden, Felix, Veräußerung und Erwerb von Mitunternehmeranteilen mit passivierungsbeschränkten Verpflichtungen, BB 2016, S. 1323–1326

Förster, Guido/Staaden, Felix, Übertragung von Verpflichtungen mit Ansatz- und Bewertungsvorbehalten (§§ 4f, 5 Abs. 7 EStG), Ubg 2014, S. 1–12

Förster, Guido/Wendland, Jan, Einbringung von Unternehmensteilen in Kapitalgesellschaften, BB 2007, S. 631–639

Förster, Guido/Werthebach, Felix, Immer noch offene Fragen bei Verpflichtungsübernahmen, Schuldbeitritten und Erfüllungsübernahmen, BB 2019, S. 299–303

Frotscher, Gerrit, Umwandlungssteuererlass 2011. Eine kritische Analyse der Auffassung der Finanzverwaltung, Freiburg i. Br. 2012 (zit. Frotscher, Umwandlungssteuererlass)

Frotscher, Gerrit (Hrsg.)/Geurts, Matthias (Hrsg.), Praxiskommentar zum Einkommensteuergesetz, Loseblatt, Stand: 210. Ergänzungslieferung, Freiburg i. Br. 2019 (zit. Bearbeiter, in: Frotscher/Geurts, EStG)

Frotscher, Gerrit (Hrsg.)/Drüen, Klaus-Dieter (Hrsg.), Kommentar zum Körperschaft-, Gewerbe- und Umwandlungssteuergesetz, Loseblatt, Stand: 148. Ergänzungslieferung, Freiburg i. Br. 2019 (zit. Bearbeiter, in: Frotscher/Drüen)

Fuhrmann, Sven, Rechtsprechungsbrechende Gesetzgebung zur steuerrechtlichen Behandlung von Verpflichtungsübernahmen durch das AIFM-StAnpG, DB 2014, S. 9–16

Fuhrmann, Sven, Die E-Bilanz läuft aus dem Ruder, DB 2011, Beilage zu Heft 36, S. 59–60

Geberth, Georg/Höhn, Alexander, Passivierung „angeschaffter" Pensionsrückstellungen, DB 2013, S. 1192–1195

Geberth, Georg/Höhn, Alexander, Steuerliche Passivierungsbeschränkungen vs. Anschaffungskostenprinzip, DB 2011, S. 1775–1778

Geberth, Georg/Höhn, Alexander, Beschränkung steuerlicher Bilanzierungsverbote bei Asset Deals, DB 2010, S. 1905–1910

Gelhausen, Hans Friedrich, Das Realisationsprinzip im Handels- und im Steuerbilanzrecht, Frankfurt am Main 1985 (zit. Gelhausen, Realisationsprinzip)

Gelhausen, Hans Friedrich/Heinz, Stephan, Handelsrechtliche Zweifelsfragen der Abwicklung von Ergebnisabführungsverträgen in Umwandlungsfällen, NZG 2005, S. 775–781

Geßler, Ernst (Hrsg.)/Hefermehl, Wolfgang (Hrsg.)/Eckardt, Ulrich (Hrsg.)/Kropff, Bruno (Hrsg.), Kommentar zum Aktiengesetz, Band 6, §§ 291–410, München 1994 (zit. Bearbeiter, in: Geßler/Hefermehl/Eckardt/Kropff)

Glahe, Moritz, Anmerkung zu BFH, Urteil vom 24.1.2018 – I R 48/15, BFH/NV 2018, 921, FR 2018, S. 754–755

Graw, Christian, Ausgewählte Einzelfragen im Bereich der Veräußerungsersatztatbestände des § 22 UmwStG (i. d. F. des SEStEG), Ubg 2009, S. 691–697

Griemla, Stefan, Grenzüberschreitende Verschmelzung von doppelt ansässigen Kapitalgesellschaften im Ertragsteuerrecht, Lohmar 2003 (zit. Griemla, Grenzüberschreitende Verschmelzung)

Groh, Manfred, Teilwerteinbringung von betrieblichen Einzelwirtschaftsgütern in Personengesellschaften, DB 2003, S. 1403–1409

Groh, Manfred, Ist die verdeckte Einlage ein Tauschgeschäft?, DB 1997, S. 1683–1688

Gosch, Dietmar, Passivierung „angeschaffter" Rückstellungen bei steuerlichem Ausweisverbot, BFH/PR 2012, S. 147–149

Gosch, Dietmar, Anmerkung zu BFH, Urteil vom 14.12.2011 – I R 72/10, BStBl II 2017, 1226, BFH/PR 2010, S. 123–124

Gosch, Dietmar, Anmerkung zu BFH, Urteil vom 17.9.2003 – I R 97/02, BStBl. II 2004, 686, BFH/PR 2004, S. 65–66

Günkel, Manfred, Übergang von steuerlich beschränkt passivierungsfähigen Verpflichtungen beim Unternehmenskauf, BB 2013, S. 1001–1005

Haase, Florian (Hrsg.)/Hruschka, Franz (Hrsg.), Umwandlungssteuergesetz, Praxiskommentar, 2. Auflage, Berlin 2017 (zit. Bearbeiter, in: Haase/Hruschka)

Hachmeister, Dirk (Hrsg.)/Kahle, Holger (Hrsg.)/Mock, Sebastian (Hrsg.)/Schüppen, Matthias (Hrsg.), Bilanzrecht, Kommentar, Handelsbilanz, Steuerbilanz, Prüfung, Offenlegung, Gesellschaftsrecht, Köln 2018 (zit. Bearbeiter, in: Bilanzrecht)

Hageböke, Jens/Schmidt-Fehrenbacher, Volker, Der Umwandlungssteuer-Erlass 2011, Erläuterungen aus Unternehmens- und Beratungspraxis, Analyse, Kommentierung, Praxisauswirkungen. Kommentar, Bonn 2012 (zit. Hageböke/Schmidt-Fehrenbacher, in: FGS/BDI)

Hageböke, Jens, Sind alle Umwandlungen „Veräußerungen"? – Kritische Anmerkungen zur neuen Ausgangsthese der Finanzverwaltung im UmwStEE, Ubg 2011, S. 689–704

Hageböke, Jens, Die Ausbringung eines Teilbetriebs aus einer Mitunternehmerschaft durch „Upstream"-Abspaltung, Ubg 2009, S. 105–111

Hahn, Hartmut, Gesamtrechtsnachfolge und Verschmelzung – Anmerkung zum Urteil des BFH vom 15.10.1997 – I R 22/96, DStZ 1998, S. 561–566

Hahne, Klaus D., Anmerkung zu BFH, Urteil vom 14.12.2011 – I R 72/10, BStBl. II 2017, 1226, BB 2012, S. 697–698

Handbuch der Rechnungslegung, herausgegeben von Michael Dusemond, Peter Küting, Claus-Peter Weber (Begr.) und Johannes Wirth, Kommentar zur Bilanzierung und Prüfung, Band 2, Loseblatt, Stand: 27. Ergänzungslieferung, Stuttgart 2018 (zit. Bearbeiter, in: HdR)

Haritz, Detlef (Hrsg.)/Menner Stefan (Hrsg.), Umwandlungssteuergesetz, Kommentar, 4. Auflage, München 2015 (zit. Bearbeiter, in: Haritz/Menner)

Hänsch, Falco, Bilanzierung übertragener Pensionsverpflichtungen beim Übernehmer, BBK 2016, S. 888–892

Heidelberger Kommentar zum Umwandlungssteuergesetz, herausgegeben von Gerhard Kraft, Georg Edelmann und Jan Frederik Bron, Heidelberg 2014 (zit. Bearbeiter, in: HK-Kommentar, UmwStG)

Heinsen, Oliver/Adrian, Gerrit, E-Bilanz – Grundlegende Fragen zum Anwendungsbereich, DStR 2010, S. 2591–2594

Heinz, Carsten, Umstrukturierungen als Gestaltungsinstrument zur Steuerminimierung im Erb- oder Schenkungsfall, GmbHR 2001, S. 485–494

Henssler, Martin (Hrsg.)/Strohn, Lutz (Hrsg.), Kommentar, Gesellschaftsrecht, 3. Auflage, München 2016 (zit. Bearbeiter, in: Henssler/Strohn)

Hennrichs, Joachim, Maßgeblichkeitsprinzip oder eigenständige Prinzipien für die Steuerbilanz?, in: Besteuerung von Einkommen, herausgegeben im Auftrag der Deutschen Steuerjuristischen Gesellschaft e.V. von Iris Ebling, Band 24, Köln 2001, S. 301–328 (zit. Hennrichs, DStJG 24 (2001))

Hennrichs, Joachim, Der steuerrechtliche sog. Maßgeblichkeitsgrundsatz gem. § 5 EStG, StuW 1999, S. 138–153

Herrmann, Carl (Begr.)/Heuer, Gerhard (Begr.)/Raupach, Arndt (Begr.), Einkommensteuer- und Körperschaftsteuergesetz, Kommentar, Loseblatt, Stand: 291. Ergänzungslieferung, Köln 2019 (zit. Bearbeiter, in: Herrmann/Heuer/Raupach)

Herzig, Norbert, Derivatebilanzierung und GoB-System, in: Festschrift für Jörg Baetge zum 60. Geburtstag, herausgegeben von Thomas R. Fischer und Reinhold Hömberg, Düsseldorf 1997, S. 37–63 (zit. Herzig, in: FS Baetge)

Herzig, Norbert, Veränderung von Beteiligungsstrukturen im Konzern durch Umwandlung, Einbringung und Veräußerung, in: Steuerrecht und steuerorientierte Gestaltungen im Konzern, herausgegeben von Harald Schaumburg, Köln 1998, S. 85–111 (zit. Herzig, Steuerorientierte Gestaltungen)

Herzig, Norbert, Die rückstellungsbegrenzende Wirkung des Realisationsprinzips, in: FS Ludwig Schmidt zum 65. Geburtstag, herausgegeben von Arndt Raupach und Adalbert Uelner, München 1993, S. 209–226 (zit. Herzig, FS Schmidt)

Heurung, Reiner/Engel, Benjamin, Fortführung und rückwirkende Begründung von Organschaftsverhältnissen in Umwandlungsfällen, BB 2011, S. 151–155

Hiller, Matthias/Baschnagel, Matthias/Eichholz, Meik, Reformbedarf des Maßgeblichkeitsprinzips – Quo vadis, Maßgeblichkeit?, StuB 2016, S. 694–700

Höfer, Reinhold, Bilanzierung und Bewertung entgeltlich übernommener Versorgungsverpflichtungen – Zugleich Anmerkung zum BFH-Urteil vom 14.12.2011 – I R 72/10 (DB 2012 S. 488) und vom 26.4.2012 – IV R 43/09 (DB 2012 S. 1359) –, DB 2012, S. 2130–2132

Hoffmann, Wolf-Dieter, Licht und Schatten beim Nichtanwendungsgesetz zur Übertragung von Schulden, StuB 2014, S. 1–2

Hoffmann, Wolf-Dieter, Die Übernahme von Pensionsverpflichtungen, StuB 2013, S. 237–238

Hoffmann, Wolf-Dieter, Das Ansatzverbot für wirtschaftliche Nichtverbindlichkeiten, StuB 2012, S. 1–2

Hoffmann, Wolf-Dieter, Bilanzierungsarbitrage, StuB 2012, S. 457–458

Hoffmann, Wolf-Dieter, Drohverluste beim Asset Deal, StuB 2009, S. 165–166

Hoffmann, Wolf-Dieter, Der Transfer von Einzel-Wirtschaftsgütern gemäß § 6 Abs. 5 EStG nach Verabschiedung des UntStFG, GmbHR 2002, S. 125–134

Höhn, Alexander/Geberth, Georg, Anmerkung zu BFH, Urteil vom 14.12.2011 – I R 72/10, BStBl. II 2017, 1226, GmbHR 2012, S. 405–406

Hölzle, Gerrit, Besteuerung stiller Reserven bei der Umstrukturierung von Kapitalgesellschaften, Aachen 2005 (zit. Hölzle, Besteuerung stiller Reserven)

Hommel, Michael, Grundsätze ordnungsmäßiger Bilanzierung für Dauerschuldverhältnisse, Wiesbaden 1992, (zit. Hommel, Grundsätze ordnungsmäßiger Bilanzierung)

Hommel, Michael/Berndt, Thomas, Das Realisationsprinzip – 1884 und heute, BB 2009, S. 2190–2194

Horst, Alexander, Behandlung stiller Lasten bei Umwandlungen und im M&A-Prozess, FR 2015, 824–838

Hörhammer, Evelyn/Pitzke, Jürgen, Verpflichtungsübernahme: Ansatzverbote, -beschränkungen und Bewertungsvorbehalte – Der neue § 4f EStG und der neue Abs. 7 in § 5 EStG, NWB 2014, S. 426–434

Hötzel, Oliver/Kaeser, Christian, Der Umwandlungssteuer-Erlass 2011, Erläuterungen aus Unternehmens- und Beratungspraxis, Analyse, Kommentierung, Praxisauswirkungen. Kommentar, Bonn 2012 (zit. Hötzel/Kaeser, in: FGS/BDI)

Hügel, Hanns F., Verschmelzung und Einbringung, Wien/Köln 1993 (zit. Hügel, Verschmelzung und Einbringung)

Huth, Stephan/Wittenstein, Patrick, Bedeutung der §§ 4f, 5 Abs. 7 EStG für ausgewählte Übertragungsvorgänge von Pensionsverpflichtungen. Teil II: Gesamtrechtsnachfolge nach dem UmwG, DStR 2015, S. 1153–1157

Hüttemann, Rainer, Gewinnermittlung bei Personengesellschaften, in: Die Personengesellschaft im Steuerrecht. Gedächtnissymposium für Brigitte Knobbe-Keuk, herausgegeben von Franz Dötsch, Andreas Herlinghaus, Rainer Hüttemann, Jürgen Lüdicke und Wolfgang Schön, Köln 2011, S. 39–66 (zit. Hüttemann, in: Gedächtnissymposium Knobbe-Keuk)

Jacobsen, Hendrik, Die Strukturdefizite des UmwStG, FR 2011, S. 973–981

Jahn, Andreas, Gestaltungsüberlegungen zur steuerwirksamen Realisierung stiller Lasten – zugleich Anmerkung zu den BFH-Urteilen vom 12.12.2012, I R 69/11 und I R 28/11, vom 16.12.2009 - I R 102/08, vom 14.12.2011 - I R 72/10 und vom 26.04.2012 - IV R 43/09, SAW 2013, S. 58–64

Kaeser, Christian, Einbringungstatbestände (§§ 20 ff. UmwStG), DStR 2012, Beihefter zu Heft 2, S. 13–18

Kahle, Holger, Aktuelle Entwicklungen der Bilanzierung von Rückstellungen, DStR 2018, S. 976–982

Kahle, Holger, Entwicklung der Steuerbilanz, DB 2014, Beilage zu Heft 22, S. 1–20

Kahle, Holger/Braun, Julia, Bilanzierung angeschaffter Rückstellungen in der Steuerbilanz, FR 2018, S. 197–211

Kahle, Holger/Heinstein, Ralf, Sachanlagevermögen nach HGB und EStG, in: Handbuch des Jahresabschlusses, herausgegeben von Joachim Schulze-Osterloh, Joachim Hennrichs und Jens Wüstemann, Abteilung II/Beitrag 3, Loseblatt, Stand: 71. Ergänzungslieferung, Köln 2019 (zit. Kahle/Heinstein, in: HdJ, Abt. II/3)

Kahle, Holger/Hiller, Matthias, Anschaffungs- und Herstellungskosten nach HGB, EStG und IFRS, DStZ 2013, S. 462–473

Kahle, Holger/Hiller, Matthias, Bewertungsmaßstäbe im Bilanzsteuerrecht, WPg 2013, S. 403–412

Kahle, Holger/Hiller, Matthias/Vogel, Thorsten, Bewertungswahlrechte und Bewertungsmaßstäbe im Umwandlungsfall in Handels- und Steuerbilanz, FR 2012, S. 789–799

Kahle, Holger/Vogel, Thorsten, Steuerbilanzielle Aspekte bei der Einbringung von Unternehmensteilen in Kapitalgesellschaften, Ubg 2012, S. 493–504

Kallmeyer, Harald (Hrsg.), Umwandlungsgesetz, Kommentar, Verschmelzung, Spaltung und Formwechsel bei Handelsgesellschaften, 6. Auflage, Köln 2017 (zit. Bearbeiter, in: Kallmeyer)

Kaminski, Bert, Die Neuregelungen zum Erwerb stiller Lasten im AIFM-Steuer-Anpassungsgesetz, Stbg 2014, S. 145–155

Kanzler, Hans-Joachim/Kraft, Gerhard/Bäuml, Swen Oliver, Einkommensteuergesetz Kommentar, 3. Auflage, Herne 2018 (zit. Bearbeiter, in: Kanzler/Kraft/Bäuml)

Kersting, Christian, Vermerk von Haftungsverhältnissen, herausgegeben von Joachim Schulze-Osterloh, Joachim Hennrichs und Jens Wüstemann, Abteilung III/Beitrag 9, Loseblatt, Stand: 71. Ergänzungslieferung, Köln 2019 (zit. Kersting, in: HdJ, Abt. III/9)

Kessler, Harald, Verabschiedet sich der Bundesfinanzhof vom Imparitätsprinzip? Gedanken zur jüngeren Rechtsprechung und zur Rechtsposition von Heinrich Weber-Grellet, DStR 1994, S. 1289–1296

Kessler, Wolfgang, Steuerliche Besonderheiten von SE-Holdinggesellschaften, in: Besteuerung der Europäischen Aktiengesellschaft, herausgegeben im Auftrag des Fachinstituts der Steuerberater von Norbert Herzig, Köln 2004, S. 119–134 (zit. Kessler, Besteuerung der Europäischen Aktiengesellschaft)

Kessler, Wolfgang/Huck, Friedericke, Grenzüberschreitender Transfer von Betriebsvermögen – Die Verlagerung von Einzelwirtschaftsgütern, Betriebsstätten und Betrieben ins Auslang, StuW 2005, S. 193–215

Kessler, Wolfgang/Huck, Friedericke, Steuerliche Aspekte der Gründung und Sitzverlegung der Europäischen Aktiengesellschaft – Geltende und zukünftige Rechtslage, DK 2006, S. 352–363

Kirchhof, Paul (Hrsg.), Einkommensteuergesetz, Kommentar, 17. Auflage, Köln 2018 (zit. Bearbeiter, in: Kirchhof, EStG, 17. Auflage)

Kirchhof, Paul (Hrsg.), Einkommensteuergesetz, Kommentar, 13. Auflage, Köln 2014 (zit. Bearbeiter, in: Kirchhof, EStG, 13. Auflage)

Kirchhof, Paul, Einkommensteuergesetz, Kommentar, herausgegeben von Paul Kirchhof und Roman Seer, 18. Auflage, Köln 2019 (zit. Bearbeiter, in: Kirchhof, 18. Auflage)

Kirchhof, Paul (Hrsg.)/Söhn, Hartmut (Begr.)/Mellinghoff, Rudolf (Hrsg.), Einkommensteuergesetz. Kommentar, Loseblatt, Stand: 295. Ergänzungslieferung, Heidelberg 2019 (zit. Bearbeiter, in: Kirchhof/Söhn/Mellinghoff)

Klein, Christoph, Die bilanzielle Abbildung der Auslagerung von Pensionsverpflichtungen nach Handels- und Steuerrecht, Wiesbaden 2016 (zit. Klein, Auslagerung von Pensionsverpflichtungen)

Kleinmanns, Florian, BB-Kommentar „Erläuterungen zum Nichtanwendungsgesetz", BB 2017, S. 3058

Klingberg, Dietgard/van Lishaut, Ingo, Ausländische Umwandlungen im deutschen Steuerrecht, FR 1999, S. 1209–1227

Knobbe-Keuk, Brigitte, Bilanz- und Unternehmenssteuerrecht, 9. Auflage, Köln 1993 (zit. Knobbe-Keuk, Bilanz- und Unternehmenssteuerrecht)

Knüppel, Mark, Unterschiede in der Bilanzierung von Verschmelzungen nach Handelsrecht, Steuerrecht und IFRS und die Grenzen einer möglichen Konvergenz, Berlin 2007 (zit. Knüppel, Bilanzierung von Verschmelzungen nach Handelsrecht, Steuerrecht und IFRS)

Kölner Kommentar zum Umwandlungsgesetz, Großkommentar, herausgegeben von Barbara Dauber-Lieb und Stefan Simon, Köln 2009 (zit. Bearbeiter, in: KK-UmwG)

Korn, Klaus/Strahl, Martin, Die rechtsprechungsbrechende gesetzliche Kodifikation des mittelbaren Anschaffungsertrags, KÖSDI 2014, S. 18746–18751

Kowallik, Andreas/Merklein, Sandra/Scheipers, Thomas, Ertragsteuerliche Beurteilung der Anwachsung nach den Änderungen des UmwStG aufgrund des SEStEG, DStR 2008, S. 173–178

Kraus, Stefan, Zum Rückstellungsbegriff des Bilanzrichtlinien-Gesetzes, StuW 1988, S. 133–148

Kredig, Alexander, Das System der Besteuerung stiller Reserven bei Unternehmensumstrukturierungen, Berlin 2013 (zit. Kredig, Besteuerung stiller Reserven)

Kropff, Bruno, Vorsichtsprinzip und Wahlrechte, in: Festschrift für Jörg Baetge zum 60. Geburtstag, herausgegeben von Thomas R. Fischer und Reinhold Hömberg, Düsseldorf 1997, S. 65–95 (zit. Kropff, in: FS Baetge)

Krüger, Christiane, Umfang der Steuerrechtssubjektivität von Personengesellschaften im Spannungsfeld zwischen Gesamthandslehre und steuerrechtlichem Transparenzprinzip, FR 2016, S. 1031–1039

Kuhlmann, Jörg, Beurteilung von Übertragungssachverhalten im Rahmen von Mitunternehmerschaften, DB 1983, S. 66–73

Künkele, Kai Peter/Zwirner, Christian, Passivierung angeschaffter Rückstellungen – Übernahme schuldrechtlicher Verpflichtungen im Spiegel von BMF und BFH, SteuK 2012, S. 197–201

Künkele, Kai Peter/Zwirner, Christian, Bilanzsteuerrechtliche Ansatz- und Bewertungsvorbehalte bei Übernahme schuldrechtlicher Verpflichtungen – Kritische Anmerkungen zum BMF-Schreiben vom 24.6.2011, DStR 2011, S. 1840–1845

Kutt, Florian/Carstens, Peter, Der Umwandlungssteuer-Erlass 2011, Erläuterungen aus Unternehmens- und Beratungspraxis, Analyse, Kommentierung, Praxisauswirkungen. Kommentar, Bonn 2012 (zit. Kutt/Carstens, in: FGS/BDI)

Küting, Karlheinz/Lam, Siu, Umsatzrealisierung dem Grunde nach – Ein Vergleich zwischen HGB, IFRS und dem Standardentwurf ED/2011/6, DStR 2012, S. 2348–2354

Kupsch, Peter, Neuere Entwicklungen bei der Bilanzierung und Bewertung von Rückstellungen, DB 1989, S. 53–62

Lademann, Fritz (Hrsg.), Kommentar zum Einkommensteuergesetz, Loseblatt, Stand: 243. Ergänzungslieferung, Stuttgart 2019 (zit. Bearbeiter, in: Lademann, EStG)

Lademann, Fritz (Hrsg.), Umwandlungssteuergesetz, mit Kommentierungen zur Umsatzsteuer, zur Grunderwerbsteuer und zu § 50i EStG, Handkommentar, 2. Auflage, Stuttgart 2016 (zit. Bearbeiter, in: Lademann, UmwStG)

Lang, Joachim, Gewinnrealisierung bei Personengesellschaften, StuW 1978, S. 215–225

Lange, Carsten, Grenzüberschreitende Umstrukturierung von Europäischen Aktiengesellschaften, Berlin 2005 (zit. Lange, Umstrukturierung von Europäischen Aktiengesellschaften)

Lange, Joachim (Begr.)/Bilitewski, Andrea/Götz, Hellmut, Personengesellschaften im Steuerrecht, 10. Auflage, Herne 2018 (zit. Bearbeiter, Personengesellschaften im Steuerrecht)

Larenz, Karl, Methodenlehre der Rechtswissenschaft, 6. Auflage, Berlin/Heidelberg/New York 1991 (zit. Larenz, Methodenlehre)

Leffson, Ulrich, Die Grundsätze ordnungsmäßiger Buchführung, 7. Auflage, Düsseldorf 1987 (zit. Leffson, Grundsätze ordnungsmäßiger Buchführung)

Lemaitre, Claus/Schönherr, Frank, Die Umwandlung von Kapitalgesellschaften in Personengesellschaften durch Verschmelzung und Formwechsel nach der Neufassung des UmwStG durch das SEStEG, GmbHR 2007, S. 173–183

Ley, Ursula, Die steuerliche Behandlung der entgeltlichen Übertragung einer nur handels-, aber nicht steuerbilanziell passivierten Verpflichtung, DStR 2007, S. 589–595

Ley, Ursula/Bodden, Guido, Verschmelzung und Spaltung von inländischen Kapitalgesellschaften nach dem SEStEG (§§ 11–15 UmwStG n.F.), FR 2007, S. 265–280

Lippross, Otto-Gerd (Hrsg.)/Seibel, Wolfgang (Hrsg.), Basiskommentar Steuerrecht, Loseblatt, Stand: 112 Aktualisierung, Köln 2019 (zit. Bearbeiter, in: Lippross/Seibel)

Littmann, Eberhard (Begr.)/Bitz, Horst (Hrsg.)/Pust, Hartmut (Hrsg.), Das Einkommensteuerrecht. Kommentar, Band 2, §§ 4, 5 Anh 1–§ 9c EStG, Loseblatt: 135. Ergänzungslieferung, Stuttgart 2019 (zit. Bearbeiter, in: Littmann/Bitz/Pust)

Luckey, Günter, Steuerliche Gewinnrealisierung bei Umwandlung von Unternehmungen und Übertragung einzelner Wirtschaftsgüter, Wiesbaden 1977 (zit. Luckey, Gewinnrealisierung bei Umwandlungen)

Lüdenbach, Norbert/Hoffmann, Wolf-Dieter, Das Nichtanwendungsgesetz zur Hebung stiller Lasten, GmbHR 2014, S. 123–130

Lüdicke, Jochen, Nachfolgeplanung und neues Umwandlungsrecht/Umwandlungssteuerrecht, ZEV 1995, S. 132–136

Lüdicke, Jochen (Hrsg.)/Sistermann, Christian (Hrsg.), Unternehmenssteuerrecht, Gründung, Finanzierung, Umstrukturierung, Übertragung, Liquidation, 2. Auflage, München 2018 (zit. Bearbeiter, in: Lüdicke/Sistermann)

Lutter, Marcus (Begr.), Umwandlungsgesetz, Kommentar mit systematischer Darstellung des Umwandlungssteuerrechts, herausgegeben von Walter Bayer und Jochen Vetter, Band I, §§ 1–122 l, 5. Auflage, Köln 2014 Band II, §§ 123 – 325, SpruchG, 5. Auflage, Köln 2014 (zit. Bearbeiter, in: Lutter)

Mathiak, Walter, Unmaßgeblichkeit von kodifiziertem Handelsrechnungslegungsrecht für die einkommensteuerliche Gewinnermittlung?, in: Festschrift für Heinrich Beisse zum 70. Geburtstag, herausgegeben von Wolfgang Dieter Budde, Adolf Moxter und Klaus Offerhaus, Düsseldorf 1997, S. 323–334 (zit. Mathiak, FS Beisse)

Melan, Nevada/Wecke, Bertram, Reichweite und Rechtfertigung von § 4f EStG im Umwandlungssteuerfall, Ubg 2017, S. 253–258

Merkt, Hanno (Hrsg.)/Probst, Arno (Hrsg.)/Fink, Christian (Hrsg.), Rechnungslegung nach HGB und IFRS. Themensystematischer Kommentar mit synoptischen Darstellungen, Stuttgart 2017, (zit. Bearbeiter, in: Merkt/Probst/Fink)

Meurer, Ingetraut, BMF: Bilanzsteuerrechtliche Ansatz- und Bewertungsvorbehalte bei der Übernahme von schuldrechtlichen Verpflichtungen mit Anmerkung, BB 2011, S. 1714

Meurer, Ingetraut, Angeschaffte und abgeschaffte Drohverlustrückstellungen, BB 2011, S. 1259–1263

Meyer, André, Ersatzrealisation, in: Handbuch des Jahresabschlusses, herausgegeben von Joachim Schulze-Osterloh, Joachim Hennrichs und Jens Wüstemann, Abteilung 4/Beitrag 2, Loseblatt, Stand: 71. Ergänzungslieferung, Köln 2019 (zit. A. Meyer, in: HdJ, Abt. IV/2)

Meyer, André, Steuerliches Leistungsfähigkeitsprinzip und zivilrechtliches Ausgleichssystem. Zum zivilrechtlichen Ausgleich von Steuerfolgen, Köln 2013 (zit. A. Meyer, Leistungsfähigkeitsprinzip und Ausgleichssystem)

Meyer, André, Der Grundsatz der unbeschränkten Verbandsmitgliederhaftung, Köln/Berlin/Bonn/München 2006 (zit. A. Meyer, Verbandsmitgliederhaftung)

Meyer, Oliver, Die Besteuerung grenzüberschreitender Verschmelzungen, Berlin 1995 (zit. O. Meyer, Grenzüberschreitende Verschmelzung)

Meyering, Stephan, Denkanstöße zu den Anschaffungskosten und ihre Ermittlung – Konzeptionelle Darstellung und kritische Analyse, StuW 2009, S. 42–49

Mitsch, Bernd, Einbringungen in Kapitalgesellschaft nach dem SEStEG, INF 2007, S. 225–231

Möhlenbrock, Rolf, Das Sanktionssystem für Umwandlungen nach dem 6. bis 8. Teil des UmwStG – aktuelle Rechtsfragen aus dem Bereich des § 22 UmwStG, in: Festschrift für Norbert Herzig zum 65. Geburtstag, herausgegeben von Wolfgang Kessler, Guido Forster und Christoph Wartin, München 2010, S. 775 – 800 (zit. Möhlenbrock, FS Herzig)

Moxter, Adolf, Bilanzrechtsprechung, 6. Auflage, Tübingen 2007 (zit. Moxter, Bilanzrechtsprechung)

Moxter, Adolf, Neue Ansatzkriterien für Verbindlichkeitsrückstellungen? (Teil I), DStR 2004, S. 1057–1060

Moxter, Adolf, Neue Ansatzkriterien für Verbindlichkeitsrückstellungen? (Teil II), DStR 2004, S. 1098–1102

Moxter, Adolf, Grundsätze ordnungsgemäßer Rechnungslegung, Düsseldorf 2003 (zit. Moxter, Rechnungslegung)

Moxter, Adolf, Das "matching principle": Zur Integration eines internationalen Rechnungslegungs-Grundsatzes in das deutsche Recht, in: Festschrift für Hans Havermann zum 65. Geburtstag, herausgegeben von Josef Lanfermann, Düsseldorf 1995, S. 487–504 (zit. Moxter, FS Havermann)

Moxter, Adolf, Zum Passivierungszeitpunkt von Umweltschutzrückstellungen, in: Festschrift für Karl-Heinz Forster zum 65 Geburtstag, herausgegeben von Adolf Moxter, Hans-Peter Müller, Rolf Windmöller und Klaus v. Wysocki, Düsseldorf 1992, S. 427–437 (zit. Moxter, FS Forster)

Moxter, Adolf, Zur wirtschaftlichen Betrachtungsweise im Bilanzrecht, StuW 1989, S. 232–241

Moxter, Adolf, Zum Sinn und Zweck des handelsrechtlichen Jahresabschlusses nach neuem Recht, in: Festschrift für Reinhard Goerdeler, herausgegeben von Hans Havermann, Düsseldorf 1987, S. 361–374 (zit. Moxter, FS Goerdeler)

Moxter, Adolf, Das Realisationsprinzip – 1884 und heute, BB 1984, S. 1780–1786

Moxter, Adolf/Engel-Ciric, Dejan, Erosion des bilanzrechtlichen Vorsichtsprinzips?, BB 2014, S. 489–492

Müller, Welf, Finanzierungsgestaltungen, in: Steuerorientierte Umstrukturierung von Unternehmen, herausgegeben von Norbert Herzig, Stuttgart 1997, S. 139–162 (zit. Müller, in: Steuerorientierte Umstrukturierung von Unternehmen)

Müller, Welf, Der Jahresabschluss im Spannungsfeld zwischen öffentlichem Recht und Gesellschaftsrecht, in: Festschrift für Adolf Moxter zum 65. Geburtstag, herausgegeben von Wolfgang Ballwieser, Hans-Joachim Böcking, Jochen

Drukarczyk und Reinhard H. Schmidt, Düsseldorf 1994, S. 75–100 (zit. Müller, FS Moxter)

Münchener Handbuch des Gesellschaftsrechts, herausgegeben von Hans Gummert und Lutz Weipert, Band 2, Kommanditgesellschaft, GmbH & Co. KG, Publikums-KG, Stille Gesellschaft, 4. Auflage, München 2014 (zit. Bearbeiter, in: MHdB GesR II)

Münchener Kommentar zum Bürgerlichen Gesetzbuch, herausgegeben von Franz Jürgen Säcker, Roland Rixecker, Hartmut Oetker und Bettina Limperg, Band 2, Schuldrecht – Allgemeiner Teil, 7. Auflage, München 2016 Band 6, Schuldrecht – Besonderer Teil IV. §§ 705–853. Partnerschaftsgesellschaftsgesetz. Produkthaftungsgesetz, 7. Auflage, München 2017 Band 10, Erbrecht. §§ 1922–2385, §§ 27–35 BeurkG, 7. Auflage, München 2017 (zit. Bearbeiter, in: MüKoBGB)

Münchener Kommentar zum Bilanzrecht, herausgegeben von Joachim Hennrichs, Detlef Kleindiek und Christoph Wartin, Band 2, Bilanzrecht, §§ 238–342e HGB, München 2013 (zit. Bearbeiter, in: MüKoBilanzR)

Münchener Kommentar zum Handelsgesetzbuch, herausgegeben von Karsten Schmidt Band 2, Zweites Buch, Handelsgesellschaften und stille Gesellschaft, Erster Abschnitt. Offene Handelsgesellschaft §§ 105–160 HGB, 4. Auflage, München 2016 Band 4, Drittes Buch, Handelsbücher §§ 238–342e HGB, 3. Auflage, München 2013 (zit. Bearbeiter, in: MükoHGB)

Naumann, Klaus-Peter/Breker, Norbert/Siebler, Ute/Weiser, Felix M., Bewertungsprinzipien für die Rechnungslegung nach HGB, Bilanzsteuerrecht und IFRS, in: Handbuch des Jahresabschlusses, herausgegeben von Joachim Schulze-Osterloh, Joachim Hennrichs und Jens Wüstemann, Abteilung I/Beitrag 7, Loseblatt, Stand: 71. Ergänzungslieferung, Köln 2019 (zit. Naumann/Breker/Siebler/Weiser, in: HdJ, Abt. I/7)

Neu, Norbert/Schiffers, Joachim/Watermeyer, Heinrich Jürgen, Praxisrelevante Schwerpunkte aus dem UmwStE-Entwurf, GmbHR 2011, S. 729–744

Niehus, Rudolf J., „Vorsichtsprinzip“ und „Accrual Basis“ – Disparitäten bei den Determinanten der „Fair Presentation" in der sog. internationalen Rechnungslegung, DB 1997, S. 1421–1427

Niehus, Ulrich, Zur (Nicht)tauschähnlichkeit von Sacheinbringungen in Mitunternehmerschaften, StuW 2017, S. 27–47

Nielsen, Lars F./Schulenburg, Simon, Auslegungsfragen bei Verpflichtungsübernahmen unter Beteiligung von Mitunternehmerschaften am Beispiel von Anwachsungsmodellen, FR 2017, S. 623–630

NWB Kommentar Bilanzierung, herausgegeben von Wolf-Dieter Hoffmann und Norbert Lüdenbach, 9. Auflage, Herne 2018 (zit. Bearbeiter, in: NWB Kommentar Bilanzierung)

NWB Praxishandbuch Bilanzsteuerrecht, herausgegeben von Ulrich Prinz und Hans-Joachim Kanzler, 2. Auflage, Herne 2014 (zit. Bearbeiter, in: NWB Bilanzsteuerrecht)

Oppen, Jens/Polatzky, Robert, Ausgewählte Zweifels- und Praxisfragen zur Verschmelzung nach dem UmwSt-Erlass 2011, GmbHR 2012, S. 263–272

Orth, Manfred, Umwandlung durch Anwachsung (Teil I), DStR 1999, S. 1011–1019

Orthmann, Jan, Entstrickungsbesteuerung und Niederlassungsfreiheit. Die Rechtsprechung des EuGH zur „Exit Tax“ bei grenzüberschreitender Unternehmenstätigkeit, Baden-Baden 2015 (zit. Orthmann, Eintstrickungsbesteuerung und Niederlassungsfreiheit)

Ortmann-Babel, Martina/Bolik, Andreas S./Füldner, Sebastian, Gestaltungsüberlegungen zur Hebung stiller Lasten in der Steuerbilanz – Folgerungen aus der aktuellen Rechtsprechung, StuB 2012, S. 331–337

Oser, Peter, Anmerkung zu BFH, Urteil vom 12.12.2012 – I R 69/11, BStBl. II 2017, 1232, BB 2013, S. 946

Ott, Hans, Verschmelzung von Gewinn- und Verlust-Kapitalgesellschaften, StuB 2014, S. 488–495

Patt, Joachim/Rupp, Thomas/Aßmann, Markus, Der neue Umwandlungssteuererlass, Weil im Schönbuch 2011 (Bearbeiter, in: Patt/Rupp/Aßmann)

Philipp, Moritz, Verschmelzung inländischer Kapitalgesellschaften im Umwandlungssteuerrecht, Berlin 2014 (zit. Philipp, Verschmelzung inländischer Kapitalgesellschaften)

Philipp, Moritz/Kröger, Tobias, Bewertungs- und Ansatzwahlrecht bei formwechselnder Umwandlung einer KapGes. in eine PersGes., DB 2016, S. 857–860

Pichler, Stefan, Die ertragsteuerliche Organschaft im Umwandlungssteuerrecht, Berlin 2015 (zit. Pichler, Ertragsteuerliche Organschaft)

Pinkernell, Reimar, Einkünftezurechnung bei Personengesellschaften, Berlin 2001 (zit. Pinkernell, Einkünftezurechnung)

Pitzal, Christian, Übergang von Rücklagen nach § 6b EStG bei Abspaltungen von Körperschaften und Einbringungen in Kapitalgesellschaften, DStR 2011, S. 2373–2378

Pitzke, Jürgen/Klein, Evelyn, Anwendung der bilanzsteuerrechtlichen Ansatz- und Bewertungsvorbehalte in Anschaffungsfällen – Anmerkungen zum BMF-Schreiben v. 24.6.2011, NWB 2011, S. 2276–2282

Preißer, Michael/Preißer, Maximilian, Negativer Geschäftswert beim Asset Deal – Handelsrechtliche Überlegungen unter Einbeziehung der Steuersituation der Beteiligten, DStR 2011, S. 133–138

PricewaterhouseCoopers AG (Hrsg.), Reform des Umwandlungssteuerrechts, Auswirkungen des SEStEG auf Reorganisationen und internationale Entstrickungen, Stuttgart 2007 (zit. Bearbeiter, in: Reform des Umwandlungssteuerrechts)

Prinz, Markus, Drohendes Aus für die steuerwirksame Hebung stiller Lasten, Ubg 2013, S. 57–72

Prinz, Markus, Die Besteuerung der Schuldbefreiung – Schuldübernahme, Schuldbeitritt und Erfüllungsübernahme im steuerlichen Vergleich (Teil I), FR 2011, S. 445–455

Prinz, Markus, Die Besteuerung der Schuldbefreiung – Schuldübernahme, Schuldbeitritt und Erfüllungsübernahme im steuerlichen Vergleich (Teil II), FR 2011, S. 551–562

Prinz, Markus, Anmerkung zu BFH, Urteil vom 16. Dezember 2009 – I R 102/08, BStBl. II 2011, 566, FR 2010, S. 426–428

Prinz, Ulrich, Anwendungsfragen bei der Verpflichtungsübernahme, DB 2017, Heft. Nr. 26, S. M 28–M 29

Prinz, Ulrich, Plädoyer für ein systemorientiertes Bilanzsteuerrecht, DB 2013, Heft Nr. 45, S. M 01

Prinz, Ulrich, Steuersystematische „Ungereimtheiten" auf der Passivseite der Steuerbilanz, FR 2011, S. 1015–1022

Prinz, Ulrich/Adrian, Gerrit, Angeschaffte Rückstellungen in der Steuerbilanz – Drohverlustrückstellungen: Steuerplanung und Gestaltungsrisiken, StuB 2011, S. 171–177

Prinz, Ulrich/Adrian, Gerrit, „Angeschaffte" Drohverlustrückstellung, BB 2011, S. 1646–1647

Prinz, Ulrich/Hörhammer, Evelyn, Schuldübernahme, Schuldfreistellung und Schuldbeitritt im Steuerbilanzrecht, StbJb. 2012/2013, S. 307–337

Prinz, Ulrich/Otto, Thomas, Neues BMF-Anwendungsschreiben vom 30.11.2017 zu §§ 4f, 5 Abs. 7 EStG, GmbHR 2018, S. 497–506

Proff zu Irnich, Maximilian von, Die Anwachsung als Gestaltungsmodell bei Personengesellschaften, DStR 2016, S. 2227–2236

Pung, Alexandra, Besteuerung von Einbringungsgewinnen bei Sperrfristverstößen nach dem UmwSt-Erlass 2011, GmbHR 2012, S. 158–165

Pusecker, Dagmar/Schruff, Lothar, Anschaffungswertprinzip und „negativer Geschäftswert", BB 1996, S. 735–742

Pyszka, Tillmann, Umwandlungssteuerrecht: Buchwertfortführung trotz unvollständiger, fehlender oder erstmalig nach Abgabe der Steuerbilanz eingereichter steuerlicher Schlussbilanzen?, GmbHR 2013, S. 738–742

Pyszka, Tillmann/Hruschka, Franz, Umwandlungssteuerrecht: Unwirksame, weil verfrühte Ausübung des Wahlrechts auf Buchwertfortführung?, DStR 2013, S. 693–695

Rätke, Bernd, Schuldübernahmen und Schuldfreistellungen bei Erwerb eines Betriebs – Anmerkungen zum BMF-Schreiben vom 24.6.2011, StuB 2011, S. 650–654

Raupach, Arndt, Wechselwirkung zwischen der Organisationsstruktur und der Besteuerung multinationaler Konzernunternehmungen, in: Konzern im Umbruch, herausgegeben von Manuel R. Theisen, Stuttgart 1998, S. 59–168 (zit. Raupach, in: Konzern im Umbruch)

Rechenberg, Wolf-Georg von, Rückwirkung von Umwandlungsvorgängen im Erbschaftsteuerrecht?, GmbHR 1998, S. 976–979

Reiter, Peter, Besteuerung stiller Reserven nach § 4 Abs. 1 Satz 3 EStG. Vereinbarkeit mit Verfassungs-, Europa- und Abkommensrecht, Frankfurt am Main 2011 (zit. Reiter, Besteuerung stiller Reserven nach § 4 Abs. 1 S. 3 EStG)

Riedel, Lisa, Das Umwandlungssteuerrecht der Mitunternehmerschaft. Eine Analyse der § 6 Abs. 5 EStG, § 24 UmwStG und der Realteilung anhand der Prinzipien der Umwandlungs- und Mitunternehmerbesteuerung, Köln 2018 (zit. Riedel, Umwandlungssteuerrecht)

Riedel, Lisa, Zur (fehlenden) Systematik bei der Umwandlungsbesteuerung von Mitunternehmerschaften. Unterschiede zwischen § 6 Abs. 5 EStG, § 24 UmwStG und der Realteilung, Ubg 2018, S. 148 – 156

Riedel, Lisa, Verlustrealisierung durch Wegfall der korrespondierenden Bilanzierung im Sonderbetriebsvermögen – „Umgehung" von § 6 Abs. 5 Satz 3 EStG oder §§ 4f, 5 Abs. 7 EStG reloaded?, FR 2017, S. 949–956

Riedel, Lisa, Anmerkungen zum Enwurf eines BMF-Schreibens zu §§ 4f und 5 Abs. 7 EStG, Ubg 2017, S. 580–584

Riedel, Lisa, Die Neuregelung der sog. angeschafften Rückstellungen nach § 4f und § 5 Abs. 7 EStG, FR 2014, S. 6–13

Riedel, Lisa, Zweifelsfragen im Zusammenhang mit der Übertragung von Verpflichtungen gemäß § 4f EStG, Ubg 2014, S. 421–426

Riedel, Lisa, Zur möglichen Neuregelung der sog. angeschafften Rückstellungen, DStR 2013, S. 1047–1052

Rödder, Thomas, Verschmelzung von Kapital- auf Kapitalgesellschaften – Kritische Anmerkungen zu den einschlägigen Textziffern des UmwSt-Erlass-Entwurfs vom 2.5.2011, DStR 2011, S. 1059–1065

Rödder, Thomas, Gründung und Sitzverlegung der Europäischen Aktiengesellschaft (SE) – Ertragsteuerlicher Status quo und erforderliche Gesetzesänderungen, DStR 2005, S. 893–898

Rödder, Thomas (Hrsg.)/Herlinghaus, Andreas (Hrsg.)/van Lishaut, Ingo (Hrsg.), Umwandlungssteuergesetz, Kommentar, 2. Auflage, Köln 2013 (zit. Bearbeiter, in: Rödder/Herlinghaus/van Lishaut)

Rödder, Thomas/Schmidt-Fehrenbacher, Volker, Der Umwandlungssteuer-Erlass 2011, Erläuterungen aus Unternehmens- und Beratungspraxis, Analyse, Kommentierung, Praxisauswirkungen. Kommentar, Bonn 2012 (zit. Rödder/Schmidt-Fehrenbacher, in: FGS/BDI)

Rödder, Thomas/Schaden, Michael, Zur Besteuerung des down-stream-merger, Ubg 2011, S. 40–46

Rödder, Thomas/Schumacher, Andreas, Das kommende SEStEG – Teil I: Die geplanten Änderungen des EStG, KStG und AStG – Der Regierungsentwurf eines Gesetzes über steuerliche Begleitmaßnahmen zur Einführung der Europäischen Gesellschaft und zur Änderung weiterer steuerrechtlicher Vorschriften, DStR 2006, S. 1481–1494

Ronig, Roland/Geiermann, Holm, Steuerliche Neuregelungen durch das AIFM-Steuer-Anpassungsgesetz, StBW 2014, S. 264–270

Rödder, Thomas/Rogall, Matthias, Fortschreibung des Entwurfs des neuen Umwandlungssteuererlasses – Anmerkungen zur Version vom 09.09.2011, Ubg 2011, S. 753–760

Ropohl, Florian/Freck, Sarah, Die Anwachsung als rechtliches und steuerliches Gestaltungsinstrument, GmbHR 2009, S. 1076–1083

Sagasser, Bernd/Bula, Thomas/Brünger, Thomas R., Umwandlungen. Verschmelzung, Spaltung, Formwechsel, Vermögensübertragung. Zivilrecht, Handelsrecht, Arbeitsrecht, Kartellrecht, Steuerrecht, 5. Auflage, München 2017 (zit. Bearbeiter, in: Sagasser/Bula/Brünger)

Schaflitzl, Andreas/Widmayer, Gerhard, Die Besteuerung von Umwandlungen nach dem Regierungsentwurf des SEStEG, BB-Special 8/2006, Heft 44, S. 36–51

Schell, Matthias/Krohn, Dirk, Ausgewählte praxisrelevante „Fallstricke“ des UmwStE 2011, DB 2012, S. 1057–1065

Schießl, Harald, Der neue Umwandlungssteuer-Erlass, Beratungs- und Gestaltungshinweise, Rechtsempfehlungen, Beispiele und weiterführende Hinweise, Bonn 2012 (zit. Schießl, UmwStE)

Schimmele, Jürgen, Anmerkung zu BFH, Urteil vom 29.11.2007 – IV R 73/02, BStBl. II 2008, 407, GmbH-StB 2008, S. 131

Schindler, Frank, Die Beschränkung der Hebung stiller Lasten auf der Seite des Übertragenden durch § 4f EStG, GmbHR 2014, S. 561–568

Schindler, Frank, Die Neuregelung der steuerbilanziellen Behandlung erworbener stiller Lasten, GmbHR 2014, S. 786–792

Schlotter, Carsten, Anmerkung zu BFH, Urteil vom 12.12.2012 – I R 69/11, BStBl. II 2017, 1232, FR 2013, S. 615–617

Schlotter, Carsten, „Angeschaffte” Verbindlichkeiten nach dem Urteil des BFH vom 14.12.2011 – I R 72/10, BB 2012, S. 951–955

Schlotter, Carsten, „Gekaufte“ Drohverlustrückstellungen, Ubg 2010, S. 635–645

Schlotter, Carsten/Hörhammer, Evelyn, Schuldübernahme, Schuldbeitritt und stille Lasten, StbJb. 2013/2014, S. 292–323

Schlotter, Carsten/Pinkernell, Reimar, Bilanzsteuerrechtliche Ansatz- und Bewertungsvorbehalte bei der Übernahme von schuldrechtlichen Verpflichtungen, FR 2011, S. 689–698

Schmid, Peter/Dietel, Marco, Praxisfragen bei Anwachsung von Personengesellschaften mit faktischer Rückwirkung, DStR 2008, S. 529–533

Schmidt, Karsten, Gesellschaftsrecht, 4. Auflage, Köln/Berlin/Bonn/München 2002 (zit. K. Schmidt, Gesellschaftsrecht)

Schmidt, Karsten, Universalsukzession kraft Rechtsgeschäft, AcP 191 (1991), S. 495–525

Schmidt, Ludwig (Begr.), Einkommensteuergesetz, herausgegeben von Heinrich Weber-Grellet, 38. Auflage, München 2019 (zit. Bearbeiter, in: Schmidt)

Schmidt, Lutz/Hageböke, Jens, Auslandsverschmelzungen im Außensteuerrecht, IStR 2001, S. 697–703

Schmidt, Lutz/Hageböke, Jens, Offene Sacheinlagen als entgeltliche Anschaffungsvorgänge? Zugleich kritische Anmerkungen u.a. zum BFH-Urteil vom 5.6.2002, I R 6/01, DStR 2003, S. 1813–1818

Schmidtmann, Dirk, Hinzurechnungsbesteuerung bei internationalen Umstrukturierungen, Berlin 2007 (zit. Schmidtmann, Hinzurechnungsbesteuerung)

Schmitt, Joachim, Der Grundsatz der Besteuerung nach der Leistungsfähigkeit bei der Umwandlung einer Kapital- in eine Personengesellschaft, StuW 2018, S. 147–156

Schmitt, Joachim, Auf- und Abspaltung von Kapitalgesellschaften – Anmerkungen zum Entwurf des Umwandlungssteuererlasses, DStR 2011, S. 1108–1113

Schmitt, Joachim (Hrsg.)/Hörtnagl, Robert (Hrsg.)/Stratz, Rolf-Christian, Umwandlungsgesetz, Umwandlungssteuergesetz, 8. Auflage, München 2018 (zit. Bearbeiter, in: Schmitt/Hörtnagl/Stratz)

Schmitt, Joachim (Hrsg.)/Schloßmacher, Stefan (Hrsg.), Umwandlungssteuererlass UmwStE 2011, Kommentierung, Praktische Hinweise, München 2012 (zit. Schmitt/Schloßmacher, UmwStE)

Schmitt, Joachim/Schloßmacher, Stefan, Das Antragswahlrecht im UmwStG, DB 2010, S. 522–526

Schneider, Norbert/Ruoff, Christian/Sistermann, Christian, Umwandlungssteuer-Erlass 2011, Kurzkommentar mit Beraterhinweisen, Köln 2012 (zit. Bearbeiter, in: Schneider/Ruoff/Sistermann)

Schneider, Norbert/Ruoff, Christian/Sistermann, Christian, Brennpunkte des Umwandlungssteuer-Erlasses 2011, FR 2012, S. 1–11

Schnitger, Arne/Rometzki, Simon, Ausländische Umwandlungen und ihre Folgen bei inländischen Anteilseignern, FR 2006, S. 845–856

Schön, Wolfgang, Die zivilrechtlichen Voraussetzungen steuerlicher Leistungsfähigkeit, StuW 2005, S. 247–255

Schön, Wolfgang, Die Steuerbilanz zwischen Handelsrecht und Grundgesetz, StuW 1995, S. 366–377

Schöneborn, Thomas, Die steuerbilanzielle Behandlung von Passivposten beim Erwerber im Rahmen eines asset deals, StBp 2011, S. 301–305

Schönherr, Frank/Krüger, Alexander, Passivierung angeschaffter Rückstellungen und Verbindlichkeiten: Realisationsprinzip als oberstes Gebot, DStR 2012, S. 829–835

Schönherr, Frank/Krüger, Alexander, Die Passivierung angeschaffter Drohverlustrückstellungen in der Steuerbilanz des Erwerbers – Anmerkung zum BFH-Urteil vom 16.12.2009, I R 102/08, DStR 2010, S. 1709–1712

Schulenburg, Simon, Die Übertragung von Pensionsverpflichtungen bei Einzelübertritten und (Teil-)Betriebsveräußerungen im Lichte der §§ 4f und 5 Abs. 7 EStG, FR 2018, S. 1030–1035

Schulenburg, Simon/Lüder, Robert, Die Übertragung von Pensionsverpflichtungen im Rahmen von Unternehmenstransaktionen (Teil 2), DB 2017, S. 1217–1222

Schultz, Florian, Der True Sale von Passiva, DB 2011, S. 608–614

Schultz, Florian/Debnar, Christiane, Übertragungen von Passiva im AIFM-StAnpG: Steuerliche Anschaffungserträge und Aufwandsverteilungen sind Realität, BB 2014, S. 107–111

Schulz, Andreas/Petersen, Sven, Die Europa-AG: Steuerlicher Handlungsbedarf bei Gründung und Sitzverlegung, DStR 2002, S. 1508–1517

Schulze-Osterloh, Joachim, Handelsrechtliche GoB und steuerliche Gewinnermittlung – Das Beispiel der Teilwertabschreibung, DStR 2011, S. 534–538

Schulze-Osterloh, Joachim, Der Ausweis von Aufwendungen nach dem Realisations- und dem Imparitätsprinzip, in: Festschrift für Karl-Heinz Forster zum 65. Geburtstag, herausgegeben von Adolf Moxter, Hans-Peter Müller, Rolf Windmöller und Klaus v. Wysocki, Düsseldorf 1992, S. 585–605 (zit. Schulze-Osterloh, in: FS Forster)

Schulze-Osterloh, Joachim, Die Steuerbilanz als Tatbestandsmerkmal im Einkommen- und Körperschaftsteuergesetz, in: Probleme des Steuerbilanzrechts, herausgegeben im Auftrag der Deutschen Steuerjuristischen Gesellschaft e.V. von Werner Doralt, Band 14, Köln 1991, S. 123–138 (zit. Schulze-Osterloh, DStJG 14 (1991))

Schumacher, Andreas/Neitz-Hackstein, Claudia, Verschmelzung und Spaltung zwischen inländischen Kapitalgesellschaften, Ubg 2011, S. 409–419

Schumann, Jan Christoph, Neue Regelungen zur Verpflichtungsübernahme im Steuerrecht, EStB 2014, S. 65–70

Schulze zur Wiesche, Dieter, Die Umwandlung von Kapitalgesellschaften in Personengesellschaften nach dem UmwSt-Erlass 2011, StBp 2012, S. 246–249

Schulze zur Wiesche, Dieter, Teilbetrieb und Mitunternehmeranteil als Gegenstand der Spaltung und der Einbringung nach dem Entwurf des Umwandlungssteuererlasses, DStZ 2011, S. 513–520

Schweda, Natalie, Umstrukturierungen und Organschaft, Baden-Baden 2013 (zit. Schweda, Umstrukturierungen)

Semler, Johannes (Hrsg.)/Stengel, Arndt (Hrsg.), Umwandlungsgesetz, Kommentar, 4. Auflage, München 2017 (zit. Bearbeiter, in: Semler/Stengel)

Siegel, Theodor, Metamorphosen des Realisationsprinzips?, in: Festschrift für Karl-Heinz Forster zum 65. Geburtstag, herausgegeben von Adolf Moxter, Hans-Peter Müller, Rolf Windmöller und Klaus v. Wysocki, Düsseldorf 1992, S. 585–605 (zit. Siegel, in: FS Forster)

Siegel, Theodor, „Angeschaffte" Drohverluste als neuer Steuersparmarkt?, FR 2012, S. 388–393

Siegel, Theodor, „Angeschaffte" Drohverlustrückstellungen und Steuerpause. Lässt sich das Ansatzverbot des § 5 Abs. 4a EStG unterlaufen?, FR 2011, S. 781–789

Sieker, Klaus/Schänzle, Thomas/Kaeser, Christian, Der Umwandlungssteuer-Erlass 2011, Erläuterungen aus Unternehmens- und Beratungspraxis, Analyse, Kommentierung, Praxisauswirkungen. Kommentar, Bonn 2012 (zit. Sieker/Schänzle/Kaeser, in: FGS/BDI)

Stadler, Rainer/Elser, Thomas/Bindl, Elmar, Vermögensübergang bei Verschmelzungen auf eine Personengesellschaft oder auf eine natürliche Person und Formwechsel einer Kapitalgesellschaft, DB 2012, Beilage zu Heft 2, S. 14–25

Staub, Hermann (Begr.), Handelsgesetzbuch, Großkommentar, herausgegeben von Claus-Wilhelm Canaris, Mathias Habersack und Carsten Schäfer, Dritter Band. §§ 105–160 HGB, 5. Auflage, Berlin 2009 Fünfter Band. §§ 238–289a HGB, 5. Auflage, Berlin 2014 (zit. Bearbeiter, in: Staub)

Stoll, Gerold, Grundfragen des Gewinnausweises ohne Umsatz – Entnahme, Betriebsaufgabe, Strukturwandel, Änderung der Gewinnermittlungsart, in: Gewinnrealisierung im Steuerrecht, herausgegeben im Auftrag der Deutschen Steuerjuristischen Gesellschaft e.V. von Hans Georg Ruppe, Band 4, Köln 1981, S. 207–246 (zit. Stoll, DStJG 4 (1981))

Stimpel, Thomas, Umwandlung von Kapital- in Personengesellschaften nach dem UmwSt-Erlass 2011, GmbHR 2012, S. 123–132

Teiche, Andreas, Maßgeblichkeit bei Umwandlungen – trotz SEStEG?, DStR 2008, S. 1757–1763

Thiel, Jochen, Die modernisierte Maßgeblichkeit – § 5 Abs. 1 EStG in der Neufassung durch das Bilanzmodernisierungsgesetz (BilMoG), in: Festschrift für Wieland Meilicke zum 65. Geburtstag, herausgegeben von Andreas Herlinghaus, Heribert Hirte, Rainer Hüttemann und Thomas Heidel, Baden-Baden 2010, S. 733–779 (zit. Thiel, FS Meilicke)

Thiel, Jochen, Die Maßgeblichkeit im Umwandlungssteuerrecht, GmbHR 1997, S. 145–150

Thiel, Jochen/Eversberg, Horst/van Lishaut, Ingo/Neumann, Steffen, Der Umwandlungssteuer-Erlaß, GmbHR 1998, S. 397–443

Thiel, Rudolf, Die schwindende Kapitalgesellschaft im Körperschaftsteuer- und Einkommensteuerrecht – Zugleich ein Beitrag zur Neugestaltung des Umwandlungssteuerrechts, DB 1957, S. 28–32

Thies, Angelika, Angeschaffte Verpflichtungen – ein Chamäleon des Steuerbilanzrechts, in: Festschrift für Wolfgang Ballwieser zum 65. Geburtstag, herausgegeben von Michael Dobler, Dirk Hachmeister, Stefan Rammert und Christoph Kuhner, Stuttgart 2014, S. 873–896 (zit. Thies, FS Ballwieser)

Tiede, Kai, Bilanzierung übernommener Verpflichtungen. Erneuter Versuch des Bundesrats, Einschränkungen durchzusetzen, BBK 2013, S. 870–874

Tipke, Klaus, Verschmelzung und Umwandlung im Verkehrssteuerrecht, DB 1968, Beilage zu Heft Nr. 17, S. 1–8

Tipke, Klaus/Lang, Joachim, Steuerrecht, 23 Auflage, Köln 2018 (zit. Bearbeiter, in: Tipke/Lang, Steuerrecht)

Tipke, Klaus/Lang, Joachim, Steuerrecht, 22 Auflage, Köln 2015 (zit. Bearbeiter, in: Tipke/Lang, Steuerrecht, 22. Auflage)

Tonner, Norbert, Übernommene Verbindlichkeiten und Rückstellungen – Steuerliche Behandlung nach § 4f und § 5 Abs. 7 EStG, SteuerStud 2015, S. 17–24

Trossen, Nils, Anmerkung zu BFH, Urteil vom 12.12.2012 – I R 69/11, BStBl. II 2017, 1232, GmbH-StB 2013, S. 136–138

UmwStG – eKommentar, Onlinekommentar, herausgegeben von Siegfried Widmann und Peter Bauschatz, Stand 1.1.2015 (zit. Bearbeiter, in: UmwStG – eKommentar)

Van Lishaut, Ingo, Steuersenkungsgesetz: Mitunternehmerische Einzelübertragungen i. S. des § 6 Abs. 5 Satz 3 ff. EStG n.F., DB 2000, S. 1784–1789

Veit, Annekatrin/Hainz, Günter, Steuerbilanzielle Zweifelsfragen beim AIFM-StAnpG im Hinblick auf betriebliche Versorgungsverpflichtungen, BB 2014, S. 1323–1327

Veit, Annekatrin/Jura, Melanie, Bilanzierung von entgeltlich übernommenen Pensionsverpflichtungen, DStZ 2013, S. 533–538

Wassermeyer, Franz, Besteuerung ausländischer Umwandlungen im Inland, in: Festschrift für Siegfried Widmann zum 65. Geburtstag, herausgegeben von Franz Wassermeyer, Dieter Mayer und Norbert Rieger, Bonn/Berlin 2000, S. 621–638 (zit. Wassermeyer, FS Widmann)

Weber, Heike/Hahne, Klaus D., Einbringung in Kapitalgesellschaft, Ubg 2011, S. 420–432

Weber-Grellet, Heinrich, Berücksichtigung von Verpflichtungsübernahmen, Schuldbeitritten und Erfüllungsübernahmen mit vollständiger oder teilweiser Schuldfreistellung – Anwendung der Regelungen in § 4f und § 5 Abs. 7 EStG – Erläuterungen und Anmerkungen zum BMF-Schreiben vom 30.11.2017 (BStBl. I 2017 S. 1619 = DB 2017 S. 3029) –, DB 2018, S. 661–665

Weber-Grellet, Heinrich, (Bilanz-)Steuerrecht(sprechung) im Wandel, DStR-Beihefter zu Heft 9 2016, S. 20–25

Weber-Grellet, Heinrich, Veräußerung und Übernahme von Verpflichtungen im Bilanzsteuerrecht, DB 2011, S. 2875–2880

Weber-Grellet, Heinrich, Das BMF und die Maßgeblichkeit, DB 2009, S. 2402–2404

Weber-Grellet, Heinrich, Realisationsprinzip und Rückstellungen unter Berücksichtigung der neueren Rechtsprechung, DStR 1996, S. 896–908

Weimer, Gregor, Die Hebung stiller Lasten in der Steuerbilanz. Eine Untersuchung zur steuerbilanziellen Behandlung von Verpflichtungsübertragungen durch befreiende Schuldübernahme, Schuldbeitritt und Erfüllungsübernahme unter besonderer Berücksichtigung des § 5 Abs. 4a EStG und der Neuregelungen in § 4f und § 5 Abs. 7 EStG, Hamburg 2017 (zit. Weimer, Hebung stiller Lasten)

Weiss, Martin, Pensionsrückstellungen bei der Personengesellschaft. Steuerliche Behandlung nach der korrespondierenden Bilanzierung, StuB 2018, S. 503–508

Weiss, Martin/Brühl, Manuel, Zur umfassenden Rechtsnachfolge beim Anteilstausch nach § 21 UmwStG, Ubg 2018, S. 22–28

Wendt, Volker, Das Verhältnis von Entnahme/Einlage zur Anschaffung/Veräußerung im Einkommensteuerrecht, Köln 2003 (zit. Wendt, Verhältnis von Entnahme/Einlage zur Anschaffung/Veräußerung)

Widmann, Siegfried, Stille Lasten und Umwandlungsvorgänge. Auswirkungen der Neuregelung im EStG, in: Festschrift für Wilhelm Haarmann zum 65. Geburtstag, herausgegeben von Jens Blumenberg, Georg Crezelius, Dietmar Gosch und Matthias Schüppen, Düsseldorf 2015, S. 1013–1048 (zit. Widmann, FS Haarmann)

Widmann, Siegfried/Mayer, Dieter, Umwandlungsrecht, Umwandlungsgesetz, Umwandlungssteuergesetz. Kommentar, Loseblatt, Band 1, Texte, Materialien, Aktuelles, Band 3, §§ 51–178 UmwG, Band 4, §§ 179–325, UmwG, Einführung UmwStG, §§1 – 3 UmwStG, Band 5, §§ 4–19 UmwStG, Band 6, §§ 20–23 UmwStG, Band 7, §§ 24–28 UmwStG, Band 8, Anhänge, Stand: 176. Ergänzungslieferung, Bonn 2019 (zit. Bearbeiter, in: Widmann/Mayer)

Winkeljohann, Norbert (Hrsg.)/Förschle, Gerhart (Hrsg.)/Deubert, Michael (Hrsg.), Sonderbilanzen. Von der Gründungsbilanz bis zur Liquidationsbilanz, 5. Auflage, München 2016 (zit. Bearbeiter, in: Winkeljohann/Förschle/Deubert)

Winnefeld, Robert, Bilanz-Handbuch, Handels- und Steuerrecht, Rechtsformspezifisches Bilanzrecht, Bilanzielle Sonderfragen, Sonderbilanzen, IAS/IFRS-Rechnungslegung, 5. Auflage, München 2015 (zit. Bearbeiter, in: Winnefeld)

Woerner, Lothar, Grundsatzfragen zur Bilanzierung schwebender Geschäfte, FR 1984, S. 489–496

Wolf, Michael, Erbschaftsteuerersparnis durch rückwirkende Umwandlung nach Eintritt des Erbfalls, in: Festschrift für Siegfried Widmann zum 65. Geburtstag, herausgegeben von Franz Wassermeyer, Dieter Mayer und Norbert Rieger, Bonn/Berlin 2000, S. 655–662 (zit. Wolf, FS Widmann)

Wolfersdorff, Janine v., Steuerbilanzielle Gewinnermittlung – Stand und Entwicklungsperspektiven aus deutscher und europäischer Sicht, Lohmar/Köln 2014 (zit. (Wolfersdorff, Steuerbilanzielle Gewinnermittlung)

Wöhe, Günter, Bilanzierung und Bilanzpolitik. Betriebswirtschaftliche, handels- und steuerrechtliche Grundlagen, 9. Auflage, München 1997 (zit. Wöhe, Bilanzierung und Bilanzpolitik)

Wohlgemuth, Michael, Anschaffungskosten in der Handels- und Steuerbilanz, in: Handbuch des Jahresabschlusses, herausgegeben von Joachim Schulze-Osterloh (Begr.), Joachim Hennrichs und Jens Wüstemann, Abteilung I/Beitrag 9, Loseblatt, Stand: 71. Ergänzungslieferung, Köln 2019 (zit. Wohlgemuth, in: HdJ, Abt. I/9)

Wohlgemuth, Michael/Jens Radde, Der Bewertungsmaßstab Anschaffungskosten nach HGB und IAS – Darstellung der Besonderheiten und kritische Gegenüberstellung –, WPg 2000, S. 903–911

Zimmermann, Paul, Verlustvernichtung durch Zwangsrealisierung von stillen Lasten bei Verschmelzung von Kapitalgesellschaften?, Ubg, 2018, S. 17–22

Studien zum Steuer-, Bilanz- und Gesellschaftsrecht
Herausgegeben von André Meyer

Band 1 Alexander Zenefels: Was von avoir fiscal übrig blieb. Eine systematische Betrachtung der Entwicklung der Rechtsprechung des Europäischen Gerichtshofs zu den direkten Steuern der Mitgliedstaaten in den vergangenen dreißig Jahren. 2018.

Band 2 Tina Kießling: Einkommensbesteuerung in der insolventen Personengesellschaft. 2018.

Band 3 Simon Müllner: Die Reichweite der Sonderregelung über Verpflichtungsübernahmen (§§ 4f, 5 Abs. 7 EStG), insbesondere bei Umstrukturierungsvorgängen im Sinne des Umwandlungssteuergesetzes. 2019.

www.peterlang.com

www.ingramcontent.com/pod-product-compliance
Ingram Content Group UK Ltd.
Pitfield, Milton Keynes, MK11 3LW, UK
UKHW021834290926
8980IPUK00004B/446